Erblasserautonomieschutz

Europäische Hochschulschriften Recht

European University Studies in Law

Publications Universitaires Européennes de Droit

Band/Volume **6740**

Michael Feilke

Erblasserautonomieschutz
Materiell- und verfahrensrechtlicher Schutz der Testierfreiheit vor Drittbeeinflussung bei insbesondere altersbedingt typischen Gefährdungslagen

PETER LANG

Lausanne - Berlin - Bruxelles - Chennai - New York - Oxford

Bibliografische Information der Deutschen Nationalbibliothek
Die Deutsche Nationalbibliothek verzeichnet diese Publikation in der Deutschen Nationalbibliografie; detaillierte bibliografische Daten sind im Internet über http://dnb.d-nb.de abrufbar.

Diss., Ludwig-Maximilians-Universität München, 2023

D 19
ISSN 0531-7312
ISBN 978-3-631-90200-4 (Print)
E-ISBN 978-3-631-90367-4 (E-PDF)
E-ISBN 978-3-631-90368-1 (EPUB)
DOI 10.3726/b20925

© 2023 Peter Lang Group AG, Lausanne

Verlegt durch:
Peter Lang GmbH, Berlin, Deutschland
info@peterlang.com http://www.peterlang.com/

Alle Rechte vorbehalten.

Das Werk einschließlich aller seiner Teile ist urheberrechtlich geschützt.
Jede Verwertung außerhalb der engen Grenzen des Urheberrechtsgesetzes ist ohne Zustimmung des Verlages unzulässig und strafbar.
Das gilt insbesondere für Vervielfältigungen, Übersetzungen, Mikroverfilmungen und die Einspeicherung und Verarbeitung in elektronischen Systemen.

Vorwort

Die vorliegende Arbeit wurde im Frühling 2023 von der Rechtswissenschaftlichen Fakultät der Ludwig-Maximilians-Universität München als Dissertation angenommen.

Mein erster herzlicher Dank gebührt meinem verehrten Doktorvater, Herrn Professor Dr. *Hans-Georg Hermann*. Er hat den Anstoß für das Thema der vorliegenden Untersuchung gegeben und die Entstehung derselben in jeder erdenklichen Hinsicht gefördert. Für seine umfassende Betreuung bin ich ihm zu tiefstem Dank verpflichtet.

Ebenso bedanke ich mich sehr bei Herrn Professor Dr. *Johannes Hager*, welcher das Zweitgutachten wohlwollend übernommen hat.

Überaus dankbar bin ich auch Frau Dr. *Silke Gräfin Basselet de La Rosée-Zumstein*, ohne die mein juristischer Werdegang nicht so verlaufen wäre. Für Deine stetige Förderung sowie jahrelange Begleitung danke ich Dir, liebe *Silke*, von ganzem Herzen.

Zu sehr großem Dank verpflichtet bin ich zudem meiner Frau Dr. *Christine Schmid*. Ohne ihren liebevollen Rückhalt sowie geduldige und unerschrockene Unterstützung wäre die Durchführung dieser Untersuchung so nicht möglich gewesen.

Mein allergrößter Dank gebührt freilich meiner Mutter sowie meinem Vater wie auch meinem Bruder *Thomas*. Nur durch Euch und Eure verständnisvolle, uneingeschränkte Fürsorge in jeglicher Beziehung kann ich heute hier stehen. Ich danke Euch für Alles!

Gewidmet ist diese Arbeit in Liebe und Dankbarkeit meinem Vater, meiner Mutter, meinem Bruder sowie meiner Frau samt unserer *B*.

München / Dießen am Ammersee, im März 2023   *M. F.*

Gliederungsübersicht

Abkürzungsverzeichnis 21

Kapitel I. Einleitung 27

Kapitel II. Hohe Schutzwürdigkeit der Testierfreiheit und altersbedingt typische Gefährdungslagen 33

1. Bedeutung der Testierfreiheit und staatliche Schutzpflichten 33
   1.1. Verfassungsrechtliche und soziologische Bedeutung der Testierfreiheit 33
   1.2. Staatliche Schutzpflichten zur Gewährleistung der Selbstbestimmung 48
2. Altersbedingt typische Gefährdungslagen für die Testierfreiheit 59
   2.1. Freie Willensbestimmung des Erblassers als zentraler Punkt für die Drittbeeinflussungen 60
   2.2. Altersbedingt erhöhte Drittbeeinflussbarkeit 71

Kapitel III. Existenz und Wirksamkeit materiell-rechtlicher Schutzmechanismen 93

1. Schutzmechanismus der Testierfähigkeit 93
   1.1. Grundlagen der Testierfähigkeit 94
   1.2. Schutz vor Drittbeeinflussungen 99
   1.3. Ergebnis: Ineffektiver Schutz 118
2. Schutzmechanismus der Höchstpersönlichkeit der Testamentserrichtung 119
   2.1. Inhalt und Schutzzweck des Erfordernisses der doppelten Höchstpersönlichkeit 119
   2.2. Ergebnis: Ineffektiver Schutz 125
3. Schutzmechanismus der Testierformen 126
   3.1. Das eigenhändige Testament 126
   3.2. Das notarielle Testament 130
   3.3. Ergebnis: Ineffektiver Schutz durch Testierformen 136

4. Schutzmechanismus der Anfechtung 136
   4.1. Schutz der Selbstbestimmung des Erblassers als Zweck der Anfechtungsvorschriften 137
   4.2. Schutz vor Drittbeeinflussungen 141
   4.3. Ergebnis: Ineffektiver Schutz 173
   4.4. Erweiterung der Anfechtungsvorschriften *de lege ferenda*? 174
5. Schutzmechanismus der punktuellen Verbotsgesetze 176
   5.1. Testierverbote nach dem HeimG und dessen landesrechtlichen Nachfolgeregelungen 176
   5.2. Sonstige Verbotsgesetze 185
   5.3. Ergebnis: Ineffektiver Schutz 186
6. Schutzmechanismus der Sittenwidrigkeitskontrolle 188
   6.1. Grundlegendes 189
   6.2. Voraussetzungen des § 138 Abs. 1 BGB 204
   6.3. § 138 Abs. 1 BGB als Anwendungsfall eines durch Fallgruppen konkretisierten beweglichen Systems 213
   6.4. Intensivierung der Inhaltskontrolle zum Schutz der Erblasserautonomie in Gestalt einer sensibleren Abschlusskontrolle 239
   6.5. Ergebnis: Erweiterte richterliche Abschlusskontrolle als Konsequenz des Erblasserautonomieschutzes 247

Kapitel IV. Prozessual effiziente Durchsetzung des Erblasserautonomieschutzes 251

1. Dualismus von Erbenfeststellungsklageverfahren und Erbscheinsverfahren 252
   1.1. Erbenfeststellungsklageverfahren nach der ZPO 253
   1.2. (Streitiges) Erbscheinsverfahren nach dem FamFG 255
2. Notwendigkeit und Instrumente der Beweiserleichterung im Rahmen des Erblasserautonomieschutzes 257
   2.1. Grundlegendes 257
   2.2. Unpraktikabilität von Erleichterungen im Zusammenhang mit der Feststellungslastverteilung 278

2.3. Praktikabilität von Erleichterungen im Zusammenhang mit
der Sachverhaltsermittlung beziehungsweise Beweiswürdigung .. 283
3. Bewegliches System der Indizien als Ausformung der
prozessualen Komponente des Erblasserautonomieschutzes 314
   3.1. Anwendungsbereich und Inhalt 314
   3.2. Eruierung von Indizien für das bewegliche System 316
   3.3. Ergebnis: Zweistufiges Indizienkonzept 329

Kapitel V.   Zusammenfassung: Thesen 333

Literaturverzeichnis 341

Inhaltsverzeichnis

Abkürzungsverzeichnis 21

Kapitel I. Einleitung 27

Kapitel II. Hohe Schutzwürdigkeit der Testierfreiheit und altersbedingt
typische Gefährdungslagen 33

1. Bedeutung der Testierfreiheit und staatliche Schutzpflichten 33
   1.1. Verfassungsrechtliche und soziologische Bedeutung der
        Testierfreiheit 33
        1.1.1. Verfassungsrechtliche Bedeutung der Testierfreiheit 34
        1.1.2. Soziologische Bedeutung der Testierfreiheit 38
               1.1.2.1. Bedeutung für den Erblasser 38
               1.1.2.2. Bedeutung für die Hinterbliebenen 41
                        1.1.2.2.1. Im Hinblick auf die familiäre Bindung 41
                        1.1.2.2.2. Im Hinblick auf den besonderen Empfängerstatus . 43
               1.1.2.3. Weitere Gültigkeit in modernen Gesellschaften 47
               1.1.2.4. Zwischenergebnis 48
   1.2. Staatliche Schutzpflichten zur Gewährleistung der
        Selbstbestimmung 48
        1.2.1. Bestehen staatlicher Schutzpflichten 49
        1.2.2. Ausgestaltung staatlicher Schutzpflichten im Rahmen
               der Selbstbestimmung 51
               1.2.2.1. „Materialisierungstendenzen" im deutschen Privatrecht 52
               1.2.2.2. Willensbildungsprozess als Objekt staatlicher
                        Schutzpflichten 56
2. Altersbedingt typische Gefährdungslagen für die Testierfreiheit 59
   2.1. Freie Willensbestimmung des Erblassers als zentraler Punkt
        für die Drittbeeinflussungen 60
        2.1.1. Der freie Wille aus zivilrechtlicher Sicht 60
        2.1.2. Neurowissenschaftliche Grundlagen im Zusammenhang
               mit der zivilrechtlichen Beurteilung einer freien Willens-
               bestimmung 63

2.1.2.1. Dreistufiger Ablaufprozess der Willensbestimmung 65
2.1.2.2. Störungsbedingte Einschränkung der freien
Willensbestimmung 67
2.1.3. Definitionsgemäße Abgrenzung von zulässiger Beratung
und unzulässiger Beeinflussung möglich und sinnvoll? 68
2.2. Altersbedingt erhöhte Drittbeeinflussbarkeit 71
2.2.1. Gesundheitsbedingte Drittbeeinflussbarkeit 72
2.2.1.1. Gedächtnisstörung 75
2.2.1.2. Apathie 76
2.2.1.3. Ambivalenz 77
2.2.1.4. Bewusstseinsstörung 77
2.2.1.5. Störung der Affektivität 80
2.2.1.6. Wahn 81
2.2.2. Situationsbedingte Drittbeeinflussbarkeit 83
2.2.2.1. Soziale Abhängigkeit 83
2.2.2.2. Soziale Isolation 84
2.2.2.3. Familiäre Drucksituationen 84
2.2.2.4. Pseudofamiliäre Beziehungskonstellationen 86
2.2.2.5. Extremsituationen in Todesnähe 86
2.2.2.6. Anwesenheit und Organisation Dritter bei der
Testamentserrichtung 87
2.2.3. Steigende Beeinflussungsgefahren im Zuge des demographischen Wandels 88

Kapitel III. Existenz und Wirksamkeit materiell-rechtlicher
Schutzmechanismen 93

1. Schutzmechanismus der Testierfähigkeit 93
    1.1. Grundlagen der Testierfähigkeit 94
        1.1.1. Spezielle Ausprägung der Geschäftsfähigkeit auf dem
        Gebiet des Erbrechts 95
        1.1.2. Testierfähigkeit als Fähigkeit zur freien Willensbestimmung 96
    1.2. Schutz vor Drittbeeinflussungen 99
        1.2.1. Hohe sowie unflexible Anforderungen an die Testierunfähigkeit 100

1.2.1.1.1. Notwendigkeit des vollen Ausschlusses der
Fähigkeit der freien Willensbestimmung aufgrund
pathologischer Störung 100
1.2.1.1.1.1. Erste Stufe: Pathologische Störung 101
1.2.1.1.1.1. Krankhafte Störung der Geistestätigkeit 102
1.2.1.1.1.2. Geistesschwäche 102
1.2.1.1.1.3. Bewusstseinsstörung 103
1.2.1.1.2. Zweite Stufe: Kausaler Ausschluss der Fähigkeit
zur freien Willensbestimmung 103
1.2.1.1.3. Problematik der *posthumen* Begutachtung des
Schweregrades der Beeinträchtigungen 105
1.2.1.1.3.1. *Posthume* Befundermittlung 106
1.2.1.1.3.2. Erlangung relevanter Informationen 107
1.2.1.1.3.3. Wertigkeit der Informationen 108
1.2.1.1.3.4. Zwischenergebnis 112
1.2.1.1.4. Vermutung zugunsten der Testierfähigkeit 113
1.2.2. Erhebliche Schutzlücken für willensgeschwächte und
suggestible Erblasser 115
1.3. Ergebnis: Ineffektiver Schutz 118
2. Schutzmechanismus der Höchstpersönlichkeit der
Testamentserrichtung 119
2.1. Inhalt und Schutzzweck des Erfordernisses der doppelten
Höchstpersönlichkeit 119
2.1.1. Schutz des Erblassers 121
2.1.2. Schutz der Erben 122
2.2. Ergebnis: Ineffektiver Schutz 125
3. Schutzmechanismus der Testierformen 126
3.1. Das eigenhändige Testament 126
3.1.1. Inhalt und Schutzzweck der eigenhändigen Testaments-
errichtung 127
3.1.2. Ergebnis: Ineffektiver Schutz 128
3.2. Das notarielle Testament 130
3.2.1. Inhalt und Schutzzweck der Testamentserrichtung vor
dem Notar 130

3.2.2. Ergebnis: Ineffektiver Schutz 134
3.3. Ergebnis: Ineffektiver Schutz durch Testierformen 136
4. Schutzmechanismus der Anfechtung 136
   4.1. Schutz der Selbstbestimmung des Erblassers als Zweck der Anfechtungsvorschriften 137
   4.2. Schutz vor Drittbeeinflussungen 141
      4.2.1. (Kein hilfreicher) Vorrang der Testamentsauslegung 142
         4.2.1.1. Anwendungsbereich und Inhalt 142
         4.2.1.2. Zwischenergebnis 145
      4.2.2. Zweckdienliche Anfechtungsgründe 146
         4.2.2.1. Anfechtung aufgrund widerrechtlicher Drohung 146
            4.2.2.1.1 Erfordernis einer Drohung 146
            4.2.2.1.2. Zu enger Tatbestand für subtile Drittbeeinflussungen 147
            4.2.2.1.3. Erfassung der Fälle des § 48 Abs. 3 TestG a.F.? 151
            4.2.2.1.4. Analoge Anwendung bei sonstigen Drittbeeinflussungen? 155
            4.2.2.1.5. Zwischenergebnis 161
         4.2.2.2. Anfechtung aufgrund Motivirrtums 161
            4.2.2.2.1. Erfordernis eines Irrtums 162
            4.2.2.2.2. Persönlichkeitsstruktur des „Erbschleichers" als Ansatzpunkt? 164
      4.2.3. Kaum überwindbare Hürde des Kausalitätsnachweises 168
      4.2.4. Zeitliche und personelle Bindung des Anfechtungsrechts 172
   4.3. Ergebnis: Ineffektiver Schutz 173
   4.4. Erweiterung der Anfechtungsvorschriften *de lege ferenda*? 174
      4.4.1. Normierung eines neuen Tatbestandes *de lege ferenda* 174
      4.4.2. Stellungnahme 175
5. Schutzmechanismus der punktuellen Verbotsgesetze 176
   5.1. Testierverbote nach dem HeimG und dessen landesrechtlichen Nachfolgeregelungen 176
      5.1.1. Anwendbarkeit auf letztwillige Zuwendungen 178
      5.1.2. Enger und nur punktueller Anwendungsbereich 181

	5.1.2.1. Zuwendungen an den Heimträger	182
	5.1.2.2. Zuwendungen an Mitarbeiter und diesen nahestehende Personen	182
	5.1.2.3. Formen des sogenannten betreuten Wohnens	183
	5.1.2.4. Zuwendungen an ambulante Pflegedienste und Ärzte	183
	5.1.2.5. Zuwendungen an Betreuer und Vorsorgebevollmächtigte	184
5.2.	Sonstige Verbotsgesetze	185
5.3.	Ergebnis: Ineffektiver Schutz	186
6. Schutzmechanismus der Sittenwidrigkeitskontrolle		188
6.1.	Grundlegendes	189
	6.1.1. Anwendbarkeit des § 138 Abs. 1 BGB auf letztwillige Verfügungen zum Schutz des Erblassers	189
	6.1.2. Abgrenzung zur Anfechtung und zu verneinender Rechtsfolgenkonflikt	194
	6.1.3. Inhalt und Zweck der richterlichen Inhaltskontrolle anhand § 138 Abs. 1 BGB	199
6.2.	Voraussetzungen des § 138 Abs. 1 BGB	204
	6.2.1. Inhalts- und Umstandssittenwidrigkeit	204
	6.2.2. Tatbestandskonkretisierungen des § 138 Abs. 1 BGB	206
	6.2.2.1. Zwangslage	208
	6.2.2.2. Unerfahrenheit	209
	6.2.2.3. Mangel an Urteilsvermögen	210
	6.2.2.4. Erhebliche Willensschwäche	211
	6.2.3. Subjektive Voraussetzungen	212
	6.2.4. Zwischenergebnis	213
6.3.	§ 138 Abs. 1 BGB als Anwendungsfall eines durch Fallgruppen konkretisierten beweglichen Systems	213
	6.3.1. Die guten Sitten als unbestimmter Rechtsbegriff	214
	6.3.2. § 138 Abs. 1 BGB als Anwendungsfall eines beweglichen Systems	221
	6.3.3. Typisierende Fallgruppen im Zusammenhang mit der Ausnutzung erhöhter Drittbeeinflussbarkeit sowie der zu	

missbilligenden Beeinträchtigung der freien Willensbestimmung 223
 6.3.3.1. Ausnutzung emotionaler Verbundenheit und/
   oder einer besonderen Autoritäts- und/oder
   Vertrauensstellung 224
  6.3.3.1.1. Altruistisch einseitig belastende Interzessionen 224
  6.3.3.1.2. Familiäre Verzichtsverträge 230
  6.3.3.1.3. Vertrauensstellungen als eigenständiger
    Ansatzpunkt 234
 6.3.3.2. Ausnutzung besonderer Lebenssituation und/
   oder besonderen physischen und/oder psychischen
   Gesundheitszustands 235
 6.3.3.3. Zwischenergebnis: Bewegliche
   Sittenwidrigkeitselemente hinsichtlich des
   Ausnutzens von Autonomiedefiziten aus
   eigensüchtigen Motiven 238
6.4. Intensivierung der Inhaltskontrolle zum Schutz
 der Erblasserautonomie in Gestalt einer sensibleren
 Abschlusskontrolle 239
6.5. Ergebnis: Erweiterte richterliche Abschlusskontrolle als
 Konsequenz des Erblasserautonomieschutzes 247

Kapitel IV. Prozessual effiziente Durchsetzung des
 Erblasserautonomieschutzes 251
1. Dualismus von Erbenfeststellungsklageverfahren und
 Erbscheinsverfahren 252
 1.1. Erbenfeststellungsklageverfahren nach der ZPO 253
 1.2. (Streitiges) Erbscheinsverfahren nach dem FamFG 255
2. Notwendigkeit und Instrumente der Beweiserleichterung im
 Rahmen des Erblasserautonomieschutzes 257
 2.1. Grundlegendes 257
  2.1.1. § 138 Abs. 1 BGB im Prozess 257
  2.1.2. Facettenreichtum der Beweiserleichterungen 258
  2.1.3. Grundlagen „der" Beweislast im Rahmen des Zivilverfahrens 260

   2.1.3.1. Feststellungslast beziehungsweise objektive
      (materielle) Beweislast 261
  2.1.3.2. Beweisführungslast beziehungsweise subjektive
      (formelle) Beweislast 264
  2.1.3.3. Behauptungslast beziehungsweise Darlegungslast 265
 2.1.4. Faktische Notwendigkeit der Beweiserleichterungen im
   Rahmen des Erbscheinsverfahrens 267
  2.1.4.1. Geringe Aufklärungshilfe durch
      Untersuchungsgrundsatz 268
  2.1.4.2. „Faktische Behauptungs- und Beweisführungslast"
      auch im Rahmen des Erbscheinsverfahrens 271
    2.1.4.2.1. Formal: Keine Behauptungs- und Beweisfüh-
        rungslast 271
    2.1.4.2.2. Weitere Geltung der Feststellungslastverteilung 272
    2.1.4.2.3. Feststellungslast und Verfahrensför-
        derungsobliegenheiten bewirken „faktische
        Behauptungs- und Beweisführungslast" 274
    2.1.4.3.4. Zwischenergebnis 277
  2.1.4.3. Zwischenergebnis: Notwendigkeit
      der entsprechenden Anwendung von
      Beweiserleichterungen 278
2.2. Unpraktikabilität von Erleichterungen im Zusammenhang
  mit der Feststellungslastverteilung 278
 2.2.1. Abweichung von der gesetzlichen Feststellungslastvertei-
   lung beziehungsweise Beweislastumkehr 279
 2.2.2. Unpraktikabilität für hiesigen Zweck 282
 2.2.3. Zwischenergebnis 283
2.3. Praktikabilität von Erleichterungen im Zusammenhang mit
  der Sachverhaltsermittlung beziehungsweise Beweiswürdigung .. 283
 2.3.1. Beweisrechtlicher Topos der „tatsächlichen Vermutungen"? ... 284
 2.3.2. Indizienbeweis 287
 2.3.3. Anscheinsbeweis 291
 2.3.4. Sekundäre Behauptungs- beziehungsweise Darlegungslast .. 297
  2.3.4.1. Grundlagen 298
  2.3.4.2. Voraussetzungen 303

2.3.4.2.1. Informationsdefizit seitens der (primär) beweisbelasteten Partei 303
2.3.4.2.2. Zumutbare Aufklärungsmöglichkeit der nicht beweisbelasteten Partei 304
2.3.4.2.3. Pauschales Vorbringen mit ausreichender „indizieller Kraft" 305
2.3.4.3. Rechtsfolgen 306
2.3.5. Anwendung aller Institute der Beweiserleichterung auch im Erbscheinsverfahren 308
2.3.5.1. Indizien- und Anscheinsbeweis 309
2.3.5.2. Sekundäre Behauptungs- beziehungsweise Darlegungslast 309
2.3.5.3. Zwischenergebnis 313
3. Bewegliches System der Indizien als Ausformung der prozessualen Komponente des Erblasserautonomieschutzes 314
3.1. Anwendungsbereich und Inhalt 314
3.2. Eruierung von Indizien für das bewegliche System 316
3.2.1. Rechtsvergleichende Betrachtung zu der *undue influence*-Doktrin 316
3.2.1.1. Grundsätze der *undue influence*-Doktrin 317
3.2.1.2. „Indizien-Stufen-Test" 320
3.2.1.3. Widerlegbare richterrechtliche Vermutungen (*presumption*) 322
3.2.1.3.1. Vertrauensverhältnis (*confidential relationship*) 322
3.2.1.3.1.1. Treuhandverhältnisse (*fiduciary relationships*) 322
3.2.1.3.1.2. Vertrauensverhältnisse im engeren Sinne (*reliant relationships*) 322
3.2.1.3.1.3. Dominant-unterwürfige Verhältnisse (*dominant-subservient relationships*) 323
3.2.1.3.2. Verdächtige Umstände (*suspicious circumstances*) 323
3.2.1.3.2.1. Inhaltlich unnatürliche Verfügung 324
3.2.1.3.2.2. Geschwächte Position des Erblassers im weiteren Sinne 326

     3.2.1.3.2.3. Mitwirkung bei der Testamentserrichtung
         im weiteren Sinne 326
     3.2.1.3.2.4. Testamentserrichtung in großer Eile und/
         oder im Geheimen 327
     3.2.1.3.2.5. Änderung der Einstellung gegenüber
         Dritten 327
     3.2.1.3.2.6. Extreme Abweichung von bisheriger
         Nachlassgestaltung und/oder -planung 327
     3.2.1.3.2.7. Soziale Isolierung des Erblassers 328
  3.2.2. Zwischenergebnis 328
 3.3. Ergebnis: Zweistufiges Indizienkonzept 329
  3.3.1. Erste Stufe: Soziale Beziehungskonstellationen 330
  3.3.2. Zweite Stufe: Verdachtsbegründende Faktoren 331
  3.2.3. Gesamtschau zur Bestimmung der konkreten
     Indizwirkung 331

Kapitel V. Zusammenfassung: Thesen 333

Literaturverzeichnis 341

Abkürzungsverzeichnis

a.E.	=	am Ende
a.F.	=	alte Fassung
abl.	=	ablehnend
Abs.	=	Absatz
AcP	=	Archiv für die civilistische Praxis
AG	=	Amtsgericht
AGB	=	Allgemeine Geschäftsbedingungen
allg.	=	allgemein
Alt.	=	Alternative
Anh.	=	Anhang
AnwBl	=	Anwaltsblatt
arg.	=	Argument
Ariz.L.Rev.	=	Arizona Law Review
Art.	=	Artikel
AT	=	Allgemeiner Teil
BAG	=	Bundesarbeitsgericht
BAT	=	Bundesangestelltentarifvertrag
BayObLG	=	Bayerisches Oberstes Landesgericht
BayObLGZ	=	Entscheidungen des Bayerischen Obersten Landesgerichts in Zivilsachen
BB	=	Betriebs Berater
BBG	=	Bundesbeamtengesetz
Bd.	=	Band
BeckOGK	=	beck-online Grosskommentar
BeckOK	=	beck'scher Online-Kommentar
BeckRS	=	beck-online Rechtsprechung
Beil.	=	Beilage
Bekl.	=	Beklagter
Beschl.	=	Beschluss
BeurkG	=	Beurkundungsgesetz
BeweisR	=	Beweisrecht
BGB	=	Bürgerliches Gesetzbuch
BGBl.	=	Bundesgesetzblatt
BGH	=	Bundesgerichtshof

BGHSt	=	Entscheidungen des Bundesgerichtshofes in Strafsachen
BGHZ	=	Entscheidungen des Bundesgerichtshofes in Zivilsachen
BKR	=	Zeitschrift für Bank- und Kapitalmarktrecht
BLW	=	Bayerisches Landwirtschaftliches Wochenblatt
BNotO	=	Bundesnotarordnung
bspw.	=	beispielsweise
BT-Drs.	=	Bundestagsdrucksache
BVerfG	=	Bundesverfassungsgericht
BVerfGE	=	Entscheidungen des Bundesverfassungsgerichts
BVerwG	=	Bundesverwaltungsgericht
BWNotZ	=	Zeitschrift für das Notariat in Baden-Württemberg
bzgl.	=	bezüglich
bzw.	=	beziehungsweise
c.i.c.	=	culpa in contrahendo
CSU	=	Christlich-Soziale Union
D.J.C.I.L	=	Duke Journal of Comparative and International Law
dbzgl.	=	diesbezüglich
ders.	=	derselbe
dies.	=	dieselbe
Diss.	=	Dissertation
DJT	=	Deutscher Juristentag
DNotI	=	Deutsches Notarinstitut
DNotZ	=	Deutsche Notar-Zeitschrift
DRiZ	=	Deutsche Richterzeitung
DStR	=	Das deutsche Steuerrecht
EGBGB	=	Einführungsgesetz zum Bürgerlichen Gesetzbuch
Einl.	=	Einleitung
ErbR	=	Erbrecht
et al.	=	et alia
f.	=	folgend
FamFG	=	Gesetz über das Verfahren in Familiensachen und in den Angelegenheiten der freiwilligen Gerichtsbarkeit
FamRZ	=	Zeitschrift für das gesamte Familienrecht

FAZ	=	Frankfurter Allgemeine Zeitung
ff.	=	folgende
FG	=	Festgabe
FGPrax	=	Praxis der Freiwilligen Gerichtsbarkeit
Fn.	=	Fußnote
Frankfurt a.M.	=	Frankfurt am Main
FS	=	Festschrift
GBO	=	Grundbuchordnung
gem.	=	gemäß
GG	=	Grundgesetz
ggf.	=	gegebenenfalls
ggü.	=	gegenüber
grds.	=	grundsätzlich
GRUR	=	Gewerblicher Rechtsschutz und Urheberrecht
GS	=	Gedächtnisschrift
h.M.	=	herrschende Meinung
Habil.	=	Habilitation
HdB	=	Handbuch
HeimG	=	Heimgesetz
HGBP	=	Hessisches Gesetz über Betreuungs- und Pflegeleistungen
hins.	=	hinsichtlich
HK	=	Handkommentar
HKK	=	Historisch-kritischer Kommentar
Hrsg.	=	Herausgeber
i.d.R.	=	in der Regel
i.E.	=	im Ergebnis
i.e.S.	=	im engeren Sinne
i.w.S.	=	im weiteren Sinne
i.H.a.	=	im Hinblick auf
i.R.	=	im Rahmen
i.S.	=	im Sinne
i.V.m.	=	in Verbindung mit
i.Z.m.	=	im Zusammenhang mit
insb.	=	insbesondere
IntErbRErbschÄndG	=	Gesetz zum Internationalen Erbrecht und zur Änderung von Vorschriften zum Erbschein sowie zur Änderung sonstiger Vorschriften

JA	=	Juristische Arbeitsblätter
jew.	=	jeweils
JR	=	Juristische Rundschau
JRP	=	Journal für Rechtspolitik
jurisPK	=	juris PraxisKommentar
JuS	=	Juristische Schulung
JW	=	Juristische Wochenschrift
JZ	=	JuristenZeitung
Kap.	=	Kapitel
KG	=	Kammergericht
Kl.	=	Kläger
krit.	=	Kritisch
L.P.Rev.	=	Law & Psychology Review
LAG	=	Landesarbeitsgericht
LG	=	Landgericht
LMK	=	Lindenmaier-Möhring – Kommentierte BGH-Rechtsprechung
LTO	=	Legal Tribune Online
m. Anm.	=	mit Anmerkung
m.w.N.	=	mit weiteren Nachweisen
MDR	=	Monatsschrift für Deutsches Recht
Minn.L.Rev.	=	Minnesota Law Review
MittBayNot	=	Mitteilungen des Bayerischen Notarvereins, der Notarkasse und der Landesnotarkammer Bayern
MMR	=	Zeitschrift für IT-Recht und Recht der Digitalisierung
MüKo	=	Münchener Kommentar
NYLS J.Int.Comp.L.	=	New York Law School Journal of International and Comparative Law
NJOZ	=	Neue Juristische Online-Zeitschrift
NJW	=	Neue Juristische Wochenschrift
NJWE-FER	=	Neue Juristische Wochenschrift – Entscheidungsdienst Familien- und Erbrecht
NJW-RR	=	Neue Juristische Wochenschrift – Rechtsprechungs-Report
NK	=	Nomos Kommentar
NotBZ	=	Zeitschrift für die notarielle Beratungs- und Beurkundungspraxis

Nr.	=	Nummer
NStZ	=	Neue Zeitschrift für Strafrecht
NZFam	=	Neue Zeitschrift für Familienrecht
NZS	=	Neue Zeitschrift für Sozialrecht
OGHBrZ	=	Oberster Gerichtshof für die Britische Zone
OLG	=	Oberlandesgericht
PraxKo	=	Praxiskommentar
ProdHaftG	=	Gesetz über die Haftung für fehlerhafte Produkte
ProstG	=	Gesetz zur Regelung der Rechtsverhältnisse der Prostituierten
RabelsZ	=	Rabels Zeitschrift für ausländisches und internationales Privatrecht
resp.	=	Respektive
RG	=	Reichsgericht
RGBl.	=	Reichsgesetzblatt
RGZ	=	Entscheidungen des Reichsgerichts in Zivilsachen
Rn.	=	Randnummer
RNotZ	=	Rheinische Notar-Zeitschrift
Rspr.	=	Rechtsprechung
S.	=	Seite
SchuldR	=	Schuldrecht
sog.	=	Sogenannt
SPD	=	Sozialdemokratische Partei Deutschlands
st. Rspr.	=	ständige Rechtsprechung
Stan.L.Rev.	=	Stanford Law Review
StGB	=	Strafgesetzbuch
SZ	=	Süddeutsche Zeitung
TestG	=	Gesetz über die Errichtung von Testamenten und Erbverträgen
TVöD	=	Tarifvertrag für den öffentlichen Dienst
u.a.	=	unter anderem
U.Kan.L.Rev.	=	University of Kansas Law Review
U.Pitt.L.Rev.	=	University of Pittsburgh Law Review
u.U.	=	unter Umständen
v.	=	Von
v.a.	=	vor allem
VersAusglG	=	Gesetz über den Versorgungsausgleich
VG	=	Verwaltungsgericht

VGH	=	Verwaltungsgerichtshof
vgl.	=	Vergleiche
Vorb.	=	Vorbemerkung
VuR	=	Zeitschrift für Wirtschafts- und Verbraucherrecht
WM	=	Wertpapier-Mitteilungen
WRP	=	Wettbewerb in Recht und Praxis
WuW	=	Wirtschaft und Wettbewerb
Yale L.J.	=	Yale Law Journal
z.B.	=	zum Beispiel
ZDG	=	Gesetz über den Zivildienst der Kriegsdienstverweigerer
ZErb	=	Zeitschrift für die Steuer- und Erbrechtspraxis
ZEV	=	Zeitschrift für Erbrecht und Vermögensnachfolge
ZGS	=	Zeitschrift für Vertragsgestaltung, Schuld- und Haftungsrecht
ZHR	=	Zeitschrift für das Gesamte Handels- und Wirtschaftsrecht
Ziff.	=	Ziffer
ZPO	=	Zivilprozessordnung
ZRG RA	=	Zeitschrift der Savigny-Stiftung für Rechtsgeschichte – Romanistische Abteilung
ZRP	=	Zeitschrift für Rechtspolitik
zugl.	=	Zugleich
zust.	=	Zustimmend
ZZP	=	Zeitschrift für Zivilprozess

Kapitel I. Einleitung

„Mein letzter Wille" sind gebräuchliche Worte sowohl als Überschrift als auch zur Einleitung der letztwilligen Verfügung des Testators[1]. Würde der Inhalt dieser Formulierung der Wahrheit entsprechen, wäre der Testierfreiheit des Erblassers Genüge getan. Dass dies jedoch nicht immer so ist, beweisen viele Fälle aus der Praxis. Denn nicht selten beinhalten Verfügungen von Todes wegen Bestimmungen, welche gerade nicht Ausdruck der autonomen Testierentscheidung des Erblassers sind, sondern vielmehr Resultate von Beeinflussungen seitens Dritter, die mit der Ausnutzung bestehender oder erzeugter Widerstands- oder Rationalitätsdefizite des willensgeschwächten und suggestiblen Erblassers einhergingen. Dies gilt umso mehr als sich die Mehrzahl der Erblasser im Zeitpunkt des Testierens naturbedingt in höherem Alter befinden und Drittbeeinflussungen aus verschiedensten Gründen leichter zugänglich zeigt. Gerade wenn hochbetagte Erblasser kurze Zeit vor ihrem (gegebenenfalls vorhersehbaren) Ableben ihre letztwillige Verfügung in Zusammenhang mit neu auf sie einwirkenden äußeren Faktoren in einer Weise ändern beziehungsweise errichten, welche nicht ihrem (nachweisbaren) bisherigen Verständnis der Erbfolge entspricht, hinterlässt ein solcher Geschehensablauf häufig einen besonderen „Nachgeschmack" sowie Zweifel an einer von Drittbeeinflussungen unbeeinträchtigten autonomen Erblasserentscheidung.

Das Gesetz kennt zwar grundsätzlich bestimmte Arten von Beeinflussungen und versagt auch teilweise den so zustande gekommenen Verfügungen von Todes wegen die Wirksamkeit. Allerdings ist das (zu) selbstverständliche Leitbild vieler dieser gesetzlichen Regelungen die bloße Fähigkeit des Erblassers, seine Testierfreiheit grundsätzlich unbeeinträchtigt von Dritteinflüssen effektiv sowie autonom wahrzunehmen. Vor diesem Hintergrund wird der Gefahr von Drittbeeinflussungen, welche gerade im Konnex mit dem hohen Alter vieler Erblasser in bedeutend erhöhtem Maß besteht, derzeit nicht ausreichend Rechnung getragen. Insbesondere greifen die bisher existierenden (speziellen) materiellen Regelungen zum Schutz der Autonomie von Testierentscheidungen des Erblassers zu kurz, da sie – vereinfacht gesagt – jeweils isoliert beim schlechten Gesundheitszustand des Erblassers, der Beeinflussungshandlung eines Dritten

---

1 Bei Bezeichnungen, welche sich auf Personen beziehen, meint die gewählte Formulierung alle Geschlechter, wenngleich aus Gründen der leichteren Lesbarkeit das generische Maskulin verwendet wird.

oder den rein situativen Umständen anknüpfen. Alle drei Ansatzpunkte werden dabei separat betrachtet und mit unterschiedlichen Rechtsfolgen hinsichtlich der Wirksamkeit der Verfügung von Todes wegen ausgestattet. Dabei sind die Voraussetzungen, unter denen die isoliert betrachteten Faktoren die Unwirksamkeit einer Verfügung von Todes wegen herbeiführen, sehr hoch. Diese hohen Voraussetzungen liegen in der Praxis häufig entweder gar nicht vor oder ihr Vorliegen kann jedenfalls nicht ausreichend nachgewiesen werden. Dabei wird dem Umstand, dass es in vielen Fällen aber gerade das Zusammenspiel mehrerer ungünstiger Umstände ist, welches dazu führt, dass der Erblasser sich dem überwältigenden Einfluss Dritter faktisch nicht entziehen kann und seine Testierentscheidung letztlich nicht seinem autonomen Willen entspricht, nicht ausreichend Rechnung getragen. Mit anderen Worten: Bedenklich häufig existiert in der gerichtlichen Praxis keine ausreichende Sensibilität für die Beeinflussungssensitivität eines zumeist älteren Erblassers und das Erfordernis einer umfassenden Gesamtwürdigung aller relevanten tatsächlichen Umstände rund um das verdächtige Zustandekommen der Verfügung von Todes wegen, wobei letztere dann seitens der Gerichte nicht selten durchgewinkt wird, selbst wenn derselben eine unzulässige Drittbeeinflussung auf die Stirn geschrieben ist.

Die hiesige Untersuchung widmet sich mithin Fällen von subtilen Beeinflussungen, welche *de lege lata* noch nicht ausreichend berücksichtigt werden. Es geht hauptsächlich um Szenarien, in denen sich der ältere Erblasser[2] gesundheitsbedingt sowie situationsbedingt weniger widerstandsfähig gegenüber Drittbeeinflussungen zeigt, ohne aber wiederum (bereits) an einem zur Testierunfähigkeit führenden Zustand zu leiden. Hintergrund ist, dass die

---

2 Der Gegenstand dieser Untersuchung beschränkt sich im Speziellen auf einseitige Verfügungen von Todes wegen, selbst wenn freilich ein gesamtheitlicher Erblasserschutz auch bzgl. gemeinschaftlicher Testamente sowie Erbverträgen und schließlich lebzeitiger „Funktionsäquivalente" des Erbrechts vonnöten ist. Sofern es sich um wechselbezügliche bzw. vertragsmäßige Verfügungen resp. lebzeitige Rechtsgeschäfte handelt, wäre im Einzelfall zu überprüfen, ob wegen dem die Willensschwäche ausnutzenden Beeinflussungsverhalten tatsächlich ein redliches und schutzwürdiges Vertrauen des anderen Teils zu bejahen ist und inwieweit hiesige Ausführungen und Erkenntnisse sinngemäß anzuwenden sind. Eine solche je nach Einzelfall entsprechende Anwendung des hier schließlich anvisierten gesamtheitlichen Schutzmechanismus ist – trotz der aus dogmatischer Sicht strukturellen Unterschiede der jeweiligen erbrechtlichen Institute einerseits untereinander sowie anderseits zu den lebzeitigen erbrechtlichen „Funktionsäquivalenten" – zu befürworten, da andernfalls für die ausgesparten Institute nicht zu rechtfertigende Schutzlücken entstehen würden.

Willensstärke respektive Widerstandsfähigkeit sowie die Fähigkeit zum rationalen Handeln auf Seiten des Erblassers sich meist aufgrund seines Alters vermindert und der Erblasser sich aufgrund dessen besonders leichtgläubig, beeinflussbar oder irrational handelnd zeigt. In diesem Zustand stellen Erblasser potenziell eine besonders leichte Beute für meist eigennützig handelnde Dritte dar, für deren erfolgreiche Beeinflussung es oft nicht einmal einer Drohung im technischen Sinne bedarf. Ausreichend kann dann bereits sein, wenn Dritte die Widerstands- oder Rationalitätsdefizite des willensgeschwächten und suggestiblen Erblassers ausnutzend auf diesen einreden respektive ihn „belabern", drängen oder in sonstiger Weise auf ihn einwirken, um in ihrem Sinne zu testieren.

Das Gesetz bietet für solche Beeinflussungsszenarien auch im Hinblick auf die nur singulären Exzesse in Gestalt von thematisch streng begrenzten Verbotsgesetzen keine ausreichend großflächig schützende, spezielle Regelung, sodass man insofern von einer gewissen Grauzone sprechen muss. Ebenso beurteilt die Rechtsprechung derartige Fälle mangels einer thematisch umfassenden gesetzlichen Spezialregelung höchst zurückhaltend und entscheidet in aller Regel für die Wirksamkeit der konkreten Verfügung. Zugegebenermaßen wird es zu einem gewissen Grad eine ethische Frage sein, ob man derartiges ausnutzendes Beeinflussungsverhalten im erbrechtlichen Kontext sowie die hierdurch entstandenen Verfügungen als verwerflich ansieht und daher der Unwirksamkeit anheimfallen lässt oder ob man sie als naturbedingt und für die heutige Gesellschaft (noch) hinnehmbar beurteilt. Dabei wird man sich allerdings dem Eindruck nicht gänzlich erwehren können, dass es einen ethisch fragwürdigen Beigeschmack aufweist und mit den gesellschaftlichen Wertmaßstäben konfligiert, wenn sich Personen unter Ausnutzung von bestehenden oder erzeugten Widerstands- oder Rationalitätsdefiziten von willensgeschwächten und für Beeinflussungen sensitiven Erblassern besondere erbrechtliche Vermögensvorteile, welche wegen der ausgenutzten Willensschwäche des Erblassers an Legitimationsmängeln leiden, verschaffen („lassen") und hierdurch die besonders zu schützende, verfassungsrechtlich verankerte Testierfreiheit verletzen.

Die hiesige Thematik soll anhand des folgenden (zum Großteil fiktiven) Fallbeispiels weiter verdeutlicht werden:

> Der wohlhabende 84-jährige, verwitwete Erblasser und Vater von zwei bereits erwachsenen Kindern lebt zurückgezogen in seinem alten Familienhaus in Deutschland. Vor fünf Jahren hat er ein notarielles Testament errichtet, in welchem er seine zwei Kinder zu gleichen Teilen als Erben eingesetzt und nur Teilungsanordnungen vorgenommen hat. Er hat schon immer ein liebevolles Verhältnis zu seinen Kindern und ist vor allem auch auf ihre wissenschaftlichen Karrieren im medizinischen Forschungsbereich

sehr stolz. Seit drei Jahren sind beide an unterschiedlichen Forschungsinstituten in Amerika tätig und besuchen ihren Vater in Deutschland so oft es möglich ist. Der Gesundheitszustand des Erblassers hat sich in den letzten Jahren aufgrund mehrerer, verschiedener Krankheiten sowie eines Schlaganfalles verschlechtert, was unter anderem zu einer teilweisen Pflegebedürftigkeit führte. Auch wurde vor zwei Jahren von fachärztlicher Seite der Beginn einer demenziellen Erkrankung festgestellt. Da die Kinder des Erblassers aus beruflichen Gründen im Ausland zeitlich stark eingebunden sind, wurde gemeinsam mit dem Erblasser entschieden, seine Pflege in professionelle Hände zu geben, und ein ambulanter Pflegedienst engagiert. Dafür fand sich der vertrauenserweckende selbstständig arbeitende Pfleger *P*, welcher sich grundsätzlich auch gut und verlässlich um den Erblasser kümmert und dessen Kinder regelmäßig über die Geschehnisse im Umfeld ihres Vaters wie vereinbart informiert. *P* hat eine 33-jährige Schwester *S*, deren Lebensunterhalt ihre gut situierten und deutlichen älteren Lebensabschnittsgefährten finanzieren. *P* unterstützt diese Lebensweise der *S*, da er sie so zumindest versorgt weiß. Aus diesem Grunde nahm *P* seine Schwester auch ab und an mit zu dem Erblasser. Wie geplant, verstand sich der Erblasser allmählich sehr gut mit *S* und diese zog im weiteren Verlauf in sein großes Haus ein. Nach kurzer Zeit verschlechterte sich der Gesundheitszustand des Erblassers aufgrund einer schweren Lungenerkrankung rapide und der Erblasser musste in ein Krankenhaus eingeliefert werden. Weder *S* noch *P* informieren indes die Kinder des Erblassers. Trotz größter Bemühungen des ärztlichen Pflegepersonals, steht es nicht gut um den Erblasser und der behandelnde Arzt empfiehlt dem Erblasser, „seine Angelegenheiten zu ordnen". Daraufhin entgegnet der gläubige Erblasser mit schwacher Stimme, dass bereits alles geregelt sei und er sich nur noch einen Priester an seiner Seite wünsche. Nachdem der Priester das Krankenzimmer verlassen hat, finden sich *P* und *S* an dem Bett des Erblassers ein. *P* und *S* halten sich mehrere Stunden bei dem Erblasser auf und reden auf ihn ein, obwohl dieser sichtlich geschwächt ist und sich ausdrücklich wünscht, in Ruhe gelassen zu werden. Kurz darauf treffen zwei von *P* angerufene Notare in dem Krankenzimmer ein. Dem Erblasser wird ein von *P* entworfenes Testament vorgelesen. Einziger Inhalt des Testaments ist die Alleinerbeneinsetzung der *S* und, dass ansonsten „keine weiteren Verfügungen getroffen werden sollen". Auf die Frage der Notare, ob das vorgelesene Testament seinem Willen entspreche, kann der Erblasser nur noch ein schwaches „Ja" hauchen. Wenige Tage nach der Beurkundung verstirbt der Erblasser. Die Kinder erfahren erst im Nachhinein sowohl von dem Tod ihres Vaters, als auch von dem überraschenden Inhalt des neuen Testaments.

Nach derzeitiger Gesetzeslage sowie gerichtlicher Praxis wäre es wenig aussichtsreich, zu versuchen, das in diesem Beispielsfall errichtete Testament vor Gericht zu Fall zu bringen. Es erscheint zum einen unwahrscheinlich, dass der Erblasser trotz beginnender Demenz und dem situativen Kontext angesichts der hohen materiell-rechtlichen Hürden und der zurückhaltenden Anwendung der Gerichte als testierunfähig angesehen wird. Auch ist nicht zu erwarten, dass das durch *P* und *S* erfolgte Beeinflussungsverhalten als eine zur Anfechtung berechtigende Drohung angesehen wird. Ferner werden die situativen Umstände mit sehr hoher Wahrscheinlichkeit als nicht ausreichend angesehen werden, um eine Nichtigkeit aufgrund punktueller Verbotsgesetze zu begründen. Schließlich wird sich die Hoffnung auf die richterliche Feststellung der Nichtigkeit wegen Sittenwidrigkeit fokussieren, wenngleich es zum heutigen Stand als wahrscheinlicher anzusehen ist, dass ein deutsches Gericht das Testament für wirksam erachten würde. Diese Einschätzung resultiert unter anderem daraus, dass es für die enterbten Kinder des Erblassers mangels Anwesenheit bei der Testamentserrichtung nahezu unmöglich sein wird, das gesamte Geschehen von sich aus aufzuklären sowie nachzuweisen.

Vereinzelt lassen sich zwar Gerichtsentscheidungen finden, welche über eine extensive Anwendung einzelner Gesetzesnormen zu doch glücklichen Entscheidungen gekommen sind. Diese stellen allerdings die absolute Ausnahme dar. Nach der hier vertretenen Auffassung bedarf es somit eines umfassenderen und einheitlichen Schutzes der Testierautonomie[3] beziehungsweise genauer „Erblasserautonomieschutzes", welcher gerade auch subtile Beeinflussungen unter Ausnutzung bestehender oder erzeugter Widerstands- oder Rationalitätsdefizite eines willensgeschwächten und suggestiblen Erblassers erfasst. Denn ein derart aufgrund gesundheitlicher und/oder situativer Umstände willensgeschwächter Erblasser sieht sich von rücksichtslosem Gewinnstreben geleitetem Beeinflussungsverhalten Dritter im Allgemeinen mindestens ebenso ausgeliefert wie etwa ein Verbraucher, wenngleich die Rechtsgeschäfte im erbrechtlichen Kontext bereits für sich sowie für die Betroffenen einen höheren Bedeutungsgehalt besitzen als sonstige Rechtsgeschäfte im allgemeinen Vermögensrecht. Um die hieraus folgende höhere Schutzwürdigkeit sowie -bedürftigkeit *de lege lata* zu verwirklichen, sollte materiell unter Rückgriff auf die Generalklausel des § 138 Abs. 1 BGB anhand eines „Indizienkatalogs" eine für die Problemfaktoren sensible umfassende Gesamtschau aller konkreten Einzelfallumstände erfolgen und dieses Schutzkonzept in prozessualer Hinsicht durch Beweiserleichterungen flankiert sowie effektuiert werden. Im Ergebnis würde somit sowohl in materieller als auch in prozessualer Hinsicht ein gesamtheitliches bewegliches System des Erblasserautonomieschutzes kreiert werden.

---

3   Durch die Bezeichnung Testierautonomie soll in der hiesigen Untersuchung der privatautonome Duktus der Testierfreiheit stärker betont werden. Siehe zu diesem Terminus auch *Kroppenberg*, Privatautonomie von Todes wegen, S. 142; *Mager*, Einrichtungsgarantien, S. 459.

Kapitel II. Hohe Schutzwürdigkeit der Testierfreiheit und altersbedingt typische Gefährdungslagen

Ausgangspunkt der Testierfreiheit ist die Privatautonomie, welche sich wiederum aus dem verfassungsrechtlich verankerten Selbstbestimmungsrecht des Erblassers ableitet. Die Testierfreiheit umfasst dabei neben der Institutsgarantie auch die Garantie, dass eine Testentscheidung autonom und frei von willensverfälschenden Fremdbeeinflussung getroffen werden kann. Auch in dieser Hinsicht ist die grundrechtlich verankerte Testierfreiheit mithin Gegenstand staatlicher Schutzpflichten (Abschnitt 1.). Zeitgleich ist die Testierfreiheit zunehmend insbesondere durch das hohe Alter vieler Erblasser bedingten Gefahren ausgesetzt, denen der Staat im Rahmen seiner Schutzplichten Rechnung tragen muss. Es besteht namentlich die Gefahr, dass sich vor allem hochbetagte Erblasser weniger widerstandsfähig zeigen und sich einer Einflussnahme durch Dritte nicht effektiv entziehen können (Abschnitt 2.).

1. Bedeutung der Testierfreiheit und staatliche Schutzpflichten

Die Testierfreiheit ist ein verfassungsrechtlich verankerter und auch gesellschaftlich relevanter Bestandteil des Rechts auf Selbstbestimmung (Abschnitt 1.1.). Die Testierfreiheit ist unmittelbar Gegenstand staatlicher Schutzpflichten. Wenn dem Staat der Schutz der Testierfreiheit obliegt, so trifft ihn damit zugleich und zuvorderst die Pflicht, die Selbstbestimmtheit der Testierentscheidung zu schützen, da die Testierfreiheit als formales Rechtsinstitut ohne die Möglichkeit, sie effektiv autonom ausüben zu können, praktisch wertlos wäre (Abschnitt 1.2.).

1.1. Verfassungsrechtliche und soziologische Bedeutung der Testierfreiheit

Die Testierfreiheit ist nicht nur verfassungsrechtlich verankert und genießt damit Grundrechtsschutz (Abschnitt 1.1.1.), sondern ist auch in soziologischer Hinsicht von hoher Bedeutung für das menschliche Zusammenleben (Abschnitt 1.1.2.).

1.1.1. Verfassungsrechtliche Bedeutung der Testierfreiheit

Der Begriff der Testierfreiheit wird zwar an keiner Stelle des BGB ausdrücklich verwendet, bestimmt aber als tragendes Prinzip das gesamte Erbrecht.[4] Inhaltlich besagt der Grundsatz im Wesentlichen, dass der Erblasser nach seinem Willen über das Schicksal seines Vermögens durch Rechtsgeschäft (Verfügung von Todes wegen) frei bestimmen kann.[5] Der Testierfreiheit kommt daher im Erbrecht die gleiche tragende Rolle zu wie der Vertragsfreiheit im allgemeinen Vermögensrecht.[6] Dem entspricht in dogmatischer Hinsicht, dass der Grundsatz der Privatautonomie[7]

---

4   Vgl. BVerfGE 58, 377 = NJW 1982, 565 (567); BVerfGE 67, 329 = NJW 1985, 1455; BVerfGE 99, 341 = NJW 1999, 1853; BGHZ 118, 361 = NJW 1992, 2827; *Rückert*, JZ 2003, 749 (756). *Otte* (ErbR 2009, 2) bezeichnet die Testierfreiheit als einen der Grundpfeiler des deutschen Erbrechts. Ebenso wird sie auch gern begrifflich als eine der tragenden Säulen des Erbrechts tituliert, vgl. etwa *Mikat*, in: FS Nipperdey, S. 581 m.w.N. Dieser hohe Stellenwert entspricht der liberalen Tradition, so statuierte bereits die Paulskirchenverfassung von 1849 im Rahmen des § 165 I S. 1 u.a. das Recht, den Grundbesitz von Todes wegen zu veräußern, vgl. auch *Führ*, MittBayNot 2006, 461 (461 f.).

5   Vgl. statt vieler BGH, NJW 1983, 674 (675); BGHZ 111, 36 = NJW 1990, 2055; *Brox/Walker*, ErbR, § 2 Rn. 2; Staudinger/*Otte*, BGB, Einl. ErbR, Rn. 54; *Leipold*, ErbR, § 9 Rn. 223; *Kipp/Coing*, ErbR, S. 109 ff. *Lange/Kuchinke*, ErbR, S. 342 m.w.N. weisen darauf hin, dass vom Willen des Erblassers das Recht der Verfügung von Todes wegen beherrscht wird *und zudem das Überlisten des Erbschleichers u.a. ein letztes Recht des Erblassers darstellt.*

6   *Mikat*, in: FS Nipperdey, S. 581 (582). Prinzipiell für eine stärkere Trennung und Emanzipation der Testierfreiheit (als Privatautonomie von Todes wegen) von der Vertragsfreiheit (als Privatautonomie unter Lebenden) und somit für eine stärkere Betonung des autonomen Eigenwertes der Testierfreiheit als selbstständige und besondere Ausprägung der Privatautonomie votierend *Kroppenberg*, Privatautonomie von Todes wegen. Siehe dazu auch *Röthel*, AcP 210 (2010), 759. Im weiteren Verlauf der Untersuchung wird u.a. versucht, die rechtlichen Entwicklungen sowie Erkenntnisse im Zusammenhang mit der Vertragsfreiheit soweit diese für den hiesigen Zweck übertragbar erscheinen für die Effektuierung des Schutzes der Testierfreiheit fruchtbar zu machen. Eine blinde sowie undifferenzierte Übertragung der Schutzstrukturen im allg. Vermögensrecht unter Lebenden auf den hiesigen Untersuchungsgegenstand des Schutzes der Testierfreiheit wäre dogmatisch falsch und nicht zielführend.

7   Unter dem Begriff der Autonomie können im Recht an sich vier verschiedene Phänomene gefasst werden: Zum einen die Autonomie als Zurechnungskategorie im Sinne eines Legitimationszusammenhangs in Ausformung einer zurechenbaren,

im gesamten Privatrecht gilt und das Erbrecht des BGB ein Bestandteil desselben ist.[8]
Der Grundsatz der Testierfreiheit leitet sich aus der Erbrechtsgarantie ab und untersteht dem verfassungsrechtlichen Schutz des Art. 14 Abs. 1 S. 1 GG.[9] Art. 14 Abs. 1 S. 1 GG gewährt dem Erblasser ein „Grundrecht auf Testierfreiheit".[10] Die Erbrechtsgarantie des Art. 14 Abs. 1 S. 1 GG gewährleistet das Erbrecht sowohl als Rechtsinstitut[11] als auch als Individualrecht.[12] Das Erbrecht an sich sorgt dafür, dass das Privateigentum als Fundament der eigenverantwortlichen Lebensgestaltung nicht durch den Tod des Eigentümers untergeht, sondern im Zuge der Rechtsnachfolge übertragen wird und somit fortbesteht.[13] Dabei wird dem Erblasser eine nahezu unbeschränkte Regelungsmacht zugewiesen.[14]

---

autonomen Entscheidung. Zum zweiten als synonymhafte Bezeichnung der Privatautonomie als die dem Einzelnen durch die Rechtsordnung zuerkannte Rechtsmacht, die Rechtsbeziehungen mit seiner Umwelt zu gestalten. Zum dritten die Autonomie als mentaler Zustand und schließlich die Autonomie als grundrechtlicher Schutzgegenstand. Zum Ganzen *Bumke/Roggon*, in: Röthel, Verträge in der Unternehmerfamilie, S. 255 (267 ff.) m.w.N.

8   *Brox/Walker*, ErbR, § 2 Rn. 1. Eingehend zur Privatautonomie als wesentliche Grundlage der Rechtsordnung siehe *Ganner*, Selbstbestimmung, S. 58 ff.

9   Vgl. statt vieler BVerfG, NJW 2005, 1561 (1562). Wobei sich die Testierfreiheit an sich auch schon aus der Eigentumsfreiheit ableiten ließe, vgl. BVerfGE 67, 329 = NJW 1985, 1455; *Gaier*, ZEV 2006, 2 (4); *Papier*, ErbR 2007, 134 (135–137); *Dittrich*, ZEV 2013, 14 (15); *Leipold*, ErbR, § 3 Rn. 61; vgl. auch *Keim*, Höchstpersönliche Struktur, S. 26 m.w.N. Siehe zur teilweise vertretenen Ansicht, die Testierfreiheit in Art. 2 I GG zu verorten, und dies zu Recht abl. *Bumke/Roggon*, in: Röthel, Verträge in der Unternehmerfamilie, S. 255 (272). Umfassend zu dieser Idee auch *Kroppenberg*, Privatautonomie von Todes wegen, insb. S. 166 ff.; krit. hierzu *Röthel*, AcP 210 (2010), 759 (762 f.).

10 Erman/*Lieder*, BGB, Einl. vor § 1922 Rn. 8. Siehe dazu auch BVerfGE 67, 329 = NJW 1985, 1455; BVerfGE 58, 377 = NJW 1982, 565 (567).

11 Allg. zum Begriff der Institutsgarantie *Mansen*, Privatrechtsgestaltung durch Hoheitsakt, S. 159 ff.

12 St. Rspr. des BVerfG, siehe nur BVerfG, NJW 2005, 1561 (1562).

13 Vgl. BVerfGE 91, 346 = NJW 1995, 2977; BVerfG, NJW-RR 2010, 156; BeckOGK/*Preuß*, BGB, § 1922 Rn. 19; MüKo/*Leipold*, BGB, Einl. ErbR Rn. 17; Firsching/Graf/*Krätzschel*, Nachlassrecht, § 7 Rn. 1.

14 *Leipold*, ErbR, § 3 Rn. 60; vgl. auch *Führ*, MittBayNot 2006, 461 (462). Diese weitgehenden Regelungsmöglichkeiten resultieren nicht zuletzt aus dem Vertrauen in den Erblasser, Dritteinwirkungen erfolgreich resistieren zu können, so *Röthel*, Gutachten 68. DJT, A 81.

Die Testierfreiheit dient, neben anderen verfassungsrechtlichen Grundsätzen, der Selbstbestimmung[15] des Einzelnen im Rechtsleben[16] und kann als „spezifische Erscheinungsform der Privatautonomie auf erbrechtlichem Gebiet"[17] angesehen werden.[18] Die Selbstbestimmung wiederum stellt insbesondere eine Ausprägung der Würde[19] des Menschen und damit einen elementaren Teil der freiheitlichen Grundordnung dar.[20] Weitere Grundrechte – wie insbesondere aus Art. 6 Abs. 1 und Art. 14 Abs. 1 GG – dienen als ergänzende Grundlage für spezielle Bereiche im Rahmen der Privatautonomie außerhalb der klassischen Vertragsfreiheit.[21] Ebenso dienen die Staatszielbestimmungen des Art. 20 GG[22] beziehungsweise das Sozialstaatsprinzip der Art. 20 Abs. 1, 28 Abs. 1 GG[23] der Gewährleistung des Prinzips der Privatautonomie.

Kernaussage der Testierfreiheit ist, dass der Erblasser grundsätzlich nach freiem Ermessen über sein Vermögen im Rahmen der Erbfolge durch Verfügung von Todes wegen verfügen kann.[24] Als stark normgeprägtes Grundrecht[25] wird der tatsächliche Inhalt der Erbrechtsgarantie sowie zugleich seine Schranken vom Gesetzgeber[26] unter Wahrung der verfassungsrechtlichen Grundsätze

---

15 Grundlegend dazu *Flume*, AT, Bd. II, S. 1 ff. Siehe auch *Kroppenberg*, Privatautonomie von Todes wegen, S. 231 ff. Ausführlich zum Begriff der Selbstbestimmung und dessen Dimensionen *Zaczyk*, in: Schmoeckel, Demenz und Recht, S. 89 (90–93).
16 Vgl. BVerfGE 99, 341 = NJW 1999, 1853 (1853 f.); BVerfG, NJW 2005, 1561 (1562).
17 Vgl. statt vieler BVerfG, NJW 2005, 1561 (1562).
18 I.H.a. die Möglichkeit des Erblassers, sowohl widerruflich als auch unwiderruflich über seinen Nachlass zu verfügen, wird zum Teil empfohlen, allgemeiner von „erbrechtlicher Privatautonomie" zu sprechen, siehe *Battes*, AcP 178 (1978), 337 (339); eingehend zu der Geltung der Privatautonomie im Erbrecht *Kroppenberg*, Privatautonomie von Todes wegen, S. 57–117.
19 Vgl. *Canaris*, Die Bedeutung, S. 46.
20 Vgl. BVerfGE 72, 155 = NJW 1986, 1859 (1860); BVerfGE 73, 261 = NJW 1987, 827; BVerfGE 89, 214 = NJW 1994, 36 (*Bürgschaft I*); BVerfG, NJW 2001, 957.
21 Vgl. *Canaris*, JZ 1987, 994; eingehend dazu auch *Mansen*, Privatrechtsgestaltung durch Hoheitsakt, S. 130 ff.
22 *Canaris*, JZ 1987, 993 (994); *Brox/Walker*, ErbR, § 2 Rn. 6.
23 BVerfGE 89, 214 = NJW 1994, 36 (38) (*Bürgschaft I*).
24 Vgl. BVerfGE 58, 377 = NJW 1982, 565 (567); BVerfGE 99, 341 = NJW 1999, 1853 (1853 f.).
25 Siehe dazu allg. *Epping*, Grundrechte, Rn. 433 ff.
26 Vgl. BVerfGE 19, 202 = NJW 1966, 195 (196); BVerfGE 44, 1 = NJW 1977, 1677; BVerfGE 58, 377 = NJW 1982, 565 (567); BVerfGE 67, 329 = NJW 1985, 1455.

bestimmt (Art. 14 Abs. 1 S. 2 GG).[27] Ihre Schranken findet die erbrechtliche Gestaltungsfreiheit inhaltlich vor allem in den allgemeinen Grenzen der rechtsgeschäftlichen Gestaltungsfreiheit[28], speziellen Testierverboten[29] sowie in den Pflichtteilsrechtsvorschriften der §§ 2303 ff. BGB[30] und in formeller Hinsicht in einem bestimmten Typen- sowie Formzwang[31]. Im Ausmaß dieser gesetzlichen Beschränkungen wird dem Erblasser die Verfügungsfreiheit über sein Vermögen zur Wahrung höherwertiger Schutzgüter entzogen. Ungeachtet der gesetzlichen Einschränkungen verbleiben dem Erblasser in Bezug auf seinen Nachlass allerdings sehr weitgehende Verfügungsrechte sowie im Einzelfall fein justierbare Gestaltungs- sowie Steuerungsmöglichkeiten.[32] So kann der Erblasser grundsätzlich ohne Relevanz seiner ihn antreibenden Motive willkürlich von der gesetzlichen Erbfolge abweichen und daher frei nach seinem Willen testieren.[33] Sofern und soweit der Erblasser testiert hat, ist „sein Wille oberstes Gesetz"[34].

---

27 Vgl. BVerfGE 31, 229 = NJW 1971, 2163; BVerfGE 52, 1 = NJW 1980, 985 (987); BVerfGE 67, 329 = NJW 1985, 1455.
28 Statt vieler *Leipold*, ErbR, § 3 Rn. 61 und § 9 Rn. 234.
29 Etwa § 14 HeimG und deren jeweiligen Nachfolgervorschriften auf Landesebene, siehe dazu unten Kap. III. 5.1.
30 Die Regelungen zum Pflichtteilsrecht stellen selbst Ausformungen der Erbrechtsgarantie nach Art. 14 I S. 1 i.V.m. Art. 6 I GG dar – indes aus Sicht der nächsten Angehörigen, vgl. dazu grundlegend BVerfGE 112, 332 = NJW 2005, 1561 (1562). Näher zum Verwandtenerbrecht und dem Pflichtteilsrecht Maunz/Dürig/*Papier*/ *Schirvani*, GG, Art. 14 Rn. 410, 411. Eingehend auch *Führ*, MittBayNot 2006, 461 (462 f.). Zu der Aufhebung bzw. Beibehaltung des Pflichtteilsrechts insb. *Martiny*, Gutachten 64. DJT, A 118–A 120; *Röthel*, ZEV 2006, 8 (10–12). *Beckert*, in: Röthel, Reformfragen, S. 1 (13) betont u.a., dass wegen der Bindung des Erblassers durch das Pflichtteilsrecht selbiger den Sirenenklängen von „Erbschleichern" nur begrenzt nachkommen kann.
31 Vgl. *Kipp/Coing*, ErbR, S. 125–136.
32 Genannt seien hier v.a. die Ernennung eines Testamentsvollstreckers (§§ 2197–2228 BGB) sowie bedingte oder befristete Nacherbeneinsetzungen (§§ 2100–2146 BGB), wodurch umfassende Steuerungsmöglichkeiten über den Tod hinaus erzeugt werden können.
33 Siehe insb. BVerfGE 67, 329 = NJW 1985, 1455 (1456) bzgl. der nicht zwingenden Gleichbehandlung von Abkömmlingen; BGH NJW 1984, 2150 (2151) zum Erfordernis der Ausschließlichkeit der sexuellen Motive i.R. eines „Geliebtentestaments" für die Unwirksamkeit; BGHZ 123, 368 = NJW 1994, 248 zur Wirksamkeit eines „Behindertentestaments".
34 *Keuk*, FamRZ 1972, 9.

Allein dieser autonome Wille des Erblassers ist allerdings auch Schutzgegenstand und zugleich Legitimation der verfassungsrechtlich gewährleisteten Testierfreiheit. Lediglich selbstbestimmte und selbstverantwortete letztwillige Verfügungen entsprechen dem Charakter der Testierfreiheit als „individuelles Selbstbestimmungsrecht im wirtschaftlichen Bereich"[35] und die Derogation der gesetzlichen Erbfolge wird allein durch den Gedanken der Selbstbestimmung legitimiert[36]. So formuliert *Röthel* treffend:

> „Testierentscheidungen verdanken ihren Anerkennungsanspruch der Selbstbestimmung des Erblassers. Die Willkür des Erblassers gewinnt seine Dignität aus der dahinter vermuteten Selbstbestimmung."[37]

Wenn eine Testierentscheidung nicht dem autonomen Willen des Erblassers entspricht und damit nicht selbstbestimmt ist, ist der Testierfreiheit demnach nicht Genüge getan. Es kommt für die Testierfreiheit mithin nicht nur darauf an, dass der Erblasser formal die Möglichkeit hat, die Erfolge zu bestimmen, sondern und gerade auch darauf, dass seine Entscheidung seinem autonomen Willen entspricht und daher ohne willensverfälschende Beeinflussungen durch Dritte getroffen wird.

1.1.2. Soziologische Bedeutung der Testierfreiheit

1.1.2.1. Bedeutung für den Erblasser

Zusätzlich zur verfassungsrechtlichen Bedeutung der Testierfreiheit und deren Identität als unmittelbarer Ausfluss des Grundsatzes der Selbstbestimmung hat die Testierfreiheit auch in familiärer sowie persönlicher und emotionaler Hinsicht für den Erblasser einen hohen Bedeutungsgehalt, welchen es besonders zu schützen gilt.

Das Erbrecht findet (auch heute noch) seine primäre Legitimation in der Konsolidierung familiärer Beziehungen[38] und weist sehr starke Verbindungen zum Familienrecht auf. In beiden Rechtsbereichen geht es um die (höchst) persönliche Lebensführung sowie -gestaltung.[39] Dabei beschäftigt sich das Erbrecht naturbedingt mehr mit dem Schlussteil des Lebens und stellt gewissermaßen eine Fortführung der Lebensbereiche im Sinne einer Sukzession dar.

---

35 BVerfGE 99, 341 = NJW 1999, 1853.
36 *Röthel*, in: Schmoeckel, Das holographische Testament, S. 33 (47).
37 *Röthel*, in: Schmoeckel, Das holographische Testament, S. 33 (47).
38 Eingehend *Beckert*, Unverdientes Vermögen, S. 66–86.
39 Vgl. hierzu und zum Folgenden *Keim*, Höchstpersönliche Struktur, S. 38 f.

Im Hinblick auf den Erblasser bildet eine letztwillige Verfügung nicht lediglich in wirtschaftlicher sondern auch in persönlicher, insbesondere in familiärer Hinsicht einen Endpunkt.[40] Nicht selten beeinflusst der Erblasser mit seiner letztwilligen Verfügung wesentlich sein *posthumes* Ansehen[41] sowie zugleich die weitere Lebensführung seiner Hinterbliebenen.

Nach dem Ansatz von *Goebel* ist das Erbrecht nicht mehr lediglich vorrangig als Vermögensrecht anzusehen, welches zum Teil familiaristische Wertungen in sich trägt und ein Mittel zum Erreichen familiaristischer Effekte ist, sondern vielmehr als genuines Recht des Todes.[42] Dies weitergeführt, sei die Testierfreiheit auch nicht mehr bloße fortgesetzte Eigentümerfreiheit, im Sinne eines Rechts der Güterbewegung, sondern mehr ein funktionales Persönlichkeitsrecht.[43] Der Erblasser hat mit einer Verfügung von Todes wegen die Möglichkeit, seinen Tod auf eine für ihn ganz besondere Art zu verarbeiten – „eine Verarbeitung, die als Moment tiefer Expression, Innerlichkeit und Religiosität eine genuine Weise personaler Entfaltung darstellt"[44]. Ähnlich dazu spricht *Christandl* davon, dass der Erblasser in Entfaltung seiner Persönlichkeit eine (selbstbestimmte) Regelung für seine Vermögensnachfolge trifft.[45]

Ungeachtet des nicht gänzlich abstreitbaren Wandels der heutigen gesellschaftlichen Lebensformen, trägt eine Erbeinsetzung auch heute noch eine menschlich erfahrbare sowie spürbare emotionale Bedeutung in sich. Selbst wenn der Empfänger einer Vermögenszuwendung im Wege einer Verfügung von Todes wegen unter Umständen finanziell nicht von der selbigen Zuwendung abhängig sein mag, so stellt diese dennoch für beide Zuwendungsparteien oft einen Ausdruck der besonderen persönlichen Beziehung respektive Verbundenheit dar. Ein solch innerer emotionaler Gehalt ist besonders unentgeltlichen Zuwendungen immanent. In diesem Zusammenhang betont *Beckert* den auf Zuneigung basierenden Gabencharakter der Vermögensvererbung.[46] Zuwendungen durch den Erblasser stellen Gaben dar, welche zu einer Festigung

---

40 *Reichel*, Höchstpersönliche Rechtsgeschäfte, S. 12.
41 So auch *Beckert*, in: Röthel, Reformfragen, S. 1 (16).
42 *Goebel*, DNotZ 2004, 101 (116); *ders.*, Testierfreiheit, S. 19 f.
43 *Goebel*, DNotZ 2004, 101 (116); siehe auch *ders.*, Testierfreiheit, S. 36 ff., 73 ff., 98 ff.
44 *Goebel*, DNotZ 2004, 101 (116); eingehend dazu *ders.*, Testierfreiheit, S. 137 ff., 181 ff.
45 *Christandl*, notar 2017, 339 (342 mit Fn. 33). Zugleich betont er, dass die rechtlich ungeschützte Position der gesetzlichen Erben in Bezug auf ein fremdbestimmtes Testieren ohne Belang sei.
46 *Beckert*, in: Röthel, Reformfragen, S. 1 (6–8), m.w.N. zu Untersuchungen der Vermögensvererbung i.H.a. die Familiensoziologie.

sozialer Beziehungen führen und die Verbundenheit der Beteiligten symbolisieren. Beckert definiert insgesamt vier Motive bei der Vermögensvererbung, welche jeweils von unterschiedlichen Solidaritätsaspekten getragen sind und komplementär zwischen Erblasser und Erben[47] wirken.[48]

- Im Rahmen des ersten Motivs des *dynastischen Vererbens* handelt der Erblasser mit dem Selbstverständnis, ein Teil einer Generationenfolge zu sein, und lässt sich nicht von individuellen Motiven leiten, sondern agiert mehr mit Blick auf eine genealogische Einheit.
- Das zweite Motiv stellt das *strategische Vererben* dar, welches darauf gerichtet ist, einen Ausdruck von Dankbarkeit aufgrund einer zuvor erhaltenen solidarischen Unterstützung zu symbolisieren.
- Als drittes Motiv wird das *altruistische Vererben* angeführt. Hierbei fokussiert sich der Zuwendungsgrund auf das Interesse des Erblassers an dem Wohlergehen des Erben. Soweit der Erblasser mit der Zuwendung nicht allein eine Unterstützung des Empfängers bezwecken, sondern darüber hinaus ein Wohlverhalten desselben bedingen möchte, liegt ein paternalistisches Motiv vor.
- Letztendlich kann und wird das Vererben häufig von dem Motiv getragen sein, die emotionale Verbundenheit zu dem Empfänger zu signalisieren, was als *emotionales Vererben* zu charakterisieren ist. Die zusätzliche Symbolwirkung findet sich in der Einbettung in eine gemeinsame familiäre Identität von Erblasser und Erben wieder.

Allen Arten des Vererbens ist dabei eine gewisse persönlich-emotionale Komponente gemeinsam. In keinem dieser Fälle ist es dem Erblasser gleichgültig, was mit seinem Nachlass geschieht, wie er aufgeteilt wird und wer davon profitiert. Die Testierfreiheit hat für den Erblasser eine tiefe persönliche Bedeutung, welche der Gesetzgeber auch durch die verfassungsrechtliche Verankerung der Testierfreiheit zum Ausdruck bringt.

---

47 Siehe unten Kap. II. 1.1.2.2.
48 Zum Ganzen *Beckert*, in: Röthel, Reformfragen, S. 1 (11 f.) m.w.N. Teilweise Überschneidungen dieser Motive lassen sich auch mit den von *Dutta* (Warum Erbrecht?, S. 159 ff. m.w.N) u.a. untersuchten Vererbungsmotiven (das Altruismusmotiv, das „joy-of-giving"- bzw. „warm-glow"-Motiv sowie das Gegenleistungsmotiv bzw. „exchange"-Motiv letzteres bis hin zu einem innerfamiliären Generationenvertrag) feststellen. In der hiesigen Untersuchung erscheint jedoch eine verstärkte Berücksichtigung der Vererbungsmotive aus soziologischer Perspektive nach *Beckert* geeigneter.

1.1.2.2. Bedeutung für die Hinterbliebenen

Eine herausragende Bedeutung hat die Testierfreiheit auch für die Hinterbliebenen des Erblassers. Denn allein auf Grund der durch den Erblasser ausgeübten oder (bewusst) nicht unmittelbar ausgeübten Testierfreiheit, entsteht für den Bedachten respektive den gesetzlichen Erben das Erbrecht, welches wiederum selbst – zumindest ab dem Zeitpunkt des Erbfalls – den verfassungsrechtlichen Schutz der Erbrechtsfreiheit nach Art. 14 Abs. 1 S. 1 GG genießt.[49] Das Erwerbsrecht des Erben bildet dabei das zwingende Korrelat zur Verfügungsfreiheit des Erblassers.[50] Ferner hat die (Nicht)Begünstigung respektive (Nicht)Beteiligung am Nachlass für die Hinterbliebenen in familiärer sowie persönlicher und emotionaler Hinsicht eine weitgehende Bedeutung.

1.1.2.2.1. Im Hinblick auf die familiäre Bindung

Das „Erbrecht beruht auf der Familie", welcher das Vermögen an sich erhalten bleiben soll.[51] Auf diesem Gedanken beruhen unter anderem die gesetzliche Erbfolge und das Pflichtteilsrecht.[52] Der Testierfreiheit kommt daher auch eine familiäre Bedeutung zu[53] und der Erblasser soll durch diese die konkreten Einzelfallumstände innerhalb der familiären Bindung ausreichend berücksichtigen können[54].

Die Väter des Bürgerlichen Gesetzbuches sahen das Erbrecht zu Recht gerade nicht in einer Linie und auf gleicher Ebene mit dem Schuld- und Sachenrecht beziehungsweise lediglich als eine weitere Quelle für Übertragungsmöglichkeiten von vermögenswerten Rechtspositionen an. Das Erbrecht wurde mit einem personalen Gehalt gefüllt, indem personale Nähebeziehungen als Anknüpfungspunkte für Rechtsinstitute wie die gesetzliche Erbfolge oder das Pflichtteilsrecht statuiert wurden.[55] Neben der gesetzlichen Erbfolge

---

49 Vgl. BVerfGE 91, 346 = NJW 1995, 2977 (2978); BVerfGE 99, 341 = NJW 1999, 1853; BVerfGE 112, 332 = NJW 2005, 1561 (1562). Für einen früheren Grundrechtsschutz des potenziellen Erben etwa *Vyas*, ZEV 2002, 1 (4 f.).
50 Statt vieler BVerfG, NJW-RR 2010, 156 (157).
51 *Mugdan*, Bd. V, S. 522.
52 Grundlegend BVerfGE 112, 332 = NJW 2005, 1561 (1564); *Grossfeld*, JZ 1968, 113 (118); *Keim*, Höchstpersönliche Struktur, S. 38. Ausführlich hierzu und zum Folgenden *Kleinschmidt*, Delegation, S. 361–377; siehe auch *Kroppenberg*, Privatautonomie von Todes wegen, S. 15.
53 Dies besonders betonend *Grossfeld*, JZ 1968, 113 (118, 121); vgl. auch *Sens*, Die Erbenbestimmung durch Dritte, S. 85–89.
54 *Mugdan*, Bd. V, S. 522.
55 Vgl. zum Ganzen *Röthel*, ErbR, § 1 Rn. 8 f.; *Muscheler*, ErbR, Rn. 517–567.

ist auch das Pflichtteilsrecht eine starke Ausprägung des Familiengedankens im erbrechtlichen System.[56] Entscheidend ist dabei, dass gerade unabhängig von einem persönlichen finanziellen Bedarf den Pflichtteilsberechtigten eine prinzipiell unentziehbare Mindestbeteiligung am Nachlass garantiert wird.[57] Ausschlaggebend dabei ist die familienrechtliche Bindung[58] sowie die Solidarität zwischen den Generationen[59].

Aufgrund des Vorrangs der gewillkürten Erbfolge stellt jede letztwillige Abweichung von der gesetzlichen Erbfolge zugleich einen Eingriff in familiäre Verhältnisse dar.[60] Die Wahl des einen Erben führt unweigerlich zu der Benachteiligung aller anderen Erbprätendenten[61], wobei *Keim* treffend vom „letztwilligen Familiengericht"[62] spricht. Bezogen auf den weichenden gesetzlichen Erben, wird selbigem durch abweichendes Testieren die „Chance" auf seinen gesetzlichen Erbteil entzogen.[63]

Zwar kommt den potenziellen Erben vor dem Erbfall weder ein Anwartschaftsrecht noch eine (rechtlich) geschützte Aussicht auf eine tatsächliche Erbschaft zu.[64] Denn das Erwerbsrecht des Erben ist nach der Rechtsprechung des Bundesverfassungsgerichts ebenfalls durch Art. 14 Abs. 1 S. 1 GG geschützt, allerdings kann der Erbe den grundrechtlichen Schutz nur in dem vom Erblasser gewährten Umfang erlangen.[65] Das Grundrecht des Erben ist demnach von der Testierfreiheit des Erblassers abgeleitet und begründet vor dem Erbfall

---

56 Vgl. dazu MüKo/*Leipold*, BGB, Einl. ErbR Rn. 14; Staudinger/*Otte*, BGB, Einl. ErbR Rn. 51–53.
57 BVerfGE 112, 332 = NJW 2005, 1561 (1562).
58 BVerfGE 112, 332 = NJW 2005, 1561 (1564); *Otte*, ErbR 2009, 2 (5); *ders.*, AcP 202 (2002), 317 (318 ff.); vgl. auch *Helms*, ZEV 2007, 1 (4).
59 BVerfGE 112, 332 = NJW 2005, 1561 (1564); ebenso *Helms*, ZEV 2007, 1 (4).
60 *Reichel*, Höchstpersönliche Rechtsgeschäfte, S. 12; *Grossfeld*, JZ 1968, 113 (118); *Keim*, Höchstpersönliche Struktur, S. 35, 39.
61 *Grossfeld*, JZ 1968, 113 (118); *Keim*, Höchstpersönliche Struktur, S. 40 f.
62 *Keim*, Höchstpersönliche Struktur, S. 41.
63 *Sens*, Die Erbenbestimmung durch Dritte, S. 88 f.
64 BVerfGE 67, 329 = NJW 1985, 1455; BVerfGE 91, 346 = NJW 1995, 2977 (2978); BVerfGE 99, 341 = NJW 1999, 1853; BVerfG, NJW-RR 2010, 156 (157); Erman/*Lieder*, BGB, Einl. vor § 1922 Rn. 6; BeckOK/*Müller-Christmann*, BGB, § 1922 Rn. 115; MüKo/*Leipold*, BGB, Einl. ErbR Rn. 25; BeckOGK/*Preuß*, BGB, § 1922 Rn. 39; eingehend dazu und zum Folgenden insb. *Kleinschmidt*, Delegation, S. 361–377.
65 BVerfG, NJW-RR 2010, 156 (157); vgl. auch BVerfGE 93, 165 = NJW 1995, 2624 (2625); BVerfGE 99, 341 = NJW 1999, 1853; BVerfGE 112, 332 = NJW 2005, 1561 (1563).

keinen Anspruch des potenziellen Erben gegen den Erblasser.[66] Nichtsdestominder wird sich der ein oder andere nicht Begünstigte „betrogen" fühlen und glauben, dennoch einen Anspruch auf das Erbe zu haben.[67] Dieser Erwägung zumindest in gewissem Umfang stattgebend, hat das BVerfG unter dem Stichwort der „familienrechtlichen Bindungen" das Pflichtteilsrecht von Abkömmlingen gerechtfertigt, welches sicherstellen soll, dass sich enge familiäre Verbindungen jedenfalls in gewissem Maße in der Verteilung des Nachlasses widerspiegeln.[68]

Der Gedanke der Familienerbfolge ist demnach im Erbrecht normiert und genießt zusätzlich verfassungsrechtlichen Schutz.[69] Die gesetzliche Erbfolge stellt dabei aus gesellschaftlicher Sicht einen Vorschlag für eine normativ angemessene Weitergabe von Erbschaften dar.[70] Das Abweichen von der gesetzlich vorgesehenen Erbfolge kann also als Eingriff in eine dem gesetzlichen Erben (eigentlich) gebührende Position angesehen werden[71], obgleich diese (nur) auf zwischenmenschlicher Beziehungsebene einzuordnen ist.[72] Demnach gewinnt die Testierfreiheit auch für die Hinterbliebenen in familiärer-persönlicher Hinsicht Bedeutung, jedenfalls und spätestens dann, wenn durch sie eine Abweichung von der gesetzlichen Erbfolge herbeigeführt wird.

1.1.2.2.2. Im Hinblick auf den besonderen Empfängerstatus

Schließlich trägt die Einräumung eines Empfängerstatus eine besondere Bedeutung für den Begünstigten in sich. Es gilt hierbei – ohne die Geltung der obigen Ausführung zur familiären Bedeutung in der Sache grundsätzlich in Frage zu stellen – zu berücksichtigen, dass die maßgeblichen Nähebeziehungen vor

---

66 *Wendt*, ZErb 2010, 45; *Kroppenberg*, DNotZ 2006, 86 (95); *dies.*, Privatautonomie von Todes wegen, S. 205 f.
67 Vgl. im ähnlichen Kontext *Kroppenberg*, DNotZ 2006, 86 (95); siehe zur Frage, ob die Testierfreiheit auch dem Interesse der Erben dienen kann, *Christandl*, Selbstbestimmtes Testieren, S. 25 mit Fn. 113.
68 BVerfGE 112, 332 = NJW 2005, 1561 (1564); zum Ganzen *Helms*, ZEV 2007, 1 (4).
69 So die h.M. BVerfG, NJW 2001, 141 (142); BVerfGE 93, 165 = NJW 1995, 2624 (2625); Staudinger/*Otte*, BGB, Einl. ErbR Rn. 80 f.; MüKo/*Leipold*, BGB, Einl. ErbR Rn. 35; *Muscheler*, ErbR, Rn. 232; *Otte*, AcP 202 (2002), 317 (318 ff.).
70 So zu Recht *Beckert*, in: Röthel, Reformfragen, S. 1 (16 f.) m.w.N. zur faktischen Bedeutung dieser normativen Grundlage.
71 Hierfür v.a. *Leipold*, AcP 180 (1980), 160 (195).
72 Ausführlich *Kleinschmidt*, Delegation, S. 362 f. m.w.N.; vgl. dazu auch *Wendt*, ZErb 2010, 45; *Kroppenberg*, DNotZ 2006, 86 (95).

allem aufgrund der Pluralisierung von modernen Familien- beziehungsweise Lebensformen nicht mehr ausschließlich in Gestalt der klassischen Parentelordnungen existieren.[73] Entscheidend ist in modernen Gesellschaften mithin die von verwandtschaftlicher Verbundenheit nicht zwingend abhängige, tatsächlich gelebte Solidarität zwischen zwei Menschen.

Goebel weist in diesem Zusammenhang auf die „symbolische[n] Funktion der Erbenstellung" hin, welche im kulturellen Bewusstsein etwas „Zeichenhafte[s]" habe und die personale Verbundenheit und Zuneigungsbeziehung des Erblassers mit dem Erben verkörpere.[74] Durch die Erbenberufung übt der Erblasser zugleich sein Persönlichkeitsrecht aus und es erfolgt eine Ableitung des Erbenstatus vom Erblasser. Dieser Gedanke ist allerdings vor allem Kritik dahingehend ausgesetzt, dass die Testierpraxis unter Laien die Begriffe „vererben" und „vermachen" falsch oder synonymhaft verwendet und daher der Erbenstellung gerade keine höhere Bedeutung beimisst.[75] Eine solche eventuell rechtlich inkorrekte Einordnung des Zuwendungsgrundes zwingt aber nach der hier vertretenen Ansicht nicht zu der Feststellung, dass aus Sicht der Zuwendungsparteien der Zuwendung und deren Grund keine emotionale, besondere Bedeutung beigemessen wird. Denn selbst wenn der rechtlich korrekte Gehalt einer Erbenstellung von der laienhaften Vorstellung des Vererbens oder Vermachens – oder einfach ausgedrückt: des Gebens und Erhaltens nach dem Tod – seitens der Zuwendungsparteien nicht einmal ansatzweise juristisch korrekt erfasst sein sollte, ändert dies nichts an der durch die Begünstigung zum Ausdruck kommenden besonderen persönlichen Verbundenheit.[76]

Ähnlich sieht *Windel* in dem Erbenstatus „besondere personale Komponenten"[77], wobei der Erbe seinen Status nicht derivativ vom Erblasser, sondern originär als Gesamtrechtsnachfolger erwirbt. Dieser erworbene Erbenstatus

---

73 Vgl. dazu und dem Folgenden *Beckert*, in: Röthel, Reformfragen, S. 1 (9) m.w.N. i.H.a. das Pflichtteilsrecht.
74 *Goebel*, Testierfreiheit als Persönlichkeitsrecht, S. 307; dazu auch *Kroppenberg*, Privatautonomie von Todes wegen, S. 106–111; *dies.*, NJW 2010, 2609; *Muscheler*, ErbR, Rn. 396 f. Hierzu und dem Folgenden *Kleinschmidt*, Delegation, S. 371–376.
75 BeckOK/*Litzenburger*, BGB, § 2065 Rn. 1; vgl. auch *Muscheler*, ErbR, Rn. 398, 564; *Kleinschmidt*, Delegation, S. 372 f.
76 Dadurch wird der Gedanke der besonderen persönlichen Verbundenheit auch nicht unnötig auf die Erbenstellung beschränkt und kann auch bspw. hins. Vermächtnissen oder sonstigen Begünstigungen fruchtbar gemacht werden.
77 *Windel*, Modi der Nachfolge, S. 219, welcher die Diskussion im Zusammenhang mit der Universalsukzession führt.

wird durch den Berufungsgrund legitimiert.[78] Aus der Legitimierungsfunktion des Berufungsgrundes für den Erbenstatus folgt zwangsläufig ein spezielles Anforderungsprofil für den jeweiligen Berufungsgrund. Im Hinblick auf den Erbenstatus aufgrund gesetzlicher Erbfolge legitimiert der Rekurs auf den familienrechtlichen Status den Berufungsgrund[79], wohingegen der Erbenstatus durch gewillkürte Erbfolge von der höchstpersönlichen Erbeinsetzung durch den Erblasser getragen wird.[80] Hieran anknüpfend betont *Röthel*, dass eine gewillkürte Erbfolge zwangsläufig zu einer Bevorzugung des Berufenen sowie spiegelbildlich zu einer Zurücksetzung des anderen führt und dieser Vorgang einer ausreichenden Legitimation durch den Erblasser bedarf.[81] Der Berufungsgrund im Wege der gewillkürten Erbfolge muss dazu von einer vergleichbaren Legitimationswirkung getragen sein wie der zur gesetzlichen Erbfolge. Dies geschieht im Grunde über das Erfordernis einer Willensbildung seitens des Verfügenden, welche in Intentionalität und Eindeutigkeit vergleichbar ist.[82]

Auch können nach Ansicht von *Beckert* „Erbschaften eine identitätsstiftende symbolische Rolle in der dinglichen Repräsentation von Herkunft und Fortbestand spielen" und der Übergang von monetärem Vermögen oder bestimmten – für den Einzelnen wichtigen – Gegenständen daher besondere emotionale und nachhaltige Bedeutung einnehmen.[83] Die individuelle und soziale Bedeutung der Partizipation am Nachlass steht dabei aus soziologischer Sicht gerade nicht in direktem Verhältnis zu dem materiellen, objektiven Wert.[84]

Nach *Beckert* bestehen die oben bereits aufgeführten Solidaritätsmotive[85] komplementär zwischen Erblasser und Erben. Von daher empfindet der Erbe im Rahmen des dynastischen Vererbens sich selbst sowie seine Erbschaft als Fortsetzungsglied zur Bewahrung der Familienkontinuität beziehungsweise zur Weiterführung des Lebenswerks des Erblassers, als den individuellen Interessen übergeordnetes Ziel. Mit Blick auf das Motiv des strategischen Vererbens wird der Empfänger die Beteiligung am Nachlass als eine anerkennende Gegenleistung beziehungsweise Honorierung seiner erbrachten Unterstützungshandlungen ansehen. Im Zuge eines mehr altruistisch motivierten Vererbens kann

---

78 Zum Ganzen *Windel*, Modi der Nachfolge, S. 219.
79 *Windel*, Modi der Nachfolge, S. 222 f.
80 *Windel*, Modi der Nachfolge, S. 235.
81 *Röthel*, in: Lipp/Röthel/Windel, Familienrechtlicher Status, S. 85 (113).
82 *Röthel*, in: Lipp/Röthel/Windel, Familienrechtlicher Status, S. 85 (106).
83 *Beckert*, Unverdientes Vermögen, S. 32 m.w.N.
84 *Beckert*, in Röthel, Reformfragen, S. 1 (8).
85 Siehe oben Kap. II. 1.1.2.1.

dem Empfänger helfende Unterstützung zur Verwirklichung seiner Lebensziele mit auf den Weg gegeben werden und so die persönliche Zuneigung zum Ausdruck gebracht werden. Schließlich wird im Hinblick auf das Motiv des emotionalen Vererbens die emotionale Verbundenheit durch die Beteiligung eines Empfängers am Nachlass signalisiert. Aus Sicht des (potenziellen) Empfängers findet geradezu eine Weichenstellung hinsichtlich des Zukommens von persönlicher Wertschätzung und Förderung einer familiären Identitätsbildung oder eine dahingehende Zurücksetzung statt. Vor allem dieser letztere identitätsvermittelnde, symbolische Aspekt der Nachlassbeteiligung kann wohl zu Recht als eine der Hauptursachen von Erbstreitigkeiten angesehen werden[86], was seine Bedeutung zusätzlich hervorhebt.

Röthel betont ebenso zu Recht, dass Entscheidungen über das Vererben und Erben bei weitem nicht allein vermögensrelevante Gesichtspunkte in sich tragen und verweist dabei auf die Geltung von Erbschaften als „Beziehungsidiom" sowie der Vermögensnachfolge als „biographische Arbeit".[87] Vielmehr kann die Tatsache des Erbens oder Nichterbens erhebliche Auswirkungen auf das Identitätsempfinden, die Beziehungsbewertung, das Rollenverständnis sowie auf den Lebenslauf der dem Erblasser nahestehenden Personen haben. Es herrscht insofern eine enge Verbindung zwischen dem Erb- und Beziehungserleben, wodurch individuelle und ideelle, personale sowie psychologische Bedeutungen stärkere Betonung und Relevanz erfahren.[88] Es geht dabei dem Erben oder Vermächtnisnehmer nicht um den objektiv erlangten Vermögensvorteil, sondern subjektiv-emotional darum, von dem Erblasser (angemessen) bedacht[89] worden zu sein. Der Ablauf und Ausgang eines Erbgeschehens kann für die zurückgebliebenen Nahbereichspersonen des Erblassers aufgrund dessen personaler, ideeller sowie symbolischer Prägung ein einschneidendes Erlebnis bilden. So kann der Begünstigte das Geschehen – trotz der Anlassumstände – positiv als letztes Zeichen von Zuneigung, Anerkennung sowie Wertschätzung wahrnehmen. Der jedoch in keiner Weise Bedachte wiederum, wird sich vergessen oder sogar (endgültig) zurückgewiesen und persönlich gekränkt fühlen.

---

86 So auch die Vermutung von *Beckert*, in: Röthel, Reformfragen, S. 1 (12).
87 Hierzu und zum Folgenden *Röthel*, ErbR, § 16 Rn. 11 und § 1 Rn. 11–13.
88 *Röthel*, ErbR, § 1 Rn. 2.
89 Sowohl in § 2066 BGB werden die Erben *bedacht* als auch in § 2151 I BGB geht es darum, dass der Erblasser jemanden mit einem Vermächtnis *bedenkt*, vgl. dazu auch *Röthel*, ErbR, § 1 Rn. 11.

In diese Richtung stößt auch *Lettke*, wenn er auf die Möglichkeit hinweist, den „Nachlass im Sinne einer Beziehungsbilanz" zu interpretieren.[90]

1.1.2.3. Weitere Gültigkeit in modernen Gesellschaften

Die oben ausgeführten Sinninhalte beanspruchen auch gegenüber den heutigen pluralen Lebensformen in modernen Gesellschaften weiterhin Geltung.

Das Erbrecht hat zwar mit dem zeitlichen Voranschreiten eine wesentliche Funktionsveränderung erfahren. Im Rahmen des Erbens und Vererbens geht es gerade nicht mehr primär um die Erfüllung von reproduktiven, staatspolitischen oder wirtschaftlichen Zwecken.[91] Insbesondere wird die Versorgung von Hinterbliebenen heute in aller Regel mittels staatlichen oder privaten Versicherungsleistungen sichergestellt und ist nicht mehr von einem wirtschaftlichen Nachlass abhängig. Ferner haben sich Erbschaften aufgrund des demographischen Wandels für die erbenden Kinder mehr zu einer „vierten Säule" der Alterssicherung entwickelt und die Versorgungsfunktion abgelegt, da die Erben zum Zeitpunkt des Erbfalls zumeist selbst bereits mitten im Berufsleben stehen. Schließlich wurde die Agrarwirtschaft sehr stark durch die unselbstständige Arbeit zurückgedrängt, sodass für die wirtschaftliche Sicherung sowie soziale Stellung der Deszendenten nicht mehr die Übertragung von agrarwirtschaftlichem Vermögensbesitz, sondern ein durch Ausbildung erworbenes Humankapital entscheidend ist.

Die soziale Funktion des Erbrechts in Gestalt des Zusammenspiels respektive der Konnexität von Nachlassgestaltung und persönlich-emotionaler Zuneigung, wurde dagegen nicht nur erhalten, sondern hat an Bedeutung erheblich gewonnen. Zuwendungen durch den Erblasser stellen Gaben dar, welche zu einer Festigung sozialer Beziehungen führen und die Verbundenheit der Beteiligten symbolisieren.[92] Diese symbolische Dimension der Zuwendungen wird gerade dadurch verstärkt, dass die Zuwendung wirtschaftlich für den Empfänger häufig nicht mehr essentiell ist. Sie wird zu einem integrativen

---

90 *Lettke*, in: ders., Erben und Vererben, S. 157 (162).
91 Ausführlich dazu und dem Folgenden *Beckert*, in: Röthel, Reformfragen, S. 1 (4–5 f., 9–11 f.), nach welchem die Vermögensvererbung *mortis causa* in der modernen Gesellschaft hauptsächlich zu einer Privatsache der beteiligten Individuen und Familien geworden ist, deren soziale Bedeutung sich auf die Stärkung der Verbundenheit und Solidarität zwischen den beteiligten Personen konzentriert.
92 Den auf Zuneigung beruhenden Gabencharakter der Vermögensvererbung besonders betonend *Beckert*, in: Röthel, Reformfragen, S. 1 (6–8), m.w.N. zu Untersuchungen der Vermögensvererbung i.H.a. die Familiensoziologie.

Moment sozialer Ordnung, was zugleich eine gesellschaftliche Funktion von Erbschaften und Schenkungen darstellt.[93]

1.1.2.4. Zwischenergebnis

Nachfolgend zu diesen Ausführungen ist zu konstatieren sowie zu betonen, dass dem Aspekt der Nachlasspartizipation vor allem in familiärerpersönlicher sowie in symbolischer und emotionaler Hinsicht ein hoher Bedeutungsgehalt sowohl für den Erblasser als auch für die Hinterbliebenen zukommt.

Ein für die hiesige Untersuchung entscheidender Aspekt ist weiter, dass als Konsequenz einer willensverfälschenden Drittbeeinflussung stets die Vereitelung des ursprünglich mit einer Begünstigung durch den Erblasser intendierten Zwecks einhergeht und folglich die oben aufgeführte Motivrealisierung verhindert wird. Dies gilt sowohl für den Fall einer seitens des Erblassers ursprünglich angedachten gewillkürten Nachlassplanung als auch für das bewusste Eintretenlassen der gesetzlichen Erbfolge. In beiden Szenarien werden nicht die für die jeweilige Motivrealisierung erforderlichen Empfänger erreicht und die Begünstigungen verfehlen im Ergebnis ihren zugedachten Zweck. Reziprok zu dieser Zweckvereitelung zum Nachteil des Erblassers ergibt sich auch stets ein reflexartiger, nachteilhafter Effekt für den fälschlicherweise aus dem ursprünglichen Empfängerkreis verdrängten Begünstigten, bei welchem die Motivrealisierung nicht eintreten kann.

Diese Überlegungen verdeutlichen noch einmal den höheren Bedeutungsgehalt und somit die größere Schutzbedürftigkeit der von der Testierfreiheit getragenen autonomen Erblasserentscheidungen im Vergleich zu sonstigen, der Nachlassplanung fernen Entscheidungen im Rahmen des allgemeinen Vermögensrechts.

1.2. Staatliche Schutzpflichten zur Gewährleistung der Selbstbestimmung

Wegen der grundrechtlichen Bedeutung der Testierfreiheit ist der Staat verpflichtet, für deren Schutz zu sorgen sowie für dessen Durchsetzung effektive Mechanismen zur Verfügung zu stellen (Abschnitt 1.2.1.). Dabei kommt es für die Effektivität der Schutzmechanismen vor allem auf die richtige Zielrichtung der staatlichen Maßnahmen an. Für den hiesigen Untersuchungsgegenstand ist entscheidend, dass staatliche Schutzpflichten dahingehend ausgestaltet und

---

93 Vgl. *Beckert*, in: Röthel, Reformfragen, S. 1 (8).

erfüllt werden müssen, dass nicht lediglich die Testierfreiheit als formale Freiheit im Rahmen einer Institutsgarantie gewährleistet, sondern sichergestellt wird, dass eine Testierentscheidung auch tatsächlich Ausdruck der Selbstbestimmung des Erblassers und dessen autonomen Willens ist (Abschnitt 1.2.2.).

1.2.1. Bestehen staatlicher Schutzpflichten

Allgemein besehen begründen Grundrechte nicht nur Abwehrrechte gegen staatliches Handeln[94], sondern auch Schutzpflichten des Staates, welche für den Einzelnen von großer Bedeutung sind. Diese Dimension ist eine anerkannte Grundrechtswirkung.[95] Im Hinblick auf die Selbstbestimmung bedeutet dies eine gesamtstaatliche Pflicht, regelnd tätig zu werden, wenn die durch die Privatautonomie gewährleistete Selbstbestimmung des Einzelnen aufgrund eines tatsächlich vorliegenden Machtgefälles droht, nicht verwirklicht werden zu können.[96] Im Rahmen dieser grundrechtlichen Schutzpflicht ist der Staat verpflichtet, den Einzelnen vor unzulässigen Eingriffen in seine Freiheitsrechte seitens privater Dritter zu schützen.[97] Hindernd wirkt in diesem Szenario also nicht staatliches, sondern gerade privates Handeln, welchem der Staat im Zuge der Grundrechtsgewährleistung aktiv entgegen wirken muss.[98]

Demnach kann die Privatautonomie als Ausfluss der Selbstbestimmung nicht für jeden Beteiligten grenzenlos in alle Richtungen gewährleistet werden und bedarf der Ausgestaltung durch den Gesetzgeber.[99] Im Rahmen der dem Gesetzgeber zukommenden Einschätzungsprärogative, sind staatliche Regelungen so zu erlassen, dass jeder Einzelne seine Grundrechte effektiv wahrnehmen kann und die Privatautonomie maximal umgesetzt und gewährleistet wird. Die dabei kollidierenden gegenläufigen Interessen hat der Gesetzgeber im Wege der praktischen Konkordanz[100] schonend zum Ausgleich zu bringen,

---

94 Vgl. dazu statt vieler *Hornung*, Grundrechtsinnovationen, S. 45–48.
95 Dazu grundlegend BVerfGE 39, 1 = NJW 1975, 573 (575). Vgl. auch *Hornung*, Grundrechtsinnovationen, S. 51 f.
96 Vgl. etwa BVerfGE 89, 214 = NJW 1994, 36 (38) (*Bürgschaft I*); BVerfGE 103, 89 = NJW 2001, 957 (958); Maunz/Dürig/*Di Fabio*, GG, Art. 2 Abs. 1 Rn. 107.
97 Ausführlich zu den staatlichen Schutzpflichten als besondere Schattierung der objektiv-rechtlichen Funktion der Grundrechte *Epping*, Grundrechte, Rn. 350 ff.
98 Auf diese Tatsache der Drittwirkung besonders hinweisend bereits *Canaris*, AcP 184 (1984), 200 (226).
99 Grundlegend dazu das BVerfG in seiner Bürgschaftsentscheidung BVerfGE 89, 214 = NJW 1994, 36 (38) (*Bürgschaft I*).
100 Vgl. zu diesem Begriff *Hesse*, Grundzüge des Verfassungsrechts, Rn. 317 f.

sodass alle Interessen der Beteiligten bestmöglich gewahrt werden. Bei dieser Ausgestaltung hat der Gesetzgeber namentlich darauf zu achten, dass die Privatautonomie in der Praxis weitestgehend der staatlichen Durchsetzung bedarf.[101] Dies bedeutet, dass rechtsgeschäftliche Gestaltungsmittel geschaffen, dieselben als rechtsverbindlich behandelt werden sowie tatsächlich effektiver justizieller Realisierung zugänglich sein müssen. Diese Erwägungen ergeben sich insbesondere aus der objektiv-rechtlichen Dimension der berührten Grundrechte, aus welchen vor allem wiederum namentlich staatliche Schutzpflichten resultieren.[102]

Entscheidend ist für den hiesigen Untersuchungsgegenstand vor allem, dass solche Schutzpflichten im Hinblick auf die Gewährleistung von Grundrechten nicht nur die Legislative, sondern auch die Judikative treffen.[103] Zwar obliegt es zuvorderst dem Gesetzgeber effektive rechtliche Gestaltungsmittel zu entwickeln, welche den Betroffenen im Falle eines strukturellen Machtgefälles schützen.[104] Daneben sind allerdings auch die Gerichte aufgerufen, vor allem mittels zivilrechtlicher Generalklauseln (etwa §§ 138, 242 BGB), schützend einzugreifen.[105] Auch eine richterliche Rechtsfortbildung ist in diesem Rahmen keineswegs ausgeschlossen. Insbesondere bei offensichtlichen Missständen ist auch der Richter berufen, unter Beachtung der Grundrechte korrigierend einzugreifen.[106]

Der Staat muss im Rahmen des Schutzes der Privatautonomie also insbesondere darauf achten, vorhandene Machtgefälle auszugleichen. Insofern geht auch das BVerfG davon aus, dass – obgleich Schutznormen für den im Rechtsverkehr

---

101 Hierzu und zum Folgenden BVerfGE 89, 214 = NJW 1994, 36 (38) (*Bürgschaft I*).
102 Im Rahmen des sog. *status positivus*. Siehe grundlegend zu der sog. Statuslehre *Jellinek/Kersten*, System der subjektiven öffentlichen Rechte, S. 37 ff. m.w.N.
103 Dies ergibt sich bereits unmittelbar aus Art. 1 III GG, vgl. dazu allg. auch BVerfGE 128, 226 = NJW 2011, 1201 (1202).
104 BVerfGE 89, 214 = NJW 1994, 36 (38) (*Bürgschaft I*).
105 Stern/Becker/*Horn*, Grundrechte, Art. 2 Rn. 72.
106 Vgl. BVerfGE 81, 242 = NJW 1990, 1469 (1470) (*Handelsvertreter*) zur Situation bei „offensichtlichen Fehlentwicklungen"; BVerfGE 89, 214 = NJW 1994, 36 (39) (*Bürgschaft I*). Diese Handlungspflicht wird indes – sofern es jedenfalls um die Vertragsfreiheit geht – begrenzt durch die zu berücksichtigenden Aspekte des Vertrauensschutzes sowie der Rechtssicherheit. Daher kann nicht wegen jeder Störung des Verhandlungsgleichgewichts ein Vertrag im Nachhinein in Frage gestellt oder korrigiert werden; vgl. auch *Wendland*, Vertragsfreiheit, S. 378; *Singer*, Selbstbestimmung, S. 33 f. I.R. des hiesigen Untersuchungsgegenstandes spielt jedoch der Aspekt des Vertrauensschutzes gerade keine Rolle.

Schwächeren erlassen wurden – die Schöpfer des BGB grundsätzlich zwar das Bild einer Machtausgeglichenheit der Verkehrsteilnehmer vor sich hatten.[107] Dennoch könne sich die Vertragsfreiheit lediglich bei einer annäherungsweise vorliegenden Machtparität zweckmäßig entfalten und das Zivilrecht finde eine seiner Hauptaufgaben in dem Ausgleich ungleicher Machtverhältnisse.[108]

Auch und erst recht im Zusammenhang mit der Testierfreiheit obliegt es demnach dem Staat, Machtgefälle auszugleichen und den strukturell Unterlegenen zu schützen. Dies bedeutet, dass der Staat neben der Gewährleistung der Freiheit zu testieren an sich, auch deren Störungen adäquat begegnen muss. Insofern ist der Erblasser zwar formal weitestgehend frei zu testieren, wie und was er möchte. Der Staat muss aber dann schützend eingreifen, sobald der Erblasser etwa den willensverfälschenden Einflüssen Dritter unterlegen ist und damit gerade keine autonome Entscheidung treffen kann. Es ist mithin die Aufgabe des Staates und somit auch die der Gerichte, auf willensverfälschendes Beeinflussungsverhalten von Dritten unter Ausnutzung von Widerstands- oder Rationalitätsdefiziten eines willensgeschwächten und somit strukturell unterlegenen Erblassers angemessen zu reagieren und dafür zu sorgen, dass die vermeintliche Selbstbestimmung nicht zum „Recht des Stärkeren" verkommt.

1.2.2. Ausgestaltung staatlicher Schutzpflichten im Rahmen der Selbstbestimmung

Ist insoweit festgestellt, dass die Testierfreiheit Gegenstand staatlicher Schutzpflichten ist, stellt sich die Frage nach deren konkreter Ausgestaltung und den Anforderungen, die an die Legislative sowie Judikative zu stellen sind, um deren Schutzpflicht gerecht zu werden.

Dabei gilt, dass der Staat nicht nur die Testierfreiheit als formales Rechtsinstitut garantieren, sondern vielmehr aufgrund des unbedingten Zusammenhangs zwischen der Testierfreiheit und des Rechts auf Selbstbestimmung auch dahingehend Schutz gewähren muss, dass die Ausübung der Testierfreiheit tatsächlich Ausdruck einer autonomen Entscheidung des Erblassers ist. Die Entwicklung dieses Verständnisses der Selbstbestimmung an sich sowie die dahingehende Ausrichtung staatlicher Schutzpflichten nahm seinen Ursprung in der sogenannten Materialisierung im Bereich des Schuldrechts (Abschnitt 1.2.2.1.).

---

107 BVerfGE 89, 214 = NJW 1994, 36 (38) (*Bürgschaft I*).
108 Vgl. BVerfGE 89, 214 = NJW 1994, 36 (38 f.) (*Bürgschaft I*). Überblicksartig für die Vertragsfreiheit insb. *Limbach*, JuS 1985, 10 ff.

Entscheidend für die Beurteilung der Autonomie einer Entscheidung sind dabei insbesondere die Prozedur und die Umstände des Zustandekommens der Entscheidung. Es kommt im Hinblick auf die Testierfreiheit freilich nicht auf die objektive Richtigkeit oder Vernünftigkeit des Ergebnisses der Entscheidung an, sondern allein darauf, dass der Testator autonom nach seinen wesenseigenen Ansichten und Einstellungen verfügen konnte. Im Hinblick auf die Testierfreiheit muss der Staat demnach Schutzmechanismen entwickeln, welche sicherstellen, dass eine Testierentscheidung nur dann Bestand hat, wenn die Entscheidungsfindung des Erblassers tatsächlich autonom war und dieser gerade in „prozeduraler" Hinsicht selbstbestimmt und unbeschadet von manipulierenden Dritteinflüssungen testieren konnte (Abschnitt 1.2.2.2.).

1.2.2.1. „Materialisierungstendenzen" im deutschen Privatrecht

Die Schutzpflichten des Staates sind mithin auch darauf gerichtet, die Selbstbestimmtheit der Testierentscheidung sicherzustellen. Das Streben nach „wahrer" Selbstbestimmung zeichnet sich im deutschen[109] Privatrecht auch generell zunehmend ab. Der Selbstbestimmung soll dabei mehr Gewicht beigemessen werden, indem die Voraussetzungen derselben stärker angehoben und inhaltlich feiner ausdifferenziert werden.[110] Der Ursprung dieser Entwicklung, welche als „Materialisierung" bezeichnet wird,[111] liegt im Schuldvertragsrecht.[112]

---

109 Wobei freilich die Europäische Union nicht unmaßgeblich ihren Anteil hierbei hatte.
110 Zum Ganzen ausführlich sowie weiterführend *Röthel*, in: Schmoeckel, Das holographische Testament, S. 33 (48–50). In diesen thematischen Zusammenhang fallen auch die Entwicklungen sowie Bestrebungen im allg. Erwachsenenschutzrecht, welches den (altersbedingt) verletzlichen Erwachsenen und insb. dessen Autonomieschutz thematisiert, namentlich mit Blick auf die Emanzipation des Erwachsenenschutzes vom Minderjährigenschutz sowie der Privatisierung in Form der Vorsorgevollmachten, Betreuungsverfügungen sowie Patientenverfügungen, siehe ausführlich dazu *Röthel/Lemmerz*, in: Gebauer et al., Alternde Gesellschaften, S. 3.
111 Siehe dazu nur MüKo/*Ernst*, BGB, Einl. SchuldR Rn. 52 m.w.N. Dabei wird die Materialisierung nicht unkritisch betrachtet und dem Begriff werden unterschiedliche Bedeutungsgehalte beigemessen: Ausführlich i.H.a. die Materialisierung des Schuldvertragsrechts, *Canaris*, AcP 200 (2000), 273. Schmoeckel, Auf der Suche nach der verlorenen Ordnung, S. 507, 509 versteht unter Materialisierung mehr ein Zurückdrängen des Gedankens der Vertragsfreiheit hin zu einer mehr politisch standardisierten Erwartung; ähnlich *Di Fabio*, DNotZ 2006, 342 (344 f.).
112 Ausführlich i.H.a. die Materialisierung des Schuldvertragsrechts, *Canaris*, AcP 200 (2000), 273. Sofern bei dieser Entwicklung indes von der „Krise des liberalen Vertragsdenkens" gesprochen wird (so *Kramer*, Krise, S. 9), ist diese Bezeichnung

Die Grundidee der Materialisierung war dabei, dass abrückend vom formalen Verständnis unbeschränkter Vertragsfreiheit nunmehr die Selbstbestimmung durch Anwendung materialer Gerechtigkeitserwägungen als tatsächliche Entscheidungsfreiheit verstanden werden sollte.[113] Dies betonte auch das BVerfG in seiner Bürgschaftsentscheidung vom 19. Oktober 1993:

> „Die Schöpfer des BGB gingen zwar […] von einem *Modell formal gleicher Teilnehmer* am Privatrechtsverkehr aus, aber schon das RG hat *diese Betrachtungsweise aufgegeben* und ‚in eine *materiale Ethik sozialer Verantwortung* zurückverwandelt'."[114]

Diese Entwicklung darf allerdings nicht derart gedeutet werden, dass durch die Materialisierung eine Zurückdrängung der Privatautonomie eintrat vielmehr kam es zu einer Effektuierung der Vertragsfreiheit.[115] Denn für eine effektive Wahrnehmung der Selbstbestimmung ist nicht allein das grundsätzliche

---

      wohl lediglich i.H.a. das ohnehin zu enge formal-liberale Verständnis der Vertragsfreiheit des ursprünglichen BGB von 1900 passend, allerdings weniger i.H.a. die Vertragsfreiheit an sich (eingehend *Wendland*, Vertragsfreiheit, S. 174). Eine Krise wäre also nicht bezogen auf die Privatautonomie, sondern i.H.a. das formal-liberale Vertragsdenken anzunehmen, welche wiederum die Ursache für die Materialisierungstendenzen bildete.

113 BVerfGE 89, 214 = NJW 1994, 36 (38) (*Bürgschaft I*); eingehend dazu etwa *Canaris*, AcP 200 (2000), 273 (296) m.w.N.: Im Zuge der Materialisierung kam es zu einer umfassenden Überarbeitung der Gesetzeslage unter dem BGB: Zusätzlich zu den Regeln wie etwa die der Anfechtbarkeit nach § 119 ff. BGB und den Generalklauseln der §§ 138, 242 BGB oder die einer verpflichtenden notariellen Beratung nach §§ 311 b, 925 I S. 2 BGB kam es zu einer Feinjustierung der Anforderungen an die Informiertheit und Freiwilligkeit, bspw. in Gestalt des AGB-Rechts, der Anforderungen an die ärztliche Aufklärungspflicht nach §§ 630c, 630e BGB oder den umfassenden Informationspflichten im Rahmen der Verbraucherschutzvorschriften etwa nach §§ 312 d BGB und Art. 246a EGBGB. Ebenso trieb die Rechtsprechung diese Entwicklung mit Entscheidungen wie solche i.H.a. Handelsvertreter, Bürgschaften etc. maßgeblich voran, wobei das BVerfG ersichtlich „ein materielles Verständnis der Privatautonomie im Sinne tatsächlicher Entscheidungsfreiheit" im Blick hatte; vgl. dazu auch MüKo/*Ernst*, BGB, Einl. SchuldR Rn. 52.

114 BVerfGE 89, 214 = NJW 1994, 36 (38) (*Bürgschaft I*) (Hervorhebungen durch den Verfasser). So unter Bezugnahme auf *Wieacker*, Industriegesellschaft, S. 24, welcher i.H.a. das Verlassen der der deutschen Privatrechtsordnung ursprünglich zugrundeliegenden, formalen Freiheitsethik auf die Rückkehr zu den ethischen Grundlagen des älteren europäischen Gemein- und Naturrechts hinweist. Krit. zu diesem Modelldenken seitens der Verfasser des BGB *Rittner*, NJW 1994, 3330.

115 *Wendland*, Vertragsfreiheit, S. 173, auch zum Weiteren; vgl. zur Kritik an der Materialisierung als freiheitseinschränkend *Schmoeckel*, Auf der Suche nach der

Bestehen formaler Vertragsfreiheit im Sinne eines Zur-Verfügung-Stellens derselben rechtlichen Möglichkeiten zur Gestaltung privater Rechtsverhältnisse[116] entscheidend respektive ausreichend. Es bedarf darüber hinaus vielmehr der realen Möglichkeit der tatsächlichen, materialen Ausübung der Selbstbestimmung.[117] Im Ergebnis wurde klar, dass die Beachtung der materiellen Dimension der Selbstbestimmung in Gestalt der Absicherung der tatsächlichen Ausübungsmöglichkeiten stärker den liberalen Grundsatz des BGB wiederspiegelte, als ein streng formal-liberales Verständnis einer unbeschränkten und insbesondere unkontrollierten Vertragsfreiheit hierzu je im Stande war.[118]

Dabei kann die formale Komponente uneingeschränkter Privatautonomie mehr im Hinblick auf die Funktion des jeweiligen Grundrechts als subjektives Abwehrrecht sowie als Institutsgarantie verstanden werden.[119] Überträgt man dies auf die Vertragsfreiheit, gewährleistet selbige die freie Entfaltung der Persönlichkeit auf wirtschaftlicher und rechtlicher Ebene und somit die Privatautonomie als Befugnis des Einzelnen, seine Rechtsverhältnisse nach seinem Willen zu gestalten.[120] Von Verfassung wegen hat der Staat die Pflicht, etwaigen Vertragsparteien eine von staatlichen Eingriffen grundsätzlich freie Handlungssphäre zuzugestehen und die darin getroffenen Regelungen zu respektieren.[121] Dabei gilt es an dieser Stelle zu betonen, dass das grundrechtliche subjektive Abwehrrecht allein dann Schutz vor staatlichen Eingriffen beanspruchen kann, soweit auch wirklich eine selbstbestimmte Entscheidung vorliegt und eben nicht ein Produkt unzulässiger Fremdbestimmung. Ermangelt es daher an einer solchen autonomen Selbstbestimmung kann staatlicherseits effektiv schon nicht mehr ein irgendwie geäußerter Freiheitsakt beschränkt, geschweige denn darin eingegriffen werden.[122]

---

verlorenen Ordnung, S. 509; vgl. krit. auch MüKo/*Busche*, BGB, Vorb. §§ 147 Rn. 3 m.w.N. zur Beschränkung der Vertragsfreiheit.
116 *Mohr*, WuW 2011, 112 (113).
117 So etwa auch *Denkinger*, Verbraucherbegriff, S. 45.
118 *Wendland*, Vertragsfreiheit, S. 173.
119 Vgl. *Wendland*, Vertragsfreiheit, S. 366.
120 Vgl. BVerfGE 81, 242 = NJW 1990, 1469 (1470) (*Handelsvertreter*); BVerfGE 89, 214 = NJW 1994, 36 (39) (*Bürgschaft I*); *Wendland*, Vertragsfreiheit, S. 366.
121 Vgl. BVerfG, NJW 2011, 1339 (1340); BVerfG, NJW 2007, 286 (287) (*Arbeit auf Abruf*); BVerfGE 114, 73 = NJW 2005, 2376 (2378) (*Überschussbeteiligung*); BVerfGE 81, 242 = NJW 1990, 1469 (1470) (*Handelsvertreter*); *Wendland*, Vertragsfreiheit, S. 366.
122 So zu Recht *Wendland*, Vertragsfreiheit, S. 376 f.; vgl. auch *Rebe*, Privatrecht und Wirtschaftsordnung, S. 221–222. Ebenso erscheint ein hoheitliches Handeln zur

Die Privatautonomie bedarf darüber hinaus insofern der rechtlichen Ausgestaltung, als die Beteiligten zur rechtlichen Gestaltung ihrer Lebensverhältnisse sowie der Durchsetzung etwaiger hieraus resultierender Ansprüche auf die Mitwirkung des Staates angewiesen sind.[123] Hierbei besteht eine staatliche Bindung unter anderem an die objektiv-rechtlichen Vorgaben der Grundrechte.[124] Für den Gesetzgeber wirken diese grundgesetzlichen Vorgaben nicht nur einschränkend, sondern wegen ihres Leitbildcharakters und Schutzauftrages auch verpflichtend.[125] Den Staat treffen unter anderem im Falle von Ungleichgewichtslagen, welche zu einer Fremdbestimmung führen, Handlungspflichten zum Schutz des verfassungsrechtlich verbürgten Selbstbestimmungsrechtes eines unterlegenen Beteiligten. Gerade auch im Sinne einer schutzpflichtrechtlich bestimmten materiellen Vertragsfreiheit kann die zweite Dimension der Vertragsfreiheit beschrieben werden.[126] Im Gegensatz zu der abwehrrechtlich bestimmten formalen Vertragsfreiheit in Bezug auf staatliche Eingriffe geht es bei der schutzpflichtrechtlich bestimmten materiellen Vertragsfreiheit um Gefahren, welche für den schwächeren Beteiligten wegen der die Fremdbestimmung seitens des überlegenen Beteiligten durch den Vertrag entstehen.[127] Dabei charakterisierte das BVerfG im Zuge seiner Rechtsprechung den Schutz der tatsächlichen rechtsgeschäftlichen Entscheidungsfreiheit als materielle Dimension der Vertragsfreiheit[128] und hob in seiner *Handelsvertreterentscheidung*[129] hervor, *dass es für die Gewährleistung der Privatautonomie entscheidend auf das tatsächliche Vorhandensein der Voraussetzungen für eine freie Selbstbestimmung ankommt*.[130]

Exekution materiell-rechtlich bestehender Vertragsansprüche i.R. des staatlichen Zwangsapparates nur dann gerechtfertigt, wenn selbige das Ergebnis autonomer Rechtsgestaltung darstellen, vgl. zu diesem Ansatz *Schmidt*, DRiZ 1991, 81 (82).

123 Vgl. BVerfGE 89, 214 = NJW 1994, 36 (39) (*Bürgschaft I*); dazu und dem Folgenden *Wendland*, Vertragsfreiheit, S. 367 f. m.w.N. Eingehend zu diesem objektiv-rechtlichen Gehalt der Schutzpflichten auch *Heinrich*, Formale Freiheit, insb. S. 108–112.

124 BVerfGE 81, 242 = NJW 1990, 1469 (1470) (*Handelsvertreter*).

125 Eingehend dazu bereits Kap. II. 1.2.1. Vgl. hierzu auch *Wendland*, Vertragsfreiheit, S. 372 m.w.N.

126 Vgl. zum Ganzen *Wendland*, Vertragsfreiheit, S. 374. Kurz zu diesen zwei Dimensionen auch *Leuschner*, JZ 2010, 875 (880).

127 Vgl. *Wendland*, Vertragsfreiheit, S. 374 m.w.N.

128 Vgl. *Wendland*, Vertragsfreiheit, S. 371.

129 BVerfGE 81, 242 = NJW 1990, 1469 (*Handelsvertreter*).

130 BVerfGE 81, 242 = NJW 1990, 1469 (1470) (*Handelsvertreter*); ebenso etwa BVerfG, NJW 2011, 1339 (1340); BVerfGE 114, 73 = NJW 2005, 2376 (2377 f.)

Wie bereits oben angekündigt, sollten die diese Materialisierungs- beziehungsweise Kontextualisierungstendenzen tragenden Grundgedanken intensiver auch im Zusammenhang mit dem Schutzgedanken der Erblasserautonomie zur Effektuierung der Testierfreiheitsausübung Eingang finden. Es bedarf sonach einer verstärkten Zentralisierung sowie Sensibilisierung im Hinblick auf die Prozedur und die tatsächlichen Umstände des Zustandekommens der Testierentscheidung.[131]

1.2.2.2. Willensbildungsprozess als Objekt staatlicher Schutzpflichten

Die Fragen der Selbstbestimmung fokussierten sich fortlaufend mehr auf den jeweiligen konkreten situativen Kontext, in welchem der Erklärende agierte sowie auf ein etwaig ihn tangierendes Rollen- und Beziehungsgeflecht zu anderen auch nur mittelbar am Rechtsgeschäft Beteiligten.[132] *Röthel* bevorzugt hierbei – treffender als das Wort „Materialisierung" – den Begriff der „Kontextualisierung" des Privatrechts.[133] Dies weitergeführt könne eine „Kontextualisierung und Personalisierung der Privatautonomie" festgestellt werden.[134] Ganz allgemein könne man eine Ausdifferenzierung der Privatautonomie beobachten, wobei die hervortretenden Themen „Person" und „Kontext" sind. Denn heute räume das Vertragsrecht den Umständen, unter welchen ein Vertrag geschlossen wird, den individuellen Zwecken und Fähigkeiten der Vertragspartner sowie den auf die Person bezogenen Achtungsansprüchen in der Tendenz größeres Gewicht ein.

Ungeachtet der Begrifflichkeiten ist im Kern das oberste anvisierte Ziel, eine „wahre" Selbstbestimmung in den maßgeblichen situativen Momenten

---

(*Überschussbeteiligung*); BVerfGE 81, 242 = NJW 1990, 1469 (1470) (*Handelsvertreter*); vgl. zum Ganzen *Wendland*, Vertragsfreiheit, S. 375.

131 Ähnlich *Röthel*, ErbR 2014, 357: „Schließlich wird auch in anderen Bereichen heute zunehmend genauer ‚hingeschaut', wenn Erklärungen in *beeinflussungsaffinen Entscheidungssituationen* oder *machtaffinen Beziehungsgefügen* abgegeben werden, Stichwort Eheverträge und Angehörigenbürgschaften. Letztlich geht es also darum, diese vielfach als „*Materialisierungstendenz*" bezeichnete Entwicklungsrichtung *auch für den Umgang mit Testamenten einzelfallbezogen umzusetzen.*"

132 Dazu und zum Folgenden *Röthel*, in: Schmoeckel, Das holographische Testament, S. 33 (48–50).

133 *Röthel*, in: Limmer, Gestaltungspraxis und Inhaltskontrolle, S. 49 (55).

134 Hierzu und dem Folgenden *Röthel*, in: dies., Verträge in der Unternehmerfamilie, S. 9 (77 f.). Angeführt werden können dabei exemplarisch und nicht abschließend das Patienten-, das Wohnungsmiet- und das Arbeitsvertragsrecht.

zu ermöglichen. Andernfalls sollen rechtliche Bindungen für den Erklärenden nicht eintreten oder zumindest für ihn auflösbar sein. Im Rahmen dieser Entwicklung wurde das Augenmerk anfangs vornehmlich auf entgeltliche Fremdverträge gelegt, bei welchen strukturelle Ungleichgewichtslagen existierten.[135] Letztere entstehen namentlich bei der Beteiligung von Arbeitnehmern, Mietern beziehungsweise bei Verbrauchern im Allgemeinen. Im hiesigen Kontext erscheinen indes solche Beziehungsgeflechte interessant, in welchen nicht von vornherein gewissermaßen ein Über- und Unterordnungsverhältnis oder eine konkrete Angewiesenheit eines Beteiligten auf den Gegenstand des Rechtsgeschäfts besteht. Für den hiesigen Gegenstand können mithin mehr die Entwicklungen im Zusammenhang mit familiären Verhältnissen, wie etwa bei Eheverträgen oder Sicherungsgeschäften zugunsten Angehöriger fruchtbar gemacht werden. Denn bei diesen familiären Rechtsgeschäften handelt es sich überwiegend um altruistische Rechtsgeschäfte. Zudem sind Fallkonstellationen relevant, bei welchen eine "Materialisierungs- beziehungsweise Kontextualisierungstendenz" zugunsten des Schutzes vor Fremdbestimmung im familiären Verhältnissen vorzufinden ist.[136] Dabei kommt es für die Anwendung des Materialisierungsgedankens auch nicht darauf an, ob es sich um zweiseitige Geschäfte im Rahmen der Vertragsfreiheit oder um einseitige Willenserklärungen im Rahmen der allgemeineren Privatautonomie handelt. Entscheidend ist allein, dass die Selbstbestimmung sowohl bei einseitigen Willenserklärungen als auch bei gegenseitigen Verträgen beeinträchtigt werden kann. So können nicht nur Vertragspartner untereinander Macht oder Druck auf den jeweils anderen ausüben, sondern dies kann freilich auch bei einseitigen Erklärungen wie etwa Testierentscheidungen geschehen. So kann etwa von Seiten Dritter auf den Erblasser eingewirkt werden, um eine letztwillige Verfügung mit dem gewünschten Inhalt herbeizuführen.[137]

Unter materiellen Gerechtigkeitsgesichtspunkten ist für die Wirksamkeit einer Erklärung daher allein die Freiwilligkeit und damit das prozedurale Zustandekommen der Entscheidung und gerade nicht deren „inhaltliche

---

135 Vgl. auch *Röthel*, in: Limmer, Gestaltungspraxis und Inhaltskontrolle, S. 49 (55).
136 Zu dieser Entwicklung *Röthel*, in: Schmoeckel, Das holographische Testament, S. 33 (49), mit einer Auflistung bzgl. einer dahingehenden intensiven richterlichen Inhaltskontrolle seit 1994 in Fn. 51-53.
137 Diesen Gedanken auf verschiedene einseitige Erklärungen anwendend etwa *Flume*, AT, Bd. II, S. 6; *Röthel*, AcP 210, (2010), 32 (41 f.); *Singer*, Selbstbestimmung, S. 8 f.

Richtigkeit" etwa in wertender Hinsicht maßgebend.[138] Für die Frage, ob eine autonome Willensbildung vorliegt, ist mithin in erster Linie auf das Zustandekommen der Entscheidung abzustellen, da dasselbe gerade das Autonome der Entscheidung bedingt. Es bedarf daher eines einwandfreien „prozeduralen" Entstehens der Entscheidung, um einen materialen Schutz der Entscheidung an sich zu gewährleisten. *Röthel* spricht treffend von einer „prozeduralen Abschlusskontrolle" und bezieht sich auf die Gewährleistung der Entscheidungsfreiheit durch die Kontrolle der Entscheidungsbedingungen seitens der Gesetze sowie der Gerichte.[139]

Folglich zielt die Materialisierung der Autonomie darauf ab, eben nicht nur rechtlich den Wert einer autonomen Entscheidung anzuerkennen (formales Verständnis), sondern gerade auch die Voraussetzungen und Bedingungen für eine tatsächlich autonome Entscheidung zu schaffen (materiales Verständnis). Abzustellen ist im Folgenden also auch nicht nur auf eine formale Selbstbestimmung dahingehend, dass es lediglich der Übereinstimmung des tatsächlich vorhandenen Willens mit den durch die Willenserklärung erzeugten Rechtsfolgen bedarf.[140] Es sollen vielmehr zusätzlich die konkreten Umstände des Zustandekommens des geäußerten Willens relevant sein.[141] Dementsprechend stellte das BVerfG in seiner richtungsweisenden Bürgschaftsentscheidung maßgeblich darauf ab, „ob und inwieweit beide Vertragspartner über den Abschluss und Inhalt des Vertrages *tatsächlich frei entscheiden konnten*" und sah in der Nichterörterung dieser Frage durch den BGH „eine Verkennung der grundrechtlich

---

138 Vgl. *Canaris*, Die Bedeutung der *iustitia distributiva* im deutschen Vertragsrecht, S. 46, 50 zur Materialisierung im Schuldrecht; *Röthel*, AcP 210, (2010), 32 (42); dies., ErbR 2014, 357; ähnlich für die Testierfähigkeit etwa auf die äußeren Umstände und die Vorgeschichte der Entscheidung abstellend etwa OLG Frankfurt, NJW-RR 1998, 870 (871); BayObLG, MittBayNot 1995, 56 (75).

139 *Röthel*, AcP 210, (2010), 32 (42), insb. im Kontext der Sensibilität für die Wirksamkeit „weicherer" Machtmechanismen.

140 Siehe zu der formalen Selbstbestimmung etwa *Weiler*, Beeinflusste Willenserklärung, S. 9–15 m.w.N.

141 Im Rahmen der hiesigen Untersuchung soll es folglich bei der Materialisierung der Selbstbestimmungsfreiheit zum einen darum gehen, dass eine tatsächliche Selbstbestimmung betont wird und zum anderen diese Selbstbestimmung durch verfahrensorientierte Schutzmechanismen gewährleistet wird. Dem Begriffspaar formal/material soll demnach Bedeutung dahingehend zukommen, dass mit der formalen Autonomie (lediglich) die aus rechtlicher Sicht geschaffene Möglichkeit der Selbstbestimmung und mit der materialen Autonomie die tatsächliche Ausübung der Selbstbestimmung gemeint ist.

gewährleisteten Privatautonomie".[142] Hieraus kann gefolgert werden, dass auch das BVerfG im Zusammenhang mit der Materialisierung der Privatautonomie auf die *tatsächlichen Verhältnisse der Entscheidungsfindung* abstellt[143] und dieselben mithin für die Beurteilung der Selbstbestimmtheit einer Entscheidung maßgeblich sind.

Um den staatlichen Schutzpflichten bezogen auf die Erblasserautonomie nachzukommen, bedarf es somit vorwiegend effektuierender Schutzbestrebungen, welche sich im sachlichen und zeitlichen Kontext des Willensbildungsprozesses auf die den Erblasser tangierenden personalen Zustände konzentrieren. Eine solche Entwicklung im Erbrecht würde eine nötige und sinnige Fortentwicklung der bereits stark sichtbaren Materialisierungs- beziehungsweise Kontextualisierungstendenzen im gesamten Privatrecht darstellen und zugleich zu einer Komplettierung des geforderten Schutzes der Testierfreiheit in Gestalt des Schutzes der Erblasserautonomie beitragen.

2. Altersbedingt typische Gefährdungslagen für die Testierfreiheit

Die staatlichen Schutzpflichten zugunsten der Testierfreiheit gewinnen für die hiesige Untersuchung vor allem im Hinblick auf die insbesondere durch das hohe Alter vieler Testierender bedingten Gefährdungslagen große Bedeutung. Denn gerade mit zunehmendem Alter steigt die Sensitivität vieler Erblasser für Drittbeeinflussungen aus gesundheitlichen und/oder situationsbedingten Gründen und damit die Gefahr, dass Testierentscheidungen nicht mehr Ausdruck eines autonomen Erblasserwillens sind, sondern sich vielmehr auf willensverfälschendes Beeinflussungsverhalten Dritter, das mit der Ausnutzung von Widerstands- oder Rationalitätsdefiziten eines willensgeschwächten und suggestiblen Erblassers einherging, zurückführen lassen.

Ausgangspunkt für die Selbstbestimmtheit ist dabei die freie Willensbestimmung des Erblassers (Abschnitt 2.1.). Aufgrund alterstypischer Hirnfunktionsstörungen kann die Fähigkeit zur freien Willensbestimmung bei älteren Menschen entweder ausgeschlossen oder zumindest beeinträchtigt sein. Zusätzlich hierzu zeigen sich ältere Menschen aus situationsbedingten Gründen den Einflüssen Dritter zugänglicher als in jüngeren Jahren (Abschnitt 2.2.).

---

142 BVerfGE 89, 214 = NJW 1994, 36 (38) (*Bürgschaft I*) (Hervorhebungen durch den Verfasser).
143 Vgl. etwa *Canaris*, AcP 200 (2000), 273 (296) m.w.N.

2.1. Freie Willensbestimmung des Erblassers als zentraler Punkt für die Drittbeeinflussungen

Entscheidend für die Selbstbestimmtheit der Testierentscheidung ist die Freiheit der Willensbestimmung des Erblassers. Während die Existenz sowie die Legitimationswirkung des freien Willens jedenfalls in der Rechtswissenschaft außer Frage stehen (Abschnitt 2.1.1.), bedarf es eines Rückgriffs auf neurowissenschaftliche Erkenntnisse, um zumindest ansatzweise beurteilen zu können, ob eine Willensbestimmung im Einzelfall tatsächlich als frei angesehen werden kann (Abschnitt 2.1.2.).

2.1.1. Der freie Wille aus zivilrechtlicher Sicht

Der freie Wille beziehungsweise die freie Willensbestimmung[144] ist der zentrale Begriff sowie Ausgangspunkt für die rechtsgeschäftliche Handlungsfähigkeit. Sie ist Kernbestandteil der Privatautonomie und des allgemeinen Prinzips der Selbstbestimmung. Wenn das Institut der Privatautonomie davon ausgeht, dass die handelnden Rechtssubjekte ihre rechtlichen Beziehungen untereinander nach dem eigenen Willen privatautonom final gestalten können[145], müssen diese rechtlich verbindlichen Gestaltungsakte indes auch von einem solchen Willen getragen sein, welcher das Ergebnis einer freien Willensbestimmung ist.[146]

Die Antworten auf die Frage, ob überhaupt ein freier Wille existiert und wie dieser gegebenenfalls inhaltlich ausgestaltet ist, fallen allerdings je nach Fachbereich unterschiedlich aus.[147] Für die vorliegende Untersuchung kommt

---

144 Im weiteren Verlauf soll aus Gründen der Einheitlichkeit sowie Klarheit die „freie Willensbestimmung" als Oberbegriff für selbstbestimmtes Verhalten fungieren. Diese begriffliche Festsetzung resultiert vornehmlich daraus, dass sowohl das Gesetz in § 104 Nr. 2 BGB und § 2229 IV BGB als auch die Literatur (siehe statt vieler *Busch*, ErbR 2014, 90) und Rspr. (siehe etwa zur Geschäftsfähigkeit BGHZ 10, 266 = NJW 1953, 1342; BGH, BeckRS 2001, 5445) die freie Willensbestimmung bzw. Willensbildung als übergeordneten Terminus dahingehend verwenden. Dazu auch *Wetterling*, Freier Wille, S. 30.
145 Vgl. Staudinger/*Singer*, BGB, § 116 Rn. 8.
146 Vgl. Staudinger/*Klumpp*, BGB, Vorb. zu §§ 104 ff. Rn. 7. Allg. zum Ganzen auch *Wetterling*, Freier Wille, S. 30.
147 Eine einheitliche oder zumindest für einen Fachbereich feststehende Definition existiert nicht, vgl. dazu *Wetterling*, Freier Wille, S. 33; *Habermeyer*, in: Kröber, HdB der Forensischen Psychiatrie, S. 51 (55–58).

es jedoch allein auf das zivilrechtliche Verständnis[148] hinsichtlich eines freien Willens an. Das Zivilrecht geht wie selbstverständlich von der Existenz des freien Willens aus. Alle Überlegungen des Zivilrechts und im Übrigen auch des Strafrechts[149] gehen nicht nur davon aus, dass Menschen selbstbestimmt handeln können, sondern sehen gerade in der Ausübung des freien Willens die Legitimation für die rechtliche Anerkennung der Handlungen eines Menschen und dessen Verantwortlichkeit für seine Handlungen. Das Zivilrecht sieht die Erklärung des eigenen und freien Willens als das zentrale Instrument der auf der Privatautonomie beruhenden Zivilrechtsordnung an.[150] Die Väter des BGB haben unter anderem mit der Normierung der hier maßgeblichen Vorschriften der §§ 104 Nr. 2, 105 Abs. 2 BGB sowie § 2229 Abs. 4 BGB zum Ausdruck gebracht, dass sie von der Existenz eines freien Willens im Zivilrecht ausgehen.[151] Etwaige philosophische und naturwissenschaftliche Meinungsverschiedenheiten über die Existenz und den Umfang eines „freien Willens" wurden taktisch durch die Wahl eines normativen Ansatzes umschifft.[152] Auch aus

---

148   Vgl. dazu *Mugdan,* Bd. I, S. 423 f., 673 f.; dahinstehen können mithin insb. die philosophischen Ansätze zur Existenz sowie der Ausgestaltung des freien Willens, wie etwa durch *Kant, Hegel* und *Descartes,* siehe dazu weiterführend den Überblick bei *Habermeyer/Saß,* Fortschr Neurol Psychiat 2002, 5 (7 f.) und *Pauen,* Willensfreiheit - eine Illusion?, S. 15–23 jew. m.w.N.; *Cording,* in: Lammel, Wahn und Schizophrenie, S. 165 (166); ferner umfassend und weiterführend zu den philosophischen sowie neurowissenschaftlichen Perspektiven *Seibert,* Testierfähigkeit und Willensfreiheit, S. 8–40. Ebenfalls nicht ausschlaggebend sind neurowissenschaftliche Ansätze, welche die Existenz eines freien Willens verneinen resp. die Fähigkeit hierzu, weil Entscheidungsprozesse neuronal bereits derart abgeschlossen seien, noch bevor der Handelnde überhaupt bewusst begonnen hat, konkrete Ziele sowie Überlegungen anzustellen (zu den hierauf abzielenden *Libet*-Experimenten sowie den dbzgl. Kritikpunkten eingehend *Seibert,* Testierfähigkeit und Willensfreiheit, S. 32–38 m.w.N.).
149   Zum freien Willen im heutigen Schuldstrafrecht siehe *Hillenkamp,* JZ 2005, 313.
150   Vgl. Staudinger/*Klumpp,* BGB, § 105 Rn. 4.
151   Gegenstand der hiesigen Untersuchung soll allein der zivilrechtliche Freiheitsbegriff und insb. nicht der des Strafrechts sein, bei welchem es primär um die Möglichkeit eines Schuldvorwurfes und gerade nicht um eine zivilrechtliche Verantwortlichkeit bzw. Zurechnung geht. Eingehend zu den durch die Neurowissenschaften aufkommenden Fragen im Schuldstrafrecht *Hillenkamp,* JZ 2005, 313.
152   Bzgl. dem Nichtaufgreifen der philosophischen Determinismus-Indeterminismus-Ansätzen *Mugdan,* Bd. I, S. 423 f., 673 f.; so auch *Mankowski,* AcP 211 (2011), 153 (180). *Brose,* AcP 130 (1929), 188 (201) spricht in diesem Zusammenhang von der „Psychologie des einfachen Mannes". Auch *v. Tuhr,* AT, S. 603 mit Fn. 1a merkt

der Normierung von Vorschriften wie § 123 BGB kann die gesetzgeberische Absicht zur Anerkennung und Differenzierung zwischen Autonomie beziehungsweise Selbstbestimmtheit auf der einen sowie Heteronomie respektive Fremdbestimmtheit auf der anderen Seite klar erkannt werden.[153] Der Begriff „freier Wille" kann also in dem hier maßgeblichen juristischen Kontext mit den Begriffen „Selbststeuerung" sowie „Selbstbestimmung" gleichgesetzt werden.[154]

Zentrale Voraussetzung, um in den Gestaltungsbereichen der Privatautonomie allgemein wirksam zu agieren, ist die „freie Willensbestimmung" im Sinne des § 104 Nr. 2 BGB und damit die Geschäftsfähigkeit. Denn ohne Geschäftsfähigkeit des Handelnden können keine wirksamen Willenserklärungen als Gestaltungsmittel für Rechtsgeschäfte abgegeben werden.[155] Die Vorschrift des § 105 Abs. 2 BGB ist, abgesehen von dem Zustand der Bewusstlosigkeit, im Ergebnis nichts anderes als die zeitlich begrenzte Unfähigkeit einer freien Willensbestimmung wegen einer Störung der Geistestätigkeit.[156] Die Norm des § 105 Abs. 2 BGB ergänzt die des § 104 Nr. 2 BGB und beide Regelungen stellen auf den Ausschluss der freien Willensbestimmung ab.[157] Ebenso verlangt § 2229 Abs. 4 BGB von dem Testierenden, zwar nicht wortwörtlich, jedoch im Ergebnis die Fähigkeit zur freien Willensbestimmung.[158]

Bereits das RG verwendete den Begriff der „freien Willensbestimmung" wie er sich in der Vorschrift des § 104 Nr. 2 BGB wiederfindet und äußerte sich zu den Voraussetzungen wie folgt:

> „Die *freie Willensbestimmung* setzt voraus, dass gegenüber den verschiedenen Vorstellungen und Empfindungen und *gegenüber den Einflüssen dritter Personen, die bestimmend auf den Willen wirken, eine vernünftige Überlegung und freie Selbstentschließung darüber stattfindet*, was im gegebenen Falle als das Richtige zu tun ist".[159]

Darauf aufbauend fügte der BGH vor allem den Aspekt der Abwägung hinzu und betonte ebenso die Freiheit von Dritteinflüssen:

---

im Zusammenhang mit der Freiheit des Willens an, dass die philosophische Frage des Determinismus für die Jurisprudenz nicht in Betracht kommt.
153 Vgl. *Mankowski*, AcP 211 (2011), 153 (186); ausführlich dazu *ders.*, Beseitigungsrechte, S. 303 ff.
154 So auch *Wetterling*, Freier Wille, S. 30.
155 Vgl. *Medicus*, BGB-AT, Rn. 535; *Cording*, in: Lammel, Wahn und Schizophrenie, S. 165 (166).
156 Vgl. *Habermeyer/Saß*, Fortschr Neurol Psychiat 2002, 5 (6).
157 Vgl. Staudinger/*Klumpp*, BGB, § 105 Rn. 2.
158 Dazu unten Kap. III. 1.1.2.
159 RGZ 103, 399 (401) (Hervorhebungen durch den Verfasser).

„Nach § 104 Ziff. 2 BGB sind für die Beurteilung der Geschäftsfähigkeit nicht so sehr die Fähigkeiten des Verstandes ausschlaggebend als die Freiheit des Willensentschlusses. Es kommt darauf an, ob eine *freie Entscheidung auf Grund einer Abwägung des Für und Wider, eine sachliche Prüfung der in Betracht kommenden Gesichtspunkte möglich ist*, oder ob umgekehrt von einer *freien Willensbildung nicht mehr gesprochen werden kann, etwa weil der Betroffene fremden Willenseinflüssen unterliegt*, oder die Willenserklärung durch unkontrollierte Triebe und Vorstellungen ähnlich einer mechanischen Verknüpfung von Ursache und Wirkung ausgelöst wird."[160]

Demnach kommt es für die Freiheit einer Entscheidung oder Erklärung darauf an, ob und bejahendenfalls inwieweit die Entscheidungs- und Handlungskompetenz des Betroffenen in einer konkreten Situation von einer psychischen Erkrankung sowie äußeren Einflüssen beeinflusst wurde.[161] Es ist nicht auf eine etwaige sittliche Wahlfreiheit abzustellen, sondern mehr darauf, ob eine störungsbedingte Beeinflussung von innen oder außen stattgefunden hat.[162]

2.1.2. Neurowissenschaftliche Grundlagen im Zusammenhang mit der zivilrechtlichen Beurteilung einer freien Willensbestimmung

Bei einer juristischen Auseinandersetzung mit der freien Willensbestimmung können neurowissenschaftliche Aspekte nicht unangesprochen bleiben.[163] Entscheidend für die juristische Beurteilung ist insbesondere, zu erkennen, welche Gegebenheiten vorzuliegen haben, damit auch aus medizinischer Sicht nicht mehr von einer uneingeschränkten Fähigkeit der freien Willensbestimmung ausgegangen werden kann. Dies gilt umso mehr, wenn es um die Drittbeeinflussung naturbedingt älterer Testierender geht, bei welchen zumeist gesundheitliche Vorbelastungen bestehen und letztere regelmäßig den Gegenstand erforderlicher Sachverständigengutachten bilden.[164]

Aus neurowissenschaftlicher Sicht kann der Begriff Wille an sich als Funktion verstanden werden, welche aufgrund kognitiver Fähigkeiten und auf Basis von Werten, getragen von affektiven, dynamischen Elementen, über Reflexion, Planung sowie Wahl erst zielgerichtete Entscheidungen ermöglicht und

---

160 BGH, NJW 1953, 1342 (Hervorhebungen durch den Verfasser).
161 Vgl. *Habermeyer*, in: *Kröber*, HdB der Forensischen Psychiatrie, S. 51 (58).
162 *Gruhle*, in: Hoche, HdB der gerichtlichen Psychiatrie, S. 154 (161); so auch *Habermeyer*, in: *Kröber*, HdB der Forensischen Psychiatrie, S. 51 (58).
163 In diese Richtung auch *Frieser/Potthast*, ErbR 2017, 114 (122): „Der im Erbrecht tätige Jurist kommt ohne Kenntnis der grundlegenden medizinischen Erkenntnisse nicht aus, will er den maßgeblichen Sachverhalt richtig einordnen."
164 Siehe dazu unten Kap. II. 2.2.1.

anschließend für deren Realisierung sorgt.[165] Eine freie Willensbestimmung wiederum ist dann zu verneinen, soweit eine Störung die Umsetzung persönlicher Wertvorstellungen beeinträchtigt, indem kognitive Voraussetzungen der Intensionsbildung sowie Prozesse der Intensionsinitiierung und -realisierung gestört werden oder motivationale Voraussetzungen der Willensbildung durch die Störung verändert werden, indem der Zugang zu Wertvorstellungen verhindert respektive das Wertgefüge oder affektive, dynamische Grundlagen von Entscheidungsprozessen verfälscht werden.[166]

In Übereinstimmung mit den hier im juristischen Kontext ebenso wesentlichen neurowissenschaftlichen Erkenntnissen kann die Fähigkeit zur „freien Willensbestimmung" zumindest im zivilrechtlichen Sinne als die Normalfunktion vielzähliger kognitiver und limbisch-emotionaler Zentren im Frontalhirn sowie das Zusammenspiel derselben mit dem Hippocampus des inneren Schläfenlappens und subcortikaler limbischer Zentren gesehen werden.[167] Dies ermöglicht – laienhaft ausgedrückt – namentlich das Erkennen von Personen, Objekten, Situationen sowie Zusammenhängen und das gedankliche Verarbeiten derartiger kognitiver Inhalte, typischerweise verbunden mit einem Rückgriff auf Inhalte des deklarativen, also des bewussten sowie sprachlich berichtbaren Gedächtnisses. Zusätzlich zu diesem rein kognitiven Erkennen der Konsequenzen vergangenen und jetzigen Handelns bedarf es der Erfassung deren emotionalen Gehalts sowie der Berücksichtigung desselben bei der Verhaltensüberlegung. Ein gesunder Erwachsener kann als fähig angesehen werden, hinsichtlich seinem künftigen Verhalten Handlungsimpulse sowie Dritteinflüsse zu identifizieren und zu kontrollieren sowie eine umfassende Überlegung anzustellen.[168] Eine freie Willensbestimmung kann dann bejaht werden, wenn der Handelnde – vor allem unabhängig von Dritteinflüssen – nach eigenen Vorstellungen, Empfindungen und Abwägungen eine Entscheidung treffen kann.[169]

---

165 *Habermeyer/Saß*, Fortschr Neurol Psychiat 2002, 5 (8).
166 *Habermeyer/Saß*, Fortschr Neurol Psychiat 2002, 5 (8).
167 Siehe hierzu und zum Folgenden *Cording/Roth*, NJW 2015, 26 (30 f.).
168 Vgl. *Cording*, Fortschr Neurol Psychiat 2004, 147 (149).
169 BayObLG, MittBayNot 2005, 235 (236); OLG München, NJW-RR 2008, 164 (166); *Wetterling*, Freier Wille, S. 31.

2.1.2.1. *Dreistufiger Ablaufprozess der Willensbestimmung*

Vereinfacht ausgedrückt wirken also im Rahmen einer Willensbestimmung kognitive sowie emotional-affektive Funktionen miteinander zusammen.[170] Der Ablauf der Willensbestimmung ist ein komplexer neuropsychologischer Vorgang, bei welchem an unterschiedlichen Stellen Störungen auftreten können. Aus diesem Grund erscheint eine nähere Betrachtung des Ablaufprozesses angebracht. Um die Ausführungen an dieser Stelle übersichtlich zu halten, wird auf die von *Wetterling*[171] vorgenommene dreistufige Unterteilung des Willensbestimmungsprozesses zurückgegriffen. Gerade im Hinblick auf die möglichen Ansatzpunkte für Drittbeeinflussungen erscheint die folgende nähere Betrachtung sinnvoll und wird auch für den weiteren Fortgang von Nutzen sein.

Als komplexes neuropsychologisches Geschehen verlangt der dreistufige Vorgang der Willensbestimmung das Vorhandensein vielfältiger Funktionen[172] und Fähigkeiten.[173] Es ist gerade das Zusammenspiel dieser Fähigkeiten, das die Willensbestimmung frei macht. Wenn eine dieser Fähigkeiten beeinträchtigt ist, ist auch die Freiheit der Willensbestimmung in Frage zu stellen.

Auf der *ersten Stufe* findet die sogenannte *Willensbildung* statt. Diese besitzt die Anstoßfunktion für den Prozess der Willensbestimmung und besteht aus Ideen und Gedanken, welche als Motivationen für den Betroffenen wirken. Im Hinblick auf den Erblasser wird auf der ersten Stufe etwa darüber befunden, *ob* und vor allem *warum* erstmals oder zum wiederholten Mal eine letztwillige Verfügung errichtet werden soll. Hierfür ist neben der Fähigkeit zur *Informationsspeicherung* zunächst die *Informationsaufnahme* entscheidend, wofür es überwiegend sensorischer Fähigkeiten bedarf, also vor allem der funktionierenden Sinnesorgane des Hörens und Sehens. Weiter muss zur Informationsaufnahme die Wach-, Aufmerksam- und Konzentrationsfähigkeit (Vigilanz) bestehen.[174] Die Fähigkeit, Informationen zu speichern, ermöglicht es dem Betroffenen erst, durch Sammeln von Erfahrungen während des Lebens einen

---

170 Vgl. *Habermeyer*, in: Kröber, HdB der Forensischen Psychiatrie, S. 51 (60).
171 Vgl. *Wetterling*, Freier Wille, S. 33; ders., ErbR 2017, 125 (126).
172 Fähigkeiten, welche zu einer Aktivität befähigen (bspw. die Fähigkeit „Lesen" befähigt zur Aufnahme schriftlicher Informationen), werden als Funktionen bezeichnet. Hirnerkrankungen führen regelmäßig zu Funktionsstörungen, wodurch wiederum die jeweiligen Funktionsfähigkeiten vermindert werden, vgl. dazu *Wetterling*, Freier Wille, S. 48 f.
173 *Wetterling*, Freier Wille, S. 33–43; ders., ErbR 2010, 345 (345 f.).
174 Sog. Quantitative Bewusstseinsstörungen sorgen in der Regel für eine verminderte Vigilanz, siehe dazu unten Kap. II. 2.2.1.4.

Lernprozess zu bilden und hieraus persönliche Wertvorstellungen beziehungsweise -maßstäbe entstehen zu lassen.[175] Als Gedächtnis wird dann die Summe aller gespeicherten Informationen genannt. Das Erinnerungsvermögen respektive die Fähigkeit zum gezielten Abruf noch gespeicherter Informationen, welche so nicht mehr in der Umwelt verfügbar sind, aus dem Gedächtnis ist ein weiterer existenzieller Bestandteil der Willensbildung.[176]

Die *zweite Stufe* kann als sogenannte *Urteilsbildung* bezeichnet werden. Hierbei finden die entscheidenden Abwägungsvorgänge statt, welche dann in einem (Abwägungs)Ergebnis münden. Dieses Ergebnis kann als sogenannter Willensentschluss und zugleich als Resultat der zweiten Stufe bezeichnet werden. Im erbrechtlichen Kontext wird auf der zweiten Stufe mithin etwa festgelegt, *ob der Erblasser tatsächlich* eine letztwillige Verfügung treffen möchte und *welchen Inhalt* diese haben soll. Für die Urteilsbildung des Erblassers im Rahmen einer Abwägung und damit den Entschluss über den Inhalt seiner Entscheidung kommt es auf die Fähigkeit zur *Informationsverarbeitung* an.[177] Hierfür muss der Erblasser in der Lage sein, gespeicherte Informationen zunächst abzurufen und diese dann gegeneinander abzuwägen. Dabei handelt es sich bei der Abwägung der abgerufenen Informationen um einen vielschichtigen Vorgang, welcher hauptsächlich aus dem Ordnen, Vergleichen und der Bewertung von gespeicherten Informationen sowie der Entwicklung von Lösungsansätzen und Planung der erforderlichen weiteren Handlungen besteht. Das Resultat dieses Gesamtvorganges bildet dann der sogenannte *Willensentschluss*.

Die *dritte Stufe* der Willensbestimmung ist die sogenannte *Willensumsetzung* und besteht in der Manifestation des auf zweiter Stufe getroffenen Willensentschlusses in Gestalt des zur Umsetzung erforderlichen Verhaltens. In Betracht kommt jedes Tun oder Unterlassen.[178] Im Rahmen der dritten Stufe

---

175 Siehe zum Ganzen *Habermeyer/Saß*, Fortschr Neurol Psychiat 2002, 5, welche die „Sinnkontinuität der persönlichkeitseigenen Motivbildung" als eine Grundvoraussetzung für die freie Willensbestimmung bezeichnen.
176 Vgl. auch OLG München, ZEV 2013, 504 (505).
177 Die Informationsverarbeitung bildet einen Großteil dessen, was allg. unter Intelligenz verstanden wird, *Wetterling*, Freier Wille, S. 41. Auch *Habermeyer*, in: Kröber, HdB der Forensischen Psychiatrie, S. 51 (83) stellt heraus, dass insb. i.H.a. eine spätere Testamentsänderung die Fähigkeit des Betroffenen, gerade neu hinzugekommene Informationen sachgerecht zu interpretieren und zu bewerten, ausschlaggebend ist.
178 Bspw. die Errichtung eines Testaments mit den gewollten letztwilligen Verfügungen oder gerade auch die bewusste Nichterrichtung desselben, um die gesetzliche Erbfolge eintreten zu lassen.

errichtet der Erblasser demnach typischerweise sein Testament mit dem von ihm bestimmten Inhalt. Hierfür bedarf es der Fähigkeit der Willensartikulation respektive der Fähigkeit der bewussten Nichtäußerung.

2.1.2.2. Störungsbedingte Einschränkung der freien Willensbestimmung

Eine Einschränkung dieser für eine freie Willensbestimmung erforderlichen Fähigkeiten kann sich vornehmlich aus Hirnfunktionsstörungen ergeben. Es existieren zwei Kategorien von Hirnfunktionsstörungen, welche erheblichen Einfluss auf die Fähigkeit zur freien Willensbestimmung haben. Hierbei handelt es sich zum einen um Störungen der kognitiven Funktionen sowie zum anderen der exekutiven Funktionen.

Die Fähigkeiten zur Wahrnehmung, Informationsaufnahme sowie des Erinnerns, Denkens und Wollens können jeweils als *kognitive Funktionen* bezeichnet werden und die Gesamtheit aller kognitiven Funktionen als die Kognition.[179] Neben der Hör- und Sehfähigkeit ist auch die Fähigkeit zur Aufnahme von Informationen, bedingt durch die Wachheit und Aufmerksamkeit, sowie die Fähigkeit zum Erkennen etwaiger krankhafter Veränderungen[180] und die Wahrnehmung der hieraus resultierenden Einschränkungen durch krankheitsbedingte Defizite für sich selbst eine für die Willensbildung wichtige Hirnfunktion.[181] Erhebliche Auswirkungen auf die Fähigkeit zur Willensbestimmung haben ferner Gedächtnisstörungen.[182] Denn im Wege des Erinnerns und des Zurückgreifens auf die gespeicherten Informationen in Gestalt der „Lebenserfahrung" können die für den Betroffenen relevanten Wertmaßstäbe

---

179 Siehe dazu *Wetterling*, Freier Wille, S. 49. Die Zuordnung der verschiedenen Hirnfunktionen wird selbst in der Fachliteratur nicht einheitlich gehandhabt und vereinzelt wird erst gar nicht zwischen kognitiven und exekutiven Funktionen differenziert, vgl. *ders.*, Freier Wille, S. 125. Bei hochbetagten Erblassern ist die Informationsaufnahme aus der Umgebung regelmäßig bereits dadurch stark gestört, dass 90 % der über 90-Jährigen unter einer Schwerhörigkeit und/oder einer hochgradigen Sehfähigkeitseinschränkung leiden, vgl. *ders.*, ErbR 2017, 125 (126).
180 Sog. Anosognosie, welche im erweiterten Sinne als allg. Begriff für das Nichterkennen krankhafter Veränderungen gebraucht wird, vgl. *Wetterling*, Freier Wille, S. 123.
181 Siehe *Wetterling*, Freier Wille, S. 122 f.; *Cording*, Fortschr Neurol Psychiat 2004, 147 (150).
182 Siehe *Wetterling*, Freier Wille, S. 124.

erzeugt werden, welche für den Willensentschluss sowie dessen Umsetzung erforderlich sind.

Unter die *exekutiven Funktionen*[183] fällt insbesondere die Fähigkeit, das eigene Verhalten unter Berücksichtigung der Bedingungen der Umwelt zu steuern und entsprechende Entscheidungen zu treffen. Für die Willensbestimmung ist es notwendig, dass der Betroffene klar seine Ziele bestimmen, unter Abwägung zwischen Alternativmöglichkeiten Strategien zur Erreichung der anvisierten Ziele entwickeln sowie die erforderlichen Handlungen planen, durchführen und steuern kann. Essentiell ist dabei vor allem die Entscheidungsfähigkeit des Betroffenen zwischen verschiedenen Alternativen sowie bezüglich der Bestimmung von Prioritäten im Rahmen einer Handlungskette.[184] Schließlich spielen die Motivation, die Impuls- und Affektkontrolle sowie die emotionale Selbstbeherrschung eine tragende Rolle bei der Willensbestimmung.[185] Auch Störungen in diesen Bereichen können die Fähigkeit zur freien Willensbestimmung eminent einschränken.

2.1.3. Definitionsgemäße Abgrenzung von zulässiger Beratung und unzulässiger Beeinflussung möglich und sinnvoll?

Es stellt sich im hiesigen Kontext freilich die Frage, wann eine zulässige Beratung des Erblassers in eine unzulässige Beeinflussung desselben umschlägt. Denn nicht jede Einflussnahme seitens Dritter im Rahmen des Willensbestimmungsprozesses des Erblassers kann *per se* als unzulässige Beeinflussung der freien Willensbestimmung angesehen werden. Hierbei darf sich vor allem nicht der Einsicht verwehrt werden, dass nahezu keine Entscheidung ohne einen Rat seitens Dritter[186] oder zumindest ohne Einflüsse von außen getroffen wird, denn „niemand ist eine Insel"[187].

Ein Blick in die Rechtsprechung hilft bei der Suche nach einer hier tauglichen definitionsgemäßen Abgrenzung nicht spürbar weiter.[188] Etwa im

---

183 Vereinzelt werden die exekutiven Funktionen auch als kognitive Kontrollfunktionen bezeichnet. Siehe zum Ganzen *Wetterling*, Freier Wille, S. 124 f.
184 Sog. Entscheidungsfindung bzw. *Decision-Making*, siehe *Wetterling*, Freier Wille, S. 125.
185 Diese Funktionen werden teilweise als psychische Funktionen bezeichnet, aber dennoch den Exekutivfunktionen zugerechnet, vgl. dazu *Wetterling*, Freier Wille, S. 49, 125.
186 *Schmoeckel*, in: ders., Demenz und Recht, S. 5 (7).
187 *Zaczyk*, in: Schmoeckel, Demenz und Recht, S. 89 (96).
188 Auch aus neurowissenschaftlicher Sicht kann nicht abschließend geklärt werden, wann eine zulässige Beratung in eine unzulässige Fremdbeeinflussung umschlägt,

Zusammenhang mit der Frage der Testierfähigkeit[189] ist zu erkennen, dass die Rechtsprechung die Grenze einer zulässigen Beeinflussung sehr weit zieht.[190] Ähnlich ernüchternd ist der Blick auf den engen und tendenziell unflexiblen Begriff der Drohung und dessen Auslegungspraxis durch die Gerichte.[191] Wie folgende Ausführungen noch aufzeigen werden, bieten diese Institute keinen für den hiesigen Kontext ausreichenden Schutz, weil sie bereits gar nicht die hier maßgeblichen Drittbeeinflussungsarten erfassen. Denn Gegenstand der hiesigen Untersuchung sind gerade subtile Drittbeeinflussungen im „Graubereich" zwischen Testierfähigkeit und Testierunfähigkeit. Es wird also von einem (gegebenenfalls gerade) noch testierfähigen Erblasser ausgegangen, welcher allerdings aufgrund von Widerstands- oder Rationalitätsdefiziten leichter beeinflussbar sowie willensgeschwächt ist, und dass die ihm zukommenden Drittbeeinflussungen noch nicht die starren Tatbestände von Gewalt, Drohung und Täuschung erfüllt haben.

Im Rahmen dieser Untersuchung wird die Ansicht vertreten, dass eine stichfeste und abstrakte Definition einer unzulässigen Beeinflussung beziehungsweise eine genaue begriffliche Abgrenzung derselben zu einer (gerade noch) zulässigen Einflussnahme zum einen im Hinblick auf die schier unendliche Variationsbreite der denkbaren Beeinflussungsszenarien in nicht zufriedenstellender Weise möglich[192] sowie zum anderen auch gar nicht erstrebenswert ist.

---

dazu *Wetterling*, ErbR 2015, 544 (544–546). *Weiler*, Beeinflusste Willenserklärung, S. 157–159 schlägt i.Ü. vor, die Begriffe Beeinflussung und Fremdbestimmung stärker zu trennen.

189 Siehe hierzu unten Kap. III. 1.
190 Zwar müsse der Testierende selbstständig und daher unabhängig von Einflüssen Dritter handeln. Jedoch sei diese Selbstständigkeit dann gegeben, wenn der Erblasser aus eigenem Willen etwaige Anregungen seitens Dritter beherzigt oder sogar deren Forderungen oder Erwartungen erfüllen möchte. In beiden Fällen wird von der Testierfähigkeit des Erblassers ausgegangen, OLG Hamm, NJW-RR 2020, 464; BayObLG, NJW-RR 1990, 202 (203). Das Befolgen von Ratschlägen Dritter mit eigenem Willen sei gerade Ausdruck der Testierfreiheit und „Anwendung" der Testierfähigkeit, vgl. Staudinger/*Baumann*, BGB, § 2229 Rn. 48. Soweit der Erblasser Anregungen anderer aufgrund eines eigenen Entschlusses folgt oder deren Forderungen und Erwartungen Motive für seine letztwillige Verfügung sind, liege keine Testierunfähigkeit vor, BayObLG, NJW-RR 1990, 202 (203).
191 Siehe hierzu unten Kap. III. 4.2.2.1.
192 Auch *Röthel/Lemmerz*, in: Gebauer et al., Alternde Gesellschaften, S. 3 (23) sehen die Grenzziehung zur unangemessenen Beeinflussung als eine besondere Herausforderung an. In diesem heiklen Zusammenhang wird häufig das Zitat von Sir J P Wilde bemüht (Hall v Hall (1868) L.R. 1 P. & D. 481, 482): *„In a word, a testator*

Denn in rechtsvergleichender Anlehnung an die *undue influence*-Doktrin aus dem anglo-amerikanischen Recht bei welcher sich die Gerichte einer genauen Definition sogar erwehren[193] sollte auch im hiesigen Kontext eine gewisse normativ-wertende Gratwanderung hingenommen werden, um nicht durch ein der Einzelfallgerechtigkeit sowie der Entwicklungsoffenheit entgegenstehenden „Begriffskorsett" behindert zu werden.

Insofern erscheint es praktikabel, die ungefähre Grenzlinie einer zulässigen Beratung dort zu ziehen, wo im Rahmen einer Gesamtwürdigung eine Einflussnahme unter Ausnutzung von – aus welchen Gründen auch immer bestehenden – Widerstands- oder Rationalitätsdefiziten eines willensgeschwächten und suggestiblen Erblasser beginnt.[194] Denn ab diesem Zeitpunkt findet keine Auseinandersetzung und Kommunikation auf Augenhöhe mehr statt und der Erblasser stellt folglich ein leicht(er)es Opfer für den Beeinflussenden dar, welcher von dieser Willensschwäche in Form eines nicht ausreichend legitimierten besonderen erbrechtlichen Vermögensvorteils[195] profitiert und hierdurch in

---

may be led but not driven; and his will must be the offspring of his won volition, and not the record of someone else's." Auch *Kerridge*, The Law of Succession, Kap. 5 Rn. 16 stellt hierbei fest, dass diese vielzitierten Worte von *Sir J P Wilde* bei dem Problem, zu entscheiden, welcher Grad der Beeinflussung unzulässig sei bzw. wann ein Überreden in einen Zwang umschlägt, nicht besonders hilfreich seien. Bereits umfassend und weiterführend zu diesem schwierigen Unterfangen einer solchen Abgrenzung *Christandl*, Selbstbestimmtes Testieren, S. 83–97. Uneingeschränkt zuzustimmen ist *Leipold*, FamRZ 2017, 1561 (1562), wenn er i.H.a. die ausführliche Problembehandlung von *Christandl* konstatiert, „[...] dass (abgesehen von Gewalt, Drohung und Täuschung) eine einigermaßen trennscharfe Abgrenzung der zulässigen von der unzulässigen Fremdbestimmung kaum möglich sein dürfte [...]".

193 Siehe dazu unten Kap. IV. 3.2.1.1.
194 Ähnlich auch *Frieser*, ErbR 2020, 309 (310), welcher von einer „unheilvollen Mischung" mehrerer Komponenten spricht, die gerade weiter als die in Aussichtstellung eines vom Drohenden konkret bezeichneten Übels reiche.
195 Da es sich beim (Ver)Erben sowie Vermachen naturbedingt um Vermögensübertragungen beziehungsweise -bewegungen handelt, wird der Dritte mit hoher Wahrscheinlichkeit das Erlangen eines Vermögensvorteils für sich oder einen anderen mit seinem Verhalten bezwecken. In diesem Zusammenhang bietet sich die Bezeichnung der „Erbschleicherei" an. Dieser Begriff wurde u.a. während der Streitdebatte im Reichstag um die Einführung des holographischen Testaments verwendet (*Mugdan*, Bd. V, S. 896, 902). Zum Thema „Erbschleicherei" lassen sich zwar viele mediale (z.B. i.H.a. den Frankfurter Mäzen *Bruno Schubert*, FAZ v. 10.07.2013, BGH, NJW 2013, 3306; die italienische Schauspielerin *Gina Lollobrigida*, SZ v. 02.02.2016; die einstige persische Kaiserin *Soraya Esfandiary-Bakhtiary*,

den besonders zu schützenden Bereich der Testierfreiheit in unzulässiger Weise eingreift. Wird im Rahmen einer Gesamtwürdigung aller konkreten Einzelfallumständen diese Grenze zur zulässigen Drittbeteiligung überschritten, handelt es sich um eine nicht mehr hinzunehmende Beeinflussung des Erblassers.

2.2. Altersbedingt erhöhte Drittbeeinflussbarkeit

Häufig wird eine erhöhte Drittbeeinflussbarkeit von Erblassern in höherem Alter aufgrund gesundheitlicher und/oder situativer Gründe ins Feld geführt, ohne indes diese Behauptungen substantiell zu untermauern. Es soll sich daher im Folgenden solchen möglichen Gründen für eine erhöhte Drittbeeinflussbarkeit gewidmet werden.

Eine erhöhte Drittbeeinflussbarkeit kann insbesondere auf den altersbedingten Gesundheitszustand sowie die situativen Lebensumstände des Erblassers zurückgehen. Testierentscheidungen werden naturgemäß häufig im

---

LTO v. 23.02.2016, OLG Köln, BeckRS 2016, 4571, siehe hierzu auch *Frieser*, ErbR 2010, 370) sowie literarische (etwa „Volpone oder Der Fuchs" (Volpone, or The Fox) aus 1605 von *Ben Jonson*; „Der Universalerbe" bzw. „Die Erbschleicher" (Le légataire universel) aus 1708 von *Jean-François Regnard*; „Der G´wissenswurm" aus 1874 von *Ludwig Anzengruber*) Veröffentlichungen finden, indessen nur wenige wissenschaftliche (für den strafrechtlichen Bereich siehe *Schroeder*, NStZ 1997, 586; *Jünemann*, NStZ 1998, 393) Werke. Eine allg. anerkannte Begriffsdefinition der Erbschleicherei bzw. des Erbschleichers existiert soweit ersichtlich nicht. Zweckmäßig erscheint es, unter der Erbschleicherei solche Verhaltensweisen zu verstehen, welche darauf abzielen, einen potenziellen Erblasser in unredlicher Art und Weise derart zu beeinflussen, dass Vermögenszuwendungen sowohl in Gestalt von Verfügungen unter Lebenden als auch von Todes wegen getätigt werden, welche in der jeweiligen konkreten Gestalt ohne die Beeinflussung nicht erfolgt wären (ähnlich auch *Wetterling*, ErbR 2017, 125. *Weigand*, Deutsches Wörterbuch, S. 456 definiert Erbschleicher sehr weit als jemanden, der sich in unredlicher Weise um ein Erbe bemüht). Doch selbst wenn der einflussnehmende Dritte ausschließlich dem bisher „eingeplanten" Erben schaden und daher den Vermögensanfall bei diesem verhindern möchte, so nimmt er zumindest billigend, quasi als notwendiges Zusatzziel, in Kauf, dass ein anderer (und sei dies auch nur der Staat) einen Vermögensvorteil in Gestalt der Erbschaft erlangt. *Deuringer*, BLW 30 (2019), 62 weist zu Recht darauf hin, dass es v.a. in Familienkonstellationen auch allein das Ziel sein könne, sich für erlittene Zurücksetzungen und nachteilige Behandlungen zu rächen. In einem solchen „Extremfall" wäre dann sogar auch eine Anwendung des § 826 BGB erwägenswert, bei welchem nicht wie bei § 823 I BGB der tatbestandliche Weg durch das Nadelöhr der Verletzung eines absolut geschützten Rechtsguts verlaufen muss.

höheren Alter getroffen. Ein Grund hierfür ist unter anderem, dass erst zu einem späteren Zeitpunkt im Leben die Frage Relevanz erlangt, was mit dem Vermögen nach dem eigenen Tod geschehen soll. Dabei macht eine erst im hohen Alter gefasste Testierentscheidung freilich Sinn, denn je später dabei eine Testierentscheidung gefasst wird, umso mehr ist sichergestellt, dass diese die Einschätzung und die Gefühlslage des Erblassers kurz vor seinem Tod abbildet. Zudem ist auch möglichst kurz vor dem Ableben am ehesten abzuschätzen, was der Erblasser hinterlassen wird und welche Bedeutung dies für die Erben haben kann. Ein spätes Testieren birgt neben solchen Vorteilen allerdings auch erhebliche Gefahren. Insbesondere ergeben sich mit steigendem Alter des Erblassers besondere Gefährdungslagen für seine Autonomie. Namentlich zeigen sich viele Menschen in höherem Alter krankheitsbedingt und/oder situationsbedingt fremden Gedanken und Motiven zugänglicher als in jüngeren Jahren, sodass insofern die Gefahren für die Erblasserautonomie durch Drittbeeinflussungen steigen.

Dabei können zum einen in höherem Alter häufiger auftretende Hirnfunktionsstörungen die Fremdbeeinflussbarkeit des Betroffenen steigern beziehungsweise dessen Widerstandsfähigkeit und Fähigkeit zum rationalen Handeln schwächen und so Drittbeeinflussungen Tür und Tor öffnen (Abschnitt 2.2.1.). Zum anderen zeigen sich ältere Menschen häufig auch aufgrund situationsbedingter Faktoren, wie ihren Lebensumständen, familiären Konflikten und besonderen Drucksituationen, weniger widerstandsfähig gegen die Einflussnahme Dritter (Abschnitt 2.2.2.). Dabei erlangt die Problematik der höheren Beeinflussbarkeit von älteren Menschen und die damit einhergehende Ausnutzungsgefahr im Zusammenhang mit letztwilligen Verfügungen durch den demographischen Wandel, in Gestalt der Hinentwicklung zu einer zunehmend hochbetagten Gesellschaft, zusätzlich eine ganz besondere sowie aktuelle Bedeutung (Abschnitt 2.2.3.).

2.2.1. Gesundheitsbedingte Drittbeeinflussbarkeit

Eine erhöhte Zugänglichkeit für Drittbeeinflussungen ist häufige (Neben) Folge von Hirnfunktionsstörungen.[196] *Cording* spricht hierbei von „pathologischer"[197] beziehungsweise „abnormer"[198] Fremdbeeinflussbarkeit. Diese Beeinflussbarkeit

---

196 Eingehend hierzu sowie zum Folgenden *Cording*, ZEV 2010, 115 (119); *ders.*, Fortschr Neurol Psychiat 2004, 147 (152 f.).
197 *Cording*, ZEV 2010, 115 (119).
198 *Cording*, Fortschr Neurol Psychiat 2004, 147 (153). Ebenso spricht *Röthel*, ErbR 2014, 357 von „krankheitsbedingter Beeinflussbarkeit".

ist zumeist bedingt durch eine erheblich beeinträchtigte Aufmerksamkeitsfähigkeit[199], eine Beeinträchtigung der Fähigkeit, Handlungsalternativen überhaupt zu erkennen und diese gegeneinander abzuwägen[200], Kritikverlust beziehungsweise mangelnde Kritik- und Urteilsfähigkeit[201] sowie mangelnde Plausibilitätskontrolle[202], dem teilweisen Drang nach emotionaler Verbundenheit, sozialen Bindungen sowie Distanzverringerung gegenüber regelmäßigen Kontaktpersonen oder sogar Fremden, gesteigerte Vertrauensseligkeit sowie die Neigung zu objektiv unverhältnismäßigen Dankerweisungen.[203] Dabei ist ein kritisches Abwägen sowie ein reflektiertes Handeln infolge kognitiver Funktionsbeeinträchtigungen zumeist nicht mehr möglich, was sich in dysfunktionalen Entscheidungen der Betroffenen zeigt.[204]

Gauggel weist für Betroffene einer kognitiven Störung ausdrücklich auf deren eingeschränkte Widerstandsfähigkeit hin:[205]

„Besonders gravierend ist der Umstand, dass ein Teil der betroffenen Patienten *Aussagen anderer Personen nicht kritisch hinterfragt und dadurch leicht beeinflusst und gelenkt werden kann.*"

Bleuler formuliert es im Hinblick auf degenerative Hirnkrankheiten noch drastischer:

„Sie [die Kranken] *lassen sich leicht zu dummen Geldanlagen und unangebrachten Schenkungen und Vermächtnissen verführen*. Sie können *Opfer von Erbschleichern*

---

199 *Förstl*, in: ders., Frontalhirn – Funktionen und Erkrankungen, S. 143 (144).
200 *Cording/Roth*, NJW 2015, 26 (30).
201 *Danek/Göhringer*, in: Förstl, Frontalhirn – Funktionen und Erkrankungen, S. 41 (62 f.).
202 *Cording/Roth*, NJW 2015, 26 (30).
203 Anderen Personen ggü. – insb. den nächsten Angehörigen – kann wiederum das Gegenteil der Fall sein und somit eine krankhafte Unbeeinflussbarkeit entstehen, vgl. *Cording*, ZEV 2010, 115 (119). Trotz einer fortgeschrittenen Demenz kann es weiterhin zu antizipatorischen Risikowahrnehmungen (wahrgenommen als Befürchtung, Bauchgefühl, Ahnung etc.) kommen und den Betroffenen impulsartig und ungebremst übermannen, sog. Affektdominanz. Hierdurch kann bspw. unversehens und ohne objektiv nachvollziehbare Gründe eine starke Abneigung gegen eine Person entwickelt werden, vgl. dazu *Cording/Roth*, NJW 2015, 26 (30); *Cording*, Fortschr Neurol Psychiat 2004, 147.
204 *Cording/Roth*, NJW 2015, 26 (30), bezogen auf eine demenzielle Erkrankung.
205 *Gauggel*, in: Förstl, Frontalhirn – Funktionen und Erkrankungen, S. 395 (396) (Hervorhebung durch den Verfasser), i.H.a. eine vaskuläre Demenz.

und anderen Schwindlern werden, weil sie geschickten *Beeinflussungen gegenüber widerstandslos* sind."[206]

Solche Widerstands- sowie Rationalitätsdefizite machen Menschen mit Hirnfunktionsstörungen mithin zu leichten Opfern von Beeinflussungen Dritter (auch) im Rahmen letztwilliger Verfügungen. Dabei kann auf die Willensbestimmung des Erblassers wiederum in unterschiedlichen Stadien des Willensbildungsprozesses und damit auch in unterschiedlicher Weise Einfluss genommen werden.[207]

Entsprechend dem obigen Modell des dreistufigen Prozesses der Willensbestimmung nach *Wetterling*[208], kann zunächst die Fähigkeit, einen eigenen Willen zu bilden (sogenannte Willensbildung), eingeschränkt sein. Zum anderen kann die Fähigkeit eingeschränkt sein, sich zwischen mehreren möglichen Handlungsszenarien zu einer bestimmten Entscheidung zu entschließen (sogenannte Urteilsbildung mit dem Ergebnis eines Willensentschlusses). Schließlich kann die Fähigkeit eingeschränkt sein, nach dem eigenen getroffenen Entschluss zu handeln (sogenannte Willensumsetzung). Unabhängig davon, in welchem Stadium ein solcher Eingriff erfolgt, stellt er die Freiheit der Willensbestimmung durch den Erblasser und damit die Legitimation dessen letztwilliger Verfügung in Frage.

Die Möglichkeit einer erhöhten Drittbeeinflussbarkeit erzeugen insbesondere die im Folgenden aufgeführten Hirnfunktionsstörungen.[209] Diese treten gehäuft bei Menschen in höherem Alter auf und stellen zum Teil sehr typische Alterserkrankungen dar. Dabei gilt zu beachten, dass zum einen die im Folgenden aufgezählten Krankheiten jeweils für sich allein bereits zu Beeinträchtigungen der Widerstandfähigkeit gegen Drittbeeinflussungen sowie der Fähigkeit zum rationalen Handeln führen. Zum anderen sowie darüber hinaus leiden ältere Menschen häufig gleichzeitig an mehreren chronischen Krankheiten (sogenannte Multimorbidität)[210]: Während bei den über 65-Jährigen eine

---

206 *Bleuler*, Lehrbuch der Psychiatrie, S. 227 (Hervorhebungen durch den Verfasser).
207 Dazu *Wetterling*, Freier Wille, S. 164–186 zu unterschiedlichen psychopathologischen und S. 187–194 neuropsychologischen und anderen Störungen. Zur Einschränkung der kognitiven Fähigkeiten *Wetterling*, ErbR 2010, 345 (346 f.). Bzgl. Medikamenten, Alkohol und Drogen *Wetterling*, ErbR 2015, 179 (179–182).
208 Siehe dazu bereits Kap. II. 2.1.2.1.
209 Siehe hierzu und zum Folgenden *Wetterling*, Freier Wille, S. 203 f.; ders., ErbR 2015, 544.
210 Zum Ganzen *Schäfer et al.*, Multimorbidity Patterns in the Elderly; *Violan et al.*, Prevalence, Determinants and Patterns of Multimorbidity in Primary Care;

Multimorbidität bei bereits ca. 60 % der Menschen vorliegt, steigt der Anteil bei den über 80-Jährigen auf ca. 80 %.[211]

2.2.1.1. Gedächtnisstörung

Gedächtnisstörungen sind häufige Hirnfunktionsstörungen im Zusammenhang mit einem demenziellen[212] oder amnestischen[213] Syndrom[214] sowie mit den Folgen eines Schlaganfalles[215] oder Schädel-Hirn-Traumas[216]. Demenzielle und amnestische Erkrankungen betreffen dabei besonders Menschen in höherem Alter.[217] Durch diese Störungen kommt es häufig zu einer massiven Einschränkung des Erinnerungsvermögens und der Fähigkeit, Informationen

---

Wetterling, ErbR 2019, 283. Eine allg. akzeptierte Definition für Multimorbidität existiert bisher nicht, *Wetterling*, Neuropsychiatrische Aspekte, S. 30 m.w.N.

211 *Violan et al.*, Determinants and Patterns of Multimorbidity in Primary Care, mit ausführlichen Graphiken; ebenso *Wetterling*, ErbR 2019, 283.

212 Ein demenzielles Syndrom beinhaltet in der Regel gleichzeitig mehrere Störungen kognitiver und exekutiver Funktionen sowie psychopathologische Syndrome und andere Verhaltensauffälligkeiten. Demenz an sich bezeichnet den Verlust erworbener Fähigkeiten, insb. infolge organischer Hirnkrankheiten. Die Ursachen für eine Demenz können sehr vielfältig sein und es gibt mehr als 80 verschiedene Formen der Demenz, vgl. *Wetterling*, ErbR 2010, 345 (347). Die häufigsten Formen der Demenz sind die der degenerativen und vaskulären Erkrankungen des Gehirns, siehe dazu *Wetterling*, Freier Wille, S. 54 ff.; *ders./Neubauer/Neubauer*, ZEV 1995, 46 (47); *ders.*, ErbR 2014, 94 (99–102). Die häufigste Ursache einer Altersdemenz stellt die 1906 erstmals von *A. Alzheimer* beschriebene Degeneration von Ganglienzellen mit Anhäufung bestimmter Formen eines unlösbaren Proteins (Amyloid A4) im Gehirn dar, *Häfner*, in: Baltes et al., Alter und Altern, S. 151 (159). Es stellt nur eine grobe Annahme dar, dass eine mittelschwere Demenz durchgehende Testierunfähigkeit bedingt, *Losch*, ZErb 2017, 188 (192).

213 Hierunter werden Gedächtnisstörungen verstanden, welche im Alter ohne Hinzutreten weiterer Hirnfunktionsstörungen auftreten, vgl. *Wetterling*, Freier Wille, S. 50 f. Insb. Durchblutungsstörungen können Ursache für ein amnestisches Syndrom sein, vgl. *ders.*, Freier Wille, S. 52.

214 Unter Syndrom versteht man eine Zusammenfassung häufig vorkommender Symptome (Krankheitszeichen/Beschwerden) bzw. Funktionsstörungen zu einer Einheit, vgl. *Wetterling*, Freier Wille, S. 49.

215 *Wetterling*, ErbR 2018, 433.

216 Eingehend dazu *Wetterling*, Freier Wille, S. 92 f. Schädel-Hirn-Traumata sind häufige Folgen von Unfällen.

217 Vgl. ferner zur altersbedingten Häufung von Schlaganfällen *Wetterling*, ErbR 2018, 433 m.w.N.

zu speichern. Für das Erkennen mehrerer Handlungsalternativen sowie das Abwägen derselben ist der Betroffene aber auf alte und aktuelle Informationen angewiesen, um im Ergebnis eine selbstbestimmte Entscheidung zu treffen.[218] Durch Gedächtnisstörungen kommt es teilweise zu einer starken Beschränkung des Erinnerungsvermögens auf den derzeitigen unmittelbaren Lebensbereich des Betroffenen, wodurch das reale persönliche Umfeld des Betroffenen beispielsweise im Hinblick auf vorhandene potenzielle Erben und deren Verwandtschaftsgrad nicht mehr der Realität entsprechend abgebildet werden kann.[219]

Mitunter kann das (teilweise) Unvermögen, sich an bereits getroffene Verfügungen von Todes wegen oder an ein bewusstes Unterlassen derselben zu erinnern (Erinnerungslücken), von Dritten ausgenutzt werden, um Einfluss auf eine (Neu)Errichtung zu nehmen.[220] Zudem kann auch die für den Erblasser schwieriger werdende Zuordnung ihm nahestehender Personen und der eigenen persönlichen Beziehung zu diesen für Dritte ein Einfallstor für unzulässige Beeinflussungen sein.[221]

2.2.1.2. Apathie

Eine Apathie ist dadurch gekennzeichnet, dass eine starke Störung der Motivation respektive des Antriebs vorliegt, kombiniert mit einer Interessen- und Lustlosigkeit, ohne aber dass zugleich das Bewusstsein, die geistigen Fähigkeiten sowie die Affektivität beeinträchtigt sein müssen.[222] Bei einer Apathie handelt es sich um eine Störung der Affektivität als Gesamtheit des Gefühls- und Gemütslebens.[223] Eine Apathie kann insbesondere durch Medikamenteneinwirkungen[224] ausgelöst werden beziehungsweise zusammen mit vielen unterschiedlichen Erkrankungen auftreten. Für den hiesigen Untersuchungsgegenstand sind aufgrund deren erhöhter Häufigkeit bei zunehmendem Alter des Betroffenen besonders das demenzielle sowie depressive[225] Syndrom, das

---

218 Vgl. auch *Cording/Roth*, NJW 2015, 26 (28).
219 *Wetterling*, Freier Wille, S. 174 f.; *ders.*, ErbR 2010, 345 (348).
220 Vgl. auch *Wetterling*, ErbR 2017, 125 (127).
221 Dazu auch *Peisah et al.*, International Psychogeriatrics 2009, S. 7 (12).
222 Wobei in der Fachliteratur der Begriff unterschiedlich weit gefasst wird, *Wetterling*, Freier Wille, S. 183 f.; vgl. auch *ders.*, ErbR 2010, 345 (348).
223 Vgl. *Wetterling*, Freier Wille, S. 180.
224 Zum Einfluss von Medikamenten insb. *Wetterling*, ErbR 2015, 179 (179–182).
225 Eine einheitliche Definition des depressiven Syndroms besteht nicht. Hierunter fallen insb. Affektstörungen im Zusammenhang mit (langanhaltender) verschlechterter Stimmungslage, dazu *Wetterling*, Freier Wille, S. 65 f. Eine Depression tritt

Parkinson-Syndrom und die neuropsychiatrischen Erkrankungen nach einem Schädel-Hirn-Trauma oder Schlaganfall bedeutsam.[226]

Kennzeichnend für eine Apathie ist, dass der Betroffene kein „Geschäft" von sich aus anstoßen oder tätigen würde, seitens Dritter aber im Wege einer Beeinflussung dazu bewegt werden kann.[227] Dem Zustand einer Apathie ist eine erhöhte Beeinflussbarkeit somit immanent[228] und kann insofern genutzt werden, als dass sich ein Dritter eine vorgefertigte beziehungsweise mit dem Notar abgesprochene Verfügung von Todes wegen durch den Erblasser „nur abnicken" lässt.[229]

2.2.1.3. Ambivalenz

Unter Ambivalenz ist nicht eine (bloße) Willensschwäche zu verstehen, sondern eine krankhafte Unfähigkeit des Betroffenen, sich zu entscheiden. Meist können vorhandene Alternativen zwar erkannt werden, allerdings keine Auseinandersetzung sowie Abwägung mit denselben mehr angemessen erfolgen.[230] Mithin ist die Fähigkeit des Betroffenen, in diesem krankhaften Zustand einen (eigenen) Willen zu bilden, zumindest eingeschränkt. Verursacht wird eine Ambivalenz in der Regel durch kognitive Störungen und tritt häufig in Zusammenhang mit einem depressiven Syndrom auf.[231]

Betroffene einer Ambivalenz sind als leicht beeinflussbar einzustufen.[232] Im Falle einer hochgradigen Ambivalenz ist eine beinah mechanische Übernahme des Willens eines Dritten denkbar.[233]

2.2.1.4. Bewusstseinsstörung

Unter Bewusstseinsstörungen[234] können die Störungen der Aufmerksamkeit, der Selbstwahrnehmung sowie der Wachheit (Vigilanz) gefasst werden.[235] Für

---

sehr oft bei Multimorbiden auf, vgl. *Wetterling*, Neuropsychiatrische Aspekte, S. 136 ff.
226 Vgl. *Wetterling*, ErbR 2010, 345 (348). Zu weiteren Ursachen für eine Apathie siehe *ders.*, Freier Wille, S. 183 f.
227 *Wetterling*, Freier Wille, S. 184.
228 Ebenso *Wetterling*, Freier Wille, S. 69.
229 Dieses Szenario anführend *Wetterling*, Freier Wille, S. 203; *ders.*, ErbR 2017, 125 (127).
230 Vgl. hierzu *Wetterling*, Freier Wille, S. 190; *ders.*, ErbR 2010, 345 (348).
231 *Wetterling*, Freier Wille, S. 68.
232 *Wetterling*, Freier Wille, S. 190, 203; *ders.*, ErbR 2015, 544 (545).
233 Vgl. *Wetterling*, ErbR 2017, 125 (127).
234 Umfassend dazu auch *Scharfetter*, Allgemeine Psychopathologie, S. 59–82.
235 *Wetterling*, Freier Wille, S. 170.

ein störungsfreies Bewusstsein[236] bedarf es zum einen der Wachheit als Fähigkeit zur Aufnahme von Umweltreizen sowie der Reaktion hierauf. Zum anderen muss der Betroffene zur Selbstwahrnehmung fähig sein, um sein Verhalten in Bezug auf die Umwelt reflektieren und sich bezüglich der Situation sowie der eigenen Person orientieren zu können.[237] Schließlich ist die Fähigkeit erforderlich, die eigene Aufmerksamkeit für die notwendige Zeit auf ein konkretes Objekt richten zu können. Soweit mindestens eine der drei Fähigkeiten beeinträchtigt ist, kann von einer Bewusstseinsstörung gesprochen werden. Einen krankhaften Charakter erlangt eine Bewusstseinsstörung, wenn die Realitätswahrnehmung über einen nicht unerheblichen Zeitraum beeinträchtigt ist, was bei sogenannten quantitativen und qualitativen Bewusstseinsstörungen der Fall ist.[238] Die Intensität der Bewusstseinsstörungen kann sowohl tages- als auch situationsabhängig sein und die Dauer kann von wenigen Minuten bis zu mehreren Jahren betragen.[239]

Die Ursachen für eine Bewusstseinsstörung sind mannigfach.[240] Hier relevant erscheinen insbesondere das demenzielle sowie depressive Syndrom, eine Multimorbidität[241], eine Intoxikation mit Medikamenten sowie die Auswirkungen

---

236 Im medizinischen Kontext wird unter „Bewusstsein" schlicht das Wissen und die Wahrnehmung um die eigene Person („das Ich") und die umgebende Welt verstanden, *Hansen*, Bewusstseinsstörungen, S. 4.
237 Vgl. *Wetterling*, ErbR 2010, 345 (348); *ders.*, ErbR 2014, 94 (96); *Cording*, Fortschr Neurol Psychiat 2004, 147 (150).
238 Unterteilt wird die Bewusstseinsstörung in eine quantitative und qualitative. Die quantitative Bewusstseinsstörung liegt v.a. bei Benommenheit, Schlaf oder Koma vor. Als quantitative Bewusstseinsstörungen werden Störungen der Wachheit (Vigilanz) sowie der Aufmerksamkeitsfähigkeit angesehen. Zu den qualitativen Bewusstseinsstörungen gehört insb. das Delir (oftmals als Verwirrtheitszustand bezeichnet). Bei einem Delir kommt es zu akut auftretenden Störungen der Aufmerksamkeit und Konzentration, begleitet von Störungen des Denkens, des Gedächtnisses, der Psychomotorik sowie des Schlaf- und Wachrhythmus, *Riedel-Heller/Luck*, in: Klöppel/Jessen, Praxishandbuch, S. 7 (10). Bei den qualitativen Bewusstseinsstörungen fokussiert sich die Störung hauptsächlich auf die Aufmerksamkeitsfähigkeit. Typisch für ein Delir ist dessen plötzlicher Beginn und wechselnder Verlauf innerhalb des Tages, vgl. zum Ganzen *Wetterling*, Freier Wille, S. 112 ff.
239 Vgl. *Wetterling*, Freier Wille, S. 171; *ders.*, ErbR 2014, 94 (96).
240 Eingehend *Wetterling*, Freier Wille, S. 170, 113 f. sowie *Hansen*, Bewusstseinsstörungen, S. 41 ff.
241 Ältere Menschen leiden sehr oft gleichzeitig unter mehreren Krankheiten (sog. Multimorbidität), wie v.a. Bluthochdruck, Herzschwäche, Diabetes (mellitus Typ

eines Schlaganfalles[242] und Schädel-Hirn-Traumas.[243] Oftmals tritt ein Delir bei älteren Menschen aufgrund eines Flüssigkeitsmangels (Exsikkose), einer Blutzuckerentgleisung oder bei akuten Infekten auf.[244] Bereits bei einer therapeutischen Dosierung können Medikamente Bewusstseinsstörungen hervorrufen.[245] Insbesondere aufgrund eines regelmäßigen Flüssigkeitsmangels (Exsikkose) reagieren ältere Patienten bereits auf herkömmliche Medikationen mit stark erhöhter Gefahr einer Bewusstseinsstörung, insbesondere in Form eines Delirs.[246] Dieses Risiko besteht umso mehr, wenn – wie regelmäßig bei älteren Menschen – mehrere Medikamente zugleich eingenommen werden.[247] Zusätzliche Gefahren der Polypharmazie für die Fähigkeit der freien Willensbestimmung ergeben sich auch oftmals daraus, dass Medikamente falsch eingenommen beziehungsweise verwechselt und verschiedene Fachärzte unabhängig voneinander nicht miteinander verträgliche Medikamente verordnen.[248] Schließlich können auch erhebliche psychische Belastungen zu Verwirrtheitszuständen führen, etwa im Kontext mit Umzügen oder mit dem Tod naher Angehöriger dies besonders bei älteren Menschen, deren kognitive sowie

---

II), Fettstoffwechselstörungen, Lungen-, Nieren-, sowie Krebserkrankungen und neuropsychiatrische Erkrankungen. Eingehend *Wetterling*, Freier Wille, S. 103 ff.; *ders.*, ErbR 2019, 283 (284); *ders.*, Neuropsychiatrische Aspekte, S. 30 ff. Siehe zu diesem Charakteristikum bereits Kap. II. 2.2.1.

242 *Wetterling*, ErbR 2018, 433.
243 Bis zu 30 % der älteren Krankenhauspatienten zeigen Verwirrtheits- bzw. delirante Zustandsbilder, vgl. *Wetterling*, Freier Wille, S. 115 m.w.N.
244 *Wetterling*, ErbR 2014, 94 (97). Ebenso zu den oft auf diätische Ursachen zurückzugehenden Verwirrtheitszuständen im höheren Alter *Häfner*, in: Baltes et al., Alter und Altern, S. 151 (167).
245 Dazu auch *Cording*, ZEV 2010, 23 (27), welcher die Auswirkungen von Medikamenten auf die freie Willensbestimmung als im Allgemeinen überschätzt ansieht. Diese geringe Beachtung grundsätzlich (zu Recht) kritisierend *Wetterling*, ErbR 2015, 179. Vgl. auch *ders.*, ErbR 2014, 94 (97). Ebenso in Medikamenten eine bedeutsame Rolle für die Auslösung von Verwirrtheitszuständen sehend *Häfner*, in: Baltes et al., Alter und Altern, S. 151 (167).
246 Dazu *Wetterling*, Freier Wille, S. 98; *ders.*, ErbR 2019, 283 (284). Allg. zu den veränderten Arzneimittelwirkungen im Alter eingehend *Coper/Schulze*, in: Baltes et al., Alter und Altern, S. 204.
247 Sog. Polypharmazie, häufig auch Multipharmazie oder Multimedikation genannt. Auch diese Gefahr stark betonend *Wetterling*, Freier Wille, S. 116.
248 Ausführlich dazu *Wetterling*, Freier Wille, S. 97 ff.

emotionale Funktionsfähigkeit aufgrund psychoorganischer Veränderungen ohnehin bereits eingeengt ist.[249] Aufmerksamkeitsstörungen sind eine regelmäßige Ursache von Missverständnissen im Rahmen von persönlichen Gesprächen. Weiter wird durch die gestörte Realitätswahrnehmung die Urteilsfähigkeit respektive die Fähigkeit zur freien Willensbestimmung beeinträchtigt.[250] Eine sehr hohe Drittbeeinflussbarkeit besteht in deliranten Zuständen, da hier die Fähigkeit, die Aufmerksamkeit für eine längere Zeit zu fokussieren und Informationen korrekt aufzunehmen, zu ordnen sowie zu bewerten, stark eingeschränkt ist.[251] Dies gilt umso mehr, wenn der Betroffene seine Fähigkeitseinschränkungen selbst nicht (mehr) als für ihn ungewöhnlich wahrnimmt und folglich sein Verhalten auch nicht hiernach ausrichten und anpassen kann. Doch auch in den „klaren" Phasen ist der Betroffene sehr suggestibel, weil die durch die deliranten Phasen entstandenen Erinnerungslücken, nicht ohne weiteres zügig wieder geschlossen werden können.[252] Hierdurch kommt es zu einer Unterbrechung der Erlebniskontinuität, wodurch das Erinnern und Reflektieren der Ereignisse während der deliranten Symptomatik stark eingeschränkt wird. Im Ergebnis ändert ein (nur) fluktuierender Verlauf eines Delirs nichts an der fast durchgehenden Möglichkeit der Drittbeeinflussung, ungeachtet dessen, dass die Phasen der kognitiven Störungen bei älteren Betroffenen bis zu mehreren Wochen bestehen können.

2.2.1.5. Störung der Affektivität

Im Rahmen der Störungen des gesamten Gefühls- und Gemütslebens führen vor allem die Affektdominanz sowie die Affektlabilität zu einer erhöhten Drittbeeinflussbarkeit. Affektivitätsstörungen treten dabei oft in Zusammenhang mit demenziellen Erkrankungen sowie schweren Gedächtnisstörungen auf.[253]

Unter einer Affektdominanz wird ein Zustand definiert, in welchem der Betroffene durch einen oder mehrere Affekt(e) derart stark beeinflusst wird, dass keine vernünftige Überlegung im Sinne eines Abwägens der für und wider sprechenden Aspekte mehr möglich ist.[254] Charakteristisch für die

---

249 *Häfner*, in: Baltes et al., Alter und Altern, S. 151 (167).
250 Vgl. *Wetterling*, Freier Wille, S. 170 f.
251 Vgl. *Wetterling*, Freier Wille, S. 204.
252 Vgl. dazu und zum Folgenden *Cording*, Fortschr Neurol Psychiat 2004, 147 (157); *Wetterling*, ErbR 2015, 544 (546).
253 Vgl. *Wetterling*, Freier Wille, S. 182.
254 Hierzu und zum Folgenden *Wetterling*, Freier Wille, S. 181.

Affektdominanz ist, dass intensive emotionale Erinnerungen durch sachliche Erinnerungen nicht mehr ausgeglichen werden können und dadurch die Urteilsfähigkeit stark beeinträchtigt wird. Vor allem bei älteren Menschen zeigt sich oftmals eine sehr leichte affektive Ansprechbarkeit, welche konträr zu ihrem üblichen beziehungsweise früheren Verhalten ist.

Eine Affektlabilität, auch Affektinkontinenz oder Verminderung der Affektkontrolle genannt, ist dadurch gekennzeichnet, dass der Betroffene Affekte nicht mehr vollständig kontrollieren kann.[255] Die Affekte sind sowohl stark schwankend als auch unverhältnismäßig stark ausgeprägt und treten bereits bei objektiv nichtigen Anlässen auf. Aufgrund einer übermäßigen und sehr leichten emotionalen Ansprechbarkeit sowie der gestörten Realitätswahrnehmung ist vor allem die Kritik- und Urteilsfähigkeit des Betroffenen wesentlich eingeschränkt.

Die aus dem Gesamten folgende erhöhte Suggestibilität[256] macht es für Dritte möglich, den Betroffenen einfach zu lenken.

2.2.1.6. Wahn

Bei einem Wahn handelt es sich um inhaltliche[257] Denkstörungen in Form eines subjektiven Erlebens, welches Dritten in der Regel nicht mitgeteilt wird.[258] Die Schwelle zu einem pathologischen Wahn ist vor allem dann überschritten, wenn der Betroffene von seinen Wahnideen regelrecht beherrscht wird.[259] Als Kriterien eines Wahns können insbesondere aufgeführt werden, dass eine persönlich gültige, private (isolierende) und starre (Wirklichkeits)Überzeugung von der eigenen Lebenswirklichkeit besteht, welche sich auf eine verrückte Beziehung des veränderten Selbsts zu Dritten und der Außenwelt an sich bezieht.[260]

---

255 Vgl. *Wetterling*, Freier Wille, S. 181 f.
256 So das LG München II, BeckRS 2013, 9215 i.H.a. eine Affektdominanz.
257 Im Gegensatz zu den formalen Denkstörungen, welche sich auf den Ablauf des Denkens beziehen, vgl. *Wetterling*, Freier Wille, S. 176 f.; *ders.*, ErbR 2010, 345 (348); *Cording*, Fortschr Neurol Psychiat 2004, 147 (151).
258 Eine einheitliche Begriffsbestimmung existiert auch in der Fachliteratur nicht. Siehe ausführlich *Wetterling*, Freier Wille, S. 177–179; eingehend zur Definition von Wahn auch *Cording*, in: Lammel, Wahn und Schizophrenie, S. 165 (169 f.).
259 Vgl. BayObLGZ 2001, 289 (295).
260 Eingehend dazu *Scharfetter*, Allgemeine Psychopathologie, S. 212–214.

Es bestehen verschiedene Formen eines Wahns, wobei im hiesigen Zusammenhang vor allem die Form des Beeinträchtigungs- und Verfolgungswahns[261] sowie die des Wahns, bestohlen oder hintergangen zu werden relevant erscheinen.[262] Der Betroffene eines solchen Wahns zeigt typischerweise nicht nachvollziehbare stark misstrauische Reaktionen und unterliegt nicht mehr objektiv normalen Motiven, da er unter einer schwerwiegenden Verkennung der Realität leidet.[263] Ebenso kennzeichnend sind eine starke Einengung des Bewusstseins, eine gedankliche Fixierung sowie ein weiterer Ausbau des Wahnthemas.[264]

Ein Wahn tritt insbesondere in Zusammenhang mit einem deliranten, demenziellen sowie depressiven Syndrom auf. Im höheren Lebensalter treten wahnhafte Realitätsverkennungen sehr häufig auf und werden oft weder von Ärzten oder Pflegepersonen noch von Notaren erkannt.[265] Zumeist werden als pathologische Störungen einzuordnende krankheitsbedingte Persönlichkeitsveränderungen von Dritten irrtümlich bagatellisiert und als „alterstypische Verbohrtheit" oder schlichte „Rigidität" aufgefasst.[266]

Im Zuge eines Wahns verbleibt der Betroffene häufig in seiner eigenen Welt und kann dadurch essentielle Informationen für die Willensbestimmung – wie etwa wer überhaupt als Erbe beziehungsweise Begünstigter in Betracht kommt – weder aufnehmen noch reflektieren.[267] Ferner können wahnhafte Personenverkennungen eintreten.[268] Seitens des Betroffenen besteht oftmals eine starke Einschränkung der freien Willensbildung, wodurch alternative Handlungswege erst gar nicht in Erwägung gezogen werden[269], sowie ein Verlust der

---

261 Siehe dazu BayObLGZ 1999, 205; BayObLGZ 2004, 237; OLG Frankfurt a.M., NJW-RR 2006, 450.
262 Dazu *Scharfetter*, Allgemeine Psychopathologie, S. 214; *Wetterling*, ErbR 2018, 10 (11).
263 Vgl. etwa *Scharfetter*, Allgemeine Psychopathologie, S. 221 f. Zur Bejahung der Testierfähigkeit trotz eines Wahns BayObLGZ 1991, 59; BayObLG, ZEV 2002, 234.
264 Vgl. BayObLGZ 2001, 289 (295).
265 *Cording*, Fortschr Neurol Psychiat 2004, 147 (151); eingehend dazu *Adler*, Paranoide Störungen im höheren Lebensalter, S. 4 ff. Zu dem Problem, dass vielen psychiatrisch nicht geschulten Personen die krankhaften Störungen zumeist unbekannt bleiben, bereits BayObLGZ 1962, 219 (223). Speziell zu den Auswirkungen auf die Geschäfts- und Testierfähigkeit siehe *Wetterling*, ErbR 2018, 10 (10–13).
266 Vgl. *Cording*, Fortschr Neurol Psychiat 2004, 147 (151).
267 Vgl. *Wetterling*, ErbR 2018, 10 (11).
268 *Wetterling*, ErbR 2018, 10 (11).
269 Vgl. OLG Celle, NJW-RR 2003, 1093 (1095).

Kritik- und Urteilsfähigkeit.[270] Ein unter einem Wahn leidender Betroffener kann sich von einem sich scheinbar verständig zeigenden Dritten verstanden fühlen, was den Dritten als einzigen Vertrauenswürdigen in den Augen des Betroffenen erscheinen lässt und eine Drittbeeinflussbarkeit steigert.[271]

2.2.2. Situationsbedingte Drittbeeinflussbarkeit

Unabhängig von den obigen krankheitsbedingten Ursachen für eine Drittbeeinflussbarkeit, können sich aufgrund besonderer situativer Umstände ebenso Gründe für eine erhöhte Drittbeeinflussbarkeit ergeben. Deren Ursachen sind mehr in sozialen sowie psychologischen Faktoren zu finden[272] und können zum Teil Überschneidungen sowohl untereinander als auch mit den soeben beschriebenen Krankheitsbildern aufweisen[273]. Auch diese Umstände betreffen besonders häufig ältere Personen.

2.2.2.1. Soziale Abhängigkeit

Eine Fremdbeeinflussbarkeit kann dadurch geschaffen oder verstärkt werden, indem der Betroffene auf die Unterstützung seitens Dritter angewiesen ist. Die Gründe für eine solche Hilfsbedürftigkeit sind mannigfach. Im Zusammenhang mit älteren Menschen drängen sich freilich körperliche Erkrankungen respektive Schwächen auf. Insbesondere kann eine Pflegebedürftigkeit älterer Menschen erhebliche Abhängigkeitsgefüge schaffen.[274] Doch ebenso können unsichtbare Barrieren, wie etwa ein (funktionaler) Analphabetismus, eine Abhängigkeitslage herbeiführen. Aufgrund der Furcht vor der (mittelbar) in Aussicht gestellten oder auch an sich stets möglichen Reduzierung oder Beendigung von Hilfeleistungen, kann sich der Betroffene regelrecht gezwungen fühlen, die wohlwollende Gesinnung seines Umfeldes sicherzustellen.[275]

---

270 Vgl. *Cording/Roth*, NJW 2015, 26 (28).
271 Vgl. *Wetterling*, Freier Wille, S. 204; ähnlich *Peisah et al.*, International Psychogeriatrics 2009, S. 7 (10, 12).
272 Vgl. zum Folgenden insb. *Wetterling*, ErbR 2015, 544 (546).
273 Wobei eine Kumulation krankheitsbedingter sowie situationsbedingter Drittbeeinflussbarkeitsfaktoren freilich denkbar und bei älteren Erblassern zudem höchst wahrscheinlich ist.
274 Vgl. dazu *Röthel*, ErbR 2014, 357.
275 Vgl. auch *Habermeyer*, in: Kröber, HdB der Forensischen Psychiatrie, S. 51 (82), welcher i.H.a. die Angst vor einer Überstellung ins Altenheim treffend von einem Handeln „aus vorauseilendem Gehorsam und Willensschwäche" spricht. Zu dem Ganzen auch *Peisah et al.*, International Psychogeriatrics 2009, S. 7 (11 f.).

2.2.2.2. Soziale Isolation

Weiter kann durch die Isolation von Informationen sowie persönlichen Kontakten im Ergebnis eine Suggestibilität erzeugt werden. Umstände, welche eine Isolation bedingen, können sich sowohl aus der Sphäre des Betroffenen sowie aus der eines Dritten ergeben.[276] So kann beispielsweise eine Bettlägerigkeit des Betroffenen oder dessen weit entfernt wohnender Verwandtenkreis dazu führen, dass das soziale Umfeld stark eingeschränkt ist. Auch kann das Umfeld älterer Menschen von vornherein auf wenige Menschen beschränkt sein, wenn deren Eltern, Ehepartner und Geschwister vorverstorben sind sowie deren Abkömmlinge wiederum bereits eigene Familien und Kinder versorgen müssen. Ebenso kann eine dritte, unter Umständen am alleinigen Nachlass interessierte Person ein faktisches Besuchsverbot anderer potenzieller Begünstigter durchsetzen oder Ähnliches mit selber Wirkung herbeiführen und hierdurch eine Isolation von Informationen und sozialen Kontakten steuern.

Eine umfassende Informationsgrundlage bildet einen wesentlichen Aspekt für eine selbstbestimmte Willensbestimmung.[277] Nur hierdurch ist der Betroffene fähig, bei Bedarf Umstände zu hinterfragen. Darüber hinaus stellen persönliche Kontakte in der Regel eine elementare Bedingung für das psychische Wohlbefinden eines Menschen dar. Von dieser Eigenschaft abgesehen, sind persönliche Kontakte meist auch Informationstransmitter. Schließlich bestimmt auch das Maß und die Intensität der sozialen Kontakte, welche Personen wie stark im Bewusstsein des Betroffenen repräsentiert und dadurch bei der Nachlassplanung mit in die Erwägungen einbezogen werden. Ein für den Betroffenen erheblich eingeschränkter Lebensraum erhöht zusätzlich die Gefahr, dass er sich den Einflüssen der seine Versorgung sicherstellenden Personen unkritisch unterwirft.[278]

2.2.2.3. Familiäre Drucksituationen

Familiäre Drucksituationen im Zusammenhang mit der Nachlassplanung besitzen wohl unstreitig das Potenzial, zu hoch emotionalen Ausnahmesituationen zu führen, in deren Rahmen sich der Erblasser besonderer Bedrängnis ausgesetzt sehen kann.

---

276 Vgl. dazu und zum Folgenden auch *Wetterling*, ErbR 2017, 125 (126), welcher zudem die Einweisung in ein Altenheim anspricht, um den Erblasser für andere potenzielle Erben schwer(er) erreichbar zu machen.
277 Siehe dazu oben Kap. II. 2.1.2.1.
278 Dazu auch *Habermeyer*, in: Kröber, HdB der Forensischen Psychiatrie, S. 51 (82).

Im familiären Kontext können die tatsächlichen Gegebenheiten für eine Entscheidungsfreiheit fehlen und „die formelle Freiheit sich zur materiellen Unfreiheit gewandelt" haben. Denn insofern stehen sich die Familienmitglieder häufig nicht als selbstbestimmte Individuen in einem neutralen Umfeld gegenüber, sondern sind in einer höchstpersönlichen Beziehung verbunden, welche zwar auf der einen Seite von Loyalität, Dankbarkeit, Vertrauen sowie Liebe, auf der anderen Seite jedoch ebenso von Illoyalität, Abhängigkeiten, Vorwürfen und Angst geprägt sein kann. Diese aufgezählten Faktoren sind freilich auch außerhalb einer tatbestandlichen Täuschung oder Drohung imstande, eine Störung der tatsächlichen Entscheidungsfreiheit zu bewirken.[279] Entscheidender Punkt dabei ist, dass es aufgrund einer emotionalen Verbundenheit beziehungsweise eines Vertrauens- oder Autoritätsverhältnisses im Kontext mit familiären Beziehungen häufig zu einem Hervorrufen oder Verstärken von Widerstands- oder Rationalitätsdefiziten kommt.[280] Abhängig von den jeweiligen Umständen können familiäre Beziehungen insofern als „ambivalente" Beziehungen angesehen werden, welche zumal infolge Überforderung auch in ungute Machtverhältnisse „umkippen" können.[281]
Ebenso etwa in Streitkonstellationen zwischen Dritten könnte sich der Erblasser gegebenenfalls genötigt sehen, sich für die Seite einer der Streitparteien zu entscheiden, was wiederum eine soziale Abhängigkeit[282] oder eine Isolation[283] in der Zukunftsvision des Erblassers drohen lassen könnte.[284]

---

279 Zum Ganzen *Dutta*, Warum Erbrecht?, S. 326.
280 Siehe dazu ausführlich unten Kap. III. 6.3.3.1.
281 Vgl. *Röthel/Lemmerz*, in: Gebauer et al., Alternde Gesellschaften, S. 3 (25) hins. der Organisation des Erwachsenenschutzes sowie der dahingehenden Aufgabenwahrnehmung durch den Staat und/oder die Familie (dort auch ausführlich zum Gegenstand sowie derzeitigem Stand des Erwachsenenschutzrechts, welches den (altersbedingt) verletzlichen Erwachsenen und insb. dessen Autonomieschutz thematisiert). Weiterführend zu den Spannungen in Familienbeziehungen resp. der Ambivalenz als nicht zu vereinbarende Widersprüche in Beziehungen siehe *Röthel*, in: dies., Verträge in der Unternehmerfamilie, S. 9 (insb. 33). Gerade das Eltern-Kind-Verhältnis ist von Asymmetrie geprägt: Kinder sind in ihrem ersten Lebensabschnitt von ihren Eltern abhängig und im letzten Abschnitt dreht sich dieses Verhältnis häufig um, *Bumke/Roggon*, in: Röthel, Verträge in der Unternehmerfamilie, S. 255 (260) m.w.N. Ferner sei die Eltern-Kind-Beziehung eine besondere, da von Ambivalenzen geprägte, grundsätzlich auf lebenslange Dauer angelegte Verbindung, *Bumke/Roggon*, in: Röthel, Verträge in der Unternehmerfamilie, S. 255 (288).
282 Dazu bereits oben Kap. II. 2.2.2.2.1.
283 Dazu bereits oben Kap. II. 2.2.2.2.2.
284 Zur Gefahr von Drittbeeinflussungen i.R. von Familienkonflikten auch *Peisah et al.*, International Psychogeriatrics 2009, S. 7 (10).

2.2.2.4. Pseudofamiliäre Beziehungskonstellationen

Eine erhöhte Fremdbeeinflussbarkeit kann auch häufig in sogenannten pseudofamiliären Beziehungskonstellationen festgestellt werden, zu deren Herstellung viele ältere und vor allem allein lebende Betroffene neigen.[285] Im Zuge einer oftmals verstärkten emotionalen Ansprechbarkeit und der subjektiven Aussicht, soziale Zuwendungen sowie Unterstützung zu erhalten, kommt es häufig zu einer schnellen Verringerung der sozialen Distanz sowohl gegenüber Pflegepersonen als auch Fremden. Folgen hieraus können wiederum eine soziale Abhängigkeit sowie Isolation beziehungsweise die Furcht vor dem Eintritt letzterer sein.

Da es im hiesigen Kontext allein auf das subjektiv-emotionale Empfinden des Erblassers bezüglich der personalen Verbindung und gerade nicht auf ein aus rechtlicher Sicht bestehendes Verwandtschaftsverhältnis ankommt, gelten die obigen Aspekte zu den familiären Beziehungen im Falle einer vergleichbaren Intensität der Nähebeziehung analog.

2.2.2.5. Extremsituationen in Todesnähe

Auch können Extremsituationen in Todesnähe die Zugänglichkeit des Betroffenen für Drittbeeinflussungen erheblich steigern. Dabei spielen nicht nur etwaige Gefühle von Schmerz, Angst und Einsamkeit eine Rolle, sondern auch religiöse und subjektive Vorstellungen des eigenen Schicksals nach dem Tod. In Todesnähe befinde sich der Mensch in einer einzigartigen, fast immer erstmals erlebten Lage. Angesichts seines eigenen nahen Todes könne kein Mensch noch über Vermögen in derselben Weise entscheiden wie in gesunden Tagen er stehe unter innerem Druck, insbesondere unterliege er oft heischenden Einwirkungen auf seine Willensfreiheit.[286] Nicht selten werden etwa Testamente

---

285 Vgl. dazu *Habermeyer*, in: Kröber, HdB der Forensischen Psychiatrie, S. 51 (81); *Wetterling*, ErbR 2017, 125 (127).
286 Vgl. zum Ganzen *Aden*, ZRP 2011, 83 f., welcher sich hierbei u.a. auf die Worte von *Kleist* (Prinz Friedrich v. Homburg, V. Akt, 10. Auftritt) bezieht: „So geht mir dämmernd alles Leben unter; jetzt unterscheid ich Farben noch und Formen, und jetzt liegt Nebel alles unter mir." Im Ergebnis schlägt *Aden* vor, dass das todesnahe Testament bzw. ein Testament in unmittelbarer Todesnähe allein als notarielles gültig sein soll. Der todesnahe Testator, oft durch Alter und/oder Krankheit geschwächt, sei heischenden Zudringlichkeiten nicht minder ausgeliefert als der Verbraucher oder Heimbewohner. Durch Errichtung eines entsprechenden Testaments könne er dem Druck ausweichen. Aber der Tod mache endgültig, was vielleicht so nicht gemeint war. Im Ergebnis solle die Willensbildungsfreiheit des todesnahen Testators aus vergleichbaren Gründen ähnlich geschützt werden wie die des Verbrauchers oder des Heimbewohners, sodass diesem Testator ebenso ein

auf der Intensivstation kurz vor dem Tode des Erblassers errichtet. Dabei liegt häufig noch keine (nachweisbare) krankhafte Störung der Gehirnfunktionen vor, allerdings trifft der Testierende auch in dieser Situation unter Umständen seine Entscheidung nicht selbstbestimmt, sondern lässt sich in aufgebrachtem Gemütszustand aus Angst oder falschen Versprechungen dazu hinreißen, kurzfristig letztwillige Verfügungen zu treffen.

2.2.2.6. *Anwesenheit und Organisation Dritter bei der Testamentserrichtung*

Schließlich kommt es im Rahmen einer Testamentserrichtung regelmäßig vor, dass der Erblasser nicht der Einzige im Raum ist, sondern Begünstigte und demnach Interessierte auch zugegen sind. Sofern der Erblasser nicht ein abgeschiedenes, alleiniges Testieren realisieren konnte, wird er von einer Person umgeben sein. Bei der ungeplanten und durch ein plötzliches Ereignis bedingten Testamentserrichtung, wie etwa im Zuge eines Krankenhausaufenthaltes, ergibt sich zumeist die Anwesenheit von den dem Erblasser nahestehenden Personen. Ferner werden Erblasser in der Regel und nicht zuletzt umständehalber bei einem Notartermin von Dritten begleitet.[287] Diese Notartermine sind auch nicht selten Resultate von Seiten Dritter durchgeführter oder sogar initiierter Organisation. Den Notaren werden oftmals zur Terminsvorbereitung vorformulierte Verfügungen zugesendet respektive findet eine Vorbesprechung des Verfügungsinhaltes ohne den Erblasser statt und im Zuge des Beurkundungstermins darf letzterer dann (nur noch) den verlesenen Inhalt „abnicken".[288] Ein

---

Ausweichverhalten mit Unwirksamkeitsfolge zuzugestehen sei. Dabei solle (bis zur von *Aden* vorgeschlagenen Gesetzesanpassung) bereits *de lege lata* § 2247 IV BGB analog herangezogen werden, weil die Lage des Minderjährigen, welcher die volle Entscheidungsfreiheit *noch nicht* habe, und die des todesnahen Testators, welcher sie *nicht mehr* habe, gleich sei. Dieser Ansatz ist grds. zu begrüßen, wenngleich auch das notarielle Testament keinen ausreichenden Schutzmechanismus bieten kann, siehe dazu unten Kap. III. 3.2.2. Ebenso vor durch psychologische Faktoren erhöhter Drittbeeinflussbarkeit bei Testamenten auf dem Sterbebett warnend *Peisah et al.*, International Psychogeriatrics 2009, S. 7 (11).

287 Zum Schutzmechanismus der notariellen Beurkundung siehe unten Kap. III. 3.2.
288 Zu dieser etwas zugespitzten Formulierung und der Gefährdungssituation durch die Anwesenheit des „Täters" bei der Testamentserrichtung vgl. insb. *Wetterling*, ErbR 2017, 125 (127). Der beurkundende Notar soll an sich auf derartige potenzielle Drucksituationen achten und schützend reagieren, indem er Dritte im Verdachtsfall bittet, den Raum zu verlassen. Ferner soll der Notar darauf achten, dass ebenso nicht von ihm willensverfälschende Impulse ausgesendet werden. Vgl. dazu die

Abweichen von den zuvor „abgemachten" Regelungen beziehungsweise ein für die Anwesenden mittelbar benachteiligendes Verfügen, könnte für den Erblasser wegen des sozialen Drucks faktisch ausgeschlossen sein.

Kurz zu konstatieren ist also, dass die Anwesenheit von Dritten, grundsätzlich unabhängig von der jeweiligen Form der Testamentserrichtung, einen zumindest mittelbaren Druck auf den Testierenden insofern ausüben kann, als er sich verpflichtet fühlt, den Vorstellungen der Anwesenden entsprechend zu verfügen. Diese Überlegungen gelten analog, soweit ein Dritter die Testamentserrichtung vorbereitet oder sogar initiiert hat.

2.2.3. *Steigende Beeinflussungsgefahren im Zuge des demographischen Wandels*

Demographiebedingte Tendenzen verdeutlichen nicht nur die praktische Relevanz der Beeinflussbarkeit von Erblassern in hohem Alter, sondern verleihen der Thematik vor allem für die Zukunft zunehmende Bedeutung. Einigkeit besteht insofern, dass durch den demographischen Wandel die Gefahren für die Selbstbestimmung steigen.[289]

Bereits die steigende Zahl älterer Menschen führt zwangsläufig zu einer höheren Anzahl der Menschen, welche von Alterskrankheiten betroffen sind. Die Lebenserwartung in Deutschland konnte sich aufgrund von glücklichen Fortschritten in den unterschiedlichsten Bereichen auf circa 80 Jahre steigern.[290] Gleichzeitig sinken die jährlichen

---

sehr praxisnahen Ausführungen von *Huber/Schmieder/Dengler*, BWNotZ 2012, 150 (153 f.).

289 Vgl. etwa *Cording*, Fortschr Neurol Psychiat 2004, 147; *Röthel*, in: Schmoeckel, Das holographische Testament, S. 33 (50) spricht von für Machtmissbrauch anfälligen Testiersituationen, welche durch den demographischen Wandel begünstigt werden. So auch bereits *dies.*, Gutachten 68. DJT, A 16 f., 82 f.; *dies.*, AcP 210 (2010), 32 (55 ff.), *dies.*, ErbR 2014, 357. Ebenso etwa *Peisah et al.*, International Psychogeriatrics 2009, S. 7.

290 Demographie-Portal, Lebenserwartung (abrufbar unter: *www.demografie-portal. de/DE/Fakten/lebenserwartung.html?nn=676848*, zuletzt abgerufen am 01.01.2021). Hierbei handelt es sich um einen Mittelwert zwischen Männern und Frauen. Somit konnte sich die Lebenserwartung Neugeborener seit 1900 (ca. 46 Jahre) beinahe verdoppeln, wenngleich sich solche Zahlen relativieren, sofern aufgrund der um 1900 erheblich höheren Säuglings- und Kindersterblichkeit auf die Lebenserwartung der 25-Jährigen abgestellt wird. Bei einem solchen Vorgehen kam *Otte*, AcP 202 (2002), 317 (336 f.) dennoch zu einer um den Mittelwert von etwa 17 Jahren gestiegenen Lebenserwartung. Dazu auch *Röthel/Lemmerz*, in: Gebauer et al.,

Geburtenzahlen.[291] Dies führt dazu, dass ältere Menschen einen immer größeren Teil der Bevölkerung darstellen. Dabei ist die Zahl der über 65-Jährigen seit dem Jahr 1991 von 12 Millionen auf 18 Millionen im Jahr 2019 gestiegen, sodass bereits jetzt deutlich mehr Menschen im Alter von über 65 Jahren in Deutschland leben als noch vor einigen Jahren. Die Anzahl der hochbetagten Menschen über 85 Jahren hat sich seit dem Jahr 1991 sogar von 1,2 Millionen auf 2,4 Millionen verdoppelt.[292]

Auch mit Blick auf die Zukunft ist aufgrund der zurückgegangenen Geburtenrate und einer konstant steigenden Lebenserwartung mit einer immer weiter zunehmenden Zahl älterer Menschen zu rechnen.[293] Nach aktuellen Prognosen ist davon auszugehen, dass der Anteil der über 65-Jährigen im Jahr 2060 30 % der Bevölkerung ausmachen wird und der Anteil der über 80-Jährigen bis zum Jahr 2060 auf 11 % ansteigen wird. Rund jeder achte Deutsche wäre dann 80 Jahre und älter.[294]

Zur steigenden Gefahr von Drittbeeinflussungen bei Erblasserentscheidungen trägt nicht nur die zunehmende Zahl an älteren und damit weniger widerstandsfähigen Menschen bei, sondern auch die steigende Lebenserwartung.[295] Denn je älter der Erblasser ist, umso höher ist auch das Risiko, dass er sich aufgrund gesundheitlicher oder sozialer Umständen weniger widerstandfähig

---

Alternde Gesellschaften, S. 3 (20); *Röthel*, Gutachten 68. DJT, A 16. Umfassend zum Phänomen der „demographischen Alterung" *Dinkel*, in: Baltes et al., Alter und Altern, S. 62.

291 Mit einem Wert von 1,57 Kindern je Frau im Jahr 2018 ist die Geburtenziffer in Deutschland weit vom Bestandserhaltungsniveau von 2,1 Kindern je Frau entfernt, Demographie-Portal, Zusammengefasste Geburtenziffer (abrufbar unter: *www.demografie-portal.de/DE/Fakten/zusammengefasste-geburtenziffer.html?nn=676 848*, zuletzt abgerufen am 01.01.2021).

292 Zum Ganzen Statistisches Bundesamt, Ältere Menschen - Die Bevölkerungsgruppe der älteren Menschen ab 65 Jahren (abrufbar unter: *www.destatis.de/DE/Themen/Querschnitt/Demografischer-Wandel/Aeltere-Menschen/bevoelkerung-ab-65-j.html*, zuletzt abgerufen am 01.01.2021).

293 Eingehend dazu Statistisches Bundesamt, Demographischer Wandel (abrufbar unter: *www.destatis.de/DE/Themen/Querschnitt/Demografischer-Wandel/_inhalt.html*, zuletzt abgerufen am 01.01.2021).

294 Demographie-Portal, Ältere Bevölkerung (abrufbar unter: *www.demografie-portal.de/DE/Fakten/aeltere-bevoelkerung.html?nn=676784*, zuletzt abgerufen am 01.01.2021); siehe zum Ganzen auch *Frieser*, ErbR 2020, 309.

295 Zum Ganzen *Röthel*, Gutachten 68. DJT, A 16 f.; *Frieser*, ErbR 2020, 309 (309 f.); vgl. auch *Lichtenwimmer*, MittBayNot 2002, 240.

gegen Drittbeeinflussungen zeigt.²⁹⁶ Im Hinblick auf gesundheitliche Beeinträchtigungen wird geschätzt, dass es im Jahr 2050 etwa 2,8 Millionen Demenzkranke in Deutschland geben könnte,²⁹⁷ während die Zahl der Demenzkranken im Jahr 2020 bei 1,6 Millionen und im Jahr 2000 noch bei circa einer Million lag. Das Risiko, an Demenz zu erkranken, steigt dabei exponentiell zum Alter des Patienten an: während 2 % der 65- bis 69-Jährigen an Demenz erkrankt sind, sind es bei den über 90-Jährigen und Älteren über 30 %.²⁹⁸ Demnach wird etwa jeder dritte Deutsche, der 90 Jahre oder älter wird, an Demenz erkranken.

Auch in sozialer Hinsicht existieren empirische Daten, die für eine höhere Anfälligkeit älterer Menschen für Drittbeeinflussung sprechen. Dies zeigt sich insbesondere an der Gefahr der sozialen Isolation²⁹⁹ älterer Menschen. So leben im hohen Lebensalter viele Menschen allein, das heißt ohne weitere Personen im Haushalt. Ferner kommt ein Zusammenleben mit anderen Personen als dem eigenen Partner, etwa mit Kindern oder anderen Angehörigen sehr selten vor: 2019 traf dies lediglich auf 4 % der älteren Menschen über 85 Jahren zu. Unter den hochbetagten Menschen ab 85 Jahren lebten 2019 73 % der Frauen und 34 % der Männer allein.³⁰⁰ Neben einer isolierten Lebensform entstehen Gefahren für autonome Erblasserentscheidungen durch Abhängigkeitslagen³⁰¹ aufgrund steigender Pflegebedürftigkeit alternder Erblasser.³⁰²

---

296 Siehe dazu etwa *Röthel*, Gutachten 68. DJT, A 16 f.; *Frieser*, ErbR 2020, 309 (310).
297 Pressemitteilung des Bundesministeriums für Gesundheit v. 23.09.2020 (abrufbar unter: *www.bundesgesundheitsministerium.de/presse/pressemitteilungen/2020/3-quartal/nationale-demenzstrategie.html*, zuletzt abgerufen am 01.01.2021).
298 Zum Ganzen *Weyerer*, in: Heft 28 aus der Reihe "Gesundheitsberichterstattung des Bundes"; *Röthel*, Gutachten 68. DJT, A 17 jew. m.w.N.; das Bundesministerium für Bildung und Forschung geht sogar von 3 Millionen Demenzkranken im Jahr 2050 aus, Bundesministerium für Bildung und Forschung, 3 Millionen Deutsche könnten im Jahr 2050 an Demenz leiden (abrufbar unter: *www.bmbf.de/de/3-millio nen-deutsche-koennten-im-jahr-2050-an-demenz-leiden-4826.html*, zuletzt abgerufen am 01.01.2021); siehe auch *Zimmermann*, BWNotZ 2000, 97.
299 Dazu bereits oben Kap. II. 2.2.2.2.
300 Zum Ganzen Statistisches Bundesamt, Lebensformen älterer Menschen (abrufbar unter: *www.destatis.de/DE/Themen/Querschnitt/Demografischer-Wandel/Aeltere-Menschen/lebensformen.html*, zuletzt abgerufen am 01.01.2021); siehe auch *Frieser*, ErbR 2020, 309 (310).
301 Dazu bereits oben Kap. II. 2.2.2.1.
302 Diese Gefährdungssituationen alternder Erblasser auch betonend *Röthel*, Gutachten 68. DJT, A 82 f. Im Dezember 2019 waren 4,1 Millionen Menschen in Deutschland pflegebedürftig i.S. des Pflegeversicherungsgesetzes (SGB XI). 80 % der Pflegebedürftigen waren 65 Jahre und älter; 85 Jahre und älter waren

Der demographische Wandel hat darüber hinaus auch Einfluss auf das Testierverhalten.[303] Zwar liegen empirischen Untersuchungen zufolge nur in 30 % der Erbfälle überhaupt letztwillige Verfügungen vor,[304] allerdings haben nach einer Studie der deutschen Bank AG 58 % der über 65-Jährigen bereits ein Testament verfasst.[305] Demnach wird in Fällen, in denen der Erblasser in höherem Alter ist, unabhängig von der geringen Gesamttestierhäufigkeit, in der überwiegenden Zahl der Fälle eine letztwillige Verfügung vorliegen. Dies bedeutet gleichzeitig, dass es sich bei einer Vielzahl der letztwilligen Verfügungen um Verfügungen handelt, die in deutlich fortgeschrittenem Alter verfasst wurden. Empirischen Untersuchungen zufolge ist zudem davon auszugehen, dass die Hälfte aller Erblasser erstmals oder nochmals mit über 70 Jahren verfügt und sich 20 % sogar erst nach Vollendung des 80. Lebensjahrs erstmals mit der Nachlassplanung auseinander setzen.[306] Je höher die allgemeine Lebenserwartung wird, umso weiter werden viele Erblasser das Testieren hinauszögern, fest in dem Glauben, dazu noch zu einem späteren Zeitpunkt Gelegenheit zu haben. Gerade im höheren Alter steigt allerdings die Gefahr, dass der Erblasser entweder aufgrund gesundheitlicher oder situativer Umstände nicht in der Lage ist, sich etwaigen willensverfälschenden Drittbeeinflussungen zu entziehen.

Demnach steht fest, dass die steigende Zahl älterer Menschen sowie die steigende Lebenserwartung dazu beitragen, die Gefahr drittbeeinflusster und nicht mehr autonomer Erblasserentscheidungen zu erhöhen. Denn die demographischen Tendenzen beeinflussen nicht nur das Testierverhalten vieler Erblasser und damit den Zeitpunkt des Testierens, sondern zugleich deren gesundheitsbedingten sowie situationsbedingten Zustand im Zeitpunkt der Testierentscheidung. Mit der fortschreitenden (Ver)Alterung der Gesellschaft in Deutschland geht mithin einher, dass die tatsächliche Autonomie einer

---

34 % (Statistisches Bundesamt, Pflegestatistik 2019 vom 15.12.2020, S. 9, abrufbar unter: *www.destatis.de/DE/Themen/Gesellschaft-Umwelt/Gesundheit/Pflege/Publikationen/Downloads-Pflege/pflege-deutschlandergebnisse-5224001199004.pdf?__blob=publicationFile*, zuletzt abgerufen am 01.01.2021).

303 *Röthel*, Gutachten 68. DJT, A 16 f.; *Frieser*, ErbR 2020, 309 mit Fn. 14.
304 Statt vieler *Leipold*, AcP 180 (1980), 160 (193 f.); *Muscheler*, Erbrecht, Bd. I, Rn. 286, der allerdings bereits in 40 % der Fälle letztwillige Verfügungen vermutet, jew. m.w.N.
305 Deutsche Bank, Erben und Vererben, S. 43 (abrufbar unter: *www.deutsche-bank.de/dam/deutschebank/de/shared/pdf/Studie_final.pdf*, zuletzt abgerufen am 01.01.2021); ebenso *Frieser*, ErbR 2020, 309 mit Fn. 14.
306 Zum Ganzen *Röthel*, Gutachten 68. DJT, A 17; *Frieser*, ErbR 2020, 309 (310) jew. m.w.N.

Erblasserentscheidung verstärkt in den Mittelpunkt gerückt werden muss und deren Schutz eines neuen sowie höheren Stellenwerts bedarf. Anders formuliert: Es bedarf in dem weiten Kontext des Erwachsenenschutzrechts[307] dringend einer verstärkten Fokussierung auf den Bereich des „Erblasserautonomieschutzes".

---

307 Ausführlich zum Gegenstand sowie derzeitigem Stand des Erwachsenenschutzrechts, welches den (altersbedingt) verletzlichen Erwachsenen und insb. dessen Autonomieschutz thematisiert, *Röthel/Lemmerz*, in: Gebauer et al., Alternde Gesellschaften, S. 3. Die Wahrnehmung des verletzlichen Erblassers im Erbrecht stehe im Vergleich hierzu bisher erst an ihrem Anfang (S. 21). Allg. zum in Deutschland bislang nicht etablierten Rechtsgebiet des „Altenrechts" *Spickhoff*, AcP 208 (2008), 345 (347); *Ganner*, Selbstbestimmung, S. 19 f.

Kapitel III. Existenz und Wirksamkeit materiell-rechtlicher Schutzmechanismen

An sich existieren bereits nach aktueller Gesetzeslage materiell-rechtliche Schutzmechanismen, welche den Schutz des Erblassers vor unzulässiger Drittbeeinflussung bei der Entscheidungsfindung sicherstellen sollen. Diese sind in ihrer derzeitigen Fassung sowie Anwendung allerdings nicht geeignet, ein nach hier vertretener Auffassung erforderliches erhöhtes Schutzniveau effektiv zu gewährleisten im Hinblick auf die Gefährdung der Autonomie des wegen Widerstands- oder Rationalitätsdefiziten willensgeschwächten und für Suggestionen sensitiven, zumeist älteren Erblassers vor drittbeeinflussendem Drittverhalten, mit dem Ziel, sich besondere erbrechtliche Vermögensvorteile zu verschaffen.

Dabei konzentriert sich die nachfolgende Untersuchung schwerpunktmäßig auf solche Schutzmechanismen, die speziell darauf abzielen, einer nicht selbstbestimmt zustande gekommenen letztwilligen Verfügung die Wirksamkeit zu versagen. Nicht Gegenstand dieser Untersuchung bilden etwaige bereits zu Lebzeiten (weit) im Voraus konstruierbaren Schutzmechanismen, beispielsweise in Form der vorauseilenden Selbstbindung des Erblassers durch einen Erbvertrag oder ein gemeinschaftliches Testament, sowie die Einleitung eines Betreuungsverfahrens.[308] Diese mögen zwar dazu führen, dass der Erblasser nicht wirksam anderweitig testieren kann und damit reflexhaft Drittbeeinflussungen unter Umständen die Wirkung genommen wird. Allerdings sind sie nicht eigens dafür konzipiert, Drittbeeinflussungen im hiesigen Kontext thematisch zu begegnen.

1. Schutzmechanismus der Testierfähigkeit

Grundvoraussetzung einer jeden Testierentscheidung ist die Testierfähigkeit des Erblassers. Das Erfordernis der Testierfähigkeit dient zwar dem Schutz der Testierfreiheit, ist allerdings im Hinblick auf den Schutz der Autonomie einer Testierentscheidung im Zusammenhang mit Drittbeeinflussungen eines durch Widerstands- oder Rationalitätsdefizite willensgeschwächten und suggestiblen Erblassers aus mehreren Gründen ein nur unzureichendes Instrument.

---

308 Siehe dazu etwa *Frieser*, ErbR 2010, 370 (371 f.).

1.1. Grundlagen der Testierfähigkeit

Nach Obigem kann die Testierfreiheit als die erbrechtliche Konkretisierung des verfassungsrechtlichen Selbstbestimmungsprinzips angesehen werden.[309] Für die im hiesigen Kontext zu schützende Selbstbestimmtheit der Testierentscheidung ist zunächst entscheidend, dass der Erblasser überhaupt in der Lage ist, selbstbestimmt zu handeln. Denn so stellte auch das BVerfG fest: „Selbstbestimmung setzt Selbstbestimmungsfähigkeit voraus."[310] Dabei bezeichnet die Testierfähigkeit die Selbstbestimmungsfähigkeit dahingehend, ein Testament zu errichten, zu ändern oder aufzuheben[311],[312] Der Sinn und Zweck der Figur der Testierfähigkeit kann folglich nicht zuletzt auch in dem Schutz des Erblassers respektive seiner Testierfreiheit dahingehend gesehen werden, dass die frühere selbstbestimmt getroffene Entscheidung des Erblassers nicht durch eine spätere Testierentscheidung, welche nicht mehr von dessen freien Willen getragen ist, ausgewechselt wird. Denn es stellt eine tiefgreifende Beschneidung des Selbstbestimmungsrechts und somit der Testierfreiheit des Erblassers dar, sofern und soweit ursprüngliche von einer freien Willensbestimmung getragene Nachlassentscheidungen[313] aufgrund fehlerhafter späterer Erklärungen der Wirkungslosigkeit anheimfallen.[314]

---

309 Dazu bereits oben Kap. II. 1.1.1.
310 BVerfGE 99, 341 = NJW 1999, 1853 in Bezug auf die Testiermöglichkeiten Schreib- und Sprechunfähiger. Ausführlich zum Begriff der Selbstbestimmungsfähigkeit, *Ganner*, Selbstbestimmung, S. 235 ff.
311 Wegen der Widerrufswirkung der Rücknahme des Testaments aus der amtlichen Verwahrung gem. § 2256 I S. 1 BGB bedarf es hierfür auch der Testierfähigkeit. Besonders anschaulich ist dabei der seitens des OLG Hamburg (ZErb 2018, 280) entschiedene Fall, bei welchem die Erblasserin von dritter Seite u.a. „motiviert" wurde, ihr Testament beim Nachlassgericht zu holen. Als dann die Rechtspflegerin vor der Testamentsrückgabe alleine mit der Erblasserin und ohne ihre Begleitperson sprechen wollte, konnte die Erblasserin nicht einmal sagen, warum sie eigentlich im Gerichtsgebäude sei.
312 Vgl. BVerfGE 99, 341 = NJW 1999, 1853; OLG Frankfurt a.M., NJW-RR 1998, 870; Palandt/*Weidlich*, BGB, § 2229 Rn. 1.
313 Worunter gerade auch ein bewusstes Eintretenlassen der gesetzlichen Erbfolge fällt.
314 Zum Ganzen *Fries*, AcP 216 (2016), 421 (438) m.w.N., welcher zusätzlich darauf aufmerksam macht, dass eine solche Gefahr nicht nur von Dritten droht, sondern auch und v.a. von irrationalen Neuverfügungen des Erblassers selbst, i.S. eines Schutzes des früheren vor dem späteren Selbst (*earlier self/later self*).

1.1.1. Spezielle Ausprägung der Geschäftsfähigkeit auf dem Gebiet des Erbrechts

Die Testierfähigkeit ist eine spezielle Ausprägung der Geschäftsfähigkeit auf dem Gebiet des Erbrechts.[315] Vor allem durch die Regelung über die Testierunfähigkeit wird das verfassungsrechtliche Selbstbestimmungsprinzip einfachrechtlich für den Bereich des Erbrechts konkretisiert.[316] Insofern werden auch allein selbstbestimmte und selbstverantwortete Verfügungen von Todes wegen von der verfassungsrechtlichen Gewährleistung der Testierfreiheit als geschützt angesehen.[317]

Der im Rahmen der Testierfähigkeit maßgebliche Regelungsinhalt des § 2229 Abs. 4 BGB entspricht den zusammengefassten Nichtigkeitsgründen der §§ 104 Nr. 2, 105 Abs. 2 BGB.[318] Denn sowohl die Geschäftsunfähigkeit[319] wie auch

---

315 Vgl. BayObLG, FamRZ 2002, 62 (63); Burandt/Rojahn/*Lauck*, ErbR, BGB, § 2229 Rn. 2; Staudinger/*Baumann*, BGB, § 2229 Rn. 12. Bzw. auf dem Gebiet des Testamentsrechts, so MüKo/*Sticherling*, BGB, § 2229 Rn. 3. *Cording*, ZEV 2010, 115. *Cording/Roth*, NJW 2015, 26 (27) sprechen dagegen von einer Unterform der Geschäftsfähigkeit. OLG München, NJW-RR 2008, 164 (166); Palandt/*Weidlich*, BGB, § 2229 Rn. 1 verwenden die Bezeichnung „Unterfall". Gegen den Begriff „Unterfall" insb. *Busch*, ErbR 2014, 90 (91 f.).
316 Vgl. BVerfGE 99, 341 = NJW 1999, 1853 (1853 f.).
317 Vgl. BVerfGE 99, 341 = NJW 1999, 1853. Demnach ist es möglich, aus Art. 14 I S. 1 GG nicht allein die Gewährleistung der Testierfreiheit für die zur Selbstbestimmung Fähigen, sondern spiegelbildlich dazu einen gesetzlichen Schutzauftrag zur Begrenzung der Testierfähigkeit für die zur Selbstbestimmung Unfähigen resultieren zu lassen, vgl. *Fries*, AcP 216 (2016), 421 (438).
318 Vgl. BayObLG, NJW-RR 1996, 1289; *Leipold*, ErbR, § 10 Rn. 269; *Röthel*, ErbR, § 16 Rn. 5; *Zimmermann*, BWNotZ 2000, 97 (98). Die allg. Vorschriften der §§ 104 ff. BGB finden auch auf die Fragen zur Testierfähigkeit Anwendung, vgl. Staudinger/*Baumann*, BGB, § 2229 Rn. 10a. Siehe bzgl. der Parallelen zwischen Geschäfts- und Testierfähigkeit NK/*Baldus*, BGB, § 104 Rn. 18. Eine partielle Geschäftsunfähigkeit führt nicht zwingend zur Testierunfähigkeit, soweit der umgrenzte Gegenstandsbereich der Geschäftsunfähigkeit nicht auch für die Testamentserrichtung bedeutsam ist, vgl. *Cording*, Fortschr Neurol Psychiat 2004, 147 (148). Die Geschäfts- und Testierfähigkeit stimmen jedoch dahingehend überein, dass jede geschäftsfähige natürliche Person auch testierfähig ist und umgekehrt jede vollständig geschäftsunfähige natürliche Person testierunfähig ist, *Kappler*, NotBZ 2019, 161 (165).
319 Ausführlicher Überblick bzgl. den Abweichungen des Erbrechts von den allg. Geschäftsfähigkeitsgrundsätzen bei *Muscheler*, ErbR, Rn. 199 f.; eingehend zum Verhältnis zwischen der Testierfähigkeit und der allg. Geschäftsfähigkeit sowie zum Folgenden *Schmidt*, RabelsZ 76 (2012), 1022 (1023–1028).

die Testierunfähigkeit verlangen eine krankhafte Störung der Geistestätigkeit, welche eine freie Willensbestimmung ausschließt.[320] Bereits die Väter des BGB gingen davon aus, dass ein Geschäftsunfähiger nicht wirksam testieren kann, und verzichteten bewusst auf eine zusätzliche Regelung in § 2229 BGB.[321] Die derzeitige (etwas unglückliche[322]) Gesetzessituation in Form der Parallelbestimmungen mit unterschiedlichem Wortlaut ist historisch[323] bedingt und führt lediglich scheinbar zu unterschiedlichen sachlichen Anforderungen.

1.1.2. Testierfähigkeit als Fähigkeit zur freien Willensbestimmung

Der Zweck der Regelung des § 2229 Abs. 4 BGB ist es, Testamenten die rechtliche Geltung zu versagen, wenn diese nicht das Resultat einer freien und

---

320 Vgl. BayObLG, NJW-RR 1996, 1289 zur irrtümlichen – jedoch unschädlichen – Prüfung der Testierfähigkeit anstatt der Geschäftsfähigkeit. So auch die Sicht der Rechtsgutachter, vgl. insb. *Cording*, Fortschr Neurol Psychiat 2004, 147 (148); *ders.*, ZEV 2010, 115. Vgl. ferner *Losch*, ZErb 2017, 188 (189).
321 Vgl. *Mugdan*, Bd. V, S. 868 f.
322 *Lange/Kuchinke*, ErbR, S. 348 sprechen von „überflüssig und sogar missverständlich". *Baldus*, JRP 16 (2008), 23 (25) hält insofern eine Rekodifikation für sinnvoll und betont, dass die Testierfähigkeit denselben Regeln folgt wie die Fähigkeit etwa zum Abschluss eines Kaufvertrages. *Flume*, AT, Bd. II, S. 187 f. weist dagegen auf die besser geglückte Formulierung in § 2229 IV BGB hin. *Langelüddeke*, Gerichtliche Psychiatrie, S. 235 lobt die Anpassung des Wortlautes an den des § 51 StGB (a.F.).
323 Im Zuge der Ausgliederung der maßgeblichen erbrechtlichen Vorschriften aus dem BGB in das Gesetz über die Errichtung von Testamenten und Erbverträgen (TestG) vom 31.07.1938 (RGBl. I S. 973) wurde u.a. die Testierfähigkeit (§ 2 II TestG) darin abschließend normiert. Nach der amtlichen Begründung des TestG (JW 1938, 1254) sollte dadurch aber keine inhaltliche Änderung erfolgen, vgl. OGHBrZ Köln, NJW 1949, 544 (545); *Vogels/Seybold*, TestG, § 2 Rn. 5. Bei der Wiedereingliederung des TestG durch das Gesetz zur Wiederherstellung der Gesetzeseinheit auf dem Gebiete des Bürgerlichen Rechts vom 05.03.1953 (BGBl. I 33) hat sich der Gesetzgeber entschieden, § 2 II TestG mit geringfügigen sprachlichen, jedoch ohne sachliche Änderungen in § 2229 IV BGB einzugliedern, vgl. *Hedemann*, JR 1953, 117 (117 f.), welcher seinen Unmut über die „fast mechanisch im bloßen Wege der Umnummerierung der Paragraphen" erfolgte Wiedereinverleibung der zuvor in Nebengesetze abgewanderten Sondermaterie deutlich kundtut und eine schöpferische Leistung in Form von materiellen Verbesserungen seitens des Gesetzgebers vermisst.

willentlichen Erblasserentscheidung sind.[324] Nur wenn der Testierende bei der Testamentserrichtung in der Lage ist, die Bedeutung der von ihm abgegebenen Willenserklärung einzusehen sowie nach dieser Einsicht zu handeln, kann von der Fähigkeit gesprochen werden, die Testierfreiheit auch tatsächlich wahrzunehmen.[325] Das BVerfG spricht insofern auch von der „erbrechtlichen Selbstbestimmungsfähigkeit".[326] Wie sonst auch in anderen Bereichen der Privatautonomie wird einem Rechtsgeschäft dann keine Wirksamkeit von der Rechtsordnung zuerkannt, wenn selbiges nicht von einer freien Willensbestimmung getragen wird.[327]

Das Gesetz verlangt für die Testierfähigkeit eine geistige Mindestreife sowie eine dadurch bedingte Urteilsfähigkeit des Erblassers.[328] Dennoch wird an keiner Stelle des Gesetzes die Testierfähigkeit positiv definiert. Die Vorschrift des § 2229 BGB erklärt in einer Gesamtschau der Absätze 1 und 4 nur, wer von der Testamentserrichtung ausgeschlossen ist, obgleich er das 16. Lebensjahr vollendet hat.[329] Testierfähig ist danach eine Person, die das 16. Lebensjahr vollendet hat (Abs. 1) und in der Lage ist, die Bedeutung einer von ihr abgegebenen Willenserklärung einzusehen und nach dieser Einsicht zu handeln (Abs. 4). Das BGB unterscheidet bei Testierenden ab 16 Jahren nicht anhand statistischer

---

324 Vgl. auch *Krispenz*, ErbR 2015, 525, welche zugleich anzweifelt, dass diese Vorschrift in ihrer derzeitigen Fassung i.H.a. das stets steigende Risiko von Demenzerkrankungen ihrem Schutzanspruch genügt.
325 Vgl. BVerfGE 99, 341 = NJW 1999, 1853; *Fries*, AcP 216 (2016), 421 (422, 436 f.); *Wetterling*, ErbR 2010, 345; *ders.*, Freier Wille, S. 30. *Christandl* (Selbstbestimmtes Testieren, S. 223) weist insofern darauf hin, dass die Testierfähigkeit ihrer Bezeichnung entsprechend lediglich auf die Frage abstelle, ob der Erblasser zu einer autonomen Entscheidung fähig war, aber gerade nicht darauf, ob der Erblasser selbstbestimmt verfügt hat.
326 BVerfGE 99, 341 = NJW 1999, 1853 (1854).
327 Vgl. *Medicus*, BGB-AT, Rn. 535; *Schmidt*, RabelsZ 76 (2012), 1022 (1026).
328 Staudinger/*Baumann*, BGB, § 2229 Rn. 10.
329 Die rechtliche Betreuung wirkt sich seit der Abschaffung der Entmündigung zum 01.01.1992 durch das Gesetz zur Reform des Rechts der Vormundschaft und Pflegschaft – Betreuungsgesetz – v. 12.09.1990 (BGBl. I 2002) nicht mehr auf die Testierfähigkeit aus. Die Vorschrift des § 2229 III BGB wurde ersatzlos gestrichen. Dies gilt selbst bei einem sog. Einwilligungsvorbehalt, vgl. § 1903 II BGB sowie §§ 2064 f. BGB im Umkehrschluss. Dennoch wird i.E. regelmäßig auch eine Testierunfähigkeit vorliegen, vgl. Burandt/Rojahn/*Lauck*, ErbR BGB, § 2229 Rn. 19.

Altersnormen[330] und stellt an die Testierfähigkeit älterer Menschen dieselben Anforderungen wie bei jüngeren.[331]

Ausreichend für die Testierfähigkeit ist nach ständiger Rechtsprechung nicht allein, dass der Testator nur allgemein eine Vorstellung von der Tatsache der Errichtung eines Testaments sowie von dessen Inhalt hat, sondern er muss vielmehr eine konkrete Vorstellung von dem Inhalt seines letzten Willens haben und in der Lage sein, sich über die Tragweite seiner Anordnungen sowie deren Auswirkungen auf die persönlichen und wirtschaftlichen Verhältnisse der Betroffenen ein klares Urteil zu bilden.[332] Zusätzlich muss er fähig sein, die Gründe, welche für und wider ihre sittliche Berechtigung sprechen, zu erkennen und gegeneinander abzuwägen sowie schließlich nach seinem selbstständig gebildeten Urteil frei von der Einflussnahme seitens Dritter zu handeln.[333]

Eine Testier*un*fähigkeit liegt nach der Rechtsprechung wiederum vor, wenn

„dessen Erwägungen und *Willensentschlüsse nicht mehr auf einer dem allgemeinen Verkehrsverständnis entsprechenden Würdigung der Außendinge und Lebensverhältnisse beruhen*, sondern durch krankhaftes Empfinden oder krankhafte Vorstellungen und Gedanken derart beeinflußt werden, daß sie tatsächlich *nicht mehr frei* sind, vielmehr von diesen *krankhaften Einwirkungen beherrscht* werden. Diese Unfreiheit der Erwägungen und der Willensbildung braucht nicht darin zutage zu treten, daß der

---

330 Siehe eingehend zu den Diskussionen über starre und flexible Altersgrenzen für die Testierfähigkeit, welche im Ergebnis nicht gewinnbringend erscheinen, *Fries*, AcP 216 (2016), 421 (443).

331 Vgl. *Cording*, Fortschr Neurol Psychiat 2004, 147 (153). I.Z.m. der Gefahr von zweckwidrigen Verfügungen von seit kurzem testiermündigen Minderjährigen und den daraus resultierenden eingeschränkten Testiermöglichkeiten nach § 2233 I BGB weisen *Lange/Kuchinke*, ErbR, S. 347 zu Recht darauf hin, dass ein solches Risiko bei älteren Erblassern, welche zwar noch nicht geschäftsunfähig, deren Einsichtsfähigkeit und Urteilskraft allerdings erheblich gemindert sind, sogar noch höher ist.

332 Aufgrund solcher Formulierungen, welche eine Differenzierung zwischen einfacheren sowie komplexeren Verfügungskonstruktionen zulässt, wird der Rspr. bereits seit längerem vorgeworfen, i.E. doch eine relativen Testierfähigkeit anzuerkennen, vgl. *Schmidt*, RabelsZ 76 (2012), 1022 (1032). Zur Nichtanerkennung dieser siehe unten Kap. III. 1.2.1.1.2.

333 Vgl. BGH, FamRZ 1958, 127; BayObLGZ 1962, 219 (223 f.); BayObLGZ 1999, 205 (210 f.); BayObLGZ 2004, 237 (240 f.). Sehr krit. zu dieser Formel insb. *Zaczyk*, in: Schmoeckel, Demenz und Recht, S. 89 (95–96), welcher für die Testierfähigkeit vier Kriterien aufstellt: Der Testierende muss wissen, wer er ist, worüber er verfügt, an wen er verfügt und dass er letztwillig verfügt, *Zaczyk*, in: Schmoeckel, Demenz und Recht, S. 89 (97).

Erblasser sich keine Vorstellung von der Tatsache der Errichtung eines Testaments und von dessen Inhalt oder von der Tragweite seiner letztwilligen Anordnungen, insbesondere von ihrer Auswirkung auf die persönlichen und wirtschaftlichen Verhältnisse der Betroffenen zu machen vermag; sie kann sich vielmehr darauf beschränken, die *Motive für die Errichtung einer letztwilligen Verfügung entscheidend zu beeinflussen.* Testierunfähig ist daher auch derjenige, der nicht in der Lage ist, sich über die für und gegen die sittliche Berechtigung einer letztwilligen Verfügung sprechenden Gründe eine [sic!] klares Urteil zu bilden und nach diesem Urteil *frei von Einflüssen etwaiger interessierter Dritter zu handeln".*[334]

Maßgeblich für die Testierunfähigkeit ist also, dass der Erblasser nicht in der Lage ist, sich über die für und wider sprechenden Gründe einer letztwilligen Verfügung ein klares, von krankhaften Einflüssen ungestörtes Urteil zu bilden sowie nach diesem Urteil frei von Einflüssen Dritter zu handeln,[335] und daher eine freie Willensbestimmung ausgeschlossen ist.

1.2. Schutz vor Drittbeeinflussungen

Auf den ersten Blick erscheint für die hiesige Untersuchung folgender Aspekt gewinnbringend: Testierunfähigkeit kann grundsätzlich im Zusammenhang mit einer Drittbeeinflussung vorliegen und zwar dann, wenn der Erblasser aufgrund der Beeinflussung durch (etwaige am Nachlass interessierte) Dritte zu einer eigenen Willensbildung und Entschließung nicht mehr in der Lage ist.[336] Insofern ist es möglich, dass die Drittbeeinflussbarkeit des Erblassers sogar die erforderliche pathologische Störung selbst darstellt, wenn die Beeinflussung derart stark ist, dass sich der Erblasser ihr nicht widersetzen kann und sie dem Erblasser die erforderliche Einsichts- oder Handlungsfähigkeit nimmt.[337]

Die nachfolgenden Ausführungen werden allerdings aufzeigen, dass die Figur der Testierfähigkeit *de lege lata* im Hinblick auf die diesen

---

334 BayObLG, BeckRS 2001, 16029 (Rn. 18), welches hier eine Zusammenfassung vorangehender Definitionen vorgenommen hat.
335 Vgl. OLG Hamburg, ZErb 2018, 280 (281).
336 Vgl. Nieder/Kössinger/*Kössinger*, HdB der Testamentsgestaltung, § 7 Rn. 12; Staudinger/*Baumann*, BGB, § 2229 Rn. 47; st. Rspr. BGH, NJW 1953, 1342; BGH, BeckRS 1958, 31372778; BGH, BeckRS 2010, 25964 (Rn. 12 a.E.); BayObLGZ 1959, 360; BayObLGZ 1962, 219 (224); BayObLG, BeckRS 2001, 16029 (Rn. 18); OLG Hamm, OLGZ 1989, 271 (273); OLG Hamm, BeckRS 2016, 115426 (Rn. 174); OLG Frankfurt, NJW-RR 1998, 870; OLG Celle, FGPrax 2006, 268.
337 Vgl. dazu MüKo/*Sticherling*, BGB, § 2229 Rn. 37, 41; BeckOK/*Litzenburger*, BGB, § 2229 Rn. 9; Burandt/Rojahn/*Lauck*, ErbR BGB, § 2229 Rn. 12.

Untersuchungsgegenstand bildenden subtilen Drittbeeinflussungen zu Lasten eines aufgrund Widerstands- oder Rationalitätsdefiziten willensgeschwächten und suggestiblen Erblassers keinen ausreichenden Schutz vermittelt.

1.2.1. Hohe sowie unflexible Anforderungen an die Testierunfähigkeit

Die maßgebliche Vorschrift des § 2229 Abs. 4 BGB stellt mit dem geforderten Ausschluss der Fähigkeit zur freien Willensbestimmung aufgrund einer pathologischen Störung in materieller Hinsicht sehr hohe Anforderungen auf, welche zugleich einem Alles-oder-Nichts-Prinzip folgen und daher eine schutzfreie Grauzone für willensgeschwächte und suggestible Erblasser zurücklassen. In praktischer sowie beweisrechtlicher Hinsicht werden diese Schutzvoraussetzungen sogar noch weiter erhöht.

1.2.1.1. Notwendigkeit des vollen Ausschlusses der Fähigkeit der freien Willensbestimmung aufgrund pathologischer Störung

Ein erster Punkt, welchen es im Hinblick auf den hier anvisierten Schutz vor Drittbeeinflussungen eines willensgeschwächten und suggestiblen Erblassers zu beachten gilt, ist, dass die Testierfähigkeit nach § 2229 Abs. 4 BGB nicht nur irgendeine psychische Beeinträchtigung, sondern vielmehr das Vorliegen einer pathologischen Störung verlangt, welche nach Art und Ausmaß grundsätzlich geeignet ist, die Fähigkeit zur freien Willensbestimmung (vollständig) auszuschließen.[338] Ferner ist zu berücksichtigen, dass dieser im Rahmen des § 2229 Abs. 4 BGB erforderliche pathologische Zustand nicht per se für die Testierunfähigkeit des Erblassers sorgt.[339] Vielmehr muss der krankhafte Geisteszustand auch Auswirkungen auf die Fähigkeit zur freien Willensbestimmung dahingehend haben, dass diese tatsächlich vollständig ausgeschlossen wird.[340] Dies ergibt sich bereits aus dem Gesetzeswortlaut, welcher nicht bei jeder Geisteskrankheit oder -schwäche sofort die Testierunfähigkeit anordnet. Maßgeblich ist allein, ob die zur freien Willensbestimmung erforderlichen Fähigkeiten aufgrund einer „irgendwie gearteten geistigen Anomalie"[341] kausal

---

338 Hierzu und dem Folgenden insb. OLG München, ZEV 2017, 148 (153); *Cording*, ZEV 2010, 115 (115 f., 116 f.); *ders./Roth*, NJW 2015, 26 (27).
339 Vgl. auch *Wetterling/Neubauer/Neubauer*, ZEV 1995, 46; *Herzog*, ZErb 2016, 34 (39).
340 Vgl. auch OLG Hamburg, ZErb 2018, 280 (282); BayObLG, ZEV 2002, 234 (235); *Herzog*, ZErb 2016, 34 (39); *Wetterling*, ErbR 2010, 345 (346).
341 MüKo/*Spickhoff*, BGB, § 104 Rn. 11.

derart beeinträchtigt sind, dass eine freie Willensbestimmung nicht mehr möglich ist.[342] Weder die Ursache noch die Dauer der Störung sind in rechtlicher Hinsicht im Ergebnis entscheidend, sondern allein deren Auswirkungen auf die zur freien Willensbestimmung erforderlichen Fähigkeiten.[343]

Aus dem Vorstehenden ergibt sich also ein zweistufiges Vorgehen[344] für die Überprüfung eines ausreichenden Schutzmechanismus vor Drittbeeinflussungen. Auf der *ersten Stufe*[345] muss der Erblasser an einer pathologischen Störung leiden, welche nach Art und Ausmaß grundsätzlich geeignet ist, die Fähigkeit zur freien Willensbestimmung auszuschließen. Anschließend ist auf der *zweiten Stufe*[346] zu begutachten, ob gerade aufgrund der festgestellten Störung die Fähigkeit zur freien Willensbestimmung auch tatsächlich kausal ausgeschlossen war. Bei diesen Betrachtungen wären jeweils die Auswirkungen einer etwaigen Drittbeeinflussungshandlung sowie einer gesteigerten Suggestibilität miteinzubeziehen.

1.2.1.1.1. Erste Stufe: Pathologische Störung

Auf der ersten Stufe ist nach obigen Ausführungen eine krankhafte Störung erforderlich, welche nach Art und Ausmaß grundsätzlich zu einem Ausschluss der Fähigkeit zur freien Willensbestimmung führen kann.[347] Bereits im Rahmen dieser Stufe kann die Berücksichtigung einer Drittbeeinflussungshandlung sowie einer gesteigerten Suggestibilität erforderlich sein. Die im Rahmen

---

342 Vgl. OLG Düsseldorf, BeckRS 2014, 6493.
343 Vgl. *Cording*, ZEV 2010, 115; *Habermeyer*, in: Kröber, HdB der Forensischen Psychiatrie, S. 51 (79); Burandt/Rojahn/*Lauck*, ErbR BGB, § 2229 Rn. 11.
344 Angelehnt an das forensisch-psychiatrische Beurteilungsverfahren für die Testier(un)fähigkeit, vgl. *Cording*, ZEV 2010, 115. Vgl. auch BayObLG, ZEV 2002, 234 (235); OLG München, ZEV 2017, 148 (153); *Cording/Roth*, NJW 2015, 26 (27). Für die Beurteilung der Geschäfts- und Testierfähigkeit ist im Rahmen eines Rechtsstreits nach der Rspr. ein medizinisches Gutachten erforderlich, vgl. BGH, NJW 1996, 918 (919); BayObLG, NJW-RR 1990, 1419 (1420); BayObLG, BeckRS 1993, 5864.
345 Sog. diagnostische Ebene, *Cording*, ZEV 2010, 115, bzw. 1. Betrachtungsebene, *Wetterling*, ErbR 2010, 345 (346).
346 Sog. Ebene der psychopathologischen Symptomatik bzw. der psychisch-geistigen Funktionsdefizite, *Cording*, ZEV 2010, 115, bzw. 2. Betrachtungsebene mit psychopathologischen Auffälligkeiten, *Wetterling*, ErbR 2010, 345 (346).
347 Dazu etwa auch *Cording*, ZEV 2010, 115 (115 f.); *Herzog*, ZErb 2016, 34 (39). Zur Einschränkung der freien Willensbestimmung durch psychopathologische und neuropsychologische Störungen ausführlich *Wetterling*, Freier Wille, S. 164–193.

der Testierunfähigkeit entscheidende und als Ausgangspunkt dienende Vorschrift des § 2229 Abs. 4 BGB differenziert zwischen der krankhaften Störung der Geistestätigkeit, der Geistesschwäche sowie der Bewusstseinsstörung[348], wobei alle drei Zustände unter den Oberbegriff „geistige Insuffizienz" zusammengeführt werden können.[349]

1.2.1.1.1.1. Krankhafte Störung der Geistestätigkeit

Unter der krankhaften Störung der Geistestätigkeit[350] ist ein grundsätzlich heilbarer Zustand zu verstehen, welcher durch eine Krankheit hervorgerufen wird. Typische Fälle einer krankhaften Störung der Geistestätigkeit sind Hirnleistungsstörungen in Gestalt der Demenz und ein amnestisches Syndrom[351] sowie wahnhafte Störungen, insbesondere in Form der wahnhaften Depressionen[352].[353] Seitens der Rechtsprechung werden vor allem Hirnfunktionsstörungen im Hinblick auf das Auffassen, das Urteilen sowie das kritische Stellungnehmen als relevant für die Bejahung einer krankhaften Störung der Geistestätigkeit angesehen.[354]

1.2.1.1.1.2. Geistesschwäche

Unter der Geistesschwäche[355] wird ein dauerhafter, irreversibler Zustand verstanden, welcher auf genetischen oder externen Ursachen beruht und eine leichtere Form psychischer Erkrankungen darstellt.[356] Typische Fälle der Geistesschwäche sind Minderbegabung sowie Residualzustände infolge von Psychosen oder Unfällen.[357] Vor allem Alzheimer-Patienten leiden unter

---

348 Krit. zu diesen Begriffen, da sie weder mit dem allg. Sprachgebrauch noch den medizinischen Fachbegriffen übereinstimmen, *Cording*, ZEV 2010, 115; *Wetterling*, Freier Wille, S. 47 f.; *ders.*, ErbR 2010, 345 (346); *Habermeyer*, in: Kröber, HdB der Forensischen Psychiatrie, S. 51 (78).
349 MüKo/*Sticherling*, BGB, § 2229 Rn. 20; Burandt/Rojahn/*Lauck*, ErbR BGB, § 2229 Rn. 11.
350 Vgl. dazu *Wetterling*, ErbR 2014, 94 (102); *ders.*, ErbR 2010, 345.
351 Siehe dazu bereits oben Kap. II. 2.2.1.1.
352 Siehe dazu bereits oben Kap. II. 2.2.1.6.
353 Zu dieser Einordnung vgl. *Wetterling*, ErbR 2010, 345.
354 *Wetterling*, Freier Wille, S. 46. Vgl. auch BayObLG, ZEV 2002, 234 (235).
355 Eingehend dazu etwa *Cording*, ZEV 2010, 115 (115 f.); *Wetterling*, ErbR 2010, 345.
356 *Cording*, Fortschr Neurol Psychiat 2004, 147 (149). Es besteht lediglich ein gradueller Unterschied zwischen der krankhaften Störung der Geistestätigkeit und der Geistesschwäche, MüKo/*Sticherling*, BGB, § 2229 Rn. 20; Burandt/Rojahn/*Lauck*, ErbR BGB, § 2229 Rn. 11; *Binder*, Das luzide Intervall, S. 13.
357 Vgl. *Wetterling*, ErbR 2010, 345.

Realitätsverkennungen in Gestalt von wahnhaftem Misstrauen und Beeinträchtigungswahn. Dies führt oftmals dazu, dass nahen Angehörigen oder sonstigen Bezugspersonen feindselige Motive unterstellt werden und der Erblasser starken Meinungsveränderungen unterliegt.[358]

1.2.1.1.1.3. Bewusstseinsstörung

Der Begriff der Bewusstseinsstörung umfasst eine nicht notwendigerweise durch eine Krankheit ausgelöste erhebliche Trübung der Geistestätigkeit.[359] Hierfür reicht bereits eine nur vorübergehende Störung, welche die Fähigkeit zur freien Willensbestimmung eliminiert, aus, worunter namentlich das Delir fällt.[360] Ursachen einer Bewusstseinsstörung können insbesondere Drogenrausch, Hypnose sowie Intoxikation sein. Isolierter Faktor einer Bewusstseinsstörung kann allerdings auch die Anwendung von Gewalt seitens eines Dritten oder ein extremer und starker Angstzustand, gerichtet etwa auf zukünftige Einsamkeit beziehungsweise Hilflosigkeit, sein, sofern der Erblasser deshalb zu keiner eigenständigen Abwägung mehr fähig ist und dadurch einem inneren Zwang mit pathologischem Wert unterliegt.[361]

1.2.1.1.1.2. Zweite Stufe: Kausaler Ausschluss der Fähigkeit zur freien Willensbestimmung

Der pathologische Zustand ist nach Obigem zwar eine erforderliche, jedoch für sich allein keine ausreichende Bedingung, um die Testierfähigkeit auszuschließen. Hinzukommen muss vielmehr ein hierdurch kausal verursachter tatsächlicher Ausschluss der Fähigkeit zur freien Willensbestimmung des Erblassers. Die festgestellten Störungen müssen mithin auf zweiter Stufe die entscheidenden Fähigkeiten des Erblassers derart negativ beeinflusst haben, dass ein Ausschluss der freien Willensbestimmung anzunehmen ist wobei die Auswirkungen einer Drittbeeinflussungshandlung sowie einer Suggestibilität in diese Gesamtbetrachtung freilich eingeschlossen werden. Es wird also verlangt, dass die Fähigkeit zur freien Willensbestimmung im Zeitpunkt der Abgabe der Willenserklärung nicht nur geschwächt und gemindert, sondern

---

358 *Cording*, ZEV 2010, 115 (118); zu so einer wahnartigen Realitätsverkennung auch BayObLG, BeckRS 2014, 20337.
359 *Lichtenwimmer*, in: Schmoeckel, Demenz und Recht, S. 43 (48). Siehe dazu bereits oben Kap. II. 2.2.1.4.
360 Vgl. *Wetterling*, ErbR 2010, 345.
361 Vgl. hierzu BeckOK/*Litzenburger*, BGB, § 2229 Rn. 10; Burandt/Rojahn/*Lauck*, ErbR BGB, § 2229 Rn. 16

völlig ausgeschlossen ist.[362] Bevor die geistigen (Un)Fähigkeiten des Erblassers diese Hürde nicht „gerissen" haben, ist der Erblasser als testierfähig anzusehen. Erschwerend für hiesigen Untersuchungsgegenstand kommt hinzu, dass es nach herrschender, aber nicht unumstrittener Meinung weder eine abgestufte (beziehungsweise relative) noch partielle Testierunfähigkeit gibt. Demnach ist der Erblasser im Sinne eines Alles-oder-Nichts-Prinzips entweder voll testierfähig oder testierunfähig. Eine abgestufte (beziehungsweise relative) oder partielle Testierfähigkeit wird von der ganz überwiegenden Rechtsprechung und Teilen der Literatur abgelehnt.[363] Während abgestufte (beziehungsweise relative) Testierunfähigkeit bedeutet, dass der Erblasser zwar zur Errichtung einfacher, nicht mehr aber schwieriger Testamente in der Lage sei, führt die partielle Testierunfähigkeit dazu, dass der Erblasser nur hinsichtlich bestimmter tatsächlicher Gegebenheiten (etwa Personen, Gegenstände, Lebensbereiche) unfähig ist, einen selbstbestimmten Willen zu bilden.[364] Grund für die Ablehnung einer abgestuften Testierunfähigkeit ist, dass es aus rechtlicher Sicht kaum möglich sei, ein einfaches von einem schwierigen Testament zu unterscheiden und damit die genaue Abstufung der Testierfähigkeit festzulegen. Gegen eine partielle Testierfähigkeit spreche, dass es aus psychiatrischer Sicht nahezu unmöglich sei, festzustellen, auf welchen Bereich sich eine Geistes- oder Bewusstseinsstörung auswirkt und auf welchen nicht.[365] Demnach würde die

---

362 So bereits RGZ 103, 399 (400); BGH, BeckRS 1975, 31115207. Vgl. auch *Wetterling*, Freier Wille, S. 32; BeckOK/*Litzenburger*, BGB, § 2229 Rn. 9; Burandt/Rojahn/*Lauck*, ErbR BGB, § 2229 Rn. 15.

363 Abgestufte Testierfähigkeit abl. etwa: BGH, NJW 1961, 261; OLG Frankfurt, BeckRS 2018, 13079 (Rn. 21); OLG Hamm, BeckRS 2016, 115426 (Rn. 174); OGHBrZ Köln, NJW 1949, 544 (545); Palandt/*Weidlich*, BGB, § 2229 Rn. 1; *Scherer/Lehmann*, ZEV 2005, 453 (455); *Huber/Schmieder/Dengler*, BWNotZ 2012, 150 (153); offen gelassen von OLG Karlsruhe, ZEV 2020, 221 (Rn. 45). Partielle Testierfähigkeit abl. etwa: BayObLG, NJW 1992, 248 unter ausdrücklicher Aufgabe von BayObLG, FamRZ 1985, 539; Palandt/*Weidlich*, BGB, § 2229 Rn. 1; Staudinger/*Baumann*, BGB, § 2229 Rn. 33; BeckOGK/*Grizwotz*, BGB, § 2229 Rn. 5; *Weser*, MittBayNot 1992, 161 (169); *Scherer/Lehmann*, ZEV 2005, 453 (455); *Huber/Schmieder/Dengler*, BWNotZ 2012, 150 (153).

364 Eingehend zum Ganzen MüKo/*Sticherling*, BGB, § 2229 Rn. 22–25; *Baumann*, ZEV 2020, 193 (193 f.) jew. m.w.N.

365 Vgl. dazu *Wetterling/Neubauer/Neubauer*, ZEV 1995, 46 (50); *Schmoeckel*, NJW 2016, 433 (434 f.), der bei einer sich allmählich entwickelnden Demenz lange Übergangszeiten sieht, in welchen die Rechtsprechung eine harte Entweder-Oder-Entscheidung treffen muss, sog. „harte Alternativität".

Anerkennung einer abgestuften (beziehungsweise relativen) oder partiellen Testierunfähigkeit zu großer Rechtsunsicherheit führen.[366]

Zwar ist diese herrschende Meinung nicht unumstritten und ihr wird vielfach mit validen Argumenten entgegengetreten.[367] Dies ändert allerdings nicht daran, dass die derzeit in der Rechtsprechung vor allem aus Praktikabilitätsgründen angewandte Alles-oder-Nichts-Lösung jedweden Mittelweg abschneidet. Insofern muss im Kontext einer wenn auch nur subtil erfolgten Drittbeeinflussung die Fähigkeit des Erblassers zur freien Willensbestimmung gänzlich aufgehoben sein. Andernfalls gewährt das Institut der Testierfähigkeit keinen Schutz im Zusammenhang mit Drittbeeinflussungen.

Die anschließend (zumeist) von einem Gerichtsgutachter allein zu beantwortende Frage ist also, ob die normalpsychologische Bestimmbarkeit des Willens seitens des Erblassers in der konkreten Situation aufgrund einer pathologischen Determinante tatsächlich nicht mehr vorlag.[368] Die praktische Ermittlung dieses geforderten Schweregrades führt im Ergebnis zu einer weiteren Erhöhung der Anforderungen für eine Schutzwirkungsentfaltung durch das Institut der Testierfähigkeit.

1.2.1.1.3. Problematik der **posthumen** Begutachtung des Schweregrades der Beeinträchtigungen

In praktischer Hinsicht stellt sich typischerweise das große Problem, dass der zu begutachtende Erblasser naturbedingt nicht mehr lebt und eine Feststellung der Testierunfähigkeit beziehungsweise der Schwere der Beeinträchtigungen nur *posthum* anhand von früheren (ärztlichen) Angaben durchgeführt werden kann. Im Rahmen einer solchen Begutachtung ist zu versuchen,[369] retrospektiv

---

366 Zum Ganzen BayObLGZ 1991, 59 (62 f.); Nieder/Kössinger/*Kössinger*, HdB der Testamentsgestaltung, § 7 Rn. 14; *Huber/Schmieder/Dengler*, BWNotZ 2012, 150 (153); *Weser*, MittBayNot 1992, 161 (169).

367 Siehe etwa MüKo/*Sticherling*, BGB, § 2229 Rn. 22–25; Nieder/Kössinger/*Kössinger*, HdB der Testamentsgestaltung, § 7 Rn. 14; Erman/*S. Kappler/T. Kappler*, BGB, § 2229 Rn. 7; lediglich zur relativen Testierunfähigkeit: Staudinger/*Baumann*, BGB, § 2229 Rn. 19a-19j; BeckOGK/*Grizwotz*, BGB, § 2229 Rn. 7. Ebenso für eine relative Testierfähigkeit gerade auch mit Blick auf die Gefahr, welche sich aus einer möglichen Manipulation (noch) Testierfähiger durch Dritte aufdränge, *Spickhoff*, AcP 208 (2008), 345 (383 f.). Ebenso *Fries*, AcP 216 (2016), 421 (445, 458).

368 Vgl. *Cording*, Fortschr Neurol Psychiat 2004, 147 (149).

369 Siehe zu diesem schwierigen Unterfangen etwa die BGH, BeckRS 1958, 31372778; BayObLG, NJW 1959, 1587 und BayObLGZ 1991, 59 zugrundeliegenden Fälle.

den jeweiligen Schweregrad der Einschränkungen der freien Willensbestimmung zum maßgeblichen Zeitpunkt der Errichtung der konkreten letztwilligen Verfügung(en)[370] zu bestimmen. Erschwert wird eine solche Begutachtung häufig durch das sogenannte Fassadenphänomen sowie durch den schleichenden und variablen Verlauf der Beeinträchtigungen.

1.2.1.1.3.1. *Posthume* Befundermittlung

Bereits der Umstand, dass die Befundermittlung bei Streitigkeiten um die Testierfähigkeit des Erblassers in aller Regel *posthum* stattfindet, erschwert die eindeutige Feststellung der Rechtslage.[371] Die Frage der Testierfähigkeit des Erblassers lässt sich nach der Rechtsprechung in der Regel nur mit Hilfe eines psychiatrischen Sachverständigen beantworten.[372] Bereits an dieser Stelle sei jedoch darauf hingewiesen, dass entgegen häufiger irrtumsbedingter und/oder prozesstaktischer Behauptungen der Gegenstand eines forensisch psychiatrischen Sachverständigengutachtens gerade nicht die originäre Frage ist, ob eine

---

370 Sofern mehrere (sich widersprechende) Verfügungen bis zum Todeszeitpunkt seitens des Erblassers errichtet wurden.

371 Eingehend dazu *Zimmermann*, BWNotZ 2000, 97 (99–106); ähnlich auch *Christandl*, Selbstbestimmtes Testieren, S. 219, der insb. das Eingreifen der Testierfähigkeit als bloße Kontrolle *ex post* bemängelt. Die Möglichkeit, eine u.U. bereits vorhandene Testierunfähigkeit hinsichtlich künftiger Testamentserrichtungen durch ein Gericht vorauseilend feststellen zu lassen, ist mit der Abschaffung der Entmündigung (§ 6 BGB a.F.) durch das Gesetz zur Reform des Rechts der Vormundschaft und Pflegschaft für Volljährige seit 1992 entfallen. Hierdurch wurde eine Schutzlücke dahingehend hinterlassen, den Erblasser sowie seine Erben vorausschauend vor krankheitsbedingten sowie missbräuchlich herbeigeführten Testamenten zu schützen. Denn die Einholung eines gerichtlichen Sachverständigengutachtens i.R. eines selbstständigen Beweisverfahrens ist vor Eintritt des Erbfalls nicht möglich, vgl. OLG Frankfurt a.M., NJW-RR 1997, 581. Dazu auch *Frieser*, ErbR 2010, 370 (373). Allein das Inauftraggeben eines Privatgutachtens bleibt dem Erblasser bzw. potenziellen Begünstigten möglich, vgl. zum Ganzen insb. *Cording*, Fortschr Neurol Psychiat 2004, 147 (148). Zu den regelmäßigen fachlichen Schwächen solcher Privatgutachten, siehe etwa *Cording*, ZEV 2010, 23 (23 f.). Das Privatgutachten wird nach allg. Meinung als qualifizierter, substantiierter Parteivortrag angesehen, vgl. OLG Frankfurt a.M., NJW-RR 1998, 870 (872) m.w.N. Bzgl. weiterer vorprozessualer Maßnahmen der Beweissicherung siehe *Lauck/Goratsch*, ZEV 2019, 192 (193).

372 BayObLG, BeckRS 2000, 30108207; BayObLGZ 1995, 383 (389); für eine stärkere Einbeziehung des Notars in die auch medizinische Beurteilung der Testierfähigkeit *Stoppe/Lichtenwimmer*, DNotZ 2005, 806, krit. dazu *G. Müller*, DNotZ 2006, 325 (325–328).

Drittbeeinflussung zulasten des Erblassers stattgefunden hat respektive versucht worden ist, sondern, ob der Erblasser zum maßgeblichen Zeitpunkt noch die Fähigkeiten hatte, hypothetischen Einflüssen zu widerstehen.[373] Es wird also gerade mitnichten ein etwaiger (beeinflussender) Dritter Gutachtensproband und im Hinblick auf eine Fremdbeeinflussung begutachtet. Gegenstand des Gutachtens bleiben weiterhin lediglich der Erblasser und seine Fremdbeeinflussbarkeit im Hinblick auf dessen Testierfähigkeit. Der Nachweis einer unzulässigen Beeinflussung beziehungsweise einer tatsächlich stattgefundenen Einflussnahme gehört also an sich nicht zu dem Aufgabenbereich des Sachverständigen.[374] Eine solche Drittbeeinflussung erlangt nur insoweit Relevanz für den Sachverständigen und die Frage der Testierfähigkeit, sofern und soweit diese zum Ausschluss der Fähigkeit zur freien Willensbestimmung geführt hat.

1.2.1.1.3.2. Erlangung relevanter Informationen

Dabei bedarf es für die obigen Feststellungen auf jeder Beurteilungsebene verlässlicher Angaben bezüglich etwaigen bereits aufgetretenen Hirnfunktionsstörungen beziehungsweise Verhaltensauffälligkeiten des Erblassers und sonstiger nützlicher Angaben, damit der gerichtliche Sachverständige unter Einbeziehung der Vorgeschichte und allen äußeren Umständen aus dem Gesamtverhalten sowie Gesamtbild der Persönlichkeit des Erblassers feststellen kann, ob der Erblasser im maßgeblichen Zeitpunkt nicht zu einer freien Willensbestimmung in der Lage war.[375] Erforderlich sowie nützlich sind hierfür vor allem ärztliche und pflegerische Dokumentationen bezüglich Untersuchungen sowie Behandlungen des Erblassers im maßgeblichen Zeitraum, selbst wenn diese Angaben häufig von Personen aus nicht psychiatrischen Disziplinen stammen und daher oftmals nur mittelbar für die psychiatrische Beurteilung geeignet sind.[376]

---

373 Siehe dazu *Cording*, Fortschr Neurol Psychiat 2004, 147 (153); *Wetterling*, Freier Wille, S. 204.

374 Vgl. *Wetterling*, ErbR 2015, 544 (546); *Habermeyer*, in: Kröber, HdB der Forensischen Psychiatrie, S. 51 (81); *Wetterling*, Freier Wille, S. 204; *Habermeyer*, in: Kröber, HdB der Forensischen Psychiatrie, S. 51 (81).

375 BayObLG, BeckRS 2014, 20337; eingehend zu den Besonderheiten dieser Befundermittlung und zum Folgenden *Cording*, Fortschr Neurol Psychiat 2004, 147 (153 ff.). *Cording*, ZEV 2010, 23 zieht insofern eine Analogie zur Methode der „psychologischen Autopsie" i.R. der Suizidaufklärung und spricht bei der *posthumen* Begutachtung der Testier(un)fähigkeit von der „psychopathologischen Autopsie".

376 Ausführlich und krit. hierzu insb. *Cording*, ZEV 2010, 23 (25 f.) und *Wetterling*, Freier Wille, S. 137–143. Die Verwendung solcher medizinischen Unterlagen kann hierbei ohne einen Widerstreit mit der ärztlichen Schweigepflicht erfolgen, weil nach h.M. die Offenbarung der zur Untersuchung der Testierfähigkeit

1.2.1.1.3.3. Wertigkeit der Informationen
Im Hinblick auf die Wertigkeit der gesammelten Informationen ist namentlich zu beachten, dass oftmals bei Zeugen, darunter auch Heim- oder Hausärzte, starke Bagatellisierungstendenzen bezüglich vermeintlich alterstypischen Verhaltens festgestellt werden können, bei welchem die Grenze des pathologischen Bereichs richtigerweise allerdings bereits überschritten wurde.[377] Die Beiziehung psychiatrischer Vorgutachten aus Schwerbehinderten-, Sozialgerichts-, Pflegeversicherungs- und Betreuungsakten stellt sich in dieser Hinsicht regelmäßig als gewinnbringender heraus.[378] Allerdings ist zu berücksichtigen, dass insbesondere die Angaben in Zeugenaussagen, aber auch in Betreuungsgutachten nicht selten stark durch eigene Interessen der jeweiligen Person beeinflusst sein können.[379] Gerade dieser Umstand erschwert erheblich die Aufdeckung punktuell oder auch dauerhaft stattgefundener Drittbeeinflussungen, welche im Kontext der Testierfähigkeit Bedeutung erlangen könnten. Der Aussagegehalt von Zeugenaussagen wird häufig auch durch den menschlich nachvollziehbaren Umstand geschmälert, dass die Zeugen aufgrund falsch verstandener Achtung vor dem Verstorbenen und dessen Ansehen nichts Negatives über diesen berichten möchten, worunter meist auch Verhaltensauffälligkeiten subsumiert werden.[380]

Zusätzlich wird die Verlässlichkeit der meisten mitgeteilten Angaben durch das sogenannte Fassadenphänomen in Frage gestellt.[381] Hierunter wird das in der Alterspsychiatrie wissenschaftlich anerkannte Zustandsbild verstanden, bei welchem der Betroffene trotz bereits vorhandener, insbesondere kognitiver Defizite fähig ist, eine Art „Fassade" aufrechtzuerhalten und Dritten gegenüber – darunter auch Richter, Notare[382] und fachfremde Ärzte – einen

---

erforderlichen Informationen dem mutmaßlichen Willen des Erblassers entspricht, vgl. *Habermeyer*, in: Kröber, HdB der Forensischen Psychiatrie, S. 51 (80).
377 Vgl. *Cording*, ZEV 2010, 23 (26). Dazu auch BayObLGZ 1979, 256 (263).
378 Vgl. auch *Cording*, ZEV 2010, 23 (23 f.).
379 *Wetterling*, Freier Wille, S. 141, 149.
380 *Langelüdekke/Bresser*, Gerichtliche Psychiatrie, S. 378. Dies alles freilich neben der schwer zu bestreitenden Tatsache, dass Zeugenangaben oftmals tendenziell eine Färbung zugunsten ihres eigenen (finanziellen) Vorteils aufweisen und sich, je nachdem ob es sich um die durch die Verfügung begünstigte Seite handelt oder die andere, diametral widersprechen können.
381 Eingehend zum Fassadenphänomen und zum Folgenden *Wetterling*, Freier Wille, S. 147–149; ders., ErbR 2015, 355.
382 Der Beweiswert notarieller Urkunden kann allg. als überschätzt angesehen werden – insb. stellen die Feststellungen des Notars bzgl. der Testierfähigkeit (§ 28 BeurkG) allein die Meinung eines medizinischen Laien dar und besitzen aus

"normalen" Eindruck erwecken kann.[383] Zusätzlich wird häufig seitens der Gesprächspartner hochbetagter Menschen bereits gewissermaßen vorauseilend Rücksicht auf eventuelle altersbedingte Defizite genommen. Dies äußert sich meist dadurch, dass aus Furcht, einen älteren Menschen zu kompromittieren, erst gar nicht bei unklaren Aussagen seinerseits nachgefragt wird. Ebenso wird oftmals davon ausgegangen, dass im Falle des Fehlens von Nachfragen seitens des Hochbetagten, derselbe den Inhalt eines Gesprächs oder vorgelesenen Testaments verstanden habe beziehungsweise sein Bejahen auf eine Nachfrage diesbezüglich genüge. Die bereits länger existierenden Defizite werden für die Umwelt des Betroffenen mithin häufig erst sichtbar, soweit es aus Sicht des Betroffenen zu einer speziellen (Ausnahme)Situation kommt.[384] Derartige "enttarnende" Ereignisse stellen meist Ortswechsel, wie infolge eines Krankenhausaufenthalts oder eines Umzugs in ein Pflegeheim, die Abwesenheit von gewohnten Personen und ähnliche für den Betroffenen unvertraute Umstände dar.[385] Aufgrund dieser Umstände sind Zeugenaussagen dahingehend zu untersuchen, inwiefern die Eindrücke über den Erblasser infolge eines Fassadenphänomens verfälscht sein könnten. Eine zuverlässige Ermittlung von durch ein Fassadenphänomen in der Wertigkeit nicht geminderten Zeugenaussagen ist seitens eines Sachverständigen nur bedingt erreichbar.

Ein weiteres großes Erschwernis der Begutachtung bildet der Umstand, dass die jeweiligen Hirnfunktionsstörungen, welche die Fähigkeit zur freien

---

gerichtlicher Sicht lediglich einen indiziellen Wert (siehe dazu etwa Entscheidungsbesprechung zu OLG München, BeckRS 2008, 10052 in NJW-Spezial 2008, 488). Im Verfahren der freiwilligen Gerichtsbarkeit sind die Vorschriften über die Beweiskraft von Urkunden nach §§ 415 ff. ZPO entsprechend anwendbar, BayObLG, BeckRS 1993, 870 (Rn. 15). Nach § 415 I ZPO begründet eine öffentliche Urkunde vollen Beweis dafür, dass alle Erklärungen, welche Rechtswirkungen erzeugen, vollständig sowie richtig nach Inhalt und Begleitumständen wiedergegeben sind. Hingegen wird gerade kein Beweis dafür erbracht, dass die Erklärung inhaltlich richtig ist – dies unterliegt der freien Würdigung des Gerichts, vgl. OLG München, FamRZ 2008, 1661 (1662); *Thomas/Putzo/Reichold*, ZPO, § 415 Rn. 5. Die Anwendung von medizinischen Screening Tests durch Notare i.R. der Beurkundung wurde aus medizinischer sowie juristischer Sicht entschieden abgelehnt, *Lichtenwimmer*, in: Schmoeckel, Demenz und Recht, S. 43 (54) m.w.N. Eingehend zu diesen Screeningverfahren siehe *Stoppe/Lichtenwimmer*, DNotZ 2005, 806.

383 Vgl. auch BayObLGZ 1979, 256 (263); BayObLG, NJW-RR 1996, 457 (459).
384 Vgl. auch *Habermeyer*, in: Kröber, HdB der Forensischen Psychiatrie, S. 51 (83); *Wetterling*, Freier Wille, S. 148.
385 *Wetterling*, Freier Wille, S. 148.

Willensbestimmung beeinträchtigen, sehr variable Verlaufsformen einnehmen können.[386] Dabei sind namentlich plötzliche[387] wie auch nur langsam[388] fortschreitende Verschlechterungen, aber auch fluktuierende[389] Ausprägungen denkbar und Wechselwirkungen sowie Verstärkereffekte etwaiger verschiedener Erkrankungen und der hierzu verabreichten Medikamente einzubeziehen[390], bis hin zu (zeitweisen) Normalisierungen aufgrund vergangener oder stattfindender Therapien[391] denkbar.

Die Beantwortung der entscheidenden Frage, in welchem Verlaufsstadium der Erkrankung sich der Erblasser zum Zeitpunkt der Testamentserrichtung[392] befunden hat und ob die Fähigkeit zur freien Willensbestimmung zu diesem Zeitpunkt bereits ausgeschlossen oder lediglich geschwächt war, ist nicht selten sehr schwierig.[393] In praktischer Hinsicht ist eine Testierunfähigkeit aufgrund einer lediglich kurz andauernden krankhaften Störung wenig relevant, da dieselbe in aller Regel nicht nachweisbar ist.[394] Darüber hinaus folgt nicht jede Erkrankung einem einheitlichen Verlaufsschema. So sind auch bei den typischen Demenzformen verschiedene Krankheitsabläufe möglich.[395]

---

386 Vgl. dazu und zum Folgenden *Wetterling*, ErbR 2010, 345 (349); *ders.*, ErbR 2019, 283 (285 f.). Ausführlich auch *Cording*, Fortschr Neurol Psychiat 2004, 147 (156 f.); *Fries*, AcP 216 (2016), 421 (426) jew. m.w.N.
387 Insb. im Fall eines Schlaganfalles, Delirs sowie bei einer Multimorbidität. Im Zusammenhang mit Schlaganfällen wird die Schwierigkeit der retrospektiven Verlaufsanalyse dadurch erhöht, dass ca. 30 % der Schlaganfälle ohne erkennbare klinische Symptomatik ablaufen (sog. klinisch stumme Hirninfarkte), vgl. *Wetterling*, ErbR 2019, 283 (286) m.w.N.
388 Insb. Alzheimer-Demenz sowie Demenz bei Parkinson-Syndrom.
389 Wechselnde Ausprägungen treten namentlich bei vaskulären Erkrankungen, Stoffwechselerkrankungen und der Lewy Body-Demenz auf.
390 Vgl. *Wetterling*, ErbR 2019, 283 (285).
391 Vorausgesetzt es handelt sich um behandelbare Erkrankungen.
392 Maßgeblicher Zeitpunkt ist die abschließende und endgültige Fertigstellung des Testaments, siehe Staudinger/*Baumann*, BGB, § 2229 Rn. 52 f. Dieser Zeitpunkt steht jedoch oftmals nicht sicher fest, vgl. dazu MüKo/*Sticherling*, BGB, § 2229 Rn. 79 f.; Burandt/Rojahn/*Lauck*, ErbR BGB, § 2229 Rn. 7.
393 *Wetterling/Neubauer/Neubauer*, ZEV 1995, 46 (47 ff.). Nach h.M. kommt z.B. erst bei einer mittelschweren Demenz eine Geschäfts- und Testierunfähigkeit in Betracht, vgl. auch *Schmoeckel*, NJW 2016, 433.
394 Vgl. *Cording*, Fortschr Neurol Psychiat 2004, 147 (156).
395 *Wetterling*, ErbR 2010, 345 (349). Zu den Krankheitsphasen der Demenz siehe auch *Klockgether*, in: Schmoeckel, Demenz und Recht, S. 25 (29).

Ebenfalls bereitet die Beurteilung von sog. luziden Intervallen respektive lichten Momenten Schwierigkeiten. Die Existenz der nicht mehr gesetzlich geregelten[396] luziden Intervalle, im Sinne kurzzeitiger Zustandsbesserungen im Rahmen eines chronischen Krankheitsverlaufes[397], wird übereinstimmend von der forensischen Psychiatrie als regelmäßige Begutachtungsinstanz sowie der Rechtswissenschaft überwiegend verneint.[398] In diesen „klaren Phasen" bestünde jedenfalls eine hohe Gefährdung für eine Fremdbeeinflussung,[399] sodass die Anerkennung von luziden Intervallen nichts an der hiesigen Problematik der Drittbeeinflussungen ändern würde. Die Behauptung eines lichten Moments des Erblassers im maßgeblichen Zeitpunkt der Testamentserrichtung, könnte als „letzte Trumpfkarte bei Erbschaftsstreitereien"[400] sonach auch in einem anderen Licht gesehen werden. Im Gegensatz zum Vorstehenden kommen lediglich kurzzeitige oder fluktuierende Störungen bei einem ansonsten gesunden psychisch-geistigen Funktionsablauf in Betracht und können zur

---

396 Mit der Gründung des Deutschen Reiches 1871 verschwand der seit dem sechsten Jahrhundert nachweisbare rechtliche Begriff des *„lucidum intervallum"* aus allen ihn noch beinhaltenden Partikulargesetzen der deutschen Staaten, vgl. dazu den umfassenden historischen Überblick von *Binder*, Das luzide Intervall, S. 7–12; siehe auch *Schmoeckel*, NJW 2016, 433 (437).

397 Anfangs verstand man unter dem Begriff „*intervalla lucida*" wohl nur die in der Regel Monate bis Jahre dauernden symptomfreien Intervalle i.R. einer phasenhaft verlaufenden Psychose, bei welchen die Geschäfts- und Testierfähigkeit zurückerlangt wurde. Im 19. Jahrhundert fand ein Bedeutungswandel dahingehend statt, dass der Begriff des „luziden Intervalls" nun auch i.R. von chronischen Krankheitsverläufen, in welchen (angebliche) kurzzeitige Besserungszustände auftreten, verwendet wird. Verwirrenderweise findet in der juristischen Literatur keine dahingehende Differenzierung bei der Begriffsverwendung statt, vgl. zum Ganzen *Cording*, Fortschr Neurol Psychiat 2004, 147 (156 f.).

398 Vgl. *Cording*, Fortschr Neurol Psychiat 2004, 147 (157) m.w.N.; *Wetterling*, Freier Wille, S. 201; *Wetterling/Neubauer/Neubauer*, ZEV 1995, 46 (49); *ders.*, ErbR 2014, 94 (102–104); *Habermeyer*, in: Kröber, HdB der Forensischen Psychiatrie, S. 51 (85 f.); OLG München, ZEV 2013, 504 (506). Dagegen *Schmoeckel*, NJW 2016, 433 (437 f.) zu Recht krit. bzgl. dieser Absolutheit, bereits aus rechtlicher Sicht. Ist die Testierunfähigkeit des Erblassers für die Zeiträume vor sowie nach der Testamentserrichtung ausreichend dargelegt und ggf. bewiesen, spricht der Beweis des ersten Anscheins für die Testierunfähigkeit des Erblassers bei der Testamentserrichtung, vgl. BayObLGZ 1979, 256 (266). Die Beweis- bzw. Feststellungslast wird bzgl. eines luziden Intervalls also umgekehrt.

399 *Wetterling*, Freier Wille, S. 201.

400 So *Binder*, Das luzide Intervall, S. 6.

zeitlich begrenzten Testierunfähigkeit führen.[401] Deren Beurteilung stellt einen Sachverständigen freilich ebenfalls vor erhebliche Schwierigkeiten und Unsicherheiten.

Anhand der dem Gutachter zur Verfügung gestellten Informationen, muss dieser versuchen, eine Verlaufsanalyse zu erstellen. Ziel einer solchen Verlaufsanalyse ist es, den Gang der geistigen Funktionsbeeinträchtigungen zu rekonstruieren.[402] Eine retrospektive Verlaufsbeurteilung über eine längere zeitliche Spanne stellt sich in vielen Fällen als eine sehr schwierige Aufgabe dar, welche mit erheblichen Unsicherheiten verbunden ist.[403] Zu einem gewissen Grad bedarf es spezifischer subjektiver Informationen aus der inneren Erlebenswelt des Betroffenen, welche naturgemäß allein dieser geben kann und Dritten in der Regel nicht mitgeteilt werden. Die retrospektive Diagnose eines Wahns etwa ist *posthum* mangels der Möglichkeit eines direkten Vorhalts seitens eines Psychiaters oftmals nicht möglich.[404]

1.2.1.1.1.3.4. Zwischenergebnis

Im Gesamten stellt sich die Begutachtung der Testierfähigkeit als eine der schwierigsten Fragestellungen der forensischen Psychiatrie dar.[405] Nur im Ausnahmefall ist die Frage, ob eine Störung die Freiheit der Willensbestimmung tatsächlich (ausreichend) beeinträchtigt hat, zufriedenstellend zu beantworten.[406] Zum Teil wird die Meinung vertreten, dass im besten Fall, das Gutachtensergebnis völlig offen[407] und im schlimmsten Fall die formal widerlegbare

---

401 Vgl. *Cording*, Fortschr Neurol Psychiat 2004, 147 (157).
402 Eingehend dazu *Wetterling*, Freier Wille, S. 195–201; *ders.*, ErbR 2019, 283 (285).
403 Vgl. *Wetterling*, Freier Wille, S. 195; *ders.*, ErbR 2019, 283 (285).
404 Vgl. *Wetterling*, ErbR 2018, 10 (11).
405 *Cording*, Fortschr Neurol Psychiat 2004, 147 (148) m.w.N. in Bezug auf die *posthume* Befundermittlung. Ebenso *Bürgle*, NJW 1988, 1881 (1884).
406 Vgl. *Fries*, AcP 216 (2016), 421 (433) sowie zum Folgenden. In diese Richtung auch *Krispenz*, ErbR 2015, 525.
407 *Dieckmann*, JZ 1988, 789 (795) spricht in diesem Zusammenhang von einer Art „Nichtigkeitsroulette" beim Streit der Erbanwärter bzgl. der Gültigkeit einer letztwilligen Verfügung. Ebenso stellt sich der vom BGH, BeckRS 1958, 31372778 zu entscheidende Fall dar, in welchem der Erblasser möglicherweise zur Zeit der Testamentserrichtung unter einer sich im Anfangsstadium befindenden Arteriosklerose gelitten hat. Bei dem schleichenden Verlauf dieser Krankheit könne allerdings nicht zuverlässig gesagt werden, wann der geistige Verfall ein rechtlich beachtliches Ausmaß erreicht habe, so das Gericht.

Vermutung des § 2229 Abs. 4 BGB faktisch unwiderleglich ist.[408] Dies gilt umso mehr, als der verlässlichen Ermittlung von punktuell oder dauerhaft stattgefundenen Drittbeeinflussungen sowie vor allem deren entscheidenden Auswirkungen auf die Testierfähigkeit hohe praktische Hürden entgegenstehen.

1.2.1.1.4. Vermutung zugunsten der Testierfähigkeit

Die bisher aufgeführten Anforderungen werden durch die (widerlegbare) Vermutung des Gesetzes zugunsten der Testierfähigkeit und die damit einhergehende Beweislastverteilung flankiert und zugleich weiter erhöht. Insoweit trägt auch dieser prozessuale Umstand dazu bei, dass die Figur der Testierfähigkeit keinen ausreichenden Schutz vor Drittbeeinflussungen im hiesigen Kontext darstellen kann.

Die Testierfähigkeit wird vom Gesetz[409] in § 2229 Abs. 4 BGB als Regelfall angenommen. Die Ausnahme bildet mithin die Testierunfähigkeit.[410] Solange die Testierunfähigkeit des Erblassers nicht zur vollen Überzeugung des Gerichts[411] nachgewiesen ist, wird der Erblasser als testierfähig[412] und seine in diesem Zustand getroffenen letztwilligen Verfügungen als wirksam angesehen. Dabei gilt die Vermutung des § 2229 Abs. 4 BGB zugunsten der Testierfähigkeit auch für einen unter Betreuung stehenden Erblasser.[413] Ausreichend aber auch erforderlich für den Beweis der Testierunfähigkeit ist – da eine absolute Gewissheit nicht erreicht sowie jede Möglichkeit des Gegenteils nicht ausgeschlossen werden kann – ein für das praktische Leben brauchbarer Grad an

---

408 Zum Ganzen *Fries*, AcP 216 (2016), 421 (433 f.) m.w.N., welcher ferner zu Recht darauf hinweist, dass dieser Umstand eine zusätzliche Motivation für das Umfeld des willensschwachen Erblassers darstellt, noch zu dessen Lebzeiten den letzten Willen eigennützig zu beeinflussen. Ähnlich krit. auch *Schmoeckel*, NJW 2016, 433 (438).

409 Bereits das klassische römische Recht beinhaltete eine Vermutung zugunsten der Testierfähigkeit, vgl. *Baldus*, in: Lampe/Pauen/Roth, Willensfreiheit und rechtliche Ordnung, S. 167, 190 f. Ebenso die Reichsnotariatsordnung von 1512, vgl. *Hermann*, zitiert bei *Barth*, MittBayNot 2014, 226.

410 Vgl. dazu hierzu *Kappler*, NotBZ 2019, 161 (168); *Schmoeckel*, NJW 2016, 433 (438) m.w.N. verweist in diesem Zusammenhang auf den *favor testamenti*, wie z.B. in § 2084 BGB statuiert, sowie auf den Grundsatz *in dubio pro negotio*.

411 Zum Verhältnis des Gerichts zu den Sachverständigen, vgl. *Schmoeckel*, NJW 2016, 433 (434) m.w.N.

412 St. Rspr., vgl. BayObLG, NJW 2000, 1959 (1961); BayObLGZ 1989, 327 (329); BayObLGZ 1982, 309 (312); KG, NJW 2001, 903; MüKo/*Sticherling*, BGB, § 2229 Rn. 4.

413 Siehe dazu eingehend *Hahn*, FamRZ 1991, 27.

Wahrscheinlichkeit, welcher vernünftigen Zweifel Schweigen gebietet, ohne diese völlig auszuschließen.[414] Beweiserleichterungen gibt es in diesem Bereich kaum.[415]

Dies stellt den nicht (mehr) Bedachten, der sich *posthum* um die Aufhebung einer letztwilligen Verfügung bemüht, meist vor sehr große Beweisnöte, insbesondere, wenn er bei der Testamentserrichtung nicht anwesend war. In aller Regel hat das in der Praxis zur Konsequenz, dass die Testierunfähigkeit trotz der Ausschöpfung aller Informationsmöglichkeiten zwar möglich erscheint, aber die Testierfähigkeit gerade nicht mit der erforderlichen Überzeugung auszuschließen ist.[416] In diesem Zusammenhang wird treffend sogar von der „faktischen Unwiderleglichkeit" der Testierfähigkeit gesprochen.[417]

Im Hinblick auf die nicht zu leugnende Tatsache, dass stetig mehr Menschen in höherem Alter an allmählich und sukzessive fortschreitenden Hirnerkrankungen leiden, erscheint ein solches Ergebnis nicht tragbar.[418] Zwar gibt es

---

414 Vgl. statt vieler OLG Celle, NJW-RR 2003, 1093 (1095); BayObLG, NJW-RR 2000, 6 (8).

415 Etwa kann für eine Testierunfähigkeit der erste Anschein sprechen, wenn seitens des Gerichts eine Überzeugung dahingehend herrscht, dass der Erblasser zeitlich vor sowie nach der Testamentserrichtung testierunfähig war und somit allein die Möglichkeit einer vorübergehenden Besserung des Geisteszustandes in Gestalt eines lichten Intervalls in Betracht kommt, BayObLGZ 1979, 256 (266); *Habscheid*, Freiwillige Gerichtsbarkeit, § 21 III. 2. b). Zur begründeten Kritik hinsichtlich der Erwägung eines lichten Intervalls an sich, siehe oben Kap. III. 1.2.1.1.3.3. Allg. zu Beweiserleichterungen siehe unten Kap. IV. 2.1.2.

416 Vgl. *Fries*, AcP 216 (2016), 421 (423).

417 So *Fries*, in AcP 2016 (2016), 421 (433); ähnlich *Röthel*, Gutachten 68. DJT, A 84, die von einem Leerlauf des materiellen Schutzes aufgrund der Beweislastverteilung spricht.

418 Ähnlich zu Recht *Fries*, AcP 216 (2016), 421 (434). Das Europäische Parlament hat bereits Anfang 2011 (Entschließung v. 19.01.2011 zu einer europäischen Initiative zur Alzheimer-Krankheit und zu anderen Demenzerkrankungen, 2010/2084(INI) in Rn. 59) auch Deutschland (vgl. BT-Drs. 17/4927 A.23) dazu aufgefordert, die rechtliche Stellung von neurodegenerativ Erkrankten u.a. dahingehend zu überprüfen, ob ein ausreichender Schutz von Kranken vor Freiheitsverlust gewährleistet wird. Krit. dazu *Röthel*, AcP 210 (2010), 32 (55–57), welche von einem *race to the bottom* spricht. Auch *Busch*, ErbR 2014, 90 (93) weist zu Recht darauf hin, dass es nicht mehr der Lebenswirklichkeit sowie dem heutigen Verständnis der Testierfähigkeit entspricht, auch bei Personen im hohen Alter grundsätzlich von deren Testierfähigkeit auszugehen. In diese Richtung auch *Krispenz*, ErbR 2015, 525, welche für eine Vermutung der Testierunfähigkeit plädiert, sobald der

durchaus Vorschläge für eine Umkehr der Beweislast zugunsten der Testierunfähigkeit ab einem bestimmten Alter des Erblassers oder etwa der Anordnung von Betreuung.[419] Allerdings würde dies eine übermäßige Beschränkung der verfassungsrechtlich verbürgten Testierfreiheit bedeuten.[420] Insbesondere wäre der Zeitpunkt, ab dem der Erblasser nach gesetzlicher Vermutung seine Testierfähigkeit verlieren soll, willkürlich und die Maßnahme auch empirisch kaum zu rechtfertigen.[421] Zudem wäre auch mit einer Beweislastumkehr dem Anliegen dieser Untersuchung, den Schutz der Selbstbestimmung des Erblassers zu verdichten, nicht geholfen. Vielmehr wäre eine Umkehr der Beweislast zugunsten der Testierunfähigkeit sogar abträglich. Wird dem Erblasser ab einem bestimmten Zeitpunkt nämlich (widerlegbar) die Fähigkeit zu testieren abgesprochen, wird – wenn infolgedessen die gesetzliche Erbfolge eintritt oder eine frühere Verfügung greift – dessen wahrem Willen ebenfalls nicht Rechnung getragen.[422]

1.2.2. Erhebliche Schutzlücken für willensgeschwächte und suggestible Erblasser

Voranstehende Ausführungen zeigen, dass das Institut der Testierfähigkeit einen nur sehr begrenzten Schutz vor Drittbeeinflussungen zu Lasten eines willensgeschwächten und suggestiblen Erblassers bieten kann. Denn bezüglich diesem willensgeschwächten und suggestiblen Erblasser wird nicht nur der Nachweis einer pathologischen Störung oft schwierig sein, in einigen Fällen wird eine solche (noch) gar nicht vorliegen und der Erblasser wird sich aus

---

zukünftige Erblasser zum Zeitpunkt der Testamentserrichtung bereits an einer Demenzerkrankung leidet.
419 Befürwortend für eine Beweislastumkehr oder einem Beweis des ersten Anscheins zulasten der Testierfähigkeit i.H.a. das privatschriftliche Testament, insb. wegen der Gefahr der Drittbeeinflussung im hohen Alter, *Klingelhöffer*, ZEV 2010, 385 (387). *Sonnekus*, in: Reid/de Waal/Zimmermann, Exploring the Law, S. 78 (90 f.) plädiert für eine Beweislastumkehr und somit der Vermutung der Testierunfähigkeit des Erblassers ab einem bestimmten Alter (etwa 70 Jahre). Siehe hierzu auch *Fries*, AcP 216 (2016), 421 (446 f.).
420 Zum Ganzen *Röthel*, Gutachten 68. DJT, A 84, die insofern passend von einer partiellen „Rückkehr zum Konzept der Entmündigung" spricht; *Christandl*, Selbstbestimmtes Testieren, S. 220 m.w.N.
421 *Röthel*, Gutachten 68. DJT, A 85; *Christandl*, Selbstbestimmtes Testieren, S. 220; krit. auch *G. Müller*, DNotZ 2006, 325 (327 f.).
422 Vgl. auch *Christandl*, Selbstbestimmtes Testieren, S. 221.

anderen Gründen empfänglich sowie weniger widerstandsfähig bezüglich Drittbeeinflussungen zeigen.[423] Zusätzlich wird das Erfordernis, dass die Fähigkeit zur freien Willensbestimmung im Zeitpunkt der Abgabe der Willenserklärung nicht nur geschwächt und gemindert, sondern vollständig ausgeschlossen ist, regelmäßig (noch) nicht vorliegen, geschweige denn nachweisbar sein. Eine zentrale Ursache für das Entstehen von Schutzlücken im hiesigen Kontext ist im Ergebnis, dass es für die Annahme der Testierunfähigkeit freilich abhängig von den graduellen Vorbeeinträchtigungen des konkreten Erblassers regelmäßig einer derart massiven Drittbeeinflussung bedarf, welche im Gesamten einer Übernahme des Willens des Erblassers und damit einer pathologischen Störung beziehungsweise einer „pathologischen Determinante"[424] gleichkommt.[425] Somit muss der Erblasser infolge einer krankhaften Störung der Geistestätigkeit – welche auch im Zusammenhang mit einer Drittbeeinflussung verursacht werden kann – fremden Einwirkungen vollends unterliegen und derart beherrscht werden, dass er nicht mehr in der Lage ist, diese bewusst als solche wahrzunehmen oder gegen diese anzukommen. Etwaige Fremdbeeinflussungen müssen also, in Kombination mit den herbeigeführten pathologischen Störungen der Geistestätigkeit, im Rahmen einer Gesamtschau die Oberhand über den Willen des Testierenden erlangt haben, sodass letzterer nicht mehr selbst als Herr seiner Entschlüsse angesehen werden kann.[426] Auch Drohungen oder sonstige unzulässige Beeinflussungsformen führen tatsächlich erst dann zur Testierunfähigkeit des Erblassers, sobald dieser nicht mehr fähig ist, eine reflektierende Abwägung vorzunehmen und eigenständig zu entscheiden.[427] Den Grad einer Bewusstseinsstörung und damit einer

---

423 Siehe dazu bereits oben Kap. II. 2.2.2.
424 *Cording*, Fortschr Neurol Psychiat 2004, 174 (152).
425 Vgl. hierzu sowie zum Folgenden BGH, BeckRS 1972, 31122911; BayObLG, NJW-RR 1990, 202 (203); *Habermeyer*, in: Kröber, HdB der Forensischen Psychiatrie, S. 51 (81); Nieder/Kössinger/*Kössinger*, HdB der Testamentsgestaltung, § 7 Rn. 12; MüKo/*Sticherling*, BGB, § 2229 Rn. 37.
426 Vgl. RGZ 103, 401; BayObLGZ 1999, 205 (210 f.); OLG Rostock, BeckRS 2009, 22699; MüKo/*Sticherling*, BGB, § 2229 Rn. 37, 41.
427 Vgl. MüKo/*Sticherling*, BGB, § 2229 Rn. 41. Kann der Erblasser dagegen die Einwirkung als solche identifizieren und reflektieren und entscheidet er sich aufgrund der *vis compulsiva* für das abgenötigte Verhalten, liegt eine gem. § 2078 II BGB anfechtbare letztwillige Verfügung vor. Im Falle von *vis absoluta* ergibt sich die Unwirksamkeit der Verfügung bereits aus dem Fehlen einer Willenserklärung mangels Handlungswillens, vgl. etwa MüKo/*Sticherling*, BGB, § 2229 Rn. 41; Jauernig/*Mansel*, BGB, Vorb §§ 116 Rn. 4; MüKo/*Armbrüster*, BGB, § 123 Rn. 108.

pathologischen Störung kann eine Gewaltanwendung oder die Furcht vor einem empfindlichen Übel – wie die Beendigung der Versorgung oder das Verlassen des Erblassers – nur erreichen, soweit hierdurch der Wille des Erblassers einer zwanghaften Bindung unterworfen wird.[428] Um den geforderten Schweregrad der Beeinflussung noch mehr zu verdeutlichen, sei darauf verwiesen, dass beispielhaft für eine die Testierfähigkeit ausschließende Drittbeeinflussung die Hypnose des Erblassers angeführt wird.[429]

Diese hohen Anforderungen werden auch im Hinblick auf die durch die Rechtsprechung des BGH sehr weit gezogenen Grenzen der zulässigen „Beratung" deutlich. Von einer Testierunfähigkeit kann etwa (erst) gesprochen werden, wenn der Erblasser infolge der Geistesstörungen von dem Dritten übermäßig beherrscht werde.[430] Eine bloße Entscheidungsschwäche, welche eine leichtere Beeinflussbarkeit bedingt, stelle noch keine Beherrschung durch Dritte dar, die zu einer Testierunfähigkeit führt.[431] Selbst eine eigennützige und damit manipulative Einflussnahme durch einen Dritten auf einen krankheitsbedingt leichter beeinflussbaren Erblasser schließe dessen Testierfähigkeit nicht aus.[432] Die Testierunfähigkeit betrifft demnach Fälle in denen der Erblasser nahezu geistig abgestumpft und nur noch mechanisch reagiert.[433]

Gerade bei älteren und hier den Untersuchungsgenstand bildenden drittbeeinflussten Erblassern kann eine Beeinflussbarkeit aber bestehen, ohne dass dies zugleich eine die Testierfähigkeit hindernde pathologische Beeinträchtigung darstellt[434] und eine gänzliche Aufhebung der Fähigkeit zur freien Willensbestimmung herbeigeführt wird. In „milderen" Fällen,

---

428 Vgl. BeckOK/*Litzenburger*, BGB, § 2229 Rn. 10; Burandt/Rojahn/*Lauck*, ErbR BGB, § 2229 Rn. 12.
429 Vgl. dazu Staudinger/*Baumann*, BGB, § 2229 Rn. 47; BeckOGK/*Grizwotz*, BGB, § 2229 Rn. 26; BeckOGK/*Rudy*, BGB, § 2339 Rn. 28; *Lichtenwimmer*, MittBayNot 2002, 240; *Zimmermann*, BWNotZ 2000, 97 (98).
430 Siehe nur BGH, NJW 1996, 918; BGH, BeckRS 1975, 31115207. Vgl. auch MüKo/*Sticherling*, BGB, § 2229 Rn. 37. Ausführlich zu den hohen Anforderungen der Rspr. auch *Wetterling*, Freier Wille, S. 32.
431 BGH, BeckRS 1975, 31115207; *Wetterling*, Freier Wille, S. 32; BeckOK/*Litzenburger*, BGB, § 2229 Rn. 9; Burandt/Rojahn/*Lauck*, ErbR BGB, § 2229 Rn. 15.
432 Vgl. BayObLG, NJW-RR 1990, 202 (203); MüKo/*Sticherling*, BGB, § 2229 Rn. 42
433 Staudinger/*Baumann*, BGB, § 2229 Rn. 49 m.w.N.; MüKo/*Sticherling*, BGB, § 2229 Rn. 37.
434 Vgl. auch *Wetterling*, ErbR 2019, 283 (285).

in denen subtile Drittbeeinflussungen gegenüber einem aufgrund Widerstands- oder Rationalitätsdefiziten willensgeschwächten und suggestiblen, aber (gerade) noch testierfähigen Erblasser erfolgen, wird durch das Institut der Testierfähigkeit kein Schutz gewährt. Dieser Mangel an Schutz wird zusätzlich durch die in der Praxis kaum widerlegbare Vermutung der Testierfähigkeit verfestigt.

1.3. Ergebnis: Ineffektiver Schutz

Als Ergebnis bleibt festzuhalten, dass über das Institut der Testierfähigkeit ein effektiver Schutz vor subtilen Drittbeeinflussungen zu Lasten eines aufgrund Widerstands- oder Rationalitätsdefiziten willensgeschwächten und suggestiblen Erblassers nicht zu gewährleisten ist. Sowohl wegen seinen hohen Anforderungen, seiner unflexiblen Alles-oder-Nichts-Lösung sowie seinen praktischen Insuffizienzen kann dieses Institut keinen effektiven Erblasserautonomieschutz verbürgen.

Es bleibt insofern dabei, dass das Institut der Testierfähigkeit in Zusammenhang mit Drittbeeinflussungen nur in Form von singulären Exzessen ein Schutzkonzept bieten kann. Sofern die Drittbeeinflussungen, im Zusammenspiel mit etwaigen Vorbeeinträchtigungen des Erblassers, im Gesamten nicht einen ausreichenden, zu einer pathologischen Störung führenden Schweregrad erreichen und zu einer vollständigen Aufhebung der Fähigkeit zur freien Willensbestimmung führen, folgen keine Konsequenzen. Der hier diskutierte Schutz setzt zu einem derart späten Zeitpunkt ein, dass die mannigfaltigen Schattierungen subtiler Manipulationen von interessierten Dritten zu Lasten aufgrund Widerstands- oder Rationalitätsdefiziten willensgeschwächter und suggestibler Erblasser, welche sich unter Umständen erst am Beginn einer Erkrankung oder in einem Stadium der (vorübergehenden) Besserung befinden, in aller Regel nicht erfasst sein werden. Ein hier anvisierter Erblasserautonomieschutz scheitert somit an den Funktionsgrenzen des Instituts der Testierfähigkeit, die durch dessen ausschließliche Fokussierung auf den zum Ausschluss der Willensbestimmungsfähigkeit führenden pathologischen Zustand des Erblassers entstehen.

Im Hinblick auf subtile Drittbeeinflussungen bleibt demnach zwischen dem Zustand der Testierfähigkeit und der (absoluten) Testierunfähigkeit eine gefährliche Grauzone für willensgeschwächte und suggestible Erblasser zurück, dem sich hiesige Untersuchung im weiteren Fortgang widmet.

2. Schutzmechanismus der Höchstpersönlichkeit der Testamentserrichtung

Während das Erfordernis, dass der Erblasser sein Testament sowohl physisch als auch inhaltlich höchstpersönlich errichten muss, und dies nicht einem Dritten überlassen darf, zwar dem Schutz der Testierfreiheit und der Selbstbestimmung des Erblassers dient (Abschnitt 2.1.), ist es letztlich nicht dafür gedacht und nicht geeignet, den Erblasser gerade vor Drittbeeinflussungen im hiesigen Kontext effektiv zu schützen (Abschnitt 2.2.).

2.1. Inhalt und Schutzzweck des Erfordernisses der doppelten Höchstpersönlichkeit

Anders als bei den meisten lebzeitigen Rechtsgeschäften[435] handelt es sich bei einem Testament um eine höchstpersönliche Angelegenheit. Die Vorschriften der §§ 2064, 2065 BGB normieren dementsprechend den Grundsatz der doppelten Höchstpersönlichkeit[436] des letzten Willens. § 2064 BGB normiert dabei die formelle Höchstpersönlichkeit, wonach der Erblasser sein Testament nur selbst errichten kann und eine Stellvertretung in dieser Hinsicht ausgeschlossen ist.[437] § 2065 BGB betrifft hingegen die materielle Höchstpersönlichkeit der Willensbildung bei letztwilligen Verfügungen in Gestalt des sogenannten Drittbestimmungsverbots[438,439] Denn jede Überlassung der Entscheidung über

---

435   Bei diesen ist eine Leistungsbestimmung durch Dritte gem. § 317 I BGB sowie eine Stellvertretung grds. zulässig. Wenige Ausnahmen dazu bilden insb. die Stellvertretungsverbote nach § 1311 S. 1 BGB i.R. der Eheschließung sowie im Abstammungsrecht nach §§ 1595 ff. BGB.
436   Grundlegend zum Begriff der Höchstpersönlichkeit siehe *Reichel*, Höchstpersönliche Rechtsgeschäfte, S. 1–5.
437   Siehe statt vieler BGHZ 15, 199 = NJW 1955, 100. Zur rechtsgeschichtlichen Entwicklung der formellen Höchstpersönlichkeit siehe *Christandl*, Selbstbestimmtes Testieren, S. 294–300.
438   Zu dieser Begriffsverwendung insb. *Helms*, ZEV 2007, 1; *Kleinschmidt*, Delegation, S. 305.
439   Zum Ganzen *Muscheler*, ErbR, Rn. 525, welcher hierbei von einem Aspekt des erbrechtlichen Personalitätsprinzips spricht. Zusätzlich flankiert § 2302 BGB die Höchstpersönlichkeit der letztwilligen Verfügungen, indem ein Vertrag über eine Verpflichtung der Errichtung, die Unterlassung einer Errichtung, die Aufhebung oder Nichtaufhebung einer Verfügung von Todes wegen nichtig ist. Vgl. auch *Röthel*, ErbR, § 16 Rn. 10; *Grossfeld*, JZ 1968, 113 (118). Zur Gesetzgebungsgeschichte der materiellen Höchstpersönlichkeit und der Zulässigkeit einer dahingehenden Stellvertretung, *Grossfeld*, JZ 1968, 113 (115 f.). Weiter zurückgehend ins römische

testamentarische Zuwendungen an einen anderen stellt eine Art der Übertragung des Testierens dar.[440] Eine Stellvertretung ist weder beim Errichtungsakt (§ 2064 BGB), bei der Entscheidung über die Geltung oder Nichtgeltung einer letztwilligen Verfügung (§ 2065 Abs. 1 BGB) noch bei der Bestimmung der Person[441] oder des Gegenstandes der Zuwendung (§ 2065 Abs. 2 BGB) zulässig.[442] Die Regelung des § 2065 BGB sichert im Wege des Umgehungsschutzes die Einhaltung des § 2064 BGB ab und ergänzt diese zugleich.[443] § 2064 BGB und § 2065 BGB bilden mithin eine materielle Einheit, welche vom Erblasser eine eigene Entscheidung verlangt.[444] Beide Normen zielen auf denselben Zweck in Gestalt der Höchstpersönlichkeit ab[445] und stellen eine Schranke der Privatautonomie im Erbrecht dar, indem dem Verzicht auf ihre Ausübung Grenzen gesetzt werden.[446]

Bereits an der Legitimation des Erfordernisses der materiellen Höchstpersönlichkeit der Testamentserrichtung als Einschränkung der Testierfreiheit kann gezweifelt werden.[447] Tatsächlich fällt die dogmatische Einordnung sowie die Rechtfertigung des Drittbestimmungsverbotes beziehungsweise der

---

Erbrecht *Zimmermann*, Quos Titius voluerit, S. 9–15. Zu den Ausnahmen des Erfordernisses der abschließenden und vollständigen testamentarischen Willensbildung sowie der abweichenden Regelung beim Vermächtnis siehe MüKo/*Leipold*, BGB, § 2065 Rn. 2–5. Zu diesen Ausnahmen und den Möglichkeiten des „verantwortungslosen" Testierens siehe auch *Kleinschmidt*, Delegation, S. 358 f.

440 Vgl. *Mugdan*, Bd. V, S. 19.
441 Zur Differenzierung zwischen einer zulässigen Bezeichnung und unzulässigen Bestimmung der Person des Bedachten eingehend *Grossfeld*, JZ 1968, 113 (113 f.); *Hermann*, FamRZ 1995, 1396 (1398–1401).
442 BGHZ 15, 199 = NJW 1955, 100. Ein Bedürfnis für eine Stellvertretung soll es wegen der subsidiären gesetzlichen Erbfolge als „Reservelösung" in der Regel bereits nicht geben, vgl. *Grossfeld*, JZ 1968, 113 (117) m.w.N. Anders und auch zu Recht für ein praktisches Bedürfnis insb. *Goebel*, DNotZ 2004, 101 (101 ff.). Ebenso *Zimmermann*, Quos Titius voluerit, S. 7 m.w.N., zudem krit. bzgl. den Thesen von *Grossfeld*: *Zimmermann*, Quos Titius voluerit, S. 24–27.
443 Erman/*M. Schmidt*, BGB, § 2064 Rn. 3; Staudinger/*Otte*, BGB, § 2065 Rn. 2.
444 *Westermann*, in: FS Möhring, S. 183 (193).
445 Staudinger/*Otte*, BGB, § 2065 Rn. 2; siehe auch *Kleinschmidt*, Delegation, S. 309 f.
446 Vgl. statt vieler *Lange/Kuchinke*, ErbR, S. 543; *Kleinschmidt*, Delegation, S. 352 f. m.w.N.
447 *Hermann*, FamRZ 1995, 1396 (1401): „Das Prinzip der materiellen Höchstpersönlichkeit in § 2065 II BGB als Einschränkung privatautonomer Testierfreiheit selbst ist nach wie vor fragwürdig und legitimationsbedürftig."; *Muscheler*, ErbR, Rn. 565 sieht alle Versuche zur Legitimierung des § 2065 BGB als gescheitert an.

doppelten Höchstpersönlichkeit schwer, da sie die Testierfreiheit des Erblassers insoweit einschränken als er seine Testierentscheidung nicht an einen Dritten übertragen darf, selbst wenn dies seinem Willen entspricht.

Trotz der berechtigten Zweifel an der Legitimation des Erfordernisses der materiellen Höchstpersönlichkeit der Testamentserrichtung sind für den hiesigen Untersuchungsgegenstand Ansätze interessant, welche für eine Legitimation des Erfordernisses der doppelten Höchstpersönlichkeit auf den Schutz des Erblassers und/oder dessen Erben respektive Erbprätendenten abstellen[448] und so darauf schließen lassen, dass die Entscheidung des Erblassers nicht nur seine eigene Entscheidung sein, sondern diese auch seinem selbstbestimmten und autonomen Willen entsprechen muss.

2.1.1. Schutz des Erblassers

Das Erfordernis der Höchstpersönlichkeit dient unter anderem dem Schutz des Erblassers und dessen Testierfreiheit. Teleologisch sei durch das höchstpersönliche Handeln die im Kern unverzichtbare Privatautonomie zu schützen.[449] Zweck sei daher, die freie Willensentschließung sowie den Schutz vor unlauteren Machenschaften eines Dritten zu gewährleisten.[450] Dabei soll sowohl verhindert werden, dass der Dritte die ihm (bewusst und freiwillig) verliehene Bestimmungsbefugnis zu eigennützigen Zielen missbraucht, als auch, dass

---

448   Ausführlich zu diesen einzelnen Positionen und substantiierten Gegenargumenten sowie zum Folgenden *Goebel*, DNotZ 2004, 101 (105–117) und *Kleinschmidt*, Delegation, S. 352–376. Neben den im Weiteren aufgeführten Punkten streitet u.a. auch das (öffentliche) Interesse an einer eindeutigen sachenrechtlichen Zuständigkeitsordnung und der Vermeidung eines dahingehenden Schwebezustandes i.H.a. das erbrechtliche Anfallprinzip im Zeitpunkt des Erbfalles für den materiellen Höchstpersönlichkeitsgrundsatz. Hierfür insb. *Lange/Kuchinke*, ErbR, S. 543; *Windel*, Modi der Nachfolge, S. 237 m.w.N.
449   *Lange/Kuchinke*, ErbR, S. 543; *Keim*, Höchstpersönliche Struktur, S. 26–28; *Leipold*, ErbR, Rn. 237. *Kleinschmidt*, Delegation, S. 355 und *Zimmermann*, Quos Titius voluerit, S. 27 dagegen sehen in der Delegation gerade einen Ausdruck der Privatautonomie.
450   *Lange/Kuchinke*, ErbR, S. 345; Staudinger/*Otte*, BGB, § 2064 Rn. 4; krit. dazu *Christandl*, Selbstbestimmtes Testieren, S. 302 unter Verweis auf das Insichverbot und darauf, dass damit bereits eine Selbstbereicherung des Dritten unterbunden wäre.

der Erblasser – bereits einen Schritt früher – zu der Überlassung der Entscheidungsbefugnis fremdbestimmt wird.[451]

Goebel – welcher die bisherigen und sich noch anschließenden Begründungsansätze insgesamt als unzutreffend ansieht[452] – möchte hingegen die materielle Höchstpersönlichkeit einer letztwilligen Verfügung mehr wie die letztwillige Verfügung als Instrument der Todesverarbeitung sehen.[453] Während der Errichtung einer letztwilligen Verfügung käme es als Todesverarbeitungsprozess unter anderem zu der Frage, jemandem aufgrund einer besonderen Zuneigungsbeziehung sowie besonderer personaler Verbundenheit einen prominenten Platz als Erben und nicht (nur) als Vermächtnisnehmer zu verschaffen.[454] Einer solchen Erbenstellung käme schließlich auch symbolische Funktion zu, allerdings nur, wenn sie durch den Erblasser höchstpersönlich und gerade nicht seitens eines Dritten verliehen wurde.[455] Aus diesem Blickwinkel sei das Erbrecht an sich als genuines Recht des Todes und eben nicht mehr als genuines Vermögensrecht zu begreifen, welches zum Teil familiaristische Wertungen in sich trägt.[456] Dies weitergeführt, sei die Testierfreiheit auch nicht mehr bloße fortgesetzte Eigentümerfreiheit, im Sinne eines Rechts der Güterbewegung, sondern mehr ein funktionales Persönlichkeitsrecht.[457]

2.1.2. Schutz der Erben

Weiterhin soll das Erfordernis der Höchstpersönlichkeit vor allem dem Schutz der Erben dienen. Dahinter steht der Gedanke, dass es der Erblasser selbst sein muss, der über den Verbleib seines Nachlasses und die potenziell erheblichen

---

451 *Lange/Kuchinke*, ErbR. S. 543. Krit. dazu *Kleinschmidt*, Delegation, S. 370, welcher die Gefahr einer Fremdbeeinflussung auch ohne Bestimmungsdelegation und in der bloßen „Beratung" durch einen Dritten als gleich hoch ansieht. Ebenso verhält es sich aus seiner Sicht bzgl. der Bestimmung des Vermächtnisnehmers nach § 2150 BGB sowie der drittseitigen Nachlassauseinandersetzung. Krit. ebenso *Zimmermann*, Quos Titius voluerit, S. 38 f.
452 *Goebel*, DNotZ 2004, 101 (105–115).
453 *Goebel*, DNotZ 2004, 101 (116); siehe auch *ders.*, Testierfreiheit als Persönlichkeitsrecht, S. 137 ff., 181 ff.; hierzu auch bereits Kap II. 1.1.2.1. Krit. dazu *Kroppenberg*, Privatautonomie von Todes wegen, S. 117 mit Fn. 367.
454 *Goebel*, DNotZ 2004, 101 (117).
455 *Goebel*, DNotZ 2004, 101 (117).
456 *Goebel*, DNotZ 2004, 101 (116).
457 *Goebel*, DNotZ 2004, 101 (116); siehe auch *ders.*, Testierfreiheit als Persönlichkeitsrecht, S. 36 ff., 73 ff., 98 ff.

Auswirkungen seiner Entscheidung auf die Hinterbliebenen befindet. Er soll sich insofern seiner personalen Verantwortung nicht entziehen können.[458] Insbesondere soll eine unfokussierte und daher zumeist wirtschaftlich ungünstige Anhäufung respektive Konzentration familiären Vermögens in der Generationenfolge vermieden werden.[459] Ebenso wird die Gefahr eines Missbrauchs des andernfalls handelnden Dritten beseitigt[460] und der Gefahr von Erbschleicherei[461] entgegengewirkt. Darüber hinaus wird der höchstpersönlichen Errichtung die soziale Funktion der Schaffung einer gerechten Ordnung im Hinblick auf die Erbfolge zugeschrieben.[462] Denn der Erblasser ist „der beste Kenner seiner Verhältnisse und seiner möglichen Erben".[463] Dabei trägt die Regelung des § 2065 BGB einen ethischen Grundgedanken dahingehend in sich, als der nicht zur Entscheidung sichere Erblasser wiederum auch nicht fähig sein soll, von der gesetzlichen Erbfolge abweichen zu können.[464] Die Forderung der Höchstpersönlichkeit steht daher in engem Verhältnis zu der Erhaltung familienrechtlicher Bindungen.[465] Diese Verbindung mit der familienrechtlichen Struktur des höchstpersönlichen Testierens wird auch von der Tatsache unterstrichen, dass der Grundsatz der Höchstpersönlichkeit privatautonomen Handelns lediglich im Familienrecht existent ist.[466]

Schließlich findet sich als teleologisches Argument für den materiellen Höchstpersönlichkeitsgrundsatz, dass der Erblasser selbst gegenüber dem Betroffenen[467] die Verantwortung seiner letztwilligen Entscheidung tragen muss. Durch die höchstpersönliche Testamentserrichtung soll garantiert werden, dass die Inhalte der letztwilligen Verfügungen auch tatsächlich dem Willen

---

458 BGHZ 15, 199 = NJW 1955, 100; ebenso MüKo/*Leipold*, BGB, § 2064 Rn. 1; BeckOGK/*Gomille*, BGB, § 2064 Rn. 4.
459 Eingehend dazu *Grossfeld*, JZ 1968, 113 (118–120) und *Keim*, Höchstpersönliche Struktur, S. 42–51. Siehe auch *Kleinschmidt*, Delegation, S. 366–368.
460 Siehe dazu *Zimmermann*, Quos Titius voluerit, S. 36–40; *Kleinschmidt*, Delegation, S. 369–371.
461 *Mugdan,* Bd. V, S. 522.
462 Ausführlich *Grossfeld*, JZ 1968, 113 (116–118) m.w.N.
463 *Keim*, Höchstpersönliche Struktur, S. 38.
464 v. *Lübtow*, ErbR, S. 139 m.w.N. Krit. ggü. dieser Wortwahl insb. *Grossfeld*, JZ 1968, 113 (115).
465 *Grossfeld*, JZ 1968, 113 (118).
466 *Keim*, Höchstpersönliche Struktur, S. 38.
467 Dabei wird insb. von einer sittlichen, moralischen, höchstpersönlichen Verantwortung oder einer Verantwortung vor dem Gewissen gesprochen, siehe *Kleinschmidt*, Delegation, S. 356.

des Erblassers entspringen und er für dieselben die höchstpersönliche Verantwortung übernimmt.[468] Damit soll eine durchgehende „Verantwortungskette" vom Erblasserwillen bis hin zu der Legitimation der Erbenstellung konstruierbar sein. Diese Legitimation wird durch den erbrechtlichen Berufungsgrund, welcher selbst wiederum durch die konkrete letztwillige Verfügung geschaffen wird, begründet.[469]

Weiter soll die gesetzliche Erbfolge gelten, sofern der Erblasser gerade zu keiner endgültigen Entscheidung gelangen konnte.[470] Denn die dispositive gesetzliche Erbfolge hat nicht allein eine Lückenbüßerfunktion inne, sondern entspricht vielmehr einem Wertmaßstab im Erbrecht.[471] Der Erblasser soll derartige Entscheidungen, welche erhebliche Auswirkungen auf den persönlichen Werdegang sowie das Identitätsempfinden der Angehörigen haben, bewusst reflektiert und konsequent durchdacht selbst treffen.[472].

Die Regelungen zur Höchstpersönlichkeit der letztwilligen Verfügungen zielen daher weniger auf den Schutz des Erblassers ab, sondern vielmehr auf die Interessenwahrung der nächsten Angehörigen.[473] Denn durch die Verdrängung der gesetzlichen Erbfolge werden schließlich primär die nächsten Familienangehörigen des Erblassers tangiert.[474] Kein außenstehender Dritter soll in Gestalt einer letztwilligen Verfügung in den „Kernbereich der familiären Beziehungen" eingreifen können.[475]

---

468 Vgl. BGHZ 15, 199 = NJW 1955, 100; OLG Zweibrücken, NJW-RR 1989, 453 (454); *Westermann*, in: FS Möhring, S. 183 (193 f.); *Brox/Walker*, ErbR, § 9 B Rn. 6; *Keim*, Höchstpersönliche Struktur, S. 28.
469 So zu Recht *Röthel*, in: Lipp/Röthel/Windel, Familienrechtlicher Status, S. 85 (96). Vgl. auch *Windel*, Modi der Nachfolge, S. 235.
470 *Mugdan,* Bd. V, S. 522. Vgl. auch MüKo/*Leipold*, BGB, § 2065 Rn. 1.
471 *Leipold*, AcP 180 (1980), S. 160 (195). Ausführlich dazu *Kleinschmidt*, Delegation, S. 360–366.
472 *Röthel*, ErbR, § 1 Rn. 13; *dies.*, in: Lipp/Röthel/Windel, Familienrechtlicher Status, S. 85 (96). *Kipp/Coing*, ErbR, § 18 I. 3; MüKo/*Leipold*, BGB, § 2064 Rn. 1. Krit. bzgl. dem Abstellen auf familiäre und soziale Interessen, *Lange/Kuchinke*, ErbR, S. 543; ebenso *Helms*, ZEV 2007, 1 (6).
473 *Röthel*, ErbR, § 16 Rn. 11; *dies.*, in: Lipp/Röthel/Windel, Familienrechtlicher Status, S. 85 (96); an der Schutzwirkung des Drittbestimmungsverbots zugunsten der Erben zweifelnd hingegen *Helms*, ZEV 2007, 1 (4 f.).
474 Diesen Aspekt der familienrechtlichen Bindung i.H.a. die Höchstpersönlichkeit betonend, *Grossfeld*, JZ 1968, 113 (118).
475 *Grossfeld*, JZ 1968, 113 (118).

2.2. Ergebnis: Ineffektiver Schutz

Im hiesigen Zusammenhang der unzulässigen Drittbeeinflussungen zu Lasten willensgeschwächter und suggestibler Erblasser stellt sich freilich die Frage, ob und inwieweit das Postulat der Höchstpersönlichkeit einen effektiven Schutzmechanismus darstellen kann. Dabei bietet sich insbesondere unter Bezugnahme auf den obigen Verantwortungsgedanken die Überlegung an, eine (ausreichend) vom Erblasser verantwortete Entscheidung nicht nur dann zu verneinen, wenn eine bewusste Delegation der Nachlassgestaltung stattgefunden hat, sondern nach einem Erst-recht-Schluss gerade auch dann, wenn eine fremdinitiierte Delegation im Gewand einer Manipulation des geschwächten und suggestiblen Erblasserwillens vorgenommen wurde. Denn auch im Falle der willensverfälschenden Drittbeeinflussung liegt letztlich keine reine Entscheidung des Erblassers, sondern eine Fremdentscheidung vor.[476]

Wenngleich dies der für die vorliegende Untersuchung tragende Gedanke ist, vermögen die §§ 2064 f. BGB allerdings nicht, den im hiesigen Kontext nötigen Schutz ausreichend zu gewährleisten. Denn das Erfordernis der Höchstpersönlichkeit schützt zwar davor, dass der Erblasser sich seiner Verantwortung entzieht, doch gerade nicht, dass er durch einen Dritten dieser Verantwortung manipulativ entzogen wird. Die Vorschriften der §§ 2064 f. BGB stellen ausschließlich an den Erblasser gerichtete Handlungsanweisungen dar, welche dessen Freiheit einschränken, um der Sicherung der höchstpersönlichen Entscheidung im Rahmen der Testierfreiheit zu dienen. Dies geschieht aber nicht in Gestalt von zumindest reflexartig auch an Dritte gerichteten Bestimmungen beziehungsweise Verboten, sondern durch einen Appell ausschließlich an den Erblasser. Sie setzen mithin voraus, dass der Erblasser (noch) in der Lage ist, diese Verantwortung autonom zu tragen, und untersagen ihm, die Errichtung oder inhaltliche Entscheidung über ein Testament an einen Dritten zu delegieren. Sobald der willensgeschwächte und suggestible Erblasser aber nicht mehr ausreichend in der Lage ist, Drittbeeinflussungen zu widerstehen und selbstbestimmt zu handeln, fehlt der von den § 2064 f. BGB vorausgesetzte verantwortungsfähige Erblasser. Zusätzlich zu diesem personalen Defizit, gilt der Grundsatz des § 2065 Abs. 2 BGB in sachlicher Hinsicht konsequent lediglich für Erbeinsetzungen.[477] Im Rahmen der hiesigen Untersuchung ist jedoch

---

476 In diese Richtung auch *Frieser*, ErbR 2020, 309 (313 mit Fn. 62); *Huber/Schmieder/Dengler*, BWNotZ 2012, 150 (153 f.).
477 Vgl. etwa §§ 2151 ff. BGB bzgl. dem Vermächtnis, §§ 2193 BGB bzgl der Auflage, §§ 2198 ff. BGB bzgl. des Testamentsvollstreckers. Dazu auch MüKo/*Leipold*, BGB,

ein umgehungssicherer und somit ganzheitlicher Erblasserautonomieschutz gewollt, sodass alle nach dem Erbrecht denkbaren Nachlasskonstruktionen zugunsten eines Dritten erfasst werden können.

Mithin lassen sich die Bestimmungen der §§ 2064 f. BGB beziehungsweise deren Grundgedanken für die hiesige Untersuchung nur insoweit fruchtbar machen, als der grundsätzlich hohe Wert der Höchstpersönlichkeit der Erblasserentscheidung nochmals unterstrichen wird und dies im Rahmen der weiteren Ermittlung eines angebrachten Erblasserautonomieschutzes Berücksichtigung findet. Ein für den hiesigen Kontext ausreichender materiellrechtlicher Schutzmechanismus kann jedoch wegen dem in persönlicher und sachlicher Hinsicht zu begrenzten Anwendungsbereich nicht abgeleitet werden. Dementsprechend verwundert es auch nicht, dass – soweit ersichtlich – weder die Literatur[478] noch die Gerichte das Gebot der Höchstpersönlichkeit als rechtlichen Ansatzpunkt nutzen, um Drittbeeinflussungen bei Testierentscheidungen Rechnung zu tragen.

3. Schutzmechanismus der Testierformen

Ebenso können die Vorschriften über die Form der Errichtung von Testamenten keinen ausreichenden Schutzmechanismus gegen Drittbeeinflussungen im hiesigen Kontext erzeugen.

3.1. Das eigenhändige Testament

Die Möglichkeit des Erblassers, jederzeit und privatschriftlich zu testieren, dient von vornherein nicht dem Schutz des willensgeschwächten und suggestiblen Erblassers vor Drittbeeinflussungen (Abschnitt 3.1.1.). Auch faktisch trägt es nicht zu einem nach hier vertretener Auffassung erforderlichen Schutz bei, sondern leistet Drittbeeinflussungen aufgrund der Nichtöffentlichkeit der Testiersituation sogar Vorschub (Abschnitt 3.1.2.).

---

§ 2065 Rn. 3 f.; MüKo/*Rudy*, BGB, § 2193 Rn. 1; Staudinger/*Otte*, BGB, § 2065 Rn. 10 ff.; *Muscheler*, ErbR, Rn. 552; *Röthel*, ErbR, § 16 Rn. 15.

478 Siehe auch *Christandl*, Selbstbestimmtes Testieren, S. 293, 304 f., der das Erfordernis der Höchstpersönlichkeit i.E. ebenfalls als nicht zielführend im Zusammenhang mit Drittbeeinflussungen hält, allerdings mit der Begründung, dass der Grundsatz der materiellen Höchstpersönlichkeit des § 2065 BGB bereits bei der Frage der Selbstbestimmung zum Zeitpunkt der Testamentserrichtung nicht weiterhelfe und § 2064 BGB keine von den Formvorschriften losgelöste, eigenständige Bedeutung habe.

3.1.1. Inhalt und Schutzzweck der eigenhändigen Testamentserrichtung

Die schwächste nach dem BGB für ordentliche Testamente[479] zulässige Form ist die des eigenhändigen beziehungsweise privatschriftlichen Testaments gemäß §§ 2231 Nr. 2, 2247 BGB.[480] Dieses sog. holographische Testament[481] wurde erst durch eine Empfehlung der Reichstagskommission[482] als zweite ordentliche Testamentsform[483] zugelassen und ist nach wie vor stark umstritten.[484]

Nach diesen Formvorgaben hat der Erblasser seine letztwillige Verfügung vollständig eigenhändig niederzuschreiben und zu unterschreiben.[485] Andernfalls fällt die jeweilige letztwillige Verfügung der Nichtigkeit nach § 125 S. 1 BGB anheim.[486] Die Ratio der testamentarischen Schriftform lässt sich – je nach Sichtweise – auf mehrere Zwecke aufgliedern.[487] Insbesondere soll durch den Formzwang[488]

---

479 In Abgrenzung zu den außerordentlichen, allein in Notsituationen zulässigen, Testamentsformen nach den §§ 2249–2251 BGB, welche nicht unmittelbarer Gegenstand der hiesigen Untersuchung sein sollen.
480 *Zimmermann*, Quos Titius voluerit, S. 28. *Röthel*, AcP 210 (2010), 32 (55) spricht insofern von einem *race to the bottom* der Testieranforderungen.
481 Zu einem Vorläufer des eigenhandschriftlich verfassten Testaments in Gestalt des „*testamentum parentum inter liberos*" ausführlich *Hermann*, in: Schmoeckel, Das holographische Testament, S. 60. Siehe auch den geschichtlichen Kurzüberblick bei *Otte*, in: Schmoeckel/Otte; Europäische Testamentsformen, S. 31 (31–42).
482 *Mugdan,* Bd. V, S. 886–888. Näher *Kipp/Coing*, ErbR, § 25 II, III.
483 *Mugdan,* Bd. V, S. 893–903.
484 *Hermann*, in: Schmoeckel, Das holographische Testament, S. 60 (60 f.) m.w.N.
485 Zu weiterführenden Details statt vieler Burandt/Rojahn/*Lauck*, ErbR BGB, § 2247 Rn. 6–24, 31–38.
486 Zu weiterführenden Details statt vieler Burandt/Rojahn/*Lauck*, ErbR BGB, § 2247 Rn. 42 f.
487 Zum Folgenden BGHZ 80, 242 = NJW 1981, 1737 (1738); MüKo/*Sticherling*, BGB, § 2247 Rn. 1,2; *Röthel*, ErbR, § 17 Rn. 2; *Lange/Kuchinke*, ErbR, S. 376–377, 379–381; *Zimmermann*, Quos Titius voluerit, S. 29–31; *Grundmann*, AcP 187 (1987), 429 (441–454); *Prinz von Sachsen Gessaphe*, in: Schmoeckel, Das holographische Testament, S. 88 (91); *Baumann*, RNotZ 2010, 310 (312); Staudinger/*Baumann*, BGB, § 2247 Rn. 37, 94–111 m.w.N.
488 Gegen den Begriff des Zwangs oder der Einschränkung der Freiheit im Zusammenhang mit den Formvorschriften des Testaments, weil es bei diesen mehr um die Formung der notwendigen Gestalt der „letztwilligen" Erklärung gehe *Zaczyk*, in: Schmoeckel, Das holographische Testament, S. 22 (29). *Di Fabio*, DNotZ 2006, 342 (345, 350) spricht insoweit davon, „dass die Privatautonomie durch Eingriff in

sichergestellt[489] werden, dass der Erklärungsinhalt tatsächlich so und unverfälscht vom Erblasser stammt[490] und dieser den Inhalt abschließend als seinen letzten Willen gelten lassen wollte.[491] Ebenso soll seitens des Erblassers ein besonnenes und verantwortungsvolles Testieren gefördert werden, insbesondere im Hinblick auf die Auswirkungen des Testamentsinhalts auf seine Hinterbliebenen.[492] Ferner wird bezweckt, dass sich der Erblasser zu dem Inhalt seines Testaments beziehungsweise seiner Erklärung ausdrücklich bekennt und selbst verantwortet.[493]

3.1.2. Ergebnis: Ineffektiver Schutz

Ein Kritikpunkt an der Einführung des holographischen Testaments war von vornherein, dass hierdurch einer Beeinflussung des Willens des Erblassers durch Dritte nicht vorgebeugt, sondern dieser gegebenenfalls sogar Vorschub geleistet wird.[494] Bereits im Gesetzgebungsverfahren zum BGB kamen dem

---

die Privatautonomie geschützt werden soll" und die Form „insofern die Schwester der Freiheit" bleibe.

489 Wobei die absolute Notwendigkeit der erbrechtlichen Formen angesichts der häufigen Formfreiheit des Nebenerbrechts mit seinen Testamentsersatzformen zu Recht in Frage gestellt werden kann. Dazu auch *Röthel*, in: Schmoeckel, Das holographische Testament, S. 33 (53) m.w.N., welche für einen dahingehenden Gleichlauf von Erbrecht und dessen Funktionsäquivalenten votiert: *dies,* in: Schmoeckel, Das holographische Testament, S. 33 (58).

490 Das eigenhändige Schriftbild soll dabei eine Identifizierung gewährleisten. Zu Recht krit. i.H.a. die heutigen stark ausgeprägten Digitalisierungstendenzen v.a. *Röthel*, Gutachten 68. DJT, A 64; *dies.*, in: Schmoeckel, Das holographische Testament, S. 33 (44–47), welche das Bild einer „kalten Progression" der Form i.H.a. eine u.U. untergründige Erhöhung der Formschwelle verwendet. Aufgrund des demographischen Wandels und der dadurch erhöhten Gefahr für unbeeinflusste Testierentscheidungen werden selbstbestimmte Entscheidungen dennoch nicht gewährleistet, *dies.*, in: Schmoeckel, Das holographische Testament, S. 33 (50).

491 Es ergeben sich also folgende Funktionen: Klarstellungs-funktion/Identitätsfunktion/Authentizitätsfunktion/Beweisfunktion/Fälschungsschutzfunk-tion/Abschlussfunktion.

492 Mit anderen (Schlag)Worten also: Überlegungs- und Übereilungsschutzfunktion bzw. Warnfunktion.

493 Zu bezeichnen als Erklärungsfunktion und Bekenntnisfunktion, zum Ganzen etwa Burandt/Rojahn/*Lauck*, ErbR BGB, § 2247 Rn. 1; krit. zum Ganzen etwa BeckOGK/*Grziwotz*, BGB, § 2231 Rn. 16 ff.

494 Vgl. dazu *Mugdan*, Bd. V, S. 697, 869 f., 894–896, 900 f.; ebenso etwa Staudinger/*Baumann*, BGB, § 2247 Rn. 11a f.; *Christandl*, Selbstbestimmtes Testieren, S. 239; vgl. auch MüKo/*Stichering*, BGB, § 2247 Rn. 1 und § 2231 Rn. 26.

Gesetzgeber Zweifel daran, ob mit der Möglichkeit im Privaten verfasster Testamente nicht der Beeinflussung durch Dritte Tür und Tor geöffnet wird. So finden sich bereits in den Protokollen folgende Ausführungen:

> „Auch die *Selbstständigkeit des Willens* sei bei dem holographischen Testamente *keineswegs verbürgt*. Bei der leichten Form des Testierens liege vielmehr *vielfach der Versuch* nahe, den *Erblasser in irgend einer Richtung zu beeinflussen*. Möglich sei freilich, daß der Erblasser später wieder, wenn die Beeinflussung aufgehört habe, anders testire, aber das sei doch eine recht mißliche Aushülfe."[495]
> „Wenn Sie dagegen das holographische Testament einführen, kann es dahin führen, daß, wenn einer sein *letztes Stündlein nahen fühlt*, daß meistens *diejenigen, die vielleicht in den letzten Jahren seine besondere Gunst zu erringen gewußt haben, ihm Verfügungen nahelegen*, auf die er dann im *Augenblicke der Schwäche* eingeht." [496]

Daneben besteht bei eigenhändigen Testamenten die Gefahr, dass die Urheberschaft unklar und nachträglich nicht mehr aufklärbar ist.[497] Insbesondere aufgrund der Möglichkeit, Testamente rückzudatieren besteht ein hohes Risiko, dass Testamente, welche vom Erblasser zwar selbst aber in geistig verwirrtem Zustand verfasst wurden, insofern gefälscht werden als der Zustand des Erblassers durch die Rückdatierung verschleiert wird.[498] Um diesen Schwierigkeiten insbesondere in Bezug auf ältere Menschen entgegen zu treten, wird *de lege ferenda* etwa erwogen, selbige ab dem Erreichen einer bestimmten (starren oder flexiblen) Altersgrenze[499] nur noch notariell testieren zu lassen oder die

---

495 *Mugdan*, Bd. V, S. 697.
496 *Mugdan*, Bd. V, S. 895 (als Einwand von *Kauffmann* – in diese Richtung insb. auch *von Buchta* (S. 893 f.), *Görz* (S. 900–902) und *Enneccerus* (S. 902)).
497 Siehe dazu etwa den Fall des BayObLG, BeckRS 2010, 27285, in dem eine umfangreiche Beweisaufnahme erforderlich war, um die Urheberschaft i.H.a. ein eigenhändiges Testament zu klären.
498 Staudinger/*Baumann*, BGB, § 2247 Rn. 11b.
499 Für den Verweis des Erblassers im hohen Alter auf ein öffentliches Testament etwa *Busch*, ErbR 2014, 90 (93 f.). *Aden*, ZRP 2011, 83 möchte hingegen auf die Todesnähe abstellen er sieht das privatschriftliche Testament als „Einfallstor für sachfremde Einflüsse auf die Willensfreiheit des Testators" an und schlägt im Ergebnis vor, dass das todesnahe Testament bzw. ein Testament in unmittelbarer Todesnähe allein als notarielles gültig sei. Dabei solle (bis zur von *Aden* vorgeschlagenen Gesetzesanpassung) bereits *de lege lata* § 2247 IV BGB analog herangezogen werden, weil die Lage des Minderjährigen, welcher die volle Entscheidungsfreiheit *noch nicht* habe, und die des todesnahen Testators, welcher sie *nicht mehr* habe, gleich sei (siehe auch oben Kap. II. 2.2.2.5.). Krit. sowohl ggü. starren als auch flexiblen Altersgrenzen insb. *Fries*, AcP 216 (2016), 421 (442 f.).

Betreuung als Bezugspunkt für den Ausschluss des privatschriftlichen Testaments zu etablieren[500]. Der nachfolgende Untersuchungsabschnitt wird indes aufzeigen, dass selbst durch das notarielle Testament kein ausreichender Schutz im hier geforderten Sinne erzielt werden kann. Nach allem ist an dieser Stelle zu konstatieren, dass die Möglichkeit, jederzeit und im privaten Rahmen sowie im Beisein interessierter Personen eine letztwillige Verfügung zu errichten, nicht nur keinen Schutz vor Drittbeeinflussungen im hiesigen Kontext bewirkt, sondern dieser Gefahr sogar Vorschub bietet. Insbesondere kann die Möglichkeit des willensgeschwächten und suggestiblen Erblassers, jederzeit spontan und damit von Dritten gesetzten Impulsen folgend sofort alte, reiflich überlegt getroffene Verfügungen aufzuheben beziehungsweise (entgegen seiner früheren Entscheidung) durch eine letztwillige Verfügung von der gesetzlichen Erbfolge überhaupt abzuweichen, geradezu als Nährboden für Drittbeeinflussungen angesehen werden.

3.2. Das notarielle Testament

Auch der Schutz, welcher durch die Mitwirkung des Notars bei der Testamentserrichtung zu vermitteln versucht wird (Abschnitt 3.2.1.), ist nicht ausreichend um einen willensgeschwächten und suggestiblen Erblasser vor Drittbeeinflussungen zu bewahren (Abschnitt 3.2.2.).

3.2.1. Inhalt und Schutzzweck der Testamentserrichtung vor dem Notar

Die Errichtung eines öffentlichen Testaments kann zur Niederschrift eines Notars gemäß § 2231 Nr. 1, 2232 S. 1 Alt. 1 BGB oder durch Übergabe einer offenen oder verschlossenen[501] Schrift gemäß §§ 2232 S. 1 Alt. 2, S. 2 BGB erfolgen.

---

500 Vgl. dazu *Spickhoff*, AcP 208 (2008), 345 (376); *Röthel*, Gutachten 68. DJT, A 85; *dies.*, NJW-Beilage 2010, 77 (79); *Klingelhöffer*, ZEV 2010, 385 (387). *Fries*, AcP 216 (2016), 421 (451 f.) schlägt u.a. eine optionale Selbstbindung des Erblassers durch freiwillige Wahl des Ausschlusses des privatschriftlichen Testaments vor. Zur Erwägung einer verpflichtenden juristischen Beratung als Voraussetzung des Testaments *Schmoeckel*, in: ders., Das holographische Testament, S. 16 (18).

501 Bei der Übergabe einer verschlossenen Schrift darf sich der Notar nicht Kenntnis vom Inhalt der Schrift verschaffen, vgl. § 30 S. 4 BeurkG. *Lange/Kuchinke*, ErbR, S. 353. sprechen treffend vom „geheime[n] öffentliche[n] Testament". Bzgl. des Inhaltes trifft den Notar folglich auch keine Beratungspflicht, sondern allein i.H.a. die generelle Tragweite der Testierung, vgl. *Röthel*, ErbR, § 17 Rn. 14.

Der Notar wird als staatlich eingesetzter und durch die Justizverwaltung überwachter Träger eines öffentlichen Amtes mit richternaher Funktion tätig und erfüllt staatliche Aufgaben der vorsorgenden Rechtspflege.[502] Das Beurkundungsverfahren soll allerdings nicht nur rechtliche Überwachung, sondern auch sozialen Schutz bewirken. Die Vorschriften der notariellen Beurkundung finden ihren Sinn und Zweck mithin hauptsächlich in der Beratungs- und Belehrungsfunktion.[503]

Die Vorschrift des § 17 BeurkG statuiert umfassende Prüf- sowie Belehrungspflichten des Notars. Bei einem öffentlichen Testament hat der beurkundende Notar mithin von Amts wegen auf das Vorhandensein von bestimmten Anhaltspunkten zu achten, die unter anderem die geistige Verfassung des Erblassers betreffen.[504] Dabei ist es dem pflichtgemäßen Ermessen des Notars überlassen, auf welchem Weg er sich die notwendige Überzeugung verschafft.[505] Insbesondere hat der Notar die Testierfähigkeit zu prüfen und sich von dieser zu überzeugen[506], was aufgrund des demographisch bedingt stets steigenden Demenzrisikos einen immer bedeutsamer werdenden Gesichtspunkt sowie Vorteil des öffentlichen Testaments darstellt.[507] Ferner hat der Notar den (wahren) Willen der Beteiligten zu erforschen, den Sachverhalt zu klären, die Beteiligten über die rechtliche Tragweite des Geschäfts zu belehren sowie darauf zu achten, dass unerfahrene und ungewandte Beteiligte nicht benachteiligt werden.[508] Schließlich hat (besser: hätte) der Notar darauf zu achten, dass die

---

502 Hierzu und dem Folgenden Staudinger/*Baumann*, BGB, § 2232 Rn. 24 m.w.N.
503 Neben den häufig zusätzlichen Zwecken der Beweissicherungs- und Warnfunktion, dazu etwa BeckOK/*Litzenburger*, BeurkG, § 17 Rn. 18.
504 Obgleich viele dieser Verpflichtungen „nur" Sollvorschriften darstellen, handelt es sich weiterhin um unbedingte notarielle Amtspflichten und strikte Beachtenspflichten, deren Verletzung zur Begründung einer Amtshaftung des Notars nach § 839 BGB i.V.m. § 19 BnotO sowie zu dienstrechtlichen Konsequenzen führen kann, vgl. *Lichtenwimmer*, in: Schmoeckel, Demenz und Recht, S. 43 (55). Die Differenzierung ergibt sich allein daraus, dass bei Sollvorschriften, im Gegensatz zu Mussvorschriften, die Wirksamkeit der Beurkundung nicht von deren Beachtung abhängig ist, vgl. BayObLGZ 1992, 220 (222) m.w.N., etwa wie bei §§ 10, 11, 17 BeurkG.
505 Etwa *Huber/Schmieder/Dengler*, BWNotZ 2012, 150 (153).
506 Vgl. Burandt/Rojahn/*Lauck*, ErbR BGB, § 2229 Rn. 20.
507 Vgl. auch *Röthel*, ErbR, § 17 Rn. 3; dies., NJW-Beilage 2010, 77 (79); *Busch*, ErbR 2014, 90 (93).
508 *Di Fabio*, DNotZ 2006, 342 (350) spricht allg. von dem „Notar als Sachwalter der Freiheit".

Rechtswirksamkeit der zu beurkundenden Willenserklärung nicht an zwingenden Gesetzesbestimmungen, wie etwa § 138 BGB, scheitert.[509] Im Hinblick auf ein selbstbestimmtes Handeln, hat der Notar also zum einen zu prüfen, ob der Erblasser grundsätzlich als fähig angesehen werden kann, frei von Einflüssen Dritter zu handeln.[510] Ferner hat der Notar darauf zu achten, dass sich der Testierende nicht unter dem unzulässigen Einfluss Dritter befindet.[511]

Die Normen der § 11 Abs. 1 S. 2, Abs. 2 BeurkG[512] sowie § 28 BeurkG[513] regeln dagegen keine Prüfpflichten, sondern Zeugnispflichten des Notars.[514] Nach § 11 BeurkG hat der Notar bei Rechtsgeschäften unter Lebenden allein im Falle von Zweifeln oder schwerer Krankheit Feststellungen zur Geschäftsfähigkeit in der Niederschrift zu treffen. Die Regelung des § 28 BeurkG verlangt dagegen bei Verfügungen von Todes wegen stets und in jedem Fall einen Vermerk über die geistigen Fähigkeiten des Erblassers.[515] Es handelt sich insofern um die verfahrensrechtliche Sicherstellung des § 2229 Abs. 4 BGB[516] und dient Beweiszwecken für etwaige spätere Erbstreitigkeiten.[517]

Allerdings soll nach § 11 Abs. 1 BeurkG die Beurkundung durch den Notar nur dann abgelehnt werden, falls er von der Testierunfähigkeit überzeugt ist.[518] Diese hohen Anforderungen an die Überzeugungsbildung rechtfertigen sich zum einen dadurch, dass eine juristische Würdigung eines medizinischen Sachverhalts vorzunehmen ist und zum anderen die Versagung der Beurkundungsmöglichkeit zu einer faktischen Beschränkung der verfassungsrechtlich gewährleisteten Testierfreiheit führt.[519] Bei nicht ausräumbaren Zweifeln seitens des Notars bezüglich der Testierfähigkeit oder sonstiger zu prüfenden

---

509 BeckOK/*Litzenburger*, BeurkG, § 17 Rn. 17; Soergel/Damrau/*Mayer*, BeurkG, § 17 Rn. 1.
510 *Lichtenwimmer*, in: Schmoeckel, Demenz und Recht, S. 43 (49).
511 Soergel/Damrau/*Mayer*, BGB, § 2231 Rn. 7, 37; *Huber/Schmieder/Dengler*, BWNotZ 2012, 150 (153).
512 Die Vorschrift des § 11 I S. 1 BeurkG stellt dagegen eine Konkretisierung des § 4 BeurkG dar, vgl. etwa OLG Celle, MittBayNot 2008, 492 (495) m. Anm. *Winkler*.
513 BT-Drs. V/3282, S. 34 spricht i.H.a. § 28 BeurkG von einer Ergänzung des § 11 BeurkG.
514 OLG Celle, MittBayNot 2008, 492 (495) m. Anm. *Winkler* sowie zum Folgenden.
515 Vgl. hierzu auch Reimann/Bengel/Dietz/*Voit*, BGB, § 2232 Rn. 12.
516 OLG Celle, MittBayNot 2008, 492 (493) m. Anm. *Winkler*.
517 BT-Drs. V/3282 S. 34. Bzgl. des häufig geringen praktischen Beweiswerts dieser Tatsachenfeststellungen siehe *Cording*, ZEV 2010, 23 (27) m.w.N.
518 Hierzu auch *Lichtenwimmer*, in: Schmoeckel, Demenz und Recht, S. 43 (51).
519 *Lichtenwimmer*, in: Schmoeckel, Demenz und Recht, S. 43 (51).

Aspekte, darf die Beurkundung also dennoch nicht abgelehnt werden. Stattdessen hat der Notar gemäß § 17 Abs. 2 BeurkG auf seine Bedenken hinzuweisen, diese mit den Beteiligten zu erörtern und in der Niederschrift zu vermerken.[520] Der Notar hat ausschließlich im Falle seiner persönlichen Überzeugung von der Rechtsunwirksamkeit und/oder der Inkongruenz von wahrem Willen und der zu beurkundenden Willenserklärung – trotz vorangehender umfassender Beratungs- und Erörterungsversuche – nach § 4 BeurkG die Beurkundung abzulehnen.[521] Bei dahingehenden (bloßen) ernsthaften Zweifeln, aber fehlender Unzweifelhaftigkeit, hat er nach § 17 Abs. 2 S. 2 BeurkG zu verfahren und eine Beurkundung im Ergebnis vorzunehmen.[522] Sofern etwaige Zweifel die Wertigkeit von wirklichen, erheblichen Zweifeln nicht erreichen, trifft den Notar keine Pflicht zum Vermerk und auf eine entfernte Möglichkeit der Unwirksamkeit hat er bereits gar nicht hinzuweisen.[523]

Interessant für den hiesigen Untersuchungsgegenstand ist ferner, dass die Rechtsprechung keine vom Erblasser persönlich vorbereitete Testamentserklärung verlangt. Es kann sich mithin auch um die Vorlage des Notars oder die eines Dritten handeln, welche sich der Erblasser im Laufe des Beurkundungsverfahrens zu eigen macht.[524] Für ein solches Zueigenmachen bedarf es nicht einmal einer verbalen Zustimmung[525] hinsichtlich des vorgelesenen Testamentsentwurfes in Gestalt eines sogenannten „Schluss-Ja"[526] des Erblassers, sondern es genügt jede andere nonverbale Zustimmung, sofern selbige verständlich ist.[527]

---

520 Vgl. auch BeckOGK/*Bord*, BeurkG, § 11 Rn. 27.
521 Soergel/Damrau/*Mayer*, BeurkG, § 17 Rn. 9; BeckOK/*Litzenburger*, BeurkG, § 17 Rn. 17.
522 Ein solcher Zweifelsvermerk darf allein bei wirklichen, ernsthaften Zweifeln aufgenommen werden, weil hierdurch eine praktische Verwertbarkeit der Urkunde nahezu ausgeschlossen wird, Soergel/Damrau/*Mayer*, BeurkG, § 17 Rn. 56.
523 BeckOK/*Litzenburger*, BeurkG, § 17 Rn. 17.
524 BGHZ 37, 79 = NJW 1962, 1149 (1150); MüKo/*Sticherling*, BGB, § 2232 Rn. 8.
525 Seit der Neufassung des § 2232 BGB durch das OLG-Vertretungsänderungsgesetz v. 23.07.2002 (BGBl. 2002 I, S. 2858), als Reaktion auf BVerfG, NJW 1999, 1853, bzgl. der Verfassungswidrigkeit des generellen Ausschlusses testierfähiger, jedoch schreibunfähiger und stummer Personen von jeder Testiermöglichkeit. Krit. bzgl. der weitgehenden Neuregelung etwa *Reimann*, FamRZ 2002, 1383 (1384).
526 MüKo/*Sticherling*, BGB, § 2232 Rn. 9. Obgleich bereits die Testamentserrichtung durch ein letztlich einfaches „Ja" von der früheren Rspr. als äußerste Grenze der Vertretbarkeit angesehen wurde, BayObLGZ 1968, 268 (273) m.w.N.
527 In derartigen Fällen wird nach §§ 22 ff. BeurkG der Notar grds. einen Zeugen oder einen zweiten Notar hinzuziehen. Umfassend zur vollständigen Beseitigung

Auch im Hinblick auf eine unbeeinflusste Testierentscheidung treffen den Notar an sich Schutzpflichten zugunsten des Erblassers und dessen Selbstbestimmung.[528] Dies rührt namentlich aus der Vorschrift des § 17 Abs. 2a BeurkG, wonach der Notar das Beurkundungsverfahren so gestalten soll, dass die Vorgaben der § 17 Abs. 1 und Abs. 2 BeurkG gewahrt werden. Mithin sollte der Notar – gegebenenfalls bei dahingehenden Verdachtsmomenten – versuchen, ein Gespräch allein mit dem Erblasser zu führen, bei welchem etwaige Begleitpersonen, insbesondere solche welche durch die Testierung begünstigt werden sollen, nicht anwesend sind.[529] Gleichsam ist darauf zu achten, dass keine Beeinflussung seitens des Notars selbst in Richtung des Erblassers erfolgt.[530]

3.2.2. Ergebnis: Ineffektiver Schutz

Aufgrund der Mitwirkung eines Notars könnte nach Obigem durchaus argumentiert werden, dass die Gefahr der Abgabe von durch Drittbeeinflussungen willensverfälschten Testiererklärungen eines willensgeschwächten und suggestiblen Erblassers reduziert werde. Dennoch schützt die notarielle Beteiligung beziehungsweise Präventionsmöglichkeit nicht ausreichend vor drittbeeinflussten, den wahren Willen des aufgrund Widerstands- sowie Rationalitätsdefiziten suggestiblen Erblassers nicht widerspiegelnden Erklärungen.[531] Dass eine notarielle Beteiligung alles andere als ein Garant für eine von unzulässigen Dritteinflüssen unbeeinträchtigte Erblasserentscheidung darstellt, zeigen vor allem Beispiele aus der richterlichen Praxis.[532] In diesen beispielhaften Fällen

---

des Mündlichkeitserfordernisses Reimann/Bengel/Dietz/*Voit*, BGB, § 2232 Rn. 6. Vgl. auch OLG Hamm, DNotZ 2013, 233 (236); MüKo/*Sticherling*, BGB, § 2232 Rn. 6, 10.

528 Siehe statt vieler Staudinger/*Baumann*, BGB, § 2231 Rn. 16; *Christandl*, Selbstbestimmtes Testieren, S. 258.

529 So auch *Huber/Schmieder/Dengler*, BWNotZ 2012, 150 (153); Soergel/*Mayer*, BeurkG, § 17 Rn. 36; MüKo/*Sticherling*, BGB, § 2229 Rn. 41. Eingehend zur situationsbedingten Ausgestaltung des Beurkundungsvorganges *Lichtenwimmer*, in: Schmoeckel, Demenz und Recht, S. 43 (50–54).

530 *Huber/Schmieder/Dengler*, BWNotZ 2012, 150 (153).

531 Diese Aussage bezieht sich freilich auch keineswegs nur auf die Möglichkeit der Übergabe eines verschlossenen Testaments nach § 2232 S. 2 Alt. 2 BGB, wodurch es zu einer faktischen Umgehung der notariellen Instanz kommt, vgl. hierzu etwa *Prinz von Sachsen Gessaphe*, in: Schmoeckel, Das holographische Testament, S. 88 (94).

532 BayObLGZ 1997, 374; OLG Braunschweig, FamRZ 2000, 1189; OLG Celle, MittBayNot 2008, 492; OLG Frankfurt a.M., FamRZ 2009, 1245; OLG Naumburg,

haben die testierenden Personen zugunsten ihres Betreuers beziehungsweise ihres Vorsorgebevollmächtigten respektive ihrer Pflegekraft im Rahmen eines öffentlichen Testaments unter Mitwirkung eines Notars verfügt, obgleich die Selbstbestimmtheit der Testierentscheidungen bei nüchterner Betrachtung und aus objektiver Sicht stark hätte angezweifelt werden müssen. Doch letztlich muss wohl unter anderem angenommen werden, dass dem Notar in der Regel – ungeachtet einer unter Umständen vorhandenen menschlichen Erfahrung – mangels medizinischer Ausbildung oder Fähigkeiten, schlicht die sachliche Kompetenz fehlen wird, um verlässlich beurteilen zu können, inwieweit der Erblasser sich nun von fremden Einflüssen leiten lässt.[533]

Die fehlende praktische Effizienz des notariellen Beurkundungsvorganges bezüglich des Schutzes des „wahren" Willens des aufgrund Widerstands- sowie Rationalitätsdefiziten suggestiblen Erblassers vor unzulässiger Drittbeeinflussung lässt sich wohl am besten mit dem „Dilemma" des Notars bei der Testamentserrichtung älterer und/oder kranker Erblasser erklären. Dieses Dilemma liegt darin begründet, dass eine wesentliche Aufgabe des Notars ist, dem Willen des Testierenden zur Wirkung zu verhelfen. Dies geschieht allerdings bei einem notariellen Testament naturbedingt in jedem Fall allein mit der notariellen Beurkundung. Für die Ablehnung der notariellen Beurkundung wiederum statuiert das Gesetz sowie die Rechtsprechung wie oben gezeigt sehr hohe Hürden. Dabei erscheint es auch fraglich, ob ein zur umfassender Aufklärung sowie Erörterung gewillter Notar tatsächlich im realen Alltag einen „Ermittlungserfolg" verzeichnen kann oder ob der Erblasser und dessen Begleiter nicht einfach kurzer Hand eine Beurkundung bei einem anderen Notar vornehmen lassen, welcher die gewollte Beurkundung unkomplizierter „durchwinkt". Ebenso ist in diesem Zusammenhang das über dem zögernden Notar schwebende „Damoklesschwert" des faktisch irreversiblen Verhinderns des notariellen Testierens zu beachten, falls der Erblasser anschließend verstirbt und zeitlich keine Möglichkeit des Testierens mehr hatte.[534]

FGPrax 2012, 118; OLG Düsseldorf, BeckRS 2012, 19611; OLG Celle, ZEV 2013, 344; OLG Hamm, BeckRS 2016, 1336. Eingehend zu diesen Fällen insb. *Christandl*, Selbstbestimmtes Testieren, S. 264–266.

533 So verallgemeinernd insb. das OLG Braunschweig, Beschluss v. 04.11.1999, 2 U 29/99, juris Rn. 37, 40.

534 Hierbei schwebt zugleich ein weiteres „Damoklesschwert" über dem Notar – nämlich das der zum Schadensersatz verpflichtenden Amtspflichtverletzung (nach § 19 BNotO) bei einer pflichtwidrigen Ablehnung der Beurkundung. Zu diesem Konflikt auch *Christandl*, Selbstbestimmtes Testieren, S. 266–268 m.w.N.

Dementsprechend sind deutliche Tendenzen in der notariellen Praxis erkennbar, bei etwaigen Bedenken bezüglich der Kongruenz von wahrem Willen und Testamentsinhalt gerade zum Schutze der Testierfreiheit im Zweifel von der Selbstbestimmtheit beziehungsweise allgemeinen Ordnungsgemäßheit auszugehen und eine Beurkundung vorzunehmen.[535] Auch wird der Notar bei außerurkundlichen Dritteinflüssen wohl regelmäßig an seine faktische Grenzen stoßen und derartige Beeinflussungen gar nicht feststellen können.[536] Ein effektiver Erblasserautonomieschutz im hiesigen Kontext scheitert also vor allem aufgrund des diesbezüglichen Erreichens der Funktionsgrenze des notariellen Beurkundungsverfahrens.

3.3. Ergebnis: Ineffektiver Schutz durch Testierformen

Die vorangegangene Untersuchung zwingt zu dem Fazit, dass auch die gesetzlichen Regelungen über die Testierformen keinen sicheren Hafen für die Erblasserautonomie im Zusammenhang mit dem Schutz vor Drittbeeinflussungen im hiesigen Sinne entstehen lassen können. Somit wird sich im Weiteren der Anfechtung als nachträglicher Schutzmechanismus[537] zugewendet.

4. Schutzmechanismus der Anfechtung

Während die Vorschriften über Anfechtung letztwilliger Verfügungen zwar punktuell den Schutz der Selbstbestimmung bei Testierentscheidungen zum Ziel haben (Abschnitt 4.1.), zeigt sich insbesondere in der Praxis, dass auch die Anfechtungsvorschriften *de lege lata* keinen ausreichenden und vor allem

---

535 Ausführlich *Christandl*, Selbstbestimmtes Testieren, S. 266–270, welcher diese Entwicklung zu Recht kritisiert. Dazu auch *Huber/Schmieder/Dengler*, BWNotZ 2012, 150 (151). Eine solche Tendenz ebenso betonend MüKo/*Sticherling*, BeurkG, § 28 Rn. 21, 22. Auch allg. Mitwirkungsverbote aufgrund einer Nähebeziehung zwischen den an der Testamentserrichtung mitwirkenden Personen (bspw. Urkundspersonen, Dolmetscher oder Zeugen) und dem Erblasser zeigen deutliche Schutzlücken, dazu umfassend *Christandl*, Selbstbestimmtes Testieren, S. 319 ff., insb. 335 ff.

536 Ebenso *Lichtenwimmer*, in: Schmoeckel, Demenz und Recht, S. 43 (54). Soergel/*Damrau/Mayer*, BeurkG, § 24 Rn. 7 für den Sonderfall des Einsatzes einer Verständigungsperson.

537 Vgl. zur Erforderlichkeit von nachträglichen effektiven Mechanismen, wenn eine selbstbestimmte Entscheidungssituation zuvor nicht gewährleistet wird auch *Röthel*, in: Schmoeckel, Das holographische Testament, S. 33 (49); *Di Fabio*, DNotZ 2006, 342 (345–347).

praktisch umsetzbaren Schutz des willensgeschwächten und suggestiblen Erblassers vor den mannigfaltigen Schattierungen subtiler Drittbeeinflussungen gewährleisten können (Abschnitt 4.2.). Auch eine tatbestandliche Erweiterung der Anfechtungsvorschriften auf Fälle „leichterer" Beeinflussungen *de lege ferenda* vermag nicht, das nach hier vertretener Auffassung erforderliche Schutzniveau zu vermitteln (Abschnitt 4.4.).

4.1. Schutz der Selbstbestimmung des Erblassers als Zweck der Anfechtungsvorschriften

Ziel der Regelungen über die Anfechtung letztwilliger Verfügungen ist hauptsächlich, sicherzustellen, dass der Inhalt der letztwilligen Verfügung dem Willen des Erblassers entspricht. Denn dem Willensdogma kommt im Erbrecht eine noch herausragendere Bedeutung zu als im restlichen Zivilrecht.[538] Demnach ist zuvorderst der Wille des Erblassers zur Geltung zu bringen und es kommt zu einer Anerkennung letztwilliger Verfügungen seitens der Rechtsordnung grundsätzlich allein deshalb, weil diese Verfügungen ihre Grundlage im wirklichen Willen des Erblassers finden. Die Vorschrift des § 2078 BGB soll nach Vorstellungen der Schöpfer des BGB gerade Ausdruck dieses Willensdogmas sein.[539]

---

538 Vgl. dazu *Mugdan*, Bd. V, S. 24 und zum Folgenden.
539 *Muscheler*, ErbR, Rn. 1837 m.w.N., welcher zu Recht krit. darauf hinweist, dass durch die Anfechtungsregeln dem Willensdogma insofern nicht Genüge getan wird, als lediglich die willensmangelbehaftete Erklärung beseitigt, diese nicht aber durch eine dem wahren Willen entsprechende Erklärung ersetzt werde. Krit. hierzu bereits auch *Schulz* in: GS Seckel, S. 70 (77,78); *Siber*, Reichsgerichtspraxis im deutschen Rechtsleben, S. 350 (375 f.). Bei nüchterner Betrachtung handelt es sich beim Aspekt der Kassationswirkung allerdings nun einmal um das vom Gesetzgeber grundsätzlich in Kauf genommene Notfallprogramm. Dieses zielt auf einen Kompromiss zwischen der Berücksichtigung eines vorhandenen Willensmangels und der Verhinderung eines richterlichen Gestaltungsaktes, welcher den hypothetischen Erblasserwillen mit dem im konkreten Fall als gerecht empfundenen Ergebnis austauscht. Ungeachtet eines u.U. gegenläufigen realen oder hypothetischen Erblasserwillens bzgl. der Geltung der gesetzlichen Erbfolge, sieht das Gesetz dieselbe als die angemessene dispositive Regelung an, sofern ein bestimmter positiver hypothetischer Erblasserwillen nicht mit ausreichender Sicherheit ermittelt werden kann. Das Gesetz stellt hierdurch sicher, dass der Nachlass im Zweifel den gesetzlichen Erben respektive der Familie erhalten bleibt. Vgl. zum Ganzen *Sieker*, AcP 201 (2001), 697 (719 f.).

Entscheidend für die Anfechtung von Willenserklärung im BGB ist mithin das Vorliegen eines Willensmangels. Der Erklärende respektive der Anfechtungsberechtigte erhält das Recht, eine Bindung an die Erklärung zu beseitigen, sobald diese nicht den wahren und frei gebildeten Willen wiederspiegelt.[540] Insofern besteht eine Divergenz zwischen dem von der Verfügung vorausgesetzten Sachverhalt und der Wirklichkeit.[541] Mithin kann die Anfechtung auch nur soweit gehen, wie der Irrtum oder die Fremdbestimmung durch Drohung gereicht hat, sodass nach § 2078 Abs. 1 und 2 BGB immer nur einzelne in der Verfügung von Todes wegen enthaltene Verfügungen anfechtbar sind, nicht aber die Verfügung von Todes wegen als solche.[542]

Im Rahmen der erbrechtlichen Anfechtungsvorschriften werden, im Vergleich zu den allgemeineren[543] §§ 119 ff. BGB, an die Anfechtbarkeit insofern geringere Anforderungen gestellt, als tatsächlich jeder Motivirrtum des Erklärenden zur Anfechtung berechtigt und gemäß § 2078 Abs. 3 BGB in keinem Fall eine Ersatzpflicht des Anfechtenden im Hinblick auf etwaige Vertrauensschäden droht.[544] Grund für diese Senkung der Anforderungen an die Anfechtbarkeit ist, dass ein schutzwürdiger Erklärungsempfänger gerade nicht existiert.[545] Denn zum einen ist der Bedachte beim einseitigen Testament bereits nicht Erklärungsempfänger und zum anderen erfolgt ein unentgeltlicher Erwerb. Darüber hinaus steht dem Testator vor dem Erbfall eine jederzeitige Widerrufsmöglichkeit zu.[546] Aspekte des Vertrauensschutzes sowie der Rechtssicherheit hindern die Testamentsanfechtung insofern nicht.[547] Ferner ist gerade der mögliche Inhalt einer wirksamen Entscheidung des Erblassers weitestgehend unbeschränkt und bezüglich eines Willensmangels ist ausschließlich auf die

---

540 Statt vieler *Leipold*, ZEV 2006, 209 (213).
541 *Flume*, AT, Bd. II, S. 497. *Schmidt-Rimpler* folgend kann die Anfechtbarkeit in der fehlenden Richtigkeitsgewähr der konkret angefochtenen Erklärung begründet werden, siehe hierzu *Schmidt-Rimpler*, AcP 147 (1941), 130 (181–183); *ders.*, in: FS Lehmann, S. 213 (214 f.); *ders.*, in: FS Nipperdey, S. 1 (10 f.).
542 RGZ 70, 391, 394 f.; BGH, NJW 1985, 2025.
543 Die Regelungen der §§ 2078 f. BGB stellen Sondervorschriften zu den §§ 119, 123 BGB dar, vgl. nur Palandt/*Weidlich*, BGB, § 2078 Rn. 2; MüKo/*Leipold*, BGB, § 2078 Rn. 57.
544 Vgl. etwa *Röthel*, ErbR, § 21 Rn. 2; MüKo/*Leipold*, BGB, § 2078 Rn. 62; *Christandl*, Selbstbestimmtes Testieren, S. 67 f.
545 Vgl. *Lange*, ErbR, § 36 Rn. 72; *Schubert/Czub*, JA 1980, 257.
546 Zu diesen Gründen für einen fehlenden Vertrauensschutz siehe auch unten Kap. III. 6.4. a.E.
547 Dazu auch Damrau/Tanck/*Seiler-Schopp/Rudolf*, PraxKo ErbR, § 2078 Rn. 24.

dem wahren Willen zugrundeliegenden, subjektiven Wertungen des individuellen Erblassers abzustellen[548]. *Gottlieb Planck*, (ein) „Vater" des Bürgerlichen Gesetzbuchs[549], folgend, zählt hierbei allein der unter Umständen „launenhafte Eigensinn"[550] des Testators.

Die erbrechtlichen Anfechtungsregeln dienen damit der Erfüllung des Willensdogmas und somit dem Schutz der Testierfreiheit[551] sowie den Interessen des Erblassers als Architekt seiner erbrechtlichen Nachfolge. Zwar steht dem Erblasser zu Lebzeiten in der Regel die jederzeitige Widerrufsmöglichkeit nach §§ 2253 ff. BGB zu.[552] Dennoch kann diese Möglichkeit bei bindend gewordenen letztwilligen Verfügungen durch ein gemeinschaftliches Testament oder im Rahmen eines Erbvertrages ausgeschlossen sein.[553] Ebenso kann die Widerrufsmöglichkeit aufgrund situativer Umstände für den Erblasser faktisch nicht wahrnehmbar gewesen sein. Ferner kann wohl auch nach dem Erbfall davon gesprochen werden, dass es dem Interesse des Erblassers entspricht, wenn auf Willensmängel beruhende letztwillige Verfügungen seitens der Anfechtungsberechtigten – gewissermaßen als Sachwalter des Erblassers – beseitigt werden.[554]

---

548 *Winkler*, ZEV 1994, 371.
549 Vgl. nur *Coester*, in: Loos, Rechtswissenschaft in Göttingen, S. 299 (299 f.); *Meder*, Gottlieb Planck, S. 11 f.
550 *Planck*, PraxKo BGB, § 2078 Anm. 1.
551 Aus der Testierfreiheit folgt gerade auch, dass der Wille des Testators soweit wie möglich gebührend zu berücksichtigen ist und eben nicht etwaige Interessen Dritter am Bestand der letztwilligen Verfügung, vgl. *Schubert/Czub*, JA 1980, 257.
552 Ein Widerruf scheidet indessen aus, sobald der Erblasser testierunfähig ist. Eine in der Literatur vertretene Ansicht votiert hierbei für ein Anfechtungsrecht des Betreuers nach § 2282 II BGB analog, insb. *Lange*, ZEV 2008, 313 (318 f.); *Zimmer*, NJW 2007, 1713 (1714). Die überwiegende Gegenansicht widerspricht indessen einer solchen Analogie, v.a. aufgrund des deutlichen Wortlauts des § 2080 BGB sowie einer bewussten Differenzierung des Gesetzgebers, Damrau/Tanck/*Seiler-Schopp/Rudolf*, PraxKo ErbR, § 2080 Rn. 1; MüKo/*Leipold*, BGB, § 2080 Rn. 2; Staudinger/*Otte*, BGB, § 2080 Rn. 33 jew. m.w.N.
553 Vgl. dazu etwa *Röthel*, ErbR, § 21 Rn. 1.
554 So auch ausdrücklich BGH, NJW 1985, 2025 (2026), welcher dabei vom Verständnis der ganz überwiegenden Meinung und einer gewissermaßen treuhänderischen Wahrnehmung der Interessen des Erblassers spricht. Für einen auch mittelbaren Schutz der Willensfreiheit des Erblassers Damrau/Tanck/*Seiler-Schopp/Rudolf*, PraxKo ErbR, § 2078 Rn. 4. Für einen alleinigen Schutz des Erblasserwillens insb. BeckOGK/*Harke*, BGB, § 2078 Rn. 7.

Daneben dient die Anfechtung auch und primär[555] den Interessen der im Sinne des § 2080 BGB betroffenen Anfechtungsberechtigten beziehungsweise Erbaspiranten.[556] Diese sollen fehlerhafte Erklärungen des Testators, welche sie selbst betreffen, nicht gegen sich gelten lassen müssen. Die Testamentsanfechtung beschäftigt sich daher auch nicht mit etwaigen Bindungen des Erklärenden gegenüber Dritten, sondern mit den Bindungen der Hinterbliebenen untereinander.[557] Bei den Anfechtungsberechtigten handelt es sich naturbedingt oftmals um die (teilweise) übergangenen gesetzlichen Erben.[558] In Anbetracht obiger Ausführungen[559] kann eine Zurücksetzung der gesetzlichen Erben allein durch eine fehlerfreie und selbstbestimmte Erblasserentscheidung gerechtfertigt werden. Zudem kann das geschützte Interesse eines Dritten auch in dem Anrecht auf eine Zuwendung, welche in einer anderen fehlerfreien Verfügung – zur Herbeiführung der gewillkürten Erbfolge – beinhaltet ist, gesehen werden.[560] Zwar hat die Position des Bedachten vor dem Eintritt des Erbfalles vor allem aufgrund der nach § 2302 BGB unbeschränkbaren Testierfreiheit sowie der jederzeitigen Widerrufsmöglichkeit des Testators noch keine ausreichende Verrechtlichung erfahren, um einen Anspruch[561] oder eine Rechtsposition im Sinne eines Anwartschaftsrechts[562] darzustellen. Es kann insofern

---

555 *Röthel*, ErbR, § 21 Rn. 1; MüKo/*Leipold*, BGB, § 2078 Rn. 1; andere Ansicht *Christandl*, Selbstbestimmtes Testieren, S. 107, der den Anfechtungsvorschriften aus dogmatischer Sicht gar keinen Schutzweck unterstellt, sondern in ihnen allein die Durchsetzung des Grundsatzes, dass ein nicht auf Selbstbestimmung beruhendes Testament keinen Geltungsanspruch hat, sieht.
556 Damrau/Tanck/*Seiler-Schopp/Rudolf*, PraxKo ErbR, § 2078 Rn. 2. Für einen alleinigen Schutz der Erbaspiranten insb. *Kleinschmidt*, Delegation, S. 390 m.w.N. In diese Richtung auch *Lange*, ErbR, § 36 Rn. 70 m.w.N.
557 Vgl. Damrau/Tanck/*Seiler-Schopp/Rudolf*, PraxKo ErbR, § 2078 Rn. 2.
558 Die wirksame Anfechtung führt gem. § 142 BGB zur Nichtigkeit der Verfügung, welche als von Anfang an nichtig zu betrachten ist. Sofern keine frühere (wirksame) Verfügung existiert, tritt die gesetzliche Erbfolge ein.
559 Siehe dazu oben Kap. II. 1.1.2.2.
560 Damrau/Tanck/*Seiler-Schopp/Rudolf*, PraxKo ErbR, § 2078 Rn. 3. Eine ältere Verfügung, welche durch die wirksam angefochtene Verfügung aufgehoben worden ist, lebt im Falle der Anfechtung wieder auf, Damrau/Tanck/*Seiler-Schopp/Rudolf*, PraxKo ErbR, § 2078 Rn. 61; Staudinger/*Otte*, BGB, § 2078 Rn. 36.
561 Ein solches subjektives Recht, Erbe zu werden (*heredem fieri*) scheidet aus, vgl. nur *Muscheler*, ErbR, Rn. 88.
562 Ganz überwiegende Meinung, ausführlich BGHZ 12, 115 = NJW 1954, 633 (634). Vgl. auch Palandt/*Herrler*, BGB, § 883 Rn. 18; MüKo/*Kohler*, BGB, § 883 Rn. 32.

lediglich von einer Erwerbsaussicht respektive dahingehenden Hoffnung gesprochen werden. Allerdings lässt das Gesetz diese Position des testamentarisch Bedachten im Falle einer nachfolgenden Verfügung von Todes wegen zumindest zu einer begrenzten Rechtsposition in Gestalt eines Anfechtungsrechts erstarken.[563] Diese Rechtsposition des zuvor testamentarisch Bedachten ist im Vergleich zu der eines Anfechtungsberechtigten aufgrund gesetzlichen Erbrechts relativ schwach, da sie allein aufgrund der Testierfreiheit des Erblassers existiert, welche wieder zu einem Erlöschen dieser Rechtsposition führen kann. Zwar ist die Existenz sowie der Umfang dieser konkreten Rechtsposition der Anfechtungsberechtigten von dem Erblasserwillen abhängig, allerdings nur insofern, als abweichende letztwillige Verfügungen tatsächlich den wahren Willen des Erblassers wiederspiegeln müssen.[564] Mithin bedarf es also gar keiner Argumentation mit etwaigen Vertrauensschutzaspekten auf Seiten der Anfechtungsberechtigten, welche unter Umständen auf Kollisionskurs mit der Testierfreiheit des Erblassers gelangen könnten. Denn tatsächlich zielen doch beide Interessen auf dasselbe Ziel ab. Eine Anfechtungsberechtigung ergibt sich allein, sofern und soweit eine von der dem Anfechtungsberechtigten eingeräumten Rechtsposition abweichende Verfügung vorliegt, welche nicht von dem fehlerfreien respektive wahren Willen des Erblassers getragen ist. Die Gründe, welche eine Anfechtungsberechtigung rechtfertigen, dienen somit zugleich der uneingeschränkten Testierfreiheit des Erblassers und verdichten den Schutz derselben.[565]

4.2. Schutz vor Drittbeeinflussungen

Die Vorschriften über die Anfechtung letztwilliger Verfügungen weisen somit unzweifelhaft eine für den hiesigen Untersuchungsgegenstand passende Stoßrichtung auf. Nachfolgende Ausführungen werden jedoch aufzeigen, dass das Institut der Anfechtung *de lege lata* aus mehreren Gründen nicht imstande ist, ein ausreichendes Schutzkonzept vor subtilen Drittbeeinflussungen unter

---

563 Vgl. zum Ganzen auch *Stumpf*, Auslegung, S. 50–52, 142–144, welche die emotionalen Aspekte nicht aufgreift und lediglich eine Differenzierung zwischen rechtlichen und wirtschaftlichen Interessen vornimmt.
564 Zum Ganzen *Stumpf*, Auslegung, S. 55 f.
565 Vgl. zu Recht *Stumpf*, Auslegung, S. 56, welche dennoch die Interessen der Anfechtungsberechtigten bereits allein durch den subjektiven Auslegungsmaßstab, der überhaupt erst die Feststellung eines Willensmangels ermöglicht, als geschützt ansieht.

Ausnutzung von Widerstands- oder Rationalitätsdefiziten eines willensgeschwächten und suggestiblen Erblassers zu gewährleisten.

4.2.1. (Kein hilfreicher) Vorrang der Testamentsauslegung

Den Königsweg[566] würde es freilich darstellen, wenn man den hier aufgeworfenen Problematiken im Wege einer (ergänzenden) Auslegung begegnen und so am Ende doch dem wahren Willen des Erblassers Geltung verschafft werden könnte. Zwar soll durch die vorrangige Auslegung im Ergebnis grundsätzlich dem wahren Willen des Erblassers zur Geltung verholfen werden,[567] allerdings sind die inhaltlichen Wirkungsmöglichkeiten dieses Instituts stark begrenzt und selbiges birgt nicht zuletzt erhebliche Gefahren, den wahren Willen des Erblassers im Ergebnis zu konterkarieren.

4.2.1.1. Anwendungsbereich und Inhalt

Vorrangig zu einer Beseitigung der jeweiligen Verfügung von Todes wegen bedarf es nach der herrschenden Meinung zwingend der Auslegung derselben.[568] Nur wenn der Inhalt festgestellt ist, kann ein etwaiges Auseinanderfallen von Erklärung und Willen des Erblassers im nächsten Schritt berücksichtigt werden. Freilich ist auch im Rahmen der Auslegung der Verfügung von Todes wegen der Wille des Testators der allein maßgebliche Richtwert[569], denn die Berücksichtigung eines objektiven Empfängerhorizonts existiert bei der Testamentsauslegung naturgemäß grundsätzlich nicht.[570] Das Testament stellt eine nicht empfangsbedürftige Willenserklärung dar[571] und ein schutzwürdiger

---

566 Angelehnt an *Hermann*, Pro non scripta habere, S. 126 f.
567 Erman/*Arnold*, BGB, § 133 Rn. 16; *Christandl*, Selbstbestimmtes Testieren, S. 68.
568 Zu diesem Vorrang statt vieler Staudinger/*Otte*, BGB, § 2078 Rn. 6, 7; jurisPK-BGB/*Lehrmann*, § 2078 Rn. 25, 26.
569 Dabei ist der Wille zum Zeitpunkt der Testamentserrichtung maßgeblich, so die Rspr. und h.M., MüKo/*Leipold*, BGB, § 2084 Rn. 93; Staudinger/*Otte*, BGB, Vorb. §§ 2064 ff. Rn. 87 jew. m.w.N. Vgl. auch *Brox*, Irrtumsanfechtung, S. 156. Bei der Testierfreiheit geht es funktional gerade nicht – wie bei der Vertragsfreiheit – um einen gemeinschaftlichen Autonomiegebrauch, vielmehr um eine isolierte Selbstbestimmung, vgl. hierzu etwa auch *Schmidt*, DRiZ 1991, 81 (82).
570 Abweichendes gilt für die Auslegung von vertragsmäßigen Verfügungen i.R. eines Erbvertrags sowie bei wechselbezüglichen Verfügungen eines gemeinschaftlichen Testaments, dazu MüKo/*Leipold*, BGB, § 2084 Rn. 59, 60; Damrau/Tanck/*Seiler-Schopp/Rudolf*, PraxKo ErbR, § 2084 Rn. 8; Staudinger/*Singer*, BGB, § 133 Rn. 15.
571 Statt vieler Palandt/*Ellenberger*, BGB, Vor § 104 Rn. 11.

Erklärungsempfänger existiert nicht.[572] Im Gegensatz zu einem vertraglichen Handeln ist lediglich die Selbstbestimmung des Testierenden relevant[573] und das Gesetz erkennt kollidierende Interessen Dritter nicht an.[574] Demnach ist die Formulierung sehr treffend, dass der das Testament Auslegende sich (allein) in den „Lehnstuhl des Erblassers"[575] zu begeben hat.[576]

Sofern der Erblasser bei der Testamentserrichtung etwa falsche Vorstellungen bezüglich vorhandener bestimmter Umstände hatte (etwa infolge einer Drittbeeinflussung), kann grundsätzlich im Wege der ergänzenden Testamentsauslegung[577] eine gegebenenfalls hierdurch entstandene Lücke im Testament geschlossen werden.[578] Dabei ist der Versuch zu unternehmen, den Verfügungsinhalt zu ermitteln, welchen der Testierende vorgenommen haben würde, sofern er die Abweichung von seiner Vorstellung gekannt hätte.[579]

---

572 Dazu etwa *Brox*, Irrtumsanfechtung, S. 137; *Stumpf*, Auslegung letztwilliger Verfügungen, S. 54, 142–144. Grundlegend zur Auslegung beim Rechtsgeschäft *inter vivos*, *Flume*, in: FS zum hundertjährigen Bestehen des DJT, S. 135 (194–196).
573 *Flume*, AT, Bd. II, S. 331. Zum Ganzen auch *Sieker*, AcP 201 (2001), 697 (698 f.).
574 *v. Tuhr*, AT, S. 538.
575 *Lüderitz*, Auslegung, S. 136.
576 *Sieker*, AcP 201 (2001), 697 (699 mit Fn. 9) weist in diesem Zusammenhang auf das Lehrbuchbeispiel der dem Freund vermachten „Bibliothek" hin; wobei jeder weiß, dass mit der Bibliothek der Erblasser seinen Weinkeller meint.
577 Zum an sich widersprüchlichen Begriff der „ergänzenden Auslegung" *Brox*, Irrtumsanfechtung, S. 117. Krit. bzgl. dem Begriff „Vorrang" der ergänzenden Testamentsauslegung wegen eines bestehenden Alternativitätsverhältnisses derselben, *Schubert/Czub*, JA 1980, 257 (258). Zur allg. Zulässigkeit der ergänzenden Testamentsauslegung auch *Brox*, Irrtumsanfechtung, S. 120. Vgl. auch. *Muscheler*, ErbR, Rn. 1862 m.w.N., welcher die Bezeichnung der berichtigenden Auslegung bevorzugt. Bzgl. den verschiedenen dogmatischen Begründungen der ergänzenden Auslegung etwa Horn/Kroiß/*Horn*, Testamentsauslegung, § 7 Rn. 101–103; *Muscheler*, ErbR, Rn. 1866–1870. Die ergänzende Auslegung dient wie die erläuternde Auslegung der Ermittlung sowie Verwirklichung des Erblasserwillens. Dabei verfolgt die erläuternde Auslegung das Ziel, klarzustellen, was der Erblasser mit seinen Worten beabsichtigte – sie sucht also den wirklichen Willen. Die ergänzende Auslegung wiederum füllt eine Lücke in der testamentarischen Verfügung – sie sucht insofern nach dem hypothetischen Willen. Beide Auslegungsmethoden gehen Hand in Hand miteinander und schließen sich gegenseitig nicht aus. Zum Ganzen *Hammann*, ErbR 2014, 420; Palandt/*Weidlich*, BGB, § 2084 Rn. 1, 8.
578 Eingehend hierzu und dem Folgenden *Sieker*, AcP 210 (2001), 697 (703–705 f.). Siehe auch *v. Lübtow*, ErbR, S. 294–301.
579 Vgl. auch die vier (Prüfungs)Schritte der ergänzenden Testamentsauslegung bei *Hammann*, ErbR 2014, 420 (423–425).

Dadurch ist es auch möglich – im Gegensatz zu der kassatorischen Anfechtung – dem hypothetischen Willen des Erblassers positiv zur Wirkung zu verhelfen.[580] Es kann bereits hier eine Überschneidung des Anwendungsbereichs der ergänzenden Testamentsauslegung mit dem der Testamentsanfechtung gemäß § 2078 Abs. 2 BGB konstatiert werden.[581] Denn die für die ergänzende Testamentsauslegung benötigte Lücke im Testament stellt im Ergebnis die Folge eines Motivirrtums des Testators dar.[582] Ausschlaggebend für die Abgrenzung dieser Institute ist nur die Möglichkeit der sicheren Feststellung eines hypothetischen, sonach irrealen Willens des Erblassers im Hinblick auf eine in diesem Fall dann gewollte andere Verfügung.[583]

Eine zwingende Voraussetzung für die ergänzende Testamentsauslegung ist also, dass hinreichende Anhaltspunkte für den Inhalt einer Verfügung nach dem hypothetischen Willen des Testators gefunden werden können.[584] Tatsächlich wird in der Praxis jedoch nur selten eine ausreichende Sicherheit bezüglich des hypothetischen Testierens des Erblassers im Falle der Kenntnis der wahren Umstände erreicht werden können.[585] Dies ist vorwiegend der mit dem Tod des Erblassers einhergehenden einseitigen Beweislage geschuldet.[586] Hier besteht mithin die Gefahr, dass sich der Auslegende trotz erheblichen Unsicherheiten hinsichtlich des tatsächlichen Erblasserwillens eine Beurteilung vornimmt, welche jedoch zu sehr von seiner eigenen Einschätzung gefärbt ist und nicht auf der des Erblassers beruht. Damit würde dem Erblasser ein hypothetischer

---

580 *v. Lübtow*, ErbR, S. 298; *Gerhards*, JuS 1994, 642 (644).
581 Zu dieser grundsätzlichen Überschneidung *Sieker*, AcP 210 (2001), 697 (699).
582 *Sieker*, AcP 210 (2001), 697 (703); *Schubert/Czub*, JA 1980, 257 (258).
583 *Sieker*, AcP 210 (2001), 697 (703). Siehe dazu auch die Übersicht zum Verhältnis der ergänzenden Auslegung zur Anfechtung wegen Motivirrtums bei Nieder/Kössinger/W. *Kössinger/Najdecki*, HdB der Testamentsgestaltung, § 23 Rn. 53.
584 *Sieker*, AcP 210 (2001), 697 (703). Hierzu werden unterschiedliche Auffassungen vertreten, wie stark respektive deutlich dieser hypothetische Wille im Testament bereits angelegt sein muss, eingehend dazu *dies.*, AcP 210 (2001), 697 (704) sog. Andeutungs- oder Anhaltstheorie, vgl. MüKo/*Leipold*, BGB, § 2084 Rn. 16 m.w.N. Zur notwendigen Andeutung des Erblasserwillens im Testament nach Ansicht der Rspr. insb. *Hammann*, ErbR 2014, 420 (425 f.). Die Gefahr der Verfälschung des Erblasserwillens durch am Nachlass interessierte Personen besonders betonend *Gerhards*, JuS 1994, 642 (647).
585 So zu Recht auch *Sieker*, AcP 201 (2001), 697 (704 f.).
586 Etwa *Lüderitz*, Auslegung, S. 207 im Zusammenhang mit dem Beweissicherungszweck von Formvorschriften beim Testament.

Wille schlicht unterstellt und durch die Beurteilung des Auslegenden ersetzt werden.[587]

Erschwerend kommt hinzu, dass die Schranken der ergänzenden Testamentsauslegung parallel zu der ergänzenden Vertragsauslegung[588] im Ergebnis in den tatsächlich getroffenen Regelungen zu sehen ist. Nur so kann die Gratwanderung zwischen der gewünschten Verwirklichung des Erblasserwillens und der dem hypothetischen Erblasserwillen widersprechenden und somit unzulässigen richterlichen Gestaltung des Testamentsinhaltes gemeistert werden. Insofern kann das Ergebnis einer ergänzenden Testamentsauslegung nie die Schaffung einer neuen Verfügung und vor allem nicht die Auswechslung des Bedachten sein.[589] Kann eine etwaige Divergenz zwischen dem Testamentsinhalt und dem wahren Sachverhalt aufgrund obiger Erfordernisse und Einschränkungen nicht im Wege der ergänzenden Auslegung behoben werden, bedarf es also des Rückgriffs auf das Institut der Anfechtung.

4.2.1.2. Zwischenergebnis

Diesen Grundsätzen folgend, stellt die vorrangige Auslegung keine Lösung für die hiesige Problematik der subtilen Drittbeeinflussungen zu Lasten willensgeschwächter und suggestibler Erblasser bereit. Denn ungeachtet der hohen und schwer erfüllbaren Anforderungen an die Gewissheit bezüglich des hypothetischen (autonomen) Erblasserwillens wird es bei einer willensverfälschenden Drittbeeinflussung in aller Regel um eine Auswechslung des Bedachten respektive eine faktisch inhaltlich neue Verfügung gehen. Ein solches Ergebnis würde jedoch die inhaltlichen Wirkungsmöglichkeiten der Rechtsfigur übersteigen

---

587 Vgl. zum Ganzen *Sieker*, AcP 210 (2001), 697 (704 f.). Ebenso Staudinger/*Otte*, BGB, Vor §§ 2064 ff. Rn. 95, der insb. vor einer Auswechslung des Zuwendungsempfängers warnt. Siehe in ähnlichem Zusammenhang auch *Christandl*, Selbstbestimmtes Testieren, S. 308–318, der anhand der Rechtsfigur des „*statutory will*" im englischen Recht aufzeigt, dass es nicht der Selbstbestimmung des Erblassers dient, wenn eine Art Vertretung des Testierenden durch eine andere Person erfolgt, die dessen Willen erahnen und umsetzen soll, und sei es auch ein Richter oder eine gerichtlich bestellte Person.

588 Hierzu Staudinger/*Roth*, BGB, § 157 Rn. 37–40; jurisPK-BGB/*M. Otto*, § 157 Rn. 36–39.

589 Zum Ganzen MüKo/*Leipold*, BGB, § 2084 Rn. 101 m.w.N. auch zur Gegenansicht; Staudinger/*Otte*, BGB, Vorb. §§ 2064 ff. Rn. 95; *Flume*, AT, Bd. II, S. 338; *Hammann*, ErbR 2014, 420 (424); *Sieker*, AcP 201 (2001), 697 (705).

und den Anwendungsbereich der kassatorischen Anfechtungsvorschriften eröffnen.

4.2.2. Zweckdienliche Anfechtungsgründe

Für die weitere Suche nach effektiven Schutzkonzepten im Hinblick auf subtile Drittbeeinflussungen zu Lasten eines willensgeschwächten und suggestiblen Erblassers erscheinen vornehmlich die Anfechtungsgründe in Gestalt der widerrechtlichen Drohung nach § 2078 Abs. 2 Alt. 2 BGB sowie des Motivirrtums nach § 2078 Abs. 2 Alt. 1 BGB zweckdienlich. Dabei wird sich die nachfolgende Untersuchung auf die rechtliche Erfassung solcher Verhaltensweisen konzentrieren, welche meinungs- beziehungsweise beweggrundverändernde Einflussnahmen mit dem Ziel darstellen, das innere Motivationsgefüge des Erblassers zu verändern, ohne dabei jedoch einen Motivirrtum zu erzeugen respektive aufrechtzuerhalten oder das Gewicht einer Drohung zu erreichen – dies unter Ausnutzung von bestehenden oder erzeugten Widerstands- oder Rationalitätsdefiziten des willensgeschwächten und suggestiblen Erblassers.

Allerdings zeigt sich bei näherer Betrachtung der Voraussetzungen einer erfolgreichen Anfechtung und den damit einhergehenden praktischen Schwierigkeiten, dass auch die Vorschriften der Anfechtung nicht ausreichend sind, um den hier thematisierten Gefahren von Drittbeeinflussungen zu begegnen.

4.2.2.1. Anfechtung aufgrund widerrechtlicher Drohung

Lässt man die Gedanken über das Thema der Drittbeeinflussung im Rahmen einer Testierentscheidung schweifen, kommt neben der irrtumsbedingten Anfechtung primär wohl die Anfechtung wegen einer widerrechtlichen Drohung in den Sinn. Im Folgenden soll versucht werden, letztere Alternative für den im hiesigen Kontext anvisierten Erblasserautonomieschutz fruchtbar zu machen.

4.2.2.1.1 Erfordernis einer Drohung

Im Gleichklang[590] zu der Anfechtung nach § 123 Abs. 1 Alt. 2 BGB, kann diejenige Verfügung von Todes wegen angefochten werden, zu welcher der Erblasser

---

590 Die Regelungen des § 123 I Alt. 2 BGB und § 2078 II Alt. 2 BGB stimmen tatbestandlich sowie in der Auslegung überein, *Bartholomeyczik*, ErbR, § 24 I 1; MüKo/*Leipold*, BGB, § 2078 Rn. 54; *Schubert/Czub*, JA 1980, 257 (258). Dies beabsichtigten auch die Väter des BGB, vgl. *Mugdan*, Bd. V, S. 25: „Eine Verfügung soll angefochten werden können, wenn der Erblasser zu ihr widerrechtlich durch

widerrechtlich durch Drohung bestimmt worden ist.[591] Der Tatbestand dieses Anfechtungsgrunds ist mithin wie der Tatbestand des § 123 Abs. 1 Alt. 2 BGB auf Drohungen im Sinne dieser Norm beschränkt. Eine derartige Drohung stellt das vorsätzliche Inaussichtstellen eines zukünftigen Übels dar, auf dessen Eintritt der Drohende vorgibt Einfluss zu haben, um den Bedrohten zu einem Rechtsgeschäft zu bestimmen.[592] Für ein tatbestandliches Handeln genügt dolus eventualis des Drohenden, sodass ein Bewusstsein des Drohenden hinsichtlich der Möglichkeit der Willensbeeinflussung durch sein Verhalten ausreicht.[593] Wiederum weiter als bei § 123 Abs. 1 Alt. 2 BGB ist es im Rahmen des § 2078 Abs. 2 Alt. 2 BGB unerheblich, wer die Drohung als Mittel der Willensbeeinflussung verwendet hat[594] und ob der Erklärungsempfänger von der Beeinflussung Kenntnis hatte oder hätte haben müssen. Die Widerrechtlichkeit der Drohung richtet sich auch hier nach einer Gesamtschau im Einzelfall im Hinblick auf den verfolgten Zweck, dem eingesetzten Mittel sowie der Zweck-Mittel-Relation,[595] wobei vor allem letzteres im Erbrecht dominiert.[596]

4.2.2.1.2. Zu enger Tatbestand für subtile Drittbeeinflussungen

Wie eng der Tatbestand dieses Anfechtungsgrundes und dass dieser nicht geeignet ist, sämtliche und insbesondere die hier anvisierten Arten von Fremdbeeinflussungen zu erfassen, sei anhand der folgenden Fallbeispiele verdeutlicht. Den klassischen Lehrbuchfall[597] stellt folgendes Szenario dar:

Drohung oder Betrug bestimmt worden ist; vgl. § 103, *an welchen sich die Vorschrift anschließt.*" (Hervorhebungen durch den Verfasser).

591 Parallel zur Anfechtungsmöglichkeit hins. der einzelnen Verfügung nach § 2078 II BGB bleiben die Anfechtungsklagen wegen Erbunwürdigkeit sowie Vermächtnisunwürdigkeit gem. § 2342 BGB bzw. § 2345 I BGB möglich, etwa MüKo/*Leipold*, BGB, § 2078 Rn. 58.

592 Vgl. etwa BGH, NJW 1988, 2599 (2600 f.); BGH, NJW-RR 1996, 1281 (1282); KG, NJW 2001, 903 (905); MüKo/*Armbrüster*, BGB, § 123 Rn. 109; *Lange*, ErbR, § 36 Rn. 90.

593 MüKo/*Armbrüster*, BGB, § 123 Rn. 113.

594 MüKo/*Leipold*, BGB, § 2078 Rn. 56.

595 BGHZ 2, 287 = NJW 1951, 643 (644); BGHZ 25, 217 = NJW 1957, 1796 (1797); BayObLGZ 1960, 490 (497 f.); KG, NJW 2001, 903 (905). Siehe etwa auch *Lange*, ErbR, § 36 Rn. 90.

596 MüKo/*Leipold*, BGB, § 2078 Rn. 54. Nach *Lange/Kuchinke*, ErbR, S. 854 ist zusätzlich zu beachten, dass niemandem ein Recht zusteht, vom Erblasser bedacht zu werden.

597 Siehe etwa einen ähnlichen Fall auch bei *v. Lübtow*, ErbR, S. 323. Ähnlich auch *Röthel*, ErbR, § 21 Rn. 15.

> Der pflegebedürftige Erblasser E (90 Jahre) wird bereits seit einigen Jahren von seiner ambulanten Pflegerin P daheim betreut. E ist auf P stark angewiesen, da seine Verwandten im Ausland leben und seine sonstigen Bekannten bereits verstorben sind. Ohne die Unterstützung der P müsste E in ein Pflegeheim. Diese Abhängigkeit wohl wissend, macht die P eines Tages dem E ausdrücklich klar, dass sie ihn nicht mehr pflegen wird, falls sie nicht zumindest die Hälfte seines Vermögens erbt. Zwar wollte E sein gesamtes Vermögen an seine gesetzlichen Erben weitergeben, aufgrund der Aussage der P setzt er selbige jedoch als Erbin in Höhe der Hälfte seines Vermögens ein.

In diesem Fall liegt die Anfechtbarkeit der konkreten Verfügung wegen einer widerrechtlichen Drohung klar auf der Hand. Die Widerrechtlichkeit liegt nämlich auch dann vor, wenn der Drohende mit dem Entzug einer bisher gewährten Leistung droht, zu welcher er zwar an sich nicht verpflichtet ist, der Entzug den Erblasser allerdings in eine akute Notsituation bringen würde.[598]
Anders und diffizil ist die Sachlage in dem folgenden Beispielsfall:[599]

> Bei diesem Szenario besteht dasselbe Abhängigkeitsverhältnis zwischen E und P. Nur dieses Mal geht die P nicht ganz so offensiv und transparent vor. Die P bittet erst den E explizit und inständig darum, sie als Erbin einzusetzen. Diese Bitte wird jedoch von E ausdrücklich abgelehnt. Hiervon lässt sich die P nicht entmutigen. Stattdessen reduziert P immer mehr ihre Pflegeaufmerksamkeit gegenüber E und schikaniert diesen. Dieses Vorgehen hat letztlich Erfolg und E setzt die P wie gewünscht als Erbin ein.

Das tatbestandliche Vorliegen einer Drohung ist hier deutlich weniger eindeutig zu beantworten und letztlich wohl zu verneinen. Zu bezweifeln ist dabei vor allem das Inaussichtstellen eines zukünftigen Übels. Zwar bedarf es keines ausdrücklichen Aussprechens der Drohung, ausreichend ist ebenso eine versteckte Drohung etwa in Form von Warnungen oder Hinweisen auf nachteilige Folgen sowie eine Drohung durch schlüssiges Verhalten.[600] Eine bloße Beeinflussung durch fortgesetztes und sogar aufdringliches Bitten[601] oder ein (deutlicher)

---

598 Vgl. RG, JW Beil. 1902, 286; KG, NJW 2001, 903 (905); MüKo/*Leipold*, BGB, § 2078 Rn. 54; MAH ErbR/*Malitz*, § 7 Rn. 37.
599 Vgl. hierzu *Röthel*, ErbR, § 21 Rn. 15, welche hierbei eine Drohung bezweifelt und den verbleibenden Bedenken bzgl. der Anerkennung auf solche Weise motivierter Testamente über § 138 I BGB Rechnung tragen möchte. Siehe hierzu unten Kap. III. 6.
600 Etwa BGH, BeckRS 2010, 28013 (Rn. 18); BGH, NJW 1988, 2599 (2601); BGH, NJW-RR 1996, 1281 (1282); MüKo/*Armbrüster*, BGB, § 123 Rn. 112; Damrau/Tanck/*Seiler-Schopp/Rudolf*, PraxKo ErbR, § 2078 Rn. 48.
601 KG, NJW 2001, 903 (905).

Widerspruch[602] gegen die von dem Erblasser beabsichtigte Verfügung genügen allerdings nicht für eine Drohung.[603]

Ebenso wenig soll die Aufforderung an den Erblasser, auch die jenseitigen Folgen der irdischen Taten zu bedenken – mangels vorgeblicher Beherrschbarkeit des in Aussicht gestellten Übels – den Tatbestand der Drohung verwirklichen.[604] Denn aus der Erklärung oder dem Verhalten des Drohenden muss der Bedrohte folgern, dass der Drohende dafür sorgen werde, dass das angedrohte Übel eintritt, falls der Bedrohte die Willenserklärung nicht abgeben sollte.[605] Das heißt also, dass die Ausnutzung der Todesnot im Wege moralischer oder religiöser Vorhaltungen allein nicht tatbestandserfüllend für eine Drohung ist.[606]

Die für die hiesige Untersuchung problematische Enge des Tatbestands der Anfechtung wegen widerrechtlicher Drohung zeigt sich auch in der praktischen Anwendung dieses Anfechtungsgrunds in der Praxis durch die Gerichte. So sah etwa das KG die Äußerung eines Pfarrers gegenüber der Erblasserin, die Kirche könne sich nicht mehr um die Erblasserin kümmern, wenn sie nicht mit einem bestimmten Inhalt verfüge, als nicht ausreichend für eine Ankündigung eines vom Willen des Pfarrers abhängigen künftigen Übels an.[607] Auch die durch Zeugen mitgeteilte Äußerung der Erblasserin, der Pfarrer habe ihr ein Testament abgerungen, damit sie in den Himmel komme, änderte nicht die gerichtliche Meinung. Aus der Sicht des Gerichts handele sich bei dem Geschehen lediglich um eine Beeinflussung durch den Pfarrer, welche allerdings nicht in der Ankündigung eines von dem Pfarrer abhängigen zukünftigen und hinreichend schweren Übels – vergleichbar etwa der Drohung mit dem Entzug gewährter Pflegeleistungen – bestanden habe. Insbesondere sei im Hinblick

---

602 BGH, BWNotZ 1965, 348.
603 So auch *Lange*, ErbR, § 36 Rn. 90; Erman/*Schmidt*, BGB, § 2078 Rn. 11; Staudinger/*Otte*, BGB, § 2078 Rn. 26; Damrau/Tanck/*Seiler-Schopp/Rudolf*, PraxKo ErbR, § 2078 Rn. 48. Ein Verstoß gegen die guten Sitten kann indes beim Vorliegen weiterer Umstände, etwa der Ausnutzung der Willensschwäche oder einer Zwangslage des Erblassers, vorliegen, so zu Recht BGH, BWNotZ 1965, 348 (348 f.) dazu eingehend unten Kap. III. 6.1.2.
604 *Lange*, ErbR, § 36 Rn. 91; Staudinger/*Otte*, BGB, § 2078 Rn. 27.
605 BGH, NJW-RR 1996, 1281 (1282); BGH, NJW 1988, 2599 (2601).
606 Damrau/Tanck/*Seiler-Schopp/Rudolf*, PraxKo ErbR, § 2078 Rn. 50; MüKo/*Leipold*, BGB, § 2078 Rn. 55, welcher zu Recht auf eine von den Umständen abhängige und mögliche Sittenwidrigkeit der Verfügung hinweist dazu eingehend unten Kap. III. 6.
607 Dazu und dem Folgenden KG, NJW 2001, 903 ff.

auf die Äußerungen des Pfarrers nicht erkennbar, in welcher Weise selbiger und sonstige Personen der Kirche ihr Verhalten gegenüber der Erblasserin im Falle des Unterbleibens einer Testamentserrichtung verändern würden. Ferner sah das Gericht bereits nicht ausreichend dargelegt, dass sich die Erblasserin im entscheidenden Zeitraum vor der Testamentserrichtung in einer derartigen seelischen Verfassung befunden haben könnte, dass sie durch die Worte des Pfarrers in eine akute Notsituation gebracht worden wäre.

Für eine tatbestandliche Drohung genügt es nach der Rechtsprechung und der in der Literatur überwiegenden Ansicht gerade nicht, wenn eine seelische Zwangslage (lediglich) ausgenutzt wird.[608] Es sei nicht ausreichend, wenn der Erklärende bei Abgabe seiner Willenserklärung allein erwartet, dass der andere Teil ihm bei Nichtabgabe der entsprechenden Erklärung ein Übel zufügen wird, soweit sich diese Befürchtung nur aus der objektiv bereits vorhandenen Sachlage ergibt und diese von dem anderen Teil weder hervorgerufen oder bestärkt wird.[609] Nicht ausreichend sei ebenso der bloße Hinweis auf eine objektiv bereits bestehende, vom Willen des Anfechtungsgegners unabhängige Zwangslage beziehungsweise der Hinweis darauf, dass die bereits bestehenden Verhältnisse von allein und mit Sicherheit, Wahrscheinlichkeit oder Möglichkeit ein künftiges Übel erwarten lassen, selbst wenn dieser Hinweis zum Zwecke der Willensbestimmung erfolgt.[610] Die Vorschrift des § 123 BGB schütze die rechtsgeschäftliche Entscheidungsfreiheit nicht generell gegen alle Arten von Beeinträchtigungen aufgrund von Zwangslagen, sondern allein gegen rechtswidrige Beeinflussungen durch arglistige Täuschung und widerrechtliche Drohung.[611]

---

608 BGHZ 2, 287 = NJW 1952, 643 (644); BGH, NJW 1988, 2599 (2601); BGH, NJW-RR 1996, 1281 (1282); Damrau/Tanck/*Seiler-Schopp/Rudolf*, PraxKo ErbR, § 2078 Rn. 48; MüKo/*Armbrüster*, BGB, § 123 Rn. 110 mit Hinweis auf die rechtspolitisch unbefriedigende Situation *de lege lata*. Dagegen *Sack*, NJW 1974, 564 (565), welcher eine Analogie zu §§ 123, 119, 122 II BGB bei i.R. einer verbraucherschutzbezogenen Diskussion im Zusammenhang mit einer (reinen) Ausnutzung einer Zwangslage vorgeschlagen hat – dies jedoch zeitlich vor Normierung dbzgl. Widerrufsrechte.
609 BGH, NJW 1988, 2599 (2601) unter Verweis auf BGHSt 7, 252 = NJW 1955, 877.
610 BGHZ 6, 348 = NJW 1952, 1094 (1095).
611 Vgl. BGH, NJW 1988, 2599 (2601) m.w.N.

4.2.2.1.3. Erfassung der Fälle des § 48 Abs. 3 TestG a.F.?
Diesem engen Verständnis des Anfechtungstatbestands treten mehrere Stimmen in der Literatur insbesondere unter Rekurs auf § 48 Abs. 3 TestG a.F.[612] entgegen.

Schlüter sieht den Anwendungsbereich der Anfechtung wegen einer Drohung im Erbrecht nicht derart eingeschränkt.[613] So seien auch die in früher von § 48 Abs. 3 TestG a.F. erfassten Szenarien verfassten letztwilligen Verfügungen heute entweder nach § 2078 Abs. 2 Alt. 2 BGB anfechtbar oder nach § 138 Abs. 1 BGB[614] nichtig. Letzterer Fall solle eintreten, wenn besondere Umstände hinzukommen, die in Verbindung mit der widerrechtlichen Drohung die Verfügung in ihrem Gesamtcharakter sittenwidrig machen. Nach § 48 Abs. 3 TestG a.F. war eine Verfügung von Todes wegen nichtig (und nicht lediglich anfechtbar), wenn ein anderer den Erblasser durch Ausnutzung der Todesnot zu ihrer Errichtung bestimmt hatte. Rechtspolitischer Anlass dieser Regelung war nach der amtlichen Begründung, dass Religionsdiener Erblasser mitunter derart beeinflusst hätten, dass letztere zugunsten kirchlicher Einrichtungen verfügen.[615] Dabei wurde unter dem Begriff Todesnot nicht allein die Furcht vor dem Strafgericht Gottes beziehungsweise einer Bestrafung im Jenseits[616] oder die Sorge um das Seelenheil überhaupt verstanden, sondern teilweise auch die Angst vor dem Todeskampf ohne menschlichen Beistand.[617]

Ebenso sieht *Finke* solche Szenarien, in welchen die Todesnot in verwerflicher Weise ausgenutzt wird, durch die Institute der Anfechtung wegen widerrechtlicher Drohung oder der Nichtigkeit beziehungsweise der Schadensersatzpflicht

---

612 Das Testamentsgesetz wurde am 31.07.1938 unter nationalsozialistischer Regierung ins Leben gerufen (RGBl. I S. 973) und durch Gesetz vom 05.03.1953 größtenteils aufgehoben, eingehend dazu sogleich.
613 Zum Folgenden *Schlüter*, ErbR, S. 138.
614 Für die grundsätzliche Anwendung des § 138 I BGB in derartigen Fällen, falls sich die Sittenwidrigkeit noch aus zusätzlichen Umständen ergibt, *v. Lübtow*, ErbR, S. 323 f. Eingehend dazu unten Kap. III. 6.1.2.
615 RGBl. I S. 973 ff. Amtliche Begründung des TestG, abgedruckt in: Deutsche Justiz 100 (1938), 1254 (1259).
616 *Vogels/Seybold*, TestG, § 48 Rn. 12 sprechen davon, dass man unter Todesnot „in der Hauptsache die Angst des Sterbenden vor einer Bestrafung im Jenseits zu verstehen" habe.
617 *v. Lübtow*, ErbR, S. 323, welcher allerdings von einer jetzigen Anwendung des § 138 I BGB spricht. Für ein weites Verständnis der Todesnot auch *Bartholomeyczik*, ErbR, § 23 I 3 b). Siehe hierzu auch *Thielmann*, Sittenwidrige Verfügungen, S. 319.

aufgrund Verstoßes gegen die guten Sitten erfasst.[618] Für eine Anwendung der Anfechtungsvorschrift nach § 2078 Abs. 2 Alt. 2 BGB oder der Nichtigkeitsbestimmung des § 138 Abs. 1 BGB votiert ebenso *Bartholomeyczik*.[619] Ähnlich sehen *von Lübtow*[620] und *Lange/Kuchinke*[621] die Fälle der Ausnutzung der Todesnot vom Anfechtungstatbestand wegen widerrechtlicher Drohung sowie bei Hinzutreten zusätzlicher Umstände von § 138 Abs. 1 BGB erfasst.[622] *Lange/ Kuchinke* möchten eine Drohung darüber hinaus bereits dann bejahen, wenn eine Handlung vorgenommen wird, „bei der der Einwirkende das Maß der intensiven Bitte, des Anmahnens der Verbundenheit oder des Mitgefühls des Erblassers so überschreitet, daß dieser unter einen nicht unerheblichen persönlichen oder wirtschaftlichen Druck gesetzt wird, oder daß die Willensschwäche oder Zwangslage des Erblassers ausgenützt wird".[623]

Im Hinblick auf obige Gedanken, § 2078 Abs. 2 BGB nun auf hiesige Szenarien teilweise auszuweiten, ist Folgendes jedoch problematisch und könnte dem Unterfangen zugegebenermaßen entgegenstehen. Zu beginnen ist dabei mit dem Umstand, dass die Regelungen des § 2078 Abs. 2 BGB und § 48 Abs. 3 TestG für einen Zeitraum gleichzeitig normiert waren. Hierbei ging man davon aus, dass § 48 Abs. 3 TestG den Anwendungsbereich des § 2078 Abs. 2 BGB insofern überlagert, als eben ein anderer den Erblasser durch Ausnutzung seiner Todesnot zur Errichtung einer letztwilligen Verfügung bestimmt hat.[624] Folglich war das Verhaltenselement des Ausnutzens allein im § 48 Abs. 3 TestG – jedenfalls

---

618 *Finke*, DNotZ 1953, 174 (181). Wobei die Bestimmung des § 2078 II BGB als Sondervorschrift der Regelung des § 138 BGB vorgeht, sofern sich der Vorwurf des Verstoßes gegen die guten Sitten allein aus der Drohung an sich ergibt. Bestehen darüber hinaus zusätzliche Umstände, welche die Sittenwidrigkeit begründen, ist die Regelung des § 138 BGB nicht mehr als verdrängt anzusehen, vgl. dazu etwa RGZ 115, 378 (383); BGH, NJW 1988, 2599 (2601); MüKo/*Armbrüster*, BGB, § 123 Rn. 131; *Schlüter*, ErbR, S. 138. Eingehend dazu unten Kap. III. 6.1.2.
619 *Bartholomeyczik*, ErbR, § 23 I 3 b).
620 *v. Lübtow*, ErbR, S. 323 f.
621 *Lange/Kuchinke*, ErbR, S. 854 mit Fn. 97.
622 Siehe zum Ganzen auch *Thielmann*, Sittenwidrige Verfügungen, S. 319 f. Erman/*M. Schmidt*, § 2078 Rn. 11 spricht davon, dass die Ausnutzung der Todesnot schon zur Nichtigkeit nach § 138 BGB führt. Die Sittenwidrigkeit für den Fall der Ausnutzung der Todesnot von den Umständen abhängig machend MüKo/*Leipold*, § 2078 Rn. 55. Auch *Brox/Walker*, ErbR, § 17 Rn. 5 erwägen hierbei neben § 2078 II BGB ein Vorgehen nach § 138 BGB. Eingehend dazu unten Kap. III. 6.1.2.
623 *Lange/Kuchinke*, ErbR, S. 854.
624 Vgl. *Vogels/Seybold*, TestG, § 48 Rn. 12.

ausdrücklich – normiert. Der Entwurf eines Gesetzes zur Wiederherstellung der Gesetzeseinheit auf dem Gebiete des bürgerlichen Rechts vom 30. Oktober 1952[625] sah indessen vor, dass die Regelung des § 48 Abs. 3 TestG als dritte Variante des § 2078 Abs. 2 BGB eingefügt wird und es insofern aus Zweckmäßigkeitserwägungen zu einer Vereinigung der Regelungen im Rahmen des Anfechtungstatbestandes kommt.[626] Die endgültige Fassung des Gesetzes zur Wiederherstellung der Gesetzeseinheit auf dem Gebiete des bürgerlichen Rechts vom 5. März 1953[627] führte jedoch zu einer ersatzlosen Streichung der Vorschrift des § 48 Abs. 3 TestG ab dem 1. April 1953.[628] Aus dem Plenarprotokoll über die 249. Sitzung des Deutschen Bundestags vom 4. Februar 1953 ist ersichtlich, dass in der im Wege der nationalsozialistischen Gesetzgebung errichteten Bestimmung „eine ungerechtfertigte Verdächtigung der Religionsdiener – daß sie sich der Erbschleicherei schuldig machen würden – erblickt" wurde.[629] Im Zuge der ersatzlosen Aufhebung des § 48 Abs. 3 TestG kam es auch zu keiner Wortlautveränderung des restlichen § 2078 Abs. 2 BGB. Insofern scheint der Gesetzgeber die reine Ausnutzung einer Furcht rechtlich nicht im Rahmen der Anfechtungsvorschrift des § 2078 BGB berücksichtigen zu wollen.

Doch selbst wenn man (einen Teil) des alten Anwendungsbereichs des § 48 Abs. 3 TestG in § 2078 Abs. 2 BGB sehen möchte, würde sich weiterhin aus § 2078 Abs. 2 BGB ein nur fragmentarischer Schutz vor subtilen Drittbeeinflussungen ergeben. Grund hierfür ist, dass auch § 48 Abs. 3 TestG insofern nur in sehr eingeschränktem Maße Schutz geboten hätte: Bereits allgemein soll der Anwendungsbereich dieser Regelung nicht allzu weit gewesen sein.[630] Vor allem *Vogels/Seybold* zogen den Anwendungsbereich des § 48 Abs. 3 TestG sehr eng. Hiernach hat sich die Vorschrift ausschließlich auf Testamente bezogen, welche auf dem Sterbebett errichtet wurden.[631] Für die Tatbestandserfüllung soll es ferner erforderlich gewesen sein, dass der Erblasser unter dem Druck eines Dritten gestanden hat, welcher den Sterbenden mit Höllenstrafen gedroht und

---

625 BT-Drs. 3824.
626 Begründung zu Erster Teil Art. 5 Nr. 4, BT-Drs. 3824.
627 BGBl. 1953 I Nr. 8, S. 33.
628 Zweiter Teil Art. 1 Nr. 6, BT-Drs. 3824.
629 So die Berichterstattung des Abgeordneten *Dr. Wahl* (CSU) im Plenarprotokoll über die 249. Sitzung des Deutschen Bundestags vom 4.2.1953, S. 11918(C) (abrufbar unter: www.bundestag.de/protokolle).
630 So auch *v. Lübtow*, ErbR, S. 323.
631 Dazu und dem Folgenden *Vogels/Seybold*, TestG, § 48 Rn. 12.

selbigen, unter bewusster Ausnutzung der erzeugten Angst, dadurch zu einer Verfügung bestimmt hat. Einer inhaltlichen Verwerflichkeit der Verfügung bedürfe es demnach allerdings nicht, weil das Ausnutzen der Todesnot in dieser Weise bereits ausreichend verwerflich war. Ebenso bedürfe es keiner Einsicht des Dritten im Hinblick auf die Verwerflichkeit seines Handelns. Die Rechtsprechung hingegen forderte im Ergebnis doch eine gewisse inhaltliche Verwerflichkeit der durch die Ausnutzung der Todesnot getroffenen Verfügung. Zwar wurde betont, dass die Ausnutzung der Todesnot eines Erblassers nach § 48 Abs. 3 TestG auch dann zu bejahen sei, wenn die getroffene Verfügung von Todes wegen ihrem Inhalt nach nicht zu beanstanden sei. Dennoch wäre nach allgemeiner und zutreffender Ansicht eine Tatbestandserfüllung allein aufgrund schwerwiegender Tatsachen zu bejahen. Ein Erblasser sei daher zu einer Verfügung von Todes wegen nur dann durch Ausnutzung seiner Todesnot im Sinn der Norm bestimmt worden, wenn die Art, in der auf ihn Einfluss genommen wurde, nach den gesamten Umständen sittlich anstößig ist. Hiernach sei es für die Tatbestandserfüllung des § 48 Abs. 3 TestG erforderlich, dass die Todesnot in sittlich nicht zu billigender Weise dazu missbraucht worden ist, den Erblasser zu einer Verfügung zu bestimmen, welche seinen Lebensverhältnissen sowie den in seinen Kreisen herrschenden Anschauungen nicht entspricht. Ein Missbrauch der Todesnot könne hiernach jedenfalls dann nicht vorliegen, wenn die getroffenen Bestimmungen in vollem Umfang inhaltlich sachgemäß und billig beziehungsweise den Verhältnissen des Erblassers entsprechend in vernünftiger und anständiger Weise geordnet worden seien.[632]

---

632 Zum Ganzen BGH, BeckRS 1956, 31385608 m.w.N. Diesen Grundsätzen folgend hat das Gericht einen Missbrauch i.S. des § 48 III TestG verneint, obwohl die Erblasserin erwiesenermaßen durch die Ehefrau des Predigers derselben Glaubensgemeinschaft, welcher auch die Erblasserin angehörte, unter dem Hinweis, dass sie sonst einen Fluch auf sich lade, mehrfach ermahnt wurde, ein Testament zu errichten, in welchem sie ihre Gastwirtschaft ihrem Enkel zuwendet. Dabei ging das Gericht davon aus, dass sich die Erblasserin zur Zeit der Testamentserrichtung in Todesnot befunden hat und auch durch die Einwirkung der Ehefrau des Predigers zur Testamentserrichtung veranlasst wurde. Ungeachtet dieser erwiesenen Umstände, könne aus gerichtlicher Sicht insgesamt kein Missbrauch der seelischen Verfassung bzw. der Todesnot der Sterbenden bejaht werden, weil letztere im konkreten Fall durch ihre Glaubensgenossin – welche im Übrigen weder für sich noch ihre Glaubensgemeinschaft einen Nutzen erstrebt respektive erlangt hat – zu einer sachgemäßen und die Belange der Erben wohl abwägenden Verfügung von Todes wegen veranlasst wurde.

4.2.2.1.4. Analoge Anwendung bei sonstigen Drittbeeinflussungen?

Denkbar wäre weiterhin eine analoge Anwendung[633] der Anfechtungsvorschrift des § 2078 Abs. 2 Alt. 2 BGB auf Fälle, in welchen eine bereits vorhandene Willensschwäche des Erblassers ausgenutzt wird. Dies könnte dazu führen, dass ein Anfechtungsrecht auch dann entsteht, soweit ein Dritter die etwa aus gesundheitsbedingten oder situationsbedingten Gründen leichte(re) Beeinflussbarkeit des Erblassers und somit „lediglich" eine günstige Gelegenheit (aus)nutzt und den Erblasser so subtil und ohne tatbestandliche Drohung zur der von dem Dritten gewünschten Verfügung bewegt.

Tendenzen für eine analoge Anwendung von Anfechtungsvorschriften wegen einer widerrechtlichen Drohung auf Willenserklärungen, zu welchen der Erklärende unter Ausnutzung einer (bereits bestehenden) Zwangslage veranlasst wurde, lassen sich in der Literatur durchaus finden. Dabei handelt es sich vorwiegend um Ansätze, welche die Vorschrift des § 123 BGB, teilweise in Kombination mit § 119 BGB, auch auf andere Beeinflussungsformen entsprechend anwenden möchten. Diese Erwägungen lassen sich auf die Anfechtungsvorschrift des § 2078 BGB übertragen, da jedenfalls der Drohungstatbestand des § 123 BGB und des § 2078 BGB übereinstimmen[634] und aufgrund des im Erbrecht mit größerer Bedeutung versehenen Willensdogmas der Schutz vor jeglicher Beeinflussung umso mehr angezeigt scheint.

Sack schlägt eine analoge Anwendung des § 123 BGB[635] für Fälle vor, in welchen eine Willensentscheidung in sonstiger Weise rechtswidrig beeinflusst wurde, auch außerhalb von Arglist oder widerrechtlicher Drohung. Auf ein vorsätzliches oder fahrlässiges Verhalten des Anfechtungsgegners solle es dabei nicht ankommen.[636] Die für eine Analogie erforderliche Gesetzeslücke ergebe sich daraus, dass zwar ein Anfechtungsrecht bei Arglist und Drohung und damit „grob" rechtswidrigen Willensbeeinflussungen, nicht aber bei „einfach"

---

633 Zu den Voraussetzungen einer Analogie etwa *Hermann*, FamRZ 1995, 1396 (1397). Zum einer Analogie immanenten wertenden Moment *Heussen*, NJW 2016, 1500.
634 *Bartholomeyczik*, ErbR, § 24 I 1; MüKo/*Leipold*, BGB, § 2078 Rn. 54; BeckOGK/*Harke*, BGB, § 2078 Rn. 35; BeckOK/*Litzenburger*, BGB, § 2078 Rn. 14; Staudinger/*Otte*, BGB, § 2078 Rn. 26.
635 Früher noch Analogie zu den §§ 119, 123 BGB, vgl. *Sack*, Unlauterer Wettbewerb, S. 16; *ders.*, WRP 1974, 445 (450), diese Meinung insofern ausdrücklich ändernd *ders.*, GRUR 2004, 625 (631 mit Fn. 66).
636 Dazu *Sack*, GRUR 2004, 625 (635); *ders.*, NJW 1974, 564 (565); *ders.*, BB 2003, 1073 (1078); *ders.*, WRP 1974, 445 (450 f.), im Zusammenhang mit wettbewerbs- bzw. verbraucherschutzrechtlichen Sachverhalten.

rechtswidrigen Willensbeeinflussungen, die weder arglistig sind noch das Niveau einer Drohung erreichen, besteht. Diese Gesetzeslücke sei vom Gesetzgeber auch nicht bewusst normiert worden. Dies ergebe sich insbesondere aus der Diskrepanz zwischen dem Wortlaut des § 123 BGB und der Gesetzesbegründung zum BGB, die jede rechtswidrige Willensbeeinflussung und nicht nur solche, die auf eine Arglist oder Drohung zurückgehen, erfasse.[637] Das Anfechtungsrecht aus § 123 BGB fuße auf dem übergeordneten Gesichtspunkt, dass Verträgen die Wirksamkeit zu versagen sei, welche durch rechtswidrige Willensbeeinflussungen zu Stande gebracht worden sind.[638] Diesbezüglich heißt es in den Motiven:

> „Die Rechtsordnung kann nicht gestatten, daß die freie Selbstbestimmung auf rechtsgeschäftlichem Gebiete in widerrechtlicher Weise beeinträchtigt wird. […] Die freie, dh. nicht rechtswidrig beeinflußte Willensentscheidung bildet […] ein Thatbestandsmoment des Rechtsgeschäftes und ein in dieser Hinsicht mangelhaftes Rechtsgeschäft wird dergestalt als unverbindlich behandelt, daß es im Willen des Verletzten steht, ob er die Nichtigkeit geltend machen will oder nicht."[639]

Entscheidend sei hierbei, dass sich die ausschlaggebende Rechtswidrigkeit einer Willensbeeinflussung auch aus anderen Umständen als Arglist oder widerrechtlicher Drohung ergeben könne. Verglichen mit der Gesetzesbegründung sei der Tatbestand des § 123 BGB zu eng und darüber hinaus bestünden keine Anhaltspunkte für den Willen des Gesetzgebers, das Anfechtungsrecht auf die Fälle der Arglist oder widerrechtlicher Drohung zu beschränken.[640]

---

637 Eingehend zum Ganzen *Sack*, GRUR 2004, 625 (630 f.).
638 *Sack*, GRUR 2004, 625 (630).
639 Motive I, S. 204 zu § 103 BGB (Drohung/Betrug) bei *Mugdan*, Bd. I, S. 465. Unter Bezugnahme auf diese Motive geht *Wolf* noch einen Schritt weiter und ordnet die Freiheit der Willensentscheidung bzw. die Nichtbeeinträchtigung der Entscheidungsfreiheit als Gültigkeitsvoraussetzung der Willenserklärung ein (*Wolf*, Entscheidungsfreiheit, S. 123, 278). Danach sei eine Willenserklärung unwirksam, sofern die rechtsgeschäftliche Entscheidungsfreiheit fehlt. Vgl. auch *Wolf*, in: Athenäum-Zivilrecht, S. 20 (50 mit Fn. 47). Krit. zu diesem zu weitgehenden Ansatz von *Wolf* insb. *Sack*, WRP 1974, 445 (452).
640 *Sack*, GRUR 2004, 625 (630). Gegen eine generelle Einordnung der §§ 119, 123 BGB als abschließende Regelungen vgl. auch *Mankowski*, Beseitigungsrechte, S. 190–193. *Mankowski* etwa möchte im Zusammenhang mit einer sog. fahrlässigen Täuschung die Norm des § 123 I Alt. 1 BGB analog anwenden (*Mankowski*, Beseitigungsrechte, S. 342, 344). Ebenso macht er darauf aufmerksam, dass die Drohung nach § 123 I Alt. 1 BGB sowohl nach dem eindeutigen Wortlaut der Vorschrift als auch im Vergleich zum Wortlaut der Täuschungsalternative keinen

Denn gerade auch die Existenz der Regelung des § 119 BGB beweise, dass selbst dann, wenn die Willensentscheidung auf nicht rechtwidrige Art und Weise beeinflusst wurde, ein Anfechtungsrecht existieren soll. Der Rekurs auf die Vorschrift des § 119 BGB verfolge dabei das Ziel, den Blick für die vorhandene Lücke im Anfechtungsrecht zu schärfen sowie das sogenannte Vorsatzdogma im Rahmen des § 123 BGB in Frage zu stellen, nach welchem ein Anfechtungsrecht ausschließlich im Falle von vorsätzlichen rechtswidrigen Willensbeeinflussungen vom Gesetzgeber vorgesehen sein soll.[641] Ebenso beweise § 119 BGB, dass nicht die Schwere oder die Rechtswidrigkeit der Beeinflussung, sondern das Fehlen einer Entscheidung, die auf einem freien Willen beruht, der Grund für die Anfechtbarkeit einer Willenserklärung sei.[642] Ungeachtet dieser gedanklichen Einbeziehung des § 119 BGB ist die maßgebliche Basis für eine analoge Anwendung des § 123 BGB ausschließlich in der Vorschrift des § 123 BGB sowie den diesbezüglichen Ausführungen in den *Motiven* zu sehen. § 123 BGB bringe gerade den allgemeinen Rechtsgedanken zum Ausdruck, dass eine rechtsgeschäftlich bindende Willenserklärung von einem freien, unbeeinflussten Willen getragen sein muss.[643] Unerheblich sei demnach auch, ob die Beeinflussung schuldhaft erfolgte.[644]

---

subjektiven Tatbestand voraussetzt (*ders.*, Beseitigungsrechte, S. 369 f. m.w.N.). *Grigoleit* befürwortet ein Anfechtungsrecht in entsprechender Anwendung des § 123 BGB wiederum bei nur fahrlässiger (vorvertraglicher) Irreführung (*Grigoleit*, NJW 1999, 900 (903); *ders.*, Vorvertragliche Informationshaftung, S. 148). Ebenso grundsätzlich für die Fortbildung eines Vertragslösungsrechts bzgl. subtileren Manipulationen, *Köndgen*, Selbstbindung, S. 306 mit Fn. 113. Auch *Alexander* (Vertrag, S. 117–119) konstatiert einen zu engen Anwendungsbereich der § 123 BGB und plädiert für eine vorsichtige Analogie für Szenarien mit ähnlich schwerwiegenden Eingriffen und folgt damit ausdrücklich *Schmidt*, in: FS Lukes, S. 793 (804) i.H.a. die missbilligte Veranlassung zur Abgabe einer Willenserklärung.

641 Diesen ausschließlichen Zweck der Einbeziehung i.H.a. die unterschiedlichen historischen Wurzeln der §§ 119, 123 BGB besonders betonend, *Sack*, GRUR, 625 (632); *Sack*, WRP 1974, 445 (451). Zu historischen Hintergründen der Anfechtungsregeln insb. *Heinrich*, AcP 162 (1963), 88 (88 f.); *Harder*, AcP 173 (1973), 209 (219–224).
642 Vgl. *Sack*, Unlauterer Wettbewerb, S. 17; *ders.*, WRP 1974, 445 (450).
643 Vgl. *Sack*, Unlauterer Wettbewerb, S. 17; *ders.*, WRP 1974, 445 (451), dessen Diskussionsfeld zwar wettbewerbs- bzw. verbraucherschutzrechtlicher Natur ist, für den hiesigen Untersuchungsgegenstand indes fruchtbar gemacht werden kann. Den umgekehrten Schluss zieht etwa *Schubert*, AcP 168 (1968), 480 (507), der davon ausgeht, dass § 123 BGB gerade zum Ausdruck bringe, dass eine Willenserklärung nur dann beseitigt werden kann, wenn sie durch eine arglistige Täuschung verursacht worden ist.
644 *Sack*, GRUR 2004, 625 (631); für die Berücksichtigung zumindest auch fahrlässiger Beeinflussungen etwa auch *Mankowski*, Beseitigungsrechte, S. 342, 344, 369 f.

Weiler möchte eine Anfechtung nach § 123 BGB in entsprechender Anwendung unter anderem zulassen, wenn eine seelische Zwangslage durch ein Verhalten zumindest fahrlässig verursacht wird, welches unter der tatbestandsmäßigen Schwelle einer Drohung liegt.[645] Dabei verweist er insbesondere auf Gefährdungslagen im Rahmen von durch persönliche Zuneigung oder Abhängigkeit geprägten Beziehungskonstellationen. Wegen dem Aspekt der Selbstverantwortung des Erklärenden sei ein zumindest fahrlässiges Handeln auf der Gegenseite erforderlich.[646] Die bloße (auch bewusste) Ausnutzung einer bereits unabhängig von dem Verhalten anderer vorliegenden und diesen nicht zurechenbaren Zwangslage soll indes nicht genügen.[647] Denn in diesem Falle liege eine Beschränkung der Entscheidungsfreiheit bereits vor und selbst eine analoge Anwendung des § 123 BGB scheide aus.

Die überwiegende Auffassung spricht sich hingegen ausdrücklich gegen eine derartige entsprechende Anwendung des § 123 BGB aus.[648] Zwecks Unterstreichung ihrer ablehnenden Ansicht wird oftmals auf die höchstrichterliche Rechtsprechung des BGH sowie BAG verwiesen.[649] Bei genauerer Betrachtung dieser Rechtsprechung fällt indes auf, dass eine analoge Anwendung des § 123 BGB in dem hier relevanten Sinne nicht *per se* von den Gerichten ausgeschlossen wurde. Denn tatsächlich verneinte der BGH eine analoge Anwendung des § 123 BGB lediglich bezogen auf eine nicht-rechtswidrige Willensbeeinflussung[650]:

„Unter der freien Willensentscheidung, die § 123 I BGB allerdings schützt, ist nur die nicht *rechtswidrig* beeinflußte Willensentscheidung zu verstehen [...]."

Im Folgenden verweist der BGH auf eine Entscheidung des BAG und führt dazu aus[651]:

---

m.w.N; *Grigoleit*, NJW 1999, 900 (903); *ders.*, Vorvertragliche Informationshaftung, S. 148.
645 *Weiler*, Beeinflusste Willenserklärung, S. 626, 639–640; *ders.*, WRP 2003, 423 (427).
646 *Weiler*, WRP 2003, 423 (429).
647 *Weiler*, Beeinflusste Willenserklärung, S. 640 f.
648 Zum Ganzen etwa BGH, NJW 1988, 2599 (2601); *Schumacher*, Vertragsaufhebung wegen fahrlässiger Irreführung unerfahrener Vertragspartner, S. 53 f.; *Lorenz*, Schutz, S. 345–347; vgl. auch *Schwarze*, Vorvertragliche Verständigungspflichten, S. 310 f.
649 Hierzu sowie zum Folgenden auch *Sack*, GRUR 2004, 625 (631 mit Fn. 66).
650 BGH, NJW 1988, 2599 (2601) (Hervorhebungen durch den Verfasser).
651 BGH, NJW 1988, 2599 (2601) (Hervorhebungen durch den Verfasser).

„Die rechtsgeschäftliche Entscheidungsfreiheit des einzelnen wird also nicht allgemein gegen jede Art von Beeinträchtigung durch eine Zwangslage geschützt, *sondern nur* gegen die rechtswidrige Beeinflussung *durch arglistige Täuschung und widerrechtliche Drohung* (vgl. BAG, Betr 1983, 1663 ff.)."

Tatsächlich lassen sich in diesem genannten BAG-Urteil allerdings nur folgende Zeilen finden[652]:

„[...] da nach der gesetzlichen Regelung die rechtsgeschäftliche Entscheidungsfreiheit des einzelnen nicht allgemein gegen jede Art von Beeinträchtigung, sondern *nur gegen bestimmte schwerwiegende Störungen* geschützt wird. Eine *Analogie ist daher allenfalls dann zu bejahen, wenn der Eingriff in die rechtsgeschäftliche Entscheidungsfreiheit an Intensität einer arglistigen Täuschung oder widerrechtlichen Drohung vergleichbar* ist."

Das BAG erachtet demnach eine Analogie im Falle von vergleichbar intensiven Eingriffen ausdrücklich für möglich.[653] Nichtsdestominder betont der BGH anschließend, dass rechtsgeschäftliches Handeln häufig auf wirklichen oder vermeintlichen wirtschaftlichen oder persönlichen Zwängen beruhe. Es käme zu einer schweren Beeinträchtigung der Sicherheit des Rechtsverkehrs, sofern eine Anfechtung von Willenserklärungen lediglich deshalb möglich wäre, weil der Erklärende durch eine dem anderen Teil bekannte Zwangslage zur Abgabe veranlasst wurde.[654]

Auch unter Einbeziehung der vorstehenden Gedanken möchte es nicht verständlich erscheinen, wieso eine entsprechende Anwendung des § 2078 Abs. 2 Alt. 2 BGB auf Fälle, in welchen eine bereits vorhandene Willensschwäche des Erblassers ausgenutzt wird, nicht möglich sein soll. Dies gilt insbesondere vor dem Hintergrund, dass im Falle einer letztwilligen Verfügung anders als bei § 123 BGB der Schutz des Rechtsverkehrs gerade kein schlagendes Argument ist. Ohne die Annahmen der Gegner einer Analogie im Hinblick auf § 123 BGB in ihrer Gesamtheit in Frage stellen zu wollen, erweist sich im Hinblick auf § 2078 BGB eine andere Wertung letztlich als geboten:

Zum einen wird im Rahmen der vorliegenden Thematik insbesondere schon nicht ein allgemeiner Schutz der rechtsgeschäftlichen Entscheidungsfreiheit des Einzelnen gegen jede denkbare Art von Beeinträchtigungen durch Zwangslagen gefordert, sondern der Schutz eines aufgrund Widerstands- oder Rationalitätsdefiziten willensgeschwächten und suggestiblen Erblassers vor subtilen

---

652 BAG, NJW 1983, 2958 (2959) (Hervorhebungen durch den Verfasser).
653 So zu Recht *Sack*, GRUR 2004, 625 (631 mit Fn. 66).
654 BGH, NJW 1988, 2599 (2601); ebenso etwa BeckOK/*Wendtland*, BGB, § 123 Rn. 28.

Drittbeeinflussungen auch außerhalb der engen tatbestandsmäßigen Definition der Drohung, weil hier eine vergleichbare Intensität der Beschränkung der Testierfreiheit besteht.

Zum anderen stimmen zwar die Regelungen des § 123 Abs. 1 Alt. 2 BGB und § 2078 Abs. 2 Alt. 2 BGB tatbestandlich überein. Dennoch ist nicht verständlich, weshalb eine identische Auslegung derselben angezeigt sein soll. Dies insbesondere deshalb, weil im Erbrecht gerade kein schutzwürdiger Erklärungsempfänger existiert und Ziel allein die Umsetzung des selbstbestimmten Willens des Erblassers sein kann. Vor dem Erbfall könnte der Erblasser ohne Grund und somit erst recht nach der Abgabe einer Erklärung in einem „schwachen Moment" dieselbe an sich widerrufen. Es ist also nicht ersichtlich, weshalb eine Anfechtung in entsprechender Anwendung des § 2078 Abs. 2 Alt. 2 BGB versagt sein soll, obwohl ein Willensmangel – der zugegebenermaßen nicht den Tatbestand einer Drohung erreicht hat – der Verfügung innewohnt. Denn letztlich soll § 2078 Abs. 2 Alt. 2 BGB die Anfechtung von Verfügungen ermöglichen, welche auf einer Zwangslage des Erblassers fußen.

Zudem hat das Hauptanliegen der Bestand einer Entscheidung zu sein, welche inhaltlich den ungeminderten Ausdruck der Selbstbestimmung des Erblassers darstellt. Aus der Entscheidung des Gesetzgebers, die Anfechtung von Verfügungen von Todes wegen grundsätzlich sowie aufgrund jeden Motivirrtums zuzulassen, ist zu folgern, dass dem wahren Erblasserwillen der absolute Vorzug gegenüber den Gedanken des Vertrauensschutzes eingeräumt werden sollte, wobei letzterer im Erbrecht ohnehin kaum Repräsentanz erfährt.[655]

Von daher will es sich nicht erschließen, weshalb dieselben Regeln beziehungsweise Einschränkungen der Anfechtbarkeit von Verfügungen unter Lebenden auch im Hinblick auf Verfügungen von Todes wegen gelten sollen, wenn doch deren Ausgangsvoraussetzungen respektive Interessenlagen divergieren und zusätzlich ein normativ höher zu wertender Bedeutungsgehalt im Erbrecht herrscht.[656] Anders gewendet: Es ist insofern keine ausreichende Rechtfertigung für die Gleichbehandlung von Ungleichem ersichtlich und erscheint daher auch aus verfassungsrechtlichen Gründen höchst bedenklich.

Ungeachtet dieser appellierenden Gedanken, muss für einen hier anvisierten effektiven Erblasserautonomieschutz nun einmal auch berücksichtigt werden,

---

655 So zu Recht auch *Mückenheim*, Rechtsgeschäfte alter Menschen, S. 97 ff. eine Analogie befürwortend.
656 Ungeachtet dessen, dass sich eine entsprechende Handhabung für erbrechtliche Funktionsäquivalente bei Rechtsgeschäften unter Lebenden freilich aufdrängt.

dass sich eine analoge Anwendung des § 2078 Abs. 2 Alt. 2 BGB auf Beeinflussungen unterhalb der Schwelle zur widerrechtlichen Drohung nicht durchsetzen konnte.[657] Die Aufzählung der Anfechtungsgründe in §§ 2078 f. BGB gelten vielmehr als abschließend und keiner Analogie zugänglich.[658] Somit hätte auch ein dieser Ansicht zuwiderlaufendes Vorgehen in der Praxis keine Aussicht auf Erfolg.

4.2.2.1.5. Zwischenergebnis

Unter Berücksichtigung der Auslegungspraxis der Rechtsprechung sowie der in der Literatur überwiegenden Meinung kann der Anfechtungstatbestand des § 2078 Abs. 2 Alt. 2 BGB *de lege lata* nicht vor Drittbeeinflussungen schützen, welche noch nicht den tatbestandlichen Charakter einer Drohung erreicht haben. Subtile(re) Drittbeeinflussungshandlungen, welche lediglich Widerstands- oder Rationalitätsdefizite eines willensschwachen und suggestiblen Erblassers ausnutzen, bleiben insofern unter dem Radar der Anfechtbarkeit im Sinne des § 2078 Abs. 2 Alt. 2 BGB.

4.2.2.2. Anfechtung aufgrund Motivirrtums

Auch die Anfechtungsmöglichkeit, welche durch das Vorliegen eines Motivirrtums gemäß § 2078 Abs. 2 Alt. 1 BGB eröffnet wird, ist nicht ausreichend, um die hier anvisierten Fremdbeeinflussungen effektiv zu behandeln.

Vorwegzunehmen sowie zu betonen ist dabei im ersten Schritt bereits, dass eine Anfechtung wegen Irrtums an sich von vornherein nicht das Mittel der Wahl sein kann, um einer Fremdbeeinflussungen als solcher Rechnung zu tragen, weil sie gerade nicht auf die Fremdbeeinflussung, sondern allenfalls auf einen hierdurch ausgelösten Irrtum des Erblassers abstellt. Im Vordergrund dieser Untersuchung steht freilich die Frage, wie die Gerichte (und möglicherweise im Anschluss auch der Gesetzgeber) angemessen darauf reagieren können, wenn der Erblasser durch fremde, äußere Einflüsse in seiner Testierentscheidung beeinträchtigt wird. Eine Anfechtung wegen Irrtums hingegen stellt auf die eigene, innere Fehlvorstellung des Erblassers ab und hängt nicht zwingend mit einer Fremdbeeinflussung zusammen.

Dennoch wird in nicht wenigen Fällen gerade durch die Fremdbeeinflussung eine Fehlvorstellung beim Erblasser ausgelöst. Diese muss sich dabei nicht immer auf die tatsächlichen Umstände beziehen, sondern wird häufig in Bezug

---

657 Vgl. auch *Röthel*, AcP 210 (2010), 32 (57).
658 Etwa auch *Lange*, ErbR, § 36 Rn. 77.

auf das Motiv des Dritten und dessen wahre Absichten gegeben sein. Da eine Irrtumsanfechtung teilweise auch dann bejaht wird, wenn der Verfügende sich über die Persönlichkeitsstruktur beziehungsweise Motive des Bedachten irrt, kann dieser Anfechtungstatbestand zumindest einen Teil der Fälle von Drittbeeinflussungen abdecken. Dies mag freilich zuvorderst Fälle betreffen, in denen der Nachweis gelingt, dass der einflussnehmende Dritte bereits zuvor unter zweifelhaften Umständen Erbeinsetzungen erlangt hat und seine Persönlichkeitsstruktur mithin der eines „Erbschleichers" entspricht. Zuzugeben ist gegen diese Annahme ferner, dass die Anfechtung aufgrund eines Irrtums über die Persönlichkeitsstruktur des Bedachten soweit ersichtlich auf eine vereinzelt gebliebene Entscheidung des BayObLG zurückgeht. Zudem wird auch diese Anfechtungsmöglichkeit durch die der Anfechtung im Erbrecht allgemein gesetzten kausalitätsbezogenen, zeitlichen und personellen Grenzen stark eingeschränkt und vermag in der erforderlichen Gesamtschau mitnichten, ein Schutzniveau in dem wünschenswerten Ausmaß zu gewährleisten was im Folgenden detaillierter ausgeführt werden soll.

4.2.2.2.1. *Erfordernis eines Irrtums*

Der Anfechtungstatbestand des § 2078 Abs. 2 Alt. 1 BGB verlangt, dass der Erblasser zu der letztwilligen Verfügung durch die irrige Annahme oder Erwartung des Eintritts oder Nichteintritts eines Umstandes bestimmt worden ist. Wegen des im Erbrecht höher zu wertenden und nicht durch Vertrauensschutzgesichtspunkte einzuschränkenden Willensdogmas ist der Anfechtungstatbestand aufgrund eines Motivirrtums im Vergleich zum Tatbestand des § 119 Abs. 2 BGB erheblich erweitert. Anders als bei dem Anfechtungstatbestand des § 119 Abs. 2 BGB genügt etwa jede Fehlvorstellung des Erblassers bezüglich jeglicher Umstände, Rechtsfolgen, Entwicklungen oder Tatsachen zur Begründung der Anfechtungsbefugnis.[659] Der Wortlaut des § 2078 Abs. 2 BGB lässt mit der Formulierung „Erwartung" gerade auch auf die Berücksichtigung zukünftiger Umstände schließen, sodass eine Fehlvorstellung des Testators bezüglich vergangener, gegenwärtiger und erst nach der Testamentserrichtung eintretender Umstände beachtlich ist.[660] Dabei ist zudem keine positive, falsche

---

659 *Röthel*, ErbR, § 21 Rn. 11. Siehe auch Palandt/*Weidlich*, BGB, § 2078 Rn. 4–7. Wobei dennoch der Zeitpunkt der Testamentserrichtung den allein maßgeblichen Ansatzpunkt für einen etwaigen Irrtum bildet, dazu MüKo/*Leipold*, BGB, § 2078 Rn. 39.

660 *Mugdan*, Bd. V, S. 541. Dazu und der Entstehung dieser Anfechtungsvorschrift *Brox*, Irrtumsanfechtung, S. 138 f.; *Sieker*, AcP 201 (2001), 697 (708 f.).

Vorstellung für eine Fehlvorstellung im Sinne der Norm erforderlich, sondern bloßes Nichtwissen wird nach dem überwiegenden Schrifttum als ausreichend betrachtet.[661] Auch die ständige höchstrichterliche Rechtsprechung fordert keine aktive bewusste Vorstellung, sondern lässt Vorstellungen ausreichen, welche der Erblasser „als selbstverständlich vorausgesetzt hat".[662] Der BGH verwendet inzwischen den Begriff der selbstverständlichen Vorstellungen und geht dabei von Umständen aus, welche jemand zwar nicht konkret im Bewusstsein habe, aber dennoch jederzeit abrufen und in sein Bewusstsein holen könne.[663] Entscheidend ist lediglich, dass der Erblasser von dem Vorliegen der Umstände, die in den Irrtum einbezogen sind, überzeugt war und diese nicht nur als wahrscheinlichere Möglichkeit einplante.[664] Dieses weite Auslegungsverständnis[665] des § 2078 Abs. 2 BGB entspricht der ganz herrschenden Meinung.[666] Aufgrund dieses weiten Tatbestands bedurfte es auch keiner expliziten Normierung des Anfechtungsgrundes der arglistigen Täuschung im Sinne des § 123 Abs. 1 Alt. 1 BGB.[667] Selbiger ist von § 2078 Abs. 2 BGB umfasst, sodass es auf die Ursache des Irrtums sowie die Person des Täuschenden tatbestandlich grundsätzlich nicht ankommt.[668]

---

661 Vgl. dazu Staudinger/*Otte*, BGB, § 2078 Rn. 19–24; *Röthel*, ErbR, § 21 Rn. 13 m.w.N.
662 BGH, ZEV 2008, 237 (239 f.) m.w.N. Grundlegend dazu BGH, NJW-RR 1987, 1412 (1412 f.). Umfassend mit teils generell krit. Aspekten zu § 2078 II BGB sowie zu dessen Auslegung durch die Rspr. *Müller-Freienfels*, in: FS Schiedermair, S. 409 (415–425). Krit. zum Begriff der unbewussten bzw. selbstverständlichen Vorstellungen insb. MüKo/*Leipold*, BGB, § 2078 Rn. 35 f. m.w.N. und für eine Feinjustierung bzgl. derartiger Vorstellungen durch einen strengen Kausalitätsmaßstab.
663 Eingehend dazu MüKo/*Leipold*, BGB, § 2078 Rn. 31 m.w.N.
664 Dazu und dem Folgenden MüKo/*Leipold*, BGB, § 2078 Rn. 27. Ebenso Staudinger/*Otte*, BGB, § 2078 Rn. 18; Palandt/*Weidlich*, BGB, § 2078 Rn. 5.
665 Im Schrifttum wird dagegen teilweise von einer analogen Anwendung des § 2078 II BGB gesprochen, allerdings mit gleichem Ergebnis, dazu *Schubert/Czub*, JA 1980, 257 (260 f.).
666 Siehe nur *Grunewald*, NJW 1991, 1208 (1211); *Wasmuth*, DNotZ 1992, 3 (9); *Sieker*, AcP 201 (2001), 697 (710) jew. m.w.N. Gegen eine solche weite Anwendung insb. *Pohl*, Unbewusste Vorstellungen, S. 101–136; *Keymer*, Anfechtung, S. 45–70. Zusätzlich können auch postmortale Ereignisse i.R. der Anfechtung Berücksichtigung finden, dazu etwa Staudinger/*Otte*, BGB, § 2078 Rn. 17 m.w.N.
667 BayObLG, NJOZ 2002, 2399 (2401); Palandt/*Weidlich*, BGB, § 2078 Rn. 4; *Lange*, ErbR, § 36 Rn. 80.
668 Dennoch wird vor allem bei einer arglistigen Täuschung die Anfechtbarkeit aus rechtspolitischer Sicht angezeigt sein sowie die Schwelle der Ursächlichkeit des Irrtums für die Verfügung auch normativ-wertend regelmäßig als eher

4.2.2.2.2. Persönlichkeitsstruktur des „Erbschleichers" als Ansatzpunkt?

Im Hinblick auf die tatbestandliche Weite des § 2078 Abs. 2 BGB könnte es sich für den hiesigen Untersuchungszweck eventuell dienlich erweisen, den unmittelbaren gedanklichen Fokus von der konkreten Drittbeeinflussungshandlung zu lösen und diesen stattdessen auf die Persönlichkeitsstruktur des Dritten zu richten.

Denn als ein zur Anfechtung berechtigender Umstand wurde nicht nur ein grundlegender Irrtum über die künftige Entwicklung der Beziehung zwischen dem Erblasser und der von ihm bedachten Person angesehen.[669] Vielmehr kann auch die die bedachte Person betreffende Vorstellung des Erblassers auf die Vergangenheit oder Gegenwart und damit auf deren ehrlichen Charakter und fehlende kriminelle Vergangenheit gerichtet sein.[670] Denkbar und möglich als ein die Anfechtung rechtfertigender Irrtum ist mithin auch eine Fehlvorstellung des Erblassers bezüglich der Redlich- und Vertrauenswürdigkeit beziehungsweise der Persönlichkeitsstruktur des Bedachten an sich.

Insofern sei besonders auf den vom BayObLG durch Beschluss vom 14. August 2002 entschiedenen Fall[671] verwiesen:

> Hierbei ging es um einen Erblasser, welcher ledig und kinderlos im Alter von 80 Jahren verstarb. Ungefähr zwei Jahre vor seinem Tod setzte der Erblasser mittels eines handschriftlichen und von ihm unterzeichneten Testaments seine (vermeintlich) seit siebeneinhalb Jahren tätige Betreuerin *B* als Alleinerbin ein und widerrief zugleich alle vorigen letztwilligen Verfügungen. Dieses Testament wurde nach dem Tod des Erblassers von seinen Nichten und Neffen, als einzige noch lebende Abkömmlinge, angefochten. Unabhängig von dem nachlassgerichtlichen Verfahren wurde die bedachte *B* wegen Betrugs in mehreren unterschiedlichen Fällen unter anderem

---

überschritten betrachtet werden können als bei Irrtumsszenarien ohne Täuschung, vgl. MüKo/*Leipold*, BGB, § 2078 Rn. 37.
669 OLG Hamm, FamRZ 1994, 849; KG, NJW 2001, 903 (906). Auch hier wird i.d.R. auf den Inhalt einer selbstverständlichen Vorstellung abgestellt. Eingehend bzgl. einer „Wohlverhaltenserwartung" MüKo/*Leipold*, BGB, § 2078 Rn. 32, 33. Bzgl. der Umstände zeitlich nach dem Erbfall bildet die Prüfung der Erheblichkeit wiederum mehr das regulatorische Moment, dazu MüKo/*Leipold*, BGB, § 2078 Rn. 42 m.w.N.
670 BayObLG, NJOZ 2002, 2399. In diese Richtung auch bereits *Mückenheim*, Rechtsgeschäfte alter Menschen, S. 38., welcher die charakterlichen Eigenschaften einer Person, die sich um einen Erblasser vor seinem Tode vermeintlich uneigennützig kümmert, als Ansatzpunkt für einen Irrtum erwog.
671 BayObLG, NJOZ 2002, 2399.

zu einer Gesamtfreiheitsstrafe von über zwei Jahren verurteilt.[672] In allen zivilrechtlichen Instanzen gingen die Gerichte, unter Zuhilfenahme eines Sachverständigen, davon aus, dass es sich bei dem *Erblasser um eine aufgrund Krankheit leicht beeinflussbare Person* handelte.[673] Weiter sah man es als erwiesen an, dass der Erblasser über die tatsächliche vergangene Länge der Betreuungsleistung seitens der Bedachten im Wege eines kollusiven Zusammenwirkens durch selbige sowie bei der Testamentserrichtung anwesenden engen Vertrauten der Bedachten getäuscht und dazu bewegt wurde, das Testament unter diesem täuschenden Einfluss zu erstellen. Dem Erblasser sei vorgespiegelt worden, dass er durch die Bedachte über einen längeren Zeitraum aufopfernd betreut worden und er deswegen moralisch nun verpflichtet sei, die *B* als Erbin einzusetzen.[674]

Die bestätigten Vorinstanzen stellten im Rahmen der Prüfung der Anfechtbarkeit nicht allein auf die durch Täuschung erzeugte Fehlvorstellung bezüglich den erbrachten Betreuungsleistungen ab, sondern zusätzlich auch auf die Persönlichkeitsstruktur der Bedachten, in deren Kenntnis der Erblasser nicht zu ihren Gunsten verfügt hätte: „Hätte dieser Erblasser davon Kenntnis gehabt, dass es sich bei der Bedachten um eine vielfach wegen Vermögensdelikten vorbestrafte Person handele, die in einer ähnlich gelagerten Situation 1987 den damals verstorbenen Landwirt *L* beerbt habe, hätte er diese Erbeinsetzung nicht vorgenommen. Gerade weil er darauf bedacht gewesen sei, dass sein Hof und sein Vermögen nicht in unrechte Hände gerät, hätte er in Kenntnis der Persönlichkeitsstruktur der Bedachten nie zu deren Gunsten verfügt."[675] Gerichtlicherseits war man unter anderem der Überzeugung, dass der Erblasser bei der Testamentserrichtung von dieser jedenfalls unbewussten – selbstverständlichen – Vorstellung bezüglich der Persönlichkeitsstruktur ausging und die Verfügung des Erblassers insofern fehlerhaft motiviert war. Ferner hätte der Erblasser, unter Beachtung des strengen Maßstabs der subjektiven Denk- und Anschauungsweise desselben, die konkrete Verfügung bei Kenntnis der wahren Sachlage nicht getroffen.

Im Hinblick auf diese Ausführungen drängt sich verallgemeinernd der Gedanke auf, dass – freilich weiterhin unter alleiniger Orientierung an den subjektiven Vorstellungen des konkreten Erblassers mit allen Besonderheiten

---

672 Das strafrechtliche Urteil erlangte indes nie Rechtskraft, da die bedachte B während einer aufgrund weiterer Ermittlungsverfahren wegen Betrugs angeordneten Untersuchungshaft Selbstmord beging.
673 Der Erblasser lebte im Übrigen sehr zurückgezogen und isoliert.
674 BayObLG, NJOZ 2002, 2399 (2402).
675 BayObLG, NJOZ 2002, 2399 (2401) (Hervorhebungen überwiegend durch den Verfasser).

seines Charakters – ein Erblasser sein Vermögen selten in die Hände von Personen weitergeben möchte, welche die Persönlichkeitsstruktur und Motivationslage eines Erbschleichers aufweisen. Dies selbst dann, wenn keinerlei unmittelbare Verwandte des Erblassers mehr vorhanden sind sowie eine isoliert im Rahmen der Anfechtung betrachtungsfähige Täuschungshandlung seitens des Dritten fehlt. In einem solchen Fall liegt also der gedankliche Schluss nahe, zum einen davon auszugehen, dass die konkrete Verfügung des Erblassers im Hinblick auf die Redlich- und Vertrauenswürdigkeit fehlerhaft motiviert war und folglich ein relevanter Motivirrtum vorliegt, weil der Erblasser von der selbstverständlichen Vorstellung ausging, der Bedachte besitze nicht eine derartige Persönlichkeitsstruktur sowie Motivlage. Zum anderen kann angenommen werden, dass der Erblasser im Falle der Kenntnis der wahren Sachlage die Verfügung in dieser Gestalt nicht getroffen hätte und der Irrtum daher für letztere erheblich war.[676]

Eine Verkennung der wahren Persönlichkeitsstruktur sowie Motivlage wird in vielen Fällen von Drittbeeinflussungen im Rahmen der Testierentscheidungen wohl zu bejahen sein. Der Erblasser gibt sich dort der Beeinflussung durch eine Person hin, ohne deren wahres Motiv zu erkennen. Geht man in diesen Fällen nun davon aus, dass der Erblasser seine Testierentscheidung aufgrund einer Fehlvorstellung über die Persönlichkeitsstruktur sowie Motivlage des Einflussnehmenden und damit irrtumsbedingt trifft, scheint eine Anfechtung

---

676 *De lege lata* könnte darüber hinaus erwogen werden, im Wege der (analogen) Anwendung der Grundsätze der Störung der Geschäftsgrundlage nach § 313 BGB die obige Nichtigkeitsfolge resp. Kassationswirkung zu vermeiden und somit zu einer den konkreten Umständen nach angemessenen Rechtsfolge zu gelangen. In tatbestandlicher Hinsicht könnte man ein enges Verhältnis der Geschäftsgrundlagenlehre zur ergänzenden Testamentsauslegung sowie Anfechtung wegen Motivirrtums vertreten (zum Ganzen, allerdings vor der Normierung des § 313 BGB, insb. *Sieker*, AcP 201 (2001), 697 (720–728); ausführlich zur Anwendung der Lehre von der Geschäftsgrundlage im Erbrecht auch *Keymer*, Anfechtung, S. 162–214; eingehend zur Normierung des § 313 BGB *Rösler*, ZGS 2003, 383). Denn tatsächlich erfasst die Testamentsanfechtungsvorschrift wegen Motivirrtums nach § 2078 II BGB genau die Szenarien, welche wiederum im Vertragsrecht unter den Anwendungsbereich der Störung der Geschäftsgrundlage fallen würden (siehe insb. auch *Brox*, Irrtumsanfechtung, S. 138–140; *Oertmann*, Geschäftsgrundlage, S. 96–98; *Medicus*, ZEV 1996, 467 (468)). Durch Entkleidung der von *Oertmann* (Geschäftsgrundlage, S. 37 f.) geprägten und von der st. Rspr. (BGHZ 25, 390 = NJW 1985, 297 (297 f.); BGHZ 131, 209 = NJW 1996, 990 (991 f.)) verwendeten Formel um das Wesen eines zweiseitigen Rechtsgeschäfts ausmachenden Vertragskomponenten

wegen Motivirrtum ausgehend von der Entscheidung des BayObLG zumindest erfolgsversprechend. Wenngleich die Anfechtung dann nicht unmittelbar aufgrund der konkreten Beeinflussungshandlung, sondern aufgrund eines in diesem Szenario bestehenden Irrtums des Erblassers erfolgt, wäre damit zumindest ein insofern mittelbarer Schutzmechanismus gegen Drittbeeinflussungen unter Ausnutzung von Widerstands- oder Rationalitätsdefiziten eines willensgeschwächten und suggestiblen Erblassers erreichbar.

Gleichwohl kann dieses Gedankenkonstrukt nicht darüber hinweghelfen, dass die weiteren allgemeinen Anforderungen an eine Anfechtung hoch und deren Erfolgsaussichten generell gering sind (siehe insbesondere Abschnitt 4.2.3.). Zudem ist die Entscheidung des BayObLG – soweit ersichtlich – vereinzelt geblieben.

---

kann eine Kongruenz des Motivirrtums mit der Geschäftsgrundlage konstatiert werden (*Pohl*, Unbewusste Vorstellungen, S. 112 mit Fn. 27): „Geschäftsgrundlage (=Verfügungsgrundlage) ist die beim Geschäftsschluß (=Testamentserrichtung) bestehende Vorstellung des Erblassers vom Sein (=Annahme) oder vom künftigen Eintritt (=Erwartung) eines Umstandes, auf deren Grundlage sich der Geschäftswille aufbaut." Ebenso bei der Vornahme des einseitigen Rechtsgeschäfts beruht der Geschäfts- resp. Testierwille auf Vorstellungen bzgl. des Vorhandenseins konkreter Umstände oder deren künftigen Eintritt oder auch auf Umständen, welche der Testator für selbstverständlich angesehen hat, ohne über diese aktiv nachzudenken (zu dieser Übereinstimmung insb. auch *Brox*, Irrtumsanfechtung, S. 138–140). Allerdings sieht die Rspr. sowie die überwiegende Meinung im Schrifttum die Regeln über die Störung der Geschäftsgrundlage auf letztwillige Verfügungen zu Recht als nicht (entsprechend) anwendbar an, sodass über dieses Institut kein erfolgreicher Lösungsweg für hiesige Zwecke konstruierbar erscheint. Die Argumente gegen eine Anwendung variieren: Genannt werden insb. die fehlende Entgeltlich- bzw. Gegenseitigkeit der Zuwendungen, die Funktion der ergänzenden Auslegung sowie der abschließende Charakter erbrechtlicher Sondervorschriften, insb. in Gestalt der Anfechtungsnormen (BGH, NJW 1993, 850; OLG Düsseldorf, FamRZ 1996, 1302 (1303); LG Berlin, NJW 1991, 1238 (1241); MüKo/*Finkenauer*, BGB, § 313 Rn. 50; MüKo/*Leipold*, BGB, § 2084 Rn. 110; Staudinger/*Otte*, BGB, § 2078 Rn. 22; Erman/*Böttcher*, BGB, § 313 Rn. 14; Damrau/Tanck/*Seiler-Schopp/Rudolf*, PraxKo ErbR, § 2078 Rn. 40; Nieder/Kössinger/*W. Kössinger/Najdecki*, HdB der Testamentsgestaltung, § 23 Rn. 30; Horn/Kroiß/*Horn*, Testamentsauslegung, § 7 Rn. 102; *Häsemeyer*, Abhängigkeit, S. 56–59; *Rösler*, ZGS 2003, 383 (386); *Hammann*, ErbR 2014, 420 (422)).

4.2.3. Kaum überwindbare Hürde des Kausalitätsnachweises

Eine ganz erhebliche Schwierigkeit aller Testamentsanfechtungen stellen die Anforderungen an die Kausalität zwischen dem Willensmangel und der konkreten Verfügung des Erblassers dar. Der Nachweis obliegt dabei freilich dem Anfechtenden und wird in der Praxis nur zu oft zur unüberwindbaren Hürde. Dies trägt dazu bei, dass die Erfolgsaussichten einer Anfechtung tendenziell als gering einzustufen sind.[677]

Bereits der Tatbestand des § 2078 Abs. 1 BGB erfordert neben einem Willensmangel zusätzlich, dass der Erblasser die Erklärung bei Kenntnis der Sachlage nicht abgegeben haben würde. Unter Verweis auf § 2078 Abs. 1 BGB steigert § 2078 Abs. 2 BGB diese Kausalitätsanforderung dadurch, dass der Erblasser durch den Willensmangel zu der Verfügung bestimmt worden sein muss. Trotz der gegenüber dem allgemeinen Anfechtungsrecht stark erweiterten Anfechtungsmöglichkeit leitet die Rechtsprechung aus dem Wortlaut des § 2078 Abs. 2 BGB die Intention ab, den Anwendungsbereich zu begrenzen und dadurch der Anfechtbarkeit letztwilliger Verfügungen Schranken zu setzen.[678] Insofern habe nicht jede Ursache für einen letzten Willen das erforderliche Gewicht des Beweggrundes. Es sollen lediglich besonders schwerwiegende Umstände, welche den konkreten Erblasser unter Berücksichtigung seiner persönlichen Vorstellungen mit Sicherheit dazu gebracht hätten, abweichend zu testieren, im Stande sein, eine Anfechtung zu rechtfertigen. Diese etwas missverständliche Formulierung des BGH im Hinblick auf „besonders schwerwiegende Umstände"[679] ist jedoch nicht derart zu interpretieren, dass die Anfechtbarkeit allein nur noch bei besonders schwerwiegenden Umständen zuzulassen ist.[680] Tatsächlich soll hierdurch allein der strenge Kausalitätsmaßstab verdeutlicht werden, nach welchem geprüft wird, durch welche maßgeblichen Umstände der konkrete Verfügungsinhalt bestimmt ist.

Sowohl die Anfechtung wegen eines Motivirrtums als auch die wegen einer Drohung verlangen tatbestandsmäßig nicht nur, dass der jeweilige Willensmangel kausal beziehungsweise erheblich im Sinne von conditio sine qua non für die

---

677 Vgl. eingehend hierzu *Christandl*, Selbstbestimmtes Testieren, S. 113.
678 Dazu und dem Folgenden BGH, NJW-RR 1987, 1412 (1413). Ebenso BayObLG, ZEV 2006, 209 (211 f.); KG, NJW 2001, 903 (906); OLG Köln, BeckRS 2016, 4571 (Rn. 42).
679 BGH, NJW-RR 1987, 1412 (1413).
680 Hierzu und dem Folgenden *Sieker*, AcP 201 (2001), 697 (714). Vgl. auch OLG Köln, FamRZ 1990, 1038 (1039).

Testierung, sondern zusätzlich und darüber hinaus bestimmend für die Verfügung war.[681] Hierdurch fordert der Tatbestand, dass der Willensmangel für den Erblasser „den letztlich entscheidenden, ihn bewegenden Grund" dargestellt hat,[682] wobei es ausreicht, dass der Erblasser durch den Willensmangel zumindest wesentlich mitbestimmt worden ist.[683] Es ist also entscheidend, ob der Erblasser ohne den jeweiligen ausgelösten Willensmangel mit an Sicherheit grenzender Wahrscheinlichkeit nicht so wie geschehen testiert hätte. Das bedeutet: Es bedarf hier nicht – wie bei der ergänzenden Testamentsauslegung – der Ermittlung des hypothetisch gewollten positiven Verfügungsinhalts, sondern „nur" der sicheren Feststellung, dass der Testator anders testiert haben würde, wenn der entsprechende Willensmangel nicht vorgelegen hätte. Allein im Falle dieses Nachweises kann von einem relevanten respektive kausalen Willensmangel, welcher etwa für eine Erbeinsetzung bestimmend war, ausgegangen werden.

Dabei ist anhand eines strengen Maßstabs[684] allein die subjektive Denk- und Anschauungsweise des Erblassers entscheidend[685] und gerade keine nachträgliche Spekulation über dessen Willen[686]. Die Ermittlung dieses hypothetischen, mithin irrealen Erblasserwillens erfordert eine detaillierte Sachverhaltsfeststellung im Hinblick auf die Lebensumstände sowie Anschauungen des Testators.[687] Die materielle Beweislast in Form der Feststellungslast[688] für das Vorliegen des Kausalzusammenhangs respektive der „subjektiven

---

681 Damrau/Tanck/*Seiler-Schopp/Rudolf*, PraxKo ErbR, § 2078 Rn. 53; Staudinger/*Otte*, BGB, § 2078 Rn. 29. Zum Ganzen insb. *Röthel*, ErbR, § 21 Rn. 21.
682 BGH, ZEV 2008, 237 (240). Vgl. auch BGH, NJW-RR 1987, 1412 (1413).
683 KG, NJW 2001, 903 (905); BayObLG, BeckRS 2010, 26659 (Rn. 15); Damrau/Tanck/*Seiler-Schopp/Rudolf*, PraxKo ErbR, § 2078 Rn. 52; *Lange*, ErbR, § 36 Rn. 100; *Wasmuth*, DNotZ 1992, 3 (10).
684 BayObLG, ZEV 2006, 209 (211); OLG München, FGPrax 2008, 254 (258); Damrau/Tanck/*Seiler-Schopp/Rudolf*, PraxKo ErbR, § 2078 Rn. 52, 70. Allg. dazu auch MüKo/*Leipold*, BGB, § 2078 Rn. 6, 45–53. *Leipold* rechtfertigt diese strengen Anforderungen damit, eine Ausuferung der Anfechtung wegen Motivirrtums zu verhindern, MüKo/*Leipold*, BGB, § 2078 Rn. 67. Ebenso soll der Gefahr vorgebeugt werden, dass Dritte im Ergebnis durch nachträgliche Behauptungen und Spekulationen den Erblasserwillen zu Fall bringen, *Sieker*, AcP 201 (2001), 697 (714).
685 BayObLG, BeckRS 2010, 26659 (Rn. 15); BayObLG, NJOZ 2002, 2399 (2402); BayObLG, ZEV 2006, 209 (211). Damrau/Tanck/*Seiler-Schopp/Rudolf*, PraxKo ErbR, § 2078 Rn. 51, 58; Staudinger/*Otte*, BGB, § 2078 Rn. 33.
686 BGH, NJW-RR 1987, 1412 (1413).
687 Vgl. *Schubert/Czub*, JA 1980, 257 (261).
688 Siehe hierzu unten Kap. IV. 2.1.3.1.

Erheblichkeit"[689], wie auch des Willensmangels an sich[690], trifft denjenigen, welcher sich auf die Anfechtung beruft.[691] Diesen Nachweis zu führen gelingt meist nicht.[692] Für den hiesigen Kontext hilfreiche Vermutungen existieren weder von Gesetzes wegen[693] noch werden solche seitens der Gerichte zugelassen. Ein wohl seltener (Glücks)Fall liegt insofern nur dann vor, wenn der Beweggrund in der letztwilligen Verfügung seitens des Erblassers angegeben wird.[694] Hier spricht eine tatsächliche Vermutung – aufgrund der Lebenserfahrung und dem gewöhnlichen Lauf der Dinge – für die Annahme, dass dieser Grund tatsächlich auch der bestimmende war.[695]

Ansonsten kann der dem Anfechtenden obliegende Beweis sowohl für das Vorliegen eines Willensmangels als auch für dessen Ursächlichkeit nicht aufgrund einer etwaigen dahingehenden Lebenserfahrung angenommen werden.[696] Die Anwendung von Erfahrungssätzen sowie der Grundsätze über den Beweis des ersten Anscheins scheiden deshalb aus, weil es bei der Frage des Irrtums sowie des ursächlichen Zusammenhangs im Ergebnis um individuelle

---

689 Damrau/Tanck/*Seiler-Schopp/Rudolf*, PraxKo ErbR, § 2078 Rn. 51.
690 Vgl. BayObLG, NJWE-FER 1997, 232; OLG München, FamRZ 2008, 1661.
691 BGH, NJW 1963, 246 (248); KG, NJW 2001, 903 (905); BayObLG, BeckRS 2010, 26659 (Rn. 21). Damrau/Tanck/*Seiler-Schopp/Rudolf*, PraxKo ErbR, § 2078 Rn. 69.
692 So auch *Röthel*, ErbR, § 21 Rn. 15 bzgl. des Nachweises u.a. der Erheblichkeit einer Drohung. Ebenso sieht *Sieker*, AcP 201 (2001), 697 (711) das eigentliche Problem in der Kausalität eines bestimmten Umstandes für die getroffene Verfügung. Siehe auch *Christandl*, Selbstbestimmtes Testieren, S. 113, der von „praktisch unüberwindbaren Anforderungen an den Kausalitätsbeweis" spricht. Ähnlich *Mückenheim*, Rechtsgeschäfte alter Menschen, S. 38.
693 Eine solche findet sich etwa in § 2079 S. 2 BGB. Die Vorschrift des § 2079 BGB stellt insofern lediglich einen Sonderfall des Irrtums im Beweggrund dar und zeichnet sich dadurch aus, dass die Ursächlichkeit der Unkenntnis vom Vorhandensein des Pflichtteilsberechtigten für die Übergehung desselben widerlegbar vermutet wird. Dazu bereits *Siber*, Reichsgerichtspraxis im deutschen Rechtsleben, S. 350 (474).
694 Ansonsten ist es nicht erforderlich, dass sich die Vorstellungen des Testators aus der letztwilligen Verfügung ergeben – auf die *causa adiecta* ist ausdrücklich verzichtet worden. Dazu *Sieker*, AcP 201 (2001), 697 (709).
695 KG, NJW 2001, 903 (906); BayObLG, BeckRS 2010, 26659 (Rn. 20). Allg. zu den "tatsächlichen Vermutungen" siehe unten Kap. IV. 2.3.1.
696 BGH, NJW 1963, 246 (248); Damrau/Tanck/*Seiler-Schopp/Rudolf*, PraxKo ErbR, § 2078 Rn. 70.

Vorgänge des Verstands- und Seelenlebens des konkreten Erblassers handelt und gerade nicht eines aus objektiver Sicht verständigen Menschens.[697]
Insbesondere die Anforderungen an den Beweis der Kausalität stellen in der Praxis faktisch kaum überwindbare Hürden dar.[698] Denn es lässt sich fast immer mindestens ein Argument finden, weshalb der Erblasser nicht doch seine konkrete Verfügung bei Kenntnis der wahren Sachlage so getroffen haben könnte.

Christandl weist auch im Hinblick auf die oben angeführte Entscheidung des BayObLG vom 14. August 2002[699] zu Recht darauf hin, dass der Spruchkörper nach der strengen Rechtsprechung bezüglich des Kausalitätsbeweises in diesem Fall an sich keinen „bewegenden Grund" annehmen hätte dürfen.[700] Tatsächlich wäre es ohne Weiteres denkbar, dass der Erblasser die Bedachte selbst bei voller Kenntnis der wahren Umstände weiterhin als seine Erbin eingesetzt hätte. Insbesondere stand er zu seinen gesetzlichen Erben in keiner näheren Beziehung und hat die Bedachte möglicherweise auch unabhängig von ihrer Vergangenheit und Motivationslage dennoch geschätzt und ihr sein Vermögen als die ihm aus seiner Sicht nahestehendste Person zukommen lassen wollen. Es lässt sich daher nur mutmaßen, weshalb das Gericht hier von seinen eigenen strengen Kausalitätsanforderungen abgewichen ist.[701]

Die vorstehenden Ausführungen machen deutlich, dass es sich vor allem aus praktischer Sicht bei den allein auf den konkreten Willen des individuellen Erblassers abstellenden Anfechtungsvorschriften nicht nur um einen Segen, sondern zugleich um einen Fluch handeln kann. Aufgrund des Willensdogmas verbietet sich grundsätzliche jede Verobjektivierung und die schwierige Ermittlung des irrealen Willens des verstorbenen Erblassers respektive die kaum überwindbaren Hürden des Kausalitätsnachweises führen dazu, dass

---

697 BGH, NJW 1963, 246 (248); BayObLG, BeckRS 2010, 26659 (Rn. 17); KG, NJW 2001, 903 (905). Krit. zu dieser verallgemeinernden Sichtweise siehe unten Kap. IV. 2.3.3.
698 So zu Recht auch *Christandl*, Selbstbestimmtes Testieren, S. 113.
699 BayObLG, NJOZ 2002, 2399, eingehend zum Fall bereits unter Kap. III. 4.2.2.2.2.
700 Dazu und dem Folgenden *Christandl*, Selbstbestimmtes Testieren, S. 114.
701 *Christandl*, Selbstbestimmtes Testieren, S. 114 führt hier v.a. die Tatsache an, dass die gesamten Umstände des Falles kurios waren, insb. i.H.a. die kriminelle Vergangenheit der Bedachten und ihre frühere Erbenstellung in einem ähnlichen Fall. Auch hätten aufgrund des Selbstmordes der Bedachten wiederum deren Erben die Erbschaft erlangt und diese waren dem Gericht unbekannt.

sich die Testamentsanfechtung als ein stumpfes Schwert im Kampf gegen Drittbeeinflussungen im hiesigen Kontext erweist.

4.2.4. Zeitliche und personelle Bindung des Anfechtungsrechts

Im Hinblick auf die Möglichkeiten zur Wirkungsentfaltung erfährt die Anfechtung als Gestaltungsrecht weitere Einschränkungen durch seine zeitliche Eingrenzung der Geltendmachung[702] sowie durch die personelle Begrenzung des Kreises der Anfechtungsberechtigten.

Die Anfechtung stellt ein Gestaltungsrecht dar, dessen Ausübung allein im Ermessen des Anfechtungsberechtigten liegt. Mithin hängt die Aufhebung einer durch Drohung oder Irrtum erwirkten und damit nicht dem Willen des Erblassers entsprechenden letztwilligen Verfügung zunächst von dem rechtzeitigen Aktivwerden eines Anfechtungsberechtigten ab respektive von dessen Willen überhaupt tätig zu werden.

Zudem ist der Kreis der Anfechtungsberechtigten klein und die Wirkungsmöglichkeiten eines durch die Anfechtung gewährten Schutzkonzepts hierdurch weiter eingeschränkt. Der Kreis der Anfechtungsberechtigten wird durch § 2080 BGB eng gezogen und erfasst nur jene Personen, die von der Verfügung betroffen sind.[703] Gem. § 2080 Abs. 1 BGB können nur diejenigen eine letztwillige Verfügung anfechten, denen die Aufhebung der letztwilligen Verfügung einen unmittelbaren rechtlichen Vorteil bringen würde. Mithin muss ein Abgleich der Vermögensnachfolge ohne und mit der anzufechtenden letztwilligen Verfügung vorgenommen werden.[704] Nicht ausreichend für

---

702 Die Anfechtungsfrist beträgt gem. § 2082 II BGB für jedes Anfechtungsrecht gleich aus welchem Grund ein Jahr. Dabei handelt es sich um eine Ausschlussfrist, die nicht nur auf eine Einrede hin, sondern von Amts wegen zu berücksichtigen ist (MüKo/*Leipold*, BGB, § 2082 Rn. 3; BeckOK/*Litzenburger*, BGB, § 2082 Rn. 3; Burandt/Rojahn/*Czubayko*, ErbR BGB, § 2082 Rn. 1). Die einjährige Frist beginnt dabei ab Kenntnis des Anfechtungsgrundes und verlangt sichere Kenntnis aller das Anfechtungsrecht begründenden Tatsachen (BayObLG, BeckRS 1990, 30887754; OLG Kiel, BeckRS 1947, 4; OLG Hamm, OLGZ 1971, 312; BeckOGK/*Harke*, BGB, § 2082 Rn. 6 f.; MüKo/*Leipold*, BGB, § 2082 Rn. 3). Unabhängig von der Kenntnis eines Anfechtungsberechtigten erlischt das Anfechtungsrecht gem. § 2082 III BGB nach 30 Jahren nach Eintritt des Erbfalls. Spätestens hiernach ist ein Anfechtungsrecht mithin endgültig ausgeschlossen (siehe nur BeckOGK/*Harke*, BGB, § 2082 Rn. 18).

703 Vgl. Erman/*M. Schmidt*; BGB, § 2080 Rn. 1; MüKo/*Leipold*, BGB, § 2080 Rn. 1.

704 Zum Ganzen BGH, NJW 1985, 2025; Staudinger/*Otte*, BGB, § 2080 Rn. 2; BeckOGK/*Harke*, BGB, § 2080 Rn. 7; MüKo/*Leipold*, BGB, § 2080 Rn. 5.

eine Anfechtungsbefugnis ist dabei insbesondere, wenn einer Person durch die Aufhebung der Verfügung lediglich ein mittelbarer Vorteil zukäme, der vom Eintritt weiterer Umstände (insbesondere etwa einer Ausschlagung durch die erstberufene Person) abhängt.[705] Noch weiter eingeschränkt wird der Kreis der Anfechtungsberechtigten nach § 2080 Abs. 1 BGB durch § 2080 Abs. 2 BGB im Fall der Irrtumsanfechtung. Demnach ist, wenn sich der Irrtum lediglich auf eine bestimmte durch die anfechtbare Verfügung benachteiligte[706] Person bezieht, nur diese Person anfechtungsberechtigt – freilich vorausgesetzt sie fällt in den Kreis der Anfechtungsberechtigten nach § 2080 Abs. 1 BGB.[707]

Mithin sind auch unter dem Blickwinkel der zeitlichen und personellen engen Bindung des Anfechtungsrechts den Wirkungsmöglichkeiten des Instituts der Anfechtung klare Grenzen gesetzt. Solche Einschränkungen stehen allerdings nicht im Einklang mit dem hiesigen Ziel, Verfügungen von Todes wegen effektiv die Wirksamkeit zu versagen, sofern selbige durch subtile Drittbeeinflussungen unter Ausnutzung von Widerstands- oder Rationalitätsdefiziten eines willensgeschwächten und suggestiblen Erblassers zustande gekommen sind.

4.3. Ergebnis: Ineffektiver Schutz

Die Vorschriften über die Anfechtung weisen erhebliche Schutzlücken hinsichtlich Drittbeeinflussungen auf, welche (noch) nicht die Qualität einer Drohung oder Irrtumserregung erreicht haben, obschon die rechtliche Anerkennung derart zustande gekommener Verfügungen von Todes wegen große Skepsis hinterlässt.[708] Während der Anfechtungstatbestand der Drohung zu

---

705 Staudinger/*Otte*, BGB, § 2080 Rn. 2; BeckOGK/*Harke*, BGB, § 2080 Rn. 7; MüKo/*Leipold*, BGB, § 2080 Rn. 5.
706 Bezieht sich der Irrtum hingegen auf die durch die anfechtbare Verfügung bevorteilte Person, kann diese die Verfügung ohnehin nicht anfechten, da ihr deren Aufhebung keinen Vorteil bringen würde und sie demnach bereits nach § 2080 I BGB nicht zum Kreis der Anfechtungsberechtigten gehört Staudinger/*Otte*, BGB, § 2080 Rn. 12; BeckOGK/*Harke*, BGB, § 2080 Rn. 15.
707 Der Irrtum kann sich dabei sowohl auf die Eigenschaften als auch das Verhalten der Person beziehen. Zum Ganzen etwa MüKo/*Leipold*, BGB, § 2080 Rn. 9
708 In diese Richtung etwa auch *Röthel*, ErbR, § 21 Rn. 15, welche *de lege lata* auf § 138 I BGB verweist; *Helms*, in: Zimmermann, Freedom of Testation, S. 1 (3). Ebenso kann auch das Institut der Erbunwürdigkeit, welches viele Parallelen zu den Anfechtungsvorschriften aufweist, keinen effektiven Schutz vor Drittbeeinflussungen willensgeschwächter Erblasser gewährleisten, siehe dazu auch eingehend *Christandl*, Selbstbestimmtes Testieren, S. 107 ff. Siehe eingehend zu § 138 I BGB unter Kap. III. 6.

eng ausgelegt wird, um derartige subtile Beeinflussungsformen zu erfassen, ist der Anfechtungstatbestand wegen Irrtums allenfalls in Fällen zu erwägen, in denen der Erblasser zugleich über die Persönlichkeitsstruktur der bedachten Person irrt und diese deshalb fälschlicherweise in seiner letztwilligen Verfügung bedenkt. Doch auch diese Konstruktion würde in der praktischen Anwendung wohl regelmäßig an den sehr hohen Anforderungen bezüglich der Kausalität sowie den damit einhergehenden Beweisschwierigkeiten scheitern. Darüber hinaus weisen auch das grundsätzliche Erfordernis der Ausübung des Anfechtungsrechts, der beschränkte Kreis der hierfür berechtigten Personen sowie die drohende Ausschlussfrist den über das Anfechtungsrecht konstruierbaren Schutz in seine Schranken.

Diese einschränkenden Aspekte sorgen im Hinblick auf hiesige Zwecke für eine letztlich zu streng limitierte Schutzwirkung der Anfechtungsvorschriften *de lege lata*.

4.4. Erweiterung der Anfechtungsvorschriften *de lege ferenda*?

Aufgrund der Schutzlücken der Anfechtungsvorschriften bezüglich der nicht den Grad einer Drohung erreichenden Beeinflussungen wurden verschiedene Vorschläge unterbreitet, um diese Schutzlücken zu schließen. Neben einer analogen Anwendung[709] wurde insbesondere eine Erweiterung des § 2078 BGB um einen dritten Tatbestand vorgeschlagen (Abschnitt 4.4.1.). Nach der hier vertretenen Auffassung kann jedoch keiner dieser Ansätze als jeweils einzige Maßnahme das erforderliche Schutzniveau gewährleisten und damit zu einer endgültigen Lösung des Problems von Drittbeeinflussungen zu Lasten eines aufgrund Widerstands- oder Rationalitätsdefiziten willensgeschwächten und suggestiblen Erblasser führen (Abschnitt 4.4.2.).

4.4.1. Normierung eines neuen Tatbestandes *de lege ferenda*

Inhaltlich vergleichbar, aber weitergehend als eine analoge Anwendung wird von Röthel vorgeschlagen, die Anfechtungsvorschrift des § 2078 BGB um einen weiteren Tatbestand zu ergänzen. Durch diese Ergänzung sollen neben der rechtswidrigen Drohung auch ähnliche Formen der Beherrschung und Beeinflussung erfasst werden und zur Anfechtbarkeit der Verfügung führen. Dabei sei tatbestandlich die Schwelle der Anfechtung aufgrund Beeinflussung oder Beherrschung insbesondere niedriger anzusetzen als bei der Testierunfähigkeit

---

709 Siehe dazu bereits oben Kap. III. 4.2.2.1.4.

und so würden Fälle erfasst werden, die derzeit gesetzlich keine Berücksichtigung finden. Hierdurch könnten nicht nur Vorzüge eines Gestaltungsrechts zum Zuge kommen, sondern auch die Sichtbarkeit der Neuerung sichergestellt werden.[710] Unbeschadet dieses Vorschlages sei nach Röthel der erforderliche Erfahrungsschatz über faktische Beeinträchtigungen der Testierfreiheit freilich erst noch zu entwickeln, was dafür sprechen möge, den Schutz der Testierfreiheit vor faktischen Beeinträchtigungen unterhalb der Schwelle der rechtswidrigen Drohung zunächst der Rechtsprechung im Rahmen einer auf § 138 BGB gestützten Kontrolle der Verfügungsfreiheit zu überlassen.[711] Die Vorschrift des § 138 BGB bilde für eine solche Abschlusskontrolle letztlich den systematisch überzeugendsten gesetzlichen Anknüpfungspunkt.[712]

4.4.2. Stellungnahme

Im Ergebnis würde allerdings auch die Ergänzung des § 2078 BGB um einen weiteren Tatbestand nicht den nach hier vertretener Auffassung erforderlichen vollumfassenden Schutz bieten. Denn auch nach derartigen Schritten ist zu erwarten respektive zu befürchten, dass die praktische Anwendung weiterhin an den hohen Anforderungen bezüglich der Kausalität sowie den hiermit verflochtenen Beweisschwierigkeiten scheitern und nicht den gewünschten Erfolg bringen wird. Ferner steht die durch Zeit und

---

710 Zum Ganzen *Röthel*, AcP 210 (2010), 32 (62 mit Fn. 143); *dies.*, Gutachten 68. DJT, A 86; *dies.*, ErbR 2014, 357; ebenso *Kroppenberg*, NJW 2010, 2609 (2612); *Frieser/Potthast*, ErbR 2017, 114 (124); *Boehm*, Der demenzkranke Erblasser, S. 161 ff. Der Vorschlag wurde vor dem Deutschen Juristentag indes abgelehnt, Verhandlungen des 68. Deutschen Juristentages, Bd. II/1, Sitzungsberichte Referate und Beschlüsse, Berlin 2010, L 151. Anders etwa MüKo/*Leipold*, BGB, Vor § 2064 Rn. 52 mit Fn. 79, der vielmehr einen zusätzlichen zivilrechtlichen Unwirksamkeitsgrund favorisiert. Grds. gegen eine Ausweitung von Nichtigkeits- bzw. Anfechtbarkeitsgründen und für einen verstärkten Schutz durch *ex ante*-Mechanismen, wobei zugleich auf die klaren Tendenzen in Frankreich und Italien aufmerksam gemacht wird, die Lösung des Problems der Fremdbestimmung des Erblassers in der Erweiterung der Anfechtungsvoraussetzungen zu sehen, *Christandl*, Selbstbestimmtes Testieren, insb. S. 114 ff., 124.
711 *Röthel*, Gutachten 68. DJT, A 86. Zust. die gebotene Abhilfe in einer sorgfältigen richterlichen Prüfung aller Umstände, die zur Testamentserrichtung geführt haben, sehend und sonach ebenso für eine Lösung über § 138 BGB votierend *Frieser*, Referat 68. DJT, L 49 (L 63).
712 Vgl. *Röthel*, AcP 210 (2010), 32 (62). Vgl. auch *Röthel/Lemmerz*, in: Gebauer et al., Alternde Gesellschaften, S. 3 (22 f.).

Person bedingte Rechtswirkungsentfaltung dieses Gestaltungsrechts nicht im Einklang mit der hier als notwendig empfundenen Dimension eines Erblasserautonomieschutzes.

5. Schutzmechanismus der punktuellen Verbotsgesetze

Die Verbotsgesetze im Sinne des § 134 BGB stellen allgemein präventive, inhaltliche Grenzen der Privatautonomie dar. Aufgrund ihrer Eigenschaft als an sich systemwidrige Ausnahmen der liberalen Privatrechtsidee, decken sie die Grenzfälle der Sittenwidrigkeit sowie die des Verstoßes gegen Straftatbestände ab und sind allein hierdurch zu rechtfertigen. Gerade in Erfüllung staatlicher Schutzpflichten bedarf es jedoch solcher materiellen Korrekturen. Um der Gefahr einer schrittweisen Verstaatlichung der Privatautonomie indes gleichsam entgegenzuwirken, müssen derartige standardisierte inhaltliche Begrenzungen eng auszulegende Ausnahmen sein und eine zu starke ausdehnende Anwendung derselben hat zu unterbleiben.[713]

Die nachfolgenden Ausführungen werden aufzeigen, dass die derzeitige Gesetzeslage auch im Wege von punktuellen Verbotsgesetzen nur ein lückenhaftes und nicht ausreichendes Schutzkonzept im Hinblick auf subtile Drittbeeinflussungen zu Lasten willensgeschwächter und suggestibler Erblasser bereithält.

5.1. Testierverbote nach dem HeimG und dessen landesrechtlichen Nachfolgeregelungen

Auf der Suche nach für den hiesigen Kontext erfolgsversprechenden Verbotsgesetzen stößt man insbesondere auf die Testierverbote nach dem HeimG und dessen landesrechtlichen Nachfolgeregelungen. Die Qualifizierung des § 14 HeimG sowie die entsprechenden Regelungen der „Landesheimgesetze" als Verbotsgesetze im Sinne des § 134 BGB[714] kann mit gutem Gewissen als Zeichen dafür gedeutet werden, dass auch die Rechtsprechung immer mehr

---

713 Vgl. zum Ganzen *Di Fabio*, DNotZ 2006, 342 (347), welcher v.a. auch darauf hinweist, dass ferner die typisierte Wirklichkeitsannahme stets daraufhin überprüft werden muss, ob die für das jeweilige Rechtsgeschäft angenommene typische Ungleichgewichtslage weiterhin tatsächlich (vollständig) zutrifft.

714 Ganz h.M. Vgl. etwa BVerfG, NJW 1998, 2964; BGHZ 110, 235 = NJW 1990, 1603 (1604); BGH, ZEV 2012, 39; MüKo/*Leipold*, BGB, Vorb. § 2064 Rn. 35; Palandt/*Weidlich*, BGB, § 1937 Rn. 13; *Lydyga*, NZS 2013, 201 (203 f.); *Keim*, notar 2017, 119 (120).

Sensibilität für das Schutzbedürfnis eines in seiner Testierfähigkeit bereits geschwächten Erblassers vor subtilen Drittbeeinflussungsformen entwickelt.[715] Die heimgesetzlichen Verbotsnormen haben ihren Ausgangspunkt nämlich in der Annahme einer besonderen Schutzbedürftigkeit der Bewohner im Lichte ihrer speziellen Lebenssituation sowie der hieraus resultierenden Abhängigkeit.[716] Nach den verfolgten Zwecken soll insbesondere verhindert werden, dass die Arg- oder Hilflosigkeit sowie sonstige Abhängigkeit alter und pflegebedürftiger Menschen in finanzieller Hinsicht ausgenützt wird[717] und die Betroffenen sollen vor unlauterer Willensbeeinflussung geschützt werden.[718] Das Ziel der Vorschrift ist es unter anderem, die Testierfreiheit der Heimbewohner zu sichern[719] und alte Menschen davor zu bewahren, dass ihr Recht auf eine freie Verfügung von Todes wegen durch offenen oder versteckten Druck faktisch gefährdet wird.[720]

Nach der Regelung des § 14 Abs. 1 HeimG ist es dem (Heim)Träger untersagt, sich von oder zugunsten von Bewohnern oder Bewerbern um einen Heimplatz Geld- oder geldwerte Leistungen über das vereinbarte Entgelt hinaus versprechen oder gewähren zu lassen. Darüber hinaus untersagt § 14 Abs. 5 HeimG der Leitung, den Beschäftigten oder sonstigen Mitarbeitern des Heims, sich von oder zugunsten von Bewohnern neben der vom Träger erbrachten Vergütung Geld- oder geldwerte Leistungen für die Erfüllung der Pflichten aus dem Heimvertrag versprechen oder gewähren zu lassen.[721] Im Zuge der

---

715 Ähnlich auch *Röthel,* Gutachten 68. DJT, A 82.
716 Vgl. MüKo/*Leipold,* BGB, Vorb. § 2064 Rn. 42; *Keim,* notar 2017, 119.
717 BVerfG, NJW 1998, 2964; BGHZ 110, 235 = MittBayNot 1990, 300 (301); BeckNotar-HdB/*Dietz,* § 17 Rn. 275.
718 Daneben wird im Übrigen auch der Schutz des „Heimfriedens" durch Verhinderung einer bevorzugten Behandlung der Zuwendenden resp. einer Benachteiligung anderer anvisiert, vgl. BT-Drs. 11/5120, S. 17 f. Vgl. zum Ganzen MüKo/*Leipold,* BGB, Vorb. § 2064 Rn. 42. Das BVerwG (NJW 1990, 2268) sieht zugegebenermaßen etwas makaber anmutend einen zusätzlichen und vierten Schutzzweck in Form des notwendigen Schutzes der Heimbewohner vor dem womöglich ansonsten bestehenden Interesse des testamentarisch bedachten Heimträgers oder der dort Bediensteten an dem vorzeitigen Tod des Heimbewohners, krit. dazu *Heide,* in: FS Rüfner, S. 217 (224 f.); MüKo/*Leipold,* BGB, Vorb. § 2064 Rn. 44; *Keim,* notar 2017, 119 (120).
719 BT-Drs. 7/180, S. 12; BT-Drs. 11/5120, S. 17; BeckNotar-HdB/*Dietz,* § 17 Rn. 275.
720 BVerfG, NJW 1998, 2964; *Röthel,* Gutachten 68. DJT, A 82.
721 Soweit es sich nicht um geringwertige Aufmerksamkeiten handelt. Vgl. zum Ganzen insb. *Keim,* notar 2017, 119; Burandt/Rojahn/*Müller-Engels,* ErbR HeimG, § 14 Rn. 6; BeckNotar-HdB/*Dietz,* § 17 Rn. 275.

Föderalismusreform[722] ist die Gesetzgebungskompetenz für das Heimwesen in die ausschließliche Gesetzgebungskompetenz der Länder übergegangen[723], sodass das Heimgesetz des Bundes nach Art. 125a Abs. 1 GG so lange weitergalt, bis das jeweilige Bundesland selbst ein Heimgesetz erlassen hatte. Inzwischen haben auch alle Bundesländer eigene Heimgesetze erlassen, welche überwiegend die dem § 14 HeimG ähnelnde Zuwendungsverbote in sich tragen, wenngleich vereinzelt Abweichungen in Detailfragen festzustellen sind.[724] Trotz der bereits erfolgten Ablösung des Heimgesetzes des Bundes erscheint eine Einbeziehung desselben in diese Untersuchung sinnvoll, da die zu diesem Gesetz ergangene Rechtsprechung auch für die Landesgesetze beziehungsweise länderrechtliche Zuwendungsverbote weiterhin als bedeutsam anzusehen ist.[725]

5.1.1. Anwendbarkeit auf letztwillige Zuwendungen

Nach ganz herrschender Meinung und gefestigter Rechtsprechung ist das heimrechtliche Zuwendungsverbot auch auf letztwillige Zuwendungen, welche nicht im Zuge eines Erbvertrages versprochen wurden, anwendbar und stellt somit auch ein Testierverbot[726] respektive ein Verbot der „testamentarischen Vorteilsannahme"[727] dar.[728]

Dies gilt selbst dann, wenn der unmittelbare Gegenstand der Verbotsnorm ausweislich seines Wortlautes („sich [...] versprechen oder gewähren zu lassen") die vertragliche Zustimmung des Begünstigten durch eine Willenserklärung darstellt.[729] Dies betrachtet, könnte man im Hinblick auf die Eigenschaft des Testaments als einseitige nicht empfangsbedürftige Willenserklärung des Erblassers sowie der nicht bestehenden Erforderlichkeit einer Annahme der

---

722 Siehe dazu BT-Drs. 16/813.
723 Erfasst wären hiervon allein solche Regelungen des HeimG, welche öffentlich-rechtlicher Natur sind und nicht solche bürgerlich-rechtlicher Natur, BT-Drs. 16/4847, S. 2; *Keim*, notar 2017, 119 (120); *Hollstein*, Nichtigkeit, S. 153–156; MüKo/*Leipold*, BGB, Vorb. § 2064 Rn. 35.
724 *Keim*, notar 2017, 119 (120); MüKo/*Leipold*, BGB, Vorb. § 2064 Rn. 32 f.; Palandt/*Weidlich*, BGB, § 1937 Rn. 13; BeckNotar-HdB/*Dietz*, § 17 Rn. 275 mit Fn. 297.
725 Vgl. etwa Palandt/*Ellenberger*, BGB, § 134 Rn. 19; *Lydyga*, ZEV 2014, 177 (179).
726 *Keim*, notar 2017, 119 (120).
727 BVerfG, NJW 1998, 2964 (2965).
728 Vgl. auch MüKo/*Leipold*, BGB, Vorb. § 2064 Rn. 40; Nieder/Kössinger/*Kössinger*/ *Najdecki*, HdB der Testamentsgestaltung, § 3 Rn. 5; Firsching/Graf/*Krätzschel*, Nachlassrecht, § 7 Rn. 13. Siehe auch weitere Nachweise unten.
729 MüKo/*Leipold*, BGB, Vorb. § 2064 Rn. 37; *Keim*, notar 2017, 119 (120).

Willenserklärung durch den Erben für den Anfall der Erbschaft sowie des Vermächtnisses (§§ 1942 Abs. 1, 2176 BGB) bezüglich der Anwendung des Verbots auf testamentarische Zuwendungen grundsätzliche Bedenken hegen. Zusätzlich zielt das Verbot ersichtlich gar nicht auf das Verhalten des Erblassers, sondern auf das Verhalten des Heimträgers oder eines Heimmitarbeiters und somit auf einen (eigentlich) am maßgeblichen Rechtsgeschäft nicht Beteiligten ab, sodass die Herleitung der Nichtigkeitsfolge für dieses Rechtsgeschäft nicht ohne Weiteres selbstverständlich erscheint. Insofern nützt es auch nichts, dass es nach der Ratio einer Verbotsnorm für die Nichtigkeit des jeweiligen Rechtsgeschäfts grundsätzlich genügen kann, wenn auch nur ein am Rechtsgeschäft Beteiligter sich verbotswidrig verhält. Denn genau betrachtet, gibt es nur einen am Rechtsgeschäft Beteiligten in Gestalt des Erblassers und dieser lässt sich unstreitig nicht im Sinne der Norm etwas versprechen oder gewähren.[730]

Zu Recht wird nach ganz herrschender Meinung das Verbot dennoch auf testamentarische Zuwendungen angewendet.[731] Das Zuwendungsverbot bezieht

---

730 Zum Ganzen insb. *Keim*, notar 2017, 119 (120). Vgl. auch MüKo/*Leipold*, BGB, Vorb. § 2064 Rn. 39.

731 *Keim*, notar 2017, 119 (120) auch zum Folgenden; MüKo/*Leipold*, BGB, Vorb. § 2064 Rn. 39 f.; Palandt/*Weidlich*, BGB, § 134 Rn. 19; BeckNotar-HdB/*Dietz*, § 17 Rn. 275; *Olzen/Looschelders*, ErbR, Rn. 245–248; *G. Müller*, ZEV 1998, 219 (221); *Lydyga*, NZS 2013, 201 (202); *Adam*, AnwBl 2003, 336 (337). Abl. *Brox*, in: FS Benda, S. 17 (18 ff.); *Muscheler*, ErbR, Rn. 1921 ff., 1925. Das BVerfG (NJW 1998, 2964) hat bereits im Jahre 1998 die Verfassungsmäßigkeit der Vorschrift bejaht und die h.M. teilt diese Einschätzung (MüKo/*Leipold*, BGB, Vorb. § 2064 Rn. 47 mit Fn. 70; Staudinger/*Otte*, BGB, Vorb. §§ 2064–2086 Rn. 136). Eine verhältnismäßige Einschränkung der Testierfreiheit von Heimbewohnern und der von ihnen bedachten Dritten (MüKo/*Leipold*, BGB, Vorb. § 2064 Rn. 45), welche im Ergebnis wie ein Testierverbot wirkt (weiterführend und krit. MüKo/*Leipold*, BGB, Vorb. § 2064 Rn. 45 ff.; *Muscheler*, ErbR, Rn. 1925; *Brox*, in: FS Benda, S. 17 (18 f.); *Heide*, in: FS Rüfner, S. 217 (225 f.); *Münzel*, NJW 1997, 112 (112 f.)), sei zu bejahen. Es werde der Ausnutzung der Heimbewohner, der Störung des Heimfriedens durch finanzielle Konkurrenz und der Beeinträchtigung der Testierfreiheit durch versteckten oder offenen Druck dadurch verhältnismäßig entgegengewirkt, indem es dem Träger des Heims, seinem Leiter, den Beschäftigten und sonstigen Mitarbeitern untersagt sei, sich über das Pflegeentgelt hinaus Vermögensvorteile versprechen zu lassen. Auch treffe es nicht zu, dass die allg. Vorschriften über die Sittenwidrigkeit von Rechtsgeschäften (§ 138 BGB) und über den Testamentswiderruf (§§ 2253 bis 2255 BGB) das Ziel des Gesetzgebers in gleichem Maße erreichen und einen geringeren Eingriff darstellen. Der Schutz durch § 138 BGB greife nur ein, wenn eine tatsächliche Zwangslage besteht und wenn dies im nachfolgenden Prozess nachgewiesen werden kann. Für die Verhältnismäßigkeit entscheidend sei insb.,

sich auf alle Zuwendungen, welche erbrechtlich möglich sind,[732] also vor allem die Erbeinsetzung (auch als Mit-, Ersatz- oder Nacherbe) sowie die vermächtnisweise Begünstigung.[733] Im Hinblick auf die von der Regelung verfolgten Ziele ist eine Ungleichbehandlung von Rechtsgeschäften unter Lebenden und von Zuwendungen durch letztwillige Verfügungen nicht gerechtfertigt, da auf letztere der Schutzzweck (mindestens) genauso zutrifft.[734] Ferner stellt auch die bloße und an sich noch widerrufliche testamentarische Erbeinsetzung als eine dem Bedachten zugewandte erbrechtliche Position bereits einen Vermögensvorteil in der Gestalt dar, dass hierdurch noch zu Lebzeiten des Erblassers eine geldwerte Leistung im Sinne der Norm bejaht werden kann.[735]

Aufgrund der Gesetzesformulierung „versprechen oder gewähren lassen" bedarf es jedoch einer Einschränkung der tatbestandlichen Erfassung von testamentarischen Zuwendungen zugunsten des Heimträgers oder des Heimmitarbeiters auf solche Fälle, in welchen der Eintritt des Vermögensvorteils mit

---

dass „stille Testamente" nicht von dem Verbot erfasst sind und zum anderen grds. eine Möglichkeit einer Erlaubniserteilung im Einzelfall (soweit der Schutz des Betroffenen die Aufrechterhaltung des Verbotes nicht erfordert, eingehend zu den materiellen Voraussetzungen einer Ausnahmegenehmigung *Keim*, notar 2017, 119 (125)) besteht (vgl. BVerfG, NJW 1998, 2964 (2964 f.); ebenso BVerwG, NJW 1990, 2268; BayObLG, NJW 1992, 55 (57); BayObLG, NJW 1993, 1143 (1145)). Der BGH (NJW 2012, 155 (Rn. 23 f.)) schloss sich dieser Beurteilung an und betonte zudem die i.r. der Verbotsnormauslegung erforderliche Abwägung mit der Testierfreiheit. Zum Ganzen *Keim*, notar 2017, 119 (121); krit. MüKo/*Leipold*, BGB, Vorb. § 2064 Rn. 45–52. Die Anwendbarkeit der nun landesrechtlichen Zuwendungsverbote auf letztwillige Verfügungen ist umso mehr zu bejahen, als diese in Kenntnis der gefestigten Rechtsprechung erlassen sowie formuliert wurden und daher davon auszugehen ist, dass die dahingehende Auslegung dem gesetzgeberischen Willen des jeweiligen Landesgesetzgebers entspricht, eingehend *Leipold*, in: Muscheler, Hereditare, S. 1 (9); MüKo/*Leipold*, BGB, Vorb. § 2064 Rn. 41.

732 *Roth*, NJW-Spezial 2016, 551; Burandt/Rojahn/*Müller-Engels*, ErbR HeimG, § 14 Rn. 11.
733 OLG Düsseldorf, NJWE-FER 1997, 253 (254); OLG Stuttgart, ZEV 2011, 78 (78 f.) m. Anm. *Bartels*; *Keim*, notar 2017, 119 (123).
734 Vgl. BGHZ 110, 235 = MittBayNot 1990, 300 (301); BGH, ZEV 2012, 39 (Rn. 15); BayObLG, NJW 1992, 55 (56); BayObLG, NJW 1993, 1143 (1144); Burandt/Rojahn/*Müller-Engels*, ErbR HeimG, § 14 Rn. 10; MüKo/*Leipold*, BGB, Vorb. § 2064 Rn. 40.
735 Vgl. dazu ausführlich *Hollstein*, Nichtigkeit, S. 54–57, gerade i.H.a. den Schutzzweck sei eine solche Auslegung der heimrechtlichen Vorschriften geboten. Siehe dazu auch BayObLG, NJW 1993, 1143 (1144).

einem Einvernehmen zwischen dem Testator und dem Bedachten im Zusammenhang steht.[736] Demnach ist notwendig, dass zu der einseitigen Willenserklärung des Testators seitens des Bedachten ein (gegebenenfalls stillschweigendes) Einverständnis mit der Zuwendung tritt.[737]

Eine verbotswidrige Zuwendung liegt allerdings dann nicht vor, wenn letztere allein aufgrund familiärer Verbundenheit oder einer engen persönlichen Beziehung erfolgt, da es für den Tatbestand erforderlich ist, dass der Vermögensvorteil für die Erfüllung der Pflichten aus dem Heimvertrag versprochen oder gewährt worden ist.[738] Indes wird ein solcher Zusammenhang zwischen dem versprochenen Vermögensvorteil und den Heimleistungen bis zum Beweis des Gegenteils vermutet.[739]

5.1.2. Enger und nur punktueller Anwendungsbereich

Selbst wenn das heimrechtliche Zuwendungsverbot auch testamentarische Verfügungen erfasst, ist dessen Anwendungsbereich weiterhin für das hiesige Ziel der Gewährleistung eines umfassenden Erblasserautonomieschutzes zu

---

736 H.M., vgl. etwa MüKo/*Leipold*, BGB, Vorb. § 2064 Rn. 66; BayObLG, NJW 1992, 55 (56).

737 Vgl. Burandt/Rojahn/*Müller-Engels*, ErbR HeimG, § 14 Rn. 12; MüKo/*Leipold*, BGB, Vorb. § 2064 Rn. 40, 66; Palandt/*Weidlich*, BGB, § 134 Rn. 19; *Bengel*, ErbR 2009, 236 (242). Sofern der Bedachte also erst nach dem Tod des Erblassers Kenntnis von der testamentarischen Zuwendung erlangt hat, ergibt sich keine Unwirksamkeit der letztwilligen Verfügung aufgrund der Verbotsvorschrift, BayObLG, NJW 1992, 55 (57); OLG Stuttgart, MittBayNot 2014, 353 (354) m. Anm. *G. Müller*; MüKo/*Leipold*, BGB, Vorb. § 2064 Rn. 68. Neben der Kenntnis wird für ein Einvernehmen i.d.R. ein nach den Umständen erkennbares (auch nur stillschweigendes) Einverständnis verlangt, VGH Mannheim, MittBayNot 2005, 317 (318 f.). Die Rspr. lässt es allerdings für eine Annahme genügen, wenn Kenntnis von der Verfügung gegeben ist und das (schlüssige) Verhalten nichts Gegenteiliges hat erkennen lassen, vgl. BVerwG, NJW 1990, 2268; KG, NJW-RR 1999, 2 (3); BayObLG, NJW 1993, 1143 (1144). Für den BGH ist es ausreichend, wenn der Heimträger Kenntnis von der Verfügung hat und der verfügende Heimbewohner dies weiß, BGH, ZEV 1996, 147. Eingehend auch bzgl. der Wissenszurechnung in diesem Bereich *Keim*, notar 2017, 119 (124).

738 OLG Frankfurt, ZEV 2001, 364 (364 f.) m. Anm. *Rossak*; *Keim*, notar 2017, 119 (122).

739 BGHZ 110, 235 = NJW 1990, 1603; OLG Frankfurt, NJW 2015, 2351 (Rn. 14); KG, ZEV 2018, 526 (Rn. 28); MüKo/*Leipold*, BGB, Vorb. § 2064 Rn. 54, 62; *Keim*, notar 2017, 119 (122).

eng und starr. Denn die Schutzwirkung des punktuellen Verbotsgesetzes ist zu streng auf bereits festgesetzte Szenarien und situative Umstände des Erblassers begrenzt und kann insofern auch kaum erweitert werden.

5.1.2.1. Zuwendungen an den Heimträger

Unter die direkte Anwendung des § 14 Abs. 1 HeimG fallen nach § 1 Abs. 1 S. 2 HeimG Einrichtungen, die dem Zweck dienen, ältere Menschen oder pflegebedürftige oder behinderte Volljährige aufzunehmen, ihnen Wohnraum zu überlassen sowie Betreuung und Verpflegung zur Verfügung zu stellen oder vorzuhalten, und die in ihrem Bestand von Wechsel und Zahl der Bewohner unabhängig sind und entgeltlich betrieben werden. Sofern der Heimträger zwar nicht der direkt Bedachte ist, jedoch Heimträger und Bedachter in der Öffentlichkeit als zusammengehörend auftretende juristische Personen sind, kommt eine analoge Anwendung aufgrund einer Gesetzesumgehung in Betracht.[740]

5.1.2.2. Zuwendungen an Mitarbeiter und diesen nahestehende Personen

Das Zuwendungsverbot des Bundes wie auch das der Länder sehen vor, dass von dem Verbot auch die Leitung, die Beschäftigten oder sonstigen Mitarbeiter der Einrichtung erfasst sind also sämtliche dort beschäftigten Personen, unabhängig davon ob hauptberuflich, nebenberuflich oder ehrenamtlich tätig[741] und ob eine Betrauung mit der Erfüllung der Pflege und Betreuung des Heimbewohners zu bejahen ist[742].

---

740 VG Würzburg, ZEV 2008, 601 (603 f.) mit insoweit abl. Anm. *Limmer*; MüKo/*Leipold*, BGB, Vorb. § 2064 Rn. 53. Allg. zur gegebenen Analogiefähigkeit von § 14 HeimG und den länderrechtlichen Zuwendungsverboten *Lydyga*, NZS 2013, 201 (204).

741 *Keim*, notar 2017, 119 (121). Aufgrund des Schutzzweckes müssen auch Zuwendungen an ehrenamtlich und unentgeltlich im Heim tätige Personen (und somit Zuwendungen, die nicht neben der vom Träger an den Mitarbeiter erbrachten Vergütung versprochen bzw. gewährt werden) erfasst werden, MüKo/*Leipold*, BGB, Vorb. § 2064 Rn. 63.

742 OLG Frankfurt, ZEV 2001, 364 (365) m. Anm. *Rossak*; *Keim*, notar 2017, 119 (121). Auch die Landesheimgesetze visieren nicht nur Zuwendungen seitens Heimbewohnern an, sondern zudem solche von Heimbewerbern und darüber hinaus Zuwendungen seitens Dritter mit dem Ziel und Zweck, dadurch Vergünstigungen für den Heimbewohner oder -bewerber zu erreichen (vgl. die Formulierung: „zugunsten"), eingehend dazu siehe *Keim*, notar 2017, 119 (123).

Eine analoge Anwendung des Zuwendungsverbotes auf Umgehungsgeschäfte bejahte die Rechtsprechung mehrfach dann, wenn anstelle des Verbotsadressaten eine diesem nahestehende oder mit demselben verbundene (natürliche oder juristische) Person begünstigt wurde und sich diese Zuwendung unter Umständen mittelbar über diesen Umweg (auch) als Zuwendung an den Verbotsadressaten ansehen ließ.[743] So sah die Rechtsprechung etwa die Erbeinsetzung der Kinder[744] sowie der Ehefrau[745] des Heimleiters als Nacherben sowie die Erbeinsetzung der Ehefrau des Pförtners zum Miterben[746] jeweils als unzulässig an.[747]

5.1.2.3. Formen des sogenannten betreuten Wohnens

Eine uneinheitliche Behandlung ergibt sich im Hinblick auf Zuwendungsverbote im Zusammenhang mit den Formen des sogenannten betreuten Wohnens. Hierunter fiele im allgemeinen Sprachgebrauch alles vom seniorengerechten Wohnen ohne jedes Serviceangebot bis hin zu Seniorenresidenzen mit vollumfänglichen Betreuungs- und Pflegeservice.[748] Durch das frühere Heimgesetz des Bundes waren solche Wohnformen an sich nicht erfasst.[749] Einige Landesgesetze erfassen derartige Konzepte ausdrücklich und es ist eine Tendenz erkennbar, dass die Gesetze, welche in den letzten Jahren überarbeitet wurden, regelmäßig den Anwendungsbereich erweitert haben und dabei auch betreute Wohngemeinschaften einbeziehen[750].

5.1.2.4. Zuwendungen an ambulante Pflegedienste und Ärzte

Ambulante Pflegedienste fielen nach dem alten § 14 HeimG nicht unter den direkten Anwendungsbereich und auch die Rechtsprechung hatte eine Analogie mangels vergleichbarer Situation stets abgelehnt.[751] Tatsächlich erfassen

---

743 Burandt/Rojahn/*Müller-Engels*, ErbR HeimG, § 14 Rn. 27; *Roth*, NJW-Spezial 2016, 551; Palandt/*Weidlich*, BGB, § 134 Rn. 19; *Keim*, notar 2017, 119 (122).
744 OLG Düsseldorf, MittBayNot 1998, 264 (265).
745 BayObLG, ZEV 2000, 283 (284).
746 OLG Frankfurt, ZEV 2001, 364 (365).
747 Für weitere Beispiele etwa *Keim*, notar 2017, 119 (122).
748 *Lydyga*, ZEV 2014, 177 m.w.N. sowie eingehend zu dieser erbrechtlichen Thematik.
749 Vgl. BT-Drs. 14/5399, S. 18 f.; DNotI-Report 2002, 7; *Keim*, notar 2017, 119 (121).
750 *Keim*, notar 2017, 119 (121).
751 OLG Düsseldorf, ZEV 2001, 366 (367); LG Bonn, NJW 1999, 2977; *Keim*, notar 2017, 119 (122). Die überwiegende Literatur ist ebenso abl., vgl. etwa MüKo/*Leipold*, BGB, Vorb. § 2064 Rn. 55; Palandt/*Weidlich*, BGB, § 134 Rn. 19; Burandt/Rojahn/*Müller-Engels*, ErbR HeimG, § 14 Rn. 30 f.; *Olzen/Looschelders*, ErbR, Rn. 248. Eingehend zur i.E. abzulehnenden Analogie bei einer ambulanten Pflege *Lydyga*, NZS 2013, 201 (204 f.).

nun jedoch einige Landesgesetze ausdrücklich ambulante Pflegedienste.[752] Soweit ein solches ausdrückliches Verbot in den übrigen Landesgesetzen fehlt, bleibt es bei der zu verneinenden Analogie. Statt einer analogen Anwendung ist jedoch eine Sittenwidrigkeit der letztwilligen Verfügung nach § 138 Abs. 1 BGB durchaus möglich und anzudenken, sofern der Pflegedienst seine (strukturell überlegene) Stellung sowie das persönliche Vertrauensverhältnis ausgenutzt hat.[753] Zu Recht wird die Rechtsprechung im Hinblick auf die derzeitige Gesetzeslage aufgefordert, deutlicher als bisher die Entscheidungsfreiheit ambulant Gepflegter anhand des § 138 Abs. 1 BGB zu prüfen.[754] Hierbei ist wegen der Testierfreiheit nach Art. 14 Abs. 1 GG und des Sozialstaatsprinzips nach Art. 20 Abs. 1, 28 Abs. 1 GG zu berücksichtigen, dass ambulante Pflegedienste die Lebenssituation der Gepflegten nachhaltig beeinflussen können und der ambulant Gepflegte strukturell unterlegen ist. Beeinflussungen, welche unterhalb der Schwelle einer rechtswidrigen Drohung im Sinne des § 2078 BGB liegen, sollten dann von § 138 Abs. 1 BGB erfasst werden.[755] Allein eine derartige Betrachtung würde der verfassungsrechtlichen Bedeutung der Testierfreiheit sowie dem Sozialstaatsprinzip gerecht werden.[756]

5.1.2.5. *Zuwendungen an Betreuer und Vorsorgebevollmächtigte*

Im Hinblick auf Zuwendungen an Betreuer oder Vorsorgebevollmächtigte käme aufgrund des Wortlauts allein wieder eine analoge Anwendung der Vorschrift in Betracht.[757] Für beide Konstellationen wurde jedoch eine Analogie

---

752 OLG Frankfurt a.M., NJW 2015, 2351 (Rn. 13) i.H.a. § 7 II HGBP; *Roth*, NJW-Spezial 2016, 551; *Keim*, notar 2017, 119 (122) sowie zum Folgenden.
753 OLG Düsseldorf, NJW 2001, 2338 (2338 f.); *Roth*, NJW-Spezial 2016, 551; *Keim*, notar 2017, 119 (126). Zwar sind die Wertungen einer etwaigen gesetzlichen Verbotsvorschrift grundsätzlich vorrangig, dennoch kommt die Anwendung des § 138 BGB dann in Betracht, wenn die Tatbestandsvoraussetzungen der Verbotsnorm nicht erfüllt sind und/oder außertatbestandliche Umstände zusätzlich gegeben sind, Soergel/Wolf/*Hefermehl*, BGB, § 138 Rn. 63.
754 Dazu und dem Folgenden *Lydyga*, ZEV 2014, 177 (183); *ders.*, NZS 2013, 201 (206). Insb. auch *Röthel*, AcP 210 (2010), 32 (62 f.) votiert zu Recht für eine verstärkte richterliche „Abschlusskontrolle" gem. § 138 BGB für solche Bereiche.
755 Zu Recht *Lydyga*, ZEV 2014, 177 (183); *ders.*, NZS 2013, 201 (206); *Röthel*, AcP 210 (2010), 32 (62 f.).
756 *Lydyga*, NZS 2013, 201 (206).
757 Vgl. dazu etwa auch *G. Müller*, ZEV 1998, 219 (221).

seitens der Rechtsprechung klar abgelehnt[758] und auch die Mehrheit in der Literatur steht einer Analogie kritisch gegenüber[759]. Das Hauptargument gegen eine Analogie ist die mangelnde Vergleichbarkeit der Sachverhalte, weil die Lebenssituation eines nur ambulant versorgten Betreuten respektive Vollmachtgebers nicht ohne Weiteres mit der besonders eingeschränkten Lebenssituation eines stationär untergebrachten Heimbewohners sowie dessen Abhängigkeit gegenüber dem Heim verglichen werden könne.[760]

Doch auch hier kommt schließlich eine Sittenwidrigkeit gemäß § 138 Abs. 1 BGB in Betracht. Die Unwirksamkeit eines Testaments wegen Sittenwidrigkeit desselben kann nämlich bejaht werden, sofern ein Betreuer eine Zwangslage, die Unerfahrenheit des Betreuten, dessen Mangel an Urteilsvermögen oder dessen erhebliche Willensschwäche zur Erlangung einer testamentarischen Verfügung ausnutzt.[761]

5.2. Sonstige Verbotsgesetze

Sonstige im Zusammenhang mit § 134 BGB gewinnbringende Bestimmungen liegen nicht vor. Potentielle Normen bezüglich dienstbezogenen Belohnungen oder Geschenken für Beamte und Beschäftigte im öffentlichen Dienst (etwa nach § 71 Abs. 1 BBG, § 78 Abs. 2 ZDG, § 3 Abs. 2 TVöD oder § 10 Abs. 1 BAT) werden überwiegend bereits nicht als die Wirksamkeit einer Verfügung zu Fall bringende Verbotsgesetze im Sinne des § 134 BGB angesehen, sondern

---

758 BayObLGZ 1997, 374 (376 f.); LG Hamburg, BeckRS 2015, 13647 (jew. bzgl. des Betreuers i.S. des § 1896 BGB); BayObLG, DNotZ 2003, 439 (bzgl. des Vorsorgebevollmächtigten).

759 *Keim*, notar 2017, 119 (126); *G. Müller*, ZEV 1998, 219 (223); MüKo/*Leipold*, BGB, Vorb. § 2064 Rn. 56; Palandt/*Ellenberger*, BGB, § 134 Rn. 19.

760 Vgl. Burandt/Rojahn/*Müller-Engels*, ErbR HeimG, § 14 Rn. 31; *Lydyga*, NZS 2013, 201 (204 f.); *Keim*, notar 2017, 119 (126). Umfassend auch *G. Müller*, ZEV 1998, 219 (222).

761 Vgl. *Roth*, NJW-Spezial 2016, 551; *Keim*, notar 2017, 119 (126); MüKo/*Leipold*, BGB, Vorb. § 2064 Rn. 57, 29. Vgl. auch OLG Braunschweig, FamRZ 2000, 1189. Die Anwendung des § 138 I BGB in Gestalt der sog. Umstandssittenwidrigkeit allg. bei Zuwendungen des Betreuten an seinen Betreuer erwägend *G. Müller*, ZEV 1998, 219 (223). Allg. i.H.a. die Ausnutzung eines persönlichen Vertrauensverhältnisses durch den Betreuer § 138 I BGB andenkend *Schwab*, FamRZ 1990, 681 (688). Allg. auch *Flume*, AT, Bd. II, S. 372, nach welchem Zuwendungsgeschäfte mit einer Vertrauensperson immer nach § 138 I BGB fragwürdig sind und für testamentarische Zuwendungen an eine Vertrauensperson das gleiche gilt, wenn diese nur in irgendeiner Weise auf die testamentarische Verfügung eingewirkt hat.

betreffen allein das jeweilige Beschäftigungsverhältnis und können höchstens arbeitsrechtliche Konsequenzen nach sich ziehen.[762] Aus diesem Grund sowie schließlich auch wegen ihren einschränkenden punktuellen Wirkungsmöglichkeiten sind solche Normen für den hiesigen Untersuchungsgegenstand ungeeignet.

Ferner besteht in Deutschland keine spezielle Strafnorm, welche tatbestandlich auf die von der hiesigen Untersuchung erfassten Fälle der subtilen Drittbeeinflussung eines willensgeschwächten und suggestiblen Erblassers gerichtet ist,[763] sodass eine solche auch nicht über § 134 BGB für den hier verfolgten Zweck fruchtbar gemacht werden kann.

5.3. Ergebnis: Ineffektiver Schutz

Die vorstehende Untersuchung zeigt auf, dass auch die derzeit bestehenden Verbotsgesetze im Ergebnis nicht für einen umfassenden und somit effektiven Schutz eines willensgeschwächten und suggestiblen Erblassers vor subtilen Drittbeeinflussungen fruchtbar gemacht werden können.

---

762 Allg. dazu BGHZ 143, 283 = ZEV 2000, 202; BAG, ZEV 2004, 71 m. Anm. *Müller*; *Roth*, NJW-Spezial 2016, 551; Palandt/*Weidlich*, BGB, § 1937 Rn. 14; *Keim*, notar 2017, 119 (126).

763 Eingehend zur strafrechtlichen Würdigung des Verhaltens eines „Erbschleichers", wobei dessen Strafbarkeit sehr häufig an den tatbestandlichen Hürden der §§ 263, 266 StGB scheitert, *Krüger*, ZEV 2019, 669; *Kudlich*, JA 2013, 710 jew. m.w.N. (jew. zu Untreue); *Jünemann*, NStZ 1998, 393; *Schroeder*, NStZ 1997, 585 jew. m.w.N. (jew. zu Betrug). Eingehend zur seit dem Jahre 2000 geltenden französischen Strafnorm des betrügerischen Ausnutzens von Unwissenheit oder Schwäche (Art. 223-15-2 *Code Pénal*), deren erfasster Bereich im deutschen Strafrecht tatbestandslos ist, *Holzhauer*, ZRP 2010, 87. Diese Strafnorm hat nach freier Übersetzung von *Holzhauer* folgenden Wortlaut: „Mit drei Jahren Haft und 375000 Euro Geldstrafe wird bestraft der betrügerische Missbrauch eines Zustands von Unwissenheit oder Schwäche bei einem Minderjährigen oder einer Person, wenn diese in besonderer Weise verletzbar ist infolge ihres Alters, einer Krankheit, eines Gebrechens, einer psychischen oder physischen Behinderung oder von Schwangerschaft und der Zustand offensichtlich oder dem Täter bekannt ist oder bei einer Person in psychologischer oder physischer Abhängigkeit, wenn diese verursacht ist durch Ausübung schweren oder wiederholten Drucks oder die Anwendung von Techniken, die geeignet sind, die Urteilsfähigkeit zu beeinflussen, um den Minderjährigen oder die Person in dem beschriebenen Zustand zu einer Handlung oder Unterlassung zu veranlassen, mit der sie sich einen erheblichen Nachteil zufügt."

Denn die speziellen Regelungen berücksichtigen allein situativ und personell stark sowie streng limitierte Szenarien und hinterlassen hierdurch erhebliche Schutzlücken. Für die Entfaltung ihrer Schutzwirkungen muss der Erblasser überhaupt erst in den eng begrenzten Anwendungsbereich gelangen und selbst dann werden besondere sowie individuelle gesundheits- oder situationsbedingte Widerstands- oder Rationalitätsdefizite sowie tatsächlich stattfindende Beeinflussungshandlungen gänzlich außer Betracht gelassen. Aus diesem Grund ist auch eine Ausweitung der punktuellen Testierverbote auf weitere Fallkonstellationen oder Berufsgruppen nicht wünschenswert, zumal ansonsten das Hervorrufen eines Generalverdachts in diesen Bereichen drohen würde[764]. Auch und vor allem darf nicht übersehen werden, dass die Familie zum Ort „machtvoller Beherrschung"[765] sowie gegenseitiger Abhängigkeit werden kann, sodass konsequenterweise (sich kümmernde) Familienangehörige mit einem Zuwendungsverbot belegt werden müssten.[766] Eine derart weitgreifende Pauschalität würde indes die Grundrechte der Beteiligten übermäßig einschränken und zudem ein falsches Signal an die helfenden sowie Hilfe empfangenden Personen senden.[767]

Gerechter sowie praktikabler erscheinen flexiblere, auf die Gesamtumstände des konkreten Einzelfalles gemünzte Lösungen. Insofern ist es auch glücklich, dass auf dem 68. Deutschen Juristentag die Erarbeitung von standesrechtlichen Verhaltenskodizes für bestimmte Berufsgruppen gefordert wurde[768], welche wiederum für eine Präzisierung von Maßstäben für eine Sittenwidrigkeitskontrolle fruchtbar gemacht werden können.[769]

Anhand eines Vorgehens nach § 138 Abs. 1 BGB könnten alle Umstände des konkreten Einzelfalles im Rahmen einer umfassenden Gesamtschau

---

764 So zu Recht auch *Lydyga*, NZS 2013, 201 (206) sowie zum Folgenden. Ebenso abl. *Röthel*, Gutachten 68. DJT, A 84.
765 *Röthel*, Gutachten 68. DJT, A 84. Siehe hierzu bereits Kap. II. 2.2.2.3.
766 *Lydyga*, NZS 2013, 201 (206); *Röthel*, Gutachten 68. DJT, A 83 mit Fn. 428. Zudem würde ein derartiges Testierverbot dem Anliegen, vorrangig Angehörige als Betreuer zu bestellen, diametral entgegenlaufen, *Helms*, in: Zimmermann, Freedom of Testation, S. 1 (4), welcher insofern *Röthel* (AcP 210 (2010), 32 (61); *dies.*, Gutachten 68. DJT, A 83) zustimmt.
767 Vgl. auch *Röthel*, Gutachten 68. DJT, A 83 f.; *Lydyga*, NZS 2013, 201 (206).
768 Verhandlungen des 68. Deutschen Juristentages, Bd. II/1, Sitzungsberichte Referate und Beschlüsse, Berlin 2010, L 151.
769 So zu Recht auch *Helms*, in: Zimmermann, Freedom of Testation, S. 1 (5). Ebenso für das Aufstellen solcher Verhaltenskodizes als Orientierungshilfen für eine Prüfung des § 138 BGB *Frieser*, Referat 68. DJT, L 49 (L 63).

berücksichtigt werden, um so den individuellen gesundheits- beziehungsweise situationsbedingten Widerstands- oder Rationalitätsdefiziten des willensgeschwächten und suggestiblen Erblassers Rechnung zu tragen sowie die mannigfaltigen Drittbeeinflussungshandlungen zu erfassen. Hierdurch ergibt sich ein in sich geschlossenes, flexibles und daher umfassendes Schutzkonzept für die Erblasserautonomie.

6. Schutzmechanismus der Sittenwidrigkeitskontrolle

Zurückblickend wurde die Ausnutzung von Zwangslagen tendenziell weniger im Zusammenhang mit der Lehre von der Willenserklärung thematisiert, obwohl die Verbindung zu der sachwidrigen Störung der Willensbildung durch äußere Umstände dies zugelassen hätte.[770] Vielmehr erfolgte eine Zuordnung zu dem Institut der Sittenwidrigkeit aufgrund des im Kern als sozial zu missbilligend, also unsittlich anzusehenden Verhaltens des sich Begünstigenden.[771] Auch in diesem Lichte erscheint es passend, die durch die bisher untersuchten Institute zurückgelassenen Schutzlücken durch eine bezüglich den einzelnen Faktoren für die Widerstandands- und Rationalitätsdefizite des willensgeschwächten und suggestiblen Erblassers sensiblere Prüfung nach § 138 Abs. 1 BGB zu schließen. Im Rahmen einer Gesamtschau sind alle gesundheitsbedingten sowie situationsbedingten Willensbestimmungsdefizite, mitsamt eines diese herbeiführenden, verstärkenden oder aufrechterhaltenden sowie diese ausnutzenden subtilen Drittbeeinflussungsverhalten zu würdigen.

---

[770] Hier wurde seitens der Rechtslehre der Schwerpunkt deutlich auf die Irrtumsproblematik gelegt. Vgl. hierzu und dem Folgenden *Wolf*, Entscheidungsfreiheit, S. 80. Zudem wurden die Generalklauseln, namentlich § 138 I BGB, immer mehr als selbstverständliches Mittel zur Umsetzung grundrechtlicher Vorgaben angesehen, vgl. *Jansen*, in: Zimmermann, Störungen, S. 125 (142 f.). Siehe zur Heranziehung der Generalklauseln in diesem Kontext des Schutzauftrages auch *Wiedemann*, JZ 1994, 411 (412); *Gernhuber*, JZ 1995, 1086.

[771] I.H.a. das Ausnutzen einer Zwangslage gegen eine (analoge) Ausweitung des § 123 I BGB und für eine systematisch korrekte Lösung *de lege lata* i.R. des § 138 BGB insb. auch *Gutmann*, Freiwilligkeit, S. 265 f.

6.1. Grundlegendes

6.1.1. Anwendbarkeit des § 138 Abs. 1 BGB auf letztwillige Verfügungen zum Schutz des Erblassers

Der Schutzmechanismus der Sittenwidrigkeitskontrolle darf für einen effektiven Schutz freilich nicht bereits an der „ersten Hürde der Anwendbarkeit" scheitern. Es ist unbestritten, dass die Generalklausel des § 138 Abs. 1 BGB auf einseitige Rechtsgeschäfte Anwendung findet,[772] denn allein § 138 Abs. 2 BGB bedarf von vornherein eines entgeltlichen Rechtsgeschäfts.[773] Ferner findet die Generalklausel des § 138 Abs. 1 BGB auch unbestritten auf Verfügungen von Todes wegen Anwendung.[774]

Es gibt allerdings Stimmen, welche eine Anwendung des § 138 Abs. 1 BGB auf einseitige testamentarische Verfügungen auf die Fälle beschränken möchten, in denen dem Testierenden ein Sittenverstoß vorzuwerfen ist.[775] Mithin darf es sich bei dem Testator nur um den übermächtigen „Täter" handeln und gerade nicht um das unterliegende „Opfer", welches es zu schützen gilt. Jedoch exakt auf letztere Alternative bezieht sich die hiesige Untersuchung, sodass eine hier favorisierte Lösung über § 138 Abs. 1 BGB unweigerlich Schiffbruch erleiden würde. Die Vertreter der Auffassung, dass § 138 Abs. 1 BGB bereits nicht zur Anwendung kommt, wenn nicht der Testator, sondern allein der Begünstigte beziehungsweise ein Dritter in einer sittenverstoßenden Weise gegenüber dem Testator handelt, argumentieren hauptsächlich damit, dass der Begünstigte respektive Dritte kein Rechtsgeschäft vornehme und der Testator nicht sittenwidrig handele. Von daher existiere bereits kein rechtsgeschäftliches Verhalten, welches die Nichtigkeitsfolge des § 138 Abs. 1 BGB auslösen könne.

Hiergegen lässt sich jedoch einwenden, dass eine solche Lösung zu formalistisch anmutet und auch dem beabsichtigten Schutzzweck des § 138 BGB in

---

772 MüKo/*Armbrüster*, BGB, § 138 Rn. 9.
773 BeckOK/*Wendtland*, BGB, § 138 Rn. 43; MüKo/*Armbrüster*, BGB, § 138 Rn. 143; BeckOGK/*Jakl*, BGB, § 138 Rn. 593.
774 Wenngleich diese Anwendung in der heutigen Praxis selten ist, vgl. dazu MüKo/*Leipold*, BGB, Vor § 2064 Rn. 13–16, welcher diese Abnahme der praktischen Relevanz der Generalklausel dem grundlegenden Wandel des für die Beurteilung der Sittenwidrigkeit ausschlaggebenden Maßstabs geschuldet sieht.
775 So etwa Staudinger/*Otte*, BGB, § 2078 Rn. 27, vgl. auch zum Folgenden. Ebenso BayObLG, BeckRS 2009, 29083 lehnt die Sittenwidrigkeit eines Testaments allein aufgrund eines sittenwidrigen Handelns Dritter ab. Abl. auch *G. Müller*, ZEV 1998, 219 (223 f.).

hiesigen Szenarien nicht gerecht wird. So spricht sich etwa auch *Johannsen* ausdrücklich für die Möglichkeit aus, dass ein Testament wegen Sittenwidrigkeit nichtig ist, wenn der darin Bedachte in einer sittlich nicht zu billigenden Weise auf den Willen des Erblassers Einfluss genommen hat.[776] Die Unterschiede die sich zu einem erbvertraglichen Szenario daraus ergeben, dass der Bedachte an der Errichtung der Verfügung selbst als Vertragsschließender beteiligt ist und der Erbvertrag nicht wie das Testament frei widerruflich ist, seien als nicht „so wesentlich" anzusehen. Denn einmal könne es sich bei einem Erbvertrag auch so verhalten, dass ein Dritter, der an dem Vertragsschluss nicht beteiligt war, bedacht wird. (Ebenso ist es denkbar, dass der den Erbvertrag schließende Begünstigte von dem sittenwidrigen Beeinflussungsverhalten eines Dritten nichts weiß und auch eine Wissenszurechnung nicht erfolgreich konstruiert werden kann). Schließlich könne die unsittliche Beeinflussung des Willens des Erblassers eine anhaltende oder so nachwirkende sein, dass der Erblasser deswegen von der Möglichkeit, sein Testament zu widerrufen, keinen Gebrauch macht (oder aufgrund seines kurzzeitig nach dem Testieren eintretenden

---

[776] Hierzu und dem Folgenden *Johannsen*, WM 1971, 918 (928). Ähnlich *Mückenheim*, Rechtsgeschäfte alter Menschen, S. 119 f., welcher i.e. allerdings dafür votiert, „die Annahme der Verfügung von Todes wegen für sittenwidrig zu erklären" (S. 122) und nicht das Testament an sich dieses solle wirksam, aber gegenstandslos bleiben (vgl. insb. S. 111, 122). Dieser, soweit ersichtlich, vereinzelt gebliebenen Ansicht wird im Weiteren sowohl aus dogmatischen Gründen als auch aus Rechtssicherheitsgesichtspunkten nicht gefolgt. Ebenso wenig wird ein gangbarer Weg in dem rechtlichen Abstellen auf eine (Unwirksamkeit der) Annahme der Erbschaft i.S.d. § 1943 BGB anstatt auf das Testament an sich bzw. auf die Unwirksamkeit des Testaments gesehen. Dbzgl. auch krit. sowie weiterführend BeckOGK/*Heinemann*, BGB, § 1943 Rn. 48; MüKo/*Leipold*, BGB, § 1943 Rn. 11. In der hiesigen Untersuchung wird es daher auch zukünftig als zielführend betrachtet, auf die Sittenwidrigkeit bzw. Unwirksamkeit der Verfügung von Todes wegen an sich als maßgebliches Rechtsgeschäft und unmittelbares Produkt der unzulässigen Drittbeeinflussung abzustellen. Hierdurch wird insb. auch ein widerspruchsfreier Gleichlauf mit dem auch seitens der h.M. praktizierten Abstellen auf die Nichtigkeit von Erbverträgen (etwa wegen § 134 BGB i.V.m. heimrechtlichen Vorschriften oder wegen § 138 I BGB) erhalten und ein dahingehend systematischer Bruch vermieden. Schließlich können auch so Szenarien erfasst werden, in welchen der Bedachte nicht zugleich der Beeinflussende war und auch ein Kennen oder Kennenmüssen bzgl. dem Beeinflussungsverhaltens nicht gegeben ist. Insofern bleibt der Fokus auf die ausnutzende Beeinflussung i.R. des Zustandekommens der Verfügung gerichtet und selbiger verschiebt sich nicht auf eine zeitlich nachgelagerte (ggf. fingierte) Annahme der Erbschaft.

Ablebens faktisch nicht mehr davon Gebrauch machen kann).⁷⁷⁷ Entscheidend sei in beiden Fällen, dass der auf den Erblasser Einwirkende in sittlich zu missbilligender Weise eine letztwillige Zuwendung für sich oder einen Dritten erlangen will. Wenn ihm das gelingt, sei es gleichgültig, ob dies dadurch geschehen ist, dass der Erblasser sich vertraglich gebunden hat oder dadurch, dass der Einfluss nachhaltig war, sodass der Erblasser an seiner Verfügung festgehalten hat.

Wegen des Ziels eines umfassenden Erblasserautonomieschutzes durch § 138 Abs. 1 BGB ist solchen Überlegungen nach der hiesigen Auffassung uneingeschränkt zuzustimmen. Die Entstehung von Schutzlücken ist zu verhindern, dies vor allem im Hinblick auf die schnell erstellten privatschriftlichen Testamente. Dabei gilt es den Fokus auf die gesamten Umstände und die Verhaltensweisen, welche zur Abgabe der konkreten Erklärung geführt haben, sowie den Motiven der gegenüber dem Erblasser tatsächlich und faktisch agierenden Dritten zu legen, ohne zugleich zwingend ein rechtsgeschäftliches Handeln von jeder Seite zu verlangen und nicht rechtsgeschäftliche Verhaltensweisen im Rahmen der erforderlichen Gesamtschau außer Betracht zu lassen. Andernfalls würde der hier angestrebte Schutzmechanismus der Komplexität solcher Drittbeeinflussungsszenarien schlicht nicht gerecht werden.

Diese Erwägungen und Ziele lassen sich schließlich auch widerspruchsfrei mit der Norm des § 138 Abs. 1 BGB vereinbaren. Denn bereits nach ihrem Wortlaut zielt die Regelung auf ein Rechtsgeschäft ab, welches gegen die guten Sitten verstößt. Ob ein Rechtsgeschäft sittenwidrig ist, wird im Rahmen einer Gesamtbetrachtung aller Umstände des konkreten Einzelfalles zu entscheiden sein. Freilich können und wird bei dieser Gesamtwürdigung den Motiven des Urhebers der (einseitigen) rechtsgeschäftlichen Erklärung regelmäßig mehr Gewicht zukommen.⁷⁷⁸ Dennoch ist die Anwendbarkeit des § 138 Abs. 1 BGB nicht deshalb ausgeschlossen, weil der einzige rechtsgeschäftlich Handelnde hier der Erblasser in seiner Rolle als „Opfer" eines sittenwidrigen wenn auch eben nicht rechtsgeschäftlichen Verhaltens ist. Denn seine in ein Testament gegossene Willenserklärung ist gerade Ausdruck sowie Produkt einer unzulässigen Beeinflussung und selbiges gilt zwangsläufig auch für die entstandene

---

777 Auch *Röthel*, AcP 210 (2010), 32 (60) betont zu Recht, dass v.a. bei andauernder Beeinflussung und Beherrschung, wie sie mit zunehmender Pflegebedürftigkeit sowohl im familiären Rahmen als auch generell in Pflege- und Vertrauensverhältnissen plausibel sind, das Widerrufsrecht aufgrund dieser besonders nachhaltigen Beeinflussungen zu Theorie wird.

778 MüKo/*Armbrüster*, BGB, § 138 Rn. 9; *Flume*, AT, Bd. II, § 18 4.

Verfügung. Es ist für § 138 Abs. 1 BGB als nicht zwingend anzusehen, dass gerade die zum Rechtsgeschäft führende Willenserklärung allein aufgrund des isoliert betrachteten Verhaltens des Erklärenden das Rechtsgeschäft mit der Sittenwidrigkeit „infiziert" respektive diese in das Rechtsgeschäft „hereintransportiert". Hinzuzunehmen sind bei dieser Begutachtung auch die äußeren Faktoren, welche zugleich Bestandteil der Willensbestimmung und daher auch der Willenserklärung selbst werden, weil sie dieser das endgültige Gepräge verleihen. Ferner ließe sich (etwas überspitzt) die Position einnehmen, dass ein Urheber der in Frage stehenden letztwilligen Verfügung teilweise auch der beeinflussende Dritte ist und der (noch) testierfähige Erblasser bezüglich dem „Ob" und „Wie" des rechtsgeschäftlichen Handelns insofern (und freilich im untechnischen Sinne) zu einem gewissen Grad die Rolle eines „unmittelbar rechtsgeschäftlich handelnden Tatmittlers als Werkzeug gegen sich selbst" innehat.

Vor allem aus Schutzzweckgesichtspunkten erscheint es sehr bedenklich, den sittenwidrigen Charakter eines Testaments von vornherein deswegen zu verneinen, weil die hierzu führende einseitige Willenserklärung vom nicht originär sittenwidrig handelnden „Opfer" stammt und eine Annahme im Sinne des § 147 BGB seitens des nach den tatsächlichen Umständen faktisch sittenwidrig agierenden „Täters" aufgrund der Einseitigkeit und Nichtempfangsbedürftigkeit der Willenserklärung nicht existiert.[779] Gerade das kurzerhand schnell noch zu errichtende privatschriftliche Testament hält ohnehin kaum formelle Schutzmechanismen zugunsten willensgeschwächter und suggestibler Erblasser und Hindernisse zu Lasten subtil beeinflussender Dritter bereit, sodass durch die Nichtanwendbarkeit des § 138 Abs. 1 BGB in hiesigen Szenarien der erforderliche Erblasserautonomieschutz verhindert und ein Drittbeeinflussender im Zusammenhang mit nur einseitigen Verfügungen von Todes wegen geradezu privilegiert würde. Aus wertender Sicht erscheint es darüber hinaus ungereimt, wenn bei Konstellationen, in welchen ohnehin bereits keine erbvertraglichen Gegenleistungspflichten für den (beeinflussenden) Dritten entstehen können, dieser Beeinflussende nun zusätzlich für die „Wahl", seine Ziele im Zusammenhang mit einer einseitigen Verfügung von Todes wegen zu erreichen, durch die Nichtanwendbarkeit des § 138 Abs. 1 BGB geschützt respektive belohnt wird.

---

779 Zu den i.E. abzulehnenden Ansichten bzgl. dem Ansetzen an andere Annahmen im hiesigen Kontext siehe oben unter Fn. 776.

Die voranstehenden Ausführungen machen deutlich, dass eine Anwendung des § 138 Abs. 1 BGB auf hiesige Fallkonstellationen durchaus möglich und darüber hinaus dringend geboten ist. Eine zu formalisierte Sichtweise verbietet sich bereits, da ähnlich wie bei § 14 HeimG respektive dessen landesrechtlichen Nachfolgeregelungen die Realisierung des Schutzzweckes nicht aufgrund rein formaler und im Zusammenhang mit der Anwendbarkeit des § 138 Abs. 1 BGB nur scheinbarer Hürden scheitern darf.

Aus alledem folgt, dass die Anwendung des § 138 Abs. 1 BGB auf hiesige Szenarien der subtilen Drittbeeinflussung zu Lasten eines willensgeschwächten und suggestiblen Erblassers zu bejahen ist. Bei der Anwendung des § 138 Abs. 1 BGB sind alle einzelnen Verursachungsbeiträge aller auch nur faktisch Beteiligten im Rahmen einer Gesamtschau zu berücksichtigen, selbst wenn diese eben nicht in Form von Willenserklärungen gemäß der §§ 145 ff. BGB bestehen. Maßgeblicher Gegenstand der durch die Gesamtwürdigung vorzunehmenden Inhalts- respektive Abschlusskontrolle muss das „Endprodukt" in Form des konkreten Rechtsgeschäfts, hier in Gestalt des jeweiligen Testaments, sein. Im Hinblick auf dieses Testament ist es im hiesigen Kontext der subtilen Drittbeeinflussungen vor allem entscheidend, wie es zustande gekommen ist. Für dieses Zustandekommen leistet der Dritte durch sein (ausnutzendes) Beeinflussungsverhalten einen maßgeblichen Beitrag, was wiederum die Sittenwidrigkeit der letztwilligen Verfügung zur Folge haben kann.

Zu guter Letzt sei im Übrigen auf die „legendäre" und im Folgenden noch näher zu betrachtende Entscheidung[780] des OLG Braunschweig verwiesen, in welcher das Gericht allerdings beinahe wie selbstverständlich und ohne merklichen Begründungsaufwand[781] von der Anwendbarkeit des § 138 Abs. 1 BGB auf ein Testament, bei welchem der Erblasser (Betreute) gerade nicht der sittenwidrig Handelnde (Betreuer) war, ausging:

„Auch ein Testament des Betreuten zugunsten des Betreuers als einseitiges Rechtsgeschäft kann wegen der Umstände, unter denen es errichtet ist, sittenwidrig sein."

---

780 OLG Braunschweig, FamRZ 2000, 1189 (1190), siehe zur Entscheidung unten Kap. III. 6.4.
781 Die vom OLG Braunschweig zitierte Entscheidung des BayObLG (FamRZ 1998, 702 = NJW 1998, 2369) spricht das hier aufgeworfene Problem gar nicht erst an. Ebenso wenig lassen die auch angeführten Aufsätze von *Schwab*, FamRZ 1990, 681 (688) sowie von *G. Müller*, ZEV 1998, 219 (223) das selbstverständliche Vorgehen des OLG Braunschweig ersichtlich erscheinen.

6.1.2. Abgrenzung zur Anfechtung und zu verneinender Rechtsfolgenkonflikt

Die vorangehenden Ausführungen haben gezeigt, dass sich die hier den Untersuchungsgegenstand bildenden Drittbeeinflussungsszenarien stets in unmittelbarer Nähe zum thematischen Anwendungsbereich der Anfechtung wegen widerrechtlicher Drohung bewegen. Im weiteren Verlauf kristallisierte sich jedoch heraus, dass der Drohungstatbestand durch das ausnutzende sowie subtile Drittbeeinflussungsverhalten (noch) nicht erfüllt ist. Letztendlich wird die gesuchte Lösung für die rechtliche Behandlung von derartigen subtilen Drittbeeinflussungen zu Lasten eines willensgeschwächten und suggestiblen Erblassers nach hiesiger Auffassung in einer sensibleren Anwendung des § 138 Abs. 1 BGB gesehen.

Die Rechtsfolge des § 138 BGB führt indes zur sofortigen Nichtigkeit und nicht (nur) zur Anfechtbarkeit der weiterhin wirksamen Verfügung von Todes wegen. Diese Rechtsfolgen betrachtet, könnten gegebenenfalls gesetzliche Wertungen umgangen werden sowie Wertungswidersprüche entstehen, sofern keine korrekte Abgrenzung beider Institute im hiesigen Kontext erfolgt. Die nachfolgenden Ausführungen sollen gerade dieser Gefahr begegnen.

Den Ausgangspunkt der Abgrenzung beider Institute bildet dabei der Aspekt, dass eine Einflussnahme, welche tatbestandlich eine arglistige Täuschung oder widerrechtliche Drohung darstellt, das hierdurch entstandene Rechtsgeschäft nach der weit überwiegenden Meinung noch nicht wegen § 138 Abs. 1 BGB unwirksam macht, sondern den Erklärenden vielmehr lediglich zur Anfechtung berechtigt.[782] Eine andere Lösung würde die gesetzliche Wertung des § 123 BGB (beziehungsweise des § 2078 BGB) unterlaufen. Denn der Rechtsordnung ist gerade an bestimmten Stellen zu entnehmen, dass gewisse Verhaltensweisen nicht im Wege der Nichtigkeitsanordnung, sondern durch Spezialregelungen sanktioniert werden sollen.[783]

---

782 Nach h.M. in Rspr. und Literatur stellt § 123 BGB ggü. §§ 134, 138 BGB *lex specialis* dar, *Beckmann*, Nichtigkeit, S. 190; vgl. auch RGZ 114, 338 (442); BGH, BeckRS 1966, 31172047; BGH, NJW 2008, 982 (Rn. 11); BGH, NJW 1995, 1425 (1428); BGH, NJW 1997, 254; BAG, NJW 2005, 3164 (3167); *Sack*, NJW 1974, 564; MüKo/*Armbrüster*, BGB, § 138 Rn. 6, § 123 Rn. 100; Staudinger/*Sack/Fischinger*, BGB, § 138 Rn. 29; Palandt/*Ellenberger*, BGB, § 138 Rn. 14; Erman/*Schmidt-Räntsch*, BGB, § 138 Rn. 6; Soergel/Wolf/*Hefermehl*, BGB, § 138 Rn. 29, 64.

783 Vgl. dazu auch MüKo/*Armbrüster*, BGB, § 138 Rn. 13.

Die Konsequenz dieser Sichtweise kann sich also in einer Art „Stufenmodell" abbilden lassen.[784] Nach diesem Modell kann die Vorschrift des § 123 BGB (beziehungsweise des § 2078 BGB) anwendungsbezogen auf der ersten Stufe der Willensbeeinflussung gesehen werden. Für diese erste Stufe ist es ausreichend aber zugleich auch erforderlich, dass (nur und ausschließlich) eine tatbestandliche arglistige Täuschung oder widerrechtliche Drohung verübt wird. Liegen nun – neben der für die Tatbestandserfüllung des § 123 BGB erforderlichen Willensbeeinflussung durch arglistige Täuschung oder widerrechtliche Drohung – zusätzliche und besonders erschwerende Umstände vor, kann es zu einer Steigerung auf die zweite Stufe der Willensbeeinflussung und somit zu einer Anwendung des § 138 BGB kommen, sofern der Gesamtcharakter des Rechtsgeschäfts als sittenwidrig anzusehen ist.[785] Ein solches, auf § 138 BGB gesteigertes Szenario kann etwa dann angenommen werden, wenn eine arglistige Täuschung zusätzlich mit einem groben Missverhältnis der Leistungen gepaart wird und der Gesamtcharakter des Rechtsgeschäfts derart geformt wird, dass § 138 BGB anzuwenden ist.[786] Ebenso kann eine Nichtigkeit nach § 138 BGB anzunehmen sein, wenn im Vordergrund gerade nicht die Drohung mit einem künftigen Übel, sondern die Ausnutzung einer gegenwärtigen Zwangslage den Fokus bildet.[787] Denn in einem solchen Fall handele es sich um

---

784 So auch *Peters*, JR 2006, 133 (137), welcher allerdings Kritik an dieser Qualifizierung übt. Nach seiner Ansicht käme es hierdurch zu einer Bagatellisierung der Verhaltensweisen i.S. des § 123 BGB. Zudem würde wegen der Notwendigkeit einer fristgebundenen Anfechtung der Opferschutz in einen Täterschutz verwandelt werden. Widersprüchlich sei auch, dass in den „besonders schlimmen Fällen" des § 138 BGB dem Opfer die Möglichkeit genommen wird, selbst über die Wirksamkeit des Vertrages zu entscheiden.
785 Vgl. st. Rspr., RGZ 114, 338 (442); BGH, NJW 1988, 902 (903); BGH, NJW 1988, 2599 (2601); BGH, NJW 1995, 1425 (1428); BGH, NJW 1995, 3315; BGH, NJW 1997, 254; BGH, NJW 2002, 2774 (2775); BGH, NJW 2008, 982 (Rn. 11); LAG Rheinland-Pfalz, BeckRS 2014, 70270; MüKo/*Armbrüster*, BGB, § 138 Rn. 6, § 123 Rn. 100; Soergel/Wolf/*Hefermehl*, BGB, § 138 Rn. 64; Erman/*Schmidt-Räntsch*, BGB, § 138 Rn. 6; Palandt/*Ellenberger*, BGB, § 138 Rn. 14. Im Falle des Vorliegens beider Tatbestände, soll § 138 BGB i.H.a. die Doppelwirkung im Recht die Anfechtung nicht verhindern, MüKo/*Armbrüster*, BGB, § 123 Rn. 100. Zur Doppelwirkung im Recht i.H.a. die Nichtigkeit und Anfechtung etwa *Schreiber*, AcP 211 (2011), 35 (41 f.). Grundlegend zur Doppelwirkung im Recht *Kipp*, in: FS von Martitz, S. 211 (211–233); *Herbert*, JZ 2011, 503.
786 MüKo/*Armbrüster*, BGB, § 138 Rn. 6; Soergel/Wolf/*Hefermehl*, BGB, § 138 Rn. 64.
787 BGH, NJW 1991, 1046 (1047), MüKo/*Armbrüster*, BGB, § 138 Rn. 6.

einen Nichtigkeitsgrund, der gegebenenfalls auch die (bloße) Anfechtbarkeit nach § 123 Abs. 1 BGB überlagere.[788] Gleiches gilt für Vorgehensweisen, bei welchen etwa ein im Wege der Täuschung über zu erwartende Gewinne erschlichener Kaufvertrag als sittenwidrig im Sinne des § 138 Abs. 1 BGB angesehen werden kann, weil es der Verkäufer bewusst auf ältere, rechtlich und geschäftlich unerfahrene Personen abgesehen hat.[789] Das Stufenmodell veranschaulicht also eine normativ-wertende Steigerung des sittenwidrigen Verhaltens in qualitativer Hinsicht, weil auf der zweiten Stufe ein „Mehr" verlangt wird. Es erscheint auch durchaus sachgerecht, wenn bei „bloßer" unzulässiger Einflussnahme ohne erschwerende Umstände es wertungsmäßig dem Betroffenen individuell anheimgestellt wird, ob das Rechtsgeschäft Wirkung erzeugen soll oder nicht,[790] wohingegen ein nach § 138 BGB sittenwidriges Rechtsgeschäft stets der Nichtigkeit anheim zu fallen hat. Denn im letzteren Fall versagt die Rechtsordnung gerade auch aus objektiven Gründen des öffentlichen Interesses die Wirksamkeit und es mag die Anordnung der Nichtigkeit als Ausdruck kollektivistischer Wertung betrachtet werden.[791]

Im Rahmen dieser Beschäftigung mit dem Konkurrenzverhältnis darf indes nicht das hier maßgebliche Szenario unberücksichtigt bleiben, bei welchem ein an § 138 Abs. 1 BGB zu messendes Verhalten den Tatbestand der Drohung (noch) nicht erfüllt. Denn das obige „Stufenmodell" gilt nur dann, wenn tatsächlich eine tatbestandliche Täuschung oder Drohung als erste Stufe vorliegt respektive es zu einer Überschneidung dieses thematischen Anwendungsbereiches kommt. Nach Obigen kann tatbestandlich allerdings (noch) nicht von einer Täuschung oder Drohung gesprochen werden, wenn subtilere Beeinflussungsformen angewendet werden respektive ein Rationalitäts- oder Widerstandsdefizit zum eigenen Vorteil ausgenutzt wird. In einem solchen Fall kann sonach auch nicht im Sinne des Stufenmodells von einer qualitativen Steigerung vom Anfechtungstatbestand auf § 138 BGB gesprochen werden. Im Mittelpunkt der

---

788 BGH, NJW 1991, 1046 (1047).
789 Vgl. BGH, NJW 2005, 2991 (2292 f.); MüKo/*Armbrüster*, BGB, § 138 Rn. 6.
790 So auch MüKo/*Armbrüster*, BGB, § 138 Rn. 157. Vgl. auch *Singer*, Selbstbestimmung, S. 209; *Beckmann*, Nichtigkeit, S. 189 f.
791 Zu diesem Aspekt des § 138 BGB, bei welchem es nicht mehr (vorrangig) um die fehlerfreie Willensbildung nach den §§ 119 ff. BGB, sondern um andere Wertungen geht und die Nichtigkeitsfolge also auch nicht mehr zur Disposition des Betroffenen steht, *Jansen*, in: Zimmermann, Störungen, S. 125 (147). Weiterführend zu den Gedanken des Individualismus und Kollektivismus i.R. der Konkretisierung von Generalklauseln *Auer*, Materialisierung, S. 167 ff.

normativ-wertenden Beurteilung steht demnach bereits gar kein tatbestandlich täuschendes oder drohendes Verhalten, sondern das subtile Drittbeeinflussungsverhalten lässt vielmehr andere erschwerende Umstände vorliegen, welche das zu beurteilende Rechtsgeschäft im Rahmen einer Gesamtbetrachtung als sittenwidrig erscheinen lassen.

Dies vorausgeschickt, könnte man mit Blick auf die Rechtsfolgen der Institute sich gegebenenfalls geneigt fühlen, einen Wertungswiderspruch anzunehmen, wenn doch eine weichere Form der Beeinflussung, welche nicht den Grad einer Täuschung oder Drohung erreicht hat, nicht lediglich die Anfechtbarkeit, sondern die schwerer wiegenden Rechtsfolge der Nichtigkeit herbeiführen soll.[792] Zusätzlich könnte ohne Anwendungsmöglichkeit des Stufenmodells argumentiert werden, dass der nach § 138 BGB Handelnde „lediglich" die bereits vorliegende (schlechte) Situation des Betroffenen zu seinen Zwecken ausnutzt und im Falle der Täuschung oder Drohung die Lage des Betroffenen sogar aktiv verschlechtert.[793] Erscheint es dann nicht widersprüchlich, dass ein scheinbares Mehr an vorwerfbarer Aktivität geringere rechtliche Folgen mit sich bringt und die Rechtsordnung einer mit den schweren Mitteln veranlassten Willenserklärung eine höhere Bestandskraft beizumessen scheint? Denn anders als bei der Anfechtbarkeit steht die Nichtigkeit nicht zur Disposition etwaiger Beteiligter, sondern ist diesen entzogen und tritt gerade *ipso iure* ein.[794]

Nach der hier vertretenen Auffassung bedarf es zur Auflösung dieses vermeintlichen Widerspruchs jedoch allein einer Korrektur der Blickwinkel.

---

792 Vgl. hierzu insb. *Christandl*, Selbstbestimmtes Testieren, S. 99 f., welcher insofern einen „unlösbaren Wertungswiderspruch" annimmt, wenn weniger harte Formen der Fremdbestimmung wie Druckausübung mit Nichtigkeit wegen Sittenwidrigkeit sanktioniert wären, während bei den schwereren Formen der Fremdbestimmung lediglich Anfechtbarkeit einträte. Vgl. auch *Weiler*, Willenserklärung, S. 622, 641. Zum vergleichbaren Wertungswiderspruch zwischen § 134 BGB und § 123 BGB *Beckmann*, Nichtigkeit, S. 190. Wegen dem häufigen Gleichlauf der Erbunwürdigkeitsvorschriften nach § 2339 BGB mit den Anfechtungstatbeständen nach § 2078 BGB könnte ein Rechtsfolgenkonflikt grds. auch i.H.a. erstere bejaht werden, vgl. auch *Boehm*, Der demenzkranke Erblasser, S. 165; Erman/*M. Schmidt*, BGB, § 2078 Rn. 11.
793 Vgl. hierzu und dem Folgenden *Peters*, JR 2006, 133 (137).
794 Vgl. auch MüKo/*Armbrüster*, BGB, § 138 Rn. 157. Obgleich widersprüchliche Konstellationen im Zusammenhang mit § 138 BGB vermieden werden können, indem nach § 242 BGB dem Täuschenden oder Drohenden die Berufung auf die Unwirksamkeit wegen § 138 BGB versagt wird, Staudinger/*Sack/Fischinger*, BGB, § 138 Rn. 33 f.

Denn die im Rahmen dieser Untersuchung gegenständlichen Beeinflussungs- sowie zugleich Ausnutzungsszenarien stellen sich freilich mitnichten so dar, dass der mutmaßlich nach § 138 I BGB Handelnde die Vorgänge einfach nur passiv zu seinen Gunsten geschehen lässt und nicht auch aktiv tätig wird. Tatsächlich kann mit an Sicherheit grenzender Wahrscheinlichkeit stets von einem organisierten und von Taktik geprägten aktiven Vorgehen gesprochen werden, wenn auch und das ist gerade der springende Punkt tatbestandlich anders als bei einer Täuschung oder Drohung gehandelt wird.

In den hier anvisierten Szenarien der subtilen Drittbeeinflussung zu Lasten von aufgrund Widerstands- oder Rationalitätsdefiziten willensgeschwächten und suggestiblen Erblassern liegt bei genauer Betrachtung bereits kein Mehr oder Weniger von Täuschung oder Drohung vor, sondern ein *aliud* und somit etwas Anderes. Auch geht es im Rahmen der Entscheidung über die Sittenwidrigkeit eines subtilen Ausnutzungs- und Beeinflussungsverhaltens gerade nicht wie bei einer Strafzumessung um die Beurteilung der durch den Dritten an den Tag gelegten kriminellen Energie. Der beeinflussende Dritte soll über § 138 BGB keiner seiner Schuld angemessenen Strafe zugeführt werden.[795] Dieser Drittbeeinflussende hat auch nicht der ausschließliche Betrachtungspunkt der Beurteilung zu werden, wenngleich seine Beeinflussungshandlungen und die dahinterstehenden Motive in die Gesamtwürdigung als besonders prägend für den zu bewertenden Vorgang freilich aufzunehmen sind. Die normativ-wertende Betrachtung hat sich vornehmlich auf den willensgeschwächten und suggestiblen Erblasser und dessen Willensbestimmungsablauf zu konzentrieren. Für diesen Erblasser kann im Zusammenspiel mit den inneren und äußeren Umständen im konkreten Einzelfall bereits eine geringere Beeinflussungsanstrengung ausreichen, welche gemessen an den subjektiven Auswirkungen und dem erzielten Ergebnis und allein das ist entscheidend den lediglich aus objektiver Sicht härteren Beeinflussungsformen in nichts nachsteht und die Willensbestimmung im Sinne des Drittbeeinflussenden verfälscht. Aufgrund der „leichten Beute" benötigt der Dritte schon nicht die schweren Mittel, wobei normativ-wertend ein vergleichbares Szenario erzeugt wird und gerade aufgrund der zusätzlich von Anfang an strukturellen Unterlegenheit des Erblassers sowie der Verletzung der Erblasserautonomie, mitsamt seinen Folgen für den Erblasser und seine Hinterbliebenen, das gesamte Szenario solch ein besonderes Gepräge gewinnt, dass es das Prädikat der Sittenwidrigkeit verdient hat.

---

795 Zu den Normzwecken des § 138 BGB siehe unten Kap. III. 6.1.3.

Demnach können tatbestandlich sowie qualitativ von den typischen (durch die Anfechtungstatbestände abgesteckten) Einwirkungsformen abweichende, subtile Drittbeeinflussungsszenarien besondere Konstellationen im hiesigen Kontext formen, welche im Rahmen der vorzunehmenden Gesamtwürdigung einen Ansatzpunkt für das Verdikt der Sittenwidrigkeit bilden.[796] In die für die Entscheidung zur sofortigen Nichtigkeit[797] der so zustande gekommenen Verfügungen von Todes wegen maßgebliche Wertung fließen nicht zuletzt präventive Erwägungen sowie die auch von Gründen des öffentlichen Interesses getragene Absicht ein, den mit dem demographischen Wandel einhergehenden Veränderungen für die (Testier)Autonomie in der Gesellschaft Rechnung zu tragen und hierdurch zugleich den gesellschaftlichen sowie der Rechtsordnung immanenten Grundwerten Ausdruck zu verleihen.

6.1.3. Inhalt und Zweck der richterlichen Inhaltskontrolle anhand § 138 Abs. 1 BGB

Die richterliche Inhaltskontrolle[798], welche § 138 Abs. 1 BGB ermöglicht, ist als solche auch sehr geeignet, den einzelfallspezifischen Erscheinungsformen von

---

[796] Dass dies zutrifft, zeigen i.Ü. bereits einige im weiteren Verlauf behandelte Fälle der Rspr., in welchen eine Sittenwidrigkeit nach § 138 Abs. 1 BGB angenommen wurde, obgleich die Beeinflussungshandlungen nicht die Schwelle der Anfechtungstatbestände erreicht haben.

[797] Der Verstoß gegen die guten Sitten führt nach § 138 I BGB zur Nichtigkeit des Rechtsgeschäfts und ist eine stets von Amts wegen zu berücksichtigende Einwendung, vgl. RGZ 160, 52 (56); BGH, NJW 1981, 1439 (1439 f.); MüKo/*Armbrüster*, BGB, § 138 Rn. 155. Ebenso sind Dritte daher im Stande, die Sittenwidrigkeit geltend zu machen, MüKo/*Armbrüster*, BGB, § 138 Rn. 155. Die Möglichkeit der Geltendmachung der Sittenwidrigkeit hängt nicht von einem zeitlichen Ablauf ab, MüKo/*Armbrüster*, BGB, § 138 Rn. 155. Sofern das Rechtsgeschäft nicht seinem gesamten Inhalt nach gegen die guten Sitten verstößt, kann eine Teilnichtigkeit erwogen werden, Soergel/Wolf/*Hefermehl*, BGB, § 138 Rn. 49. Eingehend v.a. i.H.a. das Schicksal einer einzelnen Anordnung, welche selbstständig innerhalb mehrerer Anordnungen einer einseitigen Verfügung von Todes wegen besteht, und deren Wirksamkeit i.H.a. Gesetzes- oder Sittenwidrigkeit in Frage steht, siehe *Hermann*, Pro non scripta habere, welcher den Begriff der Binnenteilunwirksamkeit bzw. Binnenteilnichtigkeit geprägt hat.

[798] Einerseits kann es die Aufgabe der richterlichen Inhaltskontrolle sein, derartige Verträge zu identifizieren, bei welchen die Willensübereinstimmung nicht auf hinreichender Selbstbestimmtheit beider Parteien beruht, sondern etwa auf einem Machtungleichgewicht. Andererseits kann sich der gerichtliche Fokus auch (nur) auf inhaltlich nicht akzeptable Rechtsgeschäfte richten oder schließlich auch eine

hiesigen Beeinflussungsszenarien entgegen zu treten. Da die Beurteilung einer im Zuge einer subtilen Drittbeeinflussung zu Lasten eines aufgrund Widerstands- oder Rationalitätsdefiziten willensgeschwächten und suggestiblen Erblassers entstandenen Verfügung von Todes wegen (noch) nicht gesetzlich kodiert ist und nach obigen Ausführungen derzeit wohl auch (noch) nicht in vollends zufriedenstellender Weise werden kann[799], erscheint die Anwendung des § 138 Abs. 1 BGB für den vorliegenden Untersuchungszweck besonders angezeigt. Die Generalklausel des § 138 Abs. 1 BGB ermöglicht vor allem eine den Umständen des konkreten Einzelfalles entsprechende wertende Betrachtung des Richters sowie die Berücksichtigung verschiedener, einzelfallabhängiger Gerechtigkeitsaspekte und kann somit ein Beeinflussungsszenario im hiesigen Kontext einer hierauf maßgeschneiderten Lösung zuführen, welche den gegebenenfalls auch bisher nicht verrechtlichten Wertvorstellungen Bedeutung beimisst und einem Wandel von Wertvorstellungen flexibel Rechnung tragen kann.

Kombination beider Aufgaben vorliegen, zum Ganzen *Röthel*, in: Limmer, Gestaltungspraxis und Inhaltskontrolle, S. 49 (57). Unter dem Begriff der Inhaltskontrolle versteht der BGH an sich die Wirksamkeitskontrolle (nach § 138 BGB) sowie die Ausübungskontrolle (nach § 242 BGB), *Langenfeld*, ZEV 2004, 311; ebenso etwa *Mayer*, in: Röthel/Schmidt, Die Verträge der Familienunternehmer, S. 71 (93 f.). Dies obgleich der Gesetzgeber etwa in § 8 I VersAusglG von „Inhalts- und Ausübungskontrolle" spricht und daher diese Begriffe auf derselben Ebene sieht. *Bengel*, ZEV 2006, 192 (196) spricht hinsichtl. der Wirksamkeitskontrolle auch von einer Bestandskontrolle nach § 138 I BGB. *Bumke/Roggon*, in: Röthel, Verträge in der Unternehmerfamilie, S. 255 (286) sprechen wiederum von einem Differenzieren nach Abschluss-, Inhalts- und Motivkontrolle, wobei die reine Abschlusskontrolle lediglich Autonomiedefizite identifizieren könne. Krit. auch *Lange*, ErbR 2017, S. 397 (400), wonach unter dem Begriff der Inhaltskontrolle vieles zusammengefasst werde, was sinnvollerweise gesondert zu betrachten sei. Auch nach *Mayer*, in: Röthel/Schmidt, Die Verträge der Familienunternehmer, S. 71 (93) könne der Begriff der „Inhaltskontrolle" im Sinne einer umfassenden gerichtlichen Überprüfung verstanden werden. Allg. erscheint es daher vorzugwürdig, zwischen einer Inhaltskontrolle i.e.S. (Geschäftsinhalt), einer Abschlusskontrolle (Umstände des Geschäftsschlusses) sowie einer Ausübungskontrolle (Berufen auf Vereinbarung) zu differenzieren, angelehnt an *Röthel*, in: dies., Verträge in der Unternehmerfamilie, S. 9 (38). Im hiesigen Kontext wird die (situative) Abschlusskontrolle als entscheidend angesehen, wobei Inhalt und Motive i.R. der erforderlichen Gesamtschau wertend berücksichtigt werden.

799 Siehe dazu oben Kap. III. 4.4.1. samt Einschätzung von *Röthel*.

Ähnlich wie bei den ihren Ursprung im schuldvertraglichen Bereich findenden Materialisierungstendenzen ist auch an dieser thematischen Stelle zu Grundlegendem der Inhaltskontrolle eine kleine gedankliche Brücke zur Vertragsfreiheit geboten, um die dortigen Erwägungen, Grundsätze und Entwicklungen im weiteren Fortgang der Untersuchung für den beabsichtigten Schutz der Erblasserautonomie fruchtbar zu machen. Das BVerfG charakterisiert den verfassungsdogmatischen Ausgangspunkt der Inhaltskontrolle nach § 138 BGB an sich hauptsächlich als Problem der Vertragsfreiheit selbst, dessen Behebung vorwiegend auf der Ebene der Privatautonomie stattfinden kann, sodass für eine Rechtfertigung der Inhaltskontrolle keine weiteren Rechtsprinzipien herangezogen werden müssen.[800]

Die Generalklauseln, vorwiegend die der §§ 138 und 242 BGB gebieten den Zivilgerichten eine Inhaltskontrolle.[801] Bei der Konkretisierung dieser zivilrechtlichen Generalklauseln haben die Gerichte die Grundrechte der Beteiligten angemessen zu berücksichtigen. Der Rechtsnorm des § 138 BGB kommen insgesamt fünf Normzwecke im Hinblick auf unsere Rechtsordnung zu.[802] Der primäre Zweck des § 138 BGB kann darin gesehen werden, die *Geltung* von solchen *wertwidrigen Rechtsgeschäften zu versagen*, welche für eine Rechtsgemeinschaft gerade deshalb unverträglich sind, weil diese Rechtsgeschäfte von den *ethischen Grundlagen der Rechtsgemeinschaft abweichen*. Dieser sogenannte *Eliminationszweck* ergibt sich also daraus, dass Rechtsgeschäften, welche mit der nicht positivierten[803] – aber dennoch für den Bestand der Rechtsgemeinschaft

---

800 Vgl. hierzu *Wendland*, Vertragsfreiheit, S. 364. Dabei ist sich die Zivilrechtswissenschaft im Ergebnis darüber einig, dass der Grundsatz von Treu und Glauben eine immanente Grenze vertraglicher Gestaltungsmacht bezeichnet sowie die Befugnis zu einer richterlichen Inhaltskontrolle begründet, BVerfGE 89, 214 = NJW 1994, 36 (39) (*Bürgschaft I*). Umfassend zu den gesetzlichen Grundlagen einer Inhaltskontrolle siehe *Fastrich*, Richterliche Inhaltskontrolle, S. 61–78. Vgl. dazu auch *Hillgruber*, AcP 191 (1991), 69 (75).
801 BVerfGE 89, 214 = NJW 1994, 36 (38) (*Bürgschaft I*) i.H.a. schuldrechtliche Verträge.
802 Grundlegend zu diesen fünf Zwecken und dem Folgenden MüKo/*Armbrüster*, BGB, § 138 Rn. 1. Generalklauseln kommen allg. aus methodischer Sicht drei Funktionen zu: Die Verweisungsfunktion (öffnen des Zivilrechts für außerrechtliche Wertungen und allg. Prinzipien der Rechtsordnung), die Flexibilitätsfunktion (ermöglichen der umfassenden Würdigung der Besonderheiten des Einzelfalles sowie die Anpassung des Rechts an neue Entwicklungen) und die Delegationsfunktion (Aufruf an die Gerichte, das unvollständige Programm der gesetzlichen Norm eigenverantwortlich zu ergänzen), vgl. *Ohly*, AcP 201 (2001), 1 (6 f.).
803 Ansonsten ergibt sich ein Rückgriff auf die Verbotsgesetze i.S. des § 134 BGB.

existenziell bedeutenden – Ordnung im Sinne der „guten Sitten" kollidieren, die Geltung zu versagen ist. Dabei fungiert die Norm des § 138 BGB insofern als *Mittel gegen den Missbrauch der Privatautonomie* und hilft der *Rechtsordnung, ihre Grundwerte zu verteidigen.* Kein (unmittelbarer) Zweck des § 138 BGB ist es dabei, ein sittliches Urteil über die handelnde Person zu fällen, weil dem staatlichen Richter nicht die Rolle eines Sittenrichters zukomme.[804] Von daher ist die Funktion des § 138 BGB eine solche mit rein rechtlicher Natur.[805] Die Vorschrift des § 138 BGB nimmt gegenüber der rechtsgeschäftlichen Privatautonomie die Stellung eines „Pendants und Korrigens" zugleich ein.[806] Dabei kann § 138 BGB unmittelbar als Ausfluss des Gebots der Selbstbeachtung des Rechts angesehen werden.[807] Denn eine sittlich-rechtliche Auffassung erfordert, dass Rechtsgeschäfte, welche einen *Verstoß gegen die Mindestanforderungen der „herrschenden Sozialmoral"*[808] sowie gegen die dem *Recht* aufgrund allgemeiner Rechtsüberzeugung selbst *immanenten Werte und Prinzipien* darstellen, rechtlich nicht anerkannt werden.

Doch wird dem wertwidrigen Rechtsgeschäft nicht nur die rechtliche Anerkennung versagt, sondern zugleich wird durch § 138 BGB ein *Abschreckungszweck* anvisiert.[809] Denn den jeweiligen Beteiligten des Rechtsgeschäfts, welches das Verdikt der Sittenwidrigkeit verliehen wurde, wird zugleich ein schwerer Vorwurf gemacht.[810] Ebenso knüpft das Gesetz an ein sittenwidriges Handeln

---

804 Zu diesem Aspekt *Lindacher*, AcP 173 (1973), 124 (124 f.). Von daher kritisiert *Lindacher*, AcP 173 (1973), 124 (125 mit Fn. 2) die Rechtspraxis, in welcher die Gesinnung Hauptansatzpunkt für die Sittenwidrigkeit war, wie etwa in BGHZ 20, 71 = NJW 1956, 865: „Der entscheidende Grund für die Sittenwidrigkeit einer letztw. Vfg. liegt in der darin zum Ausdruck kommenden und eine Verwirklichung erstrebenden unredlichen Gesinnung des Erblassers [...]."
805 *Lindacher*, AcP 173 (1973), 124 (125).
806 *Lindacher*, AcP 173 (1973), 124 (125).
807 Dazu und dem Folgenden *Lindacher*, AcP 173 (1973), 124 (125).
808 Hierzu eingehend auch *Larenz*, Grundsätzliches zu § 138 BGB, S. 104–117.
809 Zweifelnd an einer solchen Abschreckungswirkung des § 138 BGB und dbzgl. eher auf § 826 BGB verweisend NK/*Looschelders*, BGB, § 138 Rn. 5.
810 MüKo/*Armbrüster*, BGB, § 138 Rn. 2. *Canaris*, AcP 184 (1984), 200 (235) spricht zutreffend von der Implikation des Verdikts einer gewissen „Unanständigkeit". Ebenso nach *Krüger*, NJW 2009, 3408 (3409) sei § 138 BGB auch eine Sanktionsnorm mit dem Vorwurf an den Vertragspartner, einen objektiven Sittenverstoß zumindest billigend in Kauf genommen zu haben. Vgl. auch *Zimmermann*, Richterliches Moderationsrecht, S. 82. Krit. i.H.a. ein implizites Urteil über die Person des rechtsgeschäftlich Handelnden *Flume*, AT, Bd. II, S. 367 sowie gegen die Belastung mit einem sittlichen Makel Soergel/Wolf/*Hefermehl*, BGB, § 138 Rn. 19.

abschreckende Folgen, wie etwa § 817 S. 2 BGB[811]. Durch die so erzeugte *Diskriminierung des unsittlichen Geschäfts* respektive im Wege dieser *normativen Prävention* sollen die Parteien bereits von der Vornahme solcher Rechtsgeschäfte abgeschreckt werden.[812]

Ferner beinhaltet § 138 BGB eine sogenannte Rezeptionsfunktion dahingehend, dass einem nicht zum positiven Recht zu zählenden *sozialen Ordnungsgefüge rechtliche Bedeutung* beigemessen wird, wobei allein eine negative und begrenzende juristische Kontrolle stattfindet.[813]

Die sogenannte Transformationsfunktion des § 138 BGB lässt zudem die *Berücksichtigung des Wandels sozialer Wertvorstellungen* in Form einer Transformation derselben in normative Verhaltensregeln seitens des Richters zu.[814]

Schließlich ist der Zweck des § 138 BGB auch darin zu sehen, dass die Rechtsprechung bei Bedarf im Wege einer *richterlichen Rechtsfortbildung die Konkretisierung der guten Sitten anhand einer selbst hergeleiteten und bisher nicht derart ausgeprägten sozialen Wertvorstellung bewirken und somit auf bisher nicht berücksichtige Konstellationen reagieren kann*. Die dadurch zustande gekommenen richterlichen Regeln können sich auf die sogenannte Legitimationsfunktion des § 138 BGB stützen,[815] sodass § 138 BGB im verfassungsrechtlich zugelassenen Umfang Richterrecht legalisiert.[816]

Insbesondere diese Normzwecke des § 138 BGB möchte sich die hiesige Untersuchung mit dem Ziel, einen umfassenden Erblasserautonomieschutz *de lege lata* zu ermöglichen, zunutze machen. Anhand einer richterlichen Inhaltsbeziehungsweise Abschlusskontrolle soll der primäre Fokus auf alle tatsächlichen Umstände rund um das Zustandekommen einer Verfügung von Todes

---

811 Dazu auch *Simitis*, Gute Sitten, S. 193 f.
812 *Lindacher*, AcP 173 (1973), 124 (125), der sich auch dagegen ausspricht, generalpräventive Zwecke – auf Kosten der Effizienz des Rechts – aus dem Zivilrecht zu verbannen und pönalisierende Zwecke ausschließlich dem strafrechtlichen Bereich zukommen zu lassen.
813 Vgl. MüKo/*Armbrüster*, BGB, § 138 Rn. 3; *Teubner*, Standards, S. 61, 65–98.
814 Vgl. MüKo/*Armbrüster*, BGB, § 138 Rn. 3; *Teubner*, Standards, S. 61, 99–101.
815 Vgl. MüKo/*Armbrüster*, BGB, § 138 Rn. 3; Staudinger/*Sack/Fischinger*, BGB, § 138 Rn. 69. *Teubner*, Standards, S. 61, 106–115 spricht insofern von der sog. Delegationsfunktion, da rechtsetzende Tätigkeit auf den Richter delegiert wird, was i.E. allerdings auch zugleich dessen Tätigkeit legitimiert. Zu diesen drei Funktionen auch *Bydlinski*, in: Behrends/Dießelhorst/Dreier, Rechtsdogmatik, S. 189 (202 f.).
816 HKK-BGB/*Haferkamp*, § 138 Rn. 2. *Bydlinski*, Methodenlehre, S. 583 spricht von bewusster Ermächtigung an die Entscheidungsorgane.

wegen gelegt werden. Sofern ein Dritter seine strukturelle Überlegenheit gegenüber einem aufgrund gesundheits- oder situationsbedingten Widerstands- oder Rationalitätsdefiziten willensgeschwächten und suggestiblen Erblasser durch subtile Drittbeeinflussung dadurch ausnutzt, dass er sich einen besonderen Vermögensvorteil in Gestalt einer testamentarischen Verfügung verschafft, ist dies wegen der Verletzung des höchstpersönlichen Bereichs der Erblasserautonomie als sittenwidrig anzusehen.

Denn namentlich aufgrund den mit dem demographischen Wandel einhergehenden Gefährdungen zulasten der Erblasserautonomie sowie der hierdurch vergrößerten Schutzbedürftigkeit und veränderten Stellung willensgeschwächter und suggestibler Erblasser in der Gesellschaft, hat die Rechtsprechung im Wege einer richterlichen Rechtsfortbildung die Konkretisierung der guten Sitten an diese veränderten Gegebenheiten anzupassen.

Die rechtliche Geltung einer auf obige Weise entstandenen Verfügung von Todes wegen, auch als Ausdruck des Erfolges der Verletzung des höchstpersönlichen Bereichs der Erblasserautonomie, wäre mit den ethischen Grundlagen der Rechtsgemeinschaft unvereinbar, welche daher durch die Nichtanerkennung des wertwidrigen Rechtsgeschäfts zugleich zu verteidigen sind.

Zugleich findet durch diese Reaktion der Rechtsordnung eine in die Zukunft gerichtete Prävention zum Schutze der Erblasserautonomie statt. Denn für künftige Drittbeteiligungen im Zusammenhang mit der Errichtung von Verfügungen von Todes wegen ist zu erwarten, dass sich in der rechtlichen Praxis sensiblere prozedurale Schutzkonzepte sowie diesbezüglich Maßnahmen zum Nachweis der Einhaltung solcher Konzepte zum Schutz der Erblasserautonomie etablieren und eingehalten werden, um beispielsweise nicht die testamentarische Begünstigung nach Eintritt des Erbfalls im Rahmen eines Zivilprozesses zu riskieren.[817]

6.2. Voraussetzungen des § 138 Abs. 1 BGB

6.2.1. Inhalts- und Umstandssittenwidrigkeit

Die Inhalts- beziehungsweise Abschlusskontrolle wird in den hier behandelten Drittbeeinflussungsszenarien ausnahmslos eine sogenannte

---

817 Denkbar sind etwa Video- und Tonaufnahmen bzgl. des Errichtens der Verfügung und/oder die umfassende Beratung des insoweit von anderen Personen isolierten Erblassers durch eine nachweisbar unabhängige Instanz. Zu möglichen Schutzmaßnahmen siehe etwa auch die Ausführungen zum Institut der *undue influence* unter Kap. IV. 3.2.1.

Umstandssittenwidrigkeit ergeben. Denn Gegenstand der rechtlichen Prüfung darf gerade im hiesigen Kontext der Testierfreiheit keine moralisierende Gesinnungskontrolle des Erblassers im Hinblick auf seine Verfügungsinhalte sein, sondern es muss eine sich primär auf die Umstände der Testamentserrichtung konzentrierende prozedurale Prüfung der unbeeinträchtigten Ausübung der Erblasserautonomie stattfinden.

Eine solche Prüfung lässt auch die Regelung des § 138 Abs. 1 BGB zu. Denn ein Rechtsgeschäft fällt der Sittenwidrigkeit anheim, soweit sein Gesamtcharakter im Rahmen einer Gesamtschau der Umstände bei Abschluss des Rechtsgeschäfts vor allem im Hinblick auf Inhalt, Beweggrund und Zweck, den guten Sitten widerspricht.[818] Eine Würdigung der Begleitumstände wäre dann schon nicht mehr erforderlich, sofern sich bereits unmittelbar der Inhalt des Rechtsgeschäfts mit den grundlegenden Wertungen der Sitten- und Rechtsordnung als unvereinbar zeigt (sogenannte Inhaltssittenwidrigkeit).[819] Gerade dieser Fall liegt im Rahmen der hiesigen Untersuchung nicht vor, was allerdings insofern unschädlich ist, da die Sittenwidrigkeit des Rechtsgeschäfts[820] letztlich anhand einer umfassenden Gesamtwürdigung *aller das konkrete Rechtsgeschäft prägenden Umstände* in Gestalt des *Inhaltes*, der *objektiven Verhältnisse, unter welchen*

---

[818] Vgl. st. Rspr., RGZ 150, 1 (3); BGHZ 34, 169 = NJW 1961, 822; BGH, NJW 2008, 2026 (2027); BAG, NJW 2005, 3164 (3167); MüKo/*Armbrüster*, BGB, § 138 Rn. 9; Palandt/*Ellenberger*, BGB, § 138 Rn. 7; Staudinger/*Sack*/*Fischinger*, BGB, § 138 Rn. 10; Soergel/Wolf/*Hefermehl*, BGB, § 138 Rn. 19. Der Wortlaut des § 138 BGB sowie die Gesetzesbegründung in *Mugdan*, Bd. I, S. 469, welche allein objektive Umstände als maßgeblich ansehen, sind insofern als zu eng geraten anzusehen, vgl. dazu insb. BGHZ 10, 228 = NJW 1993, 1665 (1666) m. Anm. *Barkhausen*. Dazu auch *Schmoeckel*, AcP 197 (1997), 1 (25–30).

[819] Vgl. BGH, NJOZ 2013, 260 (261); Staudinger/*Sack*/*Fischinger*, BGB, § 138 Rn. 9; Palandt/*Ellenberger*, BGB, § 138 Rn. 7; MüKo/*Armbrüster*, BGB, § 138 Rn. 9; Soergel/Wolf/*Hefermehl*, BGB, § 138 Rn. 20.

[820] Insb. Staudinger/*Sack*/*Fischinger*, BGB, § 138 Rn. 10 f. betont zu Recht, dass allein zu prüfen ist, ob der Inhalt des konkreten Rechtsgeschäfts gegen die guten Sitten verstößt – dies ist meist jedoch auch anhand aller Begleitumstände, wie v.a. Zweck, Beweggründe und Verhalten der Parteien, zu beurteilen. Dies wird mit dem Argument unterstrichen, dass § 138 I BGB allein der Inhaltskontrolle von Rechtsgeschäften diene. Eine (inhaltliche) Sittenwidrigkeit des jeweiligen Rechtsgeschäfts aufgrund der Gesamtumstände wird also nicht verneint. Es findet eine Zusammenfassung aller Umstände statt, um den (inhaltlichen) Gesamtcharakter des Rechtsgeschäftes zu bestimmen, vgl. dazu auch BGH, NJOZ 2013, 260 (262) m.w.N., Soergel/Wolf/*Hefermehl*, BGB, § 138 Rn. 29.

es zu Stande gekommen ist, dem *Verhalten* der Beteiligten, seinen *Auswirkungen* sowie der *subjektiven Umstände*, wie dem *anvisierten Zweck* und den *zugrundeliegenden Beweggründen* zu beurteilen ist (sogenannte *Umstandssittenwidrigkeit*).[821] Die Art und Weise des Zustandekommens des Rechtsgeschäfts,[822] die Auswirkungen des Rechtsgeschäfts sowie die Motive und Beweggründe der Beteiligten sind somit bei der Würdigung des Gesamtcharakters miteinzubeziehen, um zu einem Urteil über die Sittenwidrigkeit desselben zu gelangen.

6.2.2. Tatbestandskonkretisierungen des § 138 Abs. 1 BGB

Das BVerfG wies darauf hin, dass die Zivilrechtsordnung bei typisierbaren Fallgestaltungen, welche unter anderem eine strukturelle Unterlegenheit einer Partei erkennen lassen, gegebenenfalls darauf zu reagieren und Korrekturen zu ermöglichen hat.[823] Insbesondere haben die Gerichte bei einer von den Parteien getroffenen Regelung, welche Folge strukturell ungleicher Verhandlungsstärke ist, unter Umständen unter Anwendung der Generalklauseln des geltenden Zivilrechts korrigierend einzugreifen.[824] Dass den Generalklauseln des BGB im Hinblick auf eine strukturell gestörte Parität eine elementare Rolle zukommt, wird besonders deutlich anhand des Wortlautes des § 138 Abs. 2 BGB. Denn in diesem sind typische Umstände aufgeführt, welche zwangsläufig zu einer Verhandlungsunterlegenheit einer Partei führen. Wird eine solche Schwäche von

---

821 BAG, NJW 2005, 3164 (3167); BGH, NJW 1998, 590; *Armbrüster*, LMK 2012, 330462; MüKo/*Armbrüster*, BGB, § 138 Rn. 9; Soergel/Wolf/*Hefermehl*, BGB, § 138 Rn. 29; Staudinger/*Sack/Fischinger*, BGB, § 138 Rn. 9 m.w.N. I.H.a. die subjektiven Aspekte heißt es in den Protokollen (*Mugdan*, Bd. I, S. 725): „Wenn auch auf die Motive der Parteien nicht in dem Maße Rücksicht genommen werden dürfe, daß ihre Handlungen einer sittenrichterlichen Kontrolle des Richters unterstellt würden, so sei es doch *im Einzelfalle unerläßlich, die verwerfliche Gesinnung der Betheilgten nicht außer Acht zu lassen, weil erst durch die Hinzunahme dieses subjektiven Moments der Inhalt des Rechtsgeschäftes in das rechte Licht gesetzt werde.*" (Hervorhebungen durch den Verfasser). Hierdurch wurde die „Umstandssittenwidrigkeit" neben die „Inhaltssittenwidrigkeit" gestellt, *Mayer-Maly*, in: FG 50 Jahre BGH, S. 69 (70).
822 Vgl. auch BGH, NJW 1988, 2599 (2602); BAG, NJW 2005, 3164 (3167); BGH, NJW 1998, 590; Soergel/Wolf/*Hefermehl*, BGB, § 138 Rn. 19.
823 BVerfGE 89, 214 = NJW 1994, 36 (38) (*Bürgschaft I*). Der Begriff der strukturellen Unterlegenheit steht im Ergebnis für nichts anderes, als dass es bereits im Zuge einer typisierenden Betrachtungsweise möglich sein müsse, die Unterlegenheit zu konstatieren, vgl. *Leuschner*, AcP 207 (2007), 491 (511).
824 Vgl. dazu und dem Folgenden BVerfGE 89, 214 = NJW 1994, 36 (39) (*Bürgschaft I*).

dem Überlegenen ausgenutzt, um seine Interessen in auffälliger Weise einseitig zu realisieren, folgt hieraus die Nichtigkeit. Die Generalklausel des § 138 Abs. 1 BGB bezieht sich dagegen allgemein auf einen Widerspruch gegen die guten Sitten und wird im Rahmen der hiesigen Untersuchung zum Zwecke eines Schutzkonzepts zugunsten der Erblasserautonomie fruchtbar gemacht.

Die Vorschrift des § 138 Abs. 1 BGB bildet somit die Generalnorm, deren Unterfall[825] respektive speziellen Fall[826] § 138 Abs. 2 BGB darstellt.[827] § 138 Abs. 2 BGB führt folglich zur Konkretisierung der Generalklausel[828] und normiert insofern nur einen Beispielsfall für einen Verstoß gegen die Generalklausel, bei welchem die Ausbeutung der Schwächelage beziehungsweise des Schwächezustandes den Bezugspunkt des Unrechtsgehalts darstellt.[829] Die Ausnutzung[830] einer Zwangslage, einer Unerfahrenheit, eines mangelnden Urteilsvermögens oder einer erheblichen Willensschwäche des Betroffenen kann grundsätzlich bei Hinzutreten weiterer sittenwidriger Umstände die Nichtigkeit nach § 138 Abs. 1 BGB begründen.[831]

---

825 BT-Drs. 7/3441, S. 45.
826 BT-Drs. 7/5291, S. 22. „Sonderfall" nach Soergel/Wolf/*Hefermehl*, BGB, § 138 Rn. 73.
827 RGZ 150, 1 (3). Seine jetzige Gestalt erhielt der § 138 II BGB durch das Erste Gesetz zur Bekämpfung der Wirtschaftskriminalität (1. WiKG) vom 29.07.1976, Art. 3, BGBl. I S. 2034 (2038). Siehe auch Soergel/Wolf/*Hefermehl*, BGB, § 138 Rn. 70. Historisch zur Wuchervorschrift etwa *Schmidt*, Lehre von der Sittenwidrigkeit, S. 140 f.
828 Vgl. BGH, LM Nr. 1 zu § 138 (Bc) BGB; MüKo/*Armbrüster*, BGB, § 138 Rn. 142. Etwaige abweichende und für eine Einschränkung des § 138 I BGB plädierende Stimmen sind allein für die hier nicht relevanten Gegenseitigkeitsverhältnisse, insb. bei den sog. wucherähnlichen Geschäften, von Interesse. Denn allein der § 138 II BGB verlangt als Anwendungsvoraussetzung ein Austauschgeschäft, sodass v.a. unentgeltliche Geschäfte und Bürgschaften nicht unter § 138 II BGB fallen, BGH, FamRZ 1990, 1343 (1344); Palandt/*Ellenberger*, BGB, § 138 Rn. 66; Soergel/Wolf/*Hefermehl*, BGB, § 138 Rn. 74; MüKo/*Armbrüster*, BGB, § 138 Rn. 143 m.w.N.
829 Soergel/Wolf/*Hefermehl*, BGB, § 138 Rn. 72.
830 Ein „Ausbeuten" i.S. einer bewussten Ausnutzung bzw. dem vorsätzlichen zunutze machen der Situation des Zuwendenden ist allein i.R. des § 138 II BGB zwingend notwendig, MüKo/*Armbrüster*, BGB, § 138 Rn. 154; Staudinger/*Sack/Fischinger*, BGB, § 138 Rn. 48.
831 Palandt/*Ellenberger*, BGB, § 138 Rn. 35; RGZ 72, 61 (68) (geistige Beschränktheit wird zur Erlangung eines „außergewöhnlichen Vorteils" ausgenutzt); BGHZ 50, 63 = Urteil v. 05.04.1968, V ZR 18/67, juris Rn. 14 (bewusstes Ausnutzen

Elementar für hiesige Untersuchung ist dabei der Umstand, dass gerade auch *unentgeltliche Geschäfte* der Sittenwidrigkeit anheimfallen können, sofern *aus fremder Bedrängnis in sittenwidriger Weise Vorteile gezogen* werden.[832] Nicht primär ausschlaggebend sind dann etwa der objektive Inhalt des Rechtsgeschäfts als solches oder die Motive sowie der seitens des Verfügenden verfolgte Zweck, sondern *vielmehr die Motive des Begünstigten, der von ihm verfolgte Zweck* sowie die *konkrete Art und Weise seines Vorgehens*.[833] Maßgeblich bei der vorzunehmenden Gesamtschau kann namentlich sein, inwiefern sich der Betroffene den Wünschen des Begünstigten nach einer vermögenswerten Zuwendung *aufgrund seiner Persönlichkeitsstruktur respektive seines Zustandes nicht oder nur kaum entziehen kann* und, ob der *Begünstigte hiervon Kenntnis besitzt beziehungsweise sich derselben leichtfertig verschließt* und ob er eine *fehlende respektive geschwächte Widerstandsfähigkeit* beziehungsweise eine *gesteigerte Beeinflussbarkeit des Betroffenen eigensüchtig ausnutzt*.[834]

Nach Obigem tragen die Regelungen des § 138 Abs. 2 BGB zur Konkretisierung der hier maßgeblichen Generalklausel insbesondere im Hinblick auf normierte Schwächezustände respektive Schwächelagen bei. Unter diese lassen sich auch der Zustand sowie die Lage des aufgrund Widerstands- oder Rationalitätsdefiziten willensgeschwächten und suggestiblen Erblassers fassen. Bei den folgenden persönlichen Schwächezuständen respektive Schwächen braucht es sich zudem gerade nicht um einen krankhaften Zustand handeln,[835] was den Anwendungsbereich dieser wiederum zugunsten der hiesigen Untersuchung erweitert und daher im Anschluss näher betrachtet werden sollen.

6.2.2.1. Zwangslage

Unter einer Zwangslage in diesem Sinne wird jede ernsthafte, auch nichtwirtschaftliche Bedrängnis des Betroffenen verstanden, wodurch dieser die Vornahme des Rechtsgeschäfts als „geringeres Übel" ansieht.[836] Das Erfassen

---

psychischer Zwangslage des Erblassers, um eine unwiderrufliche Erbenstellung zu erlangen). Ähnlich BGH, BeckRS 1984, 31078413 bzgl. Ausnutzung einer erheblichen Willensschwäche und/oder Zwangslage i.H.a. eine schwere seelische Depression sowie schlechte finanzielle Lage, um sich einen übermäßigen Vorteil gewähren zu lassen. Ebenso Soergel/Wolf/*Hefermehl*, BGB, § 138 Rn. 79, 83, 160.

832 Vgl. BGH, FamRZ 1990, 1343 (1344).
833 Vgl. BGH, FamRZ 1990, 1343 (1344).
834 Vgl. BGH, FamRZ 1990, 1343 (1344).
835 Vgl. auch BGH, NJW-RR 1988, 763 (764).
836 Vgl. *Larenz/Wolf/Neuner*, AT, § 46 Rn. 54; MüKo/*Armbrüster*, BGB, § 138 Rn. 149.

jeder Art einer Zwangslage entspricht gerade dem Sinn und Zweck der Norm, die Ausnutzung der bedrängenden Situation Anderer zwecks Erlangung übermäßiger Vorteile zu verhindern.[837] Die *Ursachen können daher auch gesundheitliche*[838] *sowie psychische Umstände*[839] sein. Ferner muss das bereits Bestehende gefährdet sein, sodass die Gefährdung bloßer Zukunftspläne als nicht ausreichend erachtet wird.[840] Ausreichend, aber auch erforderlich ist dabei, dass sich die Zwangslage bereits aus der gegenwärtigen Situation ergibt. Eine gegenwärtige Zwangslage kann sich aber freilich dennoch – und wird dies wohl auch regelmäßig – auf die Zukunft beziehen. Uneinheitlich wird beurteilt, ob auch irrtümlich angenommene erschwerende Umstände ausreichen[841] oder allein tatsächlich vorliegende[842] Tatsachen eine tatbestandliche Zwangslage begründen können.

6.2.2.2. Unerfahrenheit

Die Unerfahrenheit stellt einen Mangel an allgemeiner Lebenserfahrung oder an Erfahrung in geschäftlichen Angelegenheiten dar[843], mit der Konsequenz, dass der Betroffene die Vor- und Nachteile des Geschäfts nicht erkennen[844] beziehungsweise abwägen[845] kann.[846] Ursache für eine solche Unerfahrenheit

---

837 Vgl. Soergel/Wolf/*Hefermehl*, BGB, § 138 Rn. 78.
838 BGH, BeckRS 1981, 31073667 i.H.a. Krankheit und Pflegebedürftigkeit; MüKo/*Armbrüster*, BGB, § 138 Rn. 149; Palandt/*Ellenberger*, BGB, § 138 Rn. 70.
839 BGH, NJW 1991, 1046 (1047) bzgl. Ausnutzung emotionaler Zwangslage; BGHZ 154, 47 = NJW 2003, 1860 (1861).
840 H.M., BGHZ 154, 47 = NJW 2003, 1860 (1861); BGH, NJW 1994, 1275 (1276); MüKo/*Armbrüster*, BGB, § 138 Rn. 149.
841 So BeckOK/*Wendtland*, BGB, § 138 Rn. 51; Palandt/*Ellenberger*, BGB, § 138 Rn. 70; Staudinger/*Sack/Fischinger*, BGB, § 138 Rn. 277, der hier mit dem Normzweck i.H.a. den Schutz von unterlegenen Personen argumentiert und diese Unterlegenheit auch auf einer irrtümlich angenommenen Zwangslage beruhen könne.
842 So die h.M., MüKo/*Armbrüster*, BGB, § 138 Rn. 149; Erman/*Schmidt-Räntsch*, BGB, § 138 Rn. 51; Soergel/*Hefermehl*, BGB, § 138 Rn. 78.
843 MüKo/*Armbrüster*, BGB, § 138 Rn. 150; Erman/*Schmidt-Räntsch*, BGB, § 138 Rn. 52; Soergel/Wolf/*Hefermehl*, BGB, § 138 Rn. 79.
844 Staudinger/*Sack/Fischinger*, BGB, § 138 Rn. 279.
845 Erman/*Schmidt-Räntsch*, BGB, § 138 Rn. 52.
846 Umstritten ist, inwiefern sich eine solche allg. oder geschäftliche Unerfahrenheit grundsätzlich auch nur auf manche Lebens- und Wirtschaftsbereiche beziehen kann. Die h.M. geht davon aus, dass eine partielle Unerfahrenheit nicht ausreicht. Zum Streitstand insb. Staudinger/*Sack/Fischinger*, BGB, § 138 Rn. 281, welcher der h.M. folgt und Fälle der partiellen Unerfahrenheit unter das Merkmal des

kann insbesondere sowohl geringes[847] als auch – *im Sinne eines rückläufigen Vorganges* – *hohes Alter*[848] *sowie geistige Beschränktheit sein*[849].

6.2.2.3. Mangel an Urteilsvermögen

Von einem Mangel an Urteilsvermögen kann dann gesprochen werden, wenn der Betroffene nur eine erheblich eingeschränkte Fähigkeit besitzt, sich durch vernünftige Beweggründe leiten zu lassen[850] und namentlich den Inhalt und die Folgen respektive die Vor- und Nachteile des Rechtsgeschäfts zu erfassen und zu bewerten.[851] Hierunter fallen namentlich etwaige *Defekte bei der Informationserlangung als auch bei deren Verwertung*, gegebenenfalls aufgrund zu *hohen Alters*[852] oder zu geringen Bildungsgrads.[853] Ansatzpunkt bei diesem Tatbestandsmerkmal ist (allein) die situative Fähigkeit des Betroffenen zum Zeitpunkt der Vornahme des konkreten Rechtsgeschäfts und gerade nicht, ob der Betroffene grundsätzlich unter mangelndem Urteilsvermögen leidet oder von der bestehenden Fähigkeit tatsächlich Gebrauch gemacht[854] hat.[855] Ein

---

„mangelnden Urteilsvermögens" fallen lassen möchte. Dagegen krit. MüKo/*Armbrüster*, BGB, § 138 Rn. 150, der darauf hinweist, dass das Merkmal des „mangelnden Urteilsvermögens" gerade nicht die Kenntnisse, sondern die geistige Konstitution des Betroffenen zum Gegenstand hat.

847 MüKo/*Armbrüster*, BGB, § 138 Rn. 150; Staudinger/*Sack/Fischinger*, BGB, § 138 Rn. 279; Palandt/*Ellenberger*, BGB, § 138 Rn. 71.
848 BGH, NJW 2005, 2991; Staudinger/*Sack/Fischinger*, BGB, § 138 Rn. 279, sofern diese Personen fast nicht (mehr) mit dem Geschäftsleben in Berührung kommen. So auch Erman/*Schmidt-Räntsch*, BGB, § 138 Rn. 52; Palandt/*Ellenberger*, BGB, § 138 Rn. 71.
849 Staudinger/*Sack/Fischinger*, BGB, § 138 Rn. 279; Erman/*Schmidt-Räntsch*, BGB, § 138 Rn. 52; Palandt/*Ellenberger*, BGB, § 138 Rn. 71.
850 BT-Drs. 7/3441, S. 41; Sturm, JZ 1977, 84 (86); MüKo/*Armbrüster*, BGB, § 138 Rn. 151; Soergel/Wolf/*Hefermehl*, BGB, § 138 Rn. 80.
851 Staudinger/*Sack/Fischinger*, BGB, § 138 Rn. 282; Erman/*Schmidt-Räntsch*, BGB, § 138 Rn. 53; Palandt/*Ellenberger*, BGB, § 138 Rn. 72.
852 Soergel/*Hefermehl*, BGB, § 138 Rn. 80.
853 MüKo/*Armbrüster*, BGB, § 138 Rn. 151; BGH, NJW 2006, 3054 (Rn. 28).
854 BGH, NJW 2006, 3054 (Rn. 28).
855 MüKo/*Armbrüster*, BGB, § 138 Rn. 151; Staudinger/*Sack/Fischinger*, BGB, § 138 Rn. 282; Erman/*Schmidt-Räntsch*, BGB, § 138 Rn. 53; Palandt/*Ellenberger*, BGB, § 138 Rn. 72.

mangelndes Urteilsvermögen kann situativ auch auf der Komplexität[856] des Rechtsgeschäfts oder *auf einem täuschenden Verhalten eines Dritten beruhen.*[857]

6.2.2.4. Erhebliche Willensschwäche

Eine erhebliche Willensschwäche im Sinne des § 138 Abs. 2 BGB liegt vor, wenn der Betroffene zwar Inhalt und Folgen des Geschäfts zu verstehen vermag, sich jedoch im Hinblick auf den Abschluss des Rechtsgeschäfts wegen einer *verminderten psychischen Widerstandsfähigkeit* nicht sachgerecht verhalten kann.[858] Vergleichbar zur Einsichtsfähigkeit und Steuerungsfähigkeit ergänzen sich mangelndes Urteilsvermögen und Willensschwäche.[859] Häufig führt eine geistige Beschränktheit zu der Beeinträchtigung der Entschlusskraft.[860] Ein krankhafter Zustand ist nicht erforderlich.[861] Erfasst wird also jede Form einer verminderten Widerstandsfähigkeit, welche ihre Ursache in der Persönlichkeit sowie dem Wesen des Betroffenen findet.[862] Namentlich bei Jugendlichen oder bei *alten Menschen kann eine erhebliche Willensschwäche* vorliegen[863], welche *auch auf einer psychischen Zwangslage beruhen kann*[864]. Bei Letzteren kann eine erhebliche Willensschwäche etwa aufgrund einer psychischen Zwangslage in der Form bestehen, dass diese unter dem *Appell an ihre Dankbarkeitsgefühle zu einem Rechtsgeschäft bewegt werden.*[865]

---

856 OLG Stuttgart, Urteil v. 23.11.1982, 18 UF 150/82, juris Rn. 35; Erman/*Schmidt-Räntsch*, BGB, § 138 Rn. 53; Palandt/*Ellenberger*, BGB, § 138 Rn. 72.
857 Staudinger/*Sack/Fischinger*, BGB, § 138 Rn. 282.
858 LG Trier, BeckRS 2012, 18631; Palandt/*Ellenberger*, BGB, § 138 Rn. 73; Staudinger/*Sack/Fischinger*, BGB, § 138 Rn. 284; MüKo/*Armbrüster*, BGB, § 138 Rn. 152.
859 Palandt/*Ellenberger*, BGB, § 138 Rn. 73; Staudinger/*Sack/Fischinger*, BGB, § 138 Rn. 284.
860 MüKo/*Armbrüster*, BGB, § 138 Rn. 152.
861 Staudinger/*Sack/Fischinger*, BGB, § 138 Rn. 284; Palandt/*Ellenberger*, BGB, § 138 Rn. 73; Soergel/Wolf/*Hefermehl*, BGB, § 138 Rn. 81.
862 BT-Drs. 7/3441, S. 41.
863 Erman/*Schmidt-Räntsch*, BGB, § 138 Rn. 54; Staudinger/*Sack/Fischinger*, BGB, § 138 Rn. 284; Palandt/*Ellenberger*, BGB, § 138 Rn. 73.
864 Staudinger/*Sack/Fischinger*, BGB, § 138 Rn. 285.
865 Staudinger/*Sack/Fischinger*, BGB, § 138 Rn. 285.

6.2.3. Subjektive Voraussetzungen

In subjektiver Hinsicht verlangt die Generalklausel des § 138 Abs. 1 BGB allein die Kenntnis derjenigen Tatsachen, aus welchen sich die Sittenwidrigkeit ableiten lässt.[866] Nicht erforderlich ist ein Bewusstsein hinsichtlich der Sittenwidrigkeit oder eine Schädigungsabsicht.[867] Der erforderlichen Tatsachenkenntnis steht indes gleich, wenn sich jemand bewusst oder grob fahrlässig der Kenntnis der erheblichen Tatsachen verschließt.[868] Grundsätzlich nicht erforderlich für die Tatbestandserfüllung ist also eine verwerfliche Gesinnung.[869] Denn nach vorzugwürdiger Ansicht ist der primäre und unmittelbare Zweck des § 138 BGB nicht darin zu sehen, als bedenklich zu qualifizierenden Gesinnungen Einhalt zu gebieten, sondern Rechtsgeschäften, die gegen die guten Sitten verstoßen, die Wirksamkeit zu versagen.[870] Ein solcher Sittenverstoß kann indes bereits aufgrund objektiver Umstände zu bejahen sein, sodass es einer verwerflichen Gesinnung nicht zwingend bedarf.[871] Hieraus folgt indes nicht, dass subjektive Momente unberücksichtigt bleiben. Diese finden vielmehr Eingang in die sittlich-rechtliche Gesamtwürdigung und können somit durchaus das Sittenwidrigkeitsverdikt mitbegründen.[872]

---

866 BGH, NJW 1988, 1373 (1374); BGH, NJW-RR 1998, 590; zum Ganzen auch Palandt/*Ellenberger*, BGB, § 138 Rn. 8.
867 BGH, NJW 1988, 1373 (1374); BGH, NJW-RR 1998, 590; BGH, NJW 1993, 1587 (1588); BGH, NJW 2005, 2991 (2992). Anders und „unerlässlich" sei allerdings eine verwerfliche Gesinnung bei dem (hier nicht relevanten) wucherähnlichen Geschäft, vgl. BGH, NJW 2010, 363 (Rn. 6) m.w.N. Ebenso bedarf es auch keiner „Ausbeutung" i.S. des § 138 II BGB, Soergel/Wolf/*Hefermehl*, BGB, § 138 Rn. 82. Zum uneinheitlichen Bild der Rspr. und Lehre bzgl. den subjektiven Anforderungen im Einzelnen vgl. insb. Soergel/Wolf/*Hefermehl*, BGB, § 138 Rn. 31-37.
868 BGHZ 10, 228 = NJW 1953, 1665 (1666); BGH, NJW-RR 1998, 590; BGH, NJW 2005, 2991 (2992); Soergel/Wolf/*Hefermehl*, BGB, § 138 Rn. 39, der darauf hinweist, dass bei objektiver Sittenwidrigkeit meist auch grobe Fahrlässigkeit vorliegen wird.
869 Umstritten ist das Erfordernis einer verwerflichen Gesinnung beim sog. wucherähnlichen Geschäft, vgl. dazu MüKo/*Armbrüster*, BGB, § 138 Rn. 116 f.
870 So auch MüKo/*Armbrüster*, BGB, § 138 Rn. 117.
871 BGHZ 94, 268 = NJW 1985, 2405 (2406) m.w.N.; *Flume*, AT, Bd. II, S. 373 f.; MüKo/*Armbrüster*, BGB, § 138 Rn. 129 m.w.N.
872 MüKo/*Armbrüster*, BGB, § 138 Rn. 117, 124, 130. Auf den Punkt gebracht gilt also Folgendes: „Subjektive Faktoren können Unbedenkliches bedenklich werden lassen; ihr Fehlen bewirkt aber grundsätzlich nicht, dass Bedenkliches unbedenklich wird." So MüKo/*Armbrüster*, BGB, § 138 Rn. 130.

6.2.4. Zwischenergebnis

Der Zustand und die Lage des aufgrund gesundheits- oder situationsbedingter Widerstands- oder Rationalitätsdefiziten willensgeschwächten und suggestiblen Erblassers lassen sich sonach bereits nach den Konkretisierungen der Generalklausel weitestgehend abdecken, wenngleich zusätzliche und nicht eigens erwähnte persönliche Defizite freilich ebenso im Rahmen der Gesamtwürdigung Berücksichtigung finden. Ausdrücklich zu erwähnen sind hierbei neben dem Ausnutzen von aus mannigfaltigen Gründen bestehenden Zwangslagen, namentlich das Ausnutzen der Unerfahrenheit aufgrund eines faktisch rückläufigen Prozesses im Alter oder wegen geistiger Defizite, das Ausnutzen eines Mangels an Urteilsvermögen verursacht durch Einschränkungen bei der Informationserlangung sowie -verwertung und schließlich das Ausnutzen einer erheblichen Willensschwäche aufgrund verminderter psychischer Widerstandsfähigkeit etwa wegen einer psychischen Drucksituation.

In subjektiver Hinsicht bedarf es für die Sittenwidrigkeit in hiesigen Szenarien allein der Kenntnis der Tatsachen, aus welchen sich die Sittenwidrigkeit ergibt, wobei auch ein dahingehend bewusstes und grob fahrlässiges Sich-Verschließen genügt. Etwaige und regelmäßig vorliegende als verwerflich zu qualifizierende Beweggründe und Motive werden in der umfassenden Gesamtwürdigung berücksichtigt und können mit dazu führen, dass dem Rechtsgeschäft das Verdikt der Sittenwidrigkeit zugesprochen wird.

6.3. § 138 Abs. 1 BGB als Anwendungsfall eines durch Fallgruppen konkretisierten beweglichen Systems

Für das im Rahmen der hiesigen Untersuchung verfolgte Ziel, anhand des § 138 Abs. 1 BGB einen umfassenden und daher vor allem flexiblen Erblasserautonomieschutz zu ermöglichen, wird sich dem entscheidenden Umstand bedient, dass § 138 Abs. 1 BGB einen Anwendungsfall eines durch Fallgruppen konkretisierten beweglichen Systems darstellt. Denn bei den für die Anwendung des § 138 Abs. 1 BGB zentralen „guten Sitten" handelt es sich um einen unbestimmten Rechtsbegriff, welcher der Konkretisierung durch die Bildung von Fallgruppen zugänglich ist. Die sich aus diesen Fallgruppen ergebenden Wertungen können in einer Gesamtwürdigung im Rahmen eines beweglichen Systems flexibel fruchtbar gemacht und zur Entscheidungsfindung in konkreten Einzelfällen herangezogen werden.

6.3.1. Die guten Sitten als unbestimmter Rechtsbegriff

Der Verstoß gegen die guten Sitten, angelehnt an die römischen *boni mores*[873], bildet den Dreh- und Angelpunkt für die Nichtigkeitsprüfung. Bei den guten Sitten handelt es sich um einen unbestimmten Rechtsbegriff, welcher der Konkretisierung zugänglich ist und derselben zugleich bedarf.[874] Im Rahmen dieser erforderlichen Konkretisierung sind sowohl die gesamten normierten Rechtssätze als auch alle bestehenden außerrechtlichen Normen zu berücksichtigen. Die Gesamtheit der maßgeblichen und unterschiedlichen Sollensordnungen ergibt sich daher neben den in Gesetzesform gegossenen Rechtssätzen aus der Ethik, Moral und der Sittlichkeit[875]. Dabei ist allein auf die in der Rechtsgemeinschaft allgemein anerkannten Grundsätze und Sitten abzustellen.[876] Somit hat die Rezeption von etwaigen Sondermoralen zu unterbleiben.[877] Es kann eine Art Wechselwirkung zwischen außerrechtlichen Wertungen und

---

873 HKK-BGB/*Haferkamp*, § 138 Rn. 1; *Schachtschneider*, in: FS Thieme, S. 195 (208).
874 Vgl. dazu und zum Folgenden MüKo/*Armbrüster*, BGB, § 138 Rn. 11–13. Der Begriff der „guten Sitten" wurde seit jeher keinesfalls unkritisch gesehen. Insb. wurde die Reichweite bzw. der beabsichtigte Anwendungsbereich als nicht ausreichend bestimmt kritisiert und zudem störte man sich aus rechtsphilosophischer Sicht an dem Begriff, vgl. eingehend dazu *Ruff*, Sittenwidrige Rechtsgeschäfte, S. 45–47 m.w.N.
875 Obgleich diese Begriffe im juristischen Sprachgebrauch annähernd synonym verwendet werden, *Sack*, NJW 1985, 761 (765) m.w.N. Dennoch handelt es sich bei diesen drei Begriffen seit jeher um juristisch sowie philosophisch sehr angeregt diskutierte Felder, dazu HKK-BGB/*Haferkamp*, § 138 Rn. 1. Zur Beziehung zwischen den allg. guten Sitten und dem Sittengesetz aus philosophischer Perspektive, siehe *Schachtschneider*, in: FS Thieme, S. 195 (insb. 207 f.). Knapp zur dem BGB zugrundeliegenden liberalen Theorie und der damaligen Stellung des § 138 I BGB als Brücke zwischen (staatlichem) Recht und (bürgerlicher) Moral, *Eckert*, AcP 199 (1999), 337 (344–346).
876 *Bosch/Habscheid*, JZ 1954, 213 (214) sprechen von der „Durchschnittsmoral" des Volkes. Weiterführend zum rechtshistorischen Hintergrund des § 138 BGB i.H.a. dem auf *Friedrich Carl von Savignys* Lehre beruhenden Verständnis von der Auslegung des Begriffs der Sittenwidrigkeit bzw. der „guten Sitten" in § 138 BGB siehe *Adam*, AnwBl 2003, 336 (338). Trotz der heute gegebenen pluralistischen Gesellschaft kann weiterhin auf gemeinsame verbindliche Wertvorstellungen zurückgegriffen werden, dazu insb. *Mayer-Maly*, JuS 1986, 596 (599). Allg. zur Rspr. in einer pluralen Gesellschaft und der dortigen Wertungsgemeinsamkeit *Mayer-Maly*, DRiZ 1971, 325 (327).
877 BGHZ 21, 340 = NJW 1956, 1794 (1796); MüKo/*Armbrüster*, BGB, § 138 Rn. 11.

rechtsimmanenten Grundsätzen gesehen werden, woraus wiederum der Maßstab des § 138 BGB geformt wird.[878] Trotz dieser Wechselbeziehung kann ein deutliches Übergewicht bei der Maßstabsbildung seitens der bereits normierten Rechtsordnung sowie deren grundlegenden Wertungen konstatiert werden.[879] Neben den allgemein anerkannten rechtsethischen Maximen im engeren Sinne kommt es also vorwiegend auf die Grundsätze der „öffentlichen Ordnung" im Ganzen in Gestalt der Leitprinzipien der Rechts- und Wirtschaftsordnung an.[880]

Bereits sehr früh bediente sich die Rechtsprechung der Formel vom „Anstandsgefühl aller billig und gerecht Denkenden", um den Sittenwidrigkeitsmaßstab zu erfassen.[881] Ein Verstoß gegen die guten Sitten sei dann als

---

[878] Zu dieser Wechselwirkung zwischen dem positiven Recht und den außerrechtlichen Ordnungen insb. *Haberstumpf*, Die Formel, S. 64. Dabei wird häufig auch der Begriff der „Kombinationstheorie" verwendet, vgl. Staudinger/*Sack*/*Fischinger*, BGB, § 138 Rn. 95 m.w.N.

[879] MüKo/*Armbrüster*, BGB, § 138 Rn. 12; zust. *Mohr*, WuW 2011, 112 (115).

[880] Vgl. *Bydlinski*, AcP 180 (1980), 1 (42); zum Ganzen auch *Larenz*, in: Erdsiek, Juristen-Jahrbuch, S. 98 (109–117), welcher auf S. 110 zutreffend darauf hinweist, dass sich der Umstand, dass diese der Rechtsordnung immanenten Wertungsprinzipien in den (unverkennbar ethisch wertbetonten) Begriff der guten Sitten Eingang zu finden haben; bereits daraus folgt, dass diese Wertprinzipien im Ergebnis freilich selbst einen ethischen Wertgehalt aufweisen. Die Verwendung des Begriffs des „*ordre public*" im Zusammenhang mit den §§ 138 und 826 BGB lehnt er hingegen ab, vgl. *ders.*, Grundsätzliches zu § 138 BGB, S. 117. Zum *ordre public* i.Z.m. § 138 I BGB grundlegend insb. *Simitis*, Gute Sitten, S. 175–197. Ein Blick in die Redaktionsgeschichte des § 138 I BGB lässt erkennen, dass im Entwurf erster Lesung noch vorgesehen war, auch die „öffentliche Ordnung" in den Wortlaut des § 138 I BGB aufzunehmen. Dieser Vorschlag wurde allerdings mit den Argumenten der Unbestimmtheit sowie Entbehrlichkeit nicht übernommen. Vgl. dazu *Mugdan*, Bd. I, S. 469, 725, 1003 ff., 1014, 1017; *Esser*, ZHR 135 (1971), 320 (334 f.). Detailliert zur Entstehungsgeschichte des § 138 BGB etwa *Ruff*, Sittenwidrige Rechtsgeschäfte, S. 30–34. Siehe auch prägnante Darstellung der Entwicklung des Begriffs der „guten Sitten" bei *Schricker*, Gesetzesverletzung, S. 186–190.

[881] RGZ 48, 114 (124) (*Brisbane-Entscheidung*, Urteil zu § 826 BGB, wobei bereits auf § 138 BGB Bezug genommen wurde); RGZ 80, 219 (221); RGZ 120, 144 (148); BGHZ 10, 228 = NJW 1953, 1665; BGHZ 20, 71 = NJW 1956, 865; BGHZ 69, 295 = NJW 1977, 2356 (2357); BGH, NJW 2009, 1346 (Rn. 10); MüKo/*Armbrüster*, BGB, § 138 Rn. 14; Soergel/Wolf/*Hefermehl*, BGB, § 138 Rn. 4. Zur Entwicklung und den teils minimal abweichenden Formulierungsvarianten dieser „Anstandsformel" insb. *Sack*, NJW 1985, 761; ausführlich *Wanner*, Die Sittenwidrigkeit, S. 44–52. Eine bis in die Kaiserzeit zurückgehende Betrachtung liefert *Ruff*, Sittenwidrige Rechtsgeschäfte in der späten Kaiserzeit, S. 44 ff. Die Gesetzesverfasser selbst sprachen

gegeben anzusehen, wenn das Rechtsgeschäft nach seinem Gesamtcharakter und gemessen an einem durchschnittlichen Maßstab mit dem Anstandsgefühl aller billig und gerecht Denkenden unvereinbar ist.[882] Das BVerfG hat darauf hingewiesen, dass primär die Gesamtheit der Wertvorstellungen entscheidend sei, welche zu einem gewissen Zeitpunkt das Volk im Rahmen seiner geistig-kulturellen Entwicklung erreicht und in seiner Verfassung fixiert habe.[883] Im Laufe der Zeit mündeten daher weitere Konkretisierungen der guten Sitten beziehungsweise dahingehende Versuche in Klauseln, wonach etwa „die der herrschenden Wirtschafts- und Sozialordnung immanente Rechtsethik" Beurteilungsmaßstab für das Anstands- und Gerechtigkeitsgefühl aller billig und gerecht Denkenden sei.[884]

Es kann somit festgehalten werden, dass für die stetige Fortentwicklung respektive Anpassung des Sittenwidrigkeitsmaßstabes die sich verändernden Anschauungen und Grundwerte in den Rechtsgemeinschaften maßgeblich sind.[885]

übrigens i.Z.m. § 826 BGB von „den in den guten Sitten sich ausprägenden Auffassungen und dem Anstandsgefühle aller billig und gerecht Denkenden", *Mugdan*, Bd. II, S. 406. Vgl. hierzu auch *Bezzenberger*, AcP 196 (1996), S. 395 (397 f.). Die Anstandsklausel krit. als „Leerformel" bezeichnend, bei welcher für notwendige sozialempirische Forschung grundsätzlich kein Raum gegeben sei *Heldrich*, AcP 186 (1986), S. 74 (94). Auch schon *Haberstumpf*, Die Formel, S. 73 f. sprach von einer solchen „Leerformel" und interpretierte die Anstandsformel dahingehend überspitzt wie folgt: „Unsittlich ist ein menschliches Verhalten oder ein Rechtsgeschäft dann, wenn es gegen das Anstandsgefühl der entscheidenden Richter, insb. der des BGH, verstößt, was zweifelsfrei erst nach der jeweiligen Urteilsveröffentlichung festgestellt werden kann." *Mayer-Maly*, in: FG 50 Jahr BGH, S. 69 (72) kritisiert gewisse neuere Anstandsformeln als zwar „weniger naiv wirkende, aber in Wahrheit inhaltsarme und verschwommene Formulierungen". Zur (nur eingeschränkt) möglichen Sozialforschung in diesem Bereich etwa *Larenz/Wolf/Neuner*, AT, § 46 Rn. 9 m.w. N.

882 RGZ 80, 219 (221).
883 BVerfGE 7, 198 = NJW 1958, 257.
884 LG Münster, NJW 1975, 2070 (2073); so auch die überwiegende Meinung von Lehre und Rspr., vgl. *Schricker*, Gesetzesverletzung, S. 197 m.w.N.
885 Insofern kann auf das Geleitwort von *Gustav W. Heinemann* (ZRP 1968, 1) verwiesen werden: „Keine Rechtsordnung kann jemals abgeschlossen und fertig sein. Alles Leben geht weiter. Deshalb muß unsere Rechtsordnung sich ständig den neuen Entwicklungen in Technik und Wirtschaft, aber auch allg. Auffassungen von Recht und Gesellschaft anpassen. Zudem soll das Recht nicht nur Spiel,

Dies führt zu einer grundsätzlichen Wandelbarkeit und auch zu einem tatsächlichen Wandel der guten Sitten.[886]

Dabei ist gerade im Zusammenhang mit der hiesigen Untersuchung die Tatsache zu betonen, dass für die Konstatierung oder auch erst Ingangsetzung eines Anschauungswandels höchstrichterliche (Verfassungs)Gerichtsentscheidungen[887] und/oder Veränderungen des positiven Rechts durch den Gesetzgeber[888] zwar nicht zwingend erforderlich, aber sicherlich sehr förderlich sind.

---

    sondern auch Antrieb zur Gestaltung einer besseren, an den Rechts- und Sozialstaatsprinzipien unseres Grundgesetzes orientierten Ordnung sein". Eingehend zum Phänomen des „sozialen Wandels" *Wege*, Positives Recht, S. 57–66.

886 Vgl. BGH, NJW 1983, 2692 (2693). Ein deutlicher Wandel trat im Laufe des 20. Jahrhunderts ein, wodurch § 138 BGB immer mehr „zur Umbildung der liberalen Wirtschaftsmoral in eine sozialstaatliche genutzt" wurde, *Wieacker*, Privatrechtsgeschichte, S. 518. I.H.a. das Abstellen auf die objektive Wertordnung zur Konkretisierung der guten Sitten kann zu Recht wiederum von einem „Funktionswandel" des § 138 I BGB gesprochen werden, so *Eckert*, AcP 199 (1999), 337 (349). Siehe zum Begriff des (eigentlichen) „Funktionswandels" auch i.Z.m. Generalklauseln insb. *Bydlinski*, Methodenlehre, S. 577–584. Den Generalklauseln u.a. eine „Entwicklungsfunktion" zusprechend *Bydlinski*, Methodenlehre, S. 584 auch unter Bezugnahme auf *Deutsch*, JZ 1963, 385 (389) (dieser bzgl. § 826 BGB).

887 Von der Rspr. wurde ein Wandel der guten Sitten insb. angenommen bzgl. der Frage der Sittenwidrigkeit des Verkaufs einer Anwaltspraxis (BGHZ 43, 46 = NJW 1965, 580), des Mätressentestaments (BGHZ 53, 369 = NJW 1970, 1273; eingehend auch *Leipold*, in: FG 50 Jahre BGH, S. 1011 (1012 ff.)), des Sterilisationsvertrages (BGHZ 67, 48 = NJW 1976, 1790), des Mietvertrages mit Dirnen (BGH, NJW 1970, 1179), des Pachtvertrages über Bordelle (BGHZ 63, 365 = NJW 1975, 638), vgl. dazu auch *Bunte*, NJW 1985, 705 (707), welcher darauf hinweist, dass in all diesen Fällen die Richter einem hohen Begründungserfordernis bzgl. dem behaupteten Wandel der Wertanschauungen genügen mussten. Ebenso die Rspr. zur Angehörigenbürgschaft reiht sich ein in die Fälle des Wandels der guten Sitten. Dazu und bzgl. der grds. gebotenen Zurückhaltung der Rspr. bei der Annahme eines Wertungswandels vgl. MüKo/*Armbrüster*, BGB, § 138 Rn. 23.

888 So etwa auch bei der vormals als sittenwidrig angesehenen Einsetzung eines nichtehelichen Kindes zum Alleinerben unter Zurücksetzung der Ehefrau sowie der ehelichen Abkömmlinge (BVerfGE 25, 167 = NJW 1969, 597) und der anschließenden Reformierung des Nichtehelichenrechts, vgl. dazu *Mayer-Maly*, JZ 1981, 801. Ähnlich verlief es i.Z.m. der Sittenwidrigkeit der Prostitution, bei welcher erst die Normierung des ProstG den Verstoß gegen die guten Sitten abschließend verneinte, vgl. dazu MüKo/*Armbrüster*, BGB, § 138 Rn. 23, 55. Vgl. auch *Mikat*, in: FS Nipperdey, S. 581 (592), der in der Tätigkeit des einfachen Gesetzgebers ein starkes Indiz für einen Wandel der Verkehrsauffassung sieht.

Zur Rechtfertigung einer jedenfalls *praeter legem* stattfindenden richterlichen Rechtsfortbildung wird hierbei nicht selten mit der Untätigkeit des Gesetzgebers argumentiert, wodurch den Gerichten faktisch keine andere Wahl bliebe.[889]

Der relevante Maßstab für die guten Sitten wurde anfangs vorwiegend durch außerrechtliche Wertungen im Sinne von Normen der Sittlichkeit beziehungsweise eines als feststehend verstandenen Sittengesetzes geprägt.[890] Dieses ursprüngliche Verständnis von den guten Sitten bewirkte im Erbrecht eine Art richterliche Gesinnungsprüfung, wonach die konkrete Verfügung von Todes wegen dann der Nichtigkeit anheimfallen sollte, wenn in der letztwilligen Verfügung eine unredliche Gesinnung des Erblassers zum Ausdruck kommt und zugleich eine Verwirklichung anstrebt.[891] Hierbei ging es überwiegend um die Sittenwidrigkeit der sogenannten Geliebtentestamente respektive Mätressentestamente.[892]

Heutzutage findet seitens der Rechtsprechung kein solcher Rekurs auf die sittliche Ordnung mehr statt. Vielmehr werden grundlegende rechtliche Wertungen als maßgebend für die Anwendung des § 138 Abs. 1 BGB angesehen.[893]

„Nach dem Grundsatz der Privatautonomie (Art. 2 I GG) sind Rechtsgeschäfte, die das bürgerliche Recht vorsieht, wirksam, solange sie nicht gegen entgegenstehende Gesetze verstoßen (§ 134 BGB). Nur in eng begrenzten Ausnahmefällen kann ihnen gleichwohl die Wirksamkeit versagt werden, wenn dies *auf Grund übergeordneter Wertungen, etwa infolge objektiver Wertentscheidungen der Grundrechte, die über die Generalklauseln wie § 138 I BGB in das Zivilrecht hineinwirken*, erforderlich ist."[894]

---

889 Vgl. *Mayer-Maly*, in: FG 50 Jahre BGH, S. 69 (76).
890 Eingehend *Leipold*, in: FG 50 Jahre BGH, S. 1011 (1013).
891 BGHZ 20, 71 = NJW 1956, 865; BGHZ 53, 369 = NJW 1970, 1273 (1275); BGH, NJW 1983, 674 (675); *Leipold*, in: FG 50 Jahre BGH, S. 1011 (1026 ff.).
892 Siehe hierzu eingehend *Leipold*, in: FG 50 Jahre BGH, S. 1011 (1012 ff.); kürzer *Grziwotz*, DNotZ 2016, 732 (732–735).
893 *Leipold*, in: FG 50 Jahre BGH, S. 1011 (1035 ff.), *Lange*, ErbR, Kap. 3 Rn. 46. *Röthel*, in: Limmer, Gestaltungspraxis und Inhaltskontrolle, S. 49 (51) spricht in diesem Zusammenhang der Verrechtlichung und Versachlichung passend von einer „Vergrundrechtlichung der Bewertungsmaßstäbe".
894 So BGHZ 188, 96 = NJW 2011, 1586 (Rn. 18) i.H.a. den (nicht sittenwidrigen) Pflichtteilsverzicht eines behinderten Sozialhilfeempfängers (Hervorhebungen durch den Verfasser). Grundlegend dazu etwa auch BVerfGE 89, 214 = NJW 1994, 36 (38) (*Bürgschaft I*): „Indem § 138 und § 242 BGB ganz allgemein auf die guten Sitten, die Verkehrssitte sowie Treu und Glauben verweisen, verlangen sie von den Gerichten eine Konkretisierung am Maßstab von Wertvorstellungen, die in erster Linie von den Grundsatzentscheidungen der Verfassung bestimmt werden. Deshalb sind die Zivilgerichte von Verfassung wegen verpflichtet, bei der

Mithin wird maßgeblich auf die Funktion der Generalklausel des § 138 Abs. 1 BGB, als eines der privatrechtlichen „Einfallstore" der Grundrechte sowie der gesamten Verfassungsordnung, abgestellt. Im erbrechtlichen Kontext wird zugleich die Testierfreiheit und deren verfassungsrechtliche Garantie ausdrücklich hervorgehoben.[895] Bei der Einschränkung der Testierfreiheit durch die Anwendung der Generalklausel des § 138 Abs. 1 BGB wird Zurückhaltung angemahnt.

So konstatierte das BayObLG im Zusammenhang mit der testamentarischen Einsetzung des Kindes eines Betreuers:

„Bei der ‚Inhaltskontrolle' letztwilliger Verfügungen nach § 138 I BGB ist vom Grundsatz der Testierfreiheit auszugehen [...]. Diese ist das bestimmende Element der Erbrechtsgarantie [...] und wird unmittelbar durch das Pflichtteilsrecht und im übrigen durch das Verbot sittenwidriger Verfügungen begrenzt [...]. Die Einschränkung der Testierfreiheit durch die Anwendung der Generalklausel des § 138 I BGB kommt nur dann *in Betracht, wenn sich das Verdikt der Sittenwidrigkeit auf eine klare, deutlich umrissene Wertung des Gesetzgebers oder allgemeine Rechtsauffassung stützen kann* [...]."[896]

Bei der Betrachtung der unterschiedlichen Ausformungen der Anstandsformel respektive Aneinanderreihung von Schlagworten zwecks Bestimmung der

---

Auslegung und Anwendung der Generalklauseln die Grundrechte als ‚Richtlinien' zu beachten." Grundlegend bzgl. den Generalklauseln als „Einbruchstellen" der Grundrechte in das bürgerliche Recht BVerfGE 7, 198 = NJW 1958, 257. Siehe auch *Bydlinski*, in: Rack, Grundrechtsreform, S. 173 (181–183); *Leisner*, Grundrechte, S. 226–235. Ebenso findet die gesamte Verfassungsordnung, insb. als das Sozialstaatsprinzip (Art. 20 I, 28 I GG) sowie das Rechtsstaatsprinzip (Art. 20 III GG) Eingang in die Konkretisierung der guten Sitten, MüKo/*Armbrüster*, BGB, § 138 Rn. 22. Grundsätze und Normen des Europarechts, v.a. also die europäischen Grundfreiheiten und Grundrechte, sind ebenso bei der Konkretisierung der guten Sitten heranzuziehen, MüKo/*Armbrüster*, BGB, § 138 Rn. 16.

895 So etwa OLG Braunschweig, Beschluss v. 04.11.1999, 2 U 29/99, juris Rn. 45; BGHZ 111, 36 = NJW 1990, 2055 (2056); BGH, NJW 1994, 248 (248 f.); so auch MüKo/*Leipold*, BGB, Vor § 2064 Rn. 15.

896 BayObLG, NJW 1998, 2369 (2371). Vgl. dazu und dem Folgenden MüKo/*Leipold*, BGB, Vor § 2064 Rn. 13–16. So etwa auch BGHZ 123, 368 = NJW 1994, 248 (250) zur zu verneinenden Sittenwidrigkeit des sog. Behindertentestaments. Diese sind nach gefestigter Rspr. des BGH nicht sittenwidrig, vgl. auch BGHZ 111, 36 = NJW 1990, 2055; MüKo/*Leipold*, BGB, Vor § 2064 Rn. 23; dazu auch *Röthel*, in: Limmer, Gestaltungspraxis und Inhaltskontrolle, S. 49 (53 f.).

guten Sitten, wird jedoch schnell klar, dass sich solche Formulierungen freilich nur sehr bedingt für die konkrete Einzelfallanwendung eignen. Zur weiteren Maßstabsbestimmung von § 138 BGB wird es daher auch als unumgänglich angesehen, die bereits seitens der Rechtsprechung anerkannten Prinzipien und vor allem deren Zusammenwirken zu berücksichtigen.[897] Die Verdichtung der Generalklauseln im Wege der Praxisanwendung zu konkreten Rechtsgrundsätzen respektive spezielleren Maximen ist insofern als allgemeine Erscheinung der Rechtsentwicklung anzusehen.[898] Für bestimmte Arten von Fallgestaltungen lassen sich wiederum Gruppen bilden, bei welchen ähnliche Gesichtspunkte sowie Motive seitens der Judikatur zum Tragen gekommen sind. Die von der Rechtsprechung gebildeten Fallgruppen stellen daher – trotz des freilich immanenten Risikos von Zirkelschlüssen – wertvolle Erkenntnisquellen für zukünftige Rechtsentwicklungen dar.[899] Denn durch eine Fallgruppenbildung, welche auch im 19. Jahrhundert nicht unbekannt war[900], wird nicht allein die Abbildung des *status quo* ermöglicht. Vielmehr ist sie zwingend notwendig, um eine dogmatische Reintegration von Fällen und deren sich unter Umständen anschließende Rekodifikation zu erreichen.[901]

---

897 Vgl. hierzu und dem Folgenden MüKo/*Armbrüster*, BGB, § 138 Rn. 15. Auch *Haferstumpf*, Die Formel, S. 73 weist (krit.) darauf hin, dass der BGH beinahe ausnahmslos in seinen Begründungen i.R. der Anstandsformel eine Auseinandersetzung mit der bisherigen Rechtsprechung betreibt. Zur faktischen und „subsidiären" Verbindlichkeit der Präjudizien und der ggf. gebotenen Abkehr von diesen, siehe *Bydlinski*, Methodenlehre, S. 501–515. Ebenso zur Stellung des Richterrechts in der deutschen Methodenlehre mit dem Fokus auf Generalklauseln Ohly, AcP 201 (2001), 1 (16–24) m.w.N. Komprimiert zur faktischen Bindungswirkung des vorhandenen Richterrechts und dessen Fungieren als eine von mehreren Erkenntnisquellen bei *Maurer*, Das Bewegliche System, S. 176–178 m.w.N.
898 Vgl. dazu und dem Folgenden *Coing*, NJW 1947, 213.
899 Entschieden gegen die Fallgruppenmethode mit fünf Gründen *Weber*, AcP 192 (1992), 516 (565 f.). Sich mit dieser Kritik auseinandersetzend und für das Festhalten an der Fallgruppenbildung votierend *Mayer-Maly*, AcP 194 (1994), 105 (132–136). Zur nicht von der Hand zu weisenden Gefahr richterrechtlicher Scheinbegründungen und der korrekten Bestimmung der *ratio decidendi* auch Ohly, AcP 201 (2001), 1 (40–42). Für knappe Übersicht über die Ansätze der Fallgruppenbildung des RG und des BGH i.Z.m. § 138 BGB, siehe *Mayer-Maly*, in: FG 50 Jahre BGH, S. 69 (71–79) m.w.N.
900 HKK-BGB/*Haferkamp*, § 138 Rn. 3 m.w.N.
901 HKK-BGB/*Haferkamp*, § 138 Rn. 3, welcher die Schuldrechtsreform als Beispiel anführt.

Eine solche kasuistische Vorgehensweise entspricht auch dem Umgang mit den *boni mores*[902] und fügt sich daher nahtlos in die Rechtsprechungstradition ein. Dabei sind die jeweiligen Leitgedanken der von der Rechtsprechung anerkannten Fallgruppenlösungen gewissermaßen als Ausformungen des Anstandsgefühls aller billig und gerecht Denkenden zu qualifizieren.[903]

Das weitere Vorgehen wird sich diese Aspekte zunutze machen, indem bereits etablierte und für den hiesigen Kontext gewinnbringende Fallgruppenkonstellationen untersucht werden, um hieraus für den zukünftigen Umgang mit § 138 Abs. 1 BGB zum Schutze der Erblasserautonomie entsprechend übertragbare Erkenntnisse zu gewinnen und unter anderem hierdurch eine dahingehende Fortentwicklung zu ermöglichen.

6.3.2. § 138 Abs. 1 BGB als Anwendungsfall eines beweglichen Systems

Über die Analyse von für den hiesigen Untersuchungsgenstand geeigneten Fallgruppen hinaus sowie vorab bedarf es der Vergegenwärtigung des tiefergehenden Sinnes einer solchen kasuistischen Betrachtung. Ein schablonenhaftes Vorgehen wird für zukünftige, zu erfassende Szenarien nicht zu einem befriedigenden Ergebnis führen und wäre vor allem wegen der Individualität eines jeden Einzelfalles verfehlt. Entscheidender Punkt ist, dass die Vorschrift des § 138 BGB als typischer Anwendungsfall des „Beweglichen Systems" *Wilburgs* zu begreifen ist.[904] Demnach sind die einzelnen Wertmaßstäbe und Kriterien für eine Sittenwidrigkeitserwägung nicht isoliert sowie jeweils mit einem

---

902 HKK-BGB/*Haferkamp*, § 138 Rn. 3 m.w.N.
903 Vgl. MüKo/*Armbrüster*, BGB, § 138 Rn. 15, 31.
904 Staudinger/*Sack/Fischinger*, BGB, § 138 Rn. 120; MüKo/*Armbrüster*, BGB, § 138 Rn. 29; *Mayer-Maly*, in: Bydlinski, Das Bewegliche System, S. 117 (123); zust. *Schmoeckel*, AcP 197 (1997), S. 1 (28 mit Fn. 142). Die ursprüngliche „Geburt" hatte dieser Gedanke *Wilburgs* im Bereich des Schadensrechts, vgl. *Wilburg*, Die Elemente, insb. S. 26 ff.; *ders.*, Entwicklung, insb. S. 12–14; *ders.*, AcP 163 (1963), 346 (346–379); krit. insb. i.Z.m. Generalklauseln *Canaris*, Systemdenken, S. 82 f. Vgl. zum Beweglichen System insb. auch *Bydlinski*, Methodenlehre, S. 529–543. Zu den heutigen sehr unterschiedlichen Anwendungsbereichen des Beweglichen Systems, *Westerhoff*, Die Elemente, S. 15 f. Umfassende Hintergrunddarstellung zum Beweglichen System auch bei *Maurer*, Das Bewegliche System, S. 74–91, welcher insofern abschließend konstatiert, dass das Wesen des Beweglichen Systems eine „freie Abwägung" sei und im Wege neuerlicher Kombination und Abwägung der beweglichen Elemente ebenso neuartige Fallkonstellationen handhabbar seien, *Maurer*, Das Bewegliche System, S. 91. Dem ist zuzustimmen.

starren absoluten Gewicht zu betrachten.⁹⁰⁵ Vielmehr sind die einzelnen Aspekte zu einer Kumulation (negativer) Tatumstände zusammenzuführen und im Rahmen einer Gesamtschau zu bewerten.⁹⁰⁶ Im Gegensatz zu der „Substraktionsmethode" ist also eine „Summenwirkung" zu erreichen, bei welcher die Wertigkeit und „Schlagkraft" der einzelnen Kriterien als beweglich anzusehen ist⁹⁰⁷ sowie die einzelnen Sittenwidrigkeitsindizien selbst nicht nur als beweglich, sondern auch als weitgehend austauschbar anzusehen sind.⁹⁰⁸ Es gibt also nicht den oder die Tatbestände des § 138 Abs. 1 BGB, sondern es sind stets primär die besonderen Umstände des Einzelfalles zu bewerten.⁹⁰⁹ Allein hierdurch kann den speziellen Aspekten des jeweiligen Einzelfalles ausreichend Rechnung getragen werden und ein sachgerechtes Urteil über die Sittenwidrigkeit des konkret zu bestimmenden Geschäfts gefällt werden. Hierdurch wird auch sichtbar, dass sich apodiktische Verallgemeinerungen von vornherein verbieten, nach denen etwa nur bestimmte Faktoren oder deren Kombination im Stande seien, das Verdikt der Sittenwidrigkeit zu begründen. So kann bei ausreichender Schwere und Ausgeprägtheit auch nur eines Sittenwidrigkeitselements die missbilligende Nichtigkeitsfeststellung gerechtfertigt sein.⁹¹⁰

---

905 Staudinger/*Sack*/*Fischinger*, BGB, § 138 Rn. 117, 119.
906 Staudinger/*Sack*/*Fischinger*, BGB, § 138 Rn. 118.
907 Staudinger/*Sack*/*Fischinger*, BGB, § 138 Rn. 119; MüKo/*Armbrüster*, BGB, § 138 Rn. 27.
908 *Mayer-Maly*, in: Bydlinski, Das Bewegliche System, S. 117 (122); Soergel/Wolf/*Hefermehl*, BGB, § 138 Rn. 8.
909 Vgl. dazu etwa BGHZ 10, 228 = NJW 1953, 1665 m. Anm. *Barkhausen*; Soergel/Wolf/*Hefermehl*, BGB, § 138 Rn. 19.
910 BGH, NJOZ 2013, 260 (262); BGHZ 10, 228 = NJW 1953, 1665 m. Anm. *Barkhausen*. Sofern es darum geht, dass die Sittenwidrigkeit entweder erst aus der Kombination mehrerer Faktoren oder aus nur einem besonders ausgeprägten Element resultieren kann, sieht MüKo/*Armbrüster*, BGB, § 138 Rn. 29 mit Fn. 154 das „Sandhaufen-Theorem" seitens der Rspr. nun als anerkannt an. Dieses hat der BGH in einem früheren Urteil – allerdings bzgl. § 138 II BGB – ausdrücklich abgelehnt (BGHZ 80, 153 = NJW 1981, 1206 (1207) und auch seitens der Literatur ist es auf Ablehnung gestoßen, vgl. *Canaris*, ZIP 1980, 709 (717); *Müssigbrodt*, JA 1980, 697 (700); Soergel/Wolf/*Hefermehl*, BGB, § 138 Rn. 72. In einem Urteil zu § 138 I BGB (BGH, NJOZ 2013, 260 (261)) soll der BGH es nun (allerdings ohne explizite Nennung) anerkannt haben, vgl. MüKo/*Armbrüster*, BGB, § 138 Rn. 29 mit Fn. 154. Nach diesem „Sandhaufen-Theorem" können die in Grenzen variablen Tatbestandsmerkmale einer Norm auch dann i.E. erfüllt sein, wenn ein Tatbestandsmerkmal „überfüllt" und ein anderes erforderliches Tatbestandsmerkmal „unterfüllt" oder „in geringem Maße" erfüllt sei, vgl. etwa BGHZ 80, 153 = NJW

Es ist mithin gerade die Beweglichkeit des Systems, welche sich der Rechtsanwender zunutze machen kann, um im Einzelfall zu einem gerechten Ergebnis zu gelangen.

Auch die Rechtsprechung folgt heute ausdrücklich dem System vom „Zusammenspiel beweglicher Elemente" bei der Anwendung des § 138 BGB[911], was freilich im Hinblick auf die hier anvisierte Erweiterung der richterlichen Inhaltskontrolle einen förderlichen Umstand bildet.[912]

6.3.3. Typisierende Fallgruppen im Zusammenhang mit der Ausnutzung erhöhter Drittbeeinflussbarkeit sowie der zu missbilligenden Beeinträchtigung der freien Willensbestimmung

Im Zuge einer Analyse ausgewählter Fallgruppen können die für den hiesigen Untersuchungsgegenstand wertvollen normativen Wertungen und Leitgedanken herausgefiltert und anschließend fruchtbar gemacht werden. Die im Folgenden behandelten Rechtsprechungsfälle stellen freilich keine auch nur annähernd erschöpfende und abschließende Aufzählung dar, sondern sind jeweils musterhaft für den hiesigen Untersuchungszweck speziell ausgewählt.

1981, 1206. Insofern sei sich des Bildes eines rechts-relevanten „Sandhaufens" bedient, dessen Mindestmaß dadurch erreicht werden kann, dass mehrere an sich noch zu kleine „Sandhaufen" zusammengenommen werden bzw. sich gegenseitig ausgleichen können, vgl. OLG Stuttgart, NJW 1979, 2409 (2412). Grundlegend dazu *Bender,* in: GS Rödig, S. 34 (38–41); *Maurer,* Das Bewegliche System, insb. S. 280–281. Diese Rspr. auch behandelnd *Mayer-Maly,* in: Bydlinski, Das Bewegliche System, S. 117 (125 f.). Ungeachtet der Begrifflichkeiten kann jedenfalls nach der Formel vom „Zusammenspiel beweglicher Elemente" i.R. des § 138 I BGB bereits ein stark ausgeprägtes Sittenwidrigkeitskriterium ausreichen MüKo/*Armbrüster,* BGB, § 138 Rn. 28 f.; *ders.,* LMK 2012, 330462; BGH, NJOZ 2013, 260 (261). Zur abl. Haltung bzgl. des Wuchertatbestandes § 138 II BGB insb. Staudinger/*Sack/Fischinger,* BGB, § 138 Rn. 293 m.w.N.

911 BGH, NJOZ 2013, 260 (261); MüKo/*Armbrüster,* BGB, § 138 Rn. 29.
912 Doch auch unabhängig von diesem ausdrücklichen Anschluss, fordert die Rspr. seit jeher eine umfassende Gesamtwürdigung aller konkreten Einzelfallumstände, insbesondere eine „Zusammenfassung von Inhalt, Motiv und Zweck", um den Gesamtcharakter des Rechtsgeschäfts bestimmen zu können, vgl. RGZ 56, 229 (231); st. Rspr. BGHZ 34, 169 = NJW 1961, 822; BGH, NJW 1998, 2047; BAG, NZA 2006, 1354 (1355); *Flume,* AT, Bd. II, S. 368; MüKo/*Armbrüster,* BGB, § 138 Rn. 30.

6.3.3.1. Ausnutzung emotionaler Verbundenheit und/oder einer besonderen Autoritäts- und/oder Vertrauensstellung

Als relevante Fallgruppen für den hiesigen Untersuchungsgegenstand erscheinen solche, bei denen eine emotionale Verbundenheit und/oder eine besondere Autoritäts- und/oder Vertrauensstellung zum eigenen Vorteil ausgenutzt wird. In den Bereich dieses „Dreiklangs" lassen sich zum einen die Fälle im Kontext altruistisch einseitig belastender Interzessionen einordnen, da hier seitens der Rechtsprechung elementare Grundsätze und Leitgedanken hauptsächlich im Zusammenhang mit einer strukturellen Unterlegenheit aufgrund intellektueller oder emotionaler Momente entwickelt wurden. Ferner bieten sich für die weitere Untersuchung Fälle im Kontext familiärer Verzichtsverträge aufgrund den dort typischen Durchsetzungsgefällen sowie Rationalitätsdefiziten an. Schließlich kommen Fälle in Betracht, in welchen eigenständig auf die Ausnutzung einer Vertrauensstellung abgestellt wird.

Ungeachtet dieser Aufteilung ist zu betonen, dass wegen den Spezifika der aufgegriffenen Fallkonstellationen sowie aufgrund den fließenden Grenzen der Fallgruppenkriterien, letztere sich nicht stets trennen lassen, sondern vielmehr häufig in Kombination auftreten respektive ineinandergreifen, sodass sich im Folgenden gewisse Überschneidungen nicht vollends verhindern lassen.

6.3.3.1.1. Altruistisch einseitig belastende Interzessionen

Eingangs soll es um altruistische einseitig belastende Interzessionen[913], etwa Bürgschaften oder Schuldbeitritte, von Beteiligten gehen, welche in einem Näheverhältnis zum Hauptschuldner stehen.

Im Zusammenhang mit dem Problemkomplex der Wirksamkeit solcher Mitverpflichtungen wurden seitens der Rechtsprechung die in der Handelsvertreterentscheidung[914] aufgestellten Kriterien zur Inhaltskontrolle im hier maßgeblichen Sinne weiterentwickelt.[915] Ganz grundsätzlich kann die

---

913 Hierunter fallen alle Formen des Eintretens für eine fremde Schuld, insb. somit die Bürgschaft, der Schuldbeitritt sowie die Stellung dinglicher Sicherheiten. Vgl. hierzu auch *Ernst*, in: Zimmermann, Rechtsgeschichte, S. 395 (401, 411–423); *Jansen*, in: Zimmermann, Störungen, S. 125 (127), siehe eingehend zu Interzessionen aus historischer sowie rechtsvergleichender Sicht (128–132) sowie zu (vermuteten) *metus reverentialis* (133–137).
914 BVerfGE 81, 242 = NJW 1990, 1469 (*Handelsvertreter*).
915 Zur dbzgl. Rspr. des BGH und den Unstimmigkeiten zwischen dem 9. und dem 11. Zivilsenat etwa *Mayer-Maly*, in: FG 50 Jahre BGH, S. 69 (77–79); *Wagner*, NJW 2005, 2956 jew. m.w.N.

Handelsvertreterentscheidung[916] des BVerfG als der Beginn eines Paradigmenwechsels gesehen werden, wodurch seitens des BVerfG eine belastbare verfassungsrechtliche Grundlage für die gesamtstaatlichen Bestrebungen nach einem angemessenen Ausgleich von Vertragsfreiheit und Vertragsgerechtigkeit geschaffen wurde.[917] Ferner wurde das bis dato vorherrschende streng formale Freiheitsverständnis durch die Konstatierung des BVerfG aufgelockert, dass eine wirkliche und effektive Selbstbestimmung zusätzlich von den tatsächlichen Umständen und Bedingungen einer solcher Selbstbestimmung abhängig ist.[918] Als weiteren und hier vor allem wichtigen Punkt stellte das BVerfG fest, dass etwaige Merkmale, welche nun Anlass zu einem regelnden Eingreifen geben könnten, sich lediglich typisierend aufstellen lassen.[919] Diesbezüglich definierte das BVerfG das Kriterium der strukturellen Unterlegenheit im Hinblick auf ein „soziale[s] und wirtschaftliche[s] Ungleichgewicht"[920], welches in der späteren Entscheidung zur Bürgschaft[921] terminologisch zu einer „*strukturell ungleiche[n] Verhandlungsstärke*"[922] transformiert wurde.[923]

Im Wege der Bürgschaftsentscheidungen[924] hat das BVerfG weitere elementare Aspekte für eine umfassende verfassungsdogmatische Begründung einer

---

916 BVerfGE 81, 242 = NJW 1990, 1469 (*Handelsvertreter*).
917 Vgl. *Wendland*, Vertragsfreiheit, S. 381. Ausführlich zur Entscheidung *Hillgruber*, AcP 191 (1991), 69. Krit. i.H.a. die starke Abschwächung der Vertragsfreiheit insb. *Medicus*, AcP 192 (1992), 35 (61 f.).
918 Vgl. BVerfGE 81, 242 = NJW 1990, 1469 (1470) (*Handelsvertreter*); *Wendland*, Vertragsfreiheit, S. 379.
919 BVerfGE 81, 242 = NJW 1990, 1469 (1470) (*Handelsvertreter*).
920 BVerfGE 81, 242 = NJW 1990, 1469 (1470) (*Handelsvertreter*). Ungeachtet dieser Begrifflichkeiten sind die persönlich bedingten wirtschaftlichen Verhältnisse in Form einer wirtschaftlichen Abhängigkeit die maßgeblichen Ansatzpunkte für die strukturelle Unterlegenheit in diesem Fall. Vgl. dazu kurz auch *Leuschner*, JZ 2010, 875 (881); *ders.*, AcP 207 (2007), 491 (511).
921 BVerfGE 89, 214 = NJW 1994, 36 (*Bürgschaft I*).
922 BVerfGE 89, 214 = NJW 1994, 36 (39) (*Bürgschaft I*).
923 Vgl. auch *Wendland*, Vertragsfreiheit, S. 381 mit Fn. 94; *Leuschner*, AcP 207 (2007), 491 (511 mit Fn. 58).
924 BVerfGE 89, 214 = NJW 1994, 36 (*Bürgschaft I*); BVerfG, NJW 1994, 2749 (*Bürgschaft II*); BVerfG, NJW 1996, 2021 (*Bürgschaft III*). Gleichwohl lässt sich der Lösungsansatz in Gestalt der Sittenwidrigkeit bereits in einer vergleichbaren Entscheidung des OLG Dresden aus dem Jahre 1910 finden, in welcher sich ein weitgehend mittelloses und bei ihren Eltern lebendes Mädchen zugunsten dieser verbürgt hatte. Da allerdings das *Senatus Consultum Vellaeaunum* nicht in das BGB übernommen worden war, blieb dem Gericht allein das Abstellen auf

richterlichen Inhaltskontrolle herausgearbeitet.[925] Daneben benannte und präsierte das Gericht Kriterien für eine typisierte Fallgestaltung, bei welcher eine *strukturelle Unterlegenheit*, die zu einer Beeinträchtigung der Fähigkeit zur eigenverantwortlichen Entscheidung führt, angenommen werden könnte. Kann von solch einer ausgeprägten Unterlegenheit ausgegangen werden, kommt es *maßgeblich darauf an, auf welche Weise der Vertrag tatsächlich zustande kam und wie das Verhalten der überlegenen Partei war.*[926] Seitens des Gerichts wurden dabei als Grund für ein strukturelles Ungleichgewicht die persönlichen Eigenschaften vor allem im Hinblick auf eine *geschäftliche Unerfahrenheit* einer Partei herangezogen.[927] Namentlich stellte das Gericht hierfür auf die *intellektuellen Fähigkeiten*, den (niedrigen) Ausbildungsstand, das (geringe) Alter sowie die damit meist einhergehende geringe Lebenserfahrung und die unzureichende Gewandtheit und Erfahrung in Geldgeschäften der unterlegenen Partei ab.[928] Unter Ausnutzung einer solchen geschäftlichen Unerfahrenheit kann es dann unter Umständen zu der einseitigen Durchsetzung eigener Interessen kommen.[929] Als weitere Indizien respektive Kriterien für ein strukturell gestörtes Paritätsverhältnis sah das Gericht ein *persönliches Näheverhältnis beziehungsweise eine emotionale Unterlegenheit*[930] etwaiger Beteiligter an, welches (familiären) Druck entstehen lassen und dazu führen kann, dass die Partei sich zu dem jeweiligen rechtsgeschäftlichen Handeln gedrängt fühlt.[931] Im Gesamten stellte das Gericht auf eine *Kombination aus intellektuellen und emotionalen Momenten* ab.[932] Ferner und auch für den hiesigen Kontext interessant, qualifizierten die Richter den Umstand der nicht hinreichenden Überlegung als ein Indiz für die Beeinträchtigung der Entscheidungsfreiheit.[933]

---

§ 138 BGB, was so auch geschah. Dazu HKK-BGB/*Haferkamp*, § 138 Rn. 6; *Jansen*, in: Zimmermann, Störungen, S. 125 (138).
925 Umfassend dazu und dem Folgenden vgl. insb. *Wendland*, Vertragsfreiheit, S. 381–387.
926 BVerfGE 89, 214 = NJW 1994, 36 (39) (*Bürgschaft I*).
927 BVerfGE 89, 214 = NJW 1994, 36 (39) (*Bürgschaft I*); BVerfG, NJW 1994, 2749 (2750) (*Bürgschaft II*); BVerfG, NJW 1996, 2021 (*Bürgschaft III*).
928 BVerfGE 89, 214 = NJW 1994, 36 (39) (*Bürgschaft I*); BVerfG, NJW 1994, 2749 (2750) (*Bürgschaft II*).
929 BVerfGE 89, 214 = NJW 1994, 36 (39) (*Bürgschaft I*).
930 *Leuschner*, JZ 2010, 875 (881).
931 BVerfG, NJW 1994, 2749 (2750) (*Bürgschaft II*).
932 Vgl. auch *Leuschner*, AcP 207 (2007), 491 (511).
933 BVerfG, NJW 1994, 2749 (2750) (*Bürgschaft II*).

Der BGH übernahm die Rechtsprechung des BVerfG und erkannte das Bedürfnis der richterlichen Korrektur anhand des § 138 Abs. 1 BGB bei Angehörigenbürgschaften grundsätzlich an.[934] Das Gericht stellte eingangs klar, dass die Sittenwidrigkeit eines Rechtsgeschäftes nach § 138 Abs. 1 BGB nur dann in Betracht kommt, wenn das selbige in seinem Gesamtcharakter – gebildet aus der Zusammenfassung von Inhalt, Beweggrund sowie Zweck – den guten Sitten widerspricht und hierbei allein die Umstände bei Vertragsschluss maßgeblich sind.[935] Ferner sei bei der Bürgschaft zu berücksichtigen, dass diese naturbedingt regelmäßig nur eine einseitige Verpflichtung zugunsten des jeweiligen Gläubigers beinhalte. Strukturell besitze die Bürgschaft also kein Gepräge einer angemessenen und im Grundsatz äquivalenten Berücksichtigung gegenseitiger Interessen. Vielmehr ziele die Bürgschaft von Anfang an allein auf die Schaffung von Vorteilen für nur eine Seite.[936] Gleichwohl könne eine Bürgschaftsverpflichtung nach § 138 Abs. 1 BGB dann der Nichtigkeit anheimfallen, wenn der Bürge aufgrund weiterer Umstände – welche dem Gläubiger zurechenbar sind – insofern erheblich belastet werde, dass im Ergebnis ein unerträgliches Ungleichgewicht zwischen den am Rechtsgeschäft Beteiligten vorliege. Derartige Belastungen können namentlich daraus resultieren, dass der Gläubiger die geschäftliche Unerfahrenheit oder eine *seelische Zwangslage des Bürgen ausnutzt oder auf andere Weise den Bürgen in seiner Entscheidungsfreiheit unzulässig beeinträchtigt.*

Im konkreten Fall stellte das Gericht für das sittenwidrige Handeln gegenüber der Bürgin auch auf das Verhalten der Hauptschuldner in Gestalt der Eltern der Bürgin ab.[937] Indem diese hauptsächlich aus eigenem Interesse ihre geschäftsunerfahrene Tochter dazu veranlassten, als Bürgin zu fungieren, wobei deren voraussichtliche finanzielle Leistungsfähigkeit bei weitem überstiegen wurde[938], verletzten die Eltern ihre familienrechtliche Pflicht zur

---

934 Unter teilweiser Aufgabe seiner bisherigen Auffassung bzgl. der Unbedenklichkeit bis dato nicht berücksichtigter Gefahren für die Entscheidungsfreiheit des Bürgen, vgl. zum Ganzen BGH, NJW 1994, 1341. Ebenso *Nitze/Grädler*, VuR 2012, 91 (91–93).
935 BGH, NJW 1994, 1341 (1342). So i.Ü. bereits BGHZ 86, 82 = NJW 1983, 1851 (1852); BGHZ 107, 92 = NJW 1989, 1276 (1277); BGH, NJW 1992, 896 (898).
936 Vgl. zum Ganzen und Folgenden BGH, NJW 1994, 1341 (1342).
937 Vgl. zum Folgenden BGH, NJW 1994, 1341 (1342 f.).
938 Vorliegend überstieg der Bürgschaftsumfang die gegenwärtigen und zukünftig zu erwartenden Einkommens- und Vermögensverhältnisse der Tochter bei Weitem.

Rücksichtnahme nach § 1618a BGB und handelten zugleich sittenwidrig.[939] Die Bürgschaft sei allein aus familiärer Hilfsbereitschaft beziehungsweise *emotionalen Erwägungen und einer seelischen Zwangslage* heraus geschlossen und eine nüchterne sowie freie Entscheidung sei ohne größere Überlegung nicht getroffen worden. Das Gericht betonte zudem, dass die *Anwesenheit des Vaters und Hauptschuldners bei der Unterschriftsleistung der Bürgin es dieser besonders erschwerte, eine vernünftige und abgewogene Entscheidung zu treffen*.[940]

Solch ein sittenwidriges Handeln des Hauptschuldners gegenüber dem Bürgen ist dem Gläubiger dann zuzurechnen, wenn ihm dieses Verhalten bekannt war oder er sich einer solchen Erkenntnis bewusst verschlossen hat.[941] Konstruktiv handelt es sich freilich nicht um eine Zurechnung von Sittenwidrigkeit im Verhältnis von Hauptschuldner und Sicherungsgeber, sondern um das Abstellen auf *die Kenntnis oder verschuldete Unkenntnis hinsichtlich fremden Verhaltens*, wobei dieser subjektive Aspekt gerade als *(eigener) Sittenverstoß* seitens des Sicherungsnehmers zu werten ist, da er *hierdurch die Zwangslage des Betroffenen ausnutzt*.[942] Aufgrund dieses (subjektiven) Umstandes ist es auch gerechtfertigt, das Rechtsgeschäft der Bürgschaft selbst als mit dem Verdikt der Sittenwidrigkeit „infiziert" zu qualifizieren, wenngleich der Bürgschaftsgläubiger dieses Rechtsgeschäft „nur" angenommen hat.[943]

Zusätzlich habe das Kreditinstitut als Gläubigerin selbst *in unzulässiger Weise auf die Entschließung und Willensbestimmung der Bürgin Einfluss genommen*, indem Angestellte der Gläubigerin die *rechtliche sowie tatsächliche Bedeutung und Tragweite der Bürgschaft verharmlost* haben. Dies stelle eine kumulative schwerwiegende Beeinträchtigung der Freiheit der Bürgin dar, sachlich und ausgewogen zu entscheiden, gerade im Hinblick auf die Geschäftsunerfahrenheit und verwandtschaftliche enge Verbindung der Bürgin zum Hauptschuldner.[944] Bezüglich des kausalen Zusammenhangs zwischen der entstandenen psychischen Zwangslage und der Eingehung der Bürgschaftsverpflichtung berief sich der BGH auf eine (widerlegbare) Vermutung.

---

939 Ein solches Verhalten stehe gerade im Widerspruch zu den familien- bzw. unterhaltsrechtlichen Bestimmungen sowie der allg. anerkannten Anschauung zur Verantwortung der Eltern ihren (auch erwachsenen) Kindern ggü., vgl. BGH, NJW 1994, 1341 (1343).
940 BGH, NJW 1994, 1341 (1344).
941 BGH, NJW 1994, 1341 (1343).
942 Vgl. zu Recht *Lorenz*, Schutz, S. 471.
943 Vgl. BGH, NJW 1994, 1341 (1343).
944 BGH, NJW 1994, 1341 (1343).

Die Sittenwidrigkeit von Angehörigenbürgschaften war in der Folgezeit Gegenstand zahlreicher präzisierender Urteile, woraus sich unter anderem eine ständige Rechtsprechung des BGH entwickelte. Dabei wendet die Rechtsprechung zugunsten des Bürgen Beweiserleichterungen in Gestalt von widerlegbaren Vermutungen an. Im Falle des Vorliegens einer krassen finanziellen Überforderung[945] des Bürgens, wird nach der allgemeinen Lebenserfahrung – ohne Hinzutreten weiterer Umstände – widerleglich vermutet, dass der dem Hauptschuldner persönlich nahestehende[946] Sicherungsgeber diese Personalsicherheit lediglich aufgrund einer durch die emotionale Verbundenheit mit dem Hauptschuldner bedingten unterlegenen Position heraus und daher als Resultat einer unzulässigen Willensbeeinflussung gestellt hat. Zusätzlich wird widerleglich vermutet, dass der Gläubiger diese vermutete Tatsache in sittlich anstößiger Weise ausgenutzt hat.[947]

Die *erste Vermutung* betrifft demnach die *strukturelle Unterlegenheit aufgrund emotionaler Verbundenheit* und die damit einhergehende *verfälschende Willensbeeinflussung*. Es wird vermutet, dass der Bürge sich nicht von realistischen und rationalen Überlegungen oder eigenen Interessen hat leiten lassen, sondern lediglich seine persönliche Verbindung zum Hauptschuldner im Vordergrund stand und daher eine selbstbestimmte Entscheidung nicht vorliegt.[948]

---

945 Die Rspr. sieht eine krasse finanzielle Überforderung dann grds. als gegeben an, wenn der Bürge bei nicht ganz geringen Verbindlichkeiten voraussichtlich nicht einmal die von den Darlehensparteien vereinbarte Zinslast aus dem pfändbaren Teil seines laufenden Einkommens und Vermögens im Zeitpunkt des Sicherungsfalles dauerhaft allein tragen kann, gefestigte Rspr., vgl. BGH, NJW 2009, 2671 (Rn. 18). Zum teilweise in der Literatur geäußerten Vorwurf, dass sich der BGH durch das zu intensive Abstellen auf die finanzielle Überforderung des Bürgen zu weit von den Vorgaben des BVerfG entfernt hat und dessen Gegenstimmen etwa BGH, NJW 2002, 744 (745); *Wagner*, NJW 2005, 2956 m.w.N.
946 Die Rspr. hat fortwährend Beziehungsverhältnisse herausgearbeitet, bei welchen eine in strukturelle Unterlegenheit mündende emotionale Verbundenheit zugunsten des Bürgen nicht gesondert dargelegt werden muss, sondern stattdessen widerleglich vermutet wird, siehe dazu etwa *Nitze/Grädler*, VuR 2012, 91 (92); MüKo/*Habersack*, BGB, § 765 Rn. 24 jew. m.w.N.
947 St. Rspr, vgl. BGH, NJW-RR 2017, 241 (243); BGH, NJW 2009, 2671 (Rn. 18); BGH, NJW 2004, 161 (162); BGH, NJW 2002, 744 (745); BGHZ 136, 347 = NJW 1997, 3372 (3373); BGHZ 146, 37 = NJW 2001, 815 (816); BGHZ 151, 34 = NJW 2002, 2228 (2229); BGH, NJW 1999, 58 (59); BGH, NJW 2002, 2705 (2706); BGH, BKR 2003, 668 (670); BGH, BKR 2003, 288 (289); MüKo/*Armbrüster*, BGB, § 138 Rn. 92; *Nitze/Grädler*, VuR 2012, 91 (93).
948 Vgl. dazu *Nitze/Grädler*, VuR 2012, 91 (92 f.) m.w.N.; *Laumen*, MDR 2015, 1 (2).

Die *zweite Vermutung* hat die subjektive Komponente des § 138 Abs. 1 BGB zulasten des Gläubigers zum Gegenstand.[949] Es wird widerleglich vermutet, dass die begünstigte Partei die mangelnde Fähigkeit zur selbstbestimmten Entscheidung *in sittlich anstößiger Weise ausgenutzt* hat. In Anbetracht dieser Vermutungen, hat der Bürge allein ein anerkanntes Näheverhältnis sowie eine krasse finanzielle Überforderung darzulegen.[950]

Ermangelt es an einer solchen krassen finanziellen Überforderung, kann sich die Sittenwidrigkeit des Rechtsgeschäfts aber weiterhin aus anderen besonders erschwerenden Umständen ergeben[951], wobei hier nicht ohne Weiteres in gleicher Weise Vermutungen gelten. Solche besonders erschwerenden Umstände können insbesondere die *Verschleierung respektive Verharmlosung des Haftungsrisikos*[952] oder die *Ausnutzung einer seelischen Zwangslage oder der Unerfahrenheit*[953] sein.

6.3.3.1.2. Familiäre Verzichtsverträge

Dem Bereich der Ausnutzung der emotionalen Verbundenheit sind auch Rechtsgeschäfte mit Berührung zu familiären Beziehungen zuzuordnen, worunter freilich auch die soeben behandelten Angehörigenbürgschaften fallen. In gewissen Bereichen familiärer und insbesondere familiärer altruistischer Rechtsgeschäfte lässt sich seitens der Rechtsprechung eine verstärkte Tendenz zur Durchführung einer Inhaltskontrolle zum Schutz gegen Fremdbestimmung konstatieren.[954] Hierbei wird die Sittenwidrigkeit nicht zwingend aus dem Verstoß gegen die Familienordnung als solche gefolgert.[955] Der zentrale

---

949 Vgl. auch *Laumen*, MDR 2015, 1 (2).
950 Vgl. zum Ganzen *Nitze/Grädler*, VuR 2012, 91 (93).
951 BGH, NJW 2001, 2466 (2467) m.w.N.; *Nobbe/Kirchhof*, BKR 2001, 5 (7); MüKo/*Armbrüster*, BGB, § 138 Rn. 93.
952 BGHZ 120, 272 = NJW 1993, 322 (323); BGH, NJW 1999, 135 (136); *Nobbe/Kirchhof*, BKR 2001, 5 (14); MüKo/*Armbrüster*, BGB, § 138 Rn. 93.
953 BGHZ 125, 206 = NJW 1994, 1278 (*Lebenstraum*); BGHZ 132, 328 = NJW 1996, 2088 (2089); *Nobbe/Kirchhof*, BKR 2001, 5 (13 f.); MüKo/*Armbrüster*, BGB, § 138 Rn. 93.
954 Vgl. hierzu sowie dem Folgenden insb. *Röthel*, in: Limmer, Gestaltungspraxis und Inhaltskontrolle, S. 49 (55 f.).
955 Soweit nicht Regelungen aus dem sog. Kernbereich des gesetzlichen Scheidungsfolgenrechts ganz oder zu erheblichen Teilen ohne Ausgleich oder wegen besonderen Gründen abbedungen wurden, vgl. dazu grundlegend BGH, NJW 2005, 2386 (2388). Zur Diskussion über die Übertragung der für die Eheverträge entwickelten Grundsätze zur Inhaltskontrolle auf Pflichtteilsverzichtsverträge siehe *Lange*, ErbR 2017, 397 (399 ff.); *Röthel*, in: Limmer, Gestaltungspraxis und

und entscheidende Fokus liegt oftmals auf dem bei der Vornahme des Rechtsgeschäfts strukturell gestörten Paritätsverhältnis der Parteien sowie den sonstigen konkreten Umständen dies als Folge der „Kontextualisierungstendenz"[956] im Bereich der richterlichen Inhaltskontrolle respektive Abschlusskontrolle. Gerade im Rahmen von familiären Beziehungen kann es zu *einseitigen Interessendurchsetzungen sowie Rationalitätsdefiziten* kommen, sodass hinter die Selbstbestimmung zumindest eines Beteiligten ein großes Fragezeichen gesetzt werden darf. Dabei leiden insbesondere familiäre Verzichtsverträge in Gestalt von Eheverträgen sowie Pflichtteilsverzichten sehr häufig an *situationstypischen Durchsetzungsgefällen* sowie (verzichtstypischen)[957] *Rationalitätsdefiziten*.[958]

Inhaltskontrolle, S. 49 (61 ff.); *Mayer*, in: Röthel/Schmidt, Die Verträge der Familienunternehmer, S. 71 (93 ff.).

956 *Röthel*, in: Limmer, Gestaltungspraxis und Inhaltskontrolle, S. 49 (55 f.).

957 Nicht weiter sollen speziell verzichtstypische Rationalitätsdefizite begutachtet werden, welche insb. mit dem Risikogeschäftscharakter eines Verzichtsvertrages i.H.a. zukünftige Ansprüche aus familiären Nähebeziehungen i.Z. stehen. Ähnlich wie bei Eheverträgen zeigt sich auch der Verzicht auf spätere Pflichtteilsansprüche für den verzichtenden Ehegatten und stärker für das verzichtende Kind bzgl. spezifischer Rationalitätsdefizite anfällig. Hervorzuheben ist dabei v.a. die Gefahr von überoptimistischen Fehleinschätzungen der Vermögens- und Beziehungsentwicklung sowie der Umstand, dass die personale Beziehungsstruktur etwaige Nachverhandlungen sowie Anpassungen behindert, vgl. zum Ganzen *Röthel*, NJW 2012, 337 (338 f.). Insofern bleibt es bei dem weiten Verständnis der Rationalitätsdefizite als gesundheits- oder situationsbedingte Beeinträchtigungen der freien Willensbestimmung, insb. i.H.a. die Fähigkeit, nach den inneren Überzeugungen und eigenen Zielen eine Abwägung vorzunehmen und so zu einer autonomen Entscheidung zu gelangen.

958 Hierzu und dem Folgenden insb. *Röthel*, NJW 2012, 337 (338). Zust. *Zimmer*, NJW 2017, 513. *Röthel*, AcP 212 (2012), 157 (192–194). Im Kontext mit Pflichtteilsverzichten merkt auch *Dutta* (Warum Erbrecht?, S. 443 f.) an, dass der Schutz der Entscheidungsfreiheit (allenfalls) seitens des Gesetzgebers an seine Gerichte delegiert werden könne, welche im Rahmen einer Abschlusskontrolle über § 138 I BGB prüfen, ob die tatsächlichen Voraussetzungen für einen selbstbestimmten Vertragsschluss vorlagen. Denn gerade auch beim Pflichtteilsverzicht gelte die allg. Erkenntnis, dass die tatsächliche Entscheidungsfreiheit der Beteiligten gerade bei Vereinbarungen innerhalb der Familie gestört sein kann, wo sich aufgrund der Nähebeziehungen eine formale Entscheidungsfreiheit mitunter zur materiellen Unfreiheit umwandeln kann.

Bei Eheverträgen bewirken regelmäßig situationstypische Durchsetzungsgefälle in Gestalt von rollenspezifischen Unterschieden in *Durchsetzungskraft, Konfliktbereitschaft* sowie *Geschäftserfahrenheit,* dass das Rechtsgeschäft im Wesentlichen auf *emotionaler Verbundenheit* anstatt einem wechselseitigen Aushandeln beruht.[959]

Dieselbe Problematik kann beim Abschluss von Pflichtteils(verzichts)vereinbarungen zum einen freilich zwischen Ehegatten, aber zum anderen in wohl noch stärkerer Intensität beim „Bewegen" des Kindes durch die Eltern zu einer solchen Vereinbarung gesehen werden.[960] Gerade letztere Szenarien gestalten sich (bedenklicherweise) in der Praxis nicht selten so, dass auf die erst seit kurzem eingetretene Volljährigkeit des Kindes dessen Erklärung zu einem Pflichtteilsverzicht vor einem Notar folgt.[961] Dabei erscheint es doch sehr wahrscheinlich, dass die elterliche Autorität sowie erziehungstypische *Beherrschungs- und Belohnungsmuster* trotz der seit kurzem eingetretenen Volljährigkeit ungebrochen weiterwirken und das Verhalten des typischerweise weniger geschäftserfahrenen, dafür mehr von der familiären Beziehung abhängigen Kindes gegenüber seinen Eltern so maßgeblich prägen, dass eine Selbstbestimmtheit der Entscheidung anzuzweifeln ist.[962] Bei dem Vergleich

---

959 BVerfGE 103, 89 = NJW 2001, 957 (958); *Röthel,* NJW 2012, 337 (338). Sofern etwa die Partnerin des Geschäftsgegners im Zeitpunkt des Ehevertragsabschlusses hochschwanger ist, wird durch diesen Umstand zwar die Sittenwidrigkeit noch nicht begründet, jedoch indiziert derselbe eine solche Disparität resp. Unterlegenheit der schwangeren Frau, vgl. BGH, NJW 2005, 2386 (2389); OLG Saarbrücken, NJW-RR 2007, 654 (655); MüKo/*Armbrüster,* BGB, § 138 Rn. 63. Eingehend bzgl. der Ungleichheit der Verhandlungspositionen bzw. strukturellen Unterlegenheit beim Ehevertrag *Dauner-Lieb,* AcP 201 (2001), 295 (319 ff.).
960 Vgl. hierzu sowie zum Folgenden *Röthel,* NJW 2012, 337 (338).
961 Vgl. dazu auch die in der nachfolgenden Fn. dargestellten Fälle.
962 *Röthel,* NJW 2012, 337 (338); *dies.,* in: Limmer, Gestaltungspraxis und Inhaltskontrolle, S. 49 (57 f.). Ebenso i.E. etwa *Lange,* ErbR 2017, 397 (401). Eindrucksvoll ist auch ein jüngerer Fall des OLG Hamm (NJW 2017, 576), bei welchem der klagende Sohn des Bekl. zwei Tage nach seinem 18. Geburtstag gewissermaßen i.R. eines Überraschungsausfluges einen umfassenden notariellen Erb-, Pflichtteils- und Pflichtteilsergänzungsverzicht als „Gegenleistung" zur Möglichkeit eines späteren Erhalts eines teuren Sportwagens Hals über Kopf unterzeichnen durfte. Hierbei war der Erbverzicht mit sofortiger Wirkung und unbedingt wirksam, wobei die Gegenleistung unter drei kumulativ zu erfüllende (hohe) Bedingungen gestellt wurde, sodass der Erbverzicht bei Nichteintritt auch nur einer der Bedingungen i.E. unentgeltlich erlangt wäre. Das OLG Hamm bestätigte das vorinstanzliche Urteil und sah die Vereinbarung nach gebotener Gesamtwürdigung ebenso als

dieses Szenarios zu der Verhandlungssituation von Ehegatten im Rahmen eines Ehevertragsabschlusses erscheinen *sozio-ökonomische sowie psychologische Ungleichgewichtslagen* bezogen auf den Pflichtteilsverzicht des Kindes nicht nur wahrscheinlicher sondern zugleich unausweichlicher.[963] Im Rahmen einer *typisierten Betrachtung* sind daher *Rationalitätsdefizite* zu befürchten und das bestehende *strukturelle Ungleichgewicht* ist durch eine richterliche Kontrolle auszugleichen, wobei es dann nicht um eine Missbrauchskontrolle mithin

---

gem. § 138 I BGB sittenwidrig an. Dbzgl. fand das OLG treffende Worte (NJW 2017, 576 (Rn. 30–32)): „Für eine Sittenwidrigkeit der getroffenen Vereinbarung sprechen schließlich besonders *deutlich die äußeren Umstände des Geschäfts*. Hiernach hat der Bekl. nämlich die in erheblichem Gegensatz zu seiner eigenen Geschäftsgewandtheit stehende *jugendliche Unerfahrenheit und Beeinflussbarkeit* seines Sohnes *zu seinem Vorteil ausgenutzt*. Dies folgt schon aus der Wahl des Gegenstandes der in Aussicht gestellten Abfindung. Hier hat sich der Bekl. er*sichtlich zielgerichtet die alters- und persönlichkeitsbedingte nahezu fanatische Begeisterung* des Kl. für den Sportwagen zunutze gemacht. Das *LG* spricht insoweit zu Recht von einem *Rationalitätsdefizit* bei dem Kl., *das dem Bekl. bestens bekannt war und das er durch die Anschaffung des Fahrzeugs im Vorfeld noch gefördert hat*. Weitere entscheidende Gesichtspunkte sind der Zeitpunkt des Geschäfts, zwei Tage nach dem 18. Geburtstag des Kl., sowie die näheren Umstände der Beurkundung. Der Bekl. hat für sein Vorhaben bewusst den Eintritt der Volljährigkeit des Kl. abgewartet, wohlwissend, dass er eine Zustimmung zu dem Geschäft vonseiten der Mutter des Kl. nicht erlangt hätte, geschweige denn die nach § 2347 BGB erforderliche Genehmigung des Familiengerichts. Zum anderen hat er mit der Wahl des Beurkundungstermins den Eindruck erweckt, es handele sich um ein Geburtstagsgeschenk für den Kl. Diese Vorgehensweise war geeignet, dem Kl. eine Ablehnung des *Angebots emotional zu erschweren*." (Hervorhebungen zum Großteil vom Verfasser). *Zimmer*, NJW 2017, 513 (516) ordnet das dem Abschluss des Pflichtteilsverzichtsvertrages vorgehende Verhalten der Beteiligten zu Recht unter dem im anglo-amerikanischen Recht eingeführten Begriff der *undue influence*, als einer unzulässigen Beeinflussung der Entscheidungsfreiheit, ein, bei welcher es nicht so sehr um den Inhalt des Vertrages selbst, sondern v.a. um die äußeren Umstände des Vertragsschlusses bzw. den Weg dorthin geht. Siehe zum Institut der *undue influence* eingehend unten Kap. IV. 3.2.1. Ähnlich gelagert auch der „Fall Wildmoser" des OLG München (ZEV 2006, 313), das wegen der vorwerfbaren Ausnutzung der alters- und erfahrungsmäßig schwächeren Position des verzichtenden Sohnes durch den Vater eine Umstandssittenwidrigkeit annahm. Siehe hierzu weiterführend etwa *Mayer*, in: Röthel/Schmidt, Die Verträge der Familienunternehmer, S. 71 (96).

963 *Röthel*, NJW 2012, 337 (338); *Röthel*, in: Limmer, Gestaltungspraxis und Inhaltskontrolle, S. 49 (58).

die Frage, ob der Erblasser den Verzichtenden zu einer inhaltlich schlechten Entscheidung gedrängt hat gehen kann, sondern es muss einzig und allein die Frage fokussiert werden, ob eine ausreichend autonome Entscheidung getroffen wurde.[964]

6.3.3.1.3. Vertrauensstellungen als eigenständiger Ansatzpunkt

Eine *erhöhte Drittbeeinflussbarkeit* kann typisierend auch aus einer *Vertrauensstellung* des Betroffenen gegenüber einem Dritten gefolgert werden. Insofern lässt sich die allgemeine Aussage treffen, dass die Vertrauensstellung häufig mit einer *persönlichen Bedrängnis*[965] und/oder einem *verminderten Rationalitätsbewusstsein* korrespondiert. Sofern hieraus Kapital „erwirtschaftet" werden soll, ist das Sittenwidrigkeitsverdikt bezüglich dem betreffenden Rechtsgeschäft als gerechtfertigt anzusehen.[966] Eine für den Betroffenen empfundene Bedrängnis wiegt normativwertend umso schwerer, je mehr dieselbe seitens des Dritten hervorgerufen, aufrechterhalten oder verstärkt wurde.[967]

Auch bezüglich den obigen Fällen kann angenommen werden, dass eine gewisse Vertrauensbeziehung zwischen den maßgeblich Beteiligten regelmäßig bestand und die hieraus resultierende Vertrauensstellung des ausnutzenden Dritten in einem nicht unerheblichen Ausmaß zu der *unheilvollen Komposition an erhöhter Drittbeeinflussbarkeit und Willensschwächung* des anderen beigetragen hat.

Mit dem Fokus auf solch eine Stellung stufte der BGH in seinem Urteil vom 4. Juni 1951[968] den Erbvertrag zwischen einem geistig beschränkten Testator und dessen älterer Schwester mit der Begründung als sittenwidrig ein, dass letztere unter Ausnutzung ihrer *Vertrauensstellung* als *Schwester* sowie *pflegende Person* des Erblassers diesen dazu veranlasst habe, sie als Erbin einzusetzen. Dabei agierte sie mit dem Bewusstsein, sich unter Ausnutzung des ihr geschenkten Vertrauens sowie der Unerfahrenheit des Erblassers, der zudem die Tragweite seines Rechtsgeschäfts nicht zu überblicken vermochte, einen außergewöhnlichen Vorteil verschaffen zu lassen.[969]

---

964 Vgl. zu Recht *Bumke/Roggon*, in: Röthel, Verträge in der Unternehmerfamilie, S. 255 (288).
965 MüKo/*Armbrüster*, BGB, § 138 Rn. 95.
966 Ähnlich MüKo/*Armbrüster*, BGB, § 138 Rn. 95.
967 In diese Richtung auch MüKo/*Armbrüster*, BGB, § 138 Rn. 95.
968 BGH, BeckRS 1951, 31397613; *Johannsen*, WM 1971, 918 (927 f.).
969 Die Sittenwidrigkeit für diesen Fall auch bejahend *Flume*, AT, Bd. II, S. 372, welcher in diesem Zuge darauf hinweist, dass Zuwendungsgeschäfte mit einer Vertrauensperson immer nach § 138 I BGB fragwürdig seien und das gleiche für

Schließlich lassen sich Vertrauensstellungen freilich auch außerhalb familiärer oder familienähnlicher Konstellationen finden. Insbesondere *gewisse Berufsgruppen* genießen in der Bevölkerung hohes Ansehen im Hinblick auf Kompetenz, Redlichkeit und Loyalität. Darunter fallen namentlich Juristen, Steuerberater und Ärzte, wobei diese Auflistung freilich nicht abschließend ist und jeweils die konkreten Umstände im Einzelfall entscheidend sind. Solchen Personengruppen wird jedenfalls häufig unmittelbar viel Vertrauen entgegengebracht und selbiges kann sich im Laufe der Zeit intensivieren.

So sah das OLG Karlsruhe etwa im Hinblick auf das Bedürfnis von alten und kranken Menschen nach einem besonderen Schutz vor Ausnutzung eines sich aus der *Arzt-Patienten-Beziehung* entwickelnden Vertrauensverhältnisses einen Grundstücksübergabevertrag zwischen einer Patientin und deren langjährigen Arzt als sittenwidrig nach § 138 Abs. 1 BGB an.[970]

6.3.3.2. Ausnutzung besonderer Lebenssituation und/oder besonderen physischen und/oder psychischen Gesundheitszustands

Aufgrund einer gewissen Strukturverwandtschaft im Hinblick auf einen willensgeschwächten und suggestiblen Erblasser bieten sich für den hiesigen Untersuchungsgegenstand ferner solche Fallgruppen an, in welchen es sich um die Ausnutzung einer Willensschwäche sowie erhöhten Drittbeeinflussbarkeit aufgrund einer besonderen Lebenssituation des Betroffenen beziehungsweise eines besonderen physischen und/oder psychischen Gesundheitszustands dreht.

Ungeachtet der zugegebenermaßen speziellen Thematik, erscheint in Anbetracht der Ausnutzung einer in besonderen Situationen bestehenden Willensschwäche und einer dadurch spiegelbildlich entstehenden intellektuellen Übermacht, die Auseinandersetzung mit der Sittenwidrigkeit von Rechtsgeschäften zweckmäßig, welche abergläubische Leistungen zum Gegenstand haben. Denn nach Ansicht des BGH sei in diesem Kontext zu beachten, dass

---

testamentarische Zuwendungen an eine Vertrauensperson gelte, wenn diese nur in irgendeiner Weise auf die testamentarische Verfügung eingewirkt habe.
970 OLG Karlsruhe, NJW 2001, 2804. In diesem Fall bestand wohl auch ein besonderes Vertrauensverhältnis zwischen Arzt und Patientin, da sich letzterer über längere Zeit hinweg intensiv und in der Regel durch mehrmalige Besuche am Tag sowie in der Nacht um die Patientin gekümmert hat. Die in dem Übergabevertrag vereinbarten Gegenleistungen sah das Gericht für die Patientin im Ergebnis als für sie wertlos an. Besonders war der Fall i.Ü. auch dadurch, dass der Arzt fingierte Rezepte ausstellte, um zusätzliche Erstattungsleistungen von der Krankenversicherung der Patientin zu erhalten.

sich viele Dienstberechtigte im Zeitpunkt des Abschlusses eines solchen Rechtsgeschäftes in einer schwierigen Lebenssituation befinden oder es sich eben um leichtgläubige, unerfahrene oder psychisch labile Personen handelt. Insofern dürfe man in derartigen Fällen keine allzu hohen Anforderungen an einen Verstoß gegen die guten Sitten im Sinne des § 138 Abs. 1 BGB stellen.[971]
Nicht ausschlaggebend für derartige Fälle ist der Rechtsgeschäftsgegenstand in Gestalt der Erbringung übersinnlicher Leistungen an sich. Diese seien nicht ohne Weiteres sittenwidrig im Sinne des § 138 BGB.[972] Dies gelte ungeachtet der Tatsache, dass bei diesem Beruf die unverkennbar große Gefahr besteht, dass der Gewerbetreibende insbesondere das ihm entgegengebrachte Vertrauen missbraucht sowie die Hilflosigkeit und Einfalt der Menschen ausnutzt.[973] Dabei ist zu betonen, dass seitens der Dienstleister gerade solche Personen gezielt gesucht und beworben werden, die sich in einer schwierigen Lebenssituation befinden oder leichtgläubig, unerfahren oder psychisch labil sind.[974] Wichtig in derartigen Fallszenarien ist daher namentlich, auf die bereits vorliegende leichtere Beeinflussbarkeit der Kunden abzustellen, welche aus eigensüchtigen Motiven ausgenutzt wird.[975]

---

971 Zum Ganzen BGHZ 188, 71 = NJW 2011, 756 (Rn. 21), welcher sich hierbei auf einen Gesetzentwurf der Fraktionen der SPD und Bündnis90/Die Grünen zur Modernisierung des Schuldrechts vom 14.05.2001 (BT-Drs. 14/6040, S. 164) bezieht. Im Rahmen dieses Entwurfes findet sich die Aussage, dass die Fälle des Versprechens einer Leistung, die nur Aberglaube für möglich halten kann, (häufig) als sittenwidrig und daher nach § 138 BGB als nichtig behandelt werden können. Dem vorbehaltlos zust. *Timme*, MDR 2011, 397 (398), nach welchem mangelndes Urteilsvermögen und erhebliche Willensschwäche in diesem Zusammenhang „auf der Hand" liegen. Ebenso *Witschen*, NJW 2019, 2805 (2808).
972 OLG Düsseldorf, NJW 2009, 789 (791) m.w.N. Eine solche Erbringung fällt spätestens seit der Entscheidung des BVerwG v. 04.11.1965 (BVerwGE 22, 286 = BeckRS 1965, 30425633) unter den Schutzbereich des Art. 12 GG und ist nicht an sich verboten i.S. des § 134 BGB. Vgl. auch *Witschen*, NJW 2019, 2805 (2808); *Bartels*, ZGS 2011, 355 (359) m.w.N.; AG Bad Segeberg, BeckRS 2015, 4888. Siehe zum grds. Bestehen eines vertraglichen Zahlungsanspruches bei Verträgen über die Erbringung magischer und parapsychologischer Leistungen eingehend *Bartels*, ZGS 2011, 355 m.w.N.; ausführlich ebenso AG Bad Segeberg, BeckRS 2015, 4888.
973 BVerwGE 22, 286 = BeckRS 1965, 30425633.
974 LG Trier, BeckRS 2012 18631 (i.H.a. Willensschwäche i.Z.m. Persönlichkeitsstörungen); *Witschen*, NJW 2019, 2805 (2808 f.).
975 Sofern tatbestandsmäßige Täuschungselemente i.S. des § 123 I BGB bzgl. übernatürlicher Fähigkeiten des Dienstleisters im Einzelfall hinzukommen sollten, wäre wieder auf das oben angesprochene Konkurrenzverhältnis zwischen § 123

So kam etwa das LG Trier in seinem Urteil vom 16. Februar 2012 zu der Überzeugung, dass die – später seitens eines gerichtlichen Sachverständigen festgestellte – erhebliche Willensschwäche einer arbeitslosen Putzhilfe durch einen Dienstleister für „professionelle Lebensberatung" auf Grundlage naturwissenschaftlich nicht beweisbarer Kräfte und Fähigkeiten, motiviert durch ein *rücksichtsloses Gewinnstreben*, in sittenwidriger Weise ausgenutzt wurde.[976] Die Betroffene litt unter einer *erheblichen Willensschwäche* im Sinne des § 138 Abs. 2 BGB, wobei die *Geschäftsfähigkeit zwar stark eingeschränkt, aber nicht aufgehoben* war. Eine deutliche emotionale Unreife mit Abhängigkeitstendenzen und einer teilweise kindlich anmutenden, *nicht altersadäquaten Emotionalität* bildeten den Schwerpunkt der seitens des Sachverständigen festgestellten *(Persönlichkeits)Störung*en. *Eingeschränkt waren ihre Kritikfähigkeit* sowie ihr *Einsichtsvermögen in eigene Schwächen und Stärken vor allem in sozialen Beziehungen, in welchen sie sich nur mangelhaft abgrenzen sowie durchsetzen* konnte. Insofern fehlte der Betroffenen in engen sozialen Beziehungen die Fähigkeit, den gerade dort mitunter nötigen emotionalen Abstand halten zu können. Insbesondere stellte der Sachverständige zusammenfassend fest, dass die Betroffene aufgrund der emotionalen Unreife sowie situativen Belastung nicht fähig war, situationsgerechte Entscheidungen in Bezug auf die vermittelten

---

I BGB und § 138 I BGB abzustellen. Dabei sollte jedoch der Umstand des Ausnutzens des konkreten Zustandes des Betroffenen als ein über das bloße Täuschen hinausgehender und besonderer Sittenwidrigkeitsaspekt bewertet werden. Dies alles freilich unter der Prämisse, dass eine Nichtigkeit nicht bereits aus dem spezielleren § 134 BGB aufgrund der tatbestandlichen Erfüllung nach § 263 I StGB zu folgern ist, vgl. auch *Witschen*, NJW 2019, 2805 (2808). *Witschen* (NJW 2019, 2805 (2808)) erwägt in diesem Zusammenhang, dass der hohen Wahrscheinlichkeit eines Vortäuschens bzgl. einer übernatürlichen Gabe, um an das Geld leichtgläubiger Kunden zu gelangen, seitens der Gerichte durch eine abgestufte Darlegungs- und Beweislast angemessen Rechnung getragen werden könne.

976 Vgl. dazu und dem Folgenden LG Trier, BeckRS 2012 18631. Der Fall hatte v.a. die Besonderheit, dass erst durch mehrere kostenpflichtige Verträge mit verschiedenen Beratern in ihrer Gesamtheit die Grenze der Sittenwidrigkeit aus Sicht des Gerichts überschritten wurde, vgl. dazu auch *Witschen*, NJW 2019, 2805 (2810). Die Zahlungsklage gegen die ehemalige Kundin war auf eine Geldsumme von 7.000 Euro gerichtet, wobei die Beklagte bereits vorgerichtlich erhebliche Beträge geleistet hat. Trotz dieser Kumulation eignet sich das Szenario für den hiesigen Untersuchungsgegenstand, weil es letztlich um die wirtschaftliche Ausnutzung einer bereits bestehenden Beeinflussbarkeit und im Ergebnis eine erhebliche Geldsumme geht.

Beratungsleistungen zu treffen. Ebenso wurde im Zuge dessen herausgestellt, dass eine *deutliche Tendenz zum Ausgenutztwerden in sozialen Beziehungen und eine erhöhte Beeinflussbarkeit* bestand. Ferner war das Gericht der Ansicht, dass es in der *Natur des Vorgehens der Begünstigten* lag, vor allem solche *willensschwachen Menschen* wie die Betroffene „anzuvisieren".

Im Hinblick auf die Begründung der Sittenwidrigkeit nach § 138 Abs. 1 BGB und den darin für den weiteren Fortgang der Untersuchung enthaltenen konstruktiven Gedanken lässt sich dem Urteil insbesondere entnehmen, dass Personen mit einer *erheblichen Willensschwäche jenseits der Geschäftsunfähigkeit durch die Vorschrift des § 138 BGB besonders geschützt* werden. Ferner kann ein gegen die guten Sitten im Sinne des § 138 Abs. 1 BGB verstoßendes Ausnutzen der in § 138 Abs. 2 BGB aufgeführten besonderen Schwächen auch dann vorliegen, wenn hiermit kein auffälliges Missverhältnis zwischen Leistung und Gegenleistung verbunden ist. Insofern kann das von der Rechtsordnung missbilligte rücksichtslose Gewinnstreben auch auf andere Weise verwirklicht werden. Sofern jemand damit rechnet oder zumindest damit rechnen muss beziehungsweise sich in grob fahrlässiger Weise einer solchen Erkenntnis verschließt, dass ein anderer unter einer Persönlichkeitsstörung und einem dadurch verursachten Mangel an *Urteilsvermögen und/oder einer erheblichen Willensschwäche* leidet und sich hierüber hinwegsetzt, kann dies die Schlussfolgerung auf ein *rücksichtsloses Gewinnstreben* rechtfertigen, welches den *Vorwurf der Sittenwidrigkeit gemäß § 138 Abs. 1 BGB* begründet.[977]

6.3.3.3. Zwischenergebnis: Bewegliche Sittenwidrigkeitselemente hinsichtlich des Ausnutzens von Autonomiedefiziten aus eigensüchtigen Motiven

Die obige Untersuchung lässt ein bereits bestehendes bewegliches System von Sittenwidrigkeitselementen im Hinblick auf das Ausnutzen von Autonomiedefiziten aus eigensüchtigen Motiven erkennen, welches für den hier anvisierten spezielleren Erblasserautonomieschutz zwanglos fortgesetzt werden kann. Die sich aus den vorangehenden fallgruppenspezifischen Sittenwidrigkeitserwägungen ergebenden Wertmaßstäbe und Leitgedanken zielen im

---

977 Ein ähnlicher Sachverhalt lag dem Urteil des AG Bad Segeberg v. 05.03.2015 (BeckRS 2015, 4888) zugrunde, bei welchem die Sittenwidrigkeit eines Vertrages i.S. des § 138 I BGB über eine „esoterische Dienstleistung" verstärkt auf die Ausnutzung der Leichtgläubigkeit der Betroffenen im Anschluss an eine Überrumpelungssituation zur Erzielung eines Gewinns gestützt wurde.

Wesentlichen darauf ab, dass ein Autonomiedefizit in Ausformung einer strukturellen Unterlegenheit aufgrund vor allem intellektueller oder emotionaler Ungleichgewichtslagen nicht aus eigensüchtigen Motiven ausgenutzt werden darf. Als bewegliche und somit auch austauschbare Sittenwidrigkeitsfaktoren können für den Erblasserautonomieschutz an dieser Stelle insbesondere das eigensüchtige Ausnutzen von physisch, psychisch oder emotional bedingten Abhängigkeitslagen, von Vertrauensverhältnissen sowie einer, von derartigen Beziehungskonstellationen gegebenenfalls unabhängigen, gesundheits- oder situationsbedingten erhöhten Beeinflussbarkeit und Willensschwäche fruchtbar gemacht werden. Neben den maßgeblichen Beweggründen und Motiven der Beteiligten kann ein von rücksichtslosen Gewinnbestrebungen getragenes taktiertes Abzielen auf Hilflose und/oder Schutzsuchende besonders zu berücksichtigen sein. Schließlich bilden die sich aus solch einem ausnutzenden Verhalten resultierenden Auswirkungen für die Betroffenen gewichtige Faktoren für die sich anschließenden Sittenwidrigkeitserwägungen.

Diese Aspekte lassen den Schluss zu, dass sich der hier anvisierte Erblasserautonomieschutz nahtlos als weitere spezielle Fallgruppe in die bereits vorhandene Kasuistik des § 138 Abs. 1 BGB einfügen würde und somit als konkrete Verdichtung der Generalklausel zugunsten des Schutzes der Autonomie eines gesundheits- oder situationsbedingt willensgeschwächten und suggestiblen Erblassers dienen könnte.

6.4. Intensivierung der Inhaltskontrolle zum Schutz der Erblasserautonomie in Gestalt einer sensibleren Abschlusskontrolle

Trotz der zu bejahenden Geeignetheit der richterlichen Inhaltskontrolle für das adäquate Behandeln von subtilen Drittbeeinflussungen zu Lasten willensgeschwächter und suggestibler Erblasser, wird sich § 138 Abs. 1 BGB derzeit lediglich zurückhaltend in diesem Sinne bedient. Im Hinblick auf die praktische Anwendung des § 138 Abs. 1 BGB kann zwar eine tendenziell im schuld- und sachenrechtlichen Kontext vermehrt vorgenommene richterliche Inhaltskontrolle zum Schutz des Vertragspartners konstatiert werden und ähnlich verhält es sich im Bereich des Familienrechts in Bezug auf Eheverträge, welche der Inhalts- und Ausübungskontrolle durch den Richter unterzogen werden.[978] Im Erbrecht hingegen beschränken sich richterliche Inhaltskontrollen vorwiegend

---

978 Vgl. hierzu und dem Folgenden MüKo/*Leipold*, BGB, Vor § 2064 Rn. 16, welcher diese Entwicklung auf die Wandlung des für die Sittenwidrigkeit geltenden

auf Erb- und Pflichtteilsverzichtsverträge sowie Potestativbedingungen[979]. Bei letzteren breitete sich der richterliche Schutzmantel klar dahingehend aus, dass die Erben vor übermäßiger Beherrschung durch den Erblasser zu bewahren sind – *Röthel* spricht prägnant von dem „Schutz vor Testiermacht".[980]

Keinesfalls vernachlässigt werden sollte indes, diesen Schutzmantel auch für den Erblasser bereitzuhalten, damit dieser seine Testierfreiheit uneingeschränkt wahrnehmen kann und dabei vor Machtausübung Dritter geschützt wird oder mit den Worten von *Röthel*[981]: „Schutz der Testierfreiheit vor Macht".

Im Hinblick auf den Schutz der Testierfreiheit im materialen Sinne sowie den demographiebedingten Autonomiegefährdungen ist es dringend erforderlich, die Erkenntnisse und Entwicklungen im Zusammenhang mit dem Schutz der Privatautonomie des unterlegenen oder überrumpelten Vertragspartners auch für das erbrechtliche Szenario der subtilen Beeinflussung eines gesundheits- oder situationsbedingt willensgeschwächten und suggestiblen Erblassers – unter Ausnutzung dessen Widerstands- oder Rationalitätsdefiziten – fruchtbar zu machen.[982]

Maßstabs – vom Sittengesetz zu rechtlichen, insb. grundrechtlichen Wertungen – zurückführt.

979 Nach h.M. wird hierbei dann von der Sittenwidrigkeit auszugehen sein, sofern (mittelbarer) Druck auf das Verhalten des Zuwendungsempfängers in höchstpersönlichen (Freiheits)Bereichen ausgeübt werden soll, MüKo/*Leipold*, BGB, Vor § 2064 Rn. 26. Eingehend dazu insb. MüKo/*Leipold*, BGB, § 2074 Rn. 18–27. Kurz zu solchen „Druck-Formeln" auch *Röthel*, in: Limmer, Gestaltungspraxis und Inhaltskontrolle, S. 49 (53); *Lange*, ErbR 2017, 397 (398 f.) jew. m.w.N. *Gutmann* (Freiwilligkeit als Rechtsbegriff, insb. S. 206 ff.) vertritt dagegen die Ansicht, dass Potestativbedingungen in letztwilligen Verfügungen grds. schon gar nicht in die Freiheitsrechte einer bedingt bedachten Person eingreifen können, was allerdings eine Sittenwidrigkeit solcher Klauseln nach § 138 I BGB nicht zwingend ausschließe. Umfassend und weiterführend zum „Druck"-Topos *Kroppenberg*, Privatautonomie von Todes wegen, S. 39 ff.

980 *Röthel*, Gutachten 68. DJT, A 29; *dies.*, AcP 210 (2010), 32 (34–54). Selbst wenn eine deutliche Grundtendenz seitens der Rspr. merklich ist, im Zusammenhang mit Potestativbedingungen sowie Behindertentestamenten zurückhaltender und zugunsten der Testierfreiheit zu entscheiden, vgl. *Röthel*, in: Limmer, Gestaltungspraxis und Inhaltskontrolle, S. 49 (54).

981 *Röthel*, Gutachten 68. DJT, A 29; *dies.*, AcP 210 (2010), 32 (55–66).

982 In diese Richtung zu Recht auch MüKo/*Leipold*, BGB, Vor § 2064 Rn. 18; *Röthel*, AcP 210 (2010), 32 (62 ff.).

Ein Paradebeispiel dafür, dass die Rechtsprechung (auch) den Schutzmantel des § 138 Abs. 1 BGB zu zurückhaltend zugunsten des Erblassers gebraucht, bildet der von dem BayObLG am 18. Dezember 1997 zu entscheidende Fall[983].

> Hierbei ging es um die im Alter von 69 Jahren verwitwete Erblasserin, welche, unter Übergehung ihres Sohnes, am 6. September 1994 durch notarielles Testament die Tochter ihres Lebensgefährten und zugleich Betreuers und deren Ehemann zu gleichen Teilen als Alleinerben einsetzte. Im Zuge eines vorangegangenen Betreuungsverfahrens wurde bei der Erblasserin im April 1994 eine „leichte" *Demenz festgestellt, wobei die demenztypische hohe Beeinflussbarkeit der Erblasserin als situationsgebundenes Phänomen, auch seitens des Gerichts, nicht in Frage stand.* Ferner führte das Gericht in seiner Begründung aus, dass sich die *Erblasserin durch ihren Lebensgefährten und Betreuer unter Druck gesetzt fühlte,* zugunsten seiner Tochter und deren Ehemann zu testieren. Dabei habe die *Erblasserin Angst gehabt, von ihrem Lebensgefährten nicht mehr versorgt und in einem Heim untergebracht zu werden.* Diesen Feststellungen zum Trotz, verneinte das Gericht im Ergebnis die Sittenwidrigkeit, weil die Abhängigkeit der Erblasserin von ihrem Lebensgefährten nicht naheliegend und schon gar nicht nachweislich auf dessen Bestellung zu ihrem Betreuer beruhe, sondern eher auf der seit langem bestehenden engen Lebensgemeinschaft.

Bei nüchterner Betrachtung dieses Falles ist es nicht nachzuvollziehen, wie das BayObLG nicht von einer Sittenwidrigkeit der Verfügung ausgehen konnte, trotz der nicht in Frage gestellten demenztypischen hohen Beeinflussbarkeit der von ihrem Lebensgefährten und zugleich Betreuer abhängigen Erblasserin und der ebenso nicht infrage gestellten Tatsache, dass die Erblasserin Angst hatte, nicht mehr versorgt sowie in ein Heim untergebracht zu werden und sich deshalb unter Druck gesetzt fühlte, so wie geschehen zu testieren.[984] Ein solches gerichtliches Vorgehen verkennt das dringende Schutzbedürfnis von in der Testierfähigkeit bereits eingeschränkten, willensgeschwächten und suggestiblen Erblassern und wird den von Verfassungs wegen bestehenden Schutzpflichten nicht gerecht.

Hoffnungsvolle Ansatzpunkte für eine Intensivierung eines Erblasserautonomieschutzes anhand § 138 Abs. 1 BGB liefert allerdings besonders der Beschluss des OLG Braunschweig vom 4. November 1999[985]:

> Hierbei ging es um eine verwitwete und kinderlose Erblasserin, welche ihren jüngst bestellten Betreuer sowie dessen Ehefrau und Kind im Rahmen eines notariellen Testaments vom 30. Januar 1987 als Erben zu gleichen Teilen einsetzte. Der beurkundende

---

983 BayObLG, NJW 1998, 2369.
984 Krit. hierzu etwa auch *Röthel*, AcP 210 (2010), 32 (64).
985 OLG Braunschweig, FamRZ 2000, 1189.

Notar und der Betreuer kannten sich bereits aus vorangegangen sehr ähnlichen Beurkundungsvorgängen, in welchen der Betreuer seitens der von ihm Betreuten finanziell bedacht wurde. Das Testament wurde während eines Krankenhausaufenthaltes der Erblasserin errichtet. Grund für diesen Aufenthalt war eine einstweilige, gerichtliche Unterbringung, da fachärztlicherseits bei der *Erblasserin Demenz mit Verwirrtheit* im Alter diagnostiziert und die Notwendigkeit der Einweisung wegen Selbstgefährdung durch unbedachte Handlungen befürwortet wurde. Eine Verlängerung der Unterbringungsmaßnahme erfolgte mit der Begründung, dass die Erblasserin an einem hirnorganischen Psychosyndrom mit Verwirrtheit leide, zeitlich und örtlich desorientiert sei, ihre Situation verkenne sowie umfassende Pflege und Aufsicht benötige. Der seit dem 7. Januar 1987 entsprechend verpflichtete Betreuer holte die Erblasserin am 30. Januar 1987 im Krankenhaus ab und fuhr mit dieser zu einem Rechtsanwalt und Notar. Zu dritt wurde erst bei der Bank der Erblasserin ein Schließfach geöffnet und anschließend in den Räumen des Notars das obige Testament errichtet, in welchem neben der *Erbeinsetzung des Betreuers und dessen Ehefrau sowie deren zweijährigen Sohnes* auch Vermächtnisse zugunsten des SOS Kinderdorfes in Höhe von 30.000,- DM sowie für den Förderverein des Lions-Clubs in Höhe von 20.000,- DM ausgesetzt wurden. Abschließend konnte der Notar (selbstredend) keinen Anhaltspunkt für Zweifel an der Testierfähigkeit der Erblasserin feststellen, sodass er von der Testierfähigkeit der Erblasserin überzeugt war und dies vermerkte.

Das Gericht kam zu der Überzeugung, dass die Erblasserin zum einen im Zeitpunkt der Testamentserrichtung testierunfähig war. Die unter einer allgemeinen Hirnleistungsminderung in Form einer senilen Demenz leidende und im Übrigen zum maßgeblichen Zeitpunkt unter Medikamenteneinfluss stehende Erblasserin, sei nicht mehr zu einer selbstständigen kritisch reflektierten Entscheidung fähig gewesen und habe ohne eigenständige Willensbildung das übernommen, was ihr der Betreuer und der Notar nahegelegten. Sie habe sich insofern beeinflussen lassen, ein Testament zu errichten und dieses mit einem Inhalt aufsetzen zu lassen, über welchen sie sich bis dato keine Gedanken gemacht habe, sondern ihr vom Notar im Verlauf des Gesprächs „nahegebracht" wurde.

Ungeachtet dieser Ausführungen hat das OLG Braunschweig zum anderen seine Entscheidung *zusätzlich und hilfsweise auf die Sittenwidrigkeit des in Streit stehenden Testaments nach § 138 Abs. 1 BGB* gestützt. Dabei hob es unter anderem die besondere rechtliche Stellung des Betreuers als gerichtlich bestellter staatlicher Beistand, nicht nur für rechtliche, sondern auch für persönliche Angelegenheiten des Betreuten hervor. Der Betreuer solle namentlich als Ausgleich für die bereits erlittene Einschränkung der Handlungsfähigkeit des Betreuten fungieren, den Betreuten bei der sachgerechten Wahrnehmung seiner Interessen beraten sowie unterstützen und helfen, die Autonomie des

Betreuten möglichst zu bewahren. Weiter sei der Betreute darauf angewiesen, dass der Betreuer unter anderem die ihm eingeräumte Vertrauensstellung nicht für eigene Ziele ausnutze.

Insbesondere aufgrund dieser staatlichen Bestellung des Betreuers könne erwartet werden, dass die Aufgabenerfüllung auch ohne die Erwartung besonderer Zuwendungen seitens des Betreuten sachgerecht erfolge. Im Hinblick auf die Grundsätze des Betreuungsrechts sei anzunehmen, dass das Gesetz es als sittenwidrig missbillige, wenn ein Betreuer seine ihm eingeräumte *Vertrauensstellung* sowie *seinen persönlichen Einfluss* bezüglich des Betreuten dazu benutzt, gezielt darauf hinzuwirken, dass der aufgrund seiner geistigen Behinderung *leicht beeinflussbare Betreute* ohne reifliche Überlegung über erhebliche Vermögenswerte zugunsten des Betreuten testamentarisch vor einem *Notar verfügt, welcher hierzu nicht vom Erblasser als sein Berater, sondern seitens des begünstigten Betreuers hinzugezogen* wurde. Das Gericht war auch der Überzeugung, dass die *Testamentserrichtung ohne reifliche Überlegung* der Erblasserin erfolgte. Ansatzpunkte dafür sah das Gericht – auch jeweils im Lichte der krankheitsbedingten Einschränkung der geistigen Kräfte – in der fehlenden vorigen Absicht einer Testamentserrichtung, der vollständig fehlenden Vorbereitung der Erblasserin, der Zuwendung ihres erheblichen Vermögens an faktisch unbekannte Personen sowie der nicht vorhandenen Beratung durch Nichtinteressierte.

Im Ergebnis war das Gericht der Meinung, dass sich der *Betreuer mit Unterstützung des Notars die krankheitsbedingte leichte Beeinflussbarkeit der Erblasserin zunutze* machte und das *in Streit stehende Testament daher im Rahmen einer Gesamtschau das Verdikt der Sittenwidrigkeit nach § 138 Abs. 1 BGB verdient habe*. In subjektiver Hinsicht ließ es das Gericht genügen, dass sich der Bedachte der Tatumstände bewusst ist, aus denen die Sittenwidrigkeit resultiert.

Im Hinblick auf diese (erfreuliche) Entscheidung erhebt sich die Frage, ob und bejahendenfalls, welche Aspekte verallgemeinerungsfähig sind und für den hiesigen Untersuchungsgegenstand fruchtbar gemacht werden können.

Die Urteilsbegründung lässt erkennen, dass das Gericht den Aspekt der rechtlichen Betreuerstellung (im Hinblick auf eine Wertung des Gesetzgebers beziehungsweise eine allgemeine Rechtsauffassung) als nicht unmaßgeblich für die Sittenwidrigkeit ansah. Dem ist auch zuzustimmen, da hierin zweifelsohne ein erschwerender Umstand zu sehen ist. Dennoch wäre nach der hier vertretenen Auffassung die Konstruktion eines Umkehrschlusses dahingehend verfehlt, dass nun ohne die staatliche Betreuerstellung des Bedachten eine Sittenwidrigkeit im hiesigen Szenario entfallen würde. Zum einen liegen

dahingehende Ausführungen des Gerichts nicht vor. Zum anderen erschiene eine solche Bedingung normativ-wertend nicht gerechtfertigt:
Denn bei sachlicher Betrachtung des diesem Urteil zugrundeliegenden Sachverhaltes wird deutlich, dass der Betreuer für die Erblasserin mitnichten in rechtlicher Hinsicht agiert hat. Ein Agieren für die Erblasserin würde freilich auch bereits an §§ 2064 f. BGB scheitern. Dennoch beruhen die Einwirkungsmöglichkeiten sowie die tatsächlich auch vorgenommenen Einflussnahmen seitens des Bedachten im Ergebnis allein auf seinem faktischen Näheverhältnis zu der Erblasserin. Der Bedachte könnte in diesem Sachverhalt auch ein (pflegender) Bekannter oder Verwandter gewesen sein. Das festgestellte Vorgehen des Bedachten ist nicht zwingend an seine rechtliche Stellung als Betreuer gekoppelt gewesen. Zudem erscheint es sehr zweifelhaft, ob die Erblasserin ihr Handeln von der rechtlichen Stellung des Bedachten abhängig gemacht hat respektive ihr überhaupt die normative Einordnung des Bedachten als Betreuer klar war. Im Ergebnis führte hier auch nicht eine etwaige rechtliche Handlungsfähigkeit des Bedachten zu seinem Ziel. Denn letztlich war für das Verhalten der Erblasserin und spiegelbildlich den Erfolg des Beeinflussenden allein entscheidend, dass aufgrund einem faktischen Nähe- und/oder Vertrauensverhältnis unter Ausnutzung der leichten Beeinflussbarkeit der Erblasserin eine tatsächliche Einflussmöglichkeit bestand.

Es verbietet sich also eine verallgemeinernde Formel, in welcher ein etwaiger rechtlicher Status des Einflussnehmenden die Frage der Sittenwidrigkeit zum Stehen und Fallen bringen kann. Ohne Zweifel kann ein solcher Aspekt eine wichtige Rolle in der notwendigen Würdigung aller konkreten Einzelfallumstände einnehmen. Dennoch sollte die normative Kraft des Faktischen für die Beurteilung der Sittenwidrigkeit nicht außer Acht gelassen werden und maßgeblich auf das Bestehen der tatsächlichen Einflussmöglichkeit sowie die tatsächlichen (subtilen) Einflusshandlungen abgestellt werden und nicht deren rechtlichen Ursprung.

Zuletzt muss trotz der teilweise grundsätzlich zu begrüßenden Rechtsprechungsentwicklung, betont werden, dass in der Gerichtspraxis der Begriff „Inhaltskontrolle" überwiegend noch zu wörtlich verstanden wird und eine Hinentwicklung zu einer (reinen) „Abschlusskontrolle" besonders für den hiesigen Kontext erforderlich ist.

Denn seitens der Rechtsprechung wird der Zweifel an einer privatautonomen Entscheidung in der Regel noch zu stark von einer inhaltlich ungünstigen Komponente für die bereits eindeutig als strukturell unterlegen identifizierte Partei abhängig gemacht.[986] Somit liegt der bisherige Fokus der rechtlichen

---

986 *Röthel* (NJW 2012, 337 (339) weist auch zutreffend krit. darauf hin, dass die Einsicht in die typischen Gefährdungen der Selbstbestimmung beim Abschluss eines

Kontrolle auf dem Inhalt des Rechtsgeschäfts und nicht auf dem Prozess der Willensbildung.[987]

Aus privatrechtlicher Sicht ist jedoch nicht (oder jedenfalls nicht ausschließlich) der Inhalt, wie etwa der Aspekt einer ungewöhnlichen Belastung ausschlaggebend, sondern nur die Tatsache, dass sich der Betroffene in einer emotionalen Zwangslage befunden hat und gerade deswegen keine autonome Entscheidung treffen konnte.[988] Inhaltliche Aspekte des dann zustande

---

Pflichtteilsverzichts eigentlich genügen würden, um für eine nachsorgende richterliche Abschlusskontrolle und entsprechende Lösungsrechte zu plädieren. Im Umgang mit Familienbürgschaften und Eheverträgen werde der Achtungsanspruch familiärer Privatautonomie derzeit allerdings erst bezweifelt, wo sich die Dominanz eines Teils auch inhaltlich als „ungewöhnlich starke" oder „besonders einseitige Aufbürdung von vertraglichen Lasten" widerspiegelt (BVerfGE 103, 89 = NJW 2001, 957 (958); BVerfG, NJW 2001, 2248; BVerfGE 89, 214 = NJW 1994, 36 (38) (*Bürgschaft I*)). Diese zweite, inhaltliche Hürde, mit welcher das BVerfG an sich allein die grundrechtliche Schwelle richterlicher Schutzpflichtverletzung bezeichnet hat (dazu auch *Jansen*, in: Zimmermann, Störungen, S. 125 (131, 142–146)), wurde durch den BGH tatsächlich auch für die weitere zivilrechtliche Ausformung der Inhaltskontrolle übernommen. Insofern erscheinen Familienbürgschaften allein dann (zumindest für den BGH) bedenklich, soweit sie den Bürgen wirtschaftlich überfordern (BGHZ 132, 328 = NJW 1996, 2088 (2089 f.); BGH, NJW 1999, 58; BGH, NJW 2000, 362 (363 f.)). Im Bereich der Eheverträge wiederum wird die Kernbereichslehre als Gradmesser dafür herangezogen, wann eine evident einseitige Lastenverteilung vereinbart wurde. Zum Ganzen sowie weiterführend zur Kernbereichslehre und zur Diskussion bzgl. der Übertragung der ehevertraglichen Prüfungsmaßstäbe auf Pflichtteilsverträge *Röthel*, NJW 2012, 337 (338 ff.); *Röthel*, in: Limmer, Gestaltungspraxis und Inhaltskontrolle, S. 49 (61 ff.) jew. m.w.N. Zu den unterschiedlichen Perspektiven beim Umgang mit familiären Verträgen und die hieraus folgende Unterteilung in eine Ebene der Selbstbestimmung und in eine Ebene der Ordnung, siehe *Röthel*, in: dies., Verträge in der Unternehmerfamilie, S. 9 (40 ff.).

987 Zu Recht krit. auch *Jansen*, in: Zimmermann, Störungen, S. 125 (138, 146). Als erster Schritt in die hier anvisierte Richtung kann jedoch die gelegentlich in der Rspr. zu § 138 BGB ausdrückliche Unterscheidung zwischen Umstandssittenwidrigkeit und Inhaltssittenwidrigkeit angesehen werden, vgl. *Röthel*, in: dies., Verträge in der Unternehmerfamilie, S. 9 (70).

988 Vgl. *Wagner*, in: Blaurock/Hager, Obligationenrecht, S. 13 (31). Wagner (in: Blaurock/Hager, Obligationenrecht, S. 13 (32 f.) m.w.N.) spricht sich neben der Entbehrung auf dieser inhaltlichen Schwelle für eine dahingehende Angleichung an die Grundsätze der *undue influence*-Doktrin aus, bei welcher etwa nicht die finanzielle Situation des Sicherungsgebers entscheidend ist, sondern allein, ob eine

gekommenen Rechtsgeschäfts können und sollten freilich als indizielle sowie erschwerende Komponenten mit in die Gesamtbetrachtung einbezogen werden, aber gerade nicht darüber hinaus über das Stehen und Fallen der Tatbestandserfüllung des § 138 Abs. 1 BGB entscheiden. Diese Aspekte gelten umso mehr für den hier anvisierten Erblasserautonomieschutz, als weitere Ausformung des durch § 138 Abs. 1 BGB gewährten Schutzes zugunsten der Testierfreiheit eines in seiner Testierfähigkeit eingeschränkten, willensgeschwächten und suggestiblen Erblasser im Hinblick auf subtile Drittbeeinflussungen.[989]

---

989 unbefangene Willenserklärung des Interzedenten vorliegt oder nicht. I.H.a. die Anwendung der *undue influence*-Doktrin im Erbrecht siehe unten Kap. IV. 3.2.1. I.R. der hier anvisierten Abschlusskontrolle nach § 138 Abs. 1 BGB bedarf es wegen des, durch das höchstpersönliche Wesen der Testierfreiheit bedingten, strengen Umgangs mit Drittbeeinflussungen somit gerade auch keiner Interessenabwägung mit etwaigen Vertrauensschutzgesichtspunkten. Mit solchen Vertrauensschutzerwägungen ließe sich grds. zu einem gewissen Grad eine Kopplung von getrübter Selbstbestimmung und inhaltlicher Unausgewogenheit rechtfertigen. Eine derartige inhaltliche Schwelle ist jedoch dann gerade nicht vonnöten, wenn ein geringerer Vertrauensschutz besteht, vgl. hierzu *Röthel*, in: *dies.*, Verträge in der Unternehmerfamilie, S. 9 (69 mit Fn. 226 im Kontext mit familiären Verträgen). Zum einen ist der Gesichtspunkt des Vertrauensschutzes bei testamentarischen Zuwendungen schon grds. nicht in die Waagschale zu legen. Denn bei letztwilligen Verfügungen existiert weder ein Geschäftsgegner noch ein Erklärungsempfänger wie bei einem rechtsgeschäftlichen Verkehrsgeschäft. Auch kann der testamentarisch Begünstigte wegen der jederzeitigen Widerrufsmöglichkeit kein schutzwürdiges Vertrauen auf den Testamentsinhalt erlangen. Auch spricht gegen einen Vertrauensschutz, dass der Begünstigte im Zuge einer testamentarischen Verfügung unentgeltlich erwirbt und keine (nicht einmal eine zu geringwertige) Gegenleistung erbringt. Vgl. zu diesen Gesichtspunkten insb. Staudinger/*Otte*, BGB, Vorb. §§ 2064 ff. Rn. 5 f.; MüKo/*Leipold*, BGB, § 2084 Rn. 23; *Brox*, Irrtumsanfechtung, S. 137; *ders.*, JZ 1966, 761 (765); *Bartholomeyczik*, ErbR, § 22 I. 2. b, c; *Keymer*, Anfechtung, S. 3; *Oertmann*, Geschäftsgrundlage, S. 90; *Kroppenberg*, Privatautonomie von Todes wegen, S. 293 ff. Wohl auch *Lorenz* (Schutz, S. 482) sieht den Aspekt der Unentgeltlichkeit als erschwerend an, wenn er statuiert, dass wegen der bei unentgeltlichen Geschäften regelmäßig vorliegenden inhaltlichen Komponente Fälle wie etwa unter dem Druck von Autorität zustande gekommene unentgeltliche Geschäfte (wohl ausreichend) von § 138 I BGB erfassbar seien. Nach der hier vertretenen Auffassung wäre darüber hinaus der sittenwidrig Beeinflussende bereits aufgrund seines Verhaltens in seinem Vertrauen von vornherein nicht schutzwürdig, sodass es insofern auch keiner etwaigen Vertrauensschutzerwägungen außerhalb letztwilliger Verfügungen bedarf.

6.5. Ergebnis: Erweiterte richterliche Abschlusskontrolle als Konsequenz des Erblasserautonomieschutzes

Die Untersuchung kommt zu dem Ergebnis, dass in materiell-rechtlicher Hinsicht der Schutz der Testierfreiheit vor Drittbeeinflussungen (bei insbesondere altersbedingt typischen Gefährdungslagen) anhand einer erweiterten richterlichen Abschlusskontrolle nach § 138 Abs. 1 BGB im Sinne eines Erblasserautonomieschutzes bereits jetzt gewährleistet werden kann und auch sollte.

Bei dieser vorzunehmenden Abschlusskontrolle ist der zentrale Fokus auf das prozedurale Zustandekommen der Verfügung von Todes wegen und somit auf die tatsächlichen Umstände rund um den Errichtungsakt zu legen. Das für diese Abschlusskontrolle maßgebliche Kriterium der sittenwidrigen Verletzung der Erblasserautonomie ist deutlicher in die Fallgruppensystematik des § 138 Abs. 1 BGB aufzunehmen. Diese Fallgruppe kennzeichnet sich im Wesentlichen durch eine sittenwidrige Verletzung des höchstpersönlichen Wesens der Testierfreiheit aus, in Form einer zumeist subtilen Drittbeeinflussung eines gesundheits- oder situationsbedingt in seiner Testierfähigkeit eingeschränkten, willensgeschwächten und suggestiblen Erblassers unter Ausnutzung dessen Widerstands- oder Rationalitätsdefiziten, um sich oder einem Dritten einen außergewöhnlichen Vorteil zu verschaffen. Dieser außergewöhnliche Vorteil wird zumeist die Gestalt einer Erbeinsetzung oder eines Vermächtnisses einnehmen, kann aber freilich auch etwa eine Auflage oder eine Einsetzung als Testamentsvollstrecker sein.

Der Bereich der zu schützenden Erblasserautonomie ist hierbei aufgrund des höchstpersönlichen Wesens der Testierfreiheit als gesteigert sensitiv in Bezug auf Drittbeeinflussungen anzusehen. Denn allein eine nicht manipulativ beeinflusste Erblasserentscheidung kann das höchstpersönliche Wesen der Testierfreiheit ausreichend wiederspiegeln und daher im Stande sein, die herbeigeführten Umstände, namentlich das Abweichen von der gesetzlichen Erbfolge, zu legitimieren. Es handelt sich bei dem Testament des Erblassers gerade nicht (nur) um irgendein aufgrund struktureller Unterlegenheit vorgenommenes Rechtsgeschäft zu schlechten Konditionen sowie mit Äquivalenzstörungen. Die Erblasserentscheidung stellt einen höchstpersönlichen Willensakt dar, welcher sich besonders anfällig für Störfaktoren zeigt und deutlich weniger als herkömmliche Entscheidungen im allgemeinen Vermögensrecht willensverfälschende Verhaltensweisen duldet. Die Entscheidung des Ob und Wie einer Verfügung von Todes wegen erzeugt nicht nur für die gesamte Rechtsordnung zu berücksichtigende Rechtsfolgen, sondern trägt zudem eine erhebliche und vielfältige Bedeutung sowohl für den Erblasser als auch für die bedachten und nicht bedachten Hinterbliebenen[990] in sich. Aufgrund der mit dem demographischen Wandel einhergehenden gestiegenen Gefährdungen für die Erblasserautonomie muss der durch die Rechtsordnung und hier im Speziellen durch die Gerichte gewährleistete Schutz dringend im hiesigen Sinne nachjustiert werden. Denn die Rechtsordnung hat letztlich auf die sich anbahnenden sowie die bereits vorliegenden Probleme im Zusammenhang mit der erheblichen Umschichtung in der Altersstruktur adäquat zu reagieren sowie die sich hieraus ergebenden Schutzpflichten zu erfüllen.[991] Eine derartige Umschichtung macht die Auseinandersetzung mit geeigneten zivilrechtlichen Schutz- und strafrechtlichen Sanktionsmechanismen[992] vonnöten, wenngleich nur erstere hier den Untersuchungsgegenstand bilden. Dabei erfordert die demographische Entwicklung mit all ihren Konsequenzen für die Erblasserautonomie und deren Gefährdungen eine gewisse Revision sowie einen teilweisen Wandel der normativen Grundanschauungen über das Schutzbedürfnis eines in seiner Testierfähigkeit eingeschränkten, willensschwachen und suggestiblen Erblassers im Hinblick auf subtile Drittbeeinflussungen. Denn auch und vor allem dieser Beteiligte im Erbgeschehen muss vor Macht und Beeinflussung geschützt werden. Einzig durch eine solche nicht umschiffbare Nachjustierung der normativen Wertungen kann den neuen und veränderten Aufgaben des Rechts in Bezug auf die sich aus einer alternden Gesellschaft verstärkt ergebende Schutzbedürftigkeit der Erblasserautonomie angemessen Rechnung getragen werden.

Insofern hat die Rechtsordnung den veränderten Bedingungen und sich neu herauskristallisierten Gefährdungslagen verfassungsrechtlich adäquat zu begegnen und mit mehr Sensibilität für die Sensitivität eines in seiner Testierfähigkeit eingeschränkten und willensgeschwächten Erblassers im Hinblick auf subtile Drittbeeinflussungen zu reagieren. Hierbei kommt wie so häufig

---

990 Diese erhebliche und vielfältige Bedeutung für die Hinterbliebenen steht auch nach obigen Ausführungen gerade nicht im Zusammenhang mit etwaigen Vertrauensschutzgesichtspunkten, deren Existenz auch nach der hiesigen Auffassung abgelehnt wird.

991 Vgl. hierzu und dem Folgenden auch allg. zu einem deutsch-japanischen Rechtsvergleich mit Blick auf „alternde Gesellschaften" *Gebauer/Nettesheim*, in: Gebauer et al., Alternde Gesellschaften, S. V f. sowie *Röthel/Lemmerz*, in: Gebauer et al., Alternde Gesellschaften, S. 3 (25 f.).

992 Siehe hierzu oben Fn. 763.

den Gerichten eine Pionierrolle zu. Zum einen um flexibler und zügiger auf die veränderten Anforderungen zu reagieren sowie den Handlungsbedarf auch für den Gesetzgeber zu verdeutlichen. Zum anderen um angemessene Lösungsgrundsätze zutage zu fördern, welche im weiteren zeitlichen Verlauf wiederum durch den Gesetzgeber in Gesetzesform gegossen werden können.

Kapitel IV. Prozessual effiziente Durchsetzung des Erblasserautonomieschutzes

Ist in § 138 Abs. 1 BGB nach der hier vertretenen Auffassung eine materiellrechtliche Grundlage gefunden, die subtilen willensverfälschenden Drittbeeinflussungen im Rahmen einer Erblasserentscheidung Rechnung tragen kann, stehen die Erbprätendenten, welche die Unwirksamkeit der konkreten Verfügung von Todes wegen geltend machen, nach dem Ableben des Erblassers allerdings weiterhin vor erheblichen prozess- sowie beweisrechtlichen Hürden. Denn bevor es letztlich zu dem für die Parteien dezisiven „Schwur" kommt, obliegt es dem Tatrichter die äußeren sowie inneren entscheidenden Tatsachen festzustellen, welche die Sittenwidrigkeit der in Streit stehenden Verfügung von Todes wegen begründen. Mit gutem Gewissen kann behauptet werden, dass einer solchen Tatsachenfeststellung für den Prozesserfolg mindestens die gleiche, an sich sogar eine elementarere Bedeutung zukommt als der Klärung von Rechtsfragen.[993]

Dabei darf nicht aus den Augen verloren werden, dass eine vollständige sowie fehlerfreie Feststellung der entscheidungserheblichen Tatsachen ohne die aktive Mitwirkung der Parteien respektive Beteiligten nicht möglich ist.[994] Doch nicht selten ist eine Partei am Vortrag der für den Rechtsstreit erheblichen und noch dazu für sie günstigen Tatsachen gehindert, weil dieselben der Gegner wohlwissend um die für ihn negative Schlagkraft nicht freiwillig offenbart. Die Erbprätendenten trifft allerdings grundsätzlich eine Bringschuld dahingehend, Tatsachen vorzutragen und gegebenenfalls zu beweisen, welche die Sittenwidrigkeit der angegriffenen Verfügung von Todes wegen begründen. Dies selbst bei einem prozessualen Vorgehen im Zuge eines Erbscheinsverfahrens, gleichwohl der dortigen Geltung des Untersuchungsgrundsatzes. Dieser Bringschuld jedoch im geforderten Maße nachzukommen, wird ihnen in der Regel aufgrund des Ablebens des Erblassers und mangels eigener Anwesenheit bei den maßgeblichen Beeinflussungshandlungen sowie des Errichtungsaktes erhebliche Schwierigkeiten bereiten.

Damit sich allerdings das in materiell-rechtlicher Hinsicht aufgestellte Konzept des Erblasserautonomieschutzes in der letztlich entscheidenden

---

993 Vgl. etwa auch *Oberheim*, Taktik, Rn. 1558.
994 Vgl. *Fleischer*, ErbR 2016, 306 (313).

praktischen Anwendung nicht als stumpfes Schwert erweist, bedarf es zusätzlich in prozessualer Hinsicht einer Flankierung in Gestalt von zweckmäßigen Beweiserleichterungen.

Da es bei dem Streit um die Erbschaft alternativ zu einem regulären Zivilverfahren oder zu einem Erbscheinsverfahren nach den Regeln der freiwilligen Gerichtsbarkeit kommen kann (Abschnitt 1.), gilt es insofern auf prozessuale Abweichungen zu achten. Trotz dieser formalen Unterschiede in der prozessualen Betrachtung ergeben sich im Ergebnis und aus faktischer Sicht keine Unterschiede zwischen diesen Verfahrensvarianten in der Notwendigkeit für die Zulassung spezieller Beweiserleichterungen im Rahmen eines hier anvisierten effektiven Erblasserautonomieschutzes (Abschnitt 2.). Schließlich wird zum Zwecke der prozessualen Effektuierung des Erblasserautonomieschutzes respektive als gewisse Ausformung der prozessualen Komponente des Konzepts des Erblasserautonomieschutzes im geltenden Recht, ein bewegliches System der Indizien zum Zwecke der Beweiserleichterung für solche Fälle vorgeschlagen, in welchen der in seiner Testierfähigkeit eingeschränkte, willensgeschwächte und suggestible Erblasser im unmittelbaren oder mittelbaren Kontext der Errichtung seiner Verfügung von Todes wegen sittenwidrig beeinflusst wurde und dies nicht im Wege einer lückenlosen Beweisführung nachweisbar ist (Abschnitt 3.).

1. Dualismus von Erbenfeststellungsklageverfahren und Erbscheinsverfahren

Grundsätzlich kommt für Erbprätendenten zur Klärung der Erbenstellung sowohl ein (kontradiktorisches) Erbenfeststellungsklageverfahren als auch ein (streitiges) Erbscheinsverfahren[995] in Betracht,[996] was im Übrigen „eine

---

995 Im Wesentlichen aus systematischen Gründen wurde das Erbscheinsverfahren durch das Gesetz zum Internationalen Erbrecht und zur Änderung von Vorschriften zum Erbschein sowie zur Änderung sonstiger Vorschriften (IntErbRErbschÄndG) v. 29.06.2015 in das FamFG übertragen. Detailliert zu diesen Änderungen *Grziwotz*, FamRZ 2016, 417.

996 Umstritten ist, welchem der beiden Verfahren grundsätzlich der (taktische) Vorzug zu geben ist. *Zimmermann*, ZEV 2010, 457 (460) etwa sieht die Vorteile des Erbscheinsverfahrens namentlich darin, dass der Amtsermittlungsgrundsatz nach §§ 26, 352e FamFG herrscht, sodass gefährliche „Versäumnisbeschlüsse" bzw. Präklusionen nicht drohen, auf Erbrecht spezialisierte Richter tätig werden und, dass eine etwaige Beschwerde stets auf neue Tatsachen sowie Beweise nach

Kuriosität im deutschen Recht"[997] darstellt.[998]

1.1. Erbenfeststellungsklageverfahren nach der ZPO

Eine Partei, zumeist in Gestalt eines Erbprätendenten, hat die Möglichkeit, ihr Erbrecht im Rahmen eines streitigen Zivilverfahrens, in welchem der Beibringungsgrundsatz zu beachten ist, geltend zu machen. Denkbar ist ein solches prozessuales Vorgehen namentlich im Gewand einer Leistungsklage auf Herausgabe des Nachlasses, verbunden mit einer bedingten Zwischenfeststellungsklage auf Feststellung der Erbenstellung nach § 256 Abs. 2 ZPO.[999]

Es ist unstreitig, dass das Erbrecht als solches ein feststellungsfähiges Rechtsverhältnis im Sinne des § 256 Abs. 1 ZPO darstellt.[1000] Eine Feststellungsklage zielt mithin darauf ab, die gemäß § 1922 Abs. 1 BGB mit dem Erbfall eingetretene Rechtsfolge rechtskräftig im Sinne des § 325 ZPO zwischen den Parteien feststellen zu lassen.[1001] Eine Feststellungsklage kann im Übrigen auch nicht allein deshalb wegen Unzulässigkeit abgewiesen werden, weil ein aus diesem streitigen Verfahren resultierendes Urteil lediglich zwischen diesen Parteien Wirkung entfaltet und daher nicht zwischen anderen Beteiligten im Erbscheinsverfahren bindend wirkt.[1002] Weder das Feststellungsinteresse noch das

---

§ 65 III FamFG (im Gegensatz zu den Beschränkungen bei einer Berufung gem. § 531 ZPO) gestützt werden können. Eingehend zu den beiden Verfahrensarten auch *Steiner*, ZEV 2019, 450, welcher u.a. die allg. anerkannte Erbenlegitimation des Erbscheins betont. Nicht explizit aufgegriffen werden in der hiesigen Untersuchung das Verfahren zum Erlass eines Testamentsvollstreckerzeugnisses sowie das Grundbuchverfahren.

997 *Zimmermann*, ZEV 2010, 457 (456). Knapper rechtsvergleichender Überblick bei MüKo/*Grziwotz*, BGB, Vorb. § 2353 Rn. 2 f. Aus rechtspolitischer Sicht und für eine Verschlankung des Erbscheinsverfahrens votierend *Adam*, ZEV 2016, 233.

998 Dennoch gehören die Angelegenheiten der freiwilligen Gerichtsbarkeit (und die Familiensachen) sowie die streitigen Zivilverfahren beide zur ordentlichen Gerichtsbarkeit, *Rosenberg/Schwab/Gottwald*, ZPO, § 11 Rn. 18.

999 Anzuraten ist dabei zumeist ein Vorgehen i.R. einer Stufenklage auf Auskunft i.S. des § 254 ZPO, ggf. eidesstattliche Versicherung derselben sowie Herausgabe, vgl. dazu etwa *Zimmermann*, ZEV 2010, 457 (459). Zusätzlich zu den Voraussetzungen des § 256 II ZPO würde auch stets das (in seinen Voraussetzungen höhere) besondere rechtliche Interesse i.S. des § 256 I ZPO vorliegen.

1000 BVerfG, ZEV 2006, 74; BGH, ZEV 2010, 468 (469) m.w.N.; *Zimmermann*, ZEV 2010, 457 (458).

1001 *Zimmermann*, ZEV 2010, 457 (458).

1002 BGH, ZEV 2010, 468 (469) m.w.N.; *Zimmermann*, ZEV 2010, 457 (458). Ferner kann bei einem bereits erteilten Erbschein zulässigerweise sofort eine

Rechtsschutzbedürfnis sind zu verneinen, soweit bisher gar kein Erbscheinsverfahren oder im Gegenteil dazu, ein bereits umfangreiches Erbscheinsverfahren durchgeführt wurde.[1003] Denn allein der Feststellungsrechtsstreit kann zwischen den Beteiligten für eine mit bindender Rechtskraft ausgestattete Entscheidung sorgen.[1004] Deshalb besteht im Ergebnis sogar ein Vorrang des Erbenfeststellungsprozesses gegenüber einem Erbscheinsverfahren beim Nachlassgericht, was in der Regel zu einer Aussetzung des letzteren nach § 21 Abs. 1 S. 1 FamFG führt.[1005]

Erbenfeststellungsklage erhoben werden, ohne dass etwa vorab eine Erbscheinsentziehung angeregt werden muss, vgl. *Zimmermann*, ZEV 2010, 457 (458); BGH, NJW-RR 1987, 1090 (1091). Im Wege der (sog. Eventual)Klagehäufung nach § 260 ZPO kann auf Feststellung des Erbrechts sowie die Herausgabe des unrichtigen Erbscheins an das Nachlassgericht gem. § 2362 I BGB geklagt werden, vgl. OLG Brandenburg, ZEV 2010, 143; *Zimmermann*, ZEV 2010, 457 (58).

1003   BGH, ZEV 2010, 468 (469); *Zimmermann*, ZEV 2010, 457 (459).

1004   OLG Brandenburg, ZEV 2010, 143.

1005   Vgl. *Zimmermann*, ZEV 2010, 457 (459). Eingehend zu den miteinander abzuwägenden Aspekten i.R. dieser Ermessensentscheidung *Adam*, ZEV 2016, 233 (235) m.w.N., wobei i.d.R. die Aussetzung des laufenden Erbscheinsverfahren zweckmäßig ist, vgl. auch Keidel/*Zimmermann*, FamFG, § 352e Rn. 64. Flankiert wird dieser Vorrang verfahrenstechnisch auch durch die Bestimmung des § 352 I S. 1 Nr. 6, II Nr. 3 FamFG, wonach bei der Beantragung eines Erbscheins anzugeben ist, ob ein Rechtsstreit über das Erbrecht anhängig ist. Etwaige bisherige Erkenntnisse aus einem vorigen Erbscheinsverfahren können indes in der Form fruchtbar gemacht werden, dass etwa die Niederschrift der Aussagen der im Erbscheinsverfahren vernommenen Zeugen als Urkundsbeweis im Zivilrechtsstreit eingeführt werden können, vgl. *Zimmermann*, ZEV 2010, 457 (459). Ferner kann im Erbenfeststellungsprozess ein im Erbscheinsverfahren eingeholtes Sachverständigengutachten grds. als Urkundsbeweis nach § 411a ZPO verwertet werden und dadurch eine schriftliche Begutachtung im streitigen Verfahren im Wege der Beiziehung der Nachlassakte und Erörterung des Gutachtens in der mündlichen Verhandlung ersetzen, vgl. OLG Karlsruhe, BeckRS 2007, 04312; *Zimmermann*, ZEV 2010, 457 (459). Eine solche Gutachtensverwertung wird indes wegen den unterschiedlichen Verfahrensregeln welche wiederum erheblichen Einfluss auf die Tatsachenfeststellungen und damit auf das Ergebnis des Gutachtens haben können meist nicht sinnvoll sein, vgl. *Steiner*, ZEV 2019, 450 (452 f.); MüKo/*Zimmermann*, ZPO, § 411a Rn. 4. Eine „Bindung" des Nachlassgerichts an ein rechtskräftiges Prozessurteil ist seit jeher umstritten und kann nicht unmittelbar aus §§ 322, 325 ZPO, sondern nur indirekt über §§ 26, 352e FamFG hergeleitet werden, sodass das Urteil bei der wegen der Amtsaufklärungspflicht weiterhin noch vorzunehmenden Beweiswürdigung grds. zu berücksichtigen

1.2. (Streitiges) Erbscheinsverfahren nach dem FamFG

Ferner steht für die Geltendmachung des Erbrechts das Erbscheinsverfahren offen, in welchem der Untersuchungsgrundsatz gilt. Das Erbscheinsverfahren stellt nach § 342 Abs. 1 Nr. 6 Var. 1 FamFG eine Nachlasssache dar, welche gemäß § 23a Abs. 2 Nr. 2 Alt. 1 GVG eine Angelegenheit der freiwilligen Gerichtsbarkeit ist und zielt auf die Erteilung des Erbscheins im Sinne des § 2353 BGB durch Beschluss gemäß §§ 352e Abs. 1 S. 2, 38 FamFG ab.

Der Erbschein stellt ein seitens eines Nachlassgerichts zu Legitimationszwecken ausgestelltes Zeugnis[1006] dar, welches über das Erbrecht des Erben Auskunft gibt sowie die Frage beantwortet, ob sein Recht durch Anordnung der Testamentsvollstreckung beziehungsweise Nacherbfolge beschränkt ist.[1007] Tatsächlich ist der Erbschein kein Urteil oder Beschluss mit Rechtswirkung, sondern vielmehr lediglich eine „Art gutachterliche Bescheinigung", auf welche in anderen Vorschriften, etwa § 35 GBO und §§ 2365 ff. BGB, Bezug genommen wird.[1008] Dem erteilten Erbschein kommt weder formelle noch materielle Rechtskraft zu[1009], da er völlig unabhängig von dem Zeitpunkt seiner Erteilung

---

ist, sofern freilich überhaupt eine Überschneidung der Parteien des Urteils mit den Erbscheins-Beteiligten vorliegt. Vgl. zum Ganzen und den zu differenzierenden Szenarien insb. *Zimmermann*, ZEV 2010, 457 (461); *Adam*, ZEV 2016, 233 (234 f.); *Lange/Kuchinke*, ErbR, S. 1018–1020; Keidel/*Zimmermann*, FamFG, § 352e Rn. 65; MüKo/*Grziwotz*, FamFG, § 352e Rn. 80–84. Problematisch i.H.a. die subjektive Rechtskrafterstreckung ist insb. der Umstand, dass bzgl. den auf Feststellung des Erbrechts in Anspruch genommenen (Mit)Erben bzw. Erbprätendenten gerade kein Fall einer notwendigen Streitgenossenschaft i.S. des § 62 I ZPO vorliegt, vgl. ausführlich BGH, ZEV 2010, 468 (471 f.). In einem dem abgeschlossenen Erbscheinsverfahren nachfolgenden Zivilverfahren erzeugt eine frühere Entscheidung im Erbscheinsverfahren nicht einmal eine Vermutungswirkung und daher nur einen rein faktischen Einfluss, vgl. *Steiner*, ZEV 2019, 450 (451); *Adam*, ZEV 2016, 233 m.w.N. Eine präjudizielle Wirkung des Ausgangs des Erbscheinsverfahrens ausdrücklich verneinend BVerfG, NJW-RR 2005, 1600 (1601).

1006 *Herzog*, ZErb 2016, 34; *Grziwotz*, FamRZ 2016, 417; Staudinger/*Herzog*, BGB, Einl. zu §§ 2353–2370 Rn. 15; BeckNotar-HdB/*Dietz*, § 17 Rn. 420.
1007 *Zimmermann*, ZEV 2010, 457.
1008 *Zimmermann*, ZEV 2010, 457.
1009 Heute ganz h.M., statt vieler BGH, ZEV 2010, 468 (469) m.w.N.; *Adam*, ZEV 2016, 233 (234). Krit. zu dieser rechtlichen Qualifikation des Erbscheins und dies als „Förmelei" bezeichnend, welche der Bedeutung des Amtsermittlungsverfahrens nicht gerecht werde, falls alle Beteiligten einbezogen worden sind, *Zimmermann*, ZEV 2010, 457 (462).

stets nach § 2361 BGB als unrichtig eingezogen werden kann[1010] und lediglich eine Vermutung im Umfang des § 2365 BGB begründet[1011]. Somit führt der unrichtige Erbschein nicht zur Änderung der wahren materiellen Erbrechtslage[1012] und der richtige Erbschein bescheinigt wiederum (nur) dieselbe[1013], sodass ihm dahingehend eine Klarstellungsfunktion[1014] zukommt.[1015]

Ein „streitiges Erbscheinsverfahren" findet seinen Ursprung dann häufig in der Hinzuziehung eines Kann-Beteiligten im Sinne des § 345 Abs. 1 S. 2 FamFG, infolge seines dahingehenden Antrages beziehungsweise seiner Entscheidung im Zuge des ihm zur Kenntnis- und Stellungnahme zugesendeten Erbscheinsantrages, Einwendungen gegen die Erteilung des beantragten Erbscheins zu erheben.[1016]

[1010] Etwa selbst dann, wenn seit der Erteilung des Erbscheins ein langer Zeitraum verstrichen ist, ohne dass zwischenzeitlich neue Tatsachen aufgetreten sind, vgl. zum Ganzen BGH, ZEV 2010, 468 (469) m.w.N. Lediglich der zur Erteilung des Erbscheins führende Feststellungsbeschluss des Nachlassgerichts erwächst in formelle Rechtskraft (§ 45 FamFG), vgl. auch *Zimmermann*, ZEV 2010, 457. Nach der Vorstellung des Gesetzgebers soll im Erbschein allein eine „provisorische Entscheidung" getroffen werden, welche die Erbprätendenten gerade nicht an einer abschließenden Streitentscheidung im Zivilprozess hindert, vgl. *Mugdan*, Bd. V, S. 298, 833, 837; BGH, ZEV 2010, 468 (469); *Adam*, ZEV 2016, 233 (238); MüKo/*Grziwotz*, BGB, § 2353 Rn. 2. Dennoch soll nach *Zimmermann*, ZEV 2010, 457 (460) die unterschiedliche Rechtskraft von Erbschein und Erbenfeststellungsurteil allein in der Theorie und kaum in der Praxis eine Rolle spielen, da lediglich 1 % aller Erbscheine wegen Unrichtigkeit nach § 2361 BGB wieder eingezogen werden und dies meist nur, weil ein Testament im Nachhinein aufgefunden wird. Doch gerade bei solch einem Szenario helfe auch ein rechtskräftiges Urteil wegen der dann nach § 580 Nr. 7b ZPO stattfindenden Restitutionsklage nicht. Vgl. auch MüKo/*Braun/Heiß*, ZPO, § 580 Rn. 51.

[1011] MüKo/*Grziwotz*, BGB, § 2365 Rn. 1; Staudinger/*Herzog*, BGB, § 2365 Rn. 2 f.

[1012] BGHZ 47, 58 = NJW 1967, 1126 (1127); BayObLGZ 1953, 261 (264).

[1013] *Zimmermann*, ZEV 2010, 457.

[1014] BayObLG, BeckRS 2009, 27973.

[1015] Vgl. auch *Grziwotz*, FamRZ 2016, 417.

[1016] Siehe dazu *Herzog*, ZErb 2016, 34 (34 f.). Vgl. allg. auch *Grziwotz*, FamRZ 2016, 417 (419).

2. Notwendigkeit und Instrumente der Beweiserleichterung im Rahmen des Erblasserautonomieschutzes

Im Folgenden wird sich der Notwendigkeit der Beweiserleichterung im Zivilverfahren sowie insbesondere im Erbscheinsverfahren im Kontext des Streits über die Sittenwidrigkeit einer Verfügung von Todes wegen gemäß § 138 Abs. 1 BGB sowie den zu diesem Zweck praktikablerweise in Betracht kommenden Instrumenten der Beweiserleichterung gewidmet.

Eine elementare Weichenstellung für die weitere Untersuchung der hier angestrebten prozessualen Effektuierung des Erblasserautonomieschutzes bildet der Umstand, dass die allgemeinen Grundsätze über die Beweislast und die Beweiserleichterung nicht nur in dem unter der Herrschaft des Beibringungsgrundsatzes stehenden Erbschaftsstreit nach der ZPO gelten, sondern zumindest sinngemäß gerade auch in dem sich im Geltungsbereich des Untersuchungsgrundsatzes befindenden, streitigen Erbscheinsverfahren nach dem FamFG anwendbar sind.

2.1. Grundlegendes

Um am Ende der hiesigen Untersuchung auch zu einem systematisch korrekten sowie nicht zuletzt transparenten Ergebnis zu gelangen, bedarf es in einem vorangehenden Schritt der Vergegenwärtigung gewisser grundlegender Ausgangspunkte. Zu diesen zählt mitunter der Charakter des § 138 Abs. 1 BGB in prozessualer Hinsicht, die grundsätzlich hier in Betracht kommenden Varianten der Beweiserleichterung, die mit letzterem wiederum einhergehenden Grundsätze „der" Beweislast im Rahmen des Zivilverfahrens sowie schließlich die Begründung der faktischen Notwendigkeit der Gewährung von Beweiserleichterungen gerade auch in dem vom Untersuchungsgrundsatz durchzogenen Erbscheinsverfahren.

2.1.1. § 138 Abs. 1 BGB im Prozess

Der zur Nichtigkeit des Rechtsgeschäfts führende Verstoß gegen die guten Sitten stellt eine stets von Amts wegen zu berücksichtigende Einwendung dar.[1017] Bezüglich der Beweislast des sich hier für den Erblasserautonomieschutz bedienten rechtlichen Instituts des § 138 Abs. 1 BGB gilt nichts von

---

1017 Vgl. RGZ 160, 52 (56); BGH, NJW 1981, 1439 (1439 f.); MüKo/*Armbrüster*, BGB, § 138 Rn. 155. Sofern das Rechtsgeschäft nicht seinem gesamten Inhalt nach gegen die guten Sitten verstößt, kann eine Teilnichtigkeit erwogen werden, Soergel/Wolf/*Hefermehl*, BGB, § 138 Rn. 49. Eingehend v.a. i.H.a. das Schicksal einer einzelnen Anordnung, welche selbstständig innerhalb mehrerer Anordnungen

den allgemeinen Grundsätzen[1018] abweichendes.[1019] Demnach hat jede Partei die tatsächlichen Voraussetzungen für eine von ihr in Anspruch genommene günstige Rechtsfolge darzulegen und zu beweisen. Dies bedeutet wiederum, dass die Partei im Falle der Nichterweislichkeit solcher Tatsachen die hieraus resultierenden Folgen insofern zu tragen hat, als dass sie gerade nicht die für sie günstige Rechtsfolge in Anspruch nehmen kann. Gleichwohl können an den Nachweis je nach den Umständen des konkreten Szenarios mehr oder weniger strenge Anforderungen gestellt werden.[1020] Soweit die hierfür konkret erforderlichen Voraussetzungen vorliegen, können – wie üblich – tatsächliche Vermutungen sowie Erfahrungssätze, etwa die Grundsätze des sogenannten Anscheinsbeweises, angewendet werden. Folglich hat jede Partei an sich die Umstände, welche im Rahmen der Beurteilung über die Frage der Sittenwidrigkeit der Verfügung von Todes wegen konkret für sie günstig sein könnten, darzulegen und zu beweisen.

2.1.2. Facettenreichtum der Beweiserleichterungen

Beweiserleichterung werden von der Rechtsprechung in vielfältiger Form gewährt. Sofern sich für eine Partei die ihr obliegende Beweisführung als schwierig erweist und sie sich in Beweisnot[1021] befindet, erhebt sich die Frage nach etwaigen ihr zukommenden Beweiserleichterungen[1022]. Auch das BVerfG

---

einer einseitigen Verfügung von Todes wegen besteht und deren Wirksamkeit i.H.a. Gesetzes- oder Sittenwidrigkeit in Frage steht, siehe *Hermann*, Pro non scripta habere, welcher den Begriff der Binnenteilunwirksamkeit bzw. Binnenteilnichtigkeit geprägt hat.

1018 Siehe eingehend hierzu sogleich unter Kap. IV. 2.1.1., 2.1.3.
1019 Dazu grds. und dem Folgenden BGHZ 53, 369 = NJW 1970, 1273 (1277). Vgl. auch BGH, NJW 2009, 1494 (Rn. 16); Soergel/Wolf/*Hefermehl*, BGB, § 138 Rn. 62; MüKo/*Armbrüster*, BGB, § 138 Rn. 156, 168.
1020 Soergel/Wolf/*Hefermehl*, BGB, § 138 Rn. 62.
1021 Die Begriffe der „Beweisnot" sowie der „Beweisschwierigkeit" entsprechen einander. Hierunter kann allg. eine Situation verstanden werden, in welcher eine Partei unverschuldet die erforderlichen Beweismittel nicht benennen oder nicht beibringen kann und sich auch das Gericht nicht in der Lage befindet, diese Beweismittel von sich aus heranzuziehen. Vgl. Baumgärtel/Laumen/Prütting/*Laumen*, HdB Beweislast, Bd. 1, Kap. 12 Rn. 2.
1022 Auch der Begriff der „Beweiserleichterung" kann grds. sehr weit verstanden werden sowohl i.H.a. Erleichterungen i.R. der Beweislastverteilung als auch i.R. der Herbeiführung der richterlichen Überzeugungsbildung, vgl. *Ahrens*, in: Lorenz, Karlsruher Forum 2008, S. 7 (13). Dazu auch *Oberheim*, Taktik, Rn. 1620.

betont, dass der objektive Gehalt der Grundrechte ebenso im Verfahrensrecht Bedeutung erlangt, sodass einer gerichtlichen Durchsetzung insofern keine praktisch unüberwindbaren Hindernisse durch die Verteilung der Darlegungs- und Beweislast entgegengesetzt werden dürfen.[1023]

Zur Behebung von etwaigen Beweisschwierigkeiten und den damit einhergehenden Problemen in der Beweisführung sowie nicht zuletzt zur Vermeidung einer *non liquet*-Situation wurden seitens der Rechtswissenschaft und der Rechtsprechung facettenreiche Institute entwickelt. Zu unterscheiden sind demnach Institute, welche auf der einen Seite Beweisproblemen im Wege einer Erleichterung der Beweisführung begegnen, sowie solche, die auf der anderen Seite Änderungen an der (objektiven) Beweislastverteilung selbst vornehmen.[1024] Bereits aus dogmatischen sowie praktischen Gründen soll hier im Ergebnis ein Lösungsvorschlag auf der (der Beweislastentscheidung als eine Art *ultima ratio* vorgelagerten) Ebene der Sachverhaltsermittlung beziehungsweise Beweiswürdigung unterbreitet werden.

Im Falle von schwierigen Beweislagen verwendet die Rechtsprechung in einigen Entscheidungen gerne die formelhafte Wendung, dem Beweisbelasteten seien „Beweiserleichterungen bis hin zur Beweislastumkehr" zu gewähren.[1025] Diese irreführende Formel ist zu Recht auf Kritik[1026] gestoßen, da durch selbige namentlich der fälschliche Eindruck erweckt werde, dass der Richter zur Abfederung einer einzelfallabhängigen Beweisnot einfach aus einem ihm zur Verfügung stehenden Arsenal von Beweiserleichterungen (völlig) frei wählen könne.[1027] Freilich sind aber auch den Gerichten durch das normative, abstrakt-generelle Geltung beanspruchende Beweislastsystem sowie durch die Bedingungen an eine zulässige Rechtsfortbildung sowie den rechtstaatlichen Grundsätzen zur Rechtssicherheit Grenzen gesetzt.[1028]

1023 BVerfG, NJW 2000, 1483 (1484) m.w.N.
1024 Vgl. zum Ganzen insb. Baumgärtel/Laumen/Prütting/*Laumen*, HdB Beweislast, Bd. 1, Kap. 12 Rn. 1–4.
1025 Etwa BGH, NJW 1988, 2611 (2613); BGH, NJW 2005, 68 (72); BGH, NJW 2009, 360 (362); BGH, NJW-RR 2015, 548 (Rn. 34); BGH, NJW 2015, 1026 (Rn. 8, 18); BGH, NVwZ 2017, 252 (Rn. 32).Vgl. auch BGH, NJW 1996, 315 (317).
1026 Sogar aus den „eigenen Reihen" des BGH: BGHZ 159, 48 = NJW 2004, 2011 (2012 f.). Dazu aus dem Schrifttum v.a. *Laumen*, NJW 2002, 3739; *Katzenmeier*, in: FS Prütting, S. 361 (370–372 f.); *Piekenbrock*, ZZP 131 (2018), 413 (437).
1027 Dazu insb. Zöller/*Greger*, ZPO, Vorb. § 284 Rn. 22; MüKo/*Prütting*, ZPO, § 286 Rn. 132.
1028 Etwa BGHZ 159, 48 = NJW 2004, 2011 (2012 f.).

Die eigentliche Problematik der Beweiserleichterungen kann an sich zu einem nicht geringfügigen Anteil darin gesehen werden, dass die einzelnen Instrumentarien sich zwar in ihrer Zielrichtung zu einem gewissen Grad sehr nahe kommen, dennoch eine klare Trennung im Hinblick auf deren Voraussetzungen und Rechtsfolgen unabdingbar ist.[1029] Beweiserleichterungen lassen sich grundsätzlich dahingehend differenzieren, ob sie zum einen auf der Ebene der Sachverhaltsermittlung beziehungsweise der richterlichen Beweiswürdigung oder zum anderen erst und allein im Falle einer Unaufklärbarkeit des Sachverhaltes Berücksichtigung finden.[1030] Zur ersteren Gruppe gehören insbesondere der Indizienbeweis, der Anscheinsbeweis sowie das Institut der sekundären Darlegungslast. Zur zweiten Gruppe sind namentlich Feststellungslast- respektive Beweislastveränderungen zu zählen, welchen aus systematischen Gründen vornan nachgegangen werden soll.

Für das hiesige Anliegen der prozessualen Effektuierung des Erblasserautonomieschutzes wird die Untersuchung zu dem Ergebnis gelangen, dass weniger Erleichterungen in Form der Veränderung der Beweis- beziehungsweise Feststellungslastverteilung, sondern vielmehr Beweiserleichterungen im Rahmen der Sachverhaltsermittlung beziehungsweise Beweiswürdigung als geeigneter Ansatzpunkt zu sehen sind.

2.1.3. Grundlagen „der" Beweislast im Rahmen des Zivilverfahrens

Bereits die voranstehenden Ausführungen zeigen, dass eine korrekte Terminologie sowie ein systematisches Strukturverständnis im Bereich der Beweiserleichterung als unabdingbar anzusehen sind, um die einzelnen Institute inhaltlich zu erfassen und somit in dogmatisch einwandfreier Weise anzuwenden. Den Ausgangspunkt hierfür bilden die Grundlagen „der" Beweislast, welche im Folgenden in der gebotenen Kürze behandelt werden.

„Die" Beweislast strukturiert im Ergebnis das gesamte Prozessgefüge und wird daher nicht ohne Grund als „das Rückgrat des Zivilprozesses" bezeichnet.[1031] Unter dem

---

1029 So auch MüKo/*Prütting*, ZPO, § 286 Rn. 132.
1030 Vgl. etwa auch *Jung*, Das wucherähnliche Rechtsgeschäft, S. 56.
1031 Vgl. Baumgärtel/Laumen/Prütting/*Laumen*, HdB Beweislast, Bd. 1, Kap. 9 Rn. 4; Rosenberg/Schwab/Gottwald, ZPO, § 116 Rn. 42; *Gottwald*, Jura 1980, 225. Ähnlich *Gomille*, NZFam 2014, 100: „Das Beweisrecht wird häufig als das Rückgrat des Prozesses bezeichnet". Insb. wird dem Richter hierdurch ermöglicht, im Falle der Unaufklärbarkeit des Sachverhaltes eine für die Parteien insofern vorhersehbare Entscheidung gegen die Partei zu erlassen, welche die Behauptungs- und

„schillernd[en]"[1032] Begriff „Beweislast" können mehrere Phänomene mit unterschiedlichen Inhalten gefasst werden, welche vor allem die objektive respektive materielle Beweislast im Sinne der sogenannten Feststellungslast, als auch die subjektive beziehungsweise formelle Beweislast im Sinne der sogenannten Beweisführungslast betrifft.[1033] Eine benachbarte Erscheinung hierzu stellt namentlich die Behauptungslast respektive Darlegungslast dar.[1034]

2.1.3.1. *Feststellungslast beziehungsweise objektive (materielle) Beweislast*

Die Feststellungslast[1035] respektive objektive oder materielle Beweislast[1036] gibt eine Antwort auf die Frage, zu wessen Nachteil es geht, wenn das Vorhandensein beziehungsweise Nichtvorhandensein eines entscheidungserheblichen Tatbestandsmerkmals endgültig ungeklärt bleibt[1037], also zu wessen Gunsten oder

---

Beweislast trägt, *Rosenberg/Schwab/Gottwald*, ZPO, § 116 Rn. 42. Auch wird ein etwaiger Antrag auf Parteivernehmung nach § 445 I ZPO von der beweisbelasteten Partei ausgehen und sich auf die Vernehmung der nicht beweisbelasteten Partei beziehen, arg. § 447 ZPO, vgl. *Rosenberg/Schwab/Gottwald*, ZPO, § 116 Rn. 43. Ferner hat die beweisbelastete Partei die jeweiligen Behauptungen aufzustellen sowie Beweis hierfür anzubieten, was wiederum dem Gericht v.a. i.H.a. ggf. erforderlich werdende Hinweise nach § 139 I ZPO in jedem Prozessstadium bewusst sein muss, *Rosenberg/Schwab/Gottwald*, ZPO, § 116 Rn. 44.

1032 Baumgärtel/Laumen/Prütting/*Laumen*, HdB Beweislast, Bd. 1, Kap. 9 Rn. 5. Zu den Verwirrungen rund um diesen Begriff etwa *Musielak*, Grundlagen, S. 50. Zahlreiche Streitfragen in diesem Bereich lassen sich oftmals allein auf unpräzise Terminologie bzw. Missverständnisse zurückführen, *Heinrich*, Beweislast, S. 19.

1033 *Prütting*, Gegenwartsprobleme, S. 5; Keidel/*Sternal*, FamFG, § 29 Rn. 39; MüKo/*Prütting*, ZPO, § 286 Rn. 96–163; *Laumen*, NJW 2002, 3739 (3740); Baumgärtel/Laumen/Prütting/*Laumen*, HdB Beweislast, Bd. 1, Kap. 9 Rn. 6. Der Begriff Beweislast beruht auf Übersetzung der im römischen Kognitionsprozess der spätklassischen Zeit verwendeten Bezeichnung „*onus probationis*", *Heinrich*, Beweislast, S. 19; *Musielak/Stadler*, Grundfragen, Rn. 213; *Musielak*, Grundlagen, S. 205 f.

1034 Vgl. *Prütting*, Gegenwartsprobleme, S. 5.

1035 Siehe zu diesem Begriff insb. *Rosenberg*, Beweislast, S. 16 f. Diesen Begriff grds. auch bevorzugend Baumgärtel/Laumen/Prütting/*Laumen*, HdB Beweislast, Bd. 1, Kap. 9 Rn. 10.

1036 Ferner als Beweisgefahr, Beweisrisiko, Streitrisiko oder Feststellungsgefahr bezeichnet, vgl. dazu *Prütting*, Gegenwartsprobleme, S. 6. Im Allgemeinen wird unter dem bloßen Begriff Beweislast die objektive (abstrakte) Beweislast verstanden, *Prütting*, Gegenwartsprobleme, S. 9.

1037 Baumgärtel/Laumen/Prütting/*Laumen*, HdB Beweislast, Bd. 1, Kap. 9 Rn. 10.

Ungunsten eine misslungene Beweisaufnahme respektive ein *non liquet*[1038] in der Beweiswürdigung Berücksichtigung findet[1039]. Die Regeln über die Feststellungslast werden also (unmittelbar) erst dann entscheidend, sofern und soweit das Gericht unbeschadet der Ausschöpfung aller prozessual zu Gebote stehenden Beweismittel keine Überzeugung von der Wahrheit oder Unwahrheit einer streitigen sowie entscheidungserheblichen Tatsachenbehauptung erlangen kann.[1040] Eine derartige Entscheidung nach Beweislastgrundsätzen kommt also allein als *ultima ratio* in Betracht.[1041] Aufgrund des verfassungsrechtlich verankerten Justizgewährungsanspruches respektive des Rechtsverweigerungsverbotes hat der jeweilige Spruchkörper selbst dann eine Entscheidung in der Sache zu treffen, wenn der dem Rechtsstreit zugrundeliegende Sachverhalt nicht zur Überzeugung des Gerichts aufgeklärt werden konnte.[1042] Im Falle der Beweislosigkeit ergeht daher kein „*non-liquet*-Urteil", sondern eine auf den Regeln der objektiven Beweislast beruhende Sachentscheidung.[1043]

1038 Allerdings muss es sich i.H.a. die prozessuale Situation auch tatsächlich um eine anstehende Beweislastentscheidung handeln und der Richter folglich zu einem *non liquet* in der Tatfrage gekommen sein. Unabdingbare Voraussetzung hierfür ist nämlich, dass ein prozessualer Endzustand ¬ in welchem bereits alles unternommen wurde, was zur Aufklärung des streitigen Sachverhalts geschehen konnte ¬ vorliegt. Dies erfordert: (1) Schlüssiges Vorbringen des Klägers, (2) erhebliches Gegenvorbringen des Beklagten, (3) die Beweisbedürftigkeit des streitigen Vorbringens ¬ also insb. kein Geständnis, Nichtbestreiten und Offenkundigkeit der Tatsache¬, (4) das Ausschöpfen aller möglichen und prozessual zulässigen Beweismittel ohne Gewinnung einer richterlichen Überzeugung, (5) Abschluss der mündlichen Verhandlung, ohne dass sich an der Beweisbedürftigkeit und an der fehlenden richterlichen Überzeugung etwas geändert hat. Zum Ganzen *Prütting*, Gegenwartsprobleme, S. 14.
1039 *Rosenberg/Schwab/Gottwald*, ZPO, § 116 Rn. 3; *Gottwald*, Jura 1980, 225 (227); *Prütting*, Gegenwartsprobleme, S. 6.
1040 Zöller/*Greger*, ZPO, Vorb. § 284 Rn. 15, 18.
1041 Baumgärtel/Laumen/Prütting/*Laumen*, HdB Beweislast, Bd. 1, Kap. 9 Rn. 2.
1042 *Gottwald*, Jura 1980, 225; *Rosenberg/Schwab/Gottwald*, ZPO, § 116 Rn. 1; Baumgärtel/Laumen/Prütting/*Laumen*, HdB Beweislast, Bd. 1, Kap. 9 Rn. 1; Baumgärtel/Laumen/Prütting/*Prütting*, HdB Beweislast, Bd. 1, Kap. 11 Rn. 2.
1043 *Gottwald*, Jura 1980, 225; *Rosenberg/Schwab/Gottwald*, ZPO, § 116 Rn. 1; *Jäckel*, BeweisR-HdB, Rn. 870. Zu den einzelnen Theorien bzw. methodischen Begründungsansätzen bzgl. der Rechtsanwendung im Falle eines *non liquet*, siehe Baumgärtel/Laumen/Prütting/*Prütting*, HdB Beweislast, Bd. 1, Kap. 11 Rn. 5–15.

Die Regeln über die Verteilung der objektiven Beweislast stellen eine Form von gesetzlicher Risikoverteilung dar.[1044] Diese haben bereits aus Gründen der Rechtssicherheit beziehungsweise aufgrund der Gebote der Vorhersehbarkeit und Kalkulierbarkeit des Rechts sowie der Gleichheit der Rechtsanwendung grundsätzlich vor Prozessbeginn abstrakt und generell festzustehen.[1045]

Mit dem Vorbehalt gesetzlicher oder vertraglicher Sonderregelungen[1046], richtet sich die objektive Beweislastverteilung im Allgemeinen nach der folgenden zwar nicht in Gesetzesform gegossenen, aber dennoch anerkannten Grundregel sowie zugleich berühmten (angepassten) *Rosenberg'schen Formel*[1047]: Der Anspruchsteller trägt die Beweislast für die rechtsbegründenden Tatbestandsmerkmale, der Anspruchsgegner für die rechtshindernden, rechtsvernichtenden und rechtshemmenden Merkmale[1048]. Dies führt dazu, dass jede Partei die

---

1044 Vgl. BGH, NJW-RR 2010, 1378 (Rn. 12); *Prütting*, Gegenwartsprobleme, S. 17; Zöller/*Greger*, ZPO, Vorb. § 284 Rn. 17; Baumgärtel/Laumen/Prütting/*Laumen*, HdB Beweislast, Bd. 1, Kap. 9 Rn. 20; siehe eingehend zur Frage der Rechtsnatur der Beweislastregeln sowie der Zuordnung derselben zum materiellen Recht etwa Baumgärtel/Laumen/Prütting/*Prütting*, HdB Beweislast, Bd. 1, Kap. 11 Rn. 16; *Rosenberg/Schwab/Gottwald*, ZPO, § 116 Rn. 30 ff. jew. m.w.N. Grundlage der Beweislastverteilung sind generalisierende Risikozuweisungen, welche in Gestalt von geschriebenen sowie ungeschriebenen normativen Regelungen bestehen. Diese sind daher einer Auslegung, einer analogen Anwendung sowie einer richterlichen Rechtsfortbildung zugänglich, vgl. zum Ganzen Zöller/*Greger*, ZPO, Vorb. § 284 Rn. 17.
1045 Vgl. Baumgärtel/Laumen/Prütting/*Laumen*, HdB Beweislast, Bd. 1, Kap. 9 Rn. 20 m.w.N.; BGHZ 159, 48 = NJW 2004, 2011 (2013) m.w.N.
1046 Siehe hierzu insb. Baumgärtel/Laumen/Prütting/*Prütting*, HdB Beweislast, Bd. 1, Kap. 11 Rn. 25.
1047 *Rosenberg*, Beweislast, S. 105 f.; Baumgärtel/Laumen/Prütting/*Prütting*, HdB Beweislast, Bd. 1, Kap. 11 Rn. 20.
1048 Zöller/*Greger*, ZPO, Vorb. § 284 Rn. 17a; Musielak/Voit/*Foerste*, ZPO § 286 Rn. 35; *Prütting*, Gegenwartsprobleme, S. 265 f. Die Parteistellung hat freilich hierbei indes keinerlei Auswirkungen, sodass diese Grundsätze trotz einer negativen Feststellungsklage sinngemäß weiterhin anzuwenden sind, vgl. etwa *Gottwald*, Jura 1980, 225 (229). Diese (ungeschriebene) Regel war an sich im 1. BGB-Entwurf von 1888 als § 193 noch vorgesehen, wurde schließlich jedoch aufgrund Selbstverständlichkeit derselben gestrichen, vgl. dazu *Mugdan*, Bd. I, S. 560 f.; *Rüssmann*, in: FS Prütting, S. 507 (513); *Piekenbrock*, WM 2012, 429. Eine generelle Beweislastverteilung nach bestimmten inhaltlichen Prinzipien wird heute (wohl) nicht mehr vertreten, wobei dieselben bei der Auslegung (unklarer) Beweislastnormen nichtsdestominder häufig herangezogen werden

Beweislast für das Vorhandensein aller (auch negativen)[1049] Voraussetzungen der für sie günstigen Normen beziehungsweise für die für sie günstigen Tatsachen trägt.[1050] Oder anders gewendet: Jede Partei trägt die Beweislast für alle Voraussetzungen einer von ihr in Anspruch genommenen Norm.[1051]

2.1.3.2. *Beweisführungslast beziehungsweise subjektive (formelle) Beweislast*

Die Beweisführungslast beziehungsweise subjektive oder formelle Beweislast[1052] teilt mit, welche Partei Beweisanträge zu stellen hat, damit selbige nicht beweisfällig und folglich den Prozess verlieren wird.[1053] Oder anders formuliert: Es wird die Frage beantwortet, welche Partei ein bestimmtes Tatbestandsmerkmal beweisen muss.[1054] Die Beweisführungslast äußert sich in der Regel durch die Pflicht der jeweiligen Partei, im Hinblick auf ihre Behauptungen Beweismittel zu benennen (§§ 130 Nr. 5, 282 Abs. 1 ZPO), beziehungsweise durch die dahingehende Anregung seitens des Gerichts in Gestalt von Fragen (§ 139 Abs. 1 ZPO).[1055] Die Beweisführungslast deckt sich prinzipiell mit der objektiven Beweislast.[1056]

---

	können. Eingehend dazu Baumgärtel/Laumen/Prütting/*Prütting*, HdB Beweislast, Bd. 1, Kap. 11 Rn. 27–42.
1049	BGH, FamRZ 2009, 849 (Rn. 19); BGH, NJW 1985, 1774 (1775).
1050	*Rosenberg/Schwab/Gottwald*, ZPO, § 116 Rn. 7, 9; *Prütting*, Gegenwartsprobleme, S. 265 f.; Thomas/Putzo/*Seiler*, ZPO, Vorb. § 284 Rn. 23; BGH, NJW 2005, 2395 (2396); *Prütting*, in: FS Krüger, S. 433; *Gottwald*, Jura 1980, 225 (228). Zum Ganzen auch *Rosenberg*, Beweislast, S. 12.
1051	Als „die allgemeine Beweislastregel des deutschen Rechts", BGHZ 53, 245 = NJW 1970, 946 (947) (*Anastasia*).
1052	Ebenso prozessuale Beweislast und falsche Beweislast genannt, vgl. *Prütting*, Gegenwartsprobleme, S. 6 m.w.N.
1053	*Rosenberg/Schwab/Gottwald*, ZPO, § 116 Rn. 4; *Gottwald*, Jura 1980, 225 (226).
1054	*Prütting*, Gegenwartsprobleme, S. 6.
1055	*Rosenberg/Schwab/Gottwald*, ZPO, § 116 Rn. 5.
1056	*Rosenberg/Schwab/Gottwald*, ZPO, § 116 Rn. 4; *Gottwald*, Jura 1980, 225 (226); *Prütting*, Gegenwartsprobleme, S. 28. Zu differenzieren ist die normativ generell festgelegte abstrakte Beweisführungslast von der sich i.R. des Prozessverlaufes (stets) verändernden konkreten Beweisführungslast zwischen den Parteien, aufgrund bereits erfolgter etwaigen Beweisführungen und die hierdurch herbeigeführte vorläufige Überzeugung des Gerichts, *Rosenberg/Schwab/Gottwald*, ZPO, § 116 Rn. 6; *Gottwald*, Jura 1980, 225 (226); *Prütting*, Gegenwartsprobleme, S. 29; MüKo/*Prütting*, ZPO, § 286 Rn. 106. Die abstrakte Beweisführungslast zielt also unabhängig von einem konkreten (und bereits begonnenen) Prozess

2.1.3.3. Behauptungslast beziehungsweise Darlegungslast

Die Rechtsfigur der Behauptungslast oder Darlegungslast[1057] stellt an sich mehr eine „benachbarte Erscheinung"[1058] sowie sachliche Vorschaltung[1059] zur Beweislast dar und steht für die Notwendigkeit für eine Partei, diejenigen Tatsachenbehauptungen aufzustellen beziehungsweise vorzutragen[1060], welche die abstrakten Voraussetzungen der ihr günstigen Normen erfüllen[1061] und im Rahmen einer Subsumtion daher die Zuerkennung der begehrten Rechtsfolge rechtfertigen würden[1062]. Die Feststellungslastverteilung erzeugt gewissermaßen einen Reflex auf das jeweilige Tätigwerden der Parteien dahingehend, dass sie Behauptungen aufstellen und Beweise anbieten, um den sie treffenden Prozessverlust abzuwenden.[1063] Die Behauptungslast kann daher allgemein als Folge sowie Vorwirkung der objektiven Beweislast angesehen werden.[1064] Aufgrund des Verhandlungs- oder Beibringungsgrundsatzes obliegt es den Parteien, diejenigen Tatsachen zu behaupten, welche das Gericht im Rahmen seiner Entscheidung berücksichtigen soll.[1065] Das Gericht hat insofern vom

---

auf die Frage, wer für ein Tatbestandsmerkmal im Falle eines Rechtsstreites die Beweisführungslast trägt, vgl. *Prütting*, Gegenwartsprobleme, S. 7. Die konkrete Beweisführungslast ist daher durch die Beweiswürdigung bedingt und gerade nicht von der Beweislastverteilung und gehört daher auch nicht zum Bereich der Beweislast im herkömmlichen Sinne. Die Feststellungslast (objektive Beweislast) hingegen kann stets nur eine abstrakte sein, da es sich hierbei um eine reine Rechtsfrage handelt und das individuelle Prozessgeschehen sowie die Beweiswürdigung keinen Einfluss auf dieselbe haben kann, vgl. *Prütting*, Gegenwartsprobleme, S. 8 f.

1057 Als weitere Bezeichnungen lassen sich etwa Argumentationslast, Substantiierungslast, Erklärungslast, Anführungslast und Proferenzlast anführen, wenngleich hierbei teilweise von unterschiedlichen Bedeutungsinhalten ausgegangen wird, vgl. dazu *Prütting*, Gegenwartsprobleme, S. 44 m.w.N.
1058 *Prütting*, Gegenwartsprobleme, S. 44.
1059 MüKo/*Prütting*, ZPO, § 286 Rn. 137.
1060 *Prütting*, in: FS Krüger, S. 433.
1061 Vgl. *Rosenberg/Schwab/Gottwald*, ZPO, § 116 Rn. 37; MüKo/*Prütting*, ZPO, § 286 Rn. 137.
1062 *Prütting*, Gegenwartsprobleme, S. 44.
1063 Vgl. *Prütting*, Gegenwartsprobleme, S. 23; *Jäckel*, BeweisR-HdB, Rn. 874.
1064 Vgl. *Gottwald*, Jura 1980, 225; *Jäckel*, BeweisR-HdB, Rn. 874.
1065 Vgl. *Rosenberg/Schwab/Gottwald*, ZPO, § 77 Rn. 13; *Musielak*, in: FG 50 Jahre BGH, S. 193 (196) m.w.N.; *Frohn*, JuS 1996, 243 (244).

Nichtvorliegen einer nicht behaupteten Tatsache auszugehen und die Partei, welche hierdurch einen Nachteil erleidet, trägt folglich die Behauptungslast.[1066] Die Behauptungslast selbst kann wiederum in eine objektive und subjektive auf der einen Seite sowie in eine abstrakte und konkrete Behauptungslast auf der anderen Seite unterteilt werden, wobei für die hiesige Untersuchung hauptsächlich letztere relevant ist

Die objektive Behauptungslast stimmt mit der objektiven Beweislast überein und besagt, dass die Parteien jeweils die Voraussetzungen ihres Anspruches respektive ihrer Einwendung zu behaupten haben, damit sie nicht im Rechtsstreit unterliegen.[1067] Die objektive Behauptungslast trägt daher eine Partei für solche Behauptungen, ohne dieselben das Prozessbegehren keinen Erfolg haben kann, sodass etwa der Kläger grundsätzlich die Behauptungslast für die klagebegründenden Behauptungen und der Beklagte die Behauptungslast für die Einredetatsachen trägt.[1068] Die subjektive Behauptungslast besagt im Ergebnis nichts anderes, als dass die objektiv behauptungsbelastete Partei die erforderlichen Behauptungen auch aufzustellen hat.[1069] Die abstrakte Behauptungslast enthält an sich erst einmal die grundsätzliche Vorgabe an die behauptungsbelastete Partei, Behauptungen in eine gewisse Richtung aufzustellen und deckt sich insofern nach Gegenstand und Umfang mit der objektiven Beweislast.[1070]

Die konkrete Behauptungslast schließlich bestimmt, wie konkret die Behauptungen aufgestellt werden müssen, damit sie relevant sind und kann daher auch als Substantiierungslast bezeichnet werden.[1071] Abhängig vom jeweiligen

---

1066 *Gottwald*, Jura 1980, 225.
1067 *Rosenberg/Schwab/Gottwald*, ZPO, § 116 Rn. 39; *Gottwald*, Jura 1980, 225.
1068 *Rosenberg/Schwab/Gottwald*, ZPO, § 116 Rn. 37. Vgl. auch *Prütting*, Gegenwartsprobleme, S. 44.
1069 *Rosenberg/Schwab/Gottwald*, ZPO, § 116 Rn. 39.
1070 *Rosenberg/Schwab/Gottwald*, ZPO, § 116 Rn. 37, 39; MüKo/*Prütting*, ZPO, § 286 Rn. 138; *Laumen*, MDR 2019, 193. Insofern enthält jede Beweislastregelung bereits die Verteilung der Behauptungslast, sodass die Beweislastnormen immer zugleich auch Behauptungslastnormen sind, vgl. *Prütting*, Gegenwartsprobleme, S. 46; MüKo/*Prütting*, ZPO, § 286 Rn. 138. Diese abstrakte Behauptungslast verändert sich nicht aufgrund des Prozessgeschehens und bleibt daher konstant gleich, *Prütting*, Gegenwartsprobleme, S. 44.
1071 *Rosenberg/Schwab/Gottwald*, ZPO, § 116 Rn. 40; *Prütting*, Gegenwartsprobleme, S. 44; MüKo/*Prütting*, ZPO, § 286 Rn. 139; vgl. auch BGH, NJW 1991, 2707 (2709); OLG Hamburg, NJW-RR 1990, 63. Eingehend zur Substantiierungspflicht (bzw. -last) *Frohn*, JuS 1996, 243 (246 ff.), welcher die Bezeichnung der konkreten Behauptungslast als plastischer ansieht, *ders.*, JuS 1996, 243 (247).

Prozessverlauf respektive von der gegnerischen Tätigkeit kann die konkrete Behauptungslast ständig zwischen den Gegnern hin- und herwechseln, sich inhaltlich verändern und es erfordern, genauere oder neue Tatsachen vorzutragen.[1072] Prinzipiell kann gesagt werden, dass die Parteien ihrer Darlegungslast dann nachkommen, soweit sie solche konkreten Umstände behaupten, aus welchen sich die Voraussetzungen für die begehrte Rechtsfolge schlüssig ergeben.[1073]. Dabei ist ein Vortrag über nähere Einzelheiten grundsätzlich erst einmal nicht erforderlich und auch die Wahrscheinlichkeit des Vorbringens ist unerheblich.[1074] Eine Veränderung dieser konkreten Behauptungslast kann jedoch infolge einer sekundären Darlegungslast eintreten,[1075] was für den weiteren Untersuchungsverlauf entscheidend sein wird.

2.1.4. Faktische Notwendigkeit der Beweiserleichterungen im Rahmen des Erbscheinsverfahrens

Die folgenden Ausführungen werden aufzeigen, dass trotz des im Erbscheinsverfahren geltenden Untersuchungsgrundsatzes und der daraus resultierenden grundsätzlich umfangreichen gerichtlichen Aufklärungspflicht eine vergleichbar schwere Beweisnot für die gegen die Verfügung von Todes wegen vorgehenden Erbprätendenten droht. Diese sich faktisch ergebende Beweisnot führt dazu, dass im Ergebnis zwar nicht unmittelbar, allerdings sinngemäß die im Verfahren unter der Herrschaft des Beibringungsgrundsatzes entwickelten Beweiserleichterungsgrundsätze auch im Verfahren der freiwilligen Gerichtsbarkeit und damit im Erbscheinsverfahren gelten müssen.

1072 *Prütting*, Gegenwartsprobleme, S. 44; MüKo/*Prütting*, ZPO, § 286 Rn. 139. So ergibt sich etwa aus § 138 II ZPO eine konkrete Behauptungslast einer Partei i.H.a. gegnerische Behauptungen, vgl. *Prütting*, Gegenwartsprobleme, S. 45. Vgl. auch Frohn, JuS 1996, 243 (247 f.). Diese konkrete Behauptungslast respektive Substantiierungslast deckt sich wiederum grundsätzlich mit der konkreten Beweisführungslast, vgl. *Rosenberg/Schwab/Gottwald*, ZPO, § 116 Rn. 40; Zöller/*Greger*, ZPO, Vorb. § 284 Rn. 18. Abweichendes ergibt sich etwa im Falle der sekundären Darlegungslast, vgl. unten Kap. IV. 2.3.4.
1073 *Rosenberg/Schwab/Gottwald*, ZPO, § 116 Rn. 40. Hierbei wird auch von Erheblichkeit gesprochen, Frohn, JuS 1996, 243 (247).
1074 BGHZ 193, 159 = NJW 2012, 2427 (Rn. 43); *Rosenberg/Schwab/Gottwald*, ZPO, § 116 Rn. 40.
1075 Vgl. etwa *Rosenberg/Schwab/Gottwald*, ZPO, § 116 Rn. 39. Siehe dazu unten Kap. IV. 2.3.4.

2.1.4.1. Geringe Aufklärungshilfe durch Untersuchungsgrundsatz

Je nach Beteiligtenstellung werden die die Verfügung von Todes wegen angreifenden Erbprätendenten entweder den Erlass eines für sie günstigen Erbscheins anstreben oder spiegelbildlich dazu, den Erlass eines für sie ungünstigen Erbscheins versuchen zu verhindern. Ähnlich mit der Struktur im allgemeinen Zivilverfahren, wird der beantragte Erbschein durch das Nachlassgericht nur dann erteilt werden, wenn es gemäß § 352e Abs. 1 S. 1 FamFG die zur Begründung des Antrags erforderlichen Tatsachen als festgestellt erachtet. Das Gericht wird diese erforderlichen Tatsachen dann als festgestellt erachten, wenn es von dem Vorliegen derselben überzeugt ist. Nach § 37 Abs. 1 FamFG bildet sich das Gericht unter Berücksichtigung und Erwägung aller Umstände des Einzelfalls seine freie Überzeugung über die tatsächlichen und rechtlichen Voraussetzungen.[1076] Eine völlige oder gar mathematische Gewissheit wird vom Gericht nicht verlangt, da es eine solche nicht geben kann.[1077] Ausreichend aber auch erforderlich ist ein für das praktische Leben brauchbarer Grad von Gewissheit.[1078] Im Falle eines unbehebbaren erheblichen Zweifels des Gerichts hinsichtlich des behaupteten Erbrechts, ist die Erteilung des Erbscheins abzulehnen.[1079]

Zentraler Aspekt für die hiesige Untersuchung bildet mitunter der Umstand, dass im Erbscheinsverfahren gemäß §§ 26, 29 FamFG der Untersuchungsgrundsatz gilt, nach welchem das Gericht von Amts wegen (sowie nach Gewährung rechtlichen Gehörs) Tatsachen, die von den Parteien auch nicht vorgebracht sind, berücksichtigen sowie Beweise aufnehmen darf und muss.[1080] Die Feststellung sowie die Feststellungsbedürftigkeit der Tatsachen sind von dem Parteiverhalten gerade unabhängig.[1081] Ferner besteht im Erbscheinsverfahren – anders als im Verfahren nach der ZPO – keine Bindung des Gerichts an Beweisregeln oder bestimmte Beweismittel.[1082] Ein Geständnis oder Nichtbestreiten können nur eine Indizwirkung entfalten[1083] und wie ein übereinstimmender Sachverhaltsvortrag im Rahmen der freien Beweiswürdigung nach § 37

1076 Vgl. auch *Herzog*, ZErb 2016, 34 (35).
1077 BayObLG, FamRZ 2000, 701 (703); *Herzog*, ZErb 2016, 34 (44).
1078 Zum Verfahren der freiwilligen Gerichtsbarkeit etwa OLG Hamburg, NJOZ 2020, 1224 Rn. 55; Keidel/*Sternal*, FamFG, § 29 Rn. 28.
1079 Vgl. *Mugdan*, Bd. V, S. 299; *Herzog*, ZErb 2016, 34 (36).
1080 Vgl. allg. etwa *Rosenberg/Schwab/Gottwald*, ZPO, § 77 Rn. 47; *Habscheid*, Freiwillige Gerichtsbarkeit, § 21 I. 1., 2.
1081 Vgl. *Rosenberg/Schwab/Gottwald*, ZPO, § 77 Rn. 47.
1082 Vgl. etwa BayObLGZ 1952, 163 (165); *Herzog*, ZErb 2016, 34 (35).
1083 *Rosenberg/Schwab/Gottwald*, ZPO, § 113 Rn. 36.

Abs. 1 FamFG entsprechend gewürdigt werden.[1084] Weil das Gericht die Wahrheit des Streitstoffes grundsätzlich schrankenlos untersuchen darf und muss, wird die Untersuchungsmaxime auch als Prinzip der materiellen Wahrheit[1085] bezeichnet.[1086]

Diese einleitenden Feststellungen hören sich grundsätzlich sehr komfortabel für die gegen die Verfügung von Todes wegen vorgehenden Erbprätendenten an, welche weder bei den maßgeblichen Beeinflussungshandlungen noch bei dem eigentlichen Errichtungsakt zugegen waren und daher dem Gericht lediglich mehr oder minder substantiierte Vermutungen präsentieren können. Aufgrund des geltenden Untersuchungsgrundsatzes könnte man der Annahme sein, dass sich die Erbprätendenten nicht um die erforderlichen Tatsachen und Beweise zu sorgen haben, da ja schließlich das Gericht von Gesetzes wegen zur Aufklärung des Sachverhaltes verpflichtet ist.

Die vorstehende Annahme trifft indes nur sehr bedingt zu. Denn das Nachlassgericht ist zwar aufgrund des Amtsermittlungsgrundsatzes zur Aufklärung der entscheidungserheblichen Tatsachen unter Ausschöpfung aller ihm zur Verfügung stehenden Erkenntnisquellen verpflichtet. Dennoch resultiert hieraus nicht die gerichtliche Pflicht, allen nur denkbaren Möglichkeiten von Amts wegen nachzugehen.[1087] Stattdessen ist allgemein anerkannt, dass eine Aufklärungs- sowie Ermittlungspflicht allein dann entsteht, sofern und soweit das Vorbringen der Beteiligten oder der Sachverhalt respektive die Lebenserfahrung[1088] bei sorgfältiger Überlegung hierzu Anlass geben.[1089] Demnach ist das Vorliegen etwa von Ausnahmetatbeständen worunter die Sittenwidrigkeit fällt lediglich dann zu untersuchen, sofern und soweit gewisse, nicht ganz fern

---

1084 *Gomille*, NZFam 2014, 100 (101 f.); Keidel/*Sternal*, FamFG, § 29 Rn. 5; *Habscheid*, Freiwillige Gerichtsbarkeit, § 21 I. 2.
1085 Da Umfang und Beweisbedürftigkeit des Streitstoffes im Rahmen des Beibringungsgrundsatzes grds. von dem Verhalten der Parteien abhängen, wird dieser Grundsatz auch als Prinzip der formellen Wahrheit bezeichnet, vgl. *Rosenberg/Schwab/Gottwald*, ZPO, insb. § 77 Rn. 7. Zu den Einschränkungen des Beibringungsgrundsatzes siehe *Rosenberg/Schwab/Gottwald*, ZPO, insb. § 77 Rn. 36–44.
1086 *Rosenberg/Schwab/Gottwald*, ZPO, § 77 Rn. 7.
1087 OLG Köln, FamRZ 1991, 117 (118); BayObLG, FamRZ 1998, 1242 (1243); OLG Düsseldorf, FamRZ 2015, 2088 (2089); OLG Karlsruhe, FamRZ 2016, 264 (265).
1088 OLG Köln, FamRZ 1991, 117 (118).
1089 Vgl. zum Ganzen etwa BGHZ 40, 54 = NJW 1963, 1972 (1973); BGHZ 184, 269 = NJW 2010, 1351 (Rn. 28); BayObLG, FamRZ 1998, 1242 (1243); Prütting/Helms/*Prütting*, FamFG, § 26 Rn. 11 f., 22; *Herzog*, ZErb 2016, 34 (36); *Fleischer*, ErbR 2016, 306 (311).

liegende Anhaltspunkte erkennbar sind, welche indes wiederum beispielsweise nicht allein aus einem bloßen Parteivortrag resultieren dürfen.[1090] Ein Verbot von Ausforschungsbeweisen im Erbscheinsverfahren besteht zwar gerade nicht,[1091] dennoch muss das Gericht willkürlichen Behauptungen „ins Blaue" hinein nicht nachgehen[1092]. Über Art und Umfang der Ermittlungen sowie der Beweisaufnahme entscheidet das Gericht unter Berücksichtigung des Vortrages der Beteiligten zudem nach pflichtgemäßem Ermessen.[1093] Dabei sind die von Amts wegen einzuleitenden und durchzuführenden Ermittlungen so weit auszudehnen, wie es die jeweilige Sachlage erfordert und hierdurch das Verfahren die Eignung erhält, eine möglichst zuverlässige Grundlage für die zu treffende Entscheidung darzustellen.[1094] Das Gericht hat die Ermittlungen (nur) solange fortzusetzen und soweit auszudehnen, bis der Sachverhalt nach seinem pflichtgemäßen Ermessen aufgeklärt ist respektive weitere entscheidungserhebliche Ergebnisse nicht mehr zu erwarten sind[1095] und der Sachverhalt für genügend geklärt erachtet wird.[1096]

Bereits diese Ausführungen tragen zu der ersten Ernüchterung im Hinblick auf den durch den Untersuchungsgrundsatz erhofften Schutz vor einer etwaigen Beweisnot der die Verfügung von Todes wegen im hiesigen Szenario angreifenden Erbprätendenten bei. Die weiteren Ausführungen werden diese Erkenntnis verstärken und somit die Notwendigkeit der Zulassung von Beweiserleichterungen auch im Erbscheinsverfahren substantiierter darlegen. Denn ungeachtet der rein formalen Sichtweise, treffen die Beteiligten im Erbscheinsverfahren

---

1090 Vgl. OLG Köln, FamRZ 1991, 117 (118); *Herzog*, ZErb 2016, 34 (36).
1091 MüKo/*Ulrici*, FamFG, § 26 Rn. 13; *Herzog*, ZErb 2016, 34 (36). Ein ausforschender Beweisantrag ist in Verfahren mit Untersuchungsgrundsatz deshalb zulässig, weil er in erster Linie eine Anregung an das Gericht darstellt, von Amts wegen alle entscheidungsrelevanten Tatsachen zu ermitteln sowie Beweise zu erheben, *Rosenberg/Schwab/Gottwald*, ZPO, § 117 Rn. 19; Prütting/Helms/*Prütting*, FamFG § 26 Rn. 28; Zöller/*Feskorn*, FamFG, § 26 Rn. 10.
1092 OLG Düsseldorf, FamRZ 2015, 2088 (2089); OLG Karlsruhe, FamRZ 2016, 264 (265); Zöller/*Feskorn*, FamFG, § 26 Rn. 10; *Herzog*, ZErb 2016, 34 (36).
1093 OLG Köln, FamRZ 1991, 117 (118); OLG Düsseldorf, FamRZ 2015, 2088 (2089); OLG Karlsruhe, FamRZ 2016, 264 (265); *Herzog*, ZErb 2016, 34 (36).
1094 Vgl. BVerfG, FamRZ 2009, 1897 (1898 f.); BGHZ 185, 272 = FamRZ 2010, 1060 (Rn. 30, 31) m. Anm. *Völker*; OLG Düsseldorf, FamRZ 2015, 2088 (2089).
1095 BayObLG, NJW-RR 1991, 777 (778); BayObLG, FamRZ 2002, 1291 (1293); OLG Düsseldorf, FamRZ 2015, 2088 (2089); OLG Karlsruhe, FamRZ 2016, 264 (265); BT-Drs. 16/6308, S. 188 (zu § 29 FamFG).
1096 *Herzog*, ZErb 2016, 34 (36).

ebenso zum einen eine „faktische Behauptungslast" sowie zum anderen eine „faktische Beweisführungslast".

2.1.4.2. „Faktische Behauptungs- und Beweisführungslast" auch im Rahmen des Erbscheinsverfahrens

2.1.4.2.1. Formal: Keine Behauptungs- und Beweisführungslast

Einen erheblichen Umstand für die weitere Untersuchung bildet die Tatsache, dass (nach rein formaler Sichtweise) an sich nur in Verfahren, in denen der Beibringungsgrundsatz herrscht, die Parteien die für die Entscheidung erforderlichen Tatsachen in das Verfahren einzuführen haben, sodass auch nur in solchen Verfahren überhaupt eine Behauptungslast besteht.[1097] Denn wegen der Untersuchungsmaxime führt ein etwaiges Untätigbleiben der Beteiligten gerade nicht wie es für eine „Last" im technischen Sinne[1098] erforderlich ist zwingend und unabwendbar zu deren Nachteil in Gestalt des Prozessverlusts.[1099] Grundsätzlich denkbar ist es nämlich, dass anders als im Rahmen des reinen Beibringungsgrundsatzes etwaige richterliche Bemühungen ein Untätigbleiben eines Beteiligten ausgleichen.

Ebenso in Anbetracht der im Verfahren der freiwilligen Gerichtsbarkeit bestehenden Amtsermittlungspflicht des Gerichts nach § 26 FamFG existiert im Erbscheinsverfahren rein formal gesehen keine (Beweis)Last eines Beteiligten im Sinne einer (formellen oder subjektiven) Beweis(führungs)last[1100] mit der Bestimmung, welcher Beteiligter Beweisanträge stellen darf beziehungsweise stellen muss, um ein Unterliegen wegen Beweisfälligkeit seinerseits zu verhindern[1101]. Denn allein Verfahren, in denen wie im Rahmen des Zivilprozesses

---

1097 *Rosenberg/Schwab/Gottwald*, ZPO, § 116 Rn. 37; MüKo/*Prütting*, ZPO, § 286 Rn. 137.
1098 Eingehend zum Begriff der „Last" im technischen Sinne insb. *Prütting*, Gegenwartsprobleme, S. 25 f., 34, 43.
1099 Vgl. hierzu und dem Folgenden *Prütting*, Gegenwartsprobleme, S. 47; *Gomille*, NZFam 2014, 100 (102).
1100 Vgl. KG, NJW 1963, 766 (768); BayObLG, FGPrax 2002, 111; Keidel/*Zimmermann*, FamFG, § 352e Rn. 72. Vgl. auch BayObLGZ 1977, 59 (63); BayObLG, BeckRS 1979, 00282 (Rn. 26); Keidel/*Zimmermann*, FamFG, § 352e Rn. 72. Dies gilt selbst im Rahmen des sog. echten Streitverfahrens, BayObLGZ 1973, 145 (149) m.w.N.
1101 Keidel/*Sternal*, FamFG, § 29 Rn. 39. Streng genommen stellen daher auch Beweisangebote bzw. Beweisanträge der Beteiligten nur Beweisanregungen dar, BGHZ 121, 266 = NJW 1993, 1391; *Rosenberg/Schwab/Gottwald*, ZPO, § 113 Rn. 36.

die Verhandlungsmaxime gilt, kennen eine solche Beweisführungslast, was gerade dann nicht der Fall ist, wenn das entscheidende Gericht die erforderlichen Beweise von Amts wegen zu erheben hat.[1102] Dann ist die Beweisführung gerade Sache des Gerichts und die Beteiligten können denknotwendigerweise nicht beweisfällig werden.[1103] Wegen der fehlenden Beweisführungslast erhebt das Gericht nach § 28 Abs. 1 S. 1 FamFG die erforderlichen Beweise, ohne eine Bindung an etwaige Beweisanträge oder angebotenen Beweismittel.[1104]

2.1.4.2.2. Weitere Geltung der Feststellungslastverteilung

Wie soeben gezeigt, hat der im Erbscheinsverfahren geltende Amtsermittlungsgrundsatz einschneidende Auswirkungen auf die Beweislast im weiteren Sinne. Ungeachtet dieser formalen Abweichungen wird das Bestehen einer Feststellungslast beziehungsweise objektiven oder materiellen Beweislast nicht durch die Art der Sachverhaltsermittlung beeinflusst, sodass sie auch in Verfahren mit Untersuchungsgrundsatz existiert und ihr eine erhebliche Bedeutung ebenfalls dort zukommt.[1105]

1102 H.M., vgl. etwa *Prütting*, Gegenwartsprobleme, S. 24; Keidel/*Sternal*, FamFG, § 29 Rn. 39 f.; *Habscheid*, Freiwillige Gerichtsbarkeit, § 21 III. 1.; *Gottwald*, Jura 1980, 225 (226);

1103 Vgl. KG, NJW 1963, 766 (768); BayObLG, FamRZ 1994, 1137; Keidel/*Sternal*, FamFG, § 29 Rn. 41.

1104 Dazu insb. *Herzog*, ZErb 2016, 34 (36). Im Erbscheinsverfahren gilt im Grundsatz das Freibeweisverfahren. Gem. § 30 I FamFG hat das Nachlassgericht nach pflichtgemäßem Ermessen zu entscheiden, ob die Feststellung der entscheidungserheblichen Tatsachen im Wege des Strengbeweises durch eine förmliche Beweisaufnahme geboten ist. Dabei kann das Nachlassgericht Beweise entweder im Strengbeweisverfahren nach § 30 I FamFG im Sinne der ZPO oder im Freibeweisverfahren erheben, vgl. § 29 I S. 1 FamFG. Die Regelung des § 30 III FamFG hingegen bestimmt, dass eine förmliche Beweisaufnahme insb. in Bezug auf solche Tatsachen stattfinden soll, welche als entscheidungserheblich vom Gericht für wahr gehalten, jedoch von einem Beteiligten ausdrücklich bestritten werden. Ferner ist ein Strengbeweis erforderlich, sofern es geboten erscheint, den Beteiligten einen persönlichen Eindruck sowie die Einwirkung, wie etwa im Wege der Befragung von Zeugen, auf die Beweisaufnahme zu ermöglichen. Im Rahmen eines streitigen Erbscheinsverfahren sollte in der Regel das Strengbeweisverfahren angewandt werden. Vgl. zum Ganzen *Herzog*, ZErb 2016, 34 (36 f.).

1105 Rosenberg/Schwab/*Gottwald*, ZPO, § 116 Rn. 3; MüKo/*Prütting*, ZPO, § 286 Rn. 98, 123; *Prütting*, Gegenwartsprobleme, S. 40, 42; Baumgärtel/Laumen/ Prütting/*Laumen*, HdB Beweislast, Bd. 1, Kap. 9 Rn. 18. Die Feststellungslast

Es besteht somit genauso im Erbscheinsverfahren eine objektive (materielle)[1106] Beweislast in Gestalt der sogenannten Feststellungslast[1107], sodass es weiterhin zu Lasten eines Beteiligten gehen kann, wenn die Ermittlungen zu keinem bestimmten Ergebnis geführt haben[1108]. Derjenige, der ein Erbrecht für sich in Anspruch nimmt, trägt hiernach auch die Beweislast für die Tatsachen, welche das Erbrecht begründen.[1109] Dagegen trägt derjenige, der hindernde oder vernichtende Tatsachen behauptet, welche ihm wiederum zugutekämen, insoweit die Last der Unerweislichkeit.[1110] Die Verteilung der Feststellungslast richtet sich auch im Rahmen des Erbscheinsverfahrens nach dem materiellen Recht und nicht nach der Eigenschaft der Beteiligten als Antragssteller oder -gegner.[1111] Dessen ungeachtet trägt die Feststellungslast in einem Antragsverfahren regelmäßig der Antragsteller für die seinen Antrag begründenden Tatsachen

---

besteht also unabhängig von der Frage, ob in dem maßgeblichen Verfahren die Untersuchungs- oder Verhandlungsmaxime gilt, KG, OLGZ 1971, 260 (267); Keidel/*Sternal*, FamFG, § 29 Rn. 40, sodass eine Beweislast insofern auch in Verfahren der freiwilligen Gerichtsbarkeit existiert, KG, NJW 1963, 766 (768); Keidel/*Sternal*, FamFG, § 29 Rn. 41; *Habscheid*, Freiwillige Gerichtsbarkeit, § 21 III. 2. Freilich wird die Feststellungslast aber auch hier nur bzw. erst entscheidend, soweit nach Durchführung der erforderlichen Ermittlungen und Beweiserhebungen sowie der sich anschließenden Beweiswürdigung ¬ unter Berücksichtigung aller wesentlicher Umstände und der maßgebenden Beweisregeln ¬ nicht behebbare Zweifel an der Richtigkeit entscheidungserheblicher Tatsachen aus Sicht des Gerichts zurückbleiben, vgl. BayObLG, MittBayNot 1995, 56 (48); Keidel/*Sternal*, FamFG, § 29 Rn. 42.

1106 BayObLG, BeckRS 1979, 00282 (Rn. 26); OLG Hamm, OLGZ 1966, 497 (498).
1107 Keidel/*Zimmermann*, FamFG, § 352e Rn. 72; *Herzog*, ZErb 2016, 34 (35).
1108 BayObLG, BeckRS 1979, 00282 (Rn. 26).
1109 KG, NJW-RR 1991, 392 (393); Keidel/*Zimmermann*, FamFG, § 352e Rn. 72. Vgl. auch BayObLGZ 1977, 59 (63); BayObLG, BeckRS 1979, 00282 (Rn. 18) bzgl. der Feststellungslast desjenigen, der Rechte aus einem Testament herleiten möchte.
1110 KG, NJW-RR 1991, 392 (393); Keidel/*Zimmermann*, FamFG, § 352e Rn. 72. Vgl. etwa auch BayObLG, BeckRS 1979, 00282 (Rn. 26), wonach denjenigen die Feststellungslast bzw. materielle Beweislast für eine solche, das Erbrecht vernichtende Tatsache trifft, aus welcher er eine für ihn materiellrechtlich günstige Rechtsfolge herleitet, sodass im Erbscheinsverfahren der Nachteil der Unaufklärbarkeit von rechtserheblichen, das Erbrecht vernichtenden Einwendungen (Tatsachen) allg. nicht denjenigen trifft, der das Erbrecht in Anspruch nimmt, sondern seinen Gegner.
1111 KG, NJW-RR 1991, 392 (393); Keidel/*Zimmermann*, FamFG, § 352e Rn. 72.

und der Antragsgegner wiederum für die seine Einwendungen begründenden Tatsachen, mit welchen er dem Antragsbegehren entgegentritt.[1112]

2.1.4.2.3. *Feststellungslast und Verfahrensförderungsobliegenheiten bewirken „faktische Behauptungs- und Beweisführungslast"*

Ohne die obigen Feststellungen in formaler Hinsicht in Frage zu stellen, bedürfen dieselben in ihrer Absolutheit einer Relativierung in praktischer Hinsicht. Denn Fakt ist, dass auch in Verfahren mit Untersuchungsgrundsatz die Beteiligten sich mittelbar aufgefordert fühlen, in ihrem eigenen Interesse und des unter Umständen ansonsten drohenden Prozessverlustes an der Sachverhaltsaufklärung mitzuwirken.[1113] Grund für dieses zwingende Interesse respektive dieser faktischen Mitwirkungsobliegenheit der Beteiligten, die für sie günstigen Tatsachen vorzubringen sowie Beweise anzubieten, ist die auch im Rahmen der Untersuchungsmaxime geltende und alle Seiten tangierende Feststellungslast sowie die damit auch im Zusammenhang stehenden Verfahrensförderungsobliegenheiten.

In diesem Kontext geht etwa auch *Musielak* von einer Last[1114] der Beteiligten mit der Begründung aus, dass es im Ergebnis keinen Unterschied mache, ob

---

1112 Vgl. BayObLG, FGPrax 2002, 111; Keidel/*Sternal*, FamFG, § 29 Rn. 40; 43. Dazu auch *Habscheid*, Freiwillige Gerichtsbarkeit, § 21 III. 2 b).

1113 Hierzu und dem Folgenden *Prütting*, Gegenwartsprobleme, S. 25–43, 47.

1114 Allein bzgl. der Bezeichnung einer solchen faktischen Mitwirkungsobliegenheit in Gestalt der „faktischen Behauptungs- sowie Beweisführungslast" kann und sollte aufgrund des Kontexts mit dem Untersuchungsgrundsatz vorsichtig und transparent vorgegangen werden. Insb. zum Zwecke der Eindämmung von Missverständnissen rund um die Begrifflichkeiten der Rechtsfigur(en) der Beweislast ist darauf hinzuweisen, dass von einer „Last" im technischen Sinne an sich nur dann gesprochen werden kann, wenn zwar das Tätigwerden der Beteiligten zum einen nicht erzwungen werden kann, der Prozessverlust zum anderen aber gerade die unabwendbare nachteilige Folge des Untätigbleibens bildet. Der springende Punkt im Hinblick auf die Untersuchungsmaxime ist jedoch gerade, dass ein Untätigbleiben hinsichtlich der Beweistätigkeit gerade keinen zwingenden und unabwendbaren Nachteil des Prozessverlustes darstellt, sondern durch richterliche Bemühungen grundsätzlich ausgeglichen werden könnte; dagegen eine solche Untätigkeit im Rahmen des Verhandlungsgrundsatzes zwingend und unabwendbar zu einem solchen Nachteil führt. Die Untätigkeit der Beteiligten in einem Verfahren mit Untersuchungsgrundsatz mag zwar höchstwahrscheinlich das Interesse derselben, bestimmte Beweismittel zu beschaffen sowie Beweise zu führen, konterkarieren, dennoch ergibt sich hieraus nie der zwingende sowie unabwendbare Nachteil des Prozessverlusts, vgl. hierzu

in einem Verfahren mit Verhandlungsmaxime der feststellungsbelastete Beteiligte ungeachtet entsprechender Aufforderung durch das Gericht nach § 139 ZPO überhaupt keinen Beweis antritt oder ob in einem Verfahren mit Untersuchungsgrundsatz dem Gericht keine Beweismittel zur Verfügung stehen. In beiden Fällen entscheide der Richter aufgrund Beweislastnormen und in beiden Szenarien treffen die Nachteile dieser Entscheidung den feststellungsbelasteten Beteiligten, welcher allein durch Beibringung von Beweisen diese Nachteile abwenden kann. Von daher werden Beteiligte auch in Verfahren mit Untersuchungsmaxime im eigenen Interesse versuchen, die Sachaufklärung in der von ihnen gewünschten Richtung zu fördern, sowie dem Gericht nach Möglichkeit Beweismittel beibringen.[1115] Aufgrund solcher grundsätzlich zu folgenden Erwägungen sprechen etwa auch *Glaser*[1116] und *Kuhn*[1117] in ähnlichen Kontexten von einer faktischen Beweislast respektive von einer sich de facto ergebenden gewissen Beweislast.

Prütting, Gegenwartsprobleme, S. 25 f., 34, 43. Zur Abgrenzung der Begriffe Pflicht und Last, siehe *ders.*, Gegenwartsprobleme, S. 30–34. Führt man diesen Gedanken strikt zu Ende, so ist auch der Begriff der objektiven Beweislast bzw. Feststellungslast unrichtig, da es sich hierbei auch nicht um eine „Last" im technischen Sinne handelt. Denn tatsächlich führt die Feststellungslast nicht unmittelbar zu Tätigkeitsanforderungen an die Parteien, sondern zielt vielmehr ausschließlich auf das Entscheidungsverhalten des Gerichts in der Situation eines *non liquet*, losgelöst von einem Verhalten der Parteien ab dem Zeitpunkt des *non liquet*. Dessen ungeachtet haben sich (passendere) Bezeichnungen, welche das Wort „Last" nicht enthalten, wie etwa „Feststellungsrisiko" oder „Unklarheitenrisiko" nicht durchsetzen können, vgl. dazu *Prütting*, Gegenwartsprobleme, S. 34 f. m.w.N. Grds. zu begrüßen im Hinblick auf den hier thematisierten Zwang des Faktischen ist auch der Vorschlag von *Heinrich* (Beweislast, S. 29 f.), den Begriff „Beweisinteresse" als Bezeichnung des natürlichen Interesses der Parteien, an der Beweislage mitzuwirken, bzw. der natürlichen Motivation zur Einflussnahme auf die Beweisführung in Verfahren mit Untersuchungsgrundsatz, zu verwenden. Dennoch sollen im weiteren Verlauf der hiesigen Untersuchung die Begriffe der „faktischen Behauptungslast" sowie „faktischen Beweisführungslast" benutzt werden, um die verwendete Terminologie nicht noch zusätzlich zu erweitern sowie einen begrifflichen Gleichklang mit dem sich im Weiteren bedienten Institut der sekundären Behauptungslast zu gewährleisten.

1115 Vgl. zum Ganzen *Musielak*, Grundlagen, S. 38 f.
1116 *Glaser*, Beiträge zur Lehre vom Beweis, S. 102.
1117 *Kuhn*, Beweislast, S. 20. In der nordischen Prozessliteratur lässt sich zudem der Begriff „Informationslast" finden, *Bruns*, Zivilprozeßrecht, S. 248 mit Fn. 39; *Heinrich*, Beweislast, S. 30.

Zusätzlich zu dieser sich im Ergebnis aus der Geltung der Feststellungslast ergebenden, faktischen Behauptungslast sowie faktischen Beweisführungslast im Rahmen der Untersuchungsmaxime, sind die Beteiligten nach § 27 Abs. 1 und 2 FamFG wieder ungeachtet des Amtsermittlungsgrundsatzes aus gesetzlicher Sicht mitnichten von der Pflicht enthoben, an der Aufklärung des Sachverhaltes mitzuwirken,[1118] sodass eine mit dem Beibringungsgrundsatz strukturverwandte Verfahrensförderungsobliegenheit bestehen bleibt.[1119] Der Amtsermittlungsgrundsatz korreliert also zusätzlich mit einer allgemeinen Obliegenheit der Beteiligten zur Mitwirkung bei der Ermittlung des Sachverhalts gemäß § 27 Abs. 1 und 2 FamFG.[1120] Hierdurch trifft die Beteiligten die Obliegenheit, bei der Sachverhaltsermittlung mitzuhelfen, insbesondere dann, wenn die erforderlichen Informationen seitens eines Beteiligten leichter zu beschaffen sind als seitens des Nachlassgerichts und dieses daher auf die Mitwirkung angewiesen ist.[1121] Denn schon aus realistischer Perspektive ist das Gericht freilich auch im Rahmen des Untersuchungsgrundsatzes auf die Mitwirkung der Beteiligten angewiesen und wird den Sachverhalt typischerweise allein mithilfe des Sachvortrages aufklären (können), sofern sich nicht eine weitere Aufklärung aus beigezogenen Unterlagen aufdrängt.[1122] Letztlich werden dem Gericht die dem jeweiligen Beteiligten vorteilhaften Umstände nicht ohne Weiteres bekannt sein und es wird auch nicht als die Aufgabe des Gerichts des FamFG-Verfahrens angesehen, sämtliche denkbaren Sachverhaltsszenarien von sich aus ohne jede Beteiligteninitiative zu ermitteln[1123], sodass es zur Aktivierung der Ermittlungspflicht des Gerichts des Vorbringens von Anhaltspunkten respektive der Mitwirkung an der Sachverhaltsaufklärung durch die Beteiligten bedarf.[1124] So erhöht sich aus Sicht der Nachlassgerichte die „faktische Darlegungslast" der Beteiligten in gleichem Maße, als

---

1118 BayObLG, 1998, 1242 (1243); FamRZ 2002, 1291 (1293); OLG Düsseldorf, FamRZ 2015, 2088 (2089); OLG Karlsruhe, FamRZ 2016, 264 (265).
1119 Ferner besteht nach § 27 II FamFG freilich die Pflicht der Beteiligten, vollständige sowie wahrheitsgemäße Angaben zu machen.
1120 Sog. Mitwirkungs-, Darlegungs-, Informations- und (Verfahrens)Förder(ungs)last, zum Ganzen MüKo/*Grziwotz*, BGB, § 2353 Rn. 108; *Herzog*, ZErb 2016, 34 (36). Vgl. auch OLG Düsseldorf, FamRZ 2015, 2088 (2089); OLG Karlsruhe, FamRZ 2016, 264 (265).
1121 MüKo/*Grziwotz*, BGB, § 2353 Rn. 108; *Herzog*, ZErb 2016, 34 (36).
1122 Vgl. *Rosenberg/Schwab/Gottwald*, ZPO, § 77 Rn. 7.
1123 *Gomille*, NZFam 2014, 100 (103).
1124 BGH, NJW 2014, 61 (Rn. 18) m.w.N.; MüKo/*Ulrici*, FamFG, § 26 Rn. 20.

der Richter auf ihre Mitwirkung angewiesen ist, was namentlich für Vorgänge aus dem höchstpersönlichen Lebensbereich gilt.[1125] Aufgrund dieser auch verfahrensrechtlich abgesicherten Mitwirkungsobliegenheit der Beteiligten können sich die Gerichte grundsätzlich (und werden sich auch regelmäßig) darauf verlassen, dass die Beteiligten darlegen, welche weiteren Ermittlungen im konkreten Fall erfolgsversprechend scheinen.[1126] Es obliegt also den Beteiligten, im Wege des Sachvortrages sowie die Bezeichnung geeigneter Beweismittel dem Gericht Anhaltspunkte dafür zu liefern, in welche Richtung es seine Ermittlungen durchführen soll.[1127] Die gerichtliche Amtsaufklärungspflicht findet insbesondere an dem Punkt seine Grenze, bei welchem die Beteiligten es allein oder hauptsächlich selbst in der Hand haben, die erforderlichen Erklärungen abzugeben sowie diejenigen Beweismittel zu bezeichnen respektive vorzulegen, um eine ihren Interessen entsprechende Entscheidung herbeizuführen.[1128] Sofern ein Beteiligter die ihm obliegende Verfahrensförderung versäumt, kann dies wiederum das Entfallen der weiteren Ermittlungspflicht des Gerichts zur Folge haben sowie das Durchgreifen einer Rüge der Amtsermittlungspflichtverletzung verhindern.[1129]

2.1.4.3.4. Zwischenergebnis

Abschließend kann also festgehalten werden, dass aus der Geltung der Regeln über die Feststellungslast sowie gewisser Verfahrensförderungsobliegenheiten auch im Rahmen des Untersuchungsgrundsatzes bezogen auf die Beteiligten ein Druck resultiert, für solche Tatsachen den Beweis zu führen beziehungsweise hierbei zu unterstützen, für welche sie im Ergebnis die Feststellungslast tragen.[1130] Der drohende Prozessverlust erzeugt sonach genau besehen eine „faktische Beweislast" im weiteren Sinne, an der Beweisführung soweit wie möglich mitzuwirken.[1131] Entsprechend gilt dies freilich als weitere Vorstufe für die „Last" der Beteiligten, die für sie günstigen Tatsachen zu behaupten.[1132]

1125 Vgl. BayObLG, FamRZ 1998, 1242 (1243).
1126 Vgl. OLG Köln, FamRZ 1991, 117 (118) m.w.N.
1127 OLG Düsseldorf, FamRZ 2015, 2088 (2089); OLG Karlsruhe, FamRZ 2016, 264 (265); *Fleischer*, ErbR 2016, 306 (311).
1128 OLG Düsseldorf, FamRZ 2014, 69 (70); OLG Düsseldorf, FamRZ 2015, 2088 (2089); OLG Karlsruhe, FamRZ 2016, 264 (265); *Fleischer*, ErbR 2016, 306 (311); OLG Karlsruhe, FamRZ 2016, 264 (265).
1129 BayObLG, FamRZ 2002, 1291 (1293); OLG Köln, FamRZ 1994, 1135 (1137).
1130 Vgl. auch *Prütting*, Gegenwartsprobleme, S. 43.
1131 *Prütting*, Gegenwartsprobleme, S. 43.
1132 *Prütting*, Gegenwartsprobleme, S. 47.

Hieraus folgt, dass auch im Erbscheinsverfahren eine „faktische Darlegungslast" mit dem Inhalt existiert, diejenigen tatsächlichen und rechtlichen Umstände vorzutragen, welche (grundsätzlich) dem Gericht Anlass geben, von Amts wegen die erforderlichen Beweise zu erheben.[1133] Ferner besteht auch eine „faktische Beweisführungslast", weil das Gericht unbeschadet der von Amts wegen herrschenden gerichtlichen Aufklärungspflicht davon ausgehen darf und wird, dass die Beteiligten in Anbetracht der Feststellungslast überwiegend selbst darum bemüht sind, dem Gericht geeignete Beweismittel im Hinblick auf ihre Behauptungen zu den vorgetragenen relevanten Tatsachen präsentieren zu können.[1134]

2.1.4.3. Zwischenergebnis: Notwendigkeit der entsprechenden Anwendung von Beweiserleichterungen

Demnach besteht im Erbscheinsverfahren zwar in formaler Hinsicht weder eine Behauptungs- noch ein Beweisführungslast wie im Zivilprozess, dennoch haben die jeweiligen Beteiligten hinreichend konkrete Tatsachen vorzutragen sowie unter Umständen zu beweisen, welche beim Nachlassgericht ausreichend Zweifel an den anspruchsbegründenden respektive anspruchshindernden Tatsachen sähen respektive entstehen lassen.[1135] Die faktischen Obliegenheiten der Beteiligten im Erbscheinsverfahren nähern sich also durchaus denjenigen an, welche die Parteien im Rahmen eines Zivilprozesses aufgrund des Beibringungsgrundsatzes treffen.[1136] Im Gleichlauf hierzu droht den Beteiligten im Erbscheinsverfahren ebenso eine weitgehende Beweisnot, was es notwendig macht, die für den Zivilprozess konzipierten Beweiserleichterungen auch im Erbscheinsverfahren entsprechend anzuwenden.

2.2. Unpraktikabilität von Erleichterungen im Zusammenhang mit der Feststellungslastverteilung

Der folgende Untersuchungsabschnitt wird aufzeigen, dass der im Kontext mit den hiesigen Drittbeeinflussungsszenarien zu begegnenden Beweisnot nicht durch beweisrechtliche Erleichterungen auf der Ebene der Feststellungslastverteilung adäquat entgegengetreten werden kann.

1133 Vgl. allg. auch BayObLGZ 1973, 145 (149).
1134 Vgl. auch BGH, NJW-RR 2016, 898 (Rn. 19); BGH, NJW-RR 2014, 61 (Rn. 18); Keidel/*Sternal*, FamFG, § 29 Rn. 40.
1135 Vgl. auch *Herzog*, ZErb 2016, 34 (46).
1136 Vgl. auch *Fleischer*, ErbR 2016, 306 (311).

2.2.1. Abweichung von der gesetzlichen Feststellungslastverteilung beziehungsweise Beweislastumkehr

Beweisrechtliche Erleichterungen können grundsätzlich auf die Feststellungslastverteilung Einfluss nehmen. In einem solchen Zusammenhang wird in der Regel von einer Umkehr der objektiven Beweislast gesprochen, selbst wenn (auch) hier die Terminologie nicht als einheitlich bezeichnet werden kann.[1137] Vorzugwürdig erscheint es jedoch, von einer Umkehr der objektiven Beweislast allein dann zu sprechen, wenn es zu einer Abweichung von der gesetzlichen objektiven Beweislastverteilung seitens des Gerichts kommt[1138] und es sich somit um ein Phänomen richterlicher Entscheidung[1139] handelt.

Der Inhalt sowie zugleich das Ziel einer Beweislastumkehr ist die Zuweisung des Risikos der Unaufklärbarkeit einer entscheidungserheblichen Tatsache an die an sich nicht beweisbelastete Partei, um hierdurch eine selbstständige materielle Risikozurechnung zu verwirklichen.[1140] Die von der Beweislastumkehr erfasste Tatsache wird im Sinne des § 292 ZPO widerlegbar vermutet, wobei zur Widerlegung dieser Tatsache der volle Beweis des Gegenteils zu erbringen und gerade nicht nur wie im Falle der Umkehr der konkreten Beweisführungslast

---

1137 Vgl. insb. Baumgärtel/Laumen/Prütting/*Laumen*, HdB Beweislast, Bd. 1, Kap. 9 Rn. 23, 49 ff. jew. m.w.N.
1138 Siehe etwa Zöller/*Greger*, ZPO, Vorb. § 284 Rn. 22; *Laumen*, NJW 2002, 3739 (3742); Baumgärtel/Laumen/Prütting/*Laumen*, HdB Beweislast, Bd. 1, Kap. 9 Rn. 23 m.w.N.; Baumgärtel/Laumen/Prütting/*Prütting*, HdB Beweislast, Bd. 1, Kap. 25 Rn. 6.
1139 Baumgärtel/Laumen/Prütting/*Prütting*, HdB Beweislast, Bd. 1, Kap. 25 Rn. 1.
1140 Baumgärtel/Laumen/Prütting/*Prütting*, HdB Beweislast, Bd. 1, Kap. 25 Rn. 10 m.w.N. Sonach ließe sich auch feststellen, dass die Beweislastumkehr streng genommen gar keine Beweiserleichterung ist, sondern an sich mehr eine Veränderung resp. Verlagerung des Beweisrisikos und somit wiederum eine besondere Form der Haftungsverwirklichung. Insofern wird auch der Aufsatztitel von *Hans Stoll* (AcP 176 (1976), 145) „Haftungsverlagerung durch beweisrechtliche Mittel" zu Recht als treffend angesehen. Wenn der an sich beweisbelasteten Partei die Beweisführung hingegen vollständig abgenommen wird, kann bereits rein begrifflich nicht von einer Beweiserleichterung gesprochen werden welche wiederum ermöglicht oder erleichtert werden könnte. Von daher sind die „echten" Beweiserleichterungen dem Bereich der Beweiswürdigung zuzuordnen, welcher wiederum methodisch streng von der Beweislastverteilung zu unterscheiden ist. Nichtsdestominder wird der Sonderfall der Beweislastumkehr oft unter dem Oberbegriff der Beweiserleichterung genannt, vgl. zum Ganzen insb. Baumgärtel/Laumen/Prütting/*Prütting*, HdB Beweislast, Bd. 1, Kap. 25 Rn. 7.

der Gegenbeweis.[1141] Aus dem Umstand, dass die Regeln über die Verteilung der objektiven Beweislast eine Form der gesetzlichen generalisierenden Risikoverteilung darstellen[1142], folgt wiederum, dass sich die Rechtsprechung im Zuge der Schöpfung neuer Beweislastregelungen faktisch an die Stelle des Gesetzgebers setzt[1143]. Eine von den gesetzlichen Vorgaben abweichende und somit in das materielle Recht eingreifende richterrechtliche Modifizierung der Beweislastverteilung ist grundsätzlich möglich, hat allerdings unter Einhaltung enger methodischer Voraussetzungen zu geschehen sowie sich auf durch eine dringende Notwendigkeit gekennzeichnete Ausnahmefälle zu beschränken, in welchen eine vom Gesetz abweichende Verteilung der objektiven Beweislast aus zwingenden sowie typischerweise vorliegenden Gründen geboten ist.[1144] Ferner muss das Resultat einer solchen Abweichung selbst wieder eine abstrakt-generelle Regelung sein, in welcher also Voraussetzungen und Rechtsfolgen der neu geschaffenen Beweislastregel so weit wie möglich rechtssatzmäßig festgelegt sind.[1145] Jedenfalls darf es schon aus Gründen der Rechtssicherheit sowie

---

1141 Vgl. auch Baumgärtel/Laumen/Prütting/*Prütting*, HdB Beweislast, Bd. 1, Kap. 25 Rn. 4.
1142 BGH, NJW-RR 2010, 1378 (Rn. 12); *Laumen*, MDR 2015, 1 (4); MüKo/*Prütting*, ZPO, § 286 Rn. 97; Zöller/*Greger*, ZPO, Vorb. § 284 Rn. 17.
1143 Etwa *Laumen*, MDR 2015, 1 (4).
1144 *Leipold*, Beweismaß, S. 22; *Laumen*, MDR 2015, 1 (4 f.); Baumgärtel/Laumen/Prütting/*Laumen*, HdB Beweislast, Bd. 1, Kap. 9 Rn. 22 m.w.N.; Baumgärtel/Laumen/Prütting/*Prütting*, HdB Beweislast, Bd. 1, Kap. 25 Rn. 8 f.
1145 Baumgärtel/Laumen/Prütting/*Laumen*, HdB Beweislast, Bd. 1, Kap. 9 Rn. 22; Stein/Jonas/*Thole*, ZPO, § 286 Rn. 125. Als ein vorbildliches da nach anerkannten methodischen Regeln vorgenommene richterrechtliche Rechtsfortbildung Beispiel einer Beweislastumkehr wird die Beweislastumkehr i.R. der Produzentenhaftung angesehen, vgl. Baumgärtel/Laumen/Prütting/*Laumen*, HdB Beweislast, Bd. 1, Kap. 9 Rn. 24. Grundlegende Entscheidung war hier der sog. Hühnerpestfall v. 26.11.1958, BGHZ 51, 91 = NJW 1969, 26 m. Anm. *Diederichsen*. Im Ergebnis wurde seitens des BGH eine Art Gefährdungshaftung des Warenherstellers nach den Deliktsgrundsätzen des § 823 I BGB kreiert, welcher in der Praxis nicht zuletzt aufgrund der Haftungsbeschränkungen i.R. des ProdHaftG weiterhin eine sehr große Rolle zukommt. Siehe umfassend dazu insb. Baumgärtel/Laumen/Prütting/*Prütting*, HdB Beweislast, Bd. 1, Kap. 25 Rn. 13–21. Im Arzthaftungsrecht entwickelte die Rspr. eine Beweislastumkehr bzgl. der haftungsbegründenden Kausalität bei groben Behandlungsfehlern. Diese Rspr. wurde zwar im Jahre 2013 in Gesetzesform gegossen (BGBl. I 2013 S. 277), blieb seitdem indes weiterhin v.a. für die deliktische Haftung relevant. Ungeachtet der seit Jahrzehnten als gefestigt anzusehenden BGH-Rspr. zur Arzthaftung,

der Gleichheit der Rechtsanwendung nicht wegen den konkreten Umständen des Einzelfalles beispielsweise wegen der Unzumutbarkeit des Beweises, der Beweisnot oder sonstigen einzelfallbezogenen Gerechtigkeits- und Billigkeitserwägungen zu einem Eingriff in die normativ festgelegte Verteilung der objektiven Beweislast und somit in die durch Gesetz vorgenommenen generalisierenden Risikozuweisungen kommen.[1146] Sofern dennoch seitens der Rechtsprechung die Neigung festgestellt werden kann, im Einzelfall auftretende Beweisschwierigkeiten mit einer „Beweislastumkehr" zu begegnen, ist dies bereits generell abzulehnen[1147] wobei oftmals noch nicht einmal deutlich

---

sieht sich selbige weiterhin der Kritik dahingehend ausgesetzt, dass eine überzeugende dogmatische Begründung für die Beweislastumkehr nicht gelungen sei. Auch seien, insb. aus dogmatischer Sicht, Lösungen durch Erleichterungen i.R. der Beweiswürdigung vorzuziehen. Eingehend hierzu insb. Baumgärtel/Laumen/Prütting/*Prütting*, HdB Beweislast, Bd. 1, Kap. 25 Rn. 22–21; *Katzenmeier*, Arzthaftung, S. 454 ff.; *Musielak*, Grundlagen, S. 145–155. Die Rspr. zur Beweislastumkehr hinsichtlich der haftungsbegründenden Kausalität bei groben Berufspflichtverletzungen wurde teilweise insofern ausgedehnt, als die jeweiligen verletzten Pflichten dem Schutz des Lebens und der Gesundheit eines anderen zu dienen bestimmt sind, vgl. den kurzen Überblick bei Baumgärtel/Laumen/Prütting/*Prütting*, HdB Beweislast, Bd. 1, Kap. 25 Rn. 35. Die weitere Ausdehnung der Beweislastumkehr auf andere (grobe) Berufspflichtverletzungen wird zu einem großen Teil der Rspr. sowie Literatur (zu Recht) abgelehnt, vgl. insb. BGHZ 126, 217 = NJW 1994, 3295 (3298); BGH, BeckRS 2013, 685 (Rn. 1) (jew. zur Anwaltshaftung); Zöller/*Greger*, ZPO, Vorb. § 284 Rn. 20b; Baumgärtel/Laumen/Prütting/*Prütting*, HdB Beweislast, Bd. 1, Kap. 25 Rn. 36 f. jew. m.w.N. Auch hierbei ist ein großer Argumentationspunkt, dass i.R. der Beweiswürdigung ausreichend beweisrechtliche Möglichkeiten zur Verfügung stehen, um den im Einzelfall auftretenden Beweisschwierigkeiten Rechnung tragen zu können. Allerdings wird eine Beweislastumkehr mithilfe der „Vermutung aufklärungsrichtigen Verhaltens" seitens der Rspr. bei der Verletzung von Aufklärungs- und Beratungspflichten insb. in Kapitalanlagefällen (BGHZ 193, 159 = NJW 2012, 2427) sowie bei Beratungsfehlern von Versicherungsmaklern (BGH, NJW-RR 2015, 158; BGH, NJW 2018, 1160 m. Anm. *Rixecker*) angewendet, vgl. weiterführend Zöller/*Greger*, ZPO, Vorb. § 284 Rn. 19a; BGH, NJW 2014, 2795; *Schwab*, NJW 2012, 3274 (3274 f.); Baumgärtel/Laumen/Prütting/*Prütting*, HdB Beweislast, Bd. 1, Kap. 25 Rn. 44 f.

1146 Vgl. BGH, NJW-RR 2010, 1378 (Rn. 12); Baumgärtel/Laumen/Prütting/*Laumen*, HdB Beweislast, Bd. 1, Kap. 9 Rn. 22 m.w.N.; Zöller/*Greger*, ZPO, Vorb. § 284 Rn. 17.

1147 Vgl. BGH, NJW 2004, 2011 (2013); BGH, NJW-RR 2010, 1378 (Rn. 12); Baumgärtel/Laumen/Prütting/*Laumen*, HdB Beweislast, Bd. 1, Kap. 9 Rn. 26;

gemacht wird, ob denn tatsächlich eine Umkehr der objektiven Beweislast (im technischen Sinne) gemeint ist[1148].

2.2.2. Unpraktikabilität für hiesigen Zweck

Obige Ausführung drängen zu dem Schluss, dass eine Beweiserleichterung in Gestalt des Abweichens von der Feststellungslastverteilung als abstrakt-generelle gesetzliche Risikoverteilung für den hiesigen Zweck nicht in Betracht kommt.

Denn im Hinblick auf die den Gegenstand der hiesigen Untersuchung bildenden Drittbeeinflussungsszenarien kann bereits nicht von den erforderlichen zwingenden sowie typischerweise vorliegenden Gründen zur Rechtfertigung der Abweichung von den gesetzlichen Vorgaben und somit der Schöpfung neuer abstrakt-genereller Beweislastregelungen ausgegangen werden. Vielmehr geht es hier gerade um die Abmilderung von einer einzelfallbezogenen Beweisnot, welche letztlich häufig in gewissen Konstellationen vorliegen wird, sodass die hohen Hürden für eine richterrechtliche Modifikation der Feststellungslastverteilung bereits nicht erreicht werden. Darüber hinaus ist es dogmatisch vorzugwürdig, die erforderliche dringende Notwendigkeit einer Umkehr der objektiven Beweislast durch richterrechtliche Rechtsfortbildung bereits dann zu verneinen, wenn eine generelle und typischerweise bestehende Beweisnot einer Partei eben auch durch eine Beweiserleichterung im Rahmen der Beweiswürdigung beseitigt werden kann.[1149] Etwaige „Beweislastmanipulationen" sind also verfehlt, solange nicht alle Möglichkeiten der Beweiswürdigung (erfolglos) ausgeschöpft wurden[1150]. Sonach ist sowohl die Beweislastentscheidung als auch die Beweislastumkehr durch das Gericht als *ultima ratio* anzusehen.[1151] Die hiesige

---

MüKo/*Prütting*, ZPO, § 286 Rn. 124; Baumgärtel/Laumen/Prütting/*Prütting*, HdB Beweislast, Bd. 1, Kap. 25 Rn. 4; *Schmidt*, JuS 2003, 1007 (1013); *Jäckel*, BeweisR-HdB, Rn. 883.

1148 Zu dieser undifferenzierten Begriffsverwendung etwa *Musielak*, in: FG 50 Jahre BGH, S. 193 (210 f.).

1149 Vgl. zu Recht etwa Baumgärtel/Laumen/Prütting/*Laumen*, HdB Beweislast, Bd. 1, Kap. 9 Rn. 26; Baumgärtel/Laumen/Prütting/*Prütting*, HdB Beweislast, Bd. 1, Kap. 25 Rn. 9; Musielak/Voit/*Foerste*, ZPO, § 286 Rn. 37; *Laumen*, NJW 2002, 3739 (3743); *Mentz*, Beweislastumkehr, S. 101

1150 *Weber*, Kausalitätsbeweis, S. 233, begründet dies weniger mit der dann mangelnden Gesetzeslücke bzw. dem fehlenden Regelungsbedarf, sondern mehr mit einer gewissen Subsidiarität bzw. einer logischen sowie chronologischen Vorrangigkeit der Beweiswürdigungsregeln ggü. den Beweislastregeln.

1151 So auch *Mentz*, Beweislastumkehr, S. 101.

Untersuchung wird indes zu dem Ergebnis gelangen, dass der gegenständlichen Beweisnot anhand Beweiserleichterungen auf der Ebene der Beweiswürdigung adäquat begegnet werden kann.

Im Falle einer wie hier zu bejahenden einzelfallabhängigen strukturell bedingten Schwierigkeit der Beweisführung ist daher keine Umkehr der Beweislast, sondern richtigerweise mehr die Modifizierung der Darlegungslast als angebrachtes Mittel zur Beweiserleichterung anzusehen.[1152]

Schließlich sowie zusätzlich zu diesen dogmatischen Erwägungen, würde eine Beweislastumkehr im Rahmen des Sittenwidrigkeitstatbestandes des § 138 Abs. 1 BGB für die Drittbeeinflussungsszenarien im hiesigen Kontext bereits aus grundsätzlicher Sicht einen zu massiven Eingriff in die Testierfreiheit des Erblassers wie auch in die hieraus abgeleiteten Rechte der Bedachten darstellen. Denn in solchen Fällen würde konsequenterweise von vornherein von der Sittenwidrigkeit der Verfügung ausgegangen werden und es wäre an dem Begünstigten, den erforderlichen vollen (echten) Beweis des Gegenteils zu erbringen. Der anvisierte Schutz der Testierfreiheit würde in diesem Fall eine solche Extremlage einnehmen, dass er über sein Ziel hinausschießen, wenn nicht sogar dieses Ziel diametral umkehren würde.

2.2.3. Zwischenergebnis

Nach alledem ist ein Lösungsweg bezüglich der im hiesigen Kontext bestehenden Beweisnot anhand von Beweiserleichterungen auf der Ebene der Sachverhaltsermittlung beziehungsweise Beweiswürdigung vorzuziehen und wird im weiteren Fortgang verfolgt.

2.3. Praktikabilität von Erleichterungen im Zusammenhang mit der Sachverhaltsermittlung beziehungsweise Beweiswürdigung

Unter die prozessualen Erleichterungen auf der Ebene der Sachverhaltsermittlung beziehungsweise Beweiswürdigung können insbesondere Erfahrungssätze in Gestalt der beweisrechtlichen Institute des „Indizienbeweises" sowie des „Anscheinsbeweises" gefasst werden.[1153] Ferner können über die Grundsätze

---

1152 Vgl. allg. auch Zöller/*Greger*, ZPO, Vorb. § 284 Rn. 17; BVerfG, NJW 2000, 1483; BGH, NJW 2005, 2395 (2397).
1153 Vgl. auch *Jung*, Das wucherähnliche Rechtsgeschäft, S. 56.

der sekundären Darlegungslast vergleichbare Erleichterungen geschaffen werden.[1154]

Diese Institute sollen nachfolgend mit ihren Charakteristika dargestellt werden, um sie im Anschluss für den hiesigen Untersuchungszweck individuell anzuwenden.

2.3.1. Beweisrechtlicher Topos der „tatsächlichen Vermutungen"?

Bereits zu Beginn dieses Untersuchungsabschnitts sei zu Klarheitszwecken darauf hingewiesen, dass der seitens der Rechtsprechung beliebte und oft bemühte beweisrechtliche Topos der sogenannten tatsächlichen Vermutungen[1155] ein

---

1154 Ohne freilich einen Anspruch auf Vollständigkeit zu erheben, sollen hier lediglich die für den hiesigen Untersuchungsgegenstand gewinnbringend erscheinenden beweisrechtlichen Institute behandelt werden.

1155 Stellenweise auch „natürliche", „unechte" oder „ungesetzliche" Vermutungen genannt, vgl. *Prütting*, Gegenwartsprobleme, S. 50; *Laumen*, MDR 2015, 1 (3); *Piekenbrock*, WM 2012, 429; Baumgärtel/Laumen/Prütting/*Laumen*, HdB Beweislast, Bd. 1, Kap. 19 Rn. 1. Zwingend ist eine Abgrenzung zu den streng von den „tatsächlichen Vermutungen" zu unterscheidenden gesetzlichen Tatsachenvermutungen i.S. des § 292 ZPO, welche zu einer Umkehr der objektiven Beweislast führen, eingehend dazu *Laumen*, MDR 2015, 1 (3); Baumgärtel/Laumen/Prütting/*Laumen*, HdB Beweislast, Bd. 1, Kap. 19 Rn. 34 f. Diese gesetzlichen Vermutungen zählen nach heute unbestrittener Auffassung zu den Beweislastnormen, Baumgärtel/Laumen/Prütting/*Laumen*, HdB Beweislast, Bd. 1, Kap. 12 Rn. 16; Stein/Jonas/*Thole*, ZPO, § 292 Rn. 5 jew. m.w.N. Gesetzliche Tatsachenvermutungen sind etwa solche der §§ 685 II, 938, 1117 III, 1253 II, 2009 BGB, vgl. auch Zöller/*Greger*, ZPO, Vorb. § 284 Rn. 10. Zur Widerlegung dieser gesetzlichen Vermutungen bedarf es nach § 292 S. 1 ZPO des Beweises des Gegenteils somit kein bloßer Gegenbeweis, sondern Hauptbeweis. Demnach ist zur vollen Überzeugung des Gerichts nachzuweisen, dass die vermutete Tatsache unwahr ist resp. der vermutete Rechtszustand nicht oder anders besteht, vgl. BGHZ 156, 310 = NJW 2004, 217 (219); Thomas/Putzo/*Seiler*, ZPO, § 292 Rn. 4; Baumgärtel/Laumen/Prütting/*Laumen*, HdB Beweislast, Bd. 1, Kap. 12 Rn. 16. Die (bloße) Erschütterung der Vermutungsbasis bzw. die Erweckung von Zweifeln beim Gericht reichen nicht, Musielak/Voit/*Huber*, ZPO, § 292 Rn. 5; MüKo/*Prütting*, ZPO, § 292 Rn. 25. Nach heute allg. Meinung scheidet eine (auch nur analoge) Anwendung des § 292 ZPO auf tatsächliche Vermutungen aus, vgl. BGH, NJW 2010, 363 (Rn. 15); HK-ZPO/*Saenger*, § 292 Rn. 4; Musielak/Voit/*Huber*, ZPO, § 292 Rn. 1; Zöller/*Greger*, ZPO, Vor § 284 Rn. 33; Rosenberg/Schwab/Gottwald, ZPO, § 113 Rn. 35; Baumgärtel/Laumen/Prütting/*Laumen*, HdB Beweislast, Bd. 1, Kap. 19 Rn. 35 m.w.N.

zu keiner Gruppe zu zählendes Instrument der Beweiserleichterung darstellt.[1156] Hierbei handelt es sich um weder auf gesetzlicher oder vertraglicher noch auf irgendeiner normativen Grundlage beruhenden und dem Gesetz unbekannten Vermutungen, in Gestalt von seitens der Richterpraxis (frei) entwickelten Denkfiguren[1157], mit dem Zweck der Erleichterung einer Beweisführung oder gar der Abänderung einer gesetzlichen Beweislastverteilung.[1158] Somit steht mit diesen „tatsächlichen Vermutungen" die Legitimierung einer ganzen Reihe von sowohl in den Voraussetzungen als auch in den Rechtsfolgen sehr unterschiedlichen Beweiserleichterungen auf unterschiedlichen Rechtsgebieten im Kontext,[1159] wobei wiederum hinter ihnen bei genauerer Betrachtung die beweisrechtlichen Institute des Indizienbeweises, des Anscheinsbeweises[1160] oder gar der (wohl „echten") Beweislastumkehr[1161] zu finden

---

1156 Siehe etwa *Piekenbrock*, WM 2012, 429 (434); *Laumen*, MDR 2015, 1.

1157 Bisweilen handelt es sich um ein historisches Relikt der Präsumtionenlehre des *ius commune*, vgl. *Prütting*, Gegenwartsprobleme, S. 50; *Laumen*, MDR 2015, 1 (4) sowie eingehend zur geschichtlichen Entwicklung der Präsumtionenlehre *Piekenbrock*, WM 2012, 429 (435 f.).

1158 Vgl. insb. MüKo/*Prütting*, ZPO, § 292 Rn. 29. Zu Recht krit. zur nicht klaren Linie der Rspr. insb. auch Baumgärtel/Laumen/Prütting/*Laumen*, HdB Beweislast, Bd. 1, Kap. 19 Rn. 30.

1159 *Prütting*, Gegenwartsprobleme, S. 50; *Musielak*, Grundlagen, S. 156–159; Baumgärtel/Laumen/Prütting/*Laumen*, HdB Beweislast, Bd. 1, Kap. 19 Rn. 2 ff. mit Rspr.-Beispielen.

1160 Vgl. etwa die Rspr. des IX. Zivilsenats des BGH zur „Vermutung beratungsgemäßen Verhaltens" i.Z.m. der Haftung der rechts- und wirtschaftsberatenden Berufe: insb. BGHZ 123, 311 = NJW 1993, 3259; eingehend hierzu *Briesemeister*, Vermutung, S. 13–15. Siehe ebenso die BGH-Rspr. zur Vermutung der Sittenwidrigkeit bei schweren Äquivalenzstörungen BGH, NJW 2010, 363 (Rn. 15). Zum Ganzen insb. *Piekenbrock*, ZZP 131 (2018), 413 (422, 430 f.).

1161 Vgl. etwa die Rspr. des XI. Zivilsenats des BGH zur „Vermutung aufklärungsrichtigen Verhaltens" bei der Anlageberatung sowie Anlagevermittlung: BGHZ 124, 151 = DStR 1994, 329 m. Anm. *Goette*; eingehend hierzu *Briesemeister*, Vermutung, S. 16–18. Die ganz h.M. im Schrifttum stellt sich jedoch zu Recht gegen eine Abänderung der Beweislastverteilung anhand tatsächlicher Vermutungen *Laumen*, MDR 2015, 1 (4 mit Fn. 48) m.w.N. Vgl. insb. auch *Prütting*, Gegenwartsprobleme, S. 55; *Baumgärtel*, in: FS Schwab, S. 43 (51); Stein/Jonas/*Thole*, ZPO, § 292 Rn. 7; Baumgärtel/Laumen/Prütting/*Laumen*, HdB Beweislast, Bd. 1, Kap. 19 Rn. 36–43. Insb. würde ansonsten der Lebenserfahrung ein normativer Gehalt in Form einer abstrakten materiellrechtlichen Risikoverteilungsfunktion zugesprochen werden, wohingegen es sich bei der den tatsächlichen Vermutungen zugrunde liegenden Lebenserfahrung weniger um eine (rechtliche)

sind.[1162] Zu betonen ist dabei vor allem das besondere Verhältnis der „tatsächlichen Vermutungen" zum Anscheinsbeweis sowie zum Indizienbeweis, welches sich in einer Art Stufenverhältnis abbilden ließe. Auf der zweiten und somit „höheren" Stufe befinden sich „tatsächliche Vermutungen", denen so starke Indizien der Lebenserfahrung[1163] zugrunde liegen, dass es sich hierbei um den einen Anscheinsbeweis rechtfertigenden Erfahrungsgrundsatz handelt. Auf der sich darunter befindenden ersten Stufe sammeln sich wiederum „tatsächliche Vermutungen", denen schwächere Indizien der Lebenserfahrung zugrunde liegen, sodass im Ergebnis ein gewöhnlicher Indizienbeweis vorliegt. Entscheidend ist also, welche Beweiskraft beziehungsweise welchen Beweiswert der Richter dem jeweiligen Indiz respektive der jeweiligen „tatsächlichen Vermutung" beimisst.[1164]

Risikoverteilung, sondern eher um ein Kriterium (tatsächlicher) Beurteilung und Einordnung eines Lebenssachverhaltes handele, *Prütting*, Gegenwartsprobleme, S. 55. Das in den tatsächlichen Vermutungen zum Ausdruck kommende Erfahrungswissen sei also lediglich i.R. der Beweiswürdigung zu berücksichtigen und könne nicht dazu führen, eine Partei die Beweislast völlig abzunehmen, *Laumen*, MDR 2015, 1 (4).

1162 Vgl. MüKo/*Prütting*, ZPO, § 292 Rn. 30; *Prütting*, Gegenwartsprobleme, S. 50–53 (mit Rspr.); *Laumen*, MDR 2015, 1 (1–2) (mit Rspr.); *Baumgärtel*, in: FS Schwab, S. 43 (51). Eine große Anzahl an Stimmen aus der Literatur spricht sich sogar gegen die Verwendung des (insb. als missverständlich, überflüssig sowie entbehrlich angesehenen) Begriffes der „tatsächlichen Vermutung" überhaupt und stattdessen für die ausdrückliche Bezeichnung der tatsächlich verwendeten Rechtsinstitute aus, vgl. etwa MüKo/*Prütting*, ZPO, § 292 Rn. 30; Zöller/*Greger*, ZPO, Vorb. § 284 Rn. 33; *Musielak*, JA 2010, 561 (566); *Piekenbrock*, WM 2012, 429 (439 f.); *Laumen*, MDR 2015, 1 (6); Baumgärtel/Laumen/Prütting/*Laumen*, HdB Beweislast, Bd. 1, Kap. 19 Rn. 61 m.w.N., 63; *Baumgärtel*, in: FS Schwab, S. 43 (51). Passend erscheint insofern der Vorschlag von *Piekenbrock* (ZZP 131 (2018), 413 (428)), einheitlich von „Indizien" zu sprechen anstatt den Begriff der „Vermutungen" zu verwenden.

1163 Als kennzeichnend wird es überwiegend angesehen, dass die Grundlage einer „tatsächlichen Vermutung" Sätze der Lebenserfahrung bilden, *Laumen*, MDR 2015, 1 (3) m.w.N. Mithin bedarf es eines Satzes der alltäglichen Lebenserfahrung, dessen Wahrscheinlichkeit so hoch ist, dass er eine entsprechende Schlussfolgerung auch im konkreten Einzelfall zulässt, *Musielak*, JA 2010, 561 (563); *Laumen*, MDR 2015, 1 (3).

1164 Vgl. zum Ganzen MüKo/*Prütting*, ZPO, § 292 Rn. 31; *Prütting*, Gegenwartsprobleme, S. 57 f.; Baumgärtel/Laumen/Prütting/*Laumen*, HdB Beweislast, Bd. 1, Kap. 19 Rn. 57.

Kürzer gesagt: Das in den tatsächlichen Vermutungen zum Ausdruck kommende Erfahrungswissen findet sich (dogmatisch vorzugswürdig) im Rahmen der Beweiswürdigung entweder in Gestalt eines (bloßen) Indizienbeweises oder – bei besonders starken Sätzen der Lebenserfahrung in Gestalt eines Anscheinsbeweises wieder.[1165] Diesen beiden für die hiesige Untersuchung zielführenden Instituten wird weiter nachgegangen.

2.3.2. Indizienbeweis

„Verläßliche Information läßt sich häufig nur durch ein Mosaik an Indiztatsachen gewinnen, die erhoben und fachkundig ausgewertet werden müssen."[1166]

Für den hiesigen Untersuchungszweck wird sich im Weiteren insbesondere dem Institut des Indizienbeweises bedient werden.

Der Ausgangspunkt für eine Beweisaufnahme ist, dass in diesem Rahmen grundsätzlich zwischen einem unmittelbaren (direkten) Beweis sowie einem mittelbaren (indirekten) Beweis zu differenzieren ist. Gegenstand des unmittelbaren Beweises sind tatsächliche Behauptungen, welche unmittelbar und direkt die Verwirklichung eines gesetzlichen Tatbestandsmerkmals nachweisen sollen. Dagegen bezieht sich der Indizienbeweis gerade auf andere tatbestandsfremde Tatsachen, welche erst durch ihr Zusammenwirken mit weiteren anderen Tatsachen den Schluss auf das Vorliegen eines Tatbestandsmerkmals selbst rechtfertigen. Diese Indizien, auch als Indiz(ien)tatsachen, Anzeichen[1167] oder Hilfstatsachen[1168] bezeichnet, stellen sonach Tatsachen dar, aus denen auf andere erhebliche Tatsachen geschlossen wird. Der maßgebliche Kern des

---

1165 Siehe etwa auch *Laumen*, MDR 2015, 1 (4).
1166 *Schlosser*, JZ 1991, 599 (605); vgl. dazu auch BGHZ 53, 245 = NJW 1970, 946 (949) (*Anastasia*).
1167 Auch der Begriff Anzeichenbeweis ist geläufig, vgl. etwa *Gottwald*, Jura 1980, 303 (311); *Schneider*, Beweis, Rn. 374.
1168 Für eine synonymhafte Verwendung der Begriffe Indizien und Hilfstatsachen insb. auch *Hansen*, JuS 1992, 327; ebenso etwa BAG, NJW 2014, 3677 (Rn. 39); *Oberheim*, Taktik, Rn. 1660; *Schneider*, Zivilrechtsfall, Rn. 306, 308; *Schellhammer*, Zivilprozess, Rn. 513. Die Gegenstimmen hierzu verwenden den Begriff Hilfstatsachen allein hinsichtlich dem (Un)Wert bzw. der Brauchbarkeit eines Beweismittels, wobei hierfür auch der Begriff Beweistatsachen oftmals verwendet wird, siehe zum Ganzen *Hansen*, JuS 1992, 327 (327, 328); Zöller/*Greger*, ZPO, Vorb. § 284 Rn. 2c, 5. Bei dieser Frage steht indes allein die Terminologie im Vordergrund, ohne Auswirkungen auf die Ergebnisse in der Praxis, sodass eine

Indizienbeweises ist daher nicht die Indizientatsache an sich, sondern der daran anknüpfende weitere Denkprozess, kraft dessen anhand von Erfahrungssätzen der allgemeinen Lebenserfahrung auf das Vorhandensein der jeweiligen rechtserheblichen weiteren (Haupt)Tatsachen geschlossen werden kann,[1169] sodass es im Grunde um die Schlussfolgerung von Tatsachen auf Tatsachen geht[1170].

Streitentscheidung hier nicht angebracht erscheint, grds. dazu auch Baumgärtel/Laumen/Prütting/*Laumen*, HdB Beweislast, Bd. 1, Kap. 18 Rn. 9 f.

1169 Zum Ganzen insb. BGHZ 53, 245 = NJW 1970, 946 (950) (*Anastasia*). Vgl. auch *Hansen*, JuS 1992, 327; *Oberheim*, Taktik, Rn. 1660, 1680; Baumgärtel/Laumen/Prütting/*Laumen*, HdB Beweislast, Bd. 1, Kap. 18 Rn. 2. Begrifflich versteht man unter einem Indizienbeweis sowohl den gedanklichen Schluss vom Indiz auf die streitige Haupttatsache als auch den Beweis über das streitige Indiz, *Schellhammer*, Zivilprozess, Rn. 514. Weil es sich gerade um einen solchen (reinen) Denkprozess handelt, welcher (lediglich) den Gesetzen der Logik unterliegt, darf und hat das Gericht wegen des Grundsatzes der freien richterlichen Beweiswürdigung auch aus den nicht vorgetragene Indizien, welche jedoch im Zuge der Beweisaufnahme zum Vorschein gekommen sind, seine Schlussfolgerungen zu ziehen, selbst wenn dieselben so von keiner Partei gezogen resp. vorgetragen wurden, vgl. RGZ 80, 363 (365); RGZ 86, 143 (145); RGZ 95, 70 (72); *Rosenberg*, Beweislast, S. 44 mit Fn. 1 m.w.N.; *Schneider*, Beweis, Rn. 88; Baumgärtel/Laumen/Prütting/*Laumen*, HdB Beweislast, Bd. 1, Kap. 18 Rn. 35.

1170 *Hansen*, JuS 1992, 327. So bereits *Wendt*, AcP 63 (1880), 254 (279); *Heusler*, AcP 62 (1879), 209 (231). Von einigen Stimmen wird (in nicht ganz ungerechtfertigter Weise) behauptet, dass beinahe jeder Beweis ein mittelbarer Beweis sei, vgl. Baumgärtel/Laumen/Prütting/*Laumen*, HdB Beweislast, Bd. 1, Kap. 18 Rn. 1 m.w.N. Dessen ungeachtet fällt in der juristischen Fachsprache allein der doppelt mittelbare Beweis (Beweis der indizierenden Tatsache (Indiz), Schlussfolgerung auf die Haupttatsache) unter den Indizienbeweis, Baumgärtel/Laumen/Prütting/*Laumen*, HdB Beweislast, Bd. 1, Kap. 18 Rn. 1; *Schneider*, Beweis, Rn. 374. Insb. die „inneren Tatsachen" wie das Wissen und Wollen oder die Willensrichtung einer Person an sich, mithin Vorgänge im geistigen Bereich einer Person (in Abgrenzung zu den „äußeren Tatsachen" als sinnfällige, für die Außenwelt wahrnehmbare Ereignisse), sind einem unmittelbaren Beweis (mit Ausnahme der Parteivernehmung) von vornherein nicht zugänglich und unterfallen daher typischerweise dem Anwendungsbereich des Indizienbeweises, vgl. dazu *Hansen*, JuS 1992, 327; *Oberheim*, JuS 1996, 729; Baumgärtel/Laumen/Prütting/*Laumen*, HdB Beweislast, Bd. 1, Kap. 18 Rn. 3, 5, 8; *Schellhammer*, Zivilprozess, Rn. 513. Das BVerfG (NJW 1993, 2165) hat ausdrücklich klargestellt, dass die Feststellung innerer Tatsachen jedenfalls in der Weise möglich ist, dass vom Gericht Umstände festgestellt werden, welche nach der Lebenserfahrung auf das Vorhandensein der festzustellenden Tatsache schließen lassen. Ferner tragen die einzelnen Verfahrensordnungen den hiermit verbundenen Unwägbarkeiten

Sehr dienlich für das hiesige Untersuchungsvorhaben erscheinen folgende Aspekte der Beweisführung anhand von Indizienbeweisen:

Im Rahmen einer Beweisführung durch Indizien darf das Gericht nicht lediglich jedes Indiz für sich werten, sondern es ist vielmehr eine Gesamtschau und Gesamtwürdigung aller feststehenden Indizien sowie der sonstigen Einzelfallumstände notwendig.[1171] Dieser Umstand ergibt sich daraus, dass ein auffallendes Zusammentreffen mehrerer für sich allein womöglich unergiebiger sowie unscheinbarer Indizien eine andere Schlussfolgerung ergibt respektive erst ermöglicht.[1172] Im Rahmen dieser anzustellenden Gesamtschau kann wiederum danach differenziert werden, ob sich die vorliegenden Indizien entweder gegenseitig bedingen und es sich daher um eine sogenannte Beweiskette (Beweis des einen Indizes durch das andere Indiz) handelt oder ob dieselben unabhängig voneinander nebeneinander stehen und dadurch einen sogenannten Beweisring bilden. Im letzteren Szenario schließen sich die einzelnen Indizien vergleichbar mit einem Ring um die Haupttatsache, sodass mit jedem weiteren Indiz die Gesamtschau an Überzeugungskraft zunimmt.[1173] Welche Beweiskraft den Indizien im Einzelnen sowie in einer Gesamtschau bei der Überzeugungsbildung beizumessen ist respektive welche Wahrscheinlichkeitsgrade den einzelnen Indizien zukommen sowie was die hieraus zu ziehenden Schlussfolgerungen sind, obliegt dem pflichtgemäßen Ermessen des Tatrichters.[1174]

---

dadurch Rechnung, indem sie sich mit der freien theoretische Zweifel nicht ausschließenden Überzeugung des Gerichts begnügen. Erforderlich sowie ausreichend ist es also auch für den mittelbar durch Indizien geführten (Voll)Beweis, dass eine dahingehende (persönliche) Gewissheit vorliegt und somit andere Schlüsse als der vom Richter gezogene nicht ernstlich in Betracht kommen, BGH, NJW 1998, 1870; BGHZ 53, 245 = NJW 1970, 946 (950) (*Anastasia*); Baumbach/Lauterbach/Hartmann/Anders/Gehle/*Nober*, ZPO, § 286 Rn. 18.

1171 Vgl. grundlegend BGHZ 53, 245 = NJW 1970, 946 (949) (*Anastasia*); BGH, NJW-RR 1994, 1112 (1113); BGH, NJOZ 2008, 2022 (2024); *Hansen*, JuS 1992, 327 (329); *Oberheim*, JuS 1996, 729 (730 f.); Baumgärtel/Laumen/Prütting/*Laumen*, HdB Beweislast, Bd. 1, Kap. 18 Rn. 30.

1172 Vgl. BGHZ 53, 245 = NJW 1970, 946 (949) (*Anastasia*); Baumgärtel/Laumen/Prütting/*Laumen*, HdB Beweislast, Bd. 1, Kap. 18 Rn. 30.

1173 Vgl. zum Ganzen insb. Baumgärtel/Laumen/Prütting/*Laumen*, HdB Beweislast, Bd. 1, Kap. 18 Rn. 30; *Hansen*, JuS 1992, 327 (329); *Geipel*, HdB Beweiswürdigung, § 18 Rn. 37 ff. (zu Beweisring), Rn. 65 ff. (zur Beweiskette).

1174 Vgl. BGH, NJW 1991, 1894 (1895); BGH, NJW 2004, 3423 (3424); BGH, NJW 2018, 2412 (2416); Baumbach/Lauterbach/Hartmann/Anders/Gehle/*Nober*, ZPO,

Eine zentrale Rolle kommt dieser Gesamtbetrachtung einzelner Indizien vor allem im Hinblick auf die korrekte Würdigung von Einzeltatsachen zur Ausfüllung normativer Tatbestandsmerkmale beziehungsweise unbestimmter Rechtsbegriffe wie etwa „sittenwidrig" zu.[1175] Im Lichte des Grundsatzes *iura novit curia* sind Rechtsbegriffe im Gegensatz zu Tatsachen weder einem Beweis noch einem Indizienbeweis zugänglich.[1176] Vielmehr hat sich das Gericht ein Werturteil bei normativen Tatbestandsmerkmalen durch Betrachtung der Einzeltatsachen selbst zu bilden.[1177] Von daher kann der sich auf die Sittenwidrigkeit Berufende eine solche nicht einfach (schlüssig) behaupten, sondern hat konkrete Einzelfallumstände vorzutragen, aus welchen das Vorliegen dieses normativen Tatbestandsmerkmals gefolgert werden kann.[1178] Vor allem bei dem unbestimmten Rechtsbegriff der Sittenwidrigkeit geschieht eine solche richterliche Würdigung im Wege einer umfassenden Gesamtbetrachtung aller konkreten Einzelfallumstände, insbesondere im Hinblick auf den Inhalt und die Umstände des Rechtsgeschäfts.[1179] Anerkanntermaßen stellen die vielen durch den jeweiligen konkreten Sachverhalt bedingten Einzeltatsachen zur Ausfüllung eines solchen normativen Tatbestandsmerkmals Haupttatsachen und gerade nicht Hilfstatsachen dar.[1180] Der sich auf die Sittenwidrigkeit Berufende kann also Indizien vorbringen und im Falle des Bestreitens beweisen[1181], um

---

§ 286 Rn. 30; Baumgärtel/Laumen/Prütting/*Laumen*, HdB Beweislast, Bd. 1, Kap. 18 Rn. 36.

1175 Dazu auch *Hansen*, JuS 1992, 327 (328); *Schneider*, Zivilrechtsfall, Rn. 324 ff.
1176 Vgl. etwa *Hansen*, JuS 1992, 327.
1177 Vgl. *Hansen*, JuS 1992, 327 (328); *Schneider*, Zivilrechtsfall, Rn. 326.
1178 *Hansen*, JuS 1992, 327 (328); *Schneider*, Zivilrechtsfall, Rn. 326, 328.
1179 Siehe oben unter Kap. III. 6.2.1.
1180 Vgl. *Hansen*, JuS 1992, 327 (328) m.w.N.; *Schneider*, Zivilrechtsfall, Rn. 312.
1181 Trotz dieser prinzipiellen Beweiserleichterung durch Indizien wird verlangt, dass die Indiztatsachen selbst zur vollen Überzeugung des Gerichts vorliegen, um aus ihnen eine Schlussfolgerung auf die jeweiligen Haupttatsachen ziehen zu können. Eine Beweisaufnahme über eine behauptete sowie schlüssige Indiztatsache kann also ohne Weiteres erforderlich werden. Vgl. hierzu *Hansen*, JuS 1992, 327 (328); *Musielak/Stadler*, Grundfragen, Rn. 179; *Wendt*, AcP 63 (1880), 254 (279); *Schneider*, Beweis, Rn. 389; *Oberheim*, JuS 1996, 729 (730); Baumgärtel/Laumen/Prütting/*Laumen*, HdB Beweislast, Bd. 1, Kap. 18 Rn. 22 ff., 31 f.; Baumbach/Lauterbach/Hartmann/Anders/Gehle/*Nober*, ZPO, § 286 Rn. 28. Die Beweislast für das Vorliegen der konkreten Indiztatsache trägt wiederum die Partei, welche auch die anvisierte Haupttatsache zu beweisen hat, BGH, NJW 2014, 3033 (Rn. 16); *Schellhammer*, Zivilprozess, Rn. 516; *Oberheim*, JuS 1997, 729 (730); Baumgärtel/Laumen/Prütting/*Laumen*, HdB Beweislast, Bd. 1, Kap. 18 Rn. 33.

eine Schlussfolgerung auf die jeweiligen Haupttatsachen zu ermöglichen, an deren Ende die Überzeugung des Gerichts[1182] von dem sittenwidrigen Verhalten steht.

2.3.3. Anscheinsbeweis

Sofern die höheren Anforderungen des Anscheinsbeweises im Einzelfall erfüllt sein sollten, würde der hier zu behandelnden Beweisnot der Erbprätendenten in hohem Maße entgegengewirkt werden.

Der Anscheinsbeweis beziehungsweise Beweis des ersten Anscheins oder *prima-facie*-Beweis ist gerade kein besonderes Beweismittel, sondern vielmehr eine typisierte Form des Indizienbeweises[1183], also eine Form der mittelbaren Beweisführung sowie eine richterrechtlich anerkannte Möglichkeit der Erleichterung derselben[1184], und hat wie der Indizienbeweis die Berücksichtigung der allgemeinen Lebenserfahrung durch den Richter im Rahmen der freien

---

[1182] Auch bzgl. der Richtigkeit der zu beweisenden Haupttatsache wird weiterhin die volle richterliche Überzeugung verlangt, obgleich der auch sonst für die Beweiswürdigung maßgebende Grundsatz gilt, dass sich der Tatrichter mit einem für das praktische Leben brauchbaren Grad von Gewissheit begnügen muss, welcher dem Zweifel schweigen gebietet, ohne in völlig auszuschließen, vgl. BGHZ 53, 245 = NJW 1970, 946 (950) (*Anastasia*); BGH, NJW 1993, 935 (937); *Schneider*, Beweis, Rn. 73, 385; *Oberheim*, JuS 1996, 729 (730); Baumgärtel/Laumen/Prütting/*Laumen*, HdB Beweislast, Bd. 1, Kap. 18 Rn. 36. Nichtsdestominder ist der Richter beim (mittelbaren) Indizienbeweis mehr noch als bei der Würdigung des auf die Haupttatsache bezogenen (unmittelbaren) Beweises von Wertungen aufgrund von Erfahrungssätzen abhängig, *Oberheim*, JuS 1996, 729 (730). Als höchstmögliche beweisrechtliche Wirkung können Indiztatsachen dazu führen, dass der jeweilige Hauptbeweis für einen konkreten Umstand als erbracht angesehen werden kann, mit der Folge einer Umkehr der konkreten Beweisführungslast, sodass die objektive Beweislastverteilung (auch hier) nicht tangiert wird, Baumgärtel/Laumen/Prütting/*Laumen*, HdB Beweislast, Bd. 1, Kap. 18 Rn. 47.

[1183] BGH, NJW 2019, 661 (Rn. 50); Stein/Jonas/*Thole*, ZPO, § 286 Rn. 214. *Schellhammer*, Zivilprozess, Rn. 518 beschreibt das Verhältnis sehr plastisch: „Indizien- und Anscheinsbeweis sind nahe verwandt, beide kommen aus der Lebenserfahrung. Der Anscheinsbeweis ist der schwächere Bruder des Indizienbeweises." Vgl. eingehend zu den (Gegen)Positionen i.H.a. die Abgrenzung des Anscheinsbeweises vom Indizienbeweis Baumgärtel/Laumen/Prütting/*Laumen*, HdB Beweislast, Bd. 1, Kap. 17 Rn. 3, Kap. 18 Rn. 16 ff. jew. m.w.N.

[1184] Baumgärtel/Laumen/Prütting/*Laumen*, HdB Beweislast, Bd. 1, Kap. 12 Rn. 23., siehe umfassend zur Rechtsnatur sowie Wirkungsweise Kap. 17 Rn. 5.

Beweiswürdigung[1185] zum Gegenstand.[1186] Die Anwendung des Anscheinsbeweises ist sowohl bei Verfahren mit Verhandlungsgrundsatz als auch mit Untersuchungsgrundsatz anerkannt.[1187] Bedingung für die Anwendung des Anscheinsbeweises ist ein sogenannter typisierter Geschehensablauf, mithin ein sich aus der Lebenserfahrung bestätigender gleichförmiger Vorgang, aufgrund dessen Typizität es sich gerade erübrigt, die tatsächlichen Einzelumstände eines bestimmten historischen Geschehens nachzuweisen.[1188] Im Rahmen der Beweisführung erlaubt ein solcher (starker) Erfahrungssatz in Verbindung mit bereits feststehenden Tatsachen[1189] den Schluss auf die eigentlich zu beweisende

---

1185 Die Rspr. und die ganz h.M. im Schrifttum rechnet den Anscheinsbeweis der Beweiswürdigung zu und charakterisiert denselben als eine Beweiswürdigungsregel, BGH, NJW 1998, 79 (80 f.); Baumgärtel/Laumen/Prütting/*Laumen*, HdB Beweislast, Bd. 1, Kap. 17 Rn. 9 jew. m.w.N.
1186 MüKo/*Prütting*, ZPO, § 286 Rn. 50.
1187 BGHZ 53, 369 = NJW 1970, 1273 (1276); BayObLG, FamRZ 2005, 1014 (1015) (jew. zum Nachlassverfahren), Baumgärtel/Laumen/Prütting/*Laumen*, HdB Beweislast, Bd. 1, Kap. 17 Rn. 1. Ebenso obgleich mit der Abwandlung, dass im Amtsermittlungsverfahren lediglich die materielle Beweislast im Sinne der Feststellungslast maßgeblich sein kann: BayObLGZ 1979, 256 (266); Bumiller/Harders/Schwamb/*Bumiller*, FamFG, § 26 Rn. 5. Etwa kann für eine Testierunfähigkeit der erste Anschein sprechen, wenn seitens des Gerichts eine Überzeugung dahingehend herrscht, dass der Erblasser zeitlich vor sowie nach der Testamentserrichtung testierunfähig war und somit allein die Möglichkeit einer vorübergehenden Besserung des Geisteszustandes in Gestalt eines lichten Intervalls in Betracht kommt, BayObLGZ 1979, 256 (266); *Habscheid*, Freiwillige Gerichtsbarkeit, § 21 III. 2. b). Zur begründeten Kritik hinsichtlich der Erwägung eines lichten Intervalls an sich, siehe oben Kap. III. 1.2.1.1.3.3.
1188 MüKo/*Prütting*, ZPO, § 286 Rn. 50; Baumgärtel/Laumen/Prütting/*Laumen*, HdB Beweislast, Bd. 1, Kap. 17 Rn. 10, 13. Vgl. auch BGH, NJW 2019, 661 (Rn. 50).
1189 Weiterhin erforderlich ist auch bei der Anwendung des Anscheinsbeweises, dass die festzustellenden Tatsachen zur vollen Überzeugung des Richters vorliegen, BGH, NJW 1998, 79 (81); *Prütting*, Gegenwartsprobleme, S. 107, 110; MüKo/*Prütting*, ZPO, § 286 Rn. 52. Ferner trägt die Partei, welche aus dem Anscheinsbeweis Rechtsfolgen ableiten möchte, die Darlegungs- und Beweislast für sämtliche tatsächliche Voraussetzungen desselben (BGH, NJW 2006, 300 (301); BGHZ 208, 331 = NJW 2016, 2024 (2027 f.) m. Anm. *Knops*; Stein/Jonas/*Thole*, ZPO, § 286 Rn. 215 mit Fn. 569; Zöller/*Greger*, ZPO, Vorb. § 284 Rn. 29), wobei sich die Substantiierungslast hierfür wiederum nach der jeweiligen Vermutungsbasis selbst richtet und insofern ein Gleichlauf herrscht, sodass im Einzelfall auch ein pauschales Behaupten durchaus ausreichen kann, siehe zum Ganzen Baumgärtel/Laumen/Prütting/*Laumen*, HdB Beweislast, Bd. 1, Kap. 17 Rn. 31.

Tatsache, beispielsweise auf den Eintritt eines bestimmten Erfolges.[1190] Unter Zuhilfenahme der allgemeinen Lebenserfahrung können fehlende konkrete Indizien bei der Beweiswürdigung überbrückt werden.[1191] Eine Abweichung zu den allgemeinen Beweisregeln ergibt sich durch den Anscheinsbeweis also insofern, dass der konkrete Geschehensablauf nicht festgestellt werden muss, da gerade von einem typischen, durch die Lebenserfahrung bestätigten, gleichförmigen Hergang ausgegangen werden kann, solange das Geschehen keine Umstände aufweist, welche es ernsthaft als möglich erscheinen lassen, dass ein atypischer Geschehensablauf vorlag.[1192] Wesentlicher Aspekt ist also nicht allein die Wahrscheinlichkeit des angenommenen Geschehens, sondern mehr dessen Erscheinungsform als „Muster"[1193], sodass ungeachtet einer weniger hohen statistischen Wahrscheinlichkeit die Anforderungen für einen Anscheinsbeweis erfüllt sein können.[1194]

Durch die erfolgreiche Führung eines Anscheinsbeweises wird also die Beweisführung erleichtert, ohne dass allerdings nach einhelliger Auffassung die objektive Beweislast umgekehrt wird.[1195] Es kommt (lediglich) zu einer Umkehr

---

1190 BGH, NJW 2019, 661 (Rn. 50). Wobei *Jungmann*, ZZP 120 (2007), 459 (461 ff.) mit seiner Untersuchung aufzeigt, dass die Rspr. in mehreren Fällen zwar einen Anscheinsbeweis angenommen hat, dies jedoch ohne einen (existierenden) Erfahrungssatz und mehr anhand einer Beweisführung im Wege eines Ausschlussverfahrens mehrerer Möglichkeiten erfolgte, wodurch sich wiederum eine eigenständige Kategorie in Gestalt des „Anscheinsbeweis ohne ersten Anschein" herausgebildet hat. Hierzu auch Baumgärtel/Laumen/Prütting/*Laumen*, HdB Beweislast, Bd. 1, Kap. 17 Rn. 13. Ebenso weisen *Rosenberg/Schwab/Gottwald*, ZPO, § 114 Rn. 18 darauf hin, dass in der Praxis teilweise auch Erfahrungssätze, welche gerade nicht typischen Abläufen oder der allg. Lebenserfahrung entsprechen, für einen Anscheinsbeweis herangezogen werden. Ausführlich zu den „für jede Beweiswürdigung schlechthin unentbehrlich[en]" Erfahrungssätzen *Schneider*, Beweis, Rn. 324 ff.
1191 BGH, NJW 1998, 79 (81).
1192 BGH, NJW 2019, 661 (Rn. 50); BGH, NJW 2010, 1072 (Rn. 11); BGH, NJW 2012, 2263 (Rn. 13).
1193 BGH, NJW 1991, 230 (231).
1194 Baumgärtel/Laumen/Prütting/*Laumen*, HdB Beweislast, Bd. 1, Kap. 17 Rn. 13.
1195 *Laumen*, MDR 2015, 1 (4). Vgl auch *Rosenberg*, Beweislast, S. 187. Zur früheren abweichenden Ansicht in der Rspr. etwa Baumgärtel/Laumen/Prütting/*Laumen*, HdB Beweislast, Bd. 1, Kap. 17 Rn. 2.

der konkreten Beweisführungslast.[1196] Als Folge hiervon hat der Gegner den Gegenbeweis und nicht den Beweis des Gegenteils respektive den Gegenteilbeweis[1197] zu führen,[1198] sodass die vorläufige Überzeugung des Gerichts zu erschüttern ist. Terminologisch wäre es also an sich angebracht(er), von einer Beweiswürdigung aufgrund des ersten Anscheins zu sprechen, anstatt von einem Anscheinsbeweis.[1199]

Die Abgrenzung des Anscheinsbeweises zum Indizienbeweis kann also in erster Linie durch die Überlegung vorgenommen werden, dass ein (nicht ausreichend starkes) Indiz und dessen zugrundeliegender Erfahrungssatz[1200] allein regelmäßig nicht die Schlussfolgerung auf die anvisierte Haupttatsache zulassen wird, sondern es vielmehr einer Kumulation von weiteren Indizien bedarf.[1201] Im Hinblick auf den Anscheinsbeweis hingegen wird oftmals ein Umstand allein ausreichen, kraft dessen wiederum im Wege eines besonders gesicherten Erfahrungssatzes[1202] die gewollte Schlussfolgerung bejaht werden

---

1196 *Laumen*, MDR 2015, 1 (5); Baumgärtel/Laumen/Prütting/*Laumen*, HdB Beweislast, Bd. 1, Kap. 17 Rn. 33; HK-ZPO/*Saenger*, § 286 Rn. 40; *Prütting*, Gegenwartsprobleme, S. 55.

1197 *Musielak/Stadler*, Grundfragen, Rn. 179.

1198 Eine Erschütterung des Anscheinsbeweises bzw. ein erheblicher Erschütterungsbeweis (*Schneider*, Beweis, Rn. 342) ist zu bejahen, sobald die ernsthafte Möglichkeit eines von der Lebenserfahrung abweichenden bzw. eines atypischen Geschehensablaufs bewiesen resp. der Richter zur vollen Überzeugung von dieser ernsthaften Möglichkeit gelangt ist (Zöller/*Greger*, Vorb. § 284 Rn. 29; Rosenberg/Schwab/Gottwald, ZPO, § 114 Rn. 39; Baumgärtel/Laumen/Prütting/*Laumen*, HdB Beweislast, Bd. 1, Kap. 17 Rn. 36). Vgl. dazu auch *Laumen*, MDR 2015, 1 (5), der indes zu Recht darauf hinweist, dass jeder Praktiker wisse, dass ein Gegenbeweis regelmäßig genauso schwer zu führen sei wie ein Beweis des Gegenteils, da zwischen der Überzeugung vom Gegenteil des Hauptbeweises und der Erschütterung der vorläufigen Überzeugung vom Vorliegen des Hauptbeweises oft kaum ein Hauch liege.

1199 *Schneider*, Beweis, Rn. 323 (mit Verweis auf RGZ 134, 237 (241 f.) und BAG, AP § 139 ZPO Nr. 1); zust. Baumgärtel/Laumen/Prütting/*Laumen*, HdB Beweislast, Bd. 1, Kap. 17 Rn. 9.

1200 Teilweise „einfacher" Erfahrungssatz genannt, vgl. etwa Baumgärtel/Laumen/Prütting/*Laumen*, HdB Beweislast, Bd. 1, Kap. 17 Rn. 27.

1201 *Hansen*, JuS 1992, 327 (330); *Prütting*, Gegenwartsprobleme, S. 108; Baumgärtel/Laumen/Prütting/*Laumen*, HdB Beweislast, Bd. 1, Kap. 17 Rn. 27.

1202 Auch als „Erfahrungsgrundsatz" bezeichnet, vgl. etwa Baumgärtel/Laumen/Prütting/*Laumen*, HdB Beweislast, Bd. 1, Kap. 17 Rn. 26.

kann.[1203] Erfahrungssätze die eine weniger hohe Wahrscheinlichkeit für ein bestimmtes Geschehen begründen, rechtfertigen daher regelmäßig zwar keinen Anscheinsbeweis, finden dafür jedoch weiterhin im Rahmen der freien Beweiswürdigung als (bloße) Indizien Berücksichtigung.[1204] Ferner resultiert ein beachtlicher Unterschied daraus, dass sich der (Anscheins)Beweisführer auf einen typischen, jedoch nicht näher individualisierten Geschehensablauf beruft, wohingegen der Indizienbeweis mehr auf individuelle Szenarien abzielt und darauf, die konkreten Tatumstände detailliert darzulegen; die Anforderungen an die Anscheinsbeweisführung sind insofern erhöht.[1205]

Generell ist bei der Anwendung des Anscheinsbeweises Zurückhaltung geboten[1206] und sie kann nur erfolgen, wenn ein Geschehen so häufig vorkommt, dass die Wahrscheinlichkeit, einen solchen Fall vor sich zu haben, sehr groß ist und damit als typisch bezeichnet werden kann[1207] oder eben aus anderen Gründen ein „typisches Ablaufmuster" zu bejahen ist. Zudem bestehen zumindest seitens der höchstrichterlichen Rechtsprechung grundsätzliche Bedenken dahingehend, ob ein Anscheinsbeweis überhaupt im Bereich individueller Willensentschlüsse beziehungsweise individueller Willensmomente in Betracht kommen kann.[1208] Denn die den individuellen Verhaltensweisen von Menschen in bestimmten Lebenslagen zugrundeliegenden Willensentschlüsse seien bei jedem Menschen nach verschiedenen, ihm besonders eigenen

---

1203 *Hansen*, JuS 1992, 327 (330); *Schneider*, Beweis, Rn. 324; *Prütting*, Gegenwartsprobleme, S.106 ff., insb. S. 108. Krit. ggü. dieser Abgrenzung, sofern allein auf die Anwendung eines Erfahrungssatzes abgestellt wird *Rosenberg/Schwab/Gottwald*, ZPO, § 114 Rn. 18.
1204 Vgl. auch *Laumen*, MDR 2015, 1 (6); Baumgärtel/Laumen/Prütting/*Laumen*, HdB Beweislast, Bd. 1, Kap. 17 Rn. 27.
1205 Vgl. auch *Hansen*, JuS 1992, 327 (330); *Gottwald*, Jura 1980, 303 (311); eingehend dazu sowie weiterführend zur Abgrenzung beider beweisrechtlichen Institute Baumgärtel/Laumen/Prütting/*Laumen*, HdB Beweislast, Bd. 1, Kap. 17 Rn. 27, Kap. 18 Rn. 19 f.; *Oberheim*, Taktik, Rn. 1680 ff.
1206 BGHZ 192, 84 = NJW 2012, 608 (Rn. 11); BGH, NJW 2019, 661 (Rn. 50).
1207 BGH, NJW 2004, 3623; BGH, NJW 2010, 1072 (Rn. 8); BGH, NJW 2012, 2263 (Rn. 13).
1208 BGH, NJW 1988, 1846; BGHZ, 104, 256 = NJW 1988, 2040 (2041); BGHZ 160, 134 = NJW 2004, 2664 (2666); BGH, NJW 2005, 2395 (2397 f.). Dazu insb. auch *Laumen*, MDR 2015, 1 (5)

Gesichtspunkten gefasst worden und entzögen sich daher einer typisierenden Betrachtungsweise.[1209]

Zu betonen ist jedoch, dass der BGH diesen Rechtssatz selbst als eine Regel betrachtet, welche Ausnahmen durchaus zulässt.[1210] Vorzugwürdig erscheint es daher vor allem im Hinblick auf das hiesige Untersuchungsziel sich nicht formalistisch an einer solchen (vermeintlichen und ohnehin nicht strikt eingehaltenen) Regel zu orientieren, sondern den neuralgischen springenden Punkt in der Frage zu sehen, ob im Hinblick auf das jeweils im Raum stehende menschliche Verhalten nun ein ausreichend gesicherter Erfahrungssatz respektive ein typisches Ablaufmuster bejaht werden kann oder nicht, um bejahendenfalls zu der dahingehend notwendigen Typizität zu gelangen.[1211] Denn „freilich sind auch Wissen, Entschlüsse und Gefühle einer Person in vielen Fällen durchaus ‚typisch'".[1212]

1209 Vgl. BGHZ 31, 351 = NJW 1960, 818 (819); BGHZ, 100, 214 = NJW 1987, 1944; *Musielak*, in: FG 50 Jahre BGH, S. 193 (206 f.); Baumgärtel/Laumen/Prütting/*Laumen*, HdB Beweislast, Bd. 1, Kap. 17 Rn. 56 ff., 121.

1210 BGHZ 123, 311 = NJW 1993, 3259 (3260) („Vermutung" bzw. Anscheinsbeweis bzgl. beratungsgemäßen Verhaltens des Mandanten bei Beratungspflichtverletzungen seitens des rechtlichen Beraters), siehe auch kurze Rspr.-Übersicht bei Baumgärtel/Laumen/Prütting/*Laumen*, HdB Beweislast, Bd. 1, Kap. 17 Rn. 58. Zur „Vermutung" bzw. Anscheinsbeweis bzgl. subjektivem Element i.R. des § 138 I BGB im Kontext von Ratenkreditverträgen, Finanzierungsleasingverträgen, Maklerverträgen, Grundstücksübertragungsverträgen, Bürgschaftsverträgen sowie Schuldbeitritten von Angehörigen siehe Rspr.-Übersicht bei Baumgärtel/Laumen/Prütting/*Laumen*, HdB Beweislast, Bd. 1, Kap. 17 Rn. 453–457. Grds. zu dieser „Unverbindlichkeit" der eigenen BGH-Regel auch *Laumen*, MDR 2015, 1 (5); *Musielak*, in: FG 50 Jahre BGH, S. 193 (206).

1211 So i.E. etwa auch *Laumen*, MDR 2015, 1 (5); *Musielak*, in: FG 50 Jahre BGH, S. 193 (206); Baumgärtel/Laumen/Prütting/*Laumen*, HdB Beweislast, Bd. 1, Kap. 17 Rn. 59; *Prütting*, Gegenwartsprobleme, S. 107.

1212 *Gottwald*, Jura 1980, 303 (311), welcher ebenso insoweit Erfahrungssätze anwenden möchte. Sofern also die Anwendung des Anscheinsbeweises auch und v.a. für die Bereiche mit höchstpersönlichen Entscheidungen, wie insb. im Familien- und Erbrecht, als generell ausgeschlossen angesehen wird (siehe dazu ausführlich *Briesemeister*, Vermutung, S. 29–34), kann dies wenn überhaupt nur i.Z.m. der Ermittlung eines hypothetischen (Alternativ)Verhaltens wie etwa i.R. der Führung eines Kausalitätsbeweises gelten. Denn nur dort etwa ist eine Antizipation der hypothetischen Entscheidung (bspw. i.H.a. das „aufklärungsrichtige" Verhalten des Aufklärungsgläubigers) zu prüfen, bei welcher zumeist eine Beurteilung nach (wirtschaftlichen) Zweckmäßigkeitsgesichtspunkten vorgenommen wird. Im hiesigen Kontext geht es jedoch schon gar nicht um eine hypothetische Wahl

2.3.4. Sekundäre Behauptungs- beziehungsweise Darlegungslast

Schließlich wird das Institut der sekundären Behauptungs- beziehungsweise Darlegungslast[1213] verstärkt zur effektiven Reduzierung der Beweisnot der Erbprätendenten beitragen können.

Durch die Annahme einer sekundären Behauptungslast kann der beweis- beziehungsweise feststellungsbelasteten Partei eine weitere Erleichterung bei der Sachverhaltsermittlung gewährt werden. Da eine sekundäre Behauptungslast gerade dann in Betracht kommt, wenn der beweis- beziehungsweise feststellungsbelasteten Partei – im Gegensatz zur Gegenpartei – der Zugriff auf bestimmte beweisrelevante Informationen verwehrt ist, bietet sich die Anwendung dieses Instituts besonders für das Anliegen der hiesigen Untersuchung an, welches sich gerade auf die beweisrechtliche Problematik der Heimlichkeit von subtilen Drittbeeinflussungshandlungen sowie der fehlenden Anwesenheit von (aussagebereiten) Zeugen bei solchen Einwirkungen auf den Erblasser fokussiert.

Im Hinblick auf den im Rahmen dieser Untersuchung näher auszuleuchtenden Problemkreis rund um die Aufgabenverteilung zwischen den Beteiligten eines Rechtsstreits einerseits sowie zwischen den Parteien und dem Gericht andererseits bei der Ermittlung der erheblichen Tatsachen sowie das Stoßen dieser Akteure an ihre tatsächlichen Grenzen, sei auch auf die Worte von *Hans Dieter Lange*, als erfahrener hoher Richter, verwiesen:

> „Nicht wenige *Beweisaufnahmen in unseren Zivilprozessen dienen* nicht eigentlich dazu, dem Gericht, ‚die Überzeugung von der Wahrheit oder Unwahrheit einer Tatsachenbehauptung zu verschaffen' sondern eher *dazu, die für die sachgerechte Beurteilung notwendigen Einzelheiten eines nur sehr pauschal vorgetragenen Sachverhalts zu ermitteln* […]."[1214]

---

einer u.U. zur Verfügung stehenden anderen Handlungsoption, sondern allein um die Frage, ob eine subtile willensverfälschende Drittbeeinflussung stattgefunden hat oder nicht.

1213 Auch bei dieser Rechtsfigur kann eine vollumfassend einheitliche Begriffsverwendung nicht festgestellt werden. So lassen sich insb. in der Rspr. Bezeichnungen wie „Pflicht zum substantiierten Bestreiten", „Erklärungsobliegenheit", „sekundäre bzw. gesteigerte Darlegungslast" finden, vgl. dazu *Laumen*, MDR 2019, 193 (194) m.w.N.

1214 *Lange*, NJW 1990, 3233; dazu etwa auch *Schlosser*, JZ 1991, 599 (605).

2.3.4.1. Grundlagen

Nach ständiger Rechtsprechung des BGH obliegt der an sich nicht beweisbelasteten Partei eine gesteigerte Substantiierungslast (also sekundäre Behauptungs- oder Darlegungslast), wenn die an sich (primär) darlegungs- und beweisbelastete Partei außerhalb des für den Rechtsstreit erheblichen und von ihr darzulegenden Geschehensablaufs steht und deshalb die maßgebenden Tatsachen im Einzelnen nicht kennen kann, während diese dem Gegner bekannt sind und demselben die Substantiierung durch ergänzende nähere Angaben zumutbar ist.[1215]

Das von der Rechtsprechung entwickelte[1216] Institut der sogenannten sekundären Behauptungslast kann ebenso zu dem thematischen Gebiet der Beweiserleichterungen gezählt werden und nimmt in diesem Bereich eine wachsende Rolle ein, wobei seine praktische Bedeutung bereits heute als sehr bedeutsam einzuschätzen ist.[1217] Die Figur der sekundären Behauptungslast beruht auf

---

1215   Vgl. etwa BGH, NJW 1999, 1404 (1405 f.); BGH, NJW 2005, 2395 (2397) jew. m.w.N.; BGH, NJW 2015, 619 (Rn. 22); MüKo/*Prütting*, ZPO, § 286 Rn. 106, 134; *Laumen*, MDR 2019, 193 (193 f.); MüKo/*Fritsche*, ZPO, § 138 Rn. 24. Zudem dazu BVerfG, NJW 2000, 1483 (1484). Auch die h.M. im Schrifttum erkennt das Institut der sekundären Behauptungslast an, vgl. statt vieler *Laumen*, MDR 2019, 193 m.w.N. Siehe ferner *Rosenberg/Schwab/Gottwald*, ZPO, § 116 Rn. 38; BGH, NJW-RR 2016, 1360 (Rn. 14); BGH, FamRZ 2009, 849 (Rn. 21); BGH, NJW 2005, 2614 (2615).

1216   Die ursprüngliche Entwicklung dieses Phänomens begann im Wettbewerbsrecht mit der sog. „Pressedienst-Entscheidung" des BGH v. 20.01.1961 (NJW 1961, 826), vgl. *Laumen*, MDR 2019, 193 (194) zu dieser Entscheidung und der dbzgl. nachfolgenden Rspr. insb. *Musielak*, in: FG 50 Jahre BGH, S. 193 (195 f.). Die Verwendung dieses Instituts ist nach der Rspr. nicht auf bestimmte Rechtsbereiche beschränkt, *Semler*, in: FS Schütze, S. 535 (537).

1217   MüKo/*Prütting*, ZPO, § 286 Rn. 106, 133; *Semler*, in: FS Schütze, S. 535 (537). Zöller/*Greger*, ZPO, Vorb. § 284 Rn. 34d spricht von einer „ausufernden u[nd] unberechenbare[n] Rspr zur sekundären Behauptungslast", obgleich (auch) er für eine gesteigerte grundsätzliche und zugleich in eine präzise Gesetzform gegossene Aufklärungspflicht der Parteien im modernen Zivilprozess votiert. Sich für diese Rechtsfigur aussprechend, aber zugleich mehr Rechtssicherheit und Vorhersehbarkeit hierbei ebenso fordernd Baumgärtel/Laumen/Prütting/*Laumen*, HdB Beweislast, Bd. 1, Kap. 22 Rn. 38, der in Rn. 6 davon spricht, dass der BGH dieses Institut „in neuerer Zeit geradezu inflationär in einer Fülle von Fallgestaltungen herangezogen hat". Insofern wird gar von einer Ausdehnung dieser rechtlichen Konstruktion in fast inflationärer Art und Weise auf sämtliche Rechtsgebiete gesprochen, vgl. *Laumen*, MDR 2019, 193 (194); vgl. auch *Semler*, in: FS Schütze, S. 535 (537 mit Fn. 15).

dem grundsätzlichen Gedanken, dass der Gegner der an sich (also primär) darlegungs- und beweisbelasteten Partei unter gewissen Voraussetzungen zur Aufklärung und Substantiierung des Sachverhaltes sowie tatsächlichen Geschehens (sekundär) herangezogen wird, und zielt im Ergebnis auf die Informationsbeschaffung sowie den Informationsgefälleausgleich zugunsten der sich in Beweisschwierigkeiten befindenden (primär) darlegungs- und beweisbelasteten Partei ab.[1218] Hierdurch wird eine dem wirklichen Geschehen mehr entsprechende Tatsachengrundlage für die gerichtliche Entscheidung ermöglicht und dadurch zeitgleich verhindert, dass bestehende materiell-rechtliche Ansprüche wegen prozessualen Hürden in Gestalt von zu hohen Anforderungen an die Substantiierungslast faktisch undurchsetzbar werden.[1219]

Für das Weitere sei vorausgeschickt, dass die Rechtsgrundlage sowie die exakten Konturen des Instituts der sekundären Behauptungslast weder als grundsätzlich abgeschlossen noch als einheitlich geklärt gelten.[1220] Die nachfolgende

---

1218 Vgl. etwa MüKo/*Prütting*, ZPO, § 286 Rn. 133 f., § 284 Rn. 109; *Prütting*, in: FS Krüger, S. 433 (434). Vgl. zum Begrifflichen auch *Laumen*, MDR 2019, 193 (194). Eine allg. prozessuale Aufklärungspflicht der an sich nicht darlegungs- und beweisbelasteten Partei – wie insb. von *Fritz von Hippel* (Wahrheitspflicht und Aufklärungspflicht der Parteien im Zivilprozess, 1939) sowie von *Rolf Stürner* (Die Aufklärungspflicht der Parteien des Zivilprozesses, 1976) votiert konnte sich weder in der Rechtsprechung noch im Schrifttum durchsetzen, vgl. etwa Zöller/*Greger*, ZPO, Vorb. § 284 Rn. 8d; umfassend hierzu auch BGH, NJW 1990, 3151.

1219 Vgl. *Laumen*, MDR 2019, 193 (197); Baumgärtel/Laumen/Prütting/*Laumen*, HdB Beweislast, Bd. 1, Kap. 22 Rn. 38.

1220 Vgl. *Laumen*, MDR 2019, 193 (194, 195); *Prütting*, in: FS Krüger, S. 433 (434); Zöller/*Greger*, ZPO, Vorb. § 284 Rn. 34d; Baumgärtel/Laumen/Prütting/*Laumen*, HdB Beweislast, Bd. 1, Kap. 22 Rn. 2. Krit. bzgl. den vorhandenen Unklarheiten in Tatbestand, Rechtsfolge und Konkurrenzen sowie hins. dem Widerspruch dieses Instituts mit der Regel *nemo tenetur edere contra se Gomille*, Informationsproblem, insb. S. 61–67. Auch *Laumen*, in: FS Prütting, S. 391 (399 f.); *ders.*, MDR 2019, 193 (197) konstatiert zu Recht, dass sich der BGH mit dieser Entwicklung im Ergebnis von diesem Grundsatz verabschiedet und das heutige Prozessverständnis mehr in einer Entscheidung des BGH v. 14.11.2006 (BGHZ 169, 377 = NJW-RR 2007, 488) wiedergespiegelt wird, in welcher das Gericht feststellt: „[…] jede Partei hat in zumutbarer Weise dazu beizutragen, dass der Prozessgegner in die Lage versetzt wird, sich zur Sache zu erklären und den ggf. erforderlichen Beweis anzutreten". Ebenso Zöller/*Greger*, ZPO, Vorb. § 284 Rn. 34d. Vgl. auch Baumgärtel/Laumen/Prütting/*Laumen*, HdB Beweislast, Bd. 1, Kap. 22 Rn. 39. Insofern kann gesagt werden, dass viele Anzeichen dafür zu sehen sind, dass sich *Stürners* Lehre von den prozessualen Aufklärungspflichten „auf der langen deutschen

Beschäftigung mit der Grundlage der Figur der sekundären Behauptungslast dient primär dazu, die Leitgedanken und Wertungen dieses Institut aufzuzeigen, um dasselbe im weiteren Fortgang auch für das streitige Erbscheinsverfahren fruchtbar zu machen und somit schließlich der hier behandelten Beweisnot der Erbprätendenten abzuhelfen.

- Von einem Teil der Rechtsprechung[1221] und des Schrifttums[1222] wird die Grundlage dieser Figur in der Regelung des § 138 Abs. 2 ZPO gesehen. Die sich aus § 138 Abs. 2 ZPO ergebende Erklärungspflicht jeder Partei über die vom Gegner behaupteten Tatsachen richtet sich nach ständiger Rechtsprechung in ihrem Umfang grundsätzlich danach, wie konkret die an sich darlegungs- und beweispflichtige Partei vorgetragen hat.[1223] Der genaue Inhalt der jeweiligen Substantiierungslast der nicht darlegungspflichtigen Partei ist also an sich aus dem Wechselspiel von Vortrag und Gegenvortrag ableitbar.[1224] Im Lichte dieser gegenseitigen Abhängigkeit der Erklärungspflichten wurde der Gedanke entwickelt, dass die beweisbelastete Partei welche zu einem konkreten Vorbringen nicht in der Lage ist, weil es sich *exempli causa* um Informationen aus dem Bereich der Gegenseite handelt dadurch entlastet wird, dass sich ihre Behauptungslast angepasst an den konkreten Fall vermindert und sich dafür die Behauptungslast der Gegenseite steigert und es derselben nun obliegt, das bestehende Informationsgefälle im Wege eines substantiierten Vortrages auszugleichen.[1225] Entscheidend für eine solche

---

Reise in die prozessuale Moderne doch noch durchsetzen wird" *Schlosser*, JZ 1991, 599 (608) auch aus rechtsvergleichender Sicht dazu.

1221 BGHZ 160, 308 = NJW 2004, 3623 (3625); BGH, NJW-RR 2015, 1279 (1280); BAG, NJW 2014, 3677 (Rn. 39); *Laumen*, MDR 2019, 193 (195).

1222 *Ahrens*, Beweis, Kap. 11 Rn. 22; MüKo/*Prütting*, ZPO, § 286 Rn. 134; Zöller/*Greger*, ZPO, Vorb. § 284 Rn. 34; Baumgärtel/Laumen/Prütting/*Laumen*, HdB Beweislast, Bd. 1, Kap. 22 Rn. 29; *Prütting*, in: FS Krüger, S. 433 (434). Hierzu und dem Folgenden insb. *Laumen*, MDR 2019, 193 (195).

1223 Vgl. etwa BGH, NJW 1999, 1404 (1405); BGH, NJW 1990, 45 (47); MüKo/*Prütting*, ZPO, § 284 Rn. 110.

1224 Vgl. BGH, NJW 1999, 1404 (1405) m.w.N.; MüKo/*Prütting*, ZPO, § 286 Rn. 139; Stein/Jonas/*Kern*, ZPO, § 138 Rn. 30.

1225 MüKo/*Prütting*, ZPO, § 284 Rn. 110; *Laumen*, MDR 2019, 193 (195). *Prütting*, in: FS Krüger, S. 433 (436) spricht dabei von einer erweiternden Auslegung der Norm des § 138 II ZPO. Vor diesem Hintergrund erzeugt die sekundäre Darlegungslast weder Auswirkungen für die Beweislast noch für die abstrakte Behauptungslast als solche, vgl. MüKo/*Prütting*, ZPO, § 284 Rn. 110. Ungeachtet der exakten dogmatischen Grundlage, obliegt der an sich nicht (primär)

sekundäre Behauptungslast ist also die jeweilige konkrete Situation des einzelnen Prozesses.[1226]
- Ferner gibt es Vertreter, die im hiesigen Kontext auf die allgemeine Prozessförderungspflicht respektive prozessuale Mitwirkungspflichten der Parteien[1227] oder[1228] auf die Wahrheits- und Vollständigkeitspflicht (§ 138 Abs. 1 ZPO)[1229] abstellen.[1230] So verwies etwa schon das RG auf den Gesichtspunkt der vorgeschriebenen Mitwirkung zur richtigen Rechtsfindung durch vollständige und wahrheitsgemäße Erklärung über tatsächliche Umstände.[1231] Im Hinblick auf die hieraus folgende „Pflicht", den Tatsachenstoff wahrheitsgemäß zu vervollständigen[1232], könnte man also auch von einer „Tatsachenvervollständigungspflicht" des an sich nicht Darlegungsbelasteten sprechen. Im Rahmen der dogmatischen Orientierung an § 138 Abs. 1 ZPO ist der leitende Gedanke von *Gomille*, dass seitens der nicht beweisbelasteten Partei dann ein einfaches Bestreiten nicht ausreiche beziehungsweise gegen § 138 Abs. 1 ZPO verstoße, wenn dieselbe nähere Informationen in Bezug auf den

---

beweisbelasteten Partei im Falle eines auf diese Weise zwischen den Parteien entstandenen Informationsgefälles nach heute ganz h.M. in Rspr. und Schrifttum eine solche gesteigerte Substantiierungslast, Baumgärtel/Laumen/Prütting/*Laumen*, HdB Beweislast, Bd. 1, Kap. 22 Rn. 2 mit umfassenden Einzelnachweisen.

1226 MüKo/*Prütting*, ZPO, § 284 Rn. 110.
1227 BGH, NJW 1990, 3151 (3151 f.). Dazu auch *Reischl*, JR 1997, 404 (409).
1228 Teilweise auch in argumentativer Verbindung: MüKo/*Fritsche*, ZPO, § 138 Rn. 25 und *Gottwald*, in: FS Prütting, S. 297 (299) sehen dies so jeweils i.V.m. der prozessualen Wahrheits- und Vollständigkeitspflicht.
1229 Etwa RGZ 166, 240 (242); *Peters*, in: FS Schwab, S. 399 (401); *Gomille*, JZ 2018, 711 (713).
1230 Die Kritiker weisen darauf hin, dass es bei der sekundären Behauptungslast indes nicht wie nach dem Gedanken der Prozessförderungspflicht um eine möglichst zügige Prozessführung, sondern vielmehr um die ordnungsgemäße Schaffung der Tatsachengrundlage für die richterliche Entscheidung geht, vgl. *Prütting*, in: FS Krüger, S. 433 (435); Baumgärtel/Laumen/Prütting/*Laumen*, HdB Beweislast, Bd. 1, Kap. 22 Rn. 28. Teilweise wird auch das Gebot der Waffengleichheit im Zivilprozess angeführt, *Solmecke/Rüthers/Herkens*, MMR 2013, 217 (218).
1231 RGZ 166, 240 (242). Sofern im Übrigen überhaupt eine wirkliche Trennung möglich ist, da Wahrheit und Vollständigkeit insofern untrennbar zusammengehören, vgl. etwa auch *Frohn*, JuS 1996, 243 (244).
1232 MüKo/*Fritsche*, ZPO, § 138 Rn. 25.

maßgebenden Sachverhaltskomplex und das pauschale Vorbringen der primär behauptungsbelasteten Partei hat oder haben müsste.[1233]
- Dagegen zieht ein Teil der (alten wie auch neuen) Rechtsprechung[1234] sowie der Literatur[1235] für den obigen Gedanken den auch im Prozessrecht geltenden Grundsatz von Treu und Glauben (§ 242 BGB) und die darin enthaltene allgemeine Pflicht zur redlichen Prozessführung heran.[1236]

1233   *Gomille*, JZ 2018, 711 (713). Vgl. auch *Laumen*, MDR 2019, 193 (195), welcher zu Recht für das zusätzliche Fruchtbarmachen dieses Gedankens votiert. Zur grds. Anwendung des § 138 I ZPO in solchen Problemszenarien siehe *Gomille*, Informationsproblem, insb. S. 269, 275 f.

1234   Etwa BGH, NJW 1961, 826 (828) (*Pressedienst*); BGH, NJW 1962, 2149 (2150) (*Bärenfang*); BGHZ 167, 374 = NJW-RR 2006, 1415 (Rn. 26); BGH, GRUR 2007, 251 (Rn. 31); BGH, NJW-RR 2009, 1482 (Rn. 34). Vgl. auch *Prütting*, in: FS Krüger, S. 433 (434); Prütting/Gehrlein/*Prütting*, ZPO, § 138 Rn. 11.

1235   Staudinger/*Looschelders*/*Olzen*, BGB, § 242 Rn. 1115; HK-ZPO/*Saenger*. § 286 Rn. 92; *Musielak*, Grundlagen, S. 141, 143; *Hansen*, JuS 1991, 588 (590); *Frohn*, JuS 1996, 243 (249); *Seutemann*, MDR 1997, 615 (619); Baumbach/Lauterbach/Hartmann/Anders/Gehle/*Anders*, ZPO, § 138 Rn. 18a, 30; Thomas/Putzo/*Seiler*, ZPO, Vorb. § 284 Rn. 18a, 37; Rosenberg/Schwab/Gottwald, ZPO, § 110 Rn. 17; *Semler*, in: FS Schütze, S. 535 (537).

1236   Grundsätzliche Bedenken gegen die Heranziehung des § 242 BGB könnten v.a. insofern bestehen, dass er zum einen in sprachlicher, historischer sowie systematischer Hinsicht sehr stark auf das materielle Recht bezogen ist und zum anderen an sich das Bestehen einer Sonderverbindung zwischen den Parteien voraussetzt (im Übrigen eingehend zur Lockerung der Anforderungen i.H.a. das Erfordernis einer rechtlichen Sonderverbindung für einen materiell-rechtlichen Auskunftsanspruch aus § 242 BGB durch den BGH, *Schlosser*, JZ 1991, 599 (606). Ferner handelt es sich um eine ggü. spezielleren Regelungen subsidiäre Generalklausel. Zu dieser Kritik *Prütting*, in: FS Krüger, S. 433 (435). Nichtsdestominder hat der BGH in Fallgestaltungen auf § 242 BGB für die sekundäre Behauptungslast rekurriert, in welchen die Parteien in keiner materiell-rechtlichen Sonderverbindung standen, sondern allein ein Prozessrechtsverhältnis zwischen beiden existierte, wie etwa die für das beweisrechtliche Institut wesentlichen Entscheidungen zeigen: BGH, NJW 1961, 826 (828) (*Pressedienst*); BGH, NJW 1962, 2149 (2150) (*Bärenfang*). Zudem erfolgt gar kein Abstellen auf eine aus § 242 BGB hergeleitete etwaige materiell-rechtliche Aufklärungspflicht, sondern es wird § 242 BGB in rein prozessualer Sicht bemüht. Denn letztlich ist es anerkannt, dass der Grundsatz von Treu und Glauben an sich auch den (ganzen) Prozess beherrscht (etwa BGH, MDR 1995, 306 (307); Baumbach/Lauterbach/Hartmann/Anders/Gehle/*Becker*, ZPO, Einl. III Rn. 54 m.w.N.).

Alle diese Begründungsansätze tragen nachvollziehbare Leitgedanken in sich. Einer abschließenden Entscheidung über die exakte Herleitung dieses sich in Rechtsprechung und Literatur weiterhin im Fluss befindlichen, beweisrechtlichen Phänomens bedarf es im Rahmen der hiesigen Untersuchung jedoch nicht. Denn zum einen besteht bezüglich den maßgeblichen Grundsätzen und Zielen des Instituts Einvernehmen. Zum anderen wird sich bezüglich der sinngemäßen Anwendung dieses Instituts im Erbscheinsverfahren, mehrerer der obigen normativen Begründungsansätze bedient.

2.3.4.2. Voraussetzungen

Die Bedingungen für das Eingreifen einer sekundären Behauptungslast können wie folgt[1237] beschrieben werden:

2.3.4.2.1. *Informationsdefizit seitens der (primär) beweisbelasteten Partei*

Ein erforderliches Informationsdefizit wird regelmäßig dann bejaht, sofern und soweit die jeweilige Partei außerhalb des relevanten Geschehens steht, sodass sie das zur Substantiierung erforderliche Tatsachenwissen nicht besitzt[1238] und sie auch keine Möglichkeit hat, von sich aus den Sachverhalt zu ermitteln. Hierunter fallen namentlich solche Tatsachen, welche dem privaten oder geschäftlichen Bereich des Prozessgegners zuzuordnen[1239] und daher der Wahrnehmung durch die andere Partei entzogen[1240] sind. Eine Beweiserleichterung über die Grundsätze der sekundären Behauptungslast scheidet indessen etwa dann aus, wenn für die beweisbelastete Partei die Substantiierung letztlich (nur) schwieriger ist als für den Prozessgegner und/oder die maßgebenden Tatsachen sich dem eigenen Wahrnehmungsbereich und/oder dem öffentlich zugänglichen Bereich zuordnen lassen. Gerade in derartigen Fällen ist es der beweisbelasteten Partei zuzumuten, sich um die notwendige Tatsachenkenntnis selbst zu bemühen.[1241]

1237 Hierzu insb. der Überblick bei *Laumen*, MDR 2019, 193 (195–197).
1238 *Frohn*, JuS 1996, 243 (249).
1239 Ferner lässt die Rspr. hierunter auch fehlende Sachkunde aufseiten der beweisbelasteten Partei (etwa i.H.a. die exakte Bezeichnung notwendiger Mängelbeseitigungsarbeiten ggü. der gegnerischen Fachfirma fallen), BGHZ 108, 65 = NJW 1989, 2753 (2755).
1240 *Frohn*, JuS 1996, 243 (250).
1241 Vgl. etwa auch BGH, NJW 2009, 2894 (Rn. 23); BGH, NJW 2015, 855 (Rn. 12). Diskutiert wird, ob die Figur der sekundären Behauptungslast anzuwenden ist, wenn der beweisbelasteten Partei ggü. dem Gegner ein materiell-rechtlicher

2.3.4.2.2. *Zumutbare Aufklärungsmöglichkeit der nicht beweisbelasteten Partei*

Als weitere Voraussetzung wird verlangt, dass die an sich nicht beweisbelastete Gegenpartei die zur Substantiierung maßgebenden Tatsachen im Einzelfall kennt oder in zumutbarer Weise beschaffen kann da dieselben schließlich ihrem Wahrnehmungsbereich respektive ihrer Sphäre zuzurechnen sind.[1242] Die eventuelle Notwendigkeit eigener Nachforschungen aufseiten des Prozessgegners schließt die geforderte Aufklärungsmöglichkeit gerade nicht aus.[1243] Einen wesentlichen Aspekt dieses Zumutbarkeitskriteriums bildet auch eine durch das Gericht umfassend vorgenommene Abwägung der Parteiinteressen.[1244] Berücksichtigung finden hierbei etwa berechtigte Geheimhaltungsinteressen[1245], Wahrscheinlichkeitserwägungen[1246] im Hinblick auf die zu beweisenden Tatsachen sowie ein etwaiges Verschulden einer Partei am bestehenden Informationsgefälle[1247].

Auskunftsanspruch zusteht und somit die notwendigen Informationen ggf. selbst hierdurch in zumutbarer Weise einholen könnte. Dies bejaht der BGH ausdrücklich (BGH, NJW-RR 2015, 1279 (Rn. 11)) und lässt eine sekundäre Behauptungslast zu. Zust. insofern auch zu Recht *Laumen*, MDR 2019, 193 (195 f.) mit dem Hinweis auf die höhere Effizienz dieser innerprozessualen Möglichkeit des Informationsdefizitausgleichs. Ausführlich zu dieser Frage und i.E. gegen eine Subsidiarität der prozessualen Aufklärungspflicht ggü. dem materiellrechtlichen Auskunftsanspruch, sodass kein (umständlicher) Weg einer Auskunfts-Stufenklage zu nehmen ist *Schlosser*, JZ 1991, 599 (608).

1242 Vgl. BGHZ 120, 320 = NJW 1993, 1010 (1013); BGHZ 163, 209 = NJW 2005, 2614 (2615 f.); BGHZ 216, 245 = NJW-RR 2017, 1520 (Rn. 23); Baumgärtel/Laumen/Prütting/*Laumen*, HdB Beweislast, Bd. 1, Kap. 22 Rn. 33.

1243 BGH, NJW-RR 2011, 1181 (Rn. 16); BGH, NJW 2014, 2360 (Rn 18) jew. m.w.N.; Zöller/*Greger*, ZPO, Vorb. § 284 Rn. 34; Baumgärtel/Laumen/Prütting/*Laumen*, HdB Beweislast, Bd. 1, Kap. 22 Rn. 33.

1244 Die Annahme der Unzumutbarkeit sollte indes im Lichte der Funktion der sekundären Behauptungslast die Ausnahme darstellen, vgl. *Musielak*, in: FG 50 Jahre BGH, S. 193 (197 f.); zust. Baumgärtel/Laumen/Prütting/*Laumen*, HdB Beweislast, Bd. 1, Kap. 22 Rn. 33.

1245 BGHZ 116, 47 = NJW 1992, 1817 (1819); Zöller/*Greger*, ZPO, Vorb. § 284 Rn. 34b; Baumgärtel/Laumen/Prütting/*Laumen*, HdB Beweislast, Bd. 1, Kap. 22 Rn. 33.

1246 BGHZ 120, 320 = NJW 1993, 1010 (1013); BGH, NJW 1994, 2289 (2292); BGH, NJW 2018, 68 (Rn. 12 f.); Baumgärtel/Laumen/Prütting/*Laumen*, HdB Beweislast, Bd. 1, Kap. 22 Rn. 34.

1247 Baumgärtel/Laumen/Prütting/*Laumen*, HdB Beweislast, Bd. 1, Kap. 22 Rn. 34.

2.3.4.2.3. Pauschales Vorbringen mit ausreichender „indizieller Kraft"

Seitens der sich in Beweisnot befindenden abstrakt primär darlegungspflichtigen Partei begnügt sich die Rechtsprechung schließlich und gerade dies soll für die hiesige Untersuchung fruchtbar gemacht werden mit einem pauschalen sowie im jeweils konkreten Einzelfall ausreichenden Vorbringen, mit welchem nach der Meinung des Gerichts „ausreichende"[1248] beziehungsweise „hinreichende"[1249] „Anhaltspunkte"[1250] für die Richtigkeit der an sich zu unsubstantiierten Behauptungen geliefert beziehungsweise eine diesbezüglich „gewisse Wahrscheinlichkeit"[1251] oder ein "Verdacht"[1252] begründet werde. Erforderlich, aber auch ausreichend sei insofern ein Vortrag von „schlüssigen Indizien"[1253]. Wie konkret ein solches Vorbringen zu sein hat beziehungsweise wie pauschal eine derartige Darstellung sein darf, ist seitens der Rechtsprechung allerdings nicht abschließend geklärt,[1254] sodass dieser Aspekt dem pflichtgemäßen Ermessen des Gerichts im konkreten Einzelfall überlassen ist.

Unter Zugrundelegung des jeweiligen (indiziellen) Vorbringens werden dann seitens des Gerichts eingehende Wahrscheinlichkeits- sowie Glaubwürdigkeitserwägungen angestellt.[1255] Hierbei gilt es zu betonen, dass zwar Behauptungen „ins Blaue hinein" an sich unbeachtlich und daher nicht fähig sind, eine sekundäre Behauptungslast zu rechtfertigen, dies indessen nur insofern gilt, als die behauptende Partei die Unrichtigkeit derselben positiv kennt.[1256] Dies bedeutet also, dass die beweisbelastete Partei zulässigerweise auch (nur) vermutete Tatsachen als feststehend behaupten darf, sofern sie eben nicht willkürlich Behauptungen „aufs Geratewohl" oder „ins Blaue hinein" aufstellt wobei

---

1248 BGH, NJW 2018, 2412 (Rn. 26).
1249 BGH, BeckRS 2012, 4158 (Rn. 16); BGH, NJW 2018, 2412 (Rn. 27 f.).
1250 Vgl. auch BGH, NJW-RR 2011, 1181 (1182); BGH, NJW 2012, 3774 (3775). Das OLG Düsseldorf (NJW-RR 2018, 1365 (Rn. 15)) spricht unter Verweis auf den BGH wiederum von „greifbaren Anhaltspunkten". Siehe dazu auch Zöller/*Greger*, ZPO, Vorb. § 284 Rn. 34.
1251 BGH, NJW-RR 2011, 1181 (1182); BGH, NJW 2012, 3774 (Rn. 17).
1252 BVerfG, NJW 1997, 2377; BGH, NJW 2015, 619 (621).
1253 BGH, NJW 2015, 947 (Rn. 21).
1254 Zu Recht krit. insb. *Laumen*, MDR 2019, 193 (196).
1255 Selbst wenn diese an sich erst in der Beweiswürdigung zu verorten wären (so zu Recht auch *Laumen*, MDR 2019, 193 (196)), sind sie bereits hier elementar für die gerichtliche Entscheidung über die Zulassung der sekundären Darlegungslast. Vgl. auch Baumgärtel/Laumen/Prütting/*Laumen*, HdB Beweislast, Bd. 1, Kap. 22 Rn. 31.
1256 *Laumen*, MDR 2019, 193 (196 f.).

im Hinblick auf die Annahme einer solchen Willkür Zurückhaltung geboten ist und diese in der Regel lediglich bei Fehlen jeglicher tatsächlicher Anhaltspunkte gerechtfertigt werden kann.[1257]

2.3.4.3. *Rechtsfolgen*

Sieht das Gericht die obigen Voraussetzungen als erfüllt an, wird die Behauptungslast respektive Erklärungslast insofern auf die an sich nicht beweisbelastete Partei verlagert, als dass es dieser nun (sekundär) obliegt, die (reinen) Tatsachenbehauptungen im Rahmen des Zumutbaren unter Darlegung der für das Gegenteil sprechenden Tatsachen und Umstände substantiiert zu bestreiten.[1258] Im Rahmen seiner sekundären Darlegungslast hat sie also Umstände aufzuzeigen beziehungsweise substantiiert und plausibel darzulegen[1259], warum die vorgetragenen Indizien den jeweiligen Schluss nicht zulassen.[1260] Dies

---

1257 BGH, NJW-RR 2015, 829 (Rn. 13); BGH, NJW-RR 2004, 337 (338) m.w.N.; BGH, BeckRS 2012, 4158 (Rn. 16); Zöller/*Greger*, ZPO, Vorb. § 284 Rn. 8c, 8d.; Baumgärtel/Laumen/Prütting/*Laumen*, HdB Beweislast, Bd. 1, Kap. 22 Rn. 31. Durch das Erfordernis des Vortrages im Einzelfall hinreichender Anhaltspunkte werde auch eine unzulässige Ausforschung vermieden, vgl. etwa OLG Düsseldorf, NJW-RR 2018, 1365 (Rn. 15). Aufgrund der hohen Hürden, wird nur in seltenen Fällen die Grenze zu einer unzulässigen Ausforschung überschritten sein, vgl. dazu allg. etwa *Rosenberg/Schwab/Gottwald*, ZPO, § 117 Rn. 20.

1258 BGH, NJW 2008, 982 (Rn. 16); Prütting/Gehrlein/*Prütting*, ZPO, § 138 Rn. 11. Außerhalb des Anwendungsfalls der sekundären Behauptungslast würde es grundsätzlich genügen, dass der nicht beweisbelastete Gegner auf diese pauschalen Behauptungen mit einem einfachen Bestreiten derselben reagiert, vgl. etwa BGH, NJW 1999, 1404 (1405); BGH, NJW 1993, 1782 (1783) jew. m.w.N.; MüKo/*Prütting*, ZPO, § 286 Rn. 139.

1259 BGH, NJW 2005, 2395 (2397), mit dem Hinweis auf den Begriff „stimmig".

1260 BGH, NJW 2015, 947 (Rn. 20). Dabei gilt es ausdrücklich zu betonen, dass es im Zuge der sekundären Behauptungslast nach allg. Meinung weder zu einer Änderung bzw. Umkehr der (objektiven) Feststellungslast noch der (subjektiven) Beweisführungslast kommt, vgl. Baumgärtel/Laumen/Prütting/*Laumen*, HdB Beweislast, Bd. 1, Kap. 22 Rn. 4 m.w.N. aus Rspr. und Literatur. Dies selbst wenn zeitweilig sowohl seitens der Rspr. als auch der Literatur der Begriff „sekundäre Beweislast" fälschlicherweise verwendet wird, hierzu eingehend *Prütting*, in: FS Krüger, S. 433 (436–437). Eine Pflicht des sekundär Herangezogenen zur Benennung oder Vorlage etwaiger Beweise geht mithin nicht mit dieser Rechtsfigur einher, siehe auch Baumgärtel/Laumen/Prütting/*Laumen*, HdB Beweislast, Bd. 1, Kap. 22 Rn. 4 m.w.N.; Zöller/*Greger*, ZPO, Vorb. § 284 Rn. 34. Dies ergibt sich v.a. aus dem Umstand, dass die sekundäre Darlegungslast allein der Ergänzung des rudimentären Tatsachenvortrages der an sich darlegungs- und beweisbelasteten

wiederum ermöglicht der an sich beweisbelasteten Partei weitere Details sowie Indizien über den maßgeblichen Sachverhalt zu erlangen, zu verwerten und wiederum vorzutragen.

Sieht das Gericht die dem sekundär herangezogenen Gegner obliegende sekundäre Behauptungslast als nicht (ausreichend) im Wege der geforderten

---

Partei dienen (vgl. auch *Laumen*, MDR 2019, 193 (196)) sowie eine Beweislastentscheidung gerade verhindern (vgl. etwa Zöller/*Greger*, ZPO, Vorb. § 284 Rn. 34) soll. Die sekundäre Behauptungslast kann daher auch zu Recht als eine besondere Erscheinungsform der konkreten Behauptungslast angesehen werden, Baumgärtel/Laumen/Prütting/*Laumen*, Hdb Beweislast, Bd. 1, Kap. 22 Rn. 4; MüKo/*Prütting*, ZPO, § 286 Rn. 106, 134. Die Weigerung des nicht Beweispflichtigen, etwaige Beweismittel offenzulegen, könnte jedoch im Einzelfall als Beweisvereitelung i.r. des § 286 I ZPO gewertet werden, vgl. dazu auch BGH, NJW 2008, 982 (984); Baumbach/Lauterbach/Hartmann/Anders/Gehle/*Anders*, ZPO, § 138 Rn. 18a. Besonders hinzuweisen ist in diesem Zusammenhang auf die Ähnlichkeit der Problemszenarien der sekundären Behauptungslast einerseits und der Beweisvereitelung anderseits. Beide Male geht es im Grunde um die Mitwirkung des anderen Beteiligten bei der Feststellung von erheblichen Tatsachen im weiteren Sinne, siehe auch MüKo/*Fritsche*, ZPO, § 138 Rn. 25. *Schlosser*, JZ 1991, 599 (604) sieht daher verständlicherweise das Gegenstück zur „sekundären Behauptungslast" in dem, was unter dem Stichwort „Beweisvereitelung" erörtert wird. Dennoch zielen die Grundsätze der sekundären Darlegungslast primär auf die Verpflichtung zur Mitwirkung und zur Stoffsammlung, ohne die Beweisführungslast zu verändern, MüKo/*Fritsche*, ZPO, § 138 Rn. 25. Unter den Gesichtspunkt der sekundären Darlegungslast fallen daher allein die dem den Parteien obliegenden Tatsachenvortrag zuzuordnenden Angaben und gerade nicht mehr solche Angaben, welche Elemente der sich dem Tatsachenvortrag anschließenden und auf diesem Vorbringen beruhenden Beweisführung sind, BGH, NJW 2008, 982 (Rn. 18); Zöller/*Greger*, ZPO, Vorb. § 284 Rn. 34. Die Rspr. sieht i.R. der Konstellation der Beweisvereitelung zwar den nicht Beweispflichtigen nicht als mitwirkungspflichtig an, würdigt seine Weigerung, eines nur ihm zur Verfügung stehenden Beweismittels dem Verfahren zugänglich zu machen, in zuzustimmender Weise aber anschließend in der Beweiswürdigung als Beweisvereitelung zu seinem Nachteil bzw. lässt hieraus zugleich (erhebliche) Beweiserleichterungen für die beweisbelastete Partei resultieren (§§ 286, 444 ZPO), vgl. BGH, NJW 2008, 982 (Rn. 18); BGH, GRUR 2016, 88 (Rn. 48); MüKo/*Fritsche*, ZPO, § 138 Rn. 25; Thomas/Putzo/*Seiler*, ZPO, § 286 Rn. 18; siehe umfassend dazu auch *Musielak*, in: FS Prütting, S. 443 (445 ff.) m.w.N. auch zu den Gegenansichten. Bei nüchterner Betrachtung entsteht in solch einer Konstellation faktisch also sehr wohl eine Mitwirkungspflicht i.R. der Beweisführung quasi im Wege eines „vorauseilenden Gehorsams".

Substantiierung nachgekommen an, wird das (pauschale und an sich unsubstantiierte) Vorbringen der primär darlegungsbelasteten Partei als unbestritten beziehungsweise zugestanden angesehen respektive als wahr fingiert.[1261] Dieser Wirkung wird zum Teil Sanktionscharakter im Hinblick auf den Verstoß gegen die Mitwirkungsobliegenheit der jeweiligen Partei zugesprochen[1262] und ein Obsiegen der beweisbelasteten Partei dürfte die regelmäßige Folge sein[1263].

2.3.5. Anwendung aller Institute der Beweiserleichterung auch im Erbscheinsverfahren

Der folgende Untersuchungsabschnitt wird sich mit der (teilweise entsprechenden) Anwendung obiger Figuren der Beweiserleichterung auf der Ebene der Sachverhaltsermittlung respektive Beweiswürdigung in Gestalt des Indizienbeweises, des Anscheinsbeweises sowie der sekundären Behauptungslast im Rahmen des streitigen Erbscheinsverfahrens auseinandersetzen. Diese Untersuchung wird zu dem Ergebnis gelangen, dass ein entsprechender Gleichlauf dieser Beweiserleichterungen zwischen dem Zivilverfahren und dem streitigen Erbscheinsverfahren zu bejahen ist und somit der Weg für den dahingehend weiteren Ausbau eines effektiven prozessualen Konzepts des Erblasserautonomieschutzes geöffnet wird.

1261 Die heute h.M. in Rspr. und Schrifttum bemüht dabei die Vorschrift des § 138 III ZPO. Vgl. dazu etwa BGH, NJW 2012, 3774 (Rn. 20); BGH, NJW 2018, 2412 (Rn. 30); *Laumen*, MDR 2019, 193 (197); Baumgärtel/Laumen/Prütting/*Laumen*, HdB Beweislast, Bd. 1, Kap. 22 Rn. 2, 36 m.w.N. zu Rspr. und Schrifttum; Prütting/Gehrlein/*Prütting*, ZPO, § 138 Rn. 11; Zöller/*Greger*, ZPO, Vorb. § 284 Rn. 34c; BGH, NJW 1986, 3193 (3194); MüKo/*Prütting*, ZPO, § 286 Rn. 106; MüKo/*Fritsche*, ZPO, § 138 Rn. 24. Die ältere Rspr. ist dagegen noch davon ausgegangen, dass das Verhalten in Gestalt der fehlenden oder nicht ausreichenden Erfüllung der sekundären Behauptungslast i.R. des § 286 I ZPO frei zu würdigen ist, vgl. RGZ 166, 240 (242) sowie BGH, NJW 1961, 826 (828); BGH, NJW 1962, 2149 (2150) welche auf die RG-Entscheidung Bezug nehmen. Einige Stimmen aus dem Schrifttum möchten weiterhin den Weg über § 286 I ZPO beschreiten, vgl. MüKo/*Fritsche*, ZPO, § 138 Rn. 25; *Reischl*, JR 1997, 404 (409) m.w.N. Zum Ganzen Baumgärtel/Laumen/Prütting/*Laumen*, HdB Beweislast, Bd. 1, Kap. 22 Rn. 36. Zeitlich vor dieser Rechtsfolge hat das Gericht freilich den sekundär Herangezogenen durch einen richterlichen Hinweis zu einer (weiteren) ergänzenden Substantiierung anzuhalten, vgl. dazu etwa *Frohn*, JuS 1996, 243 (250).
1262 Vgl. *Gottwald*, in: FS Prütting, S. 297 (299).
1263 Vgl. zu Recht *Laumen*, MDR 2019, 193 (197); Baumgärtel/Laumen/Prütting/*Laumen*, HdB Beweislast, Bd. 1, Kap. 22 Rn. 36.

2.3.5.1. Indizien- und Anscheinsbeweis

Die Möglichkeit der Anwendung des Indizienbeweises sowie des Anscheinsbeweises, als typisierte Form des ersteren, im Rahmen des Erbscheinsverfahrens stehen nach obigen Ausführungen keinerlei Erwägungen entgegen.[1264] Denn zum einen ist die dortige Anwendung allgemein anerkannt und zum anderen handelt es sich bei diesen (lediglich) um eine mittelbare Beweisführung, indem die allgemeine Lebenserfahrung im Rahmen der freien Beweiswürdigung durch den Richter Berücksichtigung findet, was freilich auch ein Verfahren mit Untersuchungsgrundsatz zulässt respektive erfordert.

2.3.5.2. Sekundäre Behauptungs- beziehungsweise Darlegungslast

Im Hinblick auf die (entsprechende) Anwendung des Instituts der sekundären Behauptungs- beziehungsweise Darlegungslast im Rahmen des streitigen Erbscheinsverfahrens erscheint, anstatt einer streng formalistischen Sichtweise, ein normativ-wertendes Vorgehen und somit ein fokussiertes Abstellen auf die hinter dem Institut stehenden Leitgedanken und Ziele angezeigt. Hierdurch kann die Anwendbarkeit des Instituts der sekundären Behauptungslast schließlich auch im Erbscheinsverfahren bejaht werden.

Denn trotz den oben angesprochenen grundsätzlichen formalen Unterschieden zwischen dem Zivilprozess und dem Verfahren der freiwilligen Gerichtsbarkeit geht es in hiesigen Szenarien zwangsläufig um dieselben materiell-rechtlichen Fragestellungen in Gestalt von Erbrechtspositionen. Des Weiteren kann nach obigen Ausführungen die situative und im Einzelfall bestehende Beweisnot eines Erbprätendenten im Lichte seiner ihn doch treffenden „faktischen Darlegungslast" sowie „faktischen Beweisführungslast" mit den im Zivilverfahren herrschenden Mitwirkungsobliegenheiten sowie Beweisschwierigkeiten ausreichend gleichgesetzt werden. Bereits vor diesem Hintergrund sind bei den erbrechtlichen Beurteilungen im Erbscheinsverfahren ebenso solche Beweisregeln zumindest nach den jeweils ihnen zu Grunde liegenden Gedanken zu berücksichtigen, welche zu einer Erleichterung der Beweisanforderungen führen.[1265]

Einzubeziehen in die hiesige Überlegung zu der entsprechenden Anwendbarkeit dieses Instituts ist des Weiteren die, zwar nach obigen Ausführungen für die volle eigengerichtliche Sachverhaltsaufklärung mitnichten ausreichende, aber dennoch gegenüber dem Zivilverfahren gesteigerte nachlassgerichtliche

---

1264 Siehe dazu oben Kap. IV. 2.3.2. und 2.3.3.
1265 So i.E. etwa auch OLG Hamm, NJW-RR 1996, 1095 (1096).

Aufklärungspflicht. Denn insofern kann an den im nachlassgerichtlichen Verfahren bestehenden Grundsatz angeknüpft werden, nach welchem mit etwaigen Beweisschwierigkeiten seitens eines Beteiligten eine Aktivierung sowie Steigerung der nachlassgerichtlichen Pflicht einhergeht, eigene gerichtliche Ermittlungen anzustellen sowie geeignete Maßnahmen zu ergreifen, um die richterliche Überzeugung von der Richtigkeit oder Unrichtigkeit der für die Entscheidung wesentlichen Tatsachen zu begründen.[1266]

Insbesondere in Anbetracht des Ziels der Erforschung der materiellen Wahrheit, hat das Nachlassgericht jedenfalls im Falle von einem pauschalen, aber dennoch „verdachtsbegründenden" indiziellen Vorbringen durch den faktisch darlegungspflichtigen Beteiligten auf für die Sachaufklärung dienliche Verhaltensweisen und Erklärungen gerade aller Beteiligten hinzuwirken und hierfür geeignete richterliche Hinweise zu geben sowie Fragen zu stellen und schließlich Erklärungen zu verlangen, um am Ende die für die Ermittlung der erheblichen Tatsachen notwendigen Informationen zu erlangen. Eine solche nachlassgerichtliche Verfahrenspflicht ist umso mehr zu bejahen, als sogar auch im vom Beibringungsgrundsatz beherrschten Zivilverfahren (begrüßenswerterweise) immer weiter vom „*Nemo tenetur edere contra se*"-Dogma stillschweigend abgerückt wird.[1267]

Von daher erscheint es angezeigt, dass das Gericht bei einer Rechtsverfolgung im Rahmen des streitigen Erbscheinsverfahrens die obigen Grundsätze der sekundären Behauptungslast im Rahmen seiner Prozessleitungsbefugnis und somit im Wege entsprechender richterlicher Hinweise und Aufforderungen an die Beteiligten zur jeweils im Einzelfall angemessenen Substantiierung durchsetzt sowie im Rahmen seiner anschließenden freien Würdigung des kompletten Prozessverlaufs samt dem Prozessverhalten der Beteiligten entsprechend berücksichtigt.

Auch bezüglich dieser am Ende stehenden Würdigung der Erfüllung der einem Beteiligten auferlegten (faktischen) sekundären Behauptungslast können vor allem solche oben aufgeführten Begründungsansätze für das Institut der sekundären Behauptungslast fruchtbar gemacht werden, welche nicht auf spezifische Normen des Zivilverfahrens abstellen, sondern sich mehr auf die Mitwirkungspflichten der Beteiligten schlechthin auch im Lichte der allgemeinen

---

1266 Vgl. auch *Herzog*, ZErb 2016, 34 (36).
1267 Siehe oben unter Kap. IV. 2.3.4.1., sowie allg. dazu auch Zöller/*Greger*, ZPO, Vorb. § 284 Rn. 34d.

Pflicht zur redlichen Prozessführung beziehen und sich daher auch für das Erbscheinsverfahren eignen.[1268]

Hierbei kann bezüglich der Rechtfolgen einer nicht (vollständig) erfüllten (faktischen) sekundären Behauptungslast etwa auf diejenigen Gedanken zurückgegriffen werden, welche gerade nicht auf eine im FamFG inexistente Geständnisfiktion (§ 138 Abs. 3 ZPO)[1269] abstellen, sondern die (teilweise) Weigerung des sekundär Herangezogenen zur substantiierten Vervollständigung des gegnerischen Tatsachenvortrages im Rahmen der richterlichen Überzeugungsbildung zu seinen Lasten werten und aus diesem Verhalten nach der Lebenserfahrung für ihn ungünstige Schlüsse ziehen möchten.[1270] Insofern ist vor allem die ältere Rechtsprechung davon ausgegangen, dass das Verhalten in Gestalt der fehlenden oder nicht ausreichenden Erfüllung der sekundären Behauptungslast im Rahmen des § 286 I ZPO frei zu würdigen ist[1271] und einige Stimmen aus dem Schrifttum möchten weiterhin diesen Weg über die freie Beweiswürdigung beschreiten[1272].

Die Einordnung der verfahrensrechtlichen Bewertung des konkreten Verhaltens durch den sekundär herangezogenen Beteiligten in den thematischen Bereich der richterlichen Überzeugungsbildung ist auch im hiesigen Kontext zu befürworten. Denn bei der Beweiswürdigung im Gesamten handelt sich um einen inneren Vorgang der Würdigung sowohl des gesamten Inhaltes der mündlichen Verhandlung als auch des Ergebnisses der Beweisaufnahme.[1273] Der Richter soll sich dabei im Zuge einer inneren Reflexion eine Überzeugung vom tatsächlichen Geschehen verschaffen.[1274] Indem nicht allein das Ergebnis der Beweisaufnahme den Bezugspunkt der richterlichen Würdigung darstellt, sondern vielmehr der gesamte Inhalt der mündlichen Verhandlung, kommt es

---

1268 Zu den verschiedenen Begründungsansätzen bereits unter Kap. IV. 2.3.4.1.
1269 Weder das echte noch das fingierte Geständnis findet in den Bereichen der Untersuchungsmaxime (unmittelbar) Anwendung, da hier den Parteien ja gerade nicht die Herrschaft über den Streitstoff zusteht, vgl. etwa Stein/Jonas/*Kern*, ZPO, § 138 Rn. 40; MüKo/*Fritsche*, ZPO, § 138 Rn. 27.
1270 So etwa schon RGZ 166, 240 (242); MüKo/*Fritsche*, ZPO, § 138 Rn. 25.
1271 Vgl. RGZ 166, 240 (242) sowie BGH, NJW 1961, 826 (828); BGH, NJW 1962, 2149 (2150) welche auf die RG-Entscheidung Bezug nehmen.
1272 vgl. MüKo/*Fritsche*, ZPO, § 138 Rn. 25; Reischl, JR 1997, 404 (409) m.w.N. Zum Ganzen Baumgärtel/Laumen/Prütting/*Laumen*, HdB Beweislast, Bd. 1, Kap. 22 Rn. 36.
1273 Vgl. MüKo/*Prütting*, ZPO, § 286 Rn. 6.
1274 MüKo/*Prütting*, ZPO, § 286 Rn. 7.

zu einer „freien Verhandlungswürdigung".[1275] So erstreckt sich die richterliche Würdigung insbesondere auf das gesamte Parteivorbringen eingeschlossen ein eventuell im Laufe des Verfahrens abgeändertes Vorbringen[1276], alle Handlungen sowie Unterlassungen der Parteien, den persönlichen Eindruck der Parteien, ihrer Vertreter und ihrer Zeugen sowie namentlich ein Schweigen auf Fragen beziehungsweise das Verweigern bestimmter Antworten, die Nichtbefreiung von bestehenden Schweigepflichten oder auch das Vorenthalten von Beweismitteln.[1277]

Für eine dem Gedanken der Grundsätze der sekundären Beweislast entsprechende Anwendung im Rahmen der richterlichen Verfahrensleitungsbefugnis sowie der richterlichen Überzeugungsbildung spricht nicht zuletzt der Umstand, dass schließlich auch andere beweisrechtliche Institute aus der ZPO im FamFG-Verfahren respektive im Erbscheinsverfahren jedenfalls ihren Grundgedanken nach in diesen Bereichen angewendet werden. Neben dem bereits oben angesprochenen Indizienbeweis sowie Anscheinsbeweis kommen ebenso die Grundsätze über die sogenannte Beweisvereitelung im FamFG-Verfahren zum Einsatz.[1278] Im Hinblick auf die faktisch erforderliche Mitwirkung der Beteiligten in Gestalt des Hinweisens auf Tatsachen und Beweismittel treten für gewöhnlich auch dann Schwierigkeiten auf, wenn ein Beteiligter über Beweismittel verfügt, welche für ihn ungünstige Tatsachen zu belegen fähig sind, und der aktuelle Stand der Sachverhaltsaufklärung für diesen Beteiligten indes vorteilhaft ist. Ein solches Szenario gestaltet sich im Grunde so, dass dieser Beteiligte, welcher allein Zugriff auf jenes Beweismittel hat, das die bisher ermittelten tatsächlichen Umstände zu seinen Ungunsten ändern könnte, dasselbe einfach zurückhalten muss, um das Verfahren zu einem für ihn erfolgreichen Abschluss zu führen. Hieran ändert sich grundsätzlich selbst dann nichts, wenn sich dieser Beteiligte etwa einer Vorlegungsanordnung nach §§ 142 Abs. 1, 144 Abs. 1 ZPO respektive §§ 26, 29 Abs. 1 FamFG oder § 30 Abs. 1 FamFG in Verbindung mit §§ 142 Abs. 1, 144 Abs. 1 ZPO widersetzt. Gerade um solch ein prozessuales Verhalten erfolgreich zu torpedieren, wenden die Gerichte die in der Praxis des Zivilprozesses entwickelten Grundsätze zur Beweisvereitelung dem Gedanken nach auch im FamFG-Verfahren an, ohne dass dem der Amtsermittlungsgrundsatz entgegenstünde[1279]. Wichtig

---

1275 Vgl. MüKo/*Prütting*, ZPO, § 286 Rn. 3, 7.
1276 BGH, NJW 2002, 1276 (1277).
1277 Vgl. MüKo/*Prütting*, ZPO, § 286 Rn. 8.
1278 Hierzu und dem Folgenden insb. *Gomille*, NZFam 2014, 100 (103 f.).
1279 BGHZ 184, 269 = NJW 2010, 1351 (Rn. 25) m.w.N. und m. Anm. *Peschel-Gutzeit*.

für hiesigen Kontext ist zudem, dass es sich bei dem Sichtwort der Beweisvereitelung nicht nur um „Beweiserhebungsvereitelung" handelt, sondern auch die Weigerung des *Zugangs zu Indiztatsachen* hiervon erfasst wird[1280]. Demnach kann also eine Weigerung eines Beteiligten, ein ihm zugängliches Beweismittel zum Zwecke der Sachverhaltsaufklärung im Rahmen eines Erbscheinsverfahrens zur Verfügung zu stellen, bei der Beweiswürdigung zu seinen Lasten berücksichtigt werden.[1281] Selbiges muss auch für ein (nur) beweiserschwerendes Verhalten gelten.[1282]

2.3.5.3. Zwischenergebnis

Im Ergebnis ist also die nachlassgerichtliche Anwendung der angesprochenen beweisrechtlichen Institute zumindest ihren Grundgedanken nach im Rahmen eines streitigen Erbscheinsverfahrens wegen den dortigen, vergleichbar mit den im Zivilprozess bestehenden Mitwirkungsobliegenheiten sowie Beweisschwierigkeiten beziehungsweise Interessenlagen der Beteiligten, angezeigt. Namentlich das Institut der (faktischen) sekundären Behauptungslast kann das Nachlassgericht dadurch anwenden, dass es durch entsprechende prozessleitende Maßnahmen und Hinweise den jeweils sekundär herangezogenen Beteiligten auffordert, auf ein pauschales „verdachtsbegründendes" indizielles Vorbringen des anderen darlegungspflichtigen unter einem Informationsdefizit leidenden Beteiligten substantiiert zu antworten und den Sachverhalt

---

1280 *Schlosser*, JZ 1991, 599 (604). Vgl. dazu auch BGH, NJW 1972, 1131; BGH, NJW 1982, 2447; BGH, NJW 1989, 2947.
1281 OLG Hamm, NJW-RR 1996, 1095 (1096); *Gomille*, NZFam 2014, 100 (104); Keidel/*Sternal*, FamFG, § 29 Rn. 45. Dabei vermag weiterhin nur ein im Einzelfall vorwerfbares, missbilligenswertes Verhalten den Vorwurf der Beweisvereitelung zu tragen, also ein Verhalten, das wider Treu und Glauben erfolgt und nach dem allg. Rechtsempfinden verwerflich erscheint, vgl. BGHZ 184, 269 = NJW 2010, 1351 (Rn. 25) m.w.N. und m. Anm. *Peschel-Gutzeit*.
1282 Sofern eine klare Differenzierung zwischen der (völligen) Vereitelung und der (bloßen) Erschwerung des Beweises überhaupt erfolgen soll (bzw. kann). Die überwiegende Meinung ist zu Recht gegen eine Unterscheidung, vgl. etwa BGH, NJW 2004, 222; BGH, NJW 2006, 434 (Rn. 23); MüKo/*Prütting*, ZPO, § 286 Rn. 85 m.w.N.; Thomas/Putzo/*Seiler*, ZPO, § 286 Rn. 17; Zöller/*Greger*, ZPO, § 286 Rn. 14a; Baumbach/Lauterbach/Hartmann/Anders/Gehle/*Nober*, ZPO, Anh. § 286 Rn. 27. Wobei sich i.E. kaum Unterschiede ergeben, da beide Verhaltensweisen richtigerweise i.R. der richterlichen Beweiswürdigung ihren Platz finden, siehe dazu eingehend und mit abweichender Meinung *Musielak*, in: FS Prütting, S. 443 (443 f.) m.w.N.

insofern plausibel darzulegen. Hierdurch würde die Sachaufklärung bei vermuteten Drittbeeinflussungsszenarien, welche sich zumeist allein in der Sphäre des Drittbeeinflussenden oder Begünstigten abgespielt haben durch das Gericht deutlich erleichtert sowie die dahingehende „Aufklärungsrate" merklich erhöht. Denn einen effektiven Sanktionsmechanismus im Hinblick auf einen Verstoß gegen solch eine (sekundäre) substantiierte Darlegungspflicht stellt die Reaktion des Richters dar, das pauschale und an sich unsubstantiierte indizielle Vorbringen letztlich als wahr zu erachten.

3. Bewegliches System der Indizien als Ausformung der prozessualen Komponente des Erblasserautonomieschutzes

Im weiteren Schritt soll, gewissermaßen als Ausformung der prozessualen Komponente des Konzepts eines Erblasserautonomieschutzes im geltenden Recht, ein bewegliches System der Indizien zum Zwecke der Beweiserleichterung im Hinblick auf die hiesigen Drittbeeinflussungsszenarien ausgearbeitet werden.

3.1. Anwendungsbereich und Inhalt

Nach den obigen Ausführungen kann sich der Institute der Beweiserleichterung in Gestalt des Indizienbeweises, des Anscheinsbeweises sowie der sekundären Behauptungslast für den hiesigen Untersuchungszweck, der Effektuierung der gerichtlichen Durchsetzung des Erblasserautonomieschutzes, bedient werden. Dies sowohl bei einem prozessualen Vorgehen im Rahmen des Zivilverfahrens als auch des Erbscheinsverfahrens, weshalb im Folgenden diesbezüglich keine Unterscheidung mehr erfolgen wird.

Im Zuge einer flexiblen Anwendung dieser Institute der Beweiserleichterung ist es möglich, dass die sich in Beweisnot befindenden Erbprätendenten vor Gericht auf Indizien stützen, welche jeweils in einer vom Richter geforderten umfassenden Gesamtbetrachtung im konkreten Fall[1283] eine ganz individuelle „indizielle Schlagkraft" entwickeln und den weiteren Umfang der Sachverhaltsermittlung vor Gericht erheblich beeinflussen können. Hierbei kommen den einzelnen Indizien jedoch nicht von vornherein feste und absolute Signifikanzen im Hinblick auf das Auslösen etwaiger Beweiserleichterungsstufen zu. Vielmehr sind die Wirkungen der einzelnen Indizien oder gewissen Kumulationen von Indizien variabel und von der umfassenden Gesamtschau aller konkreten

---

1283 Siehe auch allg. zu dem Umgang des Richters mit Indizien oben Kap. IV. 2.3.2.

Einzelfallumstände abhängig. Insofern ergibt sich also auch im hiesigen prozessualen Untersuchungsabschnitt ein bewegliches System des Erblasserautonomieschutzes. Die jeweils konkrete „indizielle Schlagkraft" etwaiger Indizien hat das Gericht nach pflichtgemäßem Ermessen zu bestimmen.

Die jeweilige Einordnung der „indiziellen Schlagkraft" bestimmt dann inwieweit der sich auf die Wirksamkeit des angegriffenen Testaments berufende Gegner sekundär zur Sachverhaltsaufklärung herangezogen wird und daher substantiiert auf gewisse Verdachtsmomente einzugehen hat. Für eine Zumutbarkeit der Aufklärungsmöglichkeit wird es ausreichen, dass sich der Gegner die erforderlichen Tatsachen in zumutbarer Weise beschaffen kann, da dieselben schließlich seiner Sphäre zuzurechnen sind. Selbst eine eventuelle Notwendigkeit eigener Nachforschungen würde diese Aufklärungsmöglichkeit nicht ausschließen. Weiter kann das Gericht für die Frage der Zumutbarkeit der Aufklärung für den sekundär Herangezogenen etwa ein heimliches Vorgehen oder ähnliches Vorverhalten desselben und hierin die zurechenbare Verursachung des bestehenden Informationsgefälles negativ berücksichtigen. Durch die sekundäre Heranziehung des Gegners, wird es den sich in Beweisnot befindenden Erbprätendenten dann ermöglicht, weitere sowie detailliertere Sachverhaltsinformationen zu erlangen, durch welche gegebenenfalls Indizwirkung für eine ergänzende Sachverhaltsaufklärung erzeugt werden kann.

Zusätzlich sowie zeitgleich zu dieser Erleichterung der Sachverhaltsaufklärung wird es dem Gericht ermöglicht, das gesamte Verhalten des sekundär Herangezogenen speziell bezogen auf seine Bereitschaft zur Freigabe von Informationen sowie etwaigen Beweismitteln frei zu würdigen, gegebenenfalls unter hinzukommender Heranziehung der Grundsätze der Beweisvereitelung.

Abschließend zu diesen Aspekten wird die jeweilige „indizielle Schlagkraft" der Verdachtsmomente außerdem bestimmen, wie intensiv sich der Richter zu dem jeweiligen Verfahrensstand bereits eine vorläufige Überzeugung von einer unzulässigen (subtilen) Drittbeeinflussung gebildet hat. Insofern kommen die Kategorien des herkömmlichen Indizienbeweises sowie des Anscheinsbeweises in Betracht.[1284] Von einer solche Einordnung wird es dann abhängig sein, inwieweit der Gegner den Gegenbeweis zu führen hat, um die vorläufige Überzeugung des Gerichts zu erschüttern.

1284 Siehe hierzu allg. sowie zu der auch seitens der Rspr. praktizierten Anwendung des Anscheinsbeweises auf individuelle Willensmomente bereits oben Kap. IV. 2.3.3.

3.2. Eruierung von Indizien für das bewegliche System

Für die weitere Untersuchung kommt es entscheidend darauf an, welche Indizien sich als besonders zweckmäßig erscheinen, um einzeln oder miteinander kumulierend im Rahmen einer Gesamtschau Verdachtsmomente für ein Drittbeeinflussungsszenario im hiesigen Sinne zu erzeugen.

Zusätzlich zu den bereits oben zusammengestellten Faktoren für eine erhöhte Drittbeeinflussbarkeit aus wissenschaftlicher Sicht sowie den ebenso bereits oben für den hiesigen Zweck herausgefilterten Fallgruppenaspekten, welche durch die deutsche Rechtsprechung im Rahmen des § 138 Abs. 1 BGB systematisiert wurden, erscheint abschließend eine rechtsvergleichende Betrachtung zu dem speziellen Institut der *undue influence* für die finale Eruierung von zweckdienlichen Indizien lohnend.

Die folgende rechtsvergleichende Betrachtung zu dem Institut der *undue influence* wird aus dem Grund als besonders zielführend betrachtet, da gerade bei demselben umfassende vermutungsbegründende Verdachtsmomente in einem mit diesem hiesigen Untersuchungsgegenstand thematisch vergleichbaren Bereich speziell entwickelt wurden. Zu diesem Zweck wird im unmittelbaren Anschluss sowie in der gebotenen Kürze auf die Grundsätze dieser Lehre eingegangen, um sich hiernach den einzelnen Verdachtsfaktoren zu widmen.

3.2.1. Rechtsvergleichende Betrachtung zu der **undue influence**-Doktrin

Gegenstand und Ziel des folgenden Untersuchungsabschnitts ist es, die im Rahmen der Rechtsfigur der *undue influence* durch die Rechtsprechung entwickelten Verdachtsmomente für den hiesigen Untersuchungsgegenstand fruchtbar zu machen. Hierbei sollen allerdings auch nur die bei diesem Institut verwendeten Indizien für den weiteren Untersuchungszweck übernommen werden. Eine darüber hinausgehende, inhaltliche Integration dieser Lehre in das oben vorgeschlagene Konzept des Erblasserautonomieschutzes über eine Abschlusskontrolle anhand § 138 Abs. 1 soll explizit nicht erfolgen.[1285]

1285 Zu Recht ist das Rechtsinstitut der *undue influence* mitunter großer Kritik dahingehend ausgesetzt ist, dass die Gerichte diese Doktrin regelmäßig dazu verwenden, zielgerichtet und allein die Familie des Erblassers zu schützen, und Verfügungen zugunsten nicht mit dem Erblasser verwandten bzw. „unwürdigen" Personen für unwirksam zu erklären. Dadurch wird i.E. ein gesetzlich nicht bestehendes Pflichtteilsrecht durch die Gerichte eingeführt. Hierbei fokussieren sich die Gerichte bei der Anwendung der Doktrin häufig doch sehr stark auf den Inhalt der Verfügung, anstatt primär die Umstände der Testamentserrichtung

3.2.1.1. Grundsätze der **undue influence**-Doktrin

Während es im deutschen Rechtssystem – wie in dem vorangehenden Kapitel ausgeführt – bisher kein Konzept gibt, um der subtilen Fremdbeeinflussung einer Willensentscheidung ausreichend Rechnung zu tragen, wird dies in anglo-amerikanischen Rechtssystemen durch die sogenannte *undue influence*-Doktrin ermöglicht. Diese Rechtsinstitut zielt ausschließlich auf die Reaktion auf eine unzulässige exogene[1286] Willensbeeinflussung ab und findet in seiner konkreten Ausgestaltung im deutschen Recht keine Kongruenz.[1287] Die Lehre von der *undue influence* ist weder exklusiv für den erbrechtlichen Bereich entwickelt worden noch findet sie allein im selbigen Anwendung. Vielmehr wird sie rechtsbereichsübergreifend und allgemein, insbesondere im Vertragsrecht sowie im Schenkungsrecht[1288], angewendet.[1289]

---

isoliert zu betrachten. Vgl. etwa *Leslie*, Ariz.L.Rev. (1996), 235 (243); *Madoff*, Minn.L.Rev. (1997), 571 (577 ff.). Auch sehr krit. ggü. der Doktrin und sogar ihre Abschaffung fordernd *Spivack*, U.Kan.L.Rev. (2010), 245 (insb. 262 ff.). Siehe für einen zusammenfassenden Überblick bzgl. der Kritik an der Doktrin *Boehm*, Der demenzkranke Erblasser, S. 222–227. Zusätzlich zu dieser inhaltlichen Kritik, würde eine ungefilterte Implementierung der Grundsätze der *undue influence* bereits mit dem Umstand kollidieren, dass im Geltungsbereich der Doktrin bereits nicht so hohe Anforderungen an die Testierfähigkeit im Vergleich zum deutschen Recht gestellt werden, vgl. dazu *Boehm*, Der demenzkranke Erblasser, S. 229 ff.

1286 *Lorenz*, Schutz, S. 455, welcher i.R. seiner Untersuchung für den (vor)vertraglichen Bereich eine Lösung über die c.i.c. vorschlägt.
1287 Vgl. etwa *Scalise*, D.J.C.I.L (2008), 41 (42); *Boehm*, Der demenzkranke Erblasser, S. 165. Ferner für den (vor)vertraglichen Bereich insb. *Lorenz*, JZ 1997, 277 (281).
1288 Vgl. auch *Lorenz*, Schutz, S. 457, welcher zudem auf die steigenden Anwendungsfälle i.Z.m. Sicherungsgeschäften naher Angehöriger hinweist, vgl. auch *ders.*, Schutz, S. 465.
1289 Vgl. *Boehm*, Der demenzkranke Erblasser, S. 183 m.w.N. Knapper Überblick über die Geschichte der unzulässigen Beeinflussung ggü. Erblassern von der Römerzeit bis hin zur Neuzeit bei *Scalise*, D.J.C.I.L. (2008), 41 (43–54). Geschichtlich dazu auch *Wagner*, Interzession, insb. S. 432 ff, 465 ff. Bzgl. der getrennten Entwicklung der Lehre von der *undue influence* i.H.a. Testierende (*probate doctrine*) auf der einen Seite und bei Rechtsgeschäften unter Lebenden (*equitable doctrine*) auf der anderen Seite, siehe *Wagner*, Interzession, S. 466 ff.; *Enonchong*, Duress, Kap. 13 Rn. 1. Erst im 19. Jahrhundert gelangte die *undue influence*-Doktrin aus England in das amerikanische Recht, *Scalise*, D.J.C.I.L. (2008), 41 (51). Die Lehre von der *undue influence* in England und den USA ist weitgehend inhaltlich identisch, vgl. etwa *Lorenz*, JZ 1997, 277 (281 mit Fn. 71); *ders.*, Schutz, 454 mit Fn. 1399 exemplarisch dazu bezieht sich das *House of Lords* in National

Auf den Punkt gebracht dient das Institut der *undue influence* dazu, einen Schutz der Entscheidungsfreiheit des Betroffenen vor unzulässiger Drittbeeinflussung zu statuieren,[1290] bei welcher die durch Alter, Unerfahrenheit, Abhängigkeit, physische oder psychische Defizite oder aufgrund anderer Faktoren bedingte gesteigerte Beeinflussbarkeit des Betroffenen ausgenutzt wird.[1291] Die genaue Art und Weise der oftmals subtilen Einflussnahme ist dabei erst einmal unerheblich,[1292] wobei der Fokus auf den äußeren Umstände des Zustandekommens des Rechtsgeschäfts liegt.[1293]. Unbeantwortet bleibt indessen die Frage, wie der Begriff der unzulässigen Beeinflussung genau zu definieren ist.[1294] Doch vor allem in England wird eine derartige abstrakte Definition weder als möglich noch als wünschenswert angesehen.[1295] Vielmehr wird übereinstimmend davon

---

Westminster Bank plc. v. Morgan, (1985 A. C. 686 (692)) ausdrücklich auf die in Sec. 177 des amerikanischen Restatement 2nd Contracts wiedergegebene Regelung. Zu diesem annähernden Gleichlauf auch *Scalise*, D.J.C.I.L. (2008), 41 (51). Gleichwohl wird sich im weiteren Verlauf dieser Untersuchung hauptsächlich mit der Anwendung der *undue influence*-Lehre auf den Erblasser aus dem US-amerikanischen Rechtskreis beschäftigen.

1290 Vgl. *Boehm*, Der demenzkranke Erblasser, S. 183 m.w.N. *Lorenz*, JZ 1997, 277 (281); *Scalise*, D.J.C.I.L. (2008), 41 (54) m.w.N. Ursprünglich konnte im *Common Law* ein Vertrag allein bei Vorliegen von *duress* (rechtswidrige Drohung) aufgelöst werden, wobei dieser Drohungsbegriff sehr eng verstanden wurde und allein Fälle von Gewalt bzw. Drohung mit körperlicher Gewalt oder einer Freiheitsberaubung umfasste (vgl. *Treitel*, Contract, S. 374; *Zweigert/Kötz*, Rechtsvergleichung, S. 425). Dieses eingeschränkte Begriffsverständnis von *duress* ließ andere Formen rechtswidriger Drohungen indes von dem Institut der *undue influence* umfasst sein. Durch die zeitlich nachfolgende Wandlung des anfangs engen Verständnisses vom Begriff der *duress* zu einem weiteren Begriff der Drohung verlor das Rechtsinstitut der *undue influence* zwar diese ursprüngliche Rolle, erfasst heute aber dennoch Formen von unzulässigen Beeinflussungen, welche selbst von einem weiteren Drohungsbegriff nicht abgedeckt werden können (vgl. *Treitel*, Contract, S. 377; *Calamari/Perillo*, Contracts, S. 330) zum Ganzen siehe *Lorenz*, Schutz, S. 453 f.

1291 *Goldberg/Sitkoff*, Stan.L.Rev. (2013), 335 (345) m.w.N.

1292 Vgl. *Boehm*, Der demenzkranke Erblasser, S. 183 m.w.N.

1293 Vgl. auch *Lorenz*, JZ 1997, 277 (282), dieser konstatiert in diesem Zusammenhang zu Recht das Bestehen einer Art beweglichen Systems mehrerer Elemente, welche in ihrem jeweiligen Zusammenspiel *undue influence* begründen können.

1294 Vgl. etwa *Marson/Huthwaite/Hebert*, L.P.Rev. (2004), 71 (78); *Goldberg/Sitkoff*, Stan.L.Rev. (2013), 335 (345) m.w.N.; *Scalise*, D.J.C.I.L. (2008), 41 (43).

1295 Vgl. *Lorenz*, Schutz, S. 455 m.w.N. Siehe auch *Jansen*, in: Zimmermann, Störungen, S. 125 (155) m.w.N.

ausgegangen, dass sich der Begriff einer abstrakten Definition entziehe und die jeweiligen Einzelfallumstände entscheidend seien.[1296] Gerade hierdurch soll das Rechtsinstitut den spezifischen Einzelfallumständen zweckmäßig Rechnung tragen können und einer stetigen Fortentwicklung des Schutzumfanges offen gegenüber stehen.

Ein Anwendungsfeld der *undue influence*-Doktrin im erbrechtlichen Bereich bilden typischerweise solche Szenarien, in welchen der Erblasser zwar grundsätzlich noch die Fähigkeit zu einer freien Entscheidung besitzt, allerdings vermutlich bereits eine Einschränkung der geistigen Fähigkeiten vorliegt und eine Drittbeeinflussung eine freie Erblasserentscheidung beeinträchtigt beziehungsweise verhindert hat.[1297] Insofern besteht also zu dem hiesigen Untersuchungsgegenstand eine große Vergleichbarkeit. Dabei setzt das Rechtsinstitut der *undue influence* mit seinem Schutzzweck auch früher an als die Testierfähigkeit[1298], da ein Ausschluss der freien Willensbildungsfähigkeit gerade nicht gefordert wird, sondern vielmehr eine gesteigerte Beeinflussbarkeit aufgrund psychischer und/oder physischer Defizite ausreicht.[1299] Konzeptionell stellt das Rechtsinstitut der *undue influence* einen Nichtigkeitsgrund dar.[1300]

1296 Vgl. *Lorenz*, Schutz, S. 463 m.w.N.
1297 Vgl. *Boehm*, Der demenzkranke Erblasser, S. 183. Zu den rechtshistorischen Wurzeln der *undue influence* bzgl. Testierenden (sog. *probate doctrine*) und den Verbindungen zum Institut des *metus reverentialis* siehe *Wagner*, ZRG RA 123 (2006), 248 (262–266); ders., Interzession, S. 432–435.
1298 Nach U.S.-amerikanischem Recht sind die Anforderungen an die Testierfähigkeit zudem geringer als diejenigen an die Geschäftsfähigkeit, vgl. *Boehm*, Der demenzkranke Erblasser, S. 173 m.w.N. Solche rechtssystemspezifischen Umstände sollen jedoch den Nutzen dieser vergleichenden Betrachtung nicht tangieren, da Zweck derselben ist, geeignete Verdachtsmomente zusammenzutragen.
1299 Vgl. *Boehm*, Der demenzkranke Erblasser, S. 184; *Frolik*, U.Pitt.L.Rev. (1996), 841 (852) m.w.N. Ebenso *Marson/Huthwaite/Hebert*, L.P.Rev. (2004), 71 (78). Als gewissermaßen Nebeneffekt der *undue influence*-Doktrin wird (neben dem Schutz der Testierfreiheit des Erblassers) der Schutz der gesetzlichen Erben, vor einer nicht auf einer autonomen bzw. fehlerfreien Erblasserentscheidung beruhenden Abweichung von der gesetzlichen Erbfolge, angesehen, *Scalise*, D.J.C.I.L. (2008), 41 (55).
1300 *Boehm*, Der demenzkranke Erblasser, S. 165.

Da sich der Nachweis[1301] über die Vornahme einer unzulässigen Beeinflussung (unabhängig vom geltenden Rechtssystem) regelmäßig sehr schwierig[1302] zu Lasten des sich auf eine unzulässige Beeinflussung Berufenden gestaltet, werden im Rahmen der Beweisführung einerseits mittelbare Beweise beziehungsweise Indizien[1303] sowie andererseits spezielle durch die Rechtsprechung entwickelte Vermutungen[1304] zugelassen.

3.2.1.2. „Indizien-Stufen-Test"
Im Wesentlichen gehen die Gerichte dann von einer unzulässigen Beeinflussung des Erblassers aus, wenn folgende vier Indizien kumulativ zur Überzeugung des Gerichts vorliegen.[1305]

- Der Erblasser war für eine unzulässige Einflussnahme empfänglich: Eine Empfänglichkeit des Betroffenen für eine unzulässige Beeinflussung wird dabei häufig bei einer Schwächung desselben aufgrund physischer und/oder

---

1301 Auch i.R. der *undue influence*-Lehre trägt der sich auf das Vorliegen einer unzulässigen Beeinflussung Berufende grundsätzlich die Beweislast für dieselbe, vgl. etwa *Goldberg/Sitkoff*, Stan.L.Rev. (2013), 335 (346) m.w.N.

1302 Im Zusammenhang mit den Beweisschwierigkeiten hinsichtlich einer unzulässigen Beeinflussung zu Lasten eines Erblassers wählte der *Supreme Court of Arkansas* in seiner Entscheidung vom 31.11.1931 (Hyatt v. Wroten, 43 S.W.2d 726 (728) eine bildhafte Beschreibung dieses Problems: *„Undue influence is generally difficult of direct proof. It is generally exercised in secret, not openly, and, like a snake crawling upon a rock, it leaves no track behind it, but its sinister and insidious effect must be determined from facts and circumstances surrounding the testator, his physical and mental condition as shown by the evidence, and the opportunity of the beneficiary of the influenced bequest to mold the mind of the testator to suit his or her purposes."*

1303 *Goldberg/Sitkoff*, Stan.L.Rev. (2013), 335 (345) m.w.N.; *Boehm*, Der demenzkranke Erblasser, S. 186. Ebenso *Madoff*, Minn.L.Rev. (1997), 571 (582), welcher den Indizienbeweis als einzige Möglichkeit zur Erbringung des Nachweises über den maßgeblichen Geisteszustand des Erblassers i.Z.m. dessen unzulässiger Beeinflussung betont.

1304 *Goldberg/Sitkoff*, Stan.L.Rev. (2013), 335 (345); *Boehm*, Der demenzkranke Erblasser, S. 186.

1305 Zum Folgenden vgl. etwa *Scalise*, D.J.C.I.L. (2008), 41 (55); *Goldberg/Sitkoff*, Stan.L.Rev. (2013), 335 (346); *Spivack*, U.Kan.L.Rev. (2010), 245 (262); *Boehm*, Der demenzkranke Erblasser, S. 187 m.w.N.

psychischer Defizite bejaht,[1306] wobei namentlich die gesteigerte Drittbeeinflussbarkeit demenziell Erkrankter oftmals betont wird.[1307]
- Der Dritte hatte die tatsächliche Möglichkeit zur Beeinflussung: Die Möglichkeit der unzulässigen Beeinflussung seitens des Dritten wird als gegeben angesehen, sofern und soweit zwischen dem Erblasser und dem Dritten ein beliebig beschaffenes soziales Verhältnis bestand, in dessen Rahmen der Dritte auf den Erblasser Einfluss ausüben konnte.[1308] Intensität und Länge eines solchen Verhältnisses können maßgebliche Anhaltspunkte darstellen. Ein starkes Indiz bilden insbesondere Vertrauensverhältnisse der Beteiligten zueinander.[1309]
- Der Dritte war bereit und willens, den Erblasser unzulässig zu beeinflussen: Hierbei geht um die subjektive Seite der Beeinflussungshandlung. Der Dritte muss als Ausprägung einer habgierigen oder übervorteilenden Charaktereigenschaft beabsichtigen, durch ein falsches oder ungerechtes Agieren den Erblasser in unzulässiger Weise zu beeinflussen und sich hierdurch einen unangemessenen Vorteil zu verschaffen.[1310]
- Die Verfügung war schließlich das Ergebnis einer unzulässigen Beeinflussung: Die Verfügung muss eindeutig das Ergebnis einer unzulässigen Beeinflussung verkörpern, was bei einer Errichtung oder Änderung einer testamentarischen Verfügung zugunsten des beeinflussenden Dritten[1311] oder zugunsten eines mit dem Beeinflussenden im Zusammenhang stehenden Dritten zu bejahen ist.[1312]

1306 *Frolik*, U.Pitt.L.Rev. (1996), 841 (851 f.) m.w.N.; *Boehm*, Der demenzkranke Erblasser, S. 187; *Scalise*, D.J.C.I.L. (2008), 41 (57).
1307 *Marson/Huthwaite/Hebert*, L.P.Rev. (2004), 71 (79 f.); *Boehm*, Der demenzkranke Erblasser, S. 188.
1308 *Boehm*, Der demenzkranke Erblasser, S. 188 m.w.N.
1309 Vgl. dazu *Boehm*, Der demenzkranke Erblasser, S. 188 m.w.N., welche darauf hinweist, dass einige US-amerikanische Bundesstaaten ein Vertrauensverhältnis sogar als ein unverzichtbares Tatbestandselement ansehen, während andere ein solches (allein) als einen (erheblichen) Aspekt i.R. der Beweislast (i.w.S.) betrachten. Siehe auch *Frolik*, U.Pitt.L.Rev. (1996), 841 (853) m.w.N.
1310 Vgl. *Boehm*, Der demenzkranke Erblasser, S. 189 m.w.N.
1311 *Frolik*, U.Pitt.L.Rev. (1996), 841 (858) m.w.N.
1312 *Boehm*, Der demenzkranke Erblasser, S. 189 m.w.N.

3.2.1.3. Widerlegbare richterrechtliche Vermutungen (*presumption*)

Über den obigen „Indizien-Tests"[1313] hinaus, lässt die überwiegende Rechtsprechung eine (widerlegbare) richterrechtliche Vermutung einer unzulässigen Beeinflussung (*presumption*) beim kumulativen Vorliegen folgender im weiteren Verlauf wiederum fallgruppentypisch eingeteilter zwei Voraussetzungen zu.[1314] Zum einen bedarf es zwischen dem Erblasser und dem Einflussnehmenden einer gewissen Art von Vertrauensverhältnis (*confidential relationship*) und zum anderen des Hinzukommens verdächtiger Umstände (*suspicious circumstances*).[1315]

3.2.1.3.1. Vertrauensverhältnis (*confidential relationship*)

Der Oberbegriff des Vertrauensverhältnisses wird selbst wiederum in drei Gruppen von Vertrauens- respektive Näheverhältnissen untergliedert, wobei diese Unterteilung nicht strikt seitens der Rechtsprechung gehandhabt wird und auch gegenseitige Überschneidungen freilich denkbar sind. Es existieren daher im Wesentlichen einerseits die sogenannten Treuhandverhältnisse (*fiduciary relationships*), andererseits die sogenannten Vertrauensverhältnisse im engeren Sinne (*reliant relationships*) und schließlich die sogenannten dominant-unterwürfigen Verhältnisse (*dominant-subservient relationships*).[1316]

3.2.1.3.1.1. Treuhandverhältnisse (*fiduciary relationships*)

Ein sogenanntes Treuhandverhältnis zeichnet sich vor allem dadurch aus, dass das Vertrauensverhältnis durch eine (gesetzliche oder vertragliche) treuhänderische Pflicht mit vermögensrechtlichem Bezug gebildet wird.[1317]

3.2.1.3.1.2. Vertrauensverhältnisse im engeren Sinne (*reliant relationships*)

Ein sogenanntes Vertrauensverhältnis im engeren Sinne sehen die Gerichte in einem auf besonderen Vertrauen beruhenden Verhältnis, das gerade dadurch geprägt ist, dass der Erblasser den Ratschlägen und Urteilen des Dritten vertraut und sein eigenes Verhalten hiernach richtet beziehungsweise darauf

---

1313 Zum Teil wird dieser vierstufige Test als zu vage und nicht hilfreich, bis hin zu beinahe bedeutungslos, angesehen, vgl. *Scalise*, D.J.C.I.L. (2008), 41 (55) m.w.N.
1314 Hierzu eingehend sowie zum Folgenden insb. *Boehm*, Der demenzkranke Erblasser, S. 191–217 m.w.N.
1315 Vgl. auch *Scalise*, D.J.C.I.L. (2008), 41 (56).
1316 Zum Ganzen *Boehm*, Der demenzkranke Erblasser, S. 191 m.w.N.
1317 Anwendungsbeispiele bilden etwa Anwälte, Bevollmächtigte, Betreuer, aber u.U. auch Verwandte mit ähnlicher Stellung. Vgl. dazu *Boehm*, Der demenzkranke Erblasser, S. 192 m.w.N.

vertraut, dass der Dritte interessenwahrend zugunsten des Erblassers agiert.[1318] Als Dritte dieser Fallgruppe werden als interessanten Aspekt für die hiesige Untersuchung insbesondere der Arzt oder Pfleger des Erblassers sowie geistliche Bezugspersonen genannt.[1319] Ebenso fallen hierunter mit dem Erblasser verwandte Dritte, sofern zu ihnen ein solches maßgebliches besonderes Vertrauensverhältnis und die damit einhergehende Einflussmöglichkeit sowie Überlegenheit des Verwandten gegenüber dem Erblasser besteht.[1320]

3.2.1.3.1.3. Dominant-unterwürfige Verhältnisse (*dominant-subservient relationships*)

Schließlich charakterisiert die Rechtsprechung ein dominant-unterwürfiges Verhältnis als eine Beziehung, in welcher der Erblasser dem Dritten gegebenenfalls aufgrund eines irgendwie gearteten Abhängigkeitsverhältnisses insoweit unterworfen ist, als dass der Erblasser im Wege einer (auch nur) subtilen Suggestion beeinflusst werden kann. Ein Anwendungsfall dafür kann auch das Verhältnis zwischen einem kranken und alten Erblasser und dessen angestellter Pflegekraft bilden.[1321]

*3.2.1.3.2. Verdächtige Umstände (**suspicious circumstances**)*

Um einen Gedankenschluss vom Vertrauensverhältnis zum Missbrauch desselben und somit eine dahingehende Vermutung[1322] zu rechtfertigen, verlangen die Gerichte in der Regel als zweite (Vermutungs)Bedingung das Vorliegen von

---

1318 Vgl. *Boehm*, Der demenzkranke Erblasser, S. 193 m.w.N. Vgl. auch *Madoff*, Minn.L.Rev. (1997), 571 (583).
1319 *Madoff*, Minn.L.Rev. (1997), 571 (584); *Boehm*, Der demenzkranke Erblasser, S. 193.
1320 *Boehm*, Der demenzkranke Erblasser, S. 193 m.w.N.
1321 Zum Ganzen *Boehm*, Der demenzkranke Erblasser, S. 194 m.w.N.
1322 Der konkrete Inhalt sowie Umfang einer solchen Vermutung variiert indessen sehr stark zwischen den einzelnen US-amerikanischen Bundesstaaten, sodass nicht einmal eine generelle Einordnung derselben auf der Ebene der Beweiswürdigung oder Beweislast vorgenommen werden kann. Ebenfalls und spiegelbildlich dazu schwanken wiederum auch die konkreten Anforderungen an die Widerlegung dieser Vermutungen extrem. Neben dem Anführen von „nachvollziehbaren" Gründen wirkt v.a. auch der Nachweis einer Beratung des Erblassers durch eine unabhängige und fachkundige Person entlastend, wenngleich auch insofern die Anforderungen von den Gerichten nicht einheitlich gesehen werden. Vgl. dazu auch eingehend *Boehm*, Der demenzkranke Erblasser, S. 210–216.

verdächtigen Umständen (*suspicious circumstances*).[1323] Solche verdächtigen Umstände stehen häufig in sachlichem und/oder zeitlichem Kontext der Vorbereitung oder Errichtung eines Testaments.[1324] Aufgrund dieser schwerpunktmäßigen Fokussierung auf die Umstände rund um die Testamentserrichtung erscheinen die folgenden Verdachtsmomente auch für den hiesigen Untersuchungszweck sehr geeignet, wenngleich im Anschluss kurz auf ein da auf den moralischen Inhalt der Verfügung fokussiertes und daher für den hiesigen Untersuchungszweck ungeeignetes Kriterium eingegangen wird.

3.2.1.3.2.1. Inhaltlich unnatürliche Verfügung

Begonnen werden soll zugleich mit dem von der Literatur zu Recht am stärksten kritisierten Verdachtsmoment im Rahmen der *undue influence*-Doktrin. Dieses Kriterium zielt sehr stark auf den genauen Inhalt der Verfügung ab und fordert im Ergebnis eine Gleichbehandlung von Familienangehörigen aus moralischer Sicht. Da eine solche Sichtweise mit der Testierfreiheit des Erblassers mitnichten verträglich ist, wird dieses Kriterium für den hiesigen Untersuchungszweck nicht übernommen und soll lediglich aus Gründen der Vollständigkeit in dieser rechtsvergleichenden Betrachtung kurz aufgeführt werden.

Im Rahmen der gerichtlichen Überprüfung von Testamenten anhand der *undue influence*-Doktrin kommt dem konkreten Inhalt des Testaments sowie der Frage, ob eine unnatürliche beziehungsweise ungewöhnliche Verfügung (*unnatural/abnormal disposition*) aus gerichtlicher Sicht zu bejahen ist, meist eine große Bedeutung zu.[1325] Unnatürlich und das gerichtliche Misstrauen stark erweckend sei eine Verfügung dann, wenn sie wertungsmäßig unbillig und ungerecht beziehungsweise unvernünftig ist.[1326] In einem solchen Fall bestehe der starke Verdacht, dass die Verfügung nicht den unbeeinflussten Willen des Erblassers, sondern den des Beeinflussenden in sich trägt.

1323 Vgl. dazu und dem Folgenden eingehend insb. *Boehm*, Der demenzkranke Erblasser, S. 197–210 m.w.N.
1324 Vgl. auch *Scalise*, D.J.C.I.L. (2008), 41 (57).
1325 Vgl. eingehend hierzu und dem Folgenden insb. *Boehm*, Der demenzkranke Erblasser, S. 203–208; *Scalise*, D.J.C.I.L. (2008), 41 (58 f.) jew. m.w.N. Zu einzelnen krit. Rspr.-Studien (von *Leslie* und *Schoenblum*) über die Wichtigkeit des Inhalts der Verfügung und den Umstand, ob mit dem Erblasser Verwandte begünstigt wurden, für den Ausgang eines auf *undue influence* gestützten Rechtsstreits, siehe *Boehm*, Der demenzkranke Erblasser, S. 206–208.
1326 Vgl. insb. *Boehm*, Der demenzkranke Erblasser, S. 203 f. m.w.N. *Baron*, San Diego L.Rev. (1987), 1043 (1059 f.) weist krit. darauf hin, dass solche Begriffe seitens der Gerichte dennoch keine Definitionen darstellen und tendenziell eine abstrakte und ohne ausreichende Berücksichtigung der spezifischen subjektiven Ansichten und Erfahrungen des konkreten Erblassers eine geradezu objektive Bewertung

Im Zuge der langjährigen Rechtsprechung haben sich zwei Fallgruppen der unnatürlichen Verfügungen geformt. Im Rahmen der ersten Fallgruppe bilden die Personen mit dem größten moralischen Anspruch auf die Erbeinsetzung (*natural objects of one's bounty*) den Ausgangspunkt der Überlegung.[1327] Unbillig und ungerecht und sonach unnatürlich beziehungsweise verdächtig sei eine Verfügung dann, wenn der Inhalt dieser Verfügung faktisch keine Erfüllung dieses moralischen Anspruches darstellt. Eine klare Tendenz der Rechtsprechung kann dahingehend festgestellt werden, dass in der Regel die gesetzlichen Erben[1328], insbesondere also Ehegatten und Abkömmlinge, einen solchen moralischen Anspruch haben sollen, wobei teilweise auch faktische Familienmitglieder[1329] in den „moralischen Empfängerkreis" gezählt werden. Die Begünstigung eines außerhalb der formalen Familienstruktur Stehenden wird meist nur dann seitens der Gerichte als nicht unnatürlich betrachtet, wenn die enterbte Familie etwas getan hat, womit sie die Enterbung „verdient".[1330] Die zweite Fallgruppe legt den Fokus auf die dem Erblasser gleich nahestehenden respektive in vergleichbarem Grad mit demselben verwandten Personen und das Vorliegen von (rationalen) Gründen für dessen differenzierende Begünstigung durch den Erblasser.[1331] Als

---

vorgenommen wird, wie ein „gerecht" und „rational" denkender Erblasser testiert haben würde bzw. müsste. Zu den generellen Regeln einer „normalen" Verfügung etwa *Green*, Yale L.J. (1944), 271 (299 f.). Verständlicher wird derartige Kritik, wenn man etwa die Ausführungen zur Auslegung der *undue influence*-Doktrin des *Court of Appeals of Arkansas* vom 20.05.1987 (Carpenter v. Horace Mann Life Ins. Co., 730 S.W.2d 502 (507) betrachtet: „*Where the provisions of a will are unjust, unreasonable and unnatural, doing violence to the natural instinct of the heart, to the dictates of parental affection, to natural justice, to solemn promises, and to moral duty, such unexplained inequality is entitled to great influence in considering the question of testamentary capacity and undue influence.*" Eine derartige Auslegung der *undue influence*-Doktrin kann nach *Reina*, NYLS J.Int.Comp.L. (2003), 427 (435) als symptomatisch für die US-amerikanischen Gerichte angesehen werden.

1327 *Boehm*, Der demenzkranke Erblasser, S. 204 m.w.N.
1328 *Madoff*, Minn.L.Rev. (1997), 571 (590); *Leslie*, Ariz.L.Rev. (1996), 235 (236); *Scalise*, D.J.C.I.L. (2008), 41 (58).
1329 Hierunter fallen namentlich Stiefkinder, Lebensgefährten. Vgl. *Boehm*, Der demenzkranke Erblasser, S. 205 m.w.N.
1330 *Madoff*, Minn.L.Rev. (1997), 571 (591, 611), *Scalise*, D.J.C.I.L. (2008), 41 (59). *Madoff*, Minn.L.Rev. (1997), 571 (577) spricht hierbei sehr krit. davon, dass in das Gefüge der *undue influence*-Doktrin gewissermaßen ein „Familienprotektionismus" Eingang gefunden hat und die Doktrin nicht dazu diene, den Willen des Testators zu schützen, sondern vielmehr die biologische Familie vor Enterbung. Im Ergebnis wirke die *undue influence*-Doktrin daher wie eine Art Regelung des Pflichtteilsrechts, vgl. *ders.*, Minn.L.Rev. (1997), 571 (611).
1331 *Boehm*, Der demenzkranke Erblasser, S. 205 m.w.N.

Indiz für das Vorliegen einer unnatürlichen Verfügung fällt hierunter vor allem eine wesentliche Ungleichbehandlung gegenüber mehreren Kindern des Erblassers.[1332]

3.2.1.3.2.2. Geschwächte Position des Erblassers im weiteren Sinne

Seitens der Rechtsprechung wird eine auf physischen oder psychischen Defiziten beruhende Schwächung des Erblassers im weiteren Sinne, welche ihn empfänglicher für unzulässige Drittbeeinflussungen macht, als ein maßgeblicher verdächtiger Umstand angesehen.[1333] Bei der Bestimmung dieser Schwächung respektive Beeinflussbarkeit des Erblassers richtet die Rechtsprechung einen starken Fokus auf die Merkmale Alter und/oder Gebrechlichkeit.[1334] Teilweise sehen Gerichte ein fortgeschrittenes Alter ohne Weiteres als ausreichend für die Annahme eines geschwächten Geisteszustands sowie emotionaler Anfälligkeit und somit stärkerer Anfälligkeit für Beeinflussungen an.[1335]

3.2.1.3.2.3. Mitwirkung bei der Testamentserrichtung im weiteren Sinne

Als an sich verdächtiger Umstand wird auch die Mitwirkung eines Dritten bei der Testamentserrichtung in jeder denkbaren Gestalt, sowohl im Vorbereitungsstadium als auch im Durchführungsstadium respektive der tatsächlichen Testamentserrichtung, bewertet.[1336] In Bezug auf Mitwirkungshandlungen wird mitunter danach differenziert, inwieweit diese aus Praktikabilitätserwägungen erforderlich erscheinen sowie welches immanente Beeinflussungsrisiko von ihnen ausgeht. Je nach konkretem Einzelfall kann es etwa maßgeblich sein, ob der Dritte dem Erblasser einen diesem womöglich unbekannten Rechtsanwalt beziehungsweise Notar empfohlen und/oder sogar einen Beratungstermin mit dem Rechtsanwalt respektive Notar vereinbart und diesem im Vorhinein Weisungen bezüglich des Testamentsinhaltes erteilt hat.[1337] Ferner, ob der Dritte bei einem Beratungstermin und/oder der Testamentserrichtung mitanwesend war und welche Rolle er hierbei eingenommen hat beziehungsweise ob

---

1332 Vgl. *Green*, Yale L.J. (1944), 271 (300). Selbst wenn eine (grundsätzliche) Pflicht des Erblassers zur gleichmäßigen Aufteilung seines Nachlasses (auch von den Gerichten) verneint wird, vgl. etwa *Green*, Yale L.J. (1944), 271 (301) m.w.N.
1333 Vgl. *Scalise*, D.J.C.I.L. (2008), 41 (57 f.); *Spivack*, U.Kan.L.Rev. (2010), 245 (263); *Boehm*, Der demenzkranke Erblasser, S. 197 jew. m.w.N.
1334 Vgl. *Scalise*, D.J.C.I.L. (2008), 41 (57 f.)
1335 Vgl. *Scalise*, D.J.C.I.L. (2008), 41 (58); *Frolik*, U.Pitt.L.Rev. (1996), 841 (852).
1336 Vgl. hierzu und dem Folgenden *Boehm*, Der demenzkranke Erblasser, S. 198 f. m.w.N. Ebenso *Scalise*, D.J.C.I.L. (2008), 41 (57); *Spivack*, U.Kan.L.Rev. (2010), 245 (263).
1337 Vgl. auch *Frolik*, U.Pitt.L.Rev. (1996), 841 (855) m.w.N.

eine Einflussnahme auf den Inhalt des Testaments bejaht werden kann oder in Frage kommt.

3.2.1.3.2.4. Testamentserrichtung in großer Eile und/oder im Geheimen

Ferner wertet die Rechtsprechung als verdächtigen Umstand eine Errichtung des Testaments in großer Eile.[1338] Hiervon wurde etwa ausgegangen, als kurz nach der Betreuerbestellung des Bedachten eine Testamentsänderung zu seinen Gunsten erfolgte, welche er im Übrigen organisierte und die Erblasserin hierzu begleitete. Weiter wird es als ein verdächtiger Umstand gewertet, wenn die Testamentserrichtung im Geheimen und somit etwa in der Form vonstattengeht, dass den Familienangehörigen und/oder dem Betreuer gegenüber der Inhalt des Testaments geheim gehalten wird, in welchem in der Regel ein Dritter der Begünstigte ist.

3.2.1.3.2.5. Änderung der Einstellung gegenüber Dritten

Einen verdächtigen Anhaltspunkt für eine unzulässige Drittbeeinflussung sehen die Gerichte zudem in einer durch geändertes Verhalten zutage tretenden plötzlichen und sachlich mit dem Eintritt von (nachvollziehbaren) Ereignissen nicht erklärbaren geänderten Einstellung des Erblassers gegenüber bis dahin ihm nahestehenden Personen, insbesondere im Zusammenhang mit (dem Beginn) des Verhältnisses zum mutmaßlichen Drittbeeinflussenden.[1339] Im grundsätzlichen Fokus der Gerichte stehen hier also vor allem solche Wechsel von persönlichen Standpunkten, welche zum überraschenden Abbruch von Beziehungen zu bislang nahestehenden Personen führen, denen der Erblasser an sich bisher stets zugeneigt war und zu denen er eine enge Verbindung pflegte.

3.2.1.3.2.6. Extreme Abweichung von bisheriger Nachlassgestaltung und/oder -planung

Als verdächtigen Aspekt ordnen die Gerichte ferner eine an sich unerwartete und nicht durch nachvollziehbare Anhaltspunkte namentlich im Hinblick auf das Verhalten beziehungsweise andere subjektive Umstände der bis dato begünstigten Personen selbst oder in Bezug auf sonstige äußere Ereignisse

---

1338 Vgl. hierzu und dem Folgenden *Boehm*, Der demenzkranke Erblasser, S. 199 f. m.w.N. Ebenso *Scalise*, D.J.C.I.L. (2008), 41 (57); *Spivack*, U.Kan.L.Rev. (2010), 245 (263).

1339 Vgl. hierzu und dem Folgenden *Boehm*, Der demenzkranke Erblasser, S. 200 m.w.N., wobei auch ein Zusammenhang mit einer sozialen Isolation des Erblassers und der sich hierdurch steigernden Drittbeeinflussungsmöglichkeit erwähnt wird.

respektive Entwicklungen erklärbare Abweichung von einer bisherigen Nachlassgestaltung und/oder Nachlassplanung.[1340] Paradefall für diese Fallgruppe wäre etwa die unvermittelte Enterbung der leiblichen Kinder zugunsten einer erst seit kurzem in das Leben des Erblassers getretenen Person, obwohl seit jeher die Kinder, zumindest in einer bestimmten Hinsicht, am Nachlass beteiligt werden sollten.

3.2.1.3.2.7. Soziale Isolierung des Erblassers
Ferner als verdächtig werten Gerichte teilweise eine soziale Isolierung des Erblassers auf Betreiben des Bedachten.[1341] Ansatzpunkt dabei ist zumeist der Verdacht, dass mit einer solchen Isolierung ein Verhalten des Begünstigten im Zusammenhang steht, mit welchem er die dem Erblasser bis dato nahestehenden Personen gegenüber diesem in Verruf bringt oder auf vergleichbarem Weg die Sichtweise des Erblassers über diese Dritte manipuliert.

3.2.2. Zwischenergebnis
Als Zwischenergebnis im Hinblick auf das Vorhaben der finalen Eruierung von für den hiesigen Untersuchungszweck geeigneten Indizien sowie zugleich als Fazit bezüglich der rechtsvergleichenden Betrachtung kann festgehalten werden, dass sich die im Rahmen der *undue influence*-Doktrin herauskristallisierten Indizien zum überwiegenden Großteil als hilfreiche Verdachtsfaktoren für den hiesigen Untersuchungszeck eignen. Übernommen werden hauptsächlich solche Verdachtsfaktoren, welche sich wiederum auf die gesundheitlichen sowie situativen Umstände rund um den Erblasser beziehen.

Nicht übernommen werden vor allem Indizien, welche sich ausschließlich auf den konkreten Inhalt der Verfügung beziehen und im Ergebnis zu einer Verpflichtung zur Gleichbehandlung von Familienangehörigen aus moralischer Sicht führen würden. Ebenso wenig soll es nach der hier vertretenen Auffassung im Zuge einer Indizienrecherche in der späteren Prozesspraxis zu einer charakterlichen Bewertung und somit unter Umständen zu einer mittelbaren Begutachtung des „Würdigseins" eines Begünstigten kommen, sodass

---

1340 Erklärungen könnten etwa intensive Streitigkeiten, Entfremdungen, eingetretene finanzielle Unabhängigkeit des Begünstigten, ein neuer Lebenspartner oder Dankbarkeitsbekundungen liefern. Vgl. hierzu und dem Folgenden *Boehm*, Der demenzkranke Erblasser, S. 200–202 m.w.N. Siehe auch *Spivack*, U.Kan.L.Rev. (2010), 245 (263).

1341 Vgl. dazu und dem Folgenden *Boehm*, Der demenzkranke Erblasser, S. 209 m.w.N.

subjektive Momente des mutmaßlichen Drittbeeinflussenden nicht in eine etwaige Indizienaufstellung Eingang finden sollten. Letzteres Ziel schließt allerdings gerade nicht aus, dass ein auf Tatsachen beruhendes und verdachtsbegründendes Vorverhalten eines mutmaßlichen Drittbeeinflussenden ein taugliches Indiz im hiesigen Sinne darstellen kann.[1342]

Ferner wird, angelehnt an das Konzept der *undue influence*-Doktrin[1343], im Folgenden ein zweistufiges Indizienkonzept vorgeschlagen.

3.3. Ergebnis: Zweistufiges Indizienkonzept

Im Interesse einer flexiblen und somit dem konkreten Einzelfall gerecht werdenden Anwendung des hier angedachten beweglichen Systems der Indizien in Ausformung der prozessualen Komponente des Erblasserautonomieschutzes wird im Ergebnis ein zweistufiges Indizienkonzept vorgeschlagen. Dieses kann wegen der schier unendlichen Variationsbreite der Drittbeeinflussungsszenarien freilich nicht absolut gelten und soll lediglich einen Orientierungsmaßstab für die künftige Handhabung hiesiger Problemkonstellationen darstellen.

Bei diesem Indizienkonzept ist zweistufig vorzugehen:

- Auf der ersten Stufe bedarf es einer irgendwie gearteten tatsächlichen Beziehung respektive sozialen Verhältnisses zwischen dem Erblasser und dem Dritten, durch wodurch der Dritte überhaupt erst eine Einwirkungsmöglichkeit erlangen kann.
  Der Grund sowie die Intensität dieser Beziehung ist zunächst unerheblich und findet erst in der anschließenden Gesamtbetrachtung Berücksichtigung.
- Auf der zweiten Stufe bedarf es verdachtsbegründende Faktoren sowohl bezüglich der erhöhten Suggestibilität des Erblassers als auch hinsichtlich der Vornahme einer (subtilen) Drittbeeinflussung.
  Hierbei ist wieder zu beachten, dass freilich auch eine Beeinflussungshandlung an sich, je nach Art und Intensität, bereits imstande sein kann eine erhöhte Suggestibilität zu bewirken. Weiter kann die konkrete soziale

---

1342 Weiter ändert dieser prozessuale Aspekt freilich nichts an dem materiellrechtlichen Umstand, dass subjektive Momente weiterhin Eingang in die sittlich-rechtliche Gesamtwürdigung i.R. des § 138 I BGB finden und somit das Sittenwidrigkeitsverdikt mitbegründen können.
1343 Siehe hierzu oben Kap. IV. 3.2.1.3.

Beziehung auf der ersten Stufe bereits die erhöhte Suggestibilität auf der zweiten Stufe bedingen.[1344]

Unter Heranziehung sowie Bezugnahme auf die obigen Zusammenstellungen von Faktoren für eine erhöhte Drittbeeinflussbarkeit aus wissenschaftlicher Sicht sowie der obigen Auswertung der in Betracht kommenden von der deutschen Rechtsprechung herangezogenen Fallgruppenelemente im Rahmen des § 138 Abs. 1 BGB und schließlich der im Rahmen der *undue-influence*-Doktrin berücksichtigten Verdachtsfaktoren werden im Folgenden besonders zweckmäßig erscheinende Indizien kurz sowie nicht abschließend aufgeführt, welche einzeln oder miteinander kumulierend im Rahmen einer Gesamtschau maßgebliche Verdachtsmomente für ein Drittbeeinflussungsszenario im Sinne des hiesigen Untersuchungsgegenstandes erzeugen können.[1345]

3.3.1. Erste Stufe: Soziale Beziehungskonstellationen

Als geeignete Indizien für die erste Stufe des Indizienkonzepts kommen insbesondere folgende soziale Beziehungskonstellationen in Betracht:

- Alle tatsächlichen sozialen Verhältnisse des Erblassers mit Dritten, in welchem dem Dritten eine Autoritätsstellung oder Vertrauensstellung zukommt sowie Abhängigkeitsverhältnisse in welchen der Erblasser aus physischen oder psychischen Gründen von dem Dritten abhängig ist. Unerheblich ist hierbei zunächst, ob die Verhältnisse aus dem privaten oder beruflichen Bereich stammen sowie wie lange und intensiv diese Verhältnisse sind.

1344 Zu einem besonderen Zusammenspiel von Aspekten beider Stufen allerdings allein aus materiell-rechtlicher Hinsicht kann es etwa dann kommen, wenn im Rahmen der zweiten Stufe Verhaltensweisen des Dritten festgestellt werden können, welche gegen sich aus der Beziehungskonstellation auf erster Stufe ergebenden bereits bestehenden oder noch zu erarbeitenden Verhaltenskodizes verstoßen wird. Siehe bzgl. der auf dem 68. Deutschen Juristentag geforderten Erarbeitung von standesrechtlichen Verhaltenskodizes für bestimmte Berufsgruppen bereits oben Kap. III. 5.3.

1345 Auch i.R. dieser Auflistung ist zu betonen, dass wegen den Spezifika der Indizien und deren fließenden Grenzen eine klare Trennung untereinander nicht durchgehend möglich ist und sich Überscheidungen daher oftmals ergeben werden.

3.3.2. Zweite Stufe: Verdachtsbegründende Faktoren

Auf der zweiten Stufe kommen als verdachtsbegründende Indizien insbesondere alle tatsächlichen Umstände im zeitlich sowie räumlich weiten Umkreis der Errichtung der Verfügung von Todes wegen in Betracht:

- Alle (Vor)Erkrankungen des Erblassers, welche zu einer Gedächtnisstörung, Apathie, Ambivalenz, Bewusstseinsstörung, Affektivitätsstörung sowie Wahnzuständen sowie zu sonstigen Störungen der geistigen Funktionen führen können, die wiederum eine erhöhte Suggestibilität sowie Widerstands- oder Rationalitätsdefizite verursachen können, sowie schließlich alle etwaigen hiermit im Zusammenhang stehenden (Unfall)Ereignisse. Ferner die Einnahme oder Verabreichung von Medikamenten, welche die voranstehenden Störungen der geistigen Funktionen (mit)verursachen können.
- Eine Errichtung der Verfügung im Zusammenhang von emotionalen Drucksituationen, namentlich im Rahmen von familiären oder pseudofamiliären Beziehungskonstellationen oder die Errichtung der Verfügung in unmittelbarer Todesnähe.
- Ein plötzlicher sowie in nicht objektiv nachvollziehbarer Weise von einem Verfahrensbeteiligten oder Zeugen, etwa anhand von tatsächlichen Ereignissen oder Umständen erklärbarer Sinneswandel des Erblassers gegenüber gewissen Personen sowie eine hiermit eventuell im Zusammenhang stehende extreme inhaltliche Abweichung von der bisherigen Nachlassplanung. Hierbei kann auch eine aus objektiver Sicht abrupte soziale Isolierung des Erblassers durch den Dritten berücksichtigt werden.
- Eine Mitwirkung des Dritten bei der Errichtung der Verfügung in jeder möglichen Form, mithin sowohl im Vorbereitungsstadium als auch im Durchführungsstadium. Namentlich die Organisation der Testamentserrichtung sowie die Anwesenheit bei derselben. Ferner eine aus Sicht des Erblassers ungeplante oder hektische Errichtung der Verfügung ohne größere Bedenkzeit auf Betreiben des Dritten.

3.2.3. Gesamtschau zur Bestimmung der konkreten Indizwirkung

Im Rahmen einer von dem Richter geforderten umfassenden Gesamtschau im Einzelfall, wird das Zusammenspiel der obigen Indizien, abhängig von den jeweils konkreten Indizien in Qualität sowie Quantität, eine „indizielle Schlagkraft" respektive einen individuellen Verdachtsgrad erzeugen, dessen Einschätzung grundsätzlich weiterhin dem pflichtgemäßen Ermessen des Tatrichters überlassen ist. Die Intensität sowie thematische Breite des Verdachtsgrades wird dann darüber entscheiden, in welchem Umfang der Dritte und verfahrensrechtliche Gegner vom Gericht zur weiteren Sachverhaltsaufklärung sekundär herangezogen wird und somit substantiiert auf gewisse Verdachtsmomente einzugehen hat. Hierbei ist es nicht ausgeschlossen, dass der Dritte mehrfach und in unterschiedlichen Verfahrensstadien sekundär herangezogen wird. Das Gericht wird dabei stets das gesamte Verhalten des Dritten bezüglich der Mitwirkung bei der Sachverhaltsaufklärung für seine Überzeugungsbildung frei würdigen können, ergänzend zu der ohnehin erfolgenden Einbeziehung aller im Verfahren zutage tretenden Indizfaktoren.

Durch dieses gerichtliche Vorgehen wird die Beweisnot der Erbprätendenten deutlich gemindert und somit die effektive verfahrensrechtliche Durchsetzung der materiell-rechtlichen Komponente des Erblasserautonomieschutzes anhand einer prozeduralen Abschlusskontrolle über das Institut des § 138 Abs. 1 BGB ermöglicht.

Kapitel V. Zusammenfassung: Thesen

Das Ziel der vorliegenden Arbeit war es, *de lege lata* ein materiell- und verfahrensrechtliches Konzept zum Schutz der Testierfreiheit vor Drittbeeinflussung bei insbesondere altersbedingt typischen Gefährdungslagen zu untersuchen.

Die Untersuchung kommt zu dem Ergebnis, dass ein solches Schutzkonzept *de lege lata* im Rahmen einer richterlichen Rechtsfortbildung gewährleistet werden kann. Hierfür wird ein Konzept vorgeschlagen, welches sowohl in materieller als auch in prozessualer Hinsicht ein gesamtheitliches bewegliches System des Erblasserautonomieschutzes gewährleistet.

Schutzgegenstand dieser Untersuchung bilden (noch) testierfähige Erblasser, welche aufgrund gesundheits- oder situationsbedingter Umstände bereits an gewissen Widerstands- oder Rationalitätsdefiziten leiden und sich wegen dieser Faktoren willensgeschwächt sowie verstärkt suggestibel gegenüber subtilem Beeinflussungsverhalten Dritter zeigen.

Die Untersuchung kommt zu dem Ergebnis, dass bereits willensgeschwächte, aber (noch) testierfähige Erblasser *de lege lata* vor einem subtilen Drittbeeinflussungsverhalten nicht umfassend geschützt werden. Insbesondere wird festgestellt, dass der durch das Institut der Testierfähigkeit mögliche Schutz vor Drittbeeinflussungen wegen der hohen Anforderungen in Gestalt des Ausschlusses der Willensbestimmungsfähigkeit aufgrund eines pathologischen Zustandes und seiner damit verfolgten unflexiblen Alles-oder-Nichts-Lösung eine gefährliche Grauzone für willensgeschwächte und suggestible, aber noch testierfähige Erblasser zurücklässt. Ebenso kommt die Untersuchung zu dem Ergebnis, dass weder durch die Form des eigenhändigen noch des notariellen Testaments ein ausreichender Schutz im hier anvisierten Sinne erreicht werden kann. Durch die Möglichkeit, ein Testament eigenhändig zu errichten, wird Drittbeeinflussungen im hiesigen Kontext vielmehr Vorschub geleistet. Das notarielle Beurkundungsverfahren dagegen stößt im Hinblick auf die hier behandelten Drittbeeinflussungsszenarien in der praktischen Anwendung letztlich an seine Funktionsgrenzen. Weiter wird im Rahmen der Untersuchung festgestellt, dass die Vorschriften über die Höchstpersönlichkeit der Testamentserrichtung aufgrund ihrer besonderen Zielrichtung lediglich als weiterer Leitgedanke für das Untersuchungsvorhaben, nicht jedoch als spezielles Schutzkonzept dienlich gemacht werden können. Schließlich gelangt die Untersuchung zu der Erkenntnis, dass die Anfechtungsvorschriften keinen ausreichenden Schutz vor einem subtilen Drittbeeinflussungsverhalten im hiesigen Sinne erzeugen können, weil letzteres die starren Tatbestände der Drohung oder Täuschung noch nicht erreicht und sich im Ergebnis auch eine entsprechende Anwendung der Anfechtungsvorschriften als nicht erfolgversprechend herausstellt. Ebenso können den vorigen Instituten nahestehende Mechanismen im Endeffekt nicht für den erforderlichen Schutzumfang fruchtbar gemacht werden. Schließlich kommt die Untersuchung zu der Feststellung, dass auch die nach derzeitiger Gesetzeslage bestehenden punktuellen Verbotsgesetze aufgrund ihrer situativ sowie personell zu limitierten und nicht erweiterbaren Tatbestände einen erheblich lückenhaften und daher mitnichten ausreichenden Schutz entfalten können.

Die Untersuchung kommt weiter zu dem Ergebnis, dass aufgrund der verfassungsrechtlich sowie nicht zuletzt soziologisch hohen Bedeutung der Testierfreiheit, sowohl für den Erblasser als auch für die Hinterbliebenen, bereits *de lege lata* ein umfassenderer Schutz der Testierfreiheit eines willensgeschwächten und suggestiblen Erblassers durch die Gerichte gewährleistet werden muss. Dieser gerichtlicherseits gewährte Schutz hat gerade auch subtileres Beeinflussungsverhalten abzudecken, welches unter Ausnutzung bestehender oder erzeugter Widerstands- oder Rationalitätsdefizite darauf abzielt, an besondere erbrechtliche Vermögensvorteile zu gelangen.

Im Rahmen der Untersuchung wird vorgeschlagen, die durch die bisher untersuchten Institute zurückgelassenen Schutzlücken in materiell-rechtlicher Hinsicht im Wege einer erweiterten richterlichen Abschlusskontrolle nach § 138 Abs. 1 BGB, als Konzept eines Erblasserautonomieschutzes, zu schließen.

Bei dieser vorzunehmenden Abschlusskontrolle liegt der zentrale Fokus auf dem prozeduralen Zustandekommen der Verfügung von Todes wegen und somit auf den tatsächlichen Umständen im gesamten zeitlichen sowie örtlichen Radius des maßgeblichen Errichtungsakts. Im Speziellen soll dabei eine sensiblere gerichtliche Prüfung bezüglich der einzelnen tatsächlichen Faktoren für die Widerstands- oder Rationalitätsdefizite des willensgeschwächten und suggestiblen Erblassers stattfinden. Durch dieses Vorgehen wird erreicht, dass die tragenden Grundgedanken der seit längerem im Recht sichtbaren Materialisierungs- beziehungsweise Kontextualisierungstendenzen nun auch in den Bereich des Schutzes der Testierfreiheit vor Drittbeeinflussungen Eingang finden.

Für das verfolgte Ziel, einen umfassenden und daher vor allem flexiblen Erblasserautonomieschutz zu ermöglichen, wird sich der Umstand zunutze gemacht, dass § 138 Abs. 1 BGB einen Anwendungsfall eines durch Fallgruppen konkretisierten beweglichen Systems darstellt. Dabei kommt die Untersuchung zu dem Ergebnis, dass sich das angestrebte Konzept eines

Erblasserautonomieschutzes insofern nahtlos in ein bereits bestehendes bewegliches System von Sittenwidrigkeitselementen im Rahmen der Kasuistik des § 138 Abs. 1 BGB einfügen kann. Nach der vorgeschlagenen speziellen Anwendung dieses Erblasserautonomieschutzes sind alle gesundheitsbedingten sowie situationsbedingten Willensbestimmungsdefizite, mitsamt eines diese herbeiführenden, verstärkenden oder aufrechterhaltenden sowie diese ausnutzenden subtilen Drittbeeinflussungsverhaltens im Rahmen einer Gesamtschau umfassend zu würdigen und die hierbei im konkreten Einzelfall zutage tretenden Sittenwidrigkeitsfaktoren erst in ihrem jeweiligen Zusammenspiel zu gewichten. Als bewegliche und somit auch austauschbare Sittenwidrigkeitsfaktoren kommen für den Erblasserautonomieschutz insbesondere das eigensüchtige Ausnutzen von physisch, psychisch oder emotional bedingten Abhängigkeitslagen, von Vertrauensverhältnissen sowie einer von derartigen Beziehungskonstellationen gegebenenfalls unabhängigen, gesundheits- oder situationsbedingten erhöhten Beeinflussbarkeit und Willensschwäche in Betracht. Neben den maßgeblichen Beweggründen und Motiven der Beteiligten kann ein von rücksichtslosen Gewinnbestrebungen getragenes taktiertes Abzielen auf Hilflose oder Schutzsuchende besonders zu berücksichtigen sein. Schließlich bilden die sich aus solch einem ausnutzenden Verhalten resultierenden Auswirkungen für den Erblasser und dessen Hinterbliebene gewichtige Faktoren für die sich anschließenden Sittenwidrigkeitserwägungen.

Das für diese Abschlusskontrolle signifikante Kriterium der sittenwidrigen Verletzung der Erblasserautonomie wäre in der nachfolgenden Judikatur in die Fallgruppensystematik des § 138 Abs. 1 BGB aufzunehmen. Im Wesentlichen sollte sich diese Fallgruppe durch eine sittenwidrige Verletzung des höchstpersönlichen Wesens der Testierfreiheit, in Form einer zumeist subtilen Drittbeeinflussung eines gesundheits- oder situationsbedingt in seiner Testierfähigkeit (nur) eingeschränkten, willensgeschwächten und suggestiblen Erblassers unter Ausnutzung dessen Widerstands- oder Rationalitätsdefiziten, um sich oder einem Dritten einen außergewöhnlichen Vorteil zu verschaffen, auszeichnen. Dieser außergewöhnliche Vorteil wird zumeist die Gestalt einer Erbeinsetzung oder eines Vermächtnisses einnehmen, kann aber auch jeder andere erbrechtliche Vorteil, etwa eine Auflage oder eine Einsetzung als Testamentsvollstrecker, sein. Im Ergebnis würde diese Fallgruppe somit eine konkrete Verdichtung der Generalklausel zu einem Erblasserautonomieschutz bewirken.

Die Rechtfertigung für den hier angestrebten speziellen Schutz der Erblasserautonomie resultiert vornehmlich daraus, dass diese aufgrund des höchstpersönlichen Wesens der Testierfreiheit als gesteigert sensitiv in Bezug auf

Drittbeeinflussungen anzusehen ist. Insofern kann allein eine nicht manipulativ beeinflusste Erblasserentscheidung das höchstpersönliche Wesen der Testierfreiheit ausreichend wiederspiegeln und daher im Stande sein, die herbeigeführten Umstände aus rechtlicher sowie soziologischer Perspektive zu legitimieren. Hierunter fällt namentlich das Abweichen von der gesetzlichen Erbfolge.

Aufgrund der mit dem demographischen Wandel einhergehenden gestiegenen Gefährdungen für die Erblasserautonomie und den dadurch veränderten Aufgaben für die Rechtsordnung hat letztere den durch sie gewährleisteten Schutz im hiesigen Sinne nachzujustieren, wobei den Gerichten insofern eine Vorreiterrolle zukommt. Auf diesem Weg kann nach derzeitigem Gesetzesstand seitens der Gerichte verfassungsrechtlich adäquat auf die Schutzbedürftigkeit willensgeschwächter und durch subtile Drittbeeinflussungen in ihrer Testierfreiheit gefährdeter Erblasser reagiert und somit staatlichen Schutzpflichten nachgekommen werden. Die hierbei durch die Gerichte zutage geförderten und sich als geeignet erweisenden Lösungen können dann wiederum nach einer gewissen Zeit in Gesetzesform gegossen werden.

Als Ausformung der prozessualen Komponente des Konzepts des Erblasserautonomieschutzes im geltenden Recht, mit dem Ziel der prozessualen Effektuierung der Durchsetzung der materiell-rechtlichen Komponente dieses Konzepts wird schließlich ein zu Beweiserleichterungen führendes bewegliches System von Indizien vorgeschlagen. Hierdurch sollen die Fälle in der Praxis abgedeckt werden, in welchen sich die gegen die sittenwidrige Verfügung von Todes wegen vorgehenden Erbprätendenten in erheblicher Beweisnot befinden und somit die effektive Durchsetzung der materiell-rechtlichen Schutzkomponente gefährdet ist.

Im Rahmen der Untersuchung wird festgestellt, dass den gerichtlich gegen die sittenwidrige Verfügung vorgehenden Erbprätendenten im streitigen Erbscheinsverfahren, trotz des dort geltenden Untersuchungsgrundsatzes, ebenso faktische Beweisschwierigkeiten drohen, welche mit denen im Zivilverfahren vergleichbar sind. Weiter wird festgestellt, dass aufgrund dieses faktischen Gleichlaufs der Beweisnot zwischen dem Erbscheins- und Zivilverfahren auch ein faktischer Gleichlauf der Beweiserleichterungen insofern notwendig und zudem konstruierbar ist. Dabei kommt die Untersuchung zu dem Ergebnis, dass die für den Zivilprozess konzipierten Beweiserleichterungen auch im streitigen Erbscheinsverfahren (teilweise sinngemäß) anzuwenden sind. Aus dogmatischen sowie praktischen Gründen entscheidet sich die Untersuchung im Weiteren gegen eine Beweiserleichterung in Gestalt des Abweichens von der Feststellungslastverteilung. Vielmehr wird eine Anwendung von Instituten der Beweiserleichterung auf der Ebene der Sachverhaltsermittlung beziehungsweise Beweiswürdigung in Gestalt des Indizienbeweises, des Anscheinsbeweises sowie der sekundären Behauptungslast auch im Rahmen des streitigen Erbscheinsverfahrens bevorzugt.

Hierfür wird ein bewegliches System der Indizien zum Zwecke der Beweiserleichterung im Hinblick auf die hiesigen Drittbeeinflussungsszenarien ausgearbeitet, gewissermaßen als Ausformung der prozessualen Komponente des Konzepts eines Erblasserautonomieschutzes im geltenden Recht. Dieses System findet sowohl bei einem prozessualen Vorgehen im Rahmen des Zivilverfahrens als auch im Rahmen des Erbscheinsverfahrens Anwendung.

Dieses bewegliche verfahrensrechtliche System zeichnet sich vornehmlich dadurch aus, dass sich die in Beweisnot befindenden Erbprätendenten vor Gericht auf Indizien stützen, welche jeweils in einer vom Richter geforderten umfassenden Gesamtbetrachtung im konkreten Fall eine ganz individuelle „indizielle Schlagkraft" entwickeln und den weiteren Umfang der Sachverhaltsermittlung vor Gericht erheblich beeinflussen können. Hierbei kommen den einzelnen Indizien nicht von vornherein feste und absolute Signifikanzen im Hinblick auf das Auslösen etwaiger Beweiserleichterungsstufen zu. Vielmehr sind die Wirkungen der einzelnen Indizien oder gewissen Kumulationen von Indizien variabel und von der umfassenden Gesamtschau aller konkreten Einzelfallumstände abhängig.

Namentlich in Anwendung des in diesem beweglichen verfahrensrechtlichen System zur Verfügung stehenden Instituts der (faktischen) sekundären Behauptungslast kann das Gericht durch entsprechende prozessleitende Maßnahmen und Hinweise den an sich nicht darlegungs- und beweisbelasteten Gegner sekundär zur Sachverhaltsaufklärung heranziehen, indem es ihn auffordert, auf ein pauschales „verdachtsbegründendes" indizielles Vorbringen der unter einem Informationsdefizit leidenden Erbprätendenten substantiiert zu antworten und den Sachverhalt insofern plausibel darzulegen. Durch diese sekundäre Heranziehung des Gegners wird es den sich in Beweisnot befindenden Erbprätendenten ermöglicht, weitere sowie detailliertere Sachverhaltsinformationen zu erlangen, durch welche gegebenenfalls eine Indizwirkung für eine ergänzende Sachverhaltsaufklärung erzeugt werden kann. Durch ein solches Vorgehen wird die Sachaufklärung bei vermuteten Drittbeeinflussungsszenarien, welche sich zumeist allein in der Sphäre des Drittbeeinflussenden oder Begünstigten abspielen, durch das Gericht deutlich erleichtert sowie die dahingehende „Aufklärungsrate" merklich erhöht. Zusätzlich sowie zeitgleich zu dieser Erleichterung der Sachverhaltsaufklärung wird es dem Gericht ermöglicht, das gesamte Verhalten des sekundär Herangezogenen speziell bezogen auf seine Bereitschaft zur Freigabe von Informationen sowie etwaigen Beweismitteln frei zu würdigen, gegebenenfalls unter hinzukommender Heranziehung der Grundsätze der Beweisvereitelung. Abschließend zu diesen Aspekten wird die jeweilige „indizielle Schlagkraft" der Verdachtsmomente außerdem bestimmen, wie intensiv sich der Richter zu dem jeweiligen Verfahrensstand bereits eine vorläufige Überzeugung von einer unzulässigen (subtilen) Drittbeeinflussung gebildet hat. Insofern kommen die Kategorien des herkömmlichen Indizienbeweises sowie des Anscheinsbeweises in Betracht. Von einer konkreten Einordnung letzterer Institute wird es dann abhängig sein, inwieweit der Gegner den Gegenbeweis zu führen hat, um die vorläufige Überzeugung des Gerichts zu erschüttern.

Schließlich schlägt die Untersuchung im Hinblick auf geeignete Indizien für das bewegliche System der Beweiserleichterungen ein zweistufiges Konzept vor. Hierfür werden besonders zweckmäßig erscheinende Indizien aufgeführt, welche einzeln oder miteinander kumulierend im Rahmen einer Gesamtschau maßgebliche Verdachtsmomente für ein Drittbeeinflussungsszenario erzeugen können. Teilweise im Wege der Rechtsvergleichung werden für diese Zusammenstellung zum einen Faktoren berücksichtigt, welche aus wissenschaftlicher Sicht zu einer erhöhten Drittbeeinflussbarkeit führen, ferner geeignete Fallgruppenelemente des § 138 Abs. 1 BGB aus der deutschen Rechtsprechung sowie schließlich spezielle Verdachtsfaktoren, welche im Rahmen der US-amerikanischen *undue-influence*-Doktrin zur Anwendung gelangen.

Das Indizienkonzept stellt auf der ersten Stufe auf eine irgendwie geartete tatsächliche Beziehung respektive ein soziales Verhältnis zwischen dem Erblasser und dem Dritten ab, wodurch der Dritte überhaupt erst eine Einwirkungsmöglichkeit erlangen kann. Der Grund sowie die Intensität dieser Beziehung ist zunächst nicht relevant und findet erst in der anschließenden Gesamtbetrachtung Berücksichtigung. Als geeignete Indizien für diese Stufe des Indizienkonzepts kommen insbesondere soziale Beziehungskonstellationen in Betracht, bei denen es sich um tatsächliche soziale Verhältnisse des Erblassers mit Dritten handelt, in welchen dem Dritten eine Autoritätsstellung oder Vertrauensstellung zukommt. Ferner Abhängigkeitsverhältnisse in welchen der Erblasser aus physischen oder psychischen Gründen von dem Dritten abhängig ist. Unerheblich ist hierbei zunächst, ob die Verhältnisse aus dem privaten oder beruflichen Bereich stammen und wie intensiv diese Verhältnisse sind oder wie lange sie bestehen.

Auf der zweiten Stufe stellt das Indizienkonzept auf verdachtsbegründende Faktoren sowohl bezüglich der erhöhten Suggestibilität des Erblassers als auch hinsichtlich der Vornahme einer (subtilen) Drittbeeinflussung ab. Hierbei ist zu beachten, dass im Einzelfall auch eine Beeinflussungshandlung an sich, je nach Art und Intensität, sowie eine konkrete soziale Beziehung bereits imstande sein können, eine erhöhte Suggestibilität zu bewirken.

Als verdachtsbegründende Indizien kommen insbesondere alle tatsächlichen Umstände im zeitlich sowie räumlich weiten Umkreis der Errichtung der Verfügung von Todes wegen in Betracht:

- Alle (Vor)Erkrankungen des Erblassers, welche zu einer Gedächtnisstörung, Apathie, Ambivalenz, Bewusstseinsstörung, Affektivitätsstörung sowie Wahnzuständen sowie zu sonstigen Störungen der geistigen Funktionen führen können, die wiederum eine erhöhte Suggestibilität sowie Widerstands- oder Rationalitätsdefizite verursachen können, sowie schließlich alle etwaigen hiermit im Zusammenhang stehenden (Unfall)Ereignisse. Ferner die Einnahme oder Verabreichung von Medikamenten, welche die voranstehenden Störungen der geistigen Funktionen (mit)verursachen können.
- Eine Errichtung der Verfügung im Zusammenhang mit emotionalen Drucksituationen, namentlich im Rahmen von familiären oder pseudofamiliären Beziehungskonstellationen oder die Errichtung der Verfügung in unmittelbarer Todesnähe.
- Ein plötzlicher sowie in nicht objektiv nachvollziehbarer Weise von einem Verfahrensbeteiligten oder Zeugen, etwa anhand von tatsächlichen Ereignissen oder Umständen erklärbarer Sinneswandel des Erblassers gegenüber gewissen Personen sowie eine hiermit eventuell im Zusammenhang stehende extreme inhaltliche Abweichung von der bisherigen Nachlassplanung. Hierbei kann auch eine aus objektiver Sicht abrupte soziale Isolierung des Erblassers durch den Dritten berücksichtigt werden.
- Eine Mitwirkung des Dritten bei der Errichtung der Verfügung in jeder möglichen Form, mithin sowohl im Vorbereitungsstadium als auch im Durchführungsstadium. Namentlich die Organisation der Testamentserrichtung sowie die Anwesenheit bei derselben. Ferner eine aus Sicht des Erblassers ungeplante oder hektische Errichtung der Verfügung ohne größere Bedenkzeit auf Betreiben des Dritten.

Mit der Anwendung eines solchen sowohl in materieller als auch in prozessualer Hinsicht beweglichen Systems könnte den mannigfaltigen Szenarien von zu missbilligender Beeinflussung eines Erblassers flexibel Rechnung getragen werden und *de lege lata* ein umfassender Erblasserautonomieschutz gewährleistet werden.

Literaturverzeichnis[1346]

Adam, Roman F., Verstöße letztwilliger Verfügungen gegen Verbotsgesetze und § 138 BGB, AnwBl 2003, S. 336–342.

Adam, Simon, Die Vereinheitlichung der gerichtlichen Erbenfeststellung, ZEV 2016, S. 233–239.

Aden, Menno, Das todesnahe Testament, ZRP 2011, S. 83–85.

Adler, Georg, Paranoide Störungen im höheren Alter, Stuttgart 2001.

Ahrens, Hans-Jürgen, Der Beweis im Zivilprozess, Köln 2015.

Ahrens, Hans-Jürgen, Die Verteilung der Beweislast. Erweiterte Fassung des am 22.2.2008 gehaltenen Vortrags, in: Lorenz, Egon (Hrsg.), Karlsruher Forum 2008: Beweislast. Mit Vorträgen von Hans-Jürgen Ahrens und Petra Pohlmann und Dokumentation der Diskussion. VersR-Schriften 42, Karlsruhe 2009, S. 7–53.

Alexander, Christian, Vertrag und unlauterer Wettbewerb. Eine Untersuchung der wechselseitigen Beziehungen von Vertragsrecht und Wettbewerbsrecht zueinander, Berlin 2002 (zugl. Diss. Greifswald 2000/2001).

Armbrüster, Christian, BGH: Keine Sittenwidrigkeit bei untauglichem Versuch eines Sozialhilfebetrugs. Anmerkung zu BGH, Urteil vom 02.02.2012 – III ZR 60/11 (LG Heilbronn), NJOZ 2013, 260, LMK 2012, 330462.

Auer, Marietta, Materialisierung, Flexibilisierung, Richterfreiheit. Generalklauseln im Spiegel der Antinomien des Privatrechtsdenkens, Tübingen 2005 (zugl. Diss. München 2003).

Baldus, Christian, Die Bedeutung der Willensfreiheit im römischen Privatrecht, in: Lampe, Ernst-Joachim/Pauen, Michael/Roth, Gerhard (Hrsg.), Willensfreiheit und rechtliche Ordnung, 1. Auflage, Frankfurt a.M. 2008, S. 167–195.

Baldus, Christian, Export des Pandektensystems?, JRP 16 (2008), S. 23–28.

Baron, Jane B., Empathy, Subjectivity, and Testamentary Capacity, San Diego Law Review, Volume 24, 1987, S. 1043–1080 [zitiert als: *Baron*, San Diego L.Rev. (1987)].

1346 Online verfügbare Quellen wurden unter dem angegebenen Link jew. zuletzt am 01.01.2021 abgerufen.

Bartels, Florian, Über die magische Macht der Karten und gegen die vom BGH aus dem Hut gezauberte Rechtsfigur der „bewusst sinnlosen, aber zu entgeltenden Leistung", ZGS 2011, S. 355–362.

Barth, Jan, Die Feststellung der Geschäftsfähigkeit in der notariellen Praxis. Tagung der Forschungsstelle für Notarrecht am 29.1.2014, MittBayNot 2014, S. 226–227.

Bartholomeyczik, Horst, Erbrecht. Ein Studienbuch, 8. Auflage, München 1968 [zitiert als: *Bartholomeyczik*, ErbR].

Battes, Robert, Der erbrechtliche Verpflichtungsvertrag im System des Deutschen Zivilrechts – Ziele, Dogmatik und praktische Auswirkungen des § 2302 BGB, AcP 178 (1978), S. 337–380.

Baumann, Wolfgang, Anforderungen an Namensunterschriften unter beurkundeten Verfügungen von Todes wegen, RNotZ 2010, S. 310–316.

Baumann, Wolfgang, Die relative Testierfähigkeit, ZEV 2020, S. 193–199.

Baumbach, Adolf/Lauterbach, Wolfgang/Hartmann, Peter/Anders, Monika/Gehle, Burkhard, Zivilprozessordnung mit GVG und anderen Nebengesetzen, 78. Auflage, München 2020 [zitiert als: Baumbach/Lauterbach/Hartmann/Anders/Gehle/*Bearbeiter*, ZPO].

Baumgärtel, Gottfried, Die Bedeutung der sog. „tatsächlichen Vermutung" im Zivilprozeß – eine Analyse der Rechtsprechung –, in: Gottwald, Peter/Prütting, Hanns (Hrsg.), Festschrift für Karl Heinz Schwab zum 70. Geburtstag, München 1990, S. 43–51.

Baumgärtel, Gottfried/Laumen, Hans-Willi/Prütting, Hans (Hrsg.), Handbuch der Beweislast, Band 1 Grundlagen, 4. Auflage, Köln 2019.

Beck'scher Online-Kommentar zum BGB → siehe unter Hau/Poseck.

Beck'sches Notar-Handbuch → siehe unter Brambring/Jerschke/Heckschen/Herrler/Münch.

Beckert, Jens, Familiäre Solidarität und die Pluralität moderner Lebensformen. Eine gesellschaftstheoretische Perspektive auf das Pflichtteilsrecht, in: Röthel, Anne (Hrsg.), Reformfragen des Pflichtteilsrechts. Symposium vom 30.11.-2.12.2006 in Salzau, Köln/Berlin/München 2007, S. 1–21.

Beckert, Jens, Unverdientes Vermögen, Soziologie des Erbrechts, Frankfurt a.M. 2004 (zugl. Habil. Berlin 2002).

Beckmann, Roland Michael, Nichtigkeit und Personenschutz. Parteibezogene Einschränkung der Nichtigkeit von Rechtsgeschäften, Tübingen 1998 (zugl. Habil. Köln 1998).

Beck-Online Grosskommentar zum Zivilrecht → siehe unter Gsell/Krüger/Lorenz/Reymann.

Bender, Rolf, Das „Sandhaufentheorem". Ein Beitrag zur Regelungstechnik in der Gesetzgebungslehre, in: Klug, Ulrich/Ramm, Thilo/Rittner, Fritz/Schmiedel, Burkhard (Hrsg.), Gesetzgebungstheorie, Juristische Logik, Zivil- und Prozeßrecht. Gedächtnisschrift für Jürgen Rödig, Berlin/Heidelberg/New York 1978, S. 34–42.

Bengel, Manfred, Beziehungstestamente, ErbR 2009, S. 236–247.

Bengel, Manfred, Die gerichtliche Kontrolle von Pflichtteilsverzichten, ZEV 2006, S. 192–197.

Bezzenberger, Tilman, Ethnische Diskriminierung, Gleichheit und Sittenordnung im bürgerlichen Recht, AcP 196 (1996), S. 395–434.

Binder, Rudolf, Das luzide Intervall. Ein juristischer Begriff und seine Bedeutung in der Forensischen Psychiatrie, München 1998 (zugl. Diss. München 1998).

Bleuler, Eugen, Lehrbuch der Psychiatrie, Berlin 1983.

Boehm, Laura, Der demenzkranke Erblasser, Baden-Baden 2017 (zugl. Diss. Düsseldorf 2016).

Bosch, Friedrich Wilhelm/Habscheid Walther J., Vertragspflicht und Gewissenskonflikt, JZ 1954, S. 213–217.

Brambring, Günter/Jerschke, Hans-Ulrich/Heckschen, Heribert/Herrler, Sebastian/Münch, Christof, Beck'sches Notar-Handbuch, 7. Auflage, München 2019 [zitiert als: BeckNotar-HdB/*Bearbeiter*].

Briesemeister, Nele, Die „Vermutung aufklärungsrichtigen Verhaltens", München 2020 (zugl. Diss. München 2019).

Brose, Johannes, Grundsätzliches zur Willenserklärung, AcP 130 (1929), S. 188–207.

Brox, Hans, Die Einschränkung der Irrtumsanfechtung. Ein Beitrag zur Lehre von der Willenserklärung und deren Auslegung, Karlsruhe 1960 (zugl. Habil. Münster 1959).

Brox, Hans, Die Einschränkung der Testierfreiheit durch § 14 des Heimgesetzes und das Verfassungsrecht, in: Klein, Eckart (Hrsg.), Grundrechte, soziale Ordnung und Verfassungsgerichtsbarkeit. Festschrift für Ernst Benda zum 70. Geburtstag, Heidelberg 1995, S. 17–31.

Brox, Hans, Fragen der rechtsgeschäftlichen Privatautonomie, JZ 1966, S. 761–767.

Brox, Hans/Walker, Wolf-Dietrich, Erbrecht, 28. Auflage, München 2018 [zitiert als: Brox/Walker, ErbR].

Bruns, Rudolf, Zivilprozeßrecht. Eine systematische Darstellung, 2. Auflage, München 1979.

Bumiller, Ursula/Harders, Dirk/Schwamb, Werner, FamFG Gesetz über das Verfahren in Familiensachen und in den Angelegenheiten der freiwilligen Gerichtsbarkeit, 12. Auflage, München 2019 [zitiert als: Bumiller/Harders/Schwamb/*Bearbeiter,* FamFG].

Bumke, Christian/Roggon, Jacob, Verfügungen von Todes wegen innerhalb familialer Beziehungen aus verfassungsrechtlicher Perspektive, in: Röthel, Anne (Hrsg.), Verträge in der Unternehmerfamilie. Privatautonomie in Nähebeziehungen, Tübingen 2014, S. 255–289.

Bunte, Hermann-Josef, Rechtsanwendungsprobleme im Bereich des Konsumentenkredits. Zugleich ein Beitrag zur Abgrenzung der Konkretisierung von und Rechtsfortbildung durch Generalklauseln, NJW 1985, S. 705–712.

Burandt, Wolfgang/Rojahn, Dieter, Beck'sche Kurz-Kommentare Erbrecht, 3. Auflage, München 2019 [zitiert als: Burandt/Rojahn/*Bearbeiter,* ErbR].

Bürgle, Helmut, Auf dem Weg zu einem neuen Betreuungsrecht, NJW 1988, S. 1881–1888.

Busch, Klaus-Peter, Testierfähigkeit und Demenz, ErbR 2014, S. 90–94.

Bydlinski, Franz, Juristische Methodenlehre und Rechtsbegriff, 2. Auflage, Wien/New York 1991.

Bydlinski, Franz, Möglichkeiten und Grenzen der Präzisierung aktueller Generalklauseln, in: Behrends, Okko/Dießelhorst, Malte/Dreier, Ralf (Hrsg.), Rechtsdogmatik und praktische Vernunft. Symposium zum 80. Geburtstag von Franz Wieacker, Göttingen 1990, S. 189–230.

Bydlinski, Franz, Thesen zur Drittwirkung von Grundrechten im Privatrecht, in: Rack, Reinhard (Hrsg.), Grundrechtsreform, Wien/Köln/Graz 1985, S. 173–187.

Bydlinski, Franz, Zu den dogmatischen Grundfragen des Kontrahierungszwanges, AcP 180 (1980), S. 1–46.

Calamari, John D./Perillo, Joseph M., Contracts, 5. Auflage, St. Paul 2007.

Canaris, Claus-Wilhelm, Die Bedeutung der iustitia distributiva im deutschen Vertragsrecht. Aktualisierte und stark erweiterte Fassung des Vortrags vom 2. Juli 1993, München 1997.

Canaris, Claus-Wilhelm, Grundrechte und Privatrecht, AcP 184 (1984), S. 200–246.

Canaris, Claus-Wilhelm, Schranken der Privatautonomie zum Schutz des Kreditnehmers, ZIP 1980, S. 709–722.

Canaris, Claus-Wilhelm, Systemdenken und Systembegriff in der Jurisprudenz. Entwickelt am Beispiel des deutschen Privatrechts, Berlin 1969.

Canaris, Claus-Wilhelm, Verstöße gegen das verfassungsrechtliche Übermaßverbot im Recht der Geschäftfähigkeit und im Schadensersatzrecht, JZ 1987, S. 993–1040.

Canaris, Claus-Wilhelm, Wandlungen des Schuldvertragsrechts – Tendenzen zu seiner „Materialisierung", AcP 200 (2000), S. 273–364.

Christandl, Gregor, Selbstbestimmtes Testieren in einer alternden Gesellschaft. Eine Untersuchung zum Schutz des Erblassers vor Fremdbestimmung, Tübingen 2016 (zugl. Habil. Innsbruck 2015).

Christandl, Gregor, Testieren im Alter. Ein Plädoyer für den Schutz der Selbstbestimmung verletzlicher Erblasser, notar 2017, S. 339–349.

Coester, Michael, Gottlieb Planck (1824–1910). Ein Vater des neuen bürgerlichen Rechts, in: Loos, Fritz (Hrsg.), Rechtswissenschaft in Göttingen. Göttinger Juristen aus 250 Jahren, Göttingen 1987, S. 299–315.

Coing, Helmut, Allgemeine Rechtsgrundsätze in der Rechtsprechung des Reichsgerichts zum Begriff der „guten Sitten" (§ 138, § 826 BGB), NJW 1947, S. 213–217.

Coper, Helmut/Schulze, Gert, Arzneimittelwirkungen im Alter: Bedingungen – Besonderheiten – Folgerungen, in: Baltes, Paul B./Mittelstraß, Jürgen/Staudinger, Ursula M. (Hrsg.), Alter und Altern: Ein interdisziplinärer Studientext zur Gerontologie, Berlin 1994, S. 204–230.

Cording, Clemens, Beweismittel zur Klärung der Testier(un)fähigkeit, ZEV 2010, S. 23–28.

Cording, Clemens, Die Begutachtung der Testier(unf)fähigkeit. Fortschritte der Neurologie und Psychiatrie 2004, Fortschritte der Neurologie Psychiatrie 2004, S. 147–159 [zitiert als: *Cording*, Fortschr Neurol Psychiat 2004].

Cording, Clemens, Kriterien zur Feststellung der Testier(un)fähigkeit, ZEV 2010, S. 115–121.

Cording, Clemens, Zur Bedeutung von Wahn und Schizophrenie bei der Beurteilung der Geschäftsfähigkeit, in: Lammel, Matthias (Hrsg.), Wahn und Schizophrenie, Berlin 2011, S. 165–175.

Cording, Clemens/Roth, Gerhard, Zivilrechtliche Verantwortlichkeit und Neurobiologie – ein Widerspruch?, NJW 2015, S. 26–30.

Damrau, Jürgen/Tanck, Manuel (Hrsg.), Praxiskommentar Erbrecht, 4. Auflage, Bonn 2020 [zitiert als: Damrau/Tanck/*Bearbeiter*, PraxKo ErbR].

Danek, Adrian/Göhringer, Thomas, Kognitive Neurologie und Neuropsychologie, in: Förstl, Hans (Hrsg.), Frontalhirn – Funktionen und Erkrankungen, 2. Auflage, Heidelberg 2005, S. 41–82.

Dauner-Lieb, Barbara, Reichweite und Grenzen der Privatautonomie im Ehevertragsrecht. Zugleich Anmerkungen und Fragen zum Urteil des BVerfG vom 6.2.2001 – 1 BvR 12/92, AcP 201 (2001), S. 295–332.

Denkinger, Fleur, Der Verbraucherbegriff. Eine Analyse persönlicher Geltungsbereiche von verbraucherrechtlichen Schutzvorschriften in Europa, Berlin 2007 (zugl. Diss. Saarbrücken 2006).

Deuringer, Josef, Vorsicht, Erbschleicher!, BLW 30 (2019), S. 62–63.

Deutsch, Erwin, Entwicklung und Entwicklungsfunktion der Deliktstatbestände. Ein Beitrag zur Abgrenzung der rechtsetzenden und der rechtsprechenden Gewalt im Zivilrecht, JZ 1963, S. 385–391.

Di Fabio, Udo, Form und Freiheit, DNotZ 2006, S. 342–350.

Dieckmann, Albrecht, Empfiehlt es sich, das Entmündigungsrecht, das Recht der Vormundschaft und der Pflegschaft über Erwachsene sowie das Unterbringungsrecht neu zu ordnen?, JZ 1988, S. 789–800.

Dinkel, Reiner H., Demographische Alterung: Ein Überblick unter besonderer Berücksichtigung der Mortalitätsentwicklungen, in: Baltes, Paul B./Mittelstraß, Jürgen/Staudinger, Ursula M. (Hrsg.), Alter und Altern: Ein interdisziplinärer Studientext zur Gerontologie, Berlin 1994, S. 62–93.

Dittrich, Lars, Verfassungsrechtliche Vorgaben des Erbrechts, ZEV 2013, S. 14–20.

Dutta, Anatol, Warum Erbrecht? Das Vermögensrecht des Generationenwechsels in funktionaler Betrachtung, Tübingen 2014 (zugl. Habil. Hamburg 2012).

Eckert, Jörn, Sittenwidrigkeit und Wertungswandel, AcP 199 (1999), S. 337–359.

Enonchong, Nelson, Duress, undue influence and unconscionable dealing, 3. Auflage, London 2018.

Epping, Volker/Lenz, Sebastian/Leydecker, Philipp, Grundrechte, 8. Auflage, Berlin 2019.

Erman, Kommentar zum BGB → siehe unter Grunewald/Maier-Reimer/Westermann.

Esser, Josef, § 138 BGB und die Bankpraxis der Globalzession, ZHR 135 (1971), S. 320–339.

Fastrich, Lorenz, Richterliche Inhaltskontrolle im Privatrecht, München 1992 (zugl. Habil. München 1988).

Finke, Franz-Josef, Das Gesetz zur Wiederherstellung der Gesetzeseinheit auf dem Gebiete des bürgerlichen Rechts, DNotZ, 1953, S. 174–184.

Firsching, Karl/Graf, Hans Lothar, Nachlassrecht, 11. Auflage, München 2019.

Fleischer, Thomas, Prozessuale Besonderheiten im Erbprozess – unter besonderer Berücksichtigung der Darlegungs- und Beweislast, ErbR 2016, S. 306–313.

Flume, Werner, Allgemeiner Teil des Bürgerlichen Rechts. Zweiter Band: Das Rechtsgeschäft, 2. Auflage, Berlin/Heidelberg/New York 1975.

Flume, Werner, Rechtsgeschäft und Privatautonomie, in: von Caemmerer, Ernst/Friesenhahn, Ernst/Lange, Richard (Hrsg.), Hundert Jahre Deutsches Rechtsleben. Festschrift zum hundertjährigen Bestehen des Deutschen Juristentages 1860–1960, Band I, Karlsruhe 1960, S. 135–238.

Förstl, Hans, Neurodegenerative und verwandte Erkrankungen, in: ders. (Hrsg.), Frontalhirn – Funktionen und Erkrankungen, 2. Auflage, Heidelberg 2005, S. 143–175.

Fries, Martin, Nachlassende Testierfähigkeit. Zum rechtlichen Umgang mit einem schwindenden letzten Willen, AcP 216 (2016), S. 421–458.

Frieser, Andreas, Referat, in: Ständige Disputation des Deutschen Juristentages (Hrsg.), Verhandlungen des 68. Deutschen Juristentages, Berlin 2010, Band II/1, Sitzungsberichte – Referate und Beschlüsse, München 2011, L. 49–L 90.

Frieser, Andreas, Schutz des Erblassers vor unangemessener Beeinflussung – ein Vorschlag, ErbR 2020, S. 309–313.

Frieser, Andreas, Vorsicht Erbschleicher! – Grenzen der Testierfreiheit, ErbR 2010, S. 370–380.

Frieser, Andreas/Potthast, Cornel, Erbschleicherei – unter besonderer Berücksichtigung verfahrensrechtlicher Besonderheiten, ErbR 2017, S. 114–124.

Frohn, Peter, Substantiierungspflicht der Parteien und richterliche Hinweispflicht nach § 139 ZPO, JuS 1996, S. 243–250.

Frolik, Lawrence A., The Biological Roots of the under Influence Doctrine. What's Love Got to Do With It, University of Pittsburgh Law Review, Volume 57, 1996, S. 841–882 [zitiert als: *Frolik*, U.Pitt.L.Rev. (1996)].

Führ, Thorsten, Grundrechte und Testierfreiheit – „Preußen"-Beschluss und Pflichtteilsrecht, MittBayNot 2006, S. 461–468.

Gaier, Reinhard, Die Bedeutung der Grundrechte für das Erbrecht, ZEV 2006, S. 2–8.

Ganner, Michael, Selbstbestimmung im Alter, Privatautonomie für alte und pflegebedürftige Menschen in Österreich und Deutschland, Wien 2005 (zugl. Habil. Innsbruck 2005).

Gauggel, Siegfried, Neuropsychologische Therapieprogramme, in: Förstl, Hans (Hrsg.), Frontalhirn – Funktionen und Erkrankungen, 2. Auflage, Heidelberg 2005, S. 395–415.

Gebauer, Martin/Nettesheim, Martin, Vorwort, in: Gebauer, Martin/Isomura, Tamotsu/Kansaku, Hiroyuki/Nesttesheim, Martin (Hrsg.), Alternde Gesellschaften im Recht. Japanisch-deutsches Symposium in Tübingen vom 3. bis 4. September 2012, Tübingen 2015, S. V-VII.

Geipel, Andreas, Handbuch der Beweiswürdigung, 3. Auflage, Bonn 2017.

Gerhards, Andreas, Ergänzende Testamentsauslegung und Formvorschriften („Andeutungstheorie"), JuS 1994, S. 642–649.

Gernhuber, Joachim, Ruinöse Bürgschaften als Folge familiärer Verbundenheit, JZ 1995, S. 1086–1096.

Glaser, Julius, Beiträge zur Lehre vom Beweis im Strafprozess, Leipzig 1883.

Goebel, Joachim, Drittbestimmung des Unternehmensnachfolger-Erben? Eine Rückbesinnung auf die reichsgerichtliche Rechtsprechung zur materiellen Höchstpersönlichkeit des Testaments, DNotZ 2004, S. 101–118.

Goebel, Joachim, Testierfreiheit als Persönlichkeitsrecht. Zugleich ein Beitrag zur Dogmatik des Allgemeinen Persönlichkeitsrechts, Berlin 2004 (zugl. Habil. Regensburg 2001).

Goldberg, John C. P./Sitkoff, Robert H., Torts and Estates. Remedying Wrongful Interference with Inheritance, Stanford Law Review, Volume 65, 2013, S. 335–397 [zitiert als: *Goldberg/Sitkoff*, Stan.L.Rev. (2013)].

Gomille, Christian, Beweiserhebung Unterschiede zwischen ZPO- und FamFG-Verfahren, NZFam 2014, S. 100–104.

Gomille, Christian, Der nicht aufklärbare Sachverhalt, JZ 2018, S. 711–719.

Gomille, Christian, Informationsproblem und Wahrheitspflicht. Ein Aufklärungsmodell für den Zivilprozess, Tübingen 2016 (zugl. Habil. München 2015).

Gottwald, Peter, Beweislastentscheidung oder Wahrheitsfindung?, in: Brinkmann, Moritz/Effer-Uhe, Daniel Oliver/Völzmann-Stickelbrock, Barbara/Wesser, Sabine/Weth, Stephan (Hrsg.), Dogmatik im Dienst von Gerechtigkeit, Rechtssicherheit und Rechtsentwicklung. Festschrift für Hanns Prütting zum 70. Geburtstag, Köln 2018, S. 297–304.

Gottwald, Peter, Grundprobleme der Beweislastverteilung, Jura 1980, S. 225–236.

Gottwald, Peter, Sonderregeln der Beweislastverteilung, Jura 1980, S. 303–313.

Green, Milton D., Proof of Mental Incompetency and the Unexpressed Major Premise, Yale Law Journal, Volume 53, 1944, S. 271–311 [zitiert als: *Green*, Yale L.J. (1944)].

Grigoleit, Hans Christoph, Neuere Tendenzen zur schadensrechtlichen Vertragsaufhebung, NJW 1999, S. 900–904.

Grigoleit, Hans Christoph, Vorvertragliche Informationshaftung. Vorsatzdogma, Rechtsfolgen, Schranken, München 1997 (zugl. Diss. München 1996).

Grossfeld, Bernhard, Höchstpersönlichkeit der Erbenbestimmung und Auswahlbefugnis Dritter, JZ 1968, S. 113–122.

Gruhle, Hans W., Bürgerliches Gesetzbuch, in: Hoche, Alfred (Hrsg.), Handbuch der gerichtlichen Psychiatrie, Berlin 1934, S. 154–235.

Grundmann, Stefan, Favor Testamenti. Zu Formfreiheit und Formzwang bei privatschriftlichen Testamenten, AcP 187 (1987), S. 429–476.

Grunewald, Barbara, Die Auswirkungen eines Irrtums über politische Entwicklungen in der DDR auf Testamente und Erbschaftsausschlagungen, NJW 1991, S. 1208–1212.

Grunewald, Barbara/Maier-Reimer, Georg/Westermann, Harm Peter (Hrsg.), Erman, Kommentar zum Bürgerlichen Gesetzbuch und Nebengesetzen, 15. Auflage, Köln 2017 [zitiert als: Erman/*Bearbeiter*, BGB].

Grziwotz, Herbert, Erbscheinsverfahren neu geregelt, FamRZ 2016, S. 417–426.

Grziwotz, Herbert, Von Geliebtentestamenten und leichtfertigen Verzichten – Richterliche Kontrolle erbrechtlich relevanter Urkunden, DNotZ 2016, S. 732–744.

Gsell, Beate/Krüger, Wolfgang/Lorenz, Stephan/Reymann, Christoph (Hrsg.), Beck-Online Grosskommentar zum Zivilrecht. Kommentarierung zum BeurkG, Stand: 15.06.2020 [zitiert als: BeckOGK/*Bearbeiter*, BGB/BeurkG].

Gutmann, Thomas, Freiwilligkeit als Rechtsbegriff, München 2001 (zugl. Diss. München 2000).

Habermeyer, Elmar, Psychiatrische Gesichtspunkte und Begutachtungsfragen der Geschäftsfähigkeit und verwandter Themenbereiche, in: Kröber, Hans-Ludwig/Dölling, Dieter/Saß, Henning (Hrsg.), Handbuch der Forensischen Psychiatrie, Band 5: Forensische Psychiatrie im Privatrecht und Öffentlichen Recht, Berlin 2009, S. 51–100.

Habermeyer, Elmar/Saß, Henning, Ein am Willensbegriff ausgerichteter, symptomorientierter Ansatz zur Prüfung der Geschäftsfähigkeit, Fortschritte der Neurologie Psychiatrie 2002, S. 5–10 [zitiert als: *Habermeyer/Saß*, Fortschr Neurol Psychiat 2002].

Haberstumpf, Helmut, Die Formel vom Anstandsgefühl aller billig und gerecht Denkenden in der Rechtsprechung des Bundesgerichtshofes. Eine Untersuchung über juristische Argumentationsweisen, Berlin 1976 (zugl. Diss. Erlangen-Nürnberg 1974).

Habscheid, Walther J., Freiwillige Gerichtsbarkeit. Ein Studienbuch, 7. Auflage, München 1983.

Häfner, Heinz, Psychiatrie des höheren Lebensalters, in: Baltes, Paul B./Mittelstraß, Jürgen/Staudinger, Ursula M. (Hrsg.), Alter und Altern: Ein interdisziplinärer Studientext zur Gerontologie, Berlin 1994, S. 151–179.

Hahn, Christoph, Die Auswirkungen des Betreuungsverfahrens auf das Erbrecht, FamRZ 1991, S. 27–29.

Hammann, Hans, Ergänzende Testamentsauslegung: Ermittlung des hypothetischen Erblasserwillens, ErbR 2014, S. 420–429.

Hansen, Hans-Christian, Bewusstseinsstörungen und Enzephalopathien, Berlin/Heidelberg 2013.

Hansen, Udo, Der Indizienbeweis, JuS 1992, S. 327–330.

Hansen, Udo, Die Substantiierungslast, JuS 1991, S. 588–590.

Harder, Manfred, Die historische Entwicklung der Anfechtbarkeit von Willenserklärungen, AcP 173 (1973), S. 209–226.

Häsemeyer, Ludwig, Die Abhängigkeit erbrechtlicher Verträge von Verkehrsgeschäften, Göttingen 1966 (zugl. Diss. Göttingen 1965).

Hau, Wolfgang/Poseck, Roman, Beck'scher Online-Kommentar BGB (mit BeurkG), 54. Edition, Stand: 1. Mai 2020 [zitiert als: BeckOK/*Bearbeiter*, BGB/BeurkG].

Hedemann, Justus Wilhelm, Wiederherstellung der Gesetzeseinheit auf dem Gebiete des Bürgerlichen Rechts, JR 1953, S. 117–118.

Heide, Jochen, Zuwendungs- und Testierverbote gemäß § 14 Heimgesetz, in: Muckel, Stefan (Hrsg.), Kirche und Religion im sozialen Rechtsstaat. Festschrift für Wolfgang Rüfner zum 70. Geburtstag, Berlin 2003, S. 217–226.

Heidel, Thomas/Hüßtege, Rainer/Mansel, Heinz-Peter/Noack, Ulrich, Nomos-Kommentar BGB. Allgemeiner Teil/EGBGB, Band 1, 3. Auflage, Baden-Baden 2016 [zitiert als: NK/*Bearbeiter*, BGB].

Heinemann, Gustav W., Geleitwort, ZRP 1968, S. 1.

Heinrich, Christian, Die Beweislast bei Rechtsgeschäften, Köln/Berlin/Bonn/München 1996 (zugl. Diss. Passau 1995).

Heinrich, Christian, Formale Freiheit und materiale Gerechtigkeit. Die Grundlagen der Vertragsfreiheit und Vertragskontrolle am Beispiel ausgewählter Probleme des Arbeitsrechts, Tübingen 2000 (zugl. Habil. Passau 1999).

Heinrich, Dieter, Die unbewußte Irreführung, AcP 162 (1963), S. 88–104.

Heldrich, Andreas, Die Bedeutung der Rechtssoziologie für das Zivilrecht, AcP 186 (1986), S. 74–114.

Helms, Tobias, Erbrechtliches Drittbestimmungsverbot und kautelarjuristische Praxis, ZEV 2007, S. 1–6.

Helms, Tobias, Testierfreiheit und ihre Grenzen im deutschen, österreichischen und schweizerischen Recht, in: Zimmermann, Reinhard (Hrsg.), Freedom of Testation/Testierfreiheit. Ergebnisse der 33. Tagung der Gesellschaft für Rechtsvergleichung vom 15. Bis 17. September 2011 in Trier, Tübingen 2012, S. 1–24.

Herberger, Maximilian/Martinek, Michael/Rüßmann, Helmut/Weth, Stephan/Würdinger, Markus (GesamtHrsg.)/Ludyga, Hannes (BandHrsg.), Juris Praxiskommentar BGB, Band 5, Erbrecht, 9. Auflage, Saarbrücken 2020, Stand: 3. April 2020 [zitiert als: jurisPK-BGB/*Bearbeiter*].

Herberger, Maximilian/Martinek, Michael/Rüßmann, Helmut/Weth, Stephan/Würdinger, Markus (GesamtHrsg.)/Vieweg, Klaus (BandHrsg.), Juris Praxiskommentar BGB, Band 1, Allgemeiner Teil, 9. Auflage, Saarbrücken 2020, Stand: 1. Mai 2020 [zitiert als: jurisPK-BGB/*Bearbeiter*].

Herbert, Manfred, 100 Jahre Doppelwirkungen im Recht, JZ 2011, S. 503–513.

Hermann, Hans-Georg, Hoferbenbestimmungsrecht nach § 14 III HöfeO und Erbenbenennung nach § 2065 II BGB, FamRZ 1995, S. 1396–1401.

Hermann, Hans-Georg, Holographisch, allographisch, nuncupativ: Zum Formprivileg beim Testamentum parentum inter liberos bis 1900, in: Schmoeckel, Mathias (Hrsg.), Das holographische Testament. Erleichterung oder Hindernis für den Laien?, Baden-Baden 2015, S. 60–87.

Hermann, Hans-Georg, Pro non scripta habere und § 2085 BGB. Untersuchung eines geltungserhaltenden Lösungsansatzes bei Binnenteilunwirksamkeit einseitiger letztwilliger Verfügungen, München 2001 (zugl. Diss. München 2000).

Herzog, Stephanie, Das streitige Erbscheinsverfahren aus anwaltlicher Sicht unter besonderer Berücksichtigung des Einwands der Testierunfähigkeit, ZErb 2016, S. 34–46.

Hesse, Konrad, Grundzüge des Verfassungsrechts der Bundesrepublik Deutschland, 20. Auflage, Heidelberg 1999.

Heusler, Andreas, Die Grundlagen des Beweisrechts, AcP 62 (1879), S. 209–319.

Heussen, Benno, Analogie ist unlogisch. Über die Funktion der Gefühle im Verfahren der Rechtsgewinnung, NJW 2016, S. 1500–1504.

Hillenkamp, Thomas, Strafrecht ohne Willensfreiheit? Eine Antwort auf die Hirnforschung, JZ 2005, S. 313–364.

Hillgruber, Christian, Grundrechtsschutz im Vertragsrecht – zugleich: Anmerkung zu BVerfG NJW 1990, 1469, AcP 191 (1991), S. 69–86.

Hippel, Fritz v., Wahrheitspflicht und Aufklärungspflicht der Parteien im Zivilprozess. Beiträge zum natürlichen Aufbau des Prozeßrechts und zur Erforschung der Rechtstheorie des 19. Jahrhunderts, Frankfurt a.M. 1939.

Historisch-kritischer Kommentar zum BGB→ siehe unter Schmoeckel/Rückert/Zimmermann.

HK-ZPO, Handkommentar zur ZPO → siehe unter Saenger.

Hollstein, Miriam, Die Nichtigkeit letztwilliger Verfügungen wegen Verstoßes gegen das gesetzliche Verbot aus § 14 Abs. 1, 5 HeimG vor und nach der Föderalisierung des Heimrechts, Frankfurt a.M. 2011 (zugl. Diss. Kiel 2010).

Holzhauer, Heinz, Betrügerisches Ausnutzen von Unwissenheit oder Schwäche, ZRP 2010, S. 87–89.

Horn, Claus-Henrik/Kroiß, Ludwig, Testamentsauslegung. Strategien bei unklaren letztwilligen Verfügungen, 2. Auflage, München 2019 [zitiert als: Horn/Kroiß/*Bearbeiter,* Testamentsauslegung].

Hornung, Gerrit, Grundrechtsinnovationen, Tübingen 2015 (zugl. Habil. Kassel 2013).

Huber, Jonas/Schmieder, Andrea/Dengler, Wilhelm, 312-und-20 Jahre (Dreihundertzwölfundzwanzig Jahre) Geschäftsfähig/testierfähig oder fremdbestimmt?, BWNotZ 2012, S. 150–159.

Jäckel, Holger, Das Beweisrecht der ZPO. Ein Praxishandbuch für Richter und Rechtsanwälte, 3. Auflage, Baden-Baden 2021.

Jansen, Nils, Seriositätskontrollen existentiell belastender Versprechen. Rechtsvergleichung, Rechtsgeschichte und Rechtsdogmatik, in: Zimmermann, Reinhard (Hrsg.), Störungen der Willensbildung bei Vertragsschluss, Tübingen 2007, S. 125–161.

Jauernig Kommentar zum BGB → siehe unter Stürner.

Jellinek, Georg/Kersten, Jens (Hrsg.), System der subjektiven öffentlichen Rechte, 2. Auflage 1905, Tübingen 2011.

Johannsen, Kurt, Die Rechtsprechung des Bundesgerichtshofes auf dem Gebiete des Erbrechts – 7. Teil: Das Testament, 2. Abschnitt: Nichtigkeit wegen Sittenwidrigkeit, WM 1971, S. 918–929.

Jünemann, Matthias, Erberschleichung als Betrug?, NStZ 1998, S. 393–395.

Jung, Steffen, Das wucherähnliche Rechtsgeschäft. Eine rechtsprechungsorientierte Erörterung unter besonderer Berücksichtigung gastgewerblicher Pachtverträge, Köln/Berlin/Bonn/München 2001 (zugl. Diss. Halle-Wittenberg 2000).

Jungmann, Carsten, Der „Anscheinsbeweis ohne ersten Anschein", ZZP 120 (2007), S. 459–473.

Juris Praxiskommentar zum BGB → siehe unter Herberger/Martinek/Rüßmann/Weth/Würdinger/Ludyga.

Kappler, Tobias, Testierfreiheit und Testierfähigkeit, NotBZ 2019, S. 161–169.

Katzenmeier, Christian, Arzthaftung, Tübingen 2002 (zugl. Habil. Heidelberg 2001).

Katzenmeier, Christian, Beweislast – Dogmatik im Dienste von Gerechtigkeit, Rechtssicherheit und Rechtsentwicklung, in: Brinkmann, Moritz/Effer-Uhe, Daniel Oliver/Völzmann-Stickelbrock, Barbara/Wesser, Sabine/Weth, Stephan (Hrsg.), Dogmatik im Dienst von Gerechtigkeit, Rechtssicherheit und Rechtsentwicklung. Festschrift für Hanns Prütting zum 70. Geburtstag, Köln 2018, S. 361–376.

Keidel, Theodor (Begr.)/*Engelhardt, Helmut/Sternal, Werner* (Hrsg.), Kommentar zum FamFG. Gesetz über das Verfahren in Familiensachen und in den Angelegenheiten der freiwilligen Gerichtsbarkeit, 20. Auflage, München 2020 [zitiert als: Keidel/*Bearbeiter*, FamFG].

Keim, Christoph, Die höchstpersönliche Struktur der Verfügung von Todes wegen, Berlin 1990 (zugl. Diss. Berlin 1991).

Keim, Christopher, Die Testierverbote nach den Heimgesetzen der Länder. Risikofaktor für den Testamentsgestalter, notar 2017, S. 119–127.

Kerridge, Roger, The Law of Succession, 13. Auflage, London 2016.

Keuk, Brigitte, Der Erblasserwille post testamentum. Zur Unzulässigkeit der testamentarischen Potestativbedingung, FamRZ 1972, S. 9–16.

Keymer, Dietrich, Die Anfechtung nach § 2078 Abs. 2 BGB und die Lehre von der Geschäftsgrundlage, München 1984 (zugl. Diss. München 1983).

Kipp, Theodor, Über Doppelwirkungen im Recht, insbesondere über die Konkurrenz von Nichtigkeit und Anfechtbarkeit, in: Berliner Juristische Fakultät (Hrsg.), Festschrift der Berliner Juristischen Fakultät für Ferdinand von Martitz zum 50-jährigen Jubiläum am 24. Juli 1911, Berlin 1911, S. 211–233.

Kipp, Theodor/Coing, Helmut, Erbrecht. Ein Lehrbuch, 14. Auflage, Tübingen 1990 [zitiert als: *Kipp/Coing*, ErbR].

Kleinschmidt, Jens, Delegation von Privatautonomie auf Dritte. Zulässigkeit, Verfahren und Kontrolle von Inhaltsbestimmungen und Feststellungen Dritter im Schuld- und Erbrecht, Tübingen 2014 (zugl. Habil. Hamburg 2012).

Klingelhöffer, Hans, „Ist unser Erbrecht noch zeitgemäß?", ZEV 2010, S. 385–388.

Klockgether, Thomas, Biologie und Klinik der Demenz, in: Schmoeckel, Mathias (Hrsg.), Demenz und Recht. Bestimmung der Geschäfts- und Testierfähigkeit, Baden-Baden 2010, S. 25–30.

Köndgen, Johannes, Selbstbindung ohne Vertrag, Zur Haftung aus geschäftsbezogenem Handeln, Tübingen 1981 (zugl. Habil. Tübingen 1980).

Kramer, Ernst A., Die „Krise" des liberalen Vertragsdenkens. Eine Standortbestimmung, München/Salzburg 1974.

Krispenz, Ann, Der Schutz dementer Erblasser nach § 2229 Abs. 4 BGB – Vorschlag zur Neuregelung, ErbR 2015, S. 525.

Kroppenberg, Inge, „Wer lebt, hat Recht" – Lebzeitiges Rechtsdenken als Fremdkörper in der Inhaltskontrolle von Verfügungen von Todes wegen, DNotZ 2006, S. 86–105.

Kroppenberg, Inge, Ist unser Erbrecht noch zeitgemäß? Überlegungen zum zivilrechtlichen Gutachten des 68. Deutschen Juristentags in Berlin, NJW 2010, S. 2609–2613.

Kroppenberg, Inge, Privatautonomie von Todes wegen – Verfassungs- und zivilrechtliche Grundlagen der Testierfreiheit im Vergleich zur Vertragsfreiheit unter Lebenden, Tübingen 2008.

Krüger, Matthias, Neues zur Erbschleicherei als Untreue, ZEV 2019, S. 669–667.

Krüger, Ulrich, Sittenwidrige Mithaftung: Der Schlussstein in der Rechtsprechung des BGH, zugleich Besprechung von BGH, Urt. v. 16.6.2009, XI ZR 539/07, NJW 2009, 2671 = NZI 2009, 609, NJW 2009, S. 3408–3410.

Krüger, Wolfgang/Rauscher, Thomas, Münchener Kommentar zur Zivilprozessordnung mit Gerichtsverfassung und Nebengesetzen, Band 1, §§ 1–354, 6. Auflage, München 2020 [zitiert als: MüKo/*Bearbeiter*, ZPO].

Krüger, Wolfgang/Rauscher, Thomas, Münchener Kommentar zur Zivilprozessordnung mit Gerichtsverfassung und Nebengesetzen, Band 2, §§ 355–945b, 6. Auflage, München 2020 [zitiert als: MüKo/*Bearbeiter*, ZPO].

Kudlich, Hans, „Der Erbschleicher" Untreue in mittelbarer Täterschaft zum Nachteil eines Testierunfähigen durch den Betreuer, JA 2013, S. 710–712.

Kuhn, Hans, Die Beweislast insbesondere im Schweizerischen Zivilgesetzbuch, Bern 1912 (zugl. Diss. Bern 1912).

Lange, Hans Dieter, Bestreiten mit Nichtwissen, NJW 1990, S. 3233–3240.

Lange, Heinrich/Kuchinke, Kurt, Erbrecht. Ein Lehrbuch, 5. Auflage, München 2001 [zitiert als: *Lange/Kuchinke*, ErbR].

Lange, Knut Werner, Der Pflichtteilsverzicht zwischen privatautonomer Gestaltung und gerichtlicher Inhaltskontrolle, Teil 3: Inhaltskontrolle der Verzichtsvereinbarung, ErbR 2017, S. 397–402.

Lange, Knut Werner, Erbrecht, 2. Auflage, München 2017 [zitiert als: *Lange*, ErbR].

Lange, Wolfgang, Beseitigung von letztwilligen Verfügungen durch Betreuer, ZEV 2008, S. 313–319.

Langelüddeke, Albrecht, Gerichtliche Psychiatrie, 3. Auflage, Berlin 1971.

Langelüddeke, Albrecht/Bresser, Paul H., Gerichtliche Psychiatrie, 4. Auflage, Berlin/New York 1976.

Langenfeld, Gerrit, Die Ehevertragsgestaltung auf dem Prüfstand der richterlichen Inhaltskontrolle, ZEV 2004, S. 311–316.

Larenz, Karl, Grundsätzliches zu § 138 BGB, in: Erdsiek, Gerhard (Hrsg.), Juristen-Jahrbuch, 7. Band, Köln-Marienburg 1966/1967, S. 98–122.

Larenz, Karl/Wolf, Manfred/Neuner, Jörg, Allgemeiner Teil des Bürgerlichen Rechts, 11. Auflage, München 2019 [zitiert als: *Larenz/Wolf/Neuner,* AT].

Lauck, Franz-Georg/Goratsch, Patricia, Vorgehen des Prozessvertreters zur gerichtlichen Klärung der Testierfähigkeit, ZEV 2019, S. 192–197.

Laumen, Hans-Willi, Der Grundsatz „nemo tenetur edere contra se" in der Rechtsprechung des Bundesgerichtshofs, in: Brinkmann, Moritz/Effer-Uhe, Daniel Oliver/Völzmann-Stickelbrock, Barbara/Wesser, Sabine/Weth, Stephan (Hrsg.), Dogmatik im Dienst von Gerechtigkeit, Rechtssicherheit und Rechtsentwicklung. Festschrift für Hanns Prütting zum 70. Geburtstag, Köln 2018, S. 391–400.

Laumen, Hans-Willi, Die „Beweiserleichterung bis zur Beweislastumkehr" – Ein beweisrechtliches Phänomen, NJW 2002, S. 3739–3746.

Laumen, Hans-Willi, Die sekundäre Behauptungslast, MDR 2019, S. 193–197.

Laumen, Hans-Willi, Die sog. tatsächliche Vermutung, MDR 2015, S. 1–6.

Leipold, Dieter, Anmerkung zu BayObLG, Beschluss vom 4. Januar 2006, 1 Z BR 97/03, ZEV 2006, S. 209–214.

Leipold, Dieter, Beweismaß und Beweislast im Zivilprozeß. Vortrag gehalten vor der Juristischen Gesellschaft zu Berlin am 27. Juni 1984, Berlin/New York 1985.

Leipold, Dieter, Erbrecht. Ein Lehrbuch mit Fällen und Kontrollfragen, 22. Auflage, Tübingen 2020 [zitiert als: *Leipold,* ErbR].

Leipold, Dieter, Rezension zu: Christandl, Selbstbestimmtes Testieren in einer alternden Gesellschaft. Eine Untersuchung zum Schutz des Erblassers vor Fremdbestimmung, FamRZ 2017, S. 1561–1562.

Leipold, Dieter, Testierfreiheit und Sittenwidrigkeit in der Rechtsprechung des Bundesgerichtshofs, in: Canaris, Claus-Wilhelm/Heldrich, Andreas/Hopt, Klaus J./Roxin, Claus/Schmidt, Karsten/Widmaier, Gunter (Hrsg.), 50 Jahre Bundesgerichtshof. Festgabe aus der Wissenschaft, Band I. Bürgerliches Recht, München 2000, S. 1011–1045.

Leipold, Dieter, Testierverbote am Beispiel des § 14 HeimG und seiner landesrechtlichen Nachfolger, in: Muscheler, Karlheinz (Hrsg.), Hereditare. Jahrbuch für Erbrecht und Schenkungsrecht, Band 3, Tübingen 2013, S. 1–17.

Leipold, Dieter, Wandlungen in den Grundlagen des Erbrechts, AcP 180 (1980), S. 160–237.

Leisner, Walter, Grundrechte und Privatrecht, München 1960 (zugl. Habil. München 1960).

Leslie, Melanie B., The Myth of Testamentary Freedom, Arizona Law Review, Volume 38, 1996, S. 235–290 [zitiert als: *Leslie,* Ariz.L.Rev. (1996)].

Lettke, Frank, Kommunikation und Erbschaft, in: ders. (Hrsg.), Erben und Vererben, Gestaltung und Regulation von Generationenbeziehungen, Konstanz 2003, S. 157–188.

Leuschner, Lars, AGB-Kontrolle im unternehmerischen Verkehr. Zu den Grundlagen einer Reformdebatte, JZ 2010, S. 875–884.

Leuschner, Lars, Gebotenheit und Grenzen der AGB-Kontrolle. Weshalb M&A-Verträge nicht der Inhaltskontrolle der §§ 305 ff. AGB [sic!] unterliegen, AcP 207 (2007), S. 491–529.

Lichtenwimmer, Andrea, Die Feststellung der Geschäfts- und Testierfähigkeit durch den Notar, MittBayNot 2002, S. 240–244.

Lichtenwimmer, Andrea, Geschäfts- und Testierfähigkeit in der Praxis des Notars, in: Schmoeckel, Mathias (Hrsg.), Demenz und Recht. Bestimmung der Geschäfts- und Testierfähigkeit, Baden-Baden 2010, S. 43–56.

Limbach, Jutta, Forum: Das Rechtsverständnis in der Vertragslehre, JuS 1985, S. 10–15.

Lindacher, Walter F., Grundsätzliches zu § 138 BGB. Zur Frage der Relevanz subjektiver Momente, AcP 173 (1973), S. 124–136.

Lorenz, Stephan, Arbeitsrechtlicher Aufhebungsvertrag, Haustürwiderrufsgesetz und „undue influence", JZ 1997, S. 277–282.

Lorenz, Stephan, Der Schutz vor dem unerwünschten Vertrag. Eine Untersuchung von Möglichkeiten und Grenzen der Abschlußkontrolle im geltenden Recht, München 1997 (zugl. Habil. München 1996).

Losch, Isabelle C., Testierfähigkeit unter besonderer Berücksichtigung des Krankheitsbildes der Demenz und ihrer postmortalen Begutachtung, ZErb 2017, S. 188–195.

Lübtow, Ulrich v., Erbrecht, 1. Halbband, Berlin 1971 [zitiert als: *v. Lübtow,* ErbR].

Lüderitz, Alexander, Auslegung von Rechtsgeschäften, Vergleichende Untersuchung anglo-amerikanischen und deutschen Rechts, Karlsruhe 1966 (zugl. Habil. Köln 1965).

Ludyga, Hannes, Letztwillige Verfügungen von alten und pflegebedürftigen Menschen zu Gunsten eines ambulanten Pflegedienstes, NZS 2013, S. 201–206.

Ludyga, Hannes, Vererben im betreuten Wohnen Zur Bedeutung der „Landesheimgesetze" in der testamentarischen Gestaltungspraxis, ZEV 2014, S. 177–183.

Madoff, Ray. D., Unmasking Undue Influence, Minnesota Law Review, Volume 81, 1997, S. 571–630 [zitiert als: *Madoff*, Minn.L.Rev. (1997)].

Mager, Ute, Einrichtungsgarantien. Entstehung, Wurzeln, Wandlungen und grundgesetzmäßige Neubestimmung einer dogmatischen Figur des Verfassungsrechts, 1., Auflage, Tübingen 2003 (zugl. Habil. Berlin 2002).

Mankowski, Peter, Beseitigungsrechte – Anfechtung, Widerruf und verwandte Institute, Tübingen 2003 (zugl. Habil. Osnabrück 2000).

Mankowski, Peter, Verändert die Neurobiologie die rechtliche Sicht auf Willenserklärungen?, AcP 211 (2011), S. 153–195.

Mansen, Gerrit, Privatrechtsgestaltung durch Hoheitsakt. Verfassungsrechtlich und verwaltungsrechtliche Grundfragen, Tübingen 1994 (zugl. Habil. Regensburg 1993).

Marson, Daniel C./Huthwaite, Justin S./Hebert, Katina, Testamentary Capacity and Undue Influence in the Elderly. A Jurisprudent Therapy Perspective, Law and Psychology Review, Volume 28, 2004, S. 71–96 [zitiert als: *Marson/Huthwaite/Hebert*, L.P.Rev. (2004)].

Martiny, Dieter, Empfiehlt es sich, die rechtliche Ordnung finanzieller Solidarität zwischen Verwandten in den Bereichen des Unterhaltsrechts, des Pflichtteilsrechts, des Sozialhilferechts und des Sozialversicherungsrechts neu zu gestalten?, Gutachten A für den 64. Deutschen Juristentag, München 2002 [zitiert als: *Martiny*, Gutachten 64. DJT].

Maunz, Theodor/Dürig, Günter (Begr.)/*Herzog, Roman/Herdegen, Matthias/Scholz, Rupert/Klein, Hans H.* (Hrsg.), Grundgesetz Kommentar, Band II: Art. 6–16a. Loseblatt, Stand: 89. Ergänzungslieferung Oktober 2019.

Maurer, Franz, Das Bewegliche System zur Konkretisierung der Sittenwidrigkeit bei § 826 BGB, Baden-Baden 2017 (zugl. Diss. Augsburg 2016).

Mayer, Jörg, Pflichtteilsverzichtsverträge, in. Röthel, Anne/Schmidt, Karsten (Hrsg.), Die Verträge der Familienunternehmer, Hamburg 2013, S. 71–102.

Mayer-Maly, Theo, Bewegliches System und Konkretisierung der guten Sitten, in: Bydlinski, Franz/Krejci, Heinz/Schilcher, Bernd/Steininger, Viktor (Hrsg.), Das Bewegliche System im geltenden und künftigen Recht, Wien/New York 1986, S. 117–126.

Mayer-Maly, Theo, Die guten Sitten als Maßstab des Rechts, JuS 1986, S. 596–600.

Mayer-Maly, Theo, Die guten Sitten des Bundesgerichtshofes, in: Canaris, Claus-Wilhelm/Heldrich, Andreas/Hopt, Klaus J./Roxin, Claus/Schmidt,

Karsten/Widmaier, Gunter (Hrsg.), 50 Jahre Bundesgerichtshof. Festgabe aus der Wissenschaft, Band I. Bürgerliches Recht, München 2000, S. 69–79.

Mayer-Maly, Theo, Die politische Funktion der Rechtsprechung in einer pluralen Gesellschaft, DRiZ 1971, S. 325–330.

Mayer-Maly, Theo, Was leisten die guten Sitten?, AcP 194 (1994), S. 105–176.

Mayer-Maly, Theo, Wertungswandel und Privatrecht, JZ 1981, S. 801–805.

Meder, Stephan, Gottlieb Planck und die Kunst der Gesetzgebung, Baden-Baden 2010.

Medicus, Dieter, Allgemeiner Teil des BGB, 10. Auflage, Heidelberg 2010.

Medicus, Dieter, Anmerkung zum Urteil des OLG Düsseldorf vom 29.03.1996 (7 U 45/95) – Zur Frage der ergänzenden Testamentsauslegung, ZEV 1996, S. 467–468.

Medicus, Dieter, Der Grundsatz der Verhältnismäßigkeit im Privatrecht, AcP 192 (1992), S. 35–70.

Mentz, Dörte, Die Beweislastumkehr in der Rechtsprechung des Reichsgerichts, Frankfurt a.M. 2010 (zugl. Diss. Hamburg 2009).

Mikat, Paul, Gleichheitsgrundsatz und Testierfreiheit, in: Dietz, Rolf/Hübner, Heinz (Hrsg.), Festschrift für Hans Carl Nipperdey. Zum 70. Geburtstag 21. Januar 1965, Band 1, München/Berlin 1965, S. 581–604.

Mohr, Jochen, Die Ungültigkeit von Verträgen, die gegen den ordre public verstoßen – am Beispiel von Wettbewerbsverboten in Unternehmenskaufverträgen, WuW 2011, S. 112–121.

Mückenheim, Kai, Rechtsgeschäfte alter Menschen in besonderen Zwangslagen, Frankfurt a.M./Berlin/Bern/New York,/Paris/Wien 1997 (zugl. Diss. Hamburg 1997).

Mugdan, Benno, Die gesamten Materialien zum Bürgerlichen Gesetzbuch für das Deutsche Reich, 1. Band, Einführungsgesetz und Allgemeiner Theil, Berlin 1899 [zitiert als: *Mugdan*, Bd. I].

Mugdan, Benno, Die gesamten Materialien zum Bürgerlichen Gesetzbuch für das Deutsche Reich, 5. Band, Erbrecht, Berlin 1899 [zitiert als: *Mugdan*, Bd. V].

Müller, Gabriele, Erwiderung zum Beitrag von Stoppe/Lichtenwimmer, Die Feststellung der Geschäfts- und Testierfähigkeit beim alten Menschen durch den Notar - ein interdisziplinärer Vorschlag, DNotZ 2005, 806 ff., DNotZ 2006, S. 325–328.

Müller, Gabriele, Zur Wirksamkeit lebzeitiger und letztwilliger Zuwendungen des Betreuten an seinen Betreuer, ZEV 1998, S. 219–224.

Müller-Freienfels, Wolfram, Fahrlässige Tötung des Erblassers durch betrunkenen Erben: Ein Grund zur Testamentsanfechtung oder zur Erbausschliessung?. Zugleich eine Besprechung der Entscheidung BGH WM 1971, 1153 = FamRZ 1971, 638 = DB 1971, 1859 = DRiZ 1971, 346, in: Lüke, Gerhard/Jauernig, Othmar (Hrsg.), Festschrift für Gerhard Schiedermair zum 70. Geburtstag, München 1976, S. 409–437.

Münchener Anwalts-Handbuch Erbrecht → siehe unter Scherer.

Münchener Kommentar zum BGB → siehe unter Säcker/Rixecker/Oetker/Limperg.

Münchener Kommentar zum FamFG → siehe unter Rauscher.

Münchener Kommentar zur ZPO → siehe unter Krüger/Rauscher.

Münzel, Hartmut, Heimbewohner und Testierfreiheit - Zur Anwendbarkeit des § 14 I HeimG auf letztwillige Verfügungen, NJW 1997, S. 112–113.

Muscheler, Karlheinz, Erbrecht, Band I, Tübingen 2010.

Musielak, Hans-Joachim, Beweisvereitelung im Zivilprozess, in: Brinkmann, Moritz/Effer-Uhe, Daniel Oliver/Völzmann-Stickelbrock, Barbara/Wesser, Sabine/Weth, Stephan (Hrsg.), Dogmatik im Dienst von Gerechtigkeit, Rechtssicherheit und Rechtsentwicklung. Festschrift für Hanns Prütting zum 70. Geburtstag, Köln 2018, S. 443–453.

Musielak, Hans-Joachim, Die Grundlagen der Beweislast im Zivilprozeß, Berlin/New York 1975 (zugl. Habil. Köln 1974).

Musielak, Hans-Joachim, Die sog. tatsächliche Vermutung, JA 2010, S. 561–566.

Musielak, Hans-Joachim, Hilfen bei Beweisschwierigkeiten im Zivilprozeß, in: Canaris, Claus-Wilhelm/Heldrich, Andreas/Hopt, Klaus J./Roxin, Claus/Schmidt, Karsten/Widmaier, Gunter (Hrsg.), 50 Jahre Bundesgerichtshof. Festgabe aus der Wissenschaft, Band III, Zivilprozeßrecht, Insolvenz, Öffentliches Recht, München 2000, S. 193–225.

Musielak, Hans-Joachim/Stadler, Max, Grundfragen des Beweisrechts, Beweisaufnahme – Beweiswürdigung – Beweislast, München 1984.

Musielak, Hans-Joachim/Voit, Wolfgang (Hrsg.), Zivilprozessordnung mit Gerichtsverfassungsgesetz, Kommentar, 17. Auflage, München 2020.

Müssigbrodt, Frank, Sittenwidrigkeit und Wucher beim Darlehensvertrag, JA 1980, S. 697–700.

Nieder, Heinrich (Begr.)/*Kössinger, Reinhard/Kössinger, Winfried/Najdecki, Damian Wolfgang/Zintl, Josef,* Handbuch der Testamentsgestaltung, Grundlagen und Gestaltungsmittel für Verfügungen von Todes wegen und vorbereitende Erbfolgemaßnahmen, 6. Auflage, München 2020 [zitiert als: Nieder/Kössinger/*Bearbeiter,* HdB der Testamentsgestaltung].

Nitze, Konstantin/Grädler, Thomas, Die Sittenwidrigkeit von Angehörigenbürgschaften trotz Restschuldbefreiung, VuR 2012, S. 91–97.

Nobbe, Gerd/Kirchhof, Hans-Peter, Bürgschaften und Mithaftungsübernahmen finanziell überforderter Personen, BKR 2001, S. 5–15.

NomosKommentar zum BGB → siehe unter Heidel/Hüßtege/Mansel/Noack.

Oberheim, Rainer, Beweiserleichterungen im Zivilprozeß, JuS 1996, S. 729–734.

Oberheim, Rainer, Erfolgreiche Taktik im Zivilprozess, 8. Auflage, Köln 2020.

Oertmann, Paul, Die Geschäftsgrundlage. Ein neuer Rechtsbegriff, Leipzig 1971.

Ohly, Ansgar, Generalklausel und Richterrecht, AcP 201 (2001), S. 1–47.

Olzen, Dirk/Looschelders, Dirk, Erbrecht, 5. Auflage, Berlin/Boston 2017.

Otte, Gerhard, Das Pflichtteilsrecht – Verfassungsrechtsprechung und Rechtspolitik, AcP 202 (2002), S. 317–362.

Otte, Gerhard, Privatautonomie im Erbrecht, ErbR 2009, S. 2–9.

Otte, Gerhard, Das eigenhändige Testament als ordentliche Errichtungsform nach dem BGB – Gründe und Einwände, in: Schmoeckel, Mathias/Otte, Gerhard (Hrsg.), Europäische Testamentsformen, Baden-Baden 2011, S. 31–45.

Palandt, Otto, Bürgerliches Gesetzbuch, 81. Auflage, München 2021 [zitiert als: Palandt/*Bearbeiter*, BGB].

Papier, Hans-Jürgen, Erbrecht und Verfassung, ErbR 2007, S. 134–142.

Pauen, Michael, Anders handeln in einer determinierten Welt? Grundzüge einer philosophischen Konzeption von Willensfreiheit, in: Heinze, Martin/Fuchs, Thomas/Reischies, Friedel M. (Hrsg.), Willensfreiheit – eine Illusion? Naturalismus und Psychiatrie, Berlin 2006, S. 15–34.

Peisah, Carmelle/Finkel, S./Shulman, K./ Melding, P./Luxenberg, J./Heinik, J./Jacoby, R./Reisberg, B./Stoppe, G./Barker, A./ Firmino, H./Bennett, H., The wills of older people: risk factors for undue influence, in: International Psychogeriatric Association (Hrsg.), International Psychogeriatrics (2009), S. 7–15.

Peters, Egbert, Auf dem Wege zu einer allgemeinen Prozeßförderungspflicht der Parteien?, in: Gottwald, Peter/Prütting, Hanns (Hrsg.), Festschrift für Karl Heinz Schwab zum 70. Geburtstag, München 1990, S. 399–408.

Peters, Frank, Die Rechtsfolgen der widerrechtlichen Drohung, JR 2006, S. 133–139.

Piekenbrock, Andreas, Beweisfragen bei kapitalmarktrechtlichen Prozessen, ZZP 131 (2018), S. 413–456.

Piekenbrock, Andreas, Der Kausalitätsbeweis im Kapitalanlegerprozess: ein Beitrag zur Dogmatik der "ungesetzlichen" tatsächlichen Vermutungen, WM 2012, S. 429–440.

Planck, Gottlieb, Kommentar zum Bürgerliches Gesetzbuch nebst Einführungsgesetz, 5. Band, Erbrecht, 3. Auflage, Berlin 1908 [zitiert als: *Planck*, PraxKo BGB].

Pohl, Karl Wilhelm, „Unbewußte Vorstellungen" als erbrechtlicher Anfechtungsgrund? Eine zivilrechtsdogmatische Untersuchung auf psychologischer Grundlage, Berlin 1976 (zugl. Diss. Bonn 1975).

Prinz von Sachsen Gessaphe, Karl August, Das eigenhändige Testament in Europa und Lateinamerika: eine riskante oder sichere Testamentsform?, in: Schmoeckel, Mathias (Hrsg.), Das holographische Testament. Erleichterung oder Hindernis für den Laien?, Baden-Baden 2015, S. 88–155.

Prütting, Hanns, Die sekundäre Darlegungslast und die nicht existierende sekundäre Beweislast, in: Hertel, Christian/Lorenz, Stephan/Stresemann, Christina (Hrsg.), Simplex Sigillum Veri. Festschrift für Wolfgang Krüger zum 70. Geburtstag, München 2017, S. 434–437.

Prütting, Hanns, Gegenwartsprobleme der Beweislast. Eine Untersuchung moderner Beweislasttheorien und ihrer Anwendung insbesondere im Arbeitsrecht, München 1983 (zugl. Habil. Erlangen-Nürnberg 1981).

Prütting, Hanns/Gehrlein, Markus, Zivilprozessordnung Kommentar, 11. Auflage, Köln 2019 [zitiert als: Prütting/Gehrlein/*Bearbeiter*, ZPO].

Prütting, Hanns/Helms, Tobias, FamFG. Gesetz über das Verfahren in Familiensachen und in den Angelegenheiten der freiwilligen Gerichtsbarkeit. Kommentar, 5. Auflage, Köln 2020 [zitiert als: Prütting/Helms/*Bearbeiter*, FamFG].

Rauscher, Thomas (Hrsg.), Münchener Kommentar zum FamFG. Gesetz über das Verfahren in Familiensachen und in den Angelegenheiten der freiwilligen Gerichtsbarkeit (FamFG) mit Internationalem und Europäischem Zivilverfahrensrecht in Familiensachen (IZVR, EuZVR), Band 2, §§ 271–493, Internationales und Europäisches Zivilverfahrensrecht in Familiensachen, 3. Auflage, München 2019 [zitiert als: MüKo/*Bearbeiter*, FamFG].

Rebe, Bernd, Privatrecht und Wirtschaftsordnung. Zur vertragsrechtlichen Relevanz der Ordnungsfunktionen dezentraler Interessenkoordination in einer Wettbewerbswirtschaft, Bielefeld 1978.

Reichel, Hans, Höchstpersönliche Rechtsgeschäfte, Berlin-Grunewald 1931.

Reimann, Wolfgang, Die Änderungen des Erbrechts durch das OLG-Vertretungsänderungsgesetz, FamRZ 2002, S. 1383–1386.

Reimann, Wolfgang/Bengel, Manfred/Dietz, Florian (Hrsg.), Testament und Erbvertrag, 7. Auflage, Köln 2020 [zitiert als: Reimann/Bengel/Dietz/Bearbeiter, BGB].

Reina, Nicole M., Protecting Testamentary Freedom in the United States By Introducing Into Law the Concept of the French Notaire, New York Law School Journal of International and Comparative Law, Volume 22, 2003, S. 427–450 [zitiert als: *Reina*, NYLS J.Int.Comp.L. (2003)].

Reischl, Klaus, Materielle und prozessuale Aspekte zivilrechtlicher Rechenschafts- und Auskunftsansprüche, JR 1997, S. 404–410.

Riedel-Heller, Steffi/Luck, Tobias, Epidemiologie gerontopsychiatrischer Erkrankungen, in: Klöppel, Stefan/Jessen, Frank (Hrsg.), Praxishandbuch Gerontopsychiatrie und -psychotherapie, 2. Auflage, München 2021, S. 7–14.

Rittner, Fritz, Die gestörte Vertragsparität und das Bundesverfassungsgericht, NJW 1994, S. 3330–3331.

Rosenberg, Leo, Die Beweislast. Auf der Grundlage des Bürgerlichen Gesetzbuchs und der Zivilprozeßordnung, 5. Auflage, München/Berlin 1965.

Rosenberg, Leo/Schwab, Karl Heinz/Gottwald, Peter, Zivilprozessrecht, 18. Auflage, München 2018 [zitiert als: *Rosenberg/Schwab/Gottwald*, ZPO].

Rösler, Hannes, Störung der Geschäftsgrundlage nach der Schuldrechtsreform, ZGS 2003, S. 383–391.

Roth, Wolfgang, Testamente Betreuter zu Gunsten besonderer Personengruppen, NJW-Spezial 2016, S. 551.

Röthel, Anne, Erbrecht. Ein Studienbuch, 18. Auflage, München 2020 [zitiert als: *Röthel*, ErbR].

Röthel, Anne, Form und Privatautonomie: Blicke auf das eigenhändige Testament, in: Schmoeckel, Mathias (Hrsg.), Das holographische Testament. Erleichterung oder Hindernis für den Laien?, Baden-Baden 2015, S. 33–59.

Röthel, Anne, Inhaltskontrolle im Erbrecht. Befund, Entwicklungsimpulse, Zweifelspunkte, in: Limmer, Peter (Hrsg.), Gestaltungspraxis und Inhaltskontrolle. Symposium des Instituts für Notarrecht an der Universität Würzburg 2013, Bonn 2014, S. 49–68.

Röthel, Anne, Ist unser Erbrecht noch zeitgemäß?, Gutachten A für den 68. Deutschen Juristentag, München 2010 [zitiert als: *Röthel*, Gutachten 68. DJT].

Röthel, Anne, Ist unser Erbrecht noch zeitgemäß?, NJW-Beilage 2010, S. 77.

Röthel, Anne, Pflichtteil und Stiftungen: Generationengerechtigkeit versus Gemeinwohl?, ZEV 2006, S. 8–12.

Röthel, Anne, Privatautonomie von Todes wegen, AcP 210 (2010), S. 759–763.

Röthel, Anne, Solidaritätskonzept und Statusorientierung des Erbrechts, in: Lipp, Volker/Röthel, Anne/Windel, Peter A. (Hrsg.), Familienrechtlicher Status und Solidarität, Tübingen 2008, S. 85–118.

Röthel, Anne, Testierfreiheit und Testiermacht, AcP 210 (2010), S. 32–66.

Röthel, Anne, Umgehung des Pflichtteilrechts, AcP 212 (2012), S. 157–201.

Röthel, Anne, Verträge in der Unternehmerfamilie. Überlegungen zur Privatautonomie in personalen Beziehungen, in: dies. (Hrsg.), Verträge in der Unternehmerfamilie. Privatautonomie in Nähebeziehungen, Tübingen 2014, S. 9–78.

Röthel, Anne, Verzicht auf den Kindespflichtteil: Plädoyer für mehr Wachsamkeit, NJW 2012, S. 337–341.

Röthel, Anne, Wie „privatautonom" sind Testamente wirklich?, ErbR 2014, S. 357.

Röthel, Anne/Lemmerz, Anna-Luisa, Altern, Erwachsenenschutz und Autonomie, in: Gebauer, Martin/Isomura, Tamotsu/Kansaku, Hiroyuki/Nettesheim, Martin (Hrsg.), Alternde Gesellschaften im Recht. Japanisch-deutsches Symposium in Tübingen vom 3. bis 4. September 2012, Tübingen 2015, S. 3–26.

Rückert, Joachim, Das Bürgerliche Gesetzbuch – ein Gesetzbuch ohne Chance?, JZ 2003, S. 749–760.

Ruff, Holger, Sittenwidrige Rechtsgeschäfte in der späten Kaiserzeit. Die Entwicklung der reichsgerichtlichen Rechtsprechung zu § 138 BGB von 1900 bis 1914, Frankfurt a.M. 2007 (zugl. Diss. Kiel 2007).

Rüssmann, Helmut, Grundregel der Beweislast, in: Brinkmann, Moritz/Effer-Uhe, Daniel Oliver/Völzmann-Stickelbrock, Barbara/Wesser, Sabine/Weth, Stephan (Hrsg.), Dogmatik im Dienst von Gerechtigkeit, Rechtssicherheit und Rechtsentwicklung. Festschrift für Hanns Prütting zum 70. Geburtstag, Köln 2018, S. 507–515.

Sack, Rolf, Das Anstandsgefühl aller billig und gerecht Denkenden und die Moral als Bestimmungsfaktoren der guten Sitten, NJW 1985, S. 761–769.

Sack, Rolf, Folgeverträge unlauteren Wettbewerbs, GRUR 2004, S. 625–635.

Sack, Rolf, Regierungsentwurf einer UWG-Novelle – ausgewählte Probleme, BB 2003, S. 1073–1081.

Sack, Rolf, Unlauterer Wettbewerb und Folgevertrag. Die Auswirkungen unlauteren Wettbewerbs auf Vertragsabschlüsse, WRP 1974, S. 445–460.

Sack, Rolf, Unlauterer Wettbewerb und Folgeverträge. Die Auswirkungen unlauteren Wettbewerbs auf Vertragsabschlüsse, Frankfurt a.M. 1974.

Sack, Rolf, Zur Sittenwidrigkeit von anläßlich sogen. „Kaffeefahrten" abgeschlossenen Kaufverträgen. Zugleich Anmerkung zu LG Trier, Urteil vom 9.10.1973 – 1 S 210/71, NJW 1974, S. 564–565.

Säcker, Franz Jürgen/Rixecker, Roland/Oetker, Hartmut/Limperg, Bettina, Münchener Kommentar zum Bürgerlichen Gesetzbuch, Band 1 (§§ 1–240 BGB, AllgPersönlR, ProstG, AGG), 8. Auflage, München 2018 [zitiert als: MüKo/*Bearbeiter*, BGB].

Säcker, Franz Jürgen/Rixecker, Roland/Oetker, Hartmut/Limperg, Bettina, Münchener Kommentar zum Bürgerlichen Gesetzbuch, Band 3 (Schuldrecht – Allgemeiner Teil II, §§ 311–432 BGB), 8. Auflage, München 2019 [zitiert als: MüKo/*Bearbeiter*, BGB].

Säcker, Franz Jürgen/Rixecker, Roland/Oetker, Hartmut/Limperg, Bettina, Münchener Kommentar zum Bürgerlichen Gesetzbuch, Band 7 (Schuldrecht – Besonderer Teil IV, §§ 705–853 BGB, Partnerschaftsgesellschaftsgesetz, Produkthaftungsgesetz), 8. Auflage, München 2020 [zitiert als: MüKo/*Bearbeiter*, BGB].

Säcker, Franz Jürgen/Rixecker, Roland/Oetker, Hartmut/Limperg, Bettina, Münchener Kommentar zum Bürgerlichen Gesetzbuch, Band 8 (Sachenrecht, §§ 854–1296 BGB, WEG, ErbbauRG), 8. Auflage, München 2020 [zitiert als: MüKo/*Bearbeiter*, BGB].

Säcker, Franz Jürgen/Rixecker, Roland/Oetker, Hartmut/Limperg, Bettina, Münchener Kommentar zum Bürgerlichen Gesetzbuch, Band 11 (§§ 1922–2385, §§ 27–35 BeurkG), 8. Auflage, München 2020 [zitiert als: MüKo/*Bearbeiter*, BGB].

Saenger, Ingo, Handkommentar Zivilprozessordnung, Familienverfahren, Gerichtsverfassung, Europäisches Verfahrensrecht, 8. Auflage, Baden-Baden 2019 [zitiert als: HK-ZPO/*Bearbeiter*].

Scalise, Ronald J. Jr., Undue Unfluence and the Law of Wills. A Comparative Analysis, Duke Journal of Comparative and International Law, Volume 19, 2008, S. 41–106 [zitiert als: *Scalise*, D.J.C.I.L (2008)].

Schachtschneider, Karl Albrecht, Das Sittengesetz und die guten Sitten, in: Becker, Bernd/Bull, Hans Peter/Seewald, Otfried (Hrsg.), Festschrift für Werner Thieme zum 70. Geburtstag, Köln/Berlin/Bonn/München 1993, S. 195–225.

Schäfer, Ingmar/Leitner, Elke-Christin v./Schön, Gerhard/Koller, Daniela/Hansen, Heike/Kolonko, Tina/Kaduszkiewicz, Hanna/Wegscheider, Karl/Glaeske, Gerd/van den Bussche, Hendrik, Multimorbidity Patterns in the Elderly: A New Approach of Disease Clustering Identifies Complex Interrelations between Chronic Conditions, 2010 (abrufbar unter: https://journals.plos.org/plosone/article?id=10.1371/journal.pone.0015941).

Scharfetter, Christian, Allgemeine Psychopathologie, Stuttgart 2010.

Schellhammer, Kurt, Zivilprozess. Gesetz – Praxis – Fälle, 16. Auflage, Heidelberg 2020.

Scherer, Stephan, Münchener Anwalts-Handbuch Erbrecht, 5. Auflage, München 2018 [zitiert als: MAH ErbR/*Bearbeiter*].

Scherer, Stephan/Lehmann, Daniel, ZEV-Report Zivilrecht, ZEV 2005, S. 453–456.

Schlosser, Peter, Die lange deutsche Reise in die prozessuale Moderne – Zugleich eine Besprechung des Urteils des BGH vom 11.6.1990, JZ 1991, S. 599–608.

Schlüter, Wilfried, Erbrecht. Ein Studienbuch, 12. Auflage, München 1986.

Schmidt, Eike, Die Beweislast in Zivilsachen – Funktionen und Verteilungsregeln, JuS 2003, S. 1007–1013.

Schmidt, Eike, Inhaltskontrolle von Schuldverträgen, DRiZ 1991, S. 81–88.

Schmidt, Helmut, Die Lehre von der Sittenwidrigkeit der Rechtsgeschäfte in historischer Sicht, Berlin 1973 (zugl. Diss. München 1971).

Schmidt, Jan Peter, Grundlagen der Testierfähigkeit in Deutschland und Europa, RabelsZ 76 (2012), S. 1022–1050.

Schmidt, Jürgen, Schutz der Vertragsfreiheit durch Deliktsrecht?, in: Leßmann, Herbert/Grossfeld, Bernhard/Vollmer, Lothar (Hrsg.), Festschrift für Rudolf Lukes zum 65. Geburtstag, Köln/Berlin/Bonn/München 1989, S. 793–808.

Schmidt-Rimpler, Walter, Eigenschaftsirrtum und Erklärungsirrtum, in: Nipperdey, Hans Carl (Hrsg.), Das deutsche Privatrecht in der Mitte des 20. Jahrhunderts. Festschrift für Heinrich Lehmann zum 80. Geburtstag, Band 1, Berlin 1956, S. 213–270.

Schmidt-Rimpler, Walter, Grundfragen einer Erneuerung des Vertragsrechts, AcP 147 (1941), S. 130–197.

Schmidt-Rimpler, Walter, Zum Problem der Geschäftsgrundlage, in: Dietz, Rolf/Hueck, Alfred/Reinhardt, Rudolf (Hrsg.), Festschrift für Hans Carl Nipperdey, München/Berlin 1955, S. 1–30.

Schmoeckel Mathias, Vorwort – Leitlinien für die juristische Praxis, in: ders. (Hrsg.), Demenz und Recht. Bestimmung der Geschäfts- und Testierfähigkeit, Baden-Baden 2010, S. 5–12.

Schmoeckel, Mathias, Auf der Suche nach der verlorenen Ordnung. 2000 Jahre Recht in Europa. Ein Überblick, Köln/Weimar/Wien 2005.

Schmoeckel, Mathias, Das holographische Testament – Erleichterung oder Hindernis für Laien? Betrachtung des privatschriftlichen Testaments aus rechtsgeschichtlicher, -vergleichender, -philosophischer und dogmatischer

Perspektive, in: ders. (Hrsg.), Das holographische Testament. Erleichterung oder Hindernis für Laien?, Baden-Baden 2015, S. 16–21.

Schmoeckel, Mathias, Der maßgebliche Zeitpunkt zur Bestimmung der Sittenwidrigkeit nach § 138 I BGB, AcP 197 (1997), S. 1–79.

Schmoeckel, Mathias, Die Geschäfts- und Testierfähigkeit von Demenzerkrankten, NJW 2016, S. 433–439.

Schmoeckel, Mathias/Rückert, Joachim/Zimmermann Reinhard (Hrsg.), Historisch-kritischer Kommentar zum BGB, Band I Allgemeiner Teil §§ 1–240, Tübingen 2003 [zitiert als: HKK-BGB/*Bearbeiter*].

Schneider, Egon, Beweis und Beweiswürdigung unter besonderer Berücksichtigung des Zivilprozesses, 5. Auflage, München 1994.

Schneider, Egon, Der Zivilrechtsfall in Prüfung und Praxis, 7. Auflage, München 1988.

Schreiber, Christoph, Nichtigkeit und Gestaltungsrechte. Zur Dogmatik der Doppelwirkungen im Recht, AcP 211 (2011), S. 35–57.

Schricker, Gerhard, Gesetzesverletzung und Sittenverstoss. Rechtsvergleichende Untersuchung zur wettbewerbsrechtlichen Haftung bei Verletzung außerwettbewerbsrechtlicher Normen, München 1970 (zugl. Habil. München 1969).

Schroeder, Friedrich-Christian, Erberschleichung als Betrug, NStZ 1997, S. 585–586.

Schubert, Werner, Unredliches Verhalten Dritter bei Vertragsabschluss, AcP 168 (1968), S. 470–512.

Schubert, Werner/Czub, Hans-Joachim, Die Anfechtung letztwilliger Verfügungen (1. Teil), JA 1980, S. 257–264.

Schulz, Fritz, Der Irrtum im Beweggrund bei der testamentarischen Verfügung, in: Grau, Richard/Grau, Walter/Hamburger, Georg/Juncker, Josef/Levy, Ernst/Schulz, Fritz (Hrsg.), Gedächtnisschrift für Emil Seckel, Berlin 1927, S. 70–144.

Schumacher, Rolf, Vertragsaufhebung wegen fahrlässiger Irreführung unerfahrener Vertragspartner, Bonn 1979.

Schwab, Dieter, Das neue Betreuungsrecht, Bericht über die verabschiedete Fassung des Betreuungsgesetzes, FamRZ 1990, S. 681–693.

Schwab, Martin, Die Vermutung aufklärungsrichtigen Verhaltens bei mehreren hypothetischen Entscheidungsmöglichkeiten, NJW 2012, S. 3274–3277.

Schwarze, Roland, Vorvertragliche Verständigungspflichten, Tübingen 2001 (zugl. Habil. Göttingen 2001).

Seibert, Ann, Testierfähigkeit und Willensfreiheit, Die Problematik der beweisrechtlichen Vermutung der Testierfähigkeit, Hamburg 2015 (zugl. Diss. Heidelberg 2015).

Semler, Franz-Jörg, Die sekundäre Darlegungs- und Beweislast – Ein Instrument zur Steigerung der Effizienz auch von internationalen Schiedsverfahren, in: Geimer, Reinhold/Kaissis, Athanassios/Thümmel, Roderich C., Ars aequi et boni in mundo. Festschrift für Rolf A. Schütze zum 80. Geburtstag, München 2015, S. 535–540.

Sens, Karin. Die Erbenbestimmung durch Dritte, Marburg 1990 (zugl. Diss. Marburg 1990).

Seutemann, Herbert, Die Anforderungen an den Sachvortrag der Parteien – Leitfaden zur Beurteilung von Darlegungslasten, MDR 1997, S. 615–619.

Siber, Heinrich, Auslegung und Anfechtung der Verfügungen von Todes wegen, in: Schreiber, Otto (Hrsg.), Die Reichsgerichtspraxis im deutschen Rechtsleben. Festgabe der juristischen Fakultäten zum 50-jährigen Bestehen des Reichsgerichts (1. Oktober 1929), Band 3, Zivil- und Handelsrecht, Berlin/Leipzig 1929, S. 350–383.

Sieker, Susanne, Der Motivirrtum des Erblassers aufgrund nicht bedachter Ereignisse, AcP 201 (2001), S. 697–729.

Simitis, Konstantin, Gute Sitten und ordre public. Ein kritischer Beitrag zur Anwendung des § 138 Abs. 1 BGB, Marburg 1960.

Singer, Reinhard, Selbstbestimmung und Verkehrsschutz im Recht der Willenserklärungen, München 1995 (zugl. Habil. München 1993/94).

Soergel, Hans-Theodor (Begr.)/*Damrau, Jürgen* (Hrsg.), Kommentar zum Bürgerlichen Gesetzbuch, Band 22 (Erbrecht 2, §§ 2064–2273 BGB, §§ 1–35 BeurkG), 13. Auflage, Stuttgart 2003 [zitiert als: Soergel/Damrau/*Bearbeiter*, BGB].

Soergel, Hans-Theodor (Begr.)/*Wolf, Manfred* (Hrsg.), Kommentar zum Bürgerlichen Gesetzbuch, Band 2 (Allgemeiner Teil 2, §§ 104–240), 13. Auflage, Stuttgart 1999 [zitiert als: Soergel/Wolf/*Bearbeiter*, BGB].

Solmecke, Christian/Rüther, Felix/Herkens, Thomas, Uneinheitliche Darlegungs- und Beweislast in Filesharing-Verfahren – Abweichen von zivilprozessualen Grundsätzen zu Gunsten der Rechteinhaber?, MMR 2013, S. 217–221.

Sonnekus, J. C., Freedom of Testation and the Ageing Testator, in: Reid, Kenneth G. C./de Waal, Marius J./Zimmermann, Reinhard (Hrsg.), Exploring the Law of Succession. Studies National. Historical and Comparative, Edinburgh 2007, S. 78–98.

Spickhoff, Andreas, Autonomie und Heteronomie im Alter, AcP 208 (2008), S. 345–415.

Spivack, Carla, Why the Testamentary Doctrine of Undue Influence Should Be Abolished, University of Kansas Law Review, Volume 58, 2010, S. 245–308 [zitiert als: *Spivack*, U.Kan.L.Rev].

Staudinger, Julius v./Baumann, Wolfgang/Baldus, Christian (Hrsg.), J. von Staudingers Kommentar zum Bürgerlichen Gesetzbuch: Staudinger BGB, Buch 5 (Erbrecht §§ 2229–2264, Testament 3), 17. Auflage, Berlin 2018 [zitiert als: Staudinger/*Bearbeiter*, BGB].

Staudinger, Julius v./Baumann, Wolfgang/Baldus, Christian (Hrsg.), J. von Staudingers Kommentar zum Bürgerlichen Gesetzbuch: Staudinger BGB, Buch 5 (Erbrecht §§ 2346–2385, Erbverzicht, Erbschein, Erbschaftsverkauf), 16. Auflage, Berlin 2016 [zitiert als: Staudinger/*Bearbeiter*, BGB].

Staudinger, Julius v./Jickeli, Joachim/Knothe, Hans-Georg/Singer, Reinhard/Stieper, Malte (Hrsg.), J. von Staudingers Kommentar zum Bürgerlichen Gesetzbuch: Staudinger BGB, Buch 1 (Allgemeiner Teil §§ 90–124; §§ 130–133), 16. Auflage, Berlin 2016 [zitiert als: Staudinger/*Bearbeiter*, BGB].

Staudinger, Julius v./Looschelders, Dirk/Olzen, Dirk/Schiemann, Gottfried (Hrsg.), J. von Staudingers Kommentar zum Bürgerlichen Gesetzbuch: Staudinger BGB, Buch 2 (Recht der Schuldverhältnisse §§ 241–243 Treu und Glauben), 1. Auflage, Berlin 2019 [zitiert als: Staudinger/*Bearbeiter*, BGB].

Staudinger, Julius v./Marotzke, Wolfgang/Otte, Gerhard/Werner, Olaf (Hrsg.), J. von Staudingers Kommentar zum Bürgerlichen Gesetzbuch: Staudinger BGB, Buch 5 (Erbfolge Einleitung zum Erbrecht §§ 1922–1966), 16. Auflage, Berlin 2017 [zitiert als: Staudinger/*Bearbeiter*, BGB].

Staudinger, Julius v./Rieble, Volker, J. von Staudingers Kommentar zum Bürgerlichen Gesetzbuch: Staudinger BGB, Buch 1 (Allgemeiner Teil §§ 134–138; ProstG), 16. Auflage, Berlin 2017 [zitiert als: Staudinger/*Bearbeiter*, BGB].

Staudinger, Julius v./Roth, Herbert/Bork, Reinhard, J. von Staudingers Kommentar zum Bürgerlichen Gesetzbuch: Staudinger BGB, Buch 1 (Allgemeiner Teil §§ 139–163), 16. Auflage, Berlin 2020 [zitiert als: Staudinger/*Bearbeiter*, BGB].

Stein, Friedrich/Jonas, Martin, Kommentar zur Zivilprozessordnung, Band 4, §§ 271–327, 23. Auflage, Tübingen 2018 [zitiert als: Stein/Jonas/*Bearbeiter*, ZPO].

Steiner, Anton, Die Feststellung des Erbrechts aus anwaltlicher Sicht, ZEV 2019, S. 450–453.

Stern, Klaus/Becker, Florian, Grundrechte-Kommentar, 3. Auflage, Köln 2019 (zitiert als: Stern/Becker/*Bearbeiter*, Grundrechte).

Stoll, Hans, Haftungsverlagerung durch beweisrechtliche Mittel, AcP 176 (1976), S. 145–196.

Stoppe, Gabriela/Lichtenwimmer, Andrea, Die Feststellung der Geschäfts- und Testierfähigkeit beim alten Menschen durch den Notar – ein interdisziplinärer Vorschlag, DNotZ 2005, S. 806–813.

Stumpf, Cordula, Erläuternde und ergänzende Auslegung letztwilliger Verfügungen im System privatautonomer Rechtsgestaltung. Zugleich ein Beitrag zur Abgrenzung von Anfechtung, Umdeutung und Wegfall der Geschäftsgrundlage, Berlin 1991 (zugl. Diss. Würzburg 1989).

Sturm, Richard, Die Neufassung des Wuchertatbestandes und die Grenzen des Strafrechts, JZ 1977, S. 84–87.

Stürner, Rolf, Die Aufklärungspflicht der Parteien des Zivilprozesses, Tübingen 1976.

Stürner, Rolf, Jauernig Bürgerliches Gesetzbuch mit Rom-I-, Rom-II-, Rom-III-VO, EG-UntVO/HUntProt und EUErbVO, 16. Auflage, München 2015 [zitiert als: Jauernig/*Bearbeiter*, BGB].

Teubner, Gunther, Standards und Direktiven in Generalklauseln. Möglichkeiten und Grenzen der empirischen Sozialforschung bei der Präzisierung der Gute-Sitten-Klauseln im Privatrecht, Frankfurt a.M. 1971 (zugl. Diss. Tübingen 1970).

Thielmann, Georg, Sittenwidrige Verfügungen von Todes wegen, Berlin 1973 (zugl. Habil. Berlin 1971).

Thomas, Heinz/Putzo, Hans (Begr.)/*Reichold, Klaus/Hüßtege, Rainer/Seiler, Christian* (Hrsg.), Kommentar Zivilprozessordnung, FamFG, EGZPO, GVG, EGGVG, EU-Zivilverfahrensrecht, 41. Auflage, München 2020 [zitiert als: Thomas/Putzo/*Bearbeiter*, ZPO].

Timme, Michael, Anspruch auf Vergütung für übersinnliche Leistungen – Magisches beim BGH. Zugleich Besprechung von BGH, Urt. v. 13.1.2011 – III ZR 87/10, MDR 2011, 411, MDR 2011, S. 397–398.

Treitel, Guenter H., The Law of Contract, 9. Auflage, London 1995.

Tuhr, Andreas v., Der Allgemeine Teil des Deutschen Bürgerlichen Rechts. Band II. Erste Hälfte, München/Leipzig 1914 [zitiert als: *v. Tuhr*, AT].

Violan, Concepció/Foguet-Boreu, Quintí/Flores-Mateo, Gemma/Salisbury, Chris/Blom, Jeanet/Freitag, Michael/Glynn, Liam/Muth, Christiane/Valderas, Jose M., Determinants and Patterns of Multimorbidity in Primary Care: A Systematic Review of Observational Studies, 2010 (abrufbar unter: https://journals.plos.org/plosone/article?id=10.1371/journal.pone.0102149).

Vogels, Werner/Seybold, Karl, Gesetz über die Errichtung von Testamenten und Erbverträgen vom 31. Juli 1938, 4. Auflage, Berlin/München 1949.

Vyas, Sandra, Der Schutzbereich der Erbrechtsgarantie, ZEV 2002, S. 1–5.

Wagner, Stephan, Undue influence – mögliche Einflüsse des Civil law vom Ende des 16. bis Anfang des 19. Jahrhunderts, ZRG RA 123 (2006), S. 248–296.

Wagner, Gerhard, Materialisierung des Schuldrechts unter dem Einfluss von Verfassungsrecht und Europarecht – Was bleibt von der Privatautonomie?, in: Blaurock, Uwe/Hager, Günter (Hrsg.), Obligationenrecht im 21. Jahrhundert, Baden-Baden 2010, S. 13–84.

Wagner, Stephan, Die Sittenwidrigkeit von Angehörigenbürgschaften nach Einführung der Restschuldbefreiung und Kodifizierung der c.i.c., NJW 2005, S. 2956–2959.

Wagner, Stephan, Interzession naher Angehöriger. Eine Untersuchung in historischer und vergleichender Perspektive, Tübingen 2018 (zugl. Habil. Regensburg 2016).

Wanner, Jens, Die Sittenwidrigkeit der Rechtsgeschäfte im totalitären Staate. Eine rechtshistorische Untersuchung zur Auslegung und Anwendung des § 138 Absatz 1 BGB im Nationalsozialismus und in der DDR, Ebelsbach 1996 (zugl. Diss. München 1996).

Wasmuth, Johannes, Zur Korrektur abgeschlossener erbrechtlicher Sachverhalte im Bereich der ehemaligen DDR, DNotZ 1992, S. 3–18.

Weber, Helmut, Der Kausalitätsbeweis im Zivilprozeß. Kausalität – Beweiswürdigung und Beweismaß – Beweiserleichterungen vornehmlich im Blick auf den Schadensersatzprozeß wegen unerlaubter Handlungen, Tübingen 1997 (zugl. Habil. Tübingen 1991).

Weber, Ralph, Einige Gedanken zur Konkretisierung von Generalklauseln durch Fallgruppen, AcP 192 (1992), S. 516–567.

Wege, Joachim, Positives Recht und sozialer Wandel im demokratischen und sozialen Rechtsstaat, Berlin 1977.

Weigand, Friedrich Ludwig Karl, Deutsches Wörterbuch, 1. Band, 5. Aufl., Treuchtlingen 2019.

Weiler, Frank, Ein lauterkeitsrechtliches Vertragslösungsrecht des Verbrauchers?, WRP 2003, S. 423–431

Weiler, Frank, Die beeinflußte Willenserklärung. Eine Untersuchung der rechtlichen Auswirkungen fremder Einflüsse auf die rechtsgeschäftliche Willensbildung, Bielefeld 2002 (zugl. Diss. Bielefeld 2001).

Wendland, Matthias, Vertragsfreiheit und Vertragsgerechtigkeit. Subjektive und objektive Gestaltungskräfte im Privatrecht am Beispiel der Inhaltskontrolle Allgemeiner Geschäftsbedingungen im unternehmerischen Geschäftsverkehr, Tübingen 2019 (zugl. Habil. München 2016).

Wendt, Otto, Beweis und Beweismittel, AcP 63 (1880), S. 254–318.

Wendt, Roland, Erblasserfreiheit versus Erbenfreiheit. Faustregeln zu Grenzen der Testierfreiheit, ZErB 2010, S. 45–54.

Weser, Hans-Herrmann, Die Auswirkungen des Betreuungsgesetzes auf die notarielle Praxis, MittBayNot 1992, S. 161–172.

Westerhoff, Rudolf, Die Elemente des Beweglichen Systems, Berlin 1991.

Westermann, Harry, Die Auswahl des Nachfolgers im frühzeitigen Unternehmertestament, in: Hefermehl, Wolfgang/Nipperdey, Hans Carl (Hrsg.), Festschrift für Philipp Möhring zum 65. Geburtstag, München/Berlin 1965, S. 183–198.

Wetterling, Tilman, Beeinträchtigung der Geschäfts-/Testierfähigkeit durch Medikamente, Alkohol oder Drogen, ErbR 2015, S. 179–182.

Wetterling, Tilman, Erbschleicherei – aus psychiatrischer Sicht, ErbR 2017, S. 125–128.

Wetterling, Tilman, Freier Wille und neuropsychiatrische Erkrankungen. Ein Leitfaden zur Begutachtung der Geschäfts- und Testierfähigkeit, Stuttgart 2016.

Wetterling, Tilman, Geschäfts- und Testierfähigkeit bei Wahn?, ErbR 2018, S. 10–13.

Wetterling, Tilman, Gibt es medizinische Anhaltspunkte für eine Beeinflussung durch Dritte?, ErbR 2015, S. 544–547.

Wetterling, Tilman, Hat eine Multimorbidität Auswirkungen auf die Geschäfts- und Testierfähigkeit?, ErbR 2019, S. 283–287.

Wetterling, Tilman, Krankheitsbedingte Auswirkungen auf die Testierfähigkeit – eine Darstellung aus medizinischer Sicht, ErbR 2014, S. 94–104.

Wetterling, Tilman, Mehr Schein als Sein – zum sogenannten Fassadenphänomen, ErbR 2015, S. 355–357.

Wetterling, Tilman, Neuropsychiatrische Aspekte der Multimorbidität, 2. Auflage, Stuttgart 2019.

Wetterling, Tilman, Was hat der Erbrechtler mit Fragen der Medizin zu tun?, ErbR 2010, S. 345–350.

Wetterling, Tilman, Zur Geschäfts- und Testierfähigkeit nach einem Schlaganfall, ErbR 2018, S. 433–435.

Wetterling, Tilman/Neubauer, Hildegard/Neubauer, Wolfgang, Psychiatrische Gesichtspunkte zur Beurteilung der Testierfähigkeit Dementer, ZEV 1995, S. 46–50.

Weyerer, Siegfried, Altersdemenz, in: Heft 28 aus der Reihe "Gesundheitsberichterstattung des Bundes" (abrufbar unter: gbe-bund. de/gbe10/ergebnisse.prc_tab?fid=9663&suchstring=altersdemenz&query_ id=&sprache=D&fund_typ=TXT&methode=2&vt=1&verwandte=1&page_ ret=0&seite=&p_lfd_nr=5&p_news=&p_sprachkz=D&p_uid=gast&p_ aid=7477605&hlp_nr=3&p_janein=J#x002).

Wieacker, Franz, Industriegesellschaft und Privatrechtsordnung, Frankfurt a.M. 1974.

Wieacker, Franz, Privatrechtsgeschichte der Neuzeit. Unter besonderer Berücksichtigung der deutschen Entwicklung, 2. Auflage, Göttingen 1967.

Wiedemann, Herbert, Anmerkung zu BVerfG, Beschluß v. 19.10.1993 – 1 BvR 567 u. 1044/89, JZ 1994, S. 411–413.

Wilburg, Walter, Die Elemente des Schadensrechts, Marburg an der Lahn 1941.

Wilburg, Walter, Entwicklung eines beweglichen Systems im bürgerlichen Recht. Rede, gehalten bei der Inauguration als Rector magnificus der Karl-Franzens-Universität in Graz am 22. November 1950, Graz 1950.

Wilburg, Walter, Zusammenspiel der Kräfte im Aufbau des Schuldrechts, AcP 163 (1964), S. 346–379.

Windel, Peter A., Über die Modi der Nachfolge in das Vermögen einer natürlichen Person beim Todesfall, Heidelberg 1998 (zugl. Habil. Heidelberg 1997).

Winkler, Karl, Anmerkung zu BayObLG, Beschluss vom 20.07.1994, 1 Z BR 108/93, ZEV 1994, S. 371.

Witschen, Stefan, Zivilrechtliche Fragen übersinnlicher Dienstleistungen, NJW 2019, S. 2805–2810.

Wolf, Manfred, Die Privatautonomie, in: Athenäum-Zivilrecht, Band I. Grundlagen des Vertrags- und Schuldrechts, Frankfurt a.M. 1972, S. 20–58.

Wolf, Manfred, Rechtsgeschäftliche Entscheidungsfreiheit und vertraglicher Interessenausgleich, Tübingen 1970 (zugl. Habil. Tübingen 1970).

Zaczyk, Rainer, Kriterien der Selbstbestimmung bei Errichtung eines Testaments – Ein Beitrag aus rechtsphilosophischer Sicht, in: Schmoeckel Mathias (Hrsg.), Demenz und Recht. Bestimmung der Geschäfts- und Testierfähigkeit, Baden-Baden 2010, S. 89–98.

Zaczyk, Rainer, Propria Manu – Rechtsphilosophische Bemerkungen zum eigenhändigen Testament, in: Schmoeckel Mathias (Hrsg.), Das holographische Testament. Erleichterung oder Hindernis für den Laien?, Baden-Baden 2015, S. 22–32.

Zimmer, Maximilian, Demenz als Herausforderung für die erbrechtliche Praxis, NJW 2007, S. 1713–1717.

Zimmer, Maximilian, Störungen beim Erb- und Pflichtteilsverzichtsvertrag, NJW 2017, S. 513–517.

Zimmermann, Reinhard, „Quos Titius voluerit" – Höchstpersönliche Willensentscheidung des Erblassers oder „power of appointment"?, München 1991.

Zimmermann, Theodor, Juristische und psychiatrische Aspekte der Geschäfts- und Testierfähigkeit, BWNotZ 2000, S. 97–108.

Zimmermann, Walter, Das Verhältnis des Erbscheinsverfahrens zur Erbenfeststellungsklage, ZEV 2010, S. 457–462.

Zöller, Richard (Begr.), Zöller Zivilprozessordnung mit FamFG (§§ 1–185, 200–270) und Gerichtsverfassungsgesetz, den Einführungsgesetzen, mit Internationalem Zivilprozessrecht, EuGVVO und weiteren EU-Verordnungen, Kostenanmerkungen, Kommentar, 33. Auflage, Köln 2020.

Zweigert, Konrad/Kötz, Hein, Einführung in die Rechtsvergleichung auf dem Gebiete des Privatrechts, 3. Auflage, Tübingen 1996.

www.ingramcontent.com/pod-product-compliance
Ingram Content Group UK Ltd.
Pitfield, Milton Keynes, MK11 3LW, UK
UKHW021842210426
5322IPUK00022B/423